◆ 粤港澳大湾区高等教育研究丛书



许长青　戚兴华　王捷◎著

# 高等教育、区域创新与经济增长：大学在湾区发展中支撑作用的国际比较研究

Higher Education, Regional Innovation and Economic Growth: International Comparative Analysis of Universities' Supporting Role in Bay Area Development

广东高等教育出版社
Guangdong Higher Education Press
·广州·

**图书在版编目（CIP）数据**

高等教育、区域创新与经济增长：大学在湾区发展中支撑作用的国际比较研究/许长青，戚兴华，王捷著. —广州：广东高等教育出版社，2019.10（2021.2 重印）

（粤港澳大湾区高等教育研究丛书/许长青主编）

ISBN 978－7－5361－6626－4

Ⅰ. ①高… Ⅱ. ①许… ②戚… ③王… Ⅲ. ①地方教育－高等教育－发展－研究－广东、香港、澳门 Ⅳ. ①G649.286.5

中国版本图书馆 CIP 数据核字（2019）第 228109 号

**高等教育、区域创新与经济增长：**
**大学在湾区发展中支撑作用的国际比较研究**

GAODENG JIAOYU、QUYU CHUANGXIN YU JINGJI ZENGZHANG：
DAXUE ZAI WANQU FAZHAN ZHONG ZHICHENG ZUOYONG DE GUOJI BIJIAO YANJIU

---


| | |
|---|---|
| 出版发行 | 广东高等教育出版社<br>地址：广州市天河区林和西横路<br>邮政编码：510500 电话：（020）87554152 87551163<br>http://www.gdgjs.com.cn |
| 责任编辑 | 曾广博 |
| 责任校对 | 蔡 群 |
| 封面设计 | 阿 丁 |
| 印 刷 | 佛山市浩文彩色印刷有限公司 |
| 开 本 | 787 毫米×1 092 毫米 1/16 |
| 印 张 | 15.25 |
| 字 数 | 340 千 |
| 版 次 | 2019 年 10 月第 1 版 |
| 印 次 | 2021 年 2 月第 2 次印刷 |
| 定 价 | 58.00 元 |

本丛书出版得到以下基金支持：

- 2017 年中国科学院学部咨询评议项目“高等教育、区域创新与经济增长：粤港澳大湾区建设中大学的角色与作用研究”（99132 - 71210014）
- 2019 年中国高等教育学会中国高等教育改革发展重大理论与实践问题研究项目“粤港澳大湾区建设中大学的支撑作用研究”（2019ZD002）
- 2019 年中山大学粤港澳大湾区科技合作培育项目“粤港澳大湾区高等教育协同创新指数评估”

# 总 序

粤港澳大湾区建设是习近平总书记亲自谋划、亲自部署、亲自推动的重大国家战略，是新时代推动形成全面开放新格局的新举措，是推动“一国两制”事业发展的新实践。2019 年 2 月正式发布的《粤港澳大湾区发展规划纲要》，为粤港澳大湾区的未来擘画了宏伟蓝图：要建设充满活力的世界级城市群，具有全球影响力的国际科技创新中心，“一带一路”建设的重要支撑，内地与港澳深度合作示范区以及宜居、宜业、宜游的优质生活圈，打造高质量发展的典范。这表明粤港澳大湾区将建设成为培育中国经济高质量增长的新动能、深化对外开放进程接轨全球经济的新支点，充分体现了中华民族伟大复兴、全面深化改革和推动创新引领发展的信心和决心。作为中国经济最发达、最成熟、最具影响力的地区之一，粤港澳大湾区具有制度多样性和互补性优势，“一国、两制、三个独立关税区、三个法域、三种货币、四个核心城市”是粤港澳大湾区不同于世界其他湾区的最大特征，坚守“一国”之本、善用“两制”之利，将为粤港澳大湾区区域合作与融合发展提供无限的发展动力。

“一流湾区，大学担当”。从某种意义上说，一流大学作为湾区的突出标志，定义着湾区的整体发展水平。高等教育与湾区经济之间存在着密不可分的联系：强大的高等教育产业从人才、技术、文化等多方面支撑着湾区经济发展；反过来发达的湾区经济亦能反哺高等教育，催生和造就世界一流大学。打造全球科技创新高地，高水平大学是重要支撑。从国际湾区的发展经验来看，国际一流湾区与一流大学相伴而生，相辅相成。实践表明，国际一流湾区均拥有一批世界一流大学，吸引、汇聚和培育了创新人才，支撑创新科技企业的诞生、发展和壮大，在培育发展创新创业氛围等方面起到极为重要的作用。

当下，国际高等教育正在经历一场史无前例的使命和任务的重大转型，当前高等教育转型具有明显的国家竞争驱动性；大学对于创新经济的推动作用显著依赖于创新集群效应。世界各国纷纷在教育创新集群框架下推动大学转型，积极推动高校通过技术转让、教师或学生创业、衍生公司、建立校企合作研究伙伴关系等将科技创新转化为经济活动，服务于区域创新体系建设和区域经济发展。

粤港澳大湾区建设既为粤港澳三地高等教育提出了新的时代命题，也为三地高等教育深化合作、共同发展带来了前所未有的机遇。粤港澳三地高等教育资源丰富，互补性强，具有支撑粤港澳大湾区建成国际一流湾区的良好基础。香港高等教育开放办学的程度高，具有显著的国际影响；澳门高等教育具有鲜明的多元性、开放性和包容性；广东高等教育资源丰富，是全国高等教育发展格局的重要一极。站在深化合作、携手发展的广阔海面，粤港澳大湾区已加速启航，粤港澳三地高等教育正在彰显出更有力的责任与使命。在大湾区建设中，大学的支撑作用表现为多个方面，如人才培养、科学研究、社会服务、文化传承与创新、国际交流等，这些都是大学作用的应有之义，是大学作为社会公共机构存在的应有职能，是常态化的作用。

粤港澳大湾区有其独特的制度与社会环境，大学在大湾区建设中除了发挥常态化作用外，还需要承担一个迫切而重大的使命——实现“文化认同、人心回归”。湾区高等教育需要解决的核心问题就是从国家战略维护国家利益，促进湾区融合发展。因此在粤港澳大湾区发展中，广东高校的重要使命就是要不断提升办学水平，建设世界一流大学，提高竞争力与吸引力，促进湾区融合；港澳高校的主要使命就是加强文化引领，增强国家认同，促进“人心回归”。三地高校的共同使命就是要积极推动大湾区高校当好体制机制创新的引领者、经济社会发展的发动机、创新人才的蓄水池、民心相通的连接器、科学决策的思想库，充分发挥大学人才培养、科学研究、服务社会、文化传承创新、国际交流等多种职能，助力粤港澳大湾区建设。

为深入了解和准确把握大学在粤港澳大湾区建设中所扮演的角色及应发挥的支撑作用，中山大学“高等教育（Higher Education）、区域创新（Regional Innovation）与经济增长（Economic Growth）：粤港澳大湾区建设中大学的角色与作用研究”课题组（以下简称“中山大学 HE - RI - EG 课题组”）历时两年多时间，对粤港澳大湾区高校以及世界著名的旧金山湾区、纽约湾区、波士顿湾区、东京湾区内的高校、企业和政府机构进行了专门调研与深度访谈。课题组通过定性和定量研究，对一手资料进行了深入整理与探究，其研究成果最终凝聚为“粤港澳大湾区高等教育研究丛书”。丛书较为完整深入地剖析了粤港澳大湾区建设中大学角色与作用的系列问题，对当前和今后一段时间粤港澳三地高等教育改革和发展具有重要的实践价值，同时对丰富教育经济学、比较高等教育学研究范畴具有重要的理论意义。

本丛书的特色主要体现在以下几方面：第一，在国内率先较为系统地勾勒了大学在湾区建设中角色与作用的分析框架，明确界定了大学角色与作用的新内涵，指出了大学核心职能、常态化职能以及大学发挥作用的途径与模式。第二，研究从粤港澳大湾区实际情况出发，借鉴发达国家一流湾区的建设经验，研究成果反映了我国与粤港澳大湾区的客观实际，兼具国际视野。第三，课题组努力避免研究方法上的片面性，注重定性研究与定量研究相结合，宏观概括与个案分析相结合，汲取国际经验与突出中国特色相结合。丛书内容丰富、视角独特、观点鲜明，吸收了学术界与理论界的新思想，对相关专业领域的本科生、研究生学习具有启发与指导作用，对研究人员、政府管理人员以及大学管理工作者具有借鉴意义。但鉴于研究者的知识与能力水平，丛书仍存在许多不完善之处，在此恳请读者批评指正。

粤港澳大湾区建设已翻开崭新篇章，未来充满机遇和挑战，也存在一些问题与障碍。这些都有待我们去进一步研究、探索和总结，唯有不断推出新的研究成果才能提出更加具有针对性的政策建议，才能对粤港澳大湾区建设的伟大实践起到积极的、有效的推动作用。课题组将继续努力，不忘初心、牢记使命，为粤港澳大湾区建设做出更大的贡献。

中山大学 HE－RI－EG 课题组负责人：许长青

2019 年 10 月 8 日于中山大学康乐园

# 前　言

自从20世纪60年代，美国当代著名教育家、加州大学原校长克拉克·克尔教授提出“多元巨型大学”（multiversity）的观点之后，现代大学组织的特点、大学与社会发展的关系越来越成为学界深入探索的一项具有基础性地位的重要议题。在快速发展的当代中国，大学在推动社会发展方面扮演着什么角色、起到了哪些作用既是学者们研究的热点，也是政府与教育实践部门关注的焦点。

一般认为，大学通过人才培养、科学研究与社会服务等传统职能对国家与区域经济发展起到推动作用。在我国高等教育实践语境中，文化传承与创新、国际合作与增进全球各文明之间的理解同样是高等教育和大学应承担的基本职能。这些基本职能既是大学发展变迁、不断自我更新的结果，也是大学与城市、区域和国家息息相关的现实纽带，还是推动国际社会知识进步与和平发展的积极力量。

一段时间以来，人们对大学与政府的关系、大学在服务国家战略方面的角色等内容探讨得较为详细，而对大学与社区、城市、区域发展的关系的研究则相对不足。本书尝试从比较分析世界主要湾区高等教育集聚现象着手，考察不同国家、不同高等教育系统内大学如何与所在城市、城镇、社区发生互动，如何积极参与、支持与促进区域经济发展。

需要说明的是，目前学界普遍采用全球“传统三大成熟湾区（纽约湾区、旧金山湾区、东京湾区）+粤港澳大湾区”一说。课题组在分析高等教育与湾区经济发展关系时，对此提出了新的看法，认为全球目前有五大有重大影响力的世界级湾区，即“传统三大成熟湾区（纽约湾区、旧金山湾区、东京湾区）+波士顿湾区+粤港澳大湾区”。这一观点首先得益于项目及丛书负责人许长青教授的敏锐意识和学术判断，也得益于在课题调研与书稿撰写过程中国内外专家学者的不吝赐教。不过新观点的提出旨在抛砖引玉，难免有错漏之处，其准确性、合理性尚待学界进一步检验与批评。

本专著是集体智慧的结晶。两年来课题组先后赴粤港澳大湾区、纽约湾区、旧金山湾区、波士顿湾区、东京湾区著名高校、企业及政府部门进行了调研，访谈28位高校校长、专家、企业人员及政府官员，了解他们对大学在湾区发展中的角色与作用的观点和思想；同时对在粤港澳大湾区具有代表性高校的教师和学生进行了问卷调查，了解他们在粤港澳三地跨境交流中的问题与诉求。访谈和调研得到了相关高校校长、专家等受访人员的宽容、理解和支持，得到了相关单位行政人员的协调和支持。课题研究的完成也得到了中山大学政治与公共事务管理学院、粤港澳发展研究院、中山大学国际合作与交流处领导的支持。课题组成员积极配合，吃苦耐劳，进行了艰苦的工作。研究成果参考和查阅了大量的文献资料，吸取他们广博的思想。本书的课题调研和文字整理由研究生金梦、李晨迪、梅国帅、曹帅，本科生牛可佳、周书翰、李瑞华、罗轩、赖梦婷、袁明珠、徐佰瞳、陆嫣然、熊杨睿超、李斯雯、甘泉、杜联繁等同学完成。在此作者对所有提供帮助和付出辛勤劳动的老师、同学及相关人员表示衷心的感谢！对提供思想的先行研究作者表示衷心的感谢！本书的完成离不开编辑的精心编排、修改和润色，在此对广东高等教育出版社曾广博编辑的细致工作表示衷心的感谢！本书撰写工作的具体分工如下：戚兴华博士负责第1、2、3、5、8、9章书稿的撰写；郭孔生副教授与戚兴华博士共同完成第4章的撰写；王捷博士负责第6、7章的撰写；全书由许长青教授提供框架设计并进行逐章审读与定稿。本专著以独特的视角、科学的研究方法呈现了有关湾区高等教育改革与发展丰富的知识，其出版有助于本专业领域的本科生、研究生及相关研究人员、政府管理人员以及高等教育管理工作者对粤港澳大湾区高等教育改革与发展的学习和理解，有助于广大社会人员对粤港澳大湾区建设及大学服务国家战略的学习和了解。

**许长青　戚兴华　王　捷**

**2019年10月8日于中山大学康乐园**

# 目 录

contents

**第1章 绪论** ………………………………………………………………………… 1
1.1 研究的论题由来和基本立意 ……………………………………………………… 1
1.1.1 基于对粤港澳大湾区上升为国家战略的关注和思考 …………………… 1
1.1.2 基于对高等教育推动区域创新与经济增长问题的关注和思考 ……… 5
1.1.3 基于对高等教育转型与大学服务国家战略问题的关注和思考 ……… 7
1.1.4 基于对国际四大湾区与高等教育互动发展问题的关注和思考 ……… 9
1.2 研究的历史进展和基本概况……………………………………………………… 12
1.2.1 粤港澳高等教育发展的研究…………………………………………… 12
1.2.2 大学角色、职能与作用的研究………………………………………… 13
1.2.3 国际四大湾区高等教育发展的研究…………………………………… 15
1.2.4 高等教育与湾区经济互动发展的研究………………………………… 16
1.3 研究的主要方法与框架设计……………………………………………………… 16
1.3.1 研究的主要方法………………………………………………………… 16
1.3.2 研究的框架设计………………………………………………………… 18
1.4 研究的逻辑起点与基本假设……………………………………………………… 18
1.4.1 研究的逻辑起点………………………………………………………… 18
1.4.2 研究的基本假设………………………………………………………… 20
1.5 研究的基础性概念………………………………………………………………… 20
1.5.1 高等教育………………………………………………………………… 20
1.5.2 湾区与湾区经济………………………………………………………… 20
1.5.3 区域创新………………………………………………………………… 21
1.5.4 经济增长………………………………………………………………… 22

1.5.5 五大湾区…………………………………………………… 22
1.5.6 大学角色与作用………………………………………………… 23
1.6 可能的学术创新和不足之处………………………………………… 24
1.6.1 研究可能的学术创新………………………………………… 24
1.6.2 研究存在的不足之处………………………………………… 24
1.7 研究的理论与实践应用价值………………………………………… 25
1.7.1 理论价值………………………………………………………… 25
1.7.2 实践价值………………………………………………………… 26

**第2章 理论基础** ………………………………………………………… 27
2.1 经济增长理论…………………………………………………………… 27
2.1.1 理论概念与特征………………………………………………… 27
2.1.2 理论演进与主要观点…………………………………………… 28
2.2 区域发展与创新理论…………………………………………………… 31
2.3 高等教育与区域经济互动发展理论………………………………… 32
2.3.1 理论概念与特征………………………………………………… 32
2.3.2 理论演进与主要观点…………………………………………… 34
2.4 创新人才培养和人才流动与集聚理论……………………………… 46
2.4.1 人才培养与多元巨型大学 ……………………………………… 46
2.4.2 高端人才集聚理论……………………………………………… 46
2.4.3 人才流动理论…………………………………………………… 49

**第3章 大学在湾区经济发展中作用的国别考察：纽约湾区** …………… 53
3.1 纽约湾区的基本概况…………………………………………………… 53
3.1.1 纽约湾区的地理区位…………………………………………… 53
3.1.2 城市与湾区的整体规划………………………………………… 54
3.2 纽约湾区经济发展概况………………………………………………… 57
3.2.1 经济规模与结构………………………………………………… 58
3.2.2 都市区的经济发展、生态系统与可持续发展………………… 59
3.3 纽约湾区高等教育发展概况…………………………………………… 61
3.3.1 高等教育空间分布的“高峰－高地－高原”效应 ……………… 61
3.3.2 大学空间与职能演变形成了六大高等教育集群……………… 61

3.4 大学在纽约湾区发展中的角色与作用 …… 65
3.4.1 创新性人才是连接大学和湾区发展的桥梁 …… 65
3.4.2 大学成为沟通政府与产业部门的创新性触媒 …… 66

**第4章 大学在湾区经济发展中作用的国别考察：波士顿湾区 …… 68**
4.1 波士顿湾区的基本概况 …… 68
4.1.1 波士顿湾区的地理区位 …… 69
4.1.2 城市与湾区的整体规划 …… 70
4.2 波士顿湾区经济发展概况 …… 71
4.3 波士顿湾区高等教育发展概况 …… 71
4.3.1 波士顿湾区世界一流大学集群 …… 71
4.3.2 “泛常春藤”文化与两大湾区高水平大学集聚现象 …… 72
4.4 大学在波士顿湾区发展中的角色与作用 …… 74
4.4.1 波士顿湾区大学集聚发展的特点与模式 …… 74
4.4.2 大学文化、社区文化与产业创新文化的有机融合 …… 76

**第5章 大学在湾区经济发展中作用的国别考察：旧金山湾区 …… 80**
5.1 旧金山湾区的基本概况 …… 80
5.1.1 旧金山湾区的地理区位 …… 80
5.1.2 城市与湾区的整体规划 …… 82
5.2 旧金山湾区经济发展概况 …… 84
5.2.1 经济规模与结构 …… 84
5.2.2 支撑湾区经济发展的三大核心城市 …… 86
5.3 旧金山湾区高等教育发展概况 …… 88
5.3.1 加州高等教育与加州私立大学系统 …… 88
5.3.2 加州高等教育与加州公立大学系统 …… 90
5.3.3 加州大学的早期发展与总体规划 …… 97
5.3.4 加州大学系统的治理体系 …… 98
5.4 大学在旧金山湾区发展中的角色与作用 …… 102
5.4.1 大学科技园与经济发展 …… 102
5.4.2 硅谷模式与大学的时代角色 …… 103

第 6 章　大学在湾区经济发展中作用的国别考察：东京湾区 …… 107
6.1　东京湾区的基本情况 …… 107
6.1.1　地理人文特征 …… 107
6.1.2　基础设施情况 …… 109
6.1.3　发展历程 …… 114
6.2　东京湾区经济发展概况 …… 115
6.2.1　东京湾区结构特征及影响因素 …… 116
6.2.2　效应分析 …… 118
6.2.3　产业发展 …… 119
6.3　东京湾区高等教育发展概况 …… 119
6.3.1　“超级国际化大学”计划内和非计划内的大学集群 …… 120
6.3.2　高等教育分布状况 …… 120
6.3.3　发展问题 …… 121
6.4　大学在东京湾区发展中的角色与作用 …… 122
6.4.1　培养高素质人才 …… 122
6.4.2　推动科技成果转化 …… 124
6.4.3　建立中介服务体系 …… 124
6.4.4　形成平和价值观和终身学习氛围 …… 125

第 7 章　大学在湾区经济发展中作用的国别考察：粤港澳大湾区 …… 127
7.1　粤港澳大湾区的基本概况 …… 127
7.1.1　粤港澳大湾区的基础条件 …… 129
7.1.2　粤港澳大湾区的基础设施 …… 131
7.1.3　粤港澳大湾区的规划历程 …… 133
7.2　粤港澳大湾区经济发展概况 …… 135
7.2.1　经济规模 …… 135
7.2.2　产业结构与布局 …… 137
7.2.3　市场环境 …… 140
7.2.4　国内贸易与对外经济 …… 142
7.3　粤港澳大湾区高等教育发展概况 …… 143
7.3.1　广东省九市高等教育发展概况 …… 145
7.3.2　港澳高等教育发展概况 …… 147

7.3.3 粤港澳大湾区高等教育合作概况 …… 148
7.3.4 粤港澳大湾区高等教育建设存在的问题 …… 150
7.4 大学在粤港澳大湾区发展中的角色与作用 …… 151
7.4.1 储备优质的人力资本 …… 152
7.4.2 推动产学研相结合 …… 153
7.4.3 提高经济开放与合作水平 …… 154
7.4.4 坚持“一国两制”，推动融合发展 …… 154

第8章 五大湾区比较分析 …… 157
8.1 大学在湾区经济发展中作用的同质性分析 …… 157
8.1.1 知识与创新对经济的全要素增值作用 …… 158
8.1.2 高端智库的深度介入与创新性人才的持续供给 …… 160
8.1.3 塑造区域文化名片与全球软实力 …… 163
8.1.4 促进文明多元性、经济多维性与社会生态多样性发展 …… 169
8.2 大学在湾区经济发展中作用的异质性分析 …… 170
8.2.1 大学与经济要素互动模式各异，对区域发展支持程度有别 …… 171
8.2.2 大学的人才供给与湾区经济发展衔接的途径差别明显 …… 172
8.2.3 大学对区域软实力的提升作用存在中介变量 …… 174
8.2.4 大学区域“发动机”和社会“减压阀”角色存在一定冲突 …… 177
8.3 大学在粤港澳大湾区建设中作用的SWOT分析 …… 178
8.3.1 优势分析：政策、制度、资源与教育传统的多元一体 …… 178
8.3.2 劣势分析：软硬实力偏弱，自主程度较低 …… 182
8.3.3 机遇分析：世界高等教育秩序重整，国内大学蓄势待发 …… 185
8.3.4 挑战分析：国际因素复杂多变，国内竞争量质不一 …… 188

第9章 公共政策创新 …… 191
9.1 分析框架：全政策周期过程与三业协同机制 …… 191
9.1.1 大框架：湾区空间一体化下的全要素流动 …… 192
9.1.2 微框架：三业协同下的人才培养 …… 192
9.2 体制机制互动创新 …… 193
9.2.1 对外开放，借鉴国外经验，完善高等教育制度 …… 193
9.2.2 对内改革，赓续优良教育传统，谱写高等教育新篇章 …… 194

9.3 借鉴四大湾区和其他地区的区域创新经验 …… 195
9.3.1 探索建设具有本土生命力的粤港澳大湾区创新驱动发展模式 …… 195
9.3.2 教育政策与决策过程中的多元主体参与机制 …… 196
9.4 基于经济全要素发展的高等教育政策创新 …… 197
9.4.1 建设“教育-职业”开环发展与人才自由流动的新机制 …… 197
9.4.2 适当增加政府对高等教育的财政支持与公共投入 …… 199
9.5 基于高等教育促进区域经济增长传导机制的政策创新 …… 200
9.5.1 基于人才培养的人力资本提升机制 …… 200
9.5.2 基于学术创新的科学与技术创新机制 …… 201
9.5.3 基于产学研合作的产业结构升级驱动机制 …… 202
9.5.4 基于规模效应的城镇化水平提升机制 …… 203
9.5.5 基于要素均衡流动的城乡与区域融合发展机制 …… 203
9.5.6 基于性别公平与合作的创新型社会智力整合机制 …… 204
9.5.7 基于人员水平流动与垂直流动的区域高校合作机制 …… 205
9.6 制定高等教育服务区域经济的深度空间战略规划 …… 205
9.6.1 湾区空间发展战略是实现国家五大战略的关键节点 …… 205
9.6.2 抓住高等教育促进湾区战略实施的关键科技领域与相应产业 …… 207
9.6.3 推动粤港澳大湾区高等教育融合发展与集聚发展 …… 209

**参考文献** …… 213

**附录** …… 221
附录1 国际四大湾区和粤港澳大湾区世界高水平大学名单 …… 221
附录2 粤港澳大湾区规划建设发展脉络及相关文件与会议汇总表 …… 222

# 第1章
# 绪　　论



## 1.1　研究的论题由来和基本立意

湾区发展是世界经济版图中的重要内容，湾区现象既是经济快速增长的区域现象，也是高等教育产生跨国影响的国际现象，更是两者互动发展的国际现象。本书内容围绕“高等教育、区域创新与经济增长”对国际上现有成熟的三大湾区、尚未引起足够关注与讨论的波士顿湾区和新兴的粤港澳大湾区展开考察与比较，主要内容是基于对以下四个重大问题的关注和思考：粤港澳大湾区上升为国家战略对高等教育发展与改革带来的影响、高等教育推动区域创新与经济增长的机理机制、高等教育转型与大学服务国家战略的角色职能及国际四大湾区与高等教育互动发展的经验。

### 1.1.1　基于对粤港澳大湾区上升为国家战略的关注和思考

粤港澳大湾区（Guangdong-Hong Kong-Macao Greater Bay Area，缩写为GBA）建设是习近平总书记亲自谋划、亲自部署和亲自推动的一项国家战略，是开创新时代全面开放新格局的重大举措，也是推动“一国两制”事业发展的崭新实践。作为国家发展战略，粤港澳大湾区建设既有利于深化内地和港澳交流合作，形成整体性、协作式、集群性和超规模化的区域竞争力，又对港澳参与国家发展战略，提升竞争力，保持长期繁荣稳定，促进“一国两制”行稳致远具有重要意义。

粤港澳大湾区在空间上是由“2特区+9城市”构成的地理、经济、科技与文化教育复合共同体，由香港特别行政区、澳门特别行政区和广东省广州市、深圳市、珠海市、佛山市、惠州市、东莞市、中山市、江门市、肇庆市共同组成（如图1-1所示），总面积5.6万平方千米，2017年末总人口达7 000万人，是我国开放程度最高、经济活力最强的区域之一，在国家发展大局中具有重要战略地位。

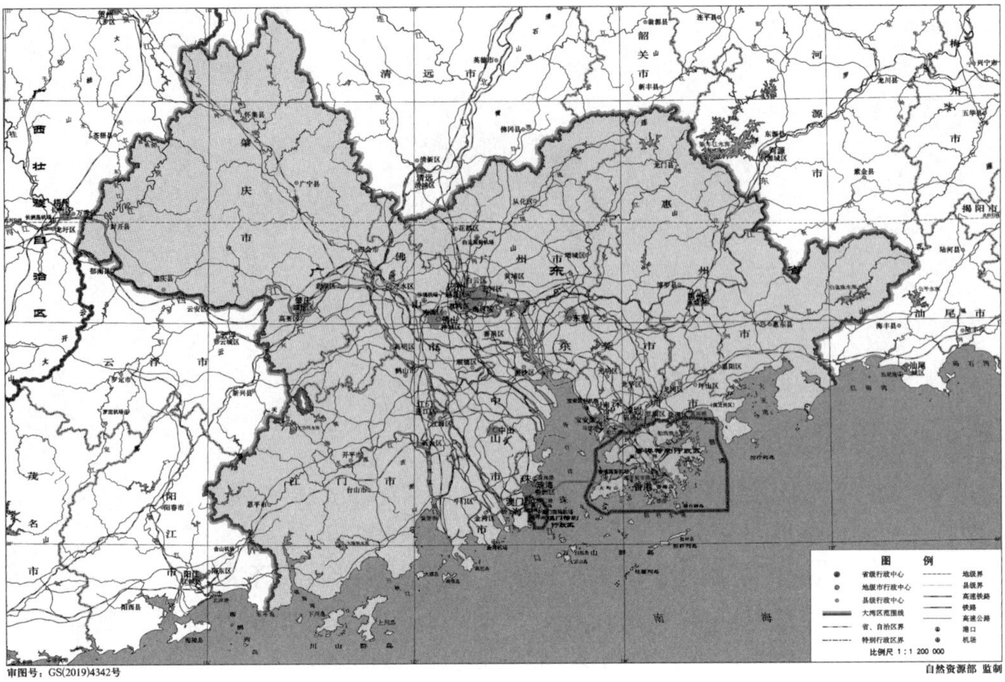


**图 1－1　粤港澳大湾区①**

“粤港澳”区域合作既有着悠久历史传统和发展积淀，也有着重要的实践需求和战略需要。粤港澳大湾区作为一个空间地理概念，改革开放 40 多年来在产业联系、结构形态上经历了快速演进过程，尤其是港澳回归祖国后，政府加速推进包括教育、科技在内的粤港澳合作从功能互补走向制度整合。作为一项国家战略，近年来逐步引起人们关注。

从经济发展的角度考察，一般认为粤港澳大湾区是继美国纽约湾区和旧金山湾区、日本东京湾区之后的世界第四大湾区。因受资料的可获取性限制，本研究在分析经济基本情况时，采用学界普遍认可的全球“传统三大成熟湾区（纽约湾区、旧金山湾区、东京湾区）+ 粤港澳大湾区”一说；在分析高等教育与湾区经济发展关系时，中山大学“高等教育、区域创新与经济增长（HE-RI-EG）：粤港澳大湾区建设中大学的角色与作用研究”课题组（以下简称“课题组”）提出新的看法，认为全球目前有五大有重大影响力的世界级湾区，除了传统三大成熟湾区（纽约湾区、旧金山湾区、东京湾区）外，还包括波士顿湾区和粤港澳大湾区。2017 年，粤港澳大湾区人口达 6 956.9 万；2018 年大湾区 GDP 达人民币 10.9 万亿元，占全国经济总量的 12%，GDP 规模与韩国持平，相当于世界上国家排行中的第 11 位，是全国经济最活跃的地区之

① 图片来源：标准地图服务系统（http：//bzdt. ch. mnr. gov. cn/index. html），审图号：GS（2019）4342 号。

一。人均 GDP 15.6 万元人民币，具有较强的区域竞争实力与国际发展潜力。

粤港澳大湾区发展大体上经历了香港一枝独秀、穗港深独立发展、香港湾区、深港湾区、珠三角区域和粤港澳大湾区等几大阶段。从产业变化与经济发展的视角看，有研究者将其归结为“港口经济、工业经济、服务经济、创新经济”四个发展阶段。① 从20世纪90年代有学者提议和提交提案，到形成地方性政策，再到上升为国家战略，粤港澳大湾区战略的成熟与形成共经历了20余年。这一战略的理念与原型可追溯至1994年出现的“香港湾区”，它是由时任全国政协委员、香港科技大学创校校长吴家玮在借鉴旧金山湾区发展模式的基础上提出的。② 随着香港顺利回归祖国，粤港合作在新的历史时代才真正具有整体区域经济一体化的切实可行性，对外增强辐射力和提高国际竞争力。1998年3月，在全国政协九届一次会议上，吴家玮校长提出，香港应与珠江口岸上一系列城镇组合成“香港湾区”。这是对当时珠江三角洲经济区域比较准确和形象的提法，当时“香港湾区”的定位为超越中国华南地区的界限，成为亚太地区的一个主要龙头，和东亚、北美和西欧的一个主要交汇点。2005年，深圳市首部海洋经济规划提出打造“深港湾区组合城市”。2012年，《广东海洋经济地图》中提出“六湾区一半岛”的宏大发展战略，着眼于构建跨行政区域的经济合作发展模式。在政府区域规划的推动下，发展湾区经济成为广东省“六湾区一半岛”规划的重大举措，既可促进粤港澳经济社会发展的优势互补，又对进一步提升港澳地区的影响力具有重大意义。

从2010年《粤港合作框架协议》到2011年提出建立世界级大珠三角城市群，“粤港澳大湾区”的概念逐渐走入大众的视野。2014年，深圳市政府工作报告首提构建“湾区经济”；2015年3月，“一带一路”倡议与行动文件中指出广东地区，尤其是湾区的城市要深化与港澳台合作，打造粤港澳大湾区；2015年11月，广东“十三五”规划提出建设“粤港澳大湾区”的概念；2016年广东省政府工作报告提出“开展珠三角城市升级行动，联手港澳打造粤港澳大湾区”；2016年3月，《中华人民共和国国民经济和社会发展第十三个五年规划纲要》提出“推动粤港澳大湾区和跨省区重大合作平台建设”；2016年12月，国家发改委提出2017年拟启动珠三角湾区等跨省域城市群规划编制；2017年3月5日，李克强总理在第十二届全国人民代表大会第五次会议上所做的政府工作报告中指出：“要推动内地与港澳深化合作，研究制定粤港澳大湾区城市群发展规划，发挥港澳独特优势，提升在国家经济发展和对外开放中的地位与功能。”粤港澳大湾区作为中国经济新引擎开始受到世界瞩目；2018年国家政府工作报告再次明确将粤港澳大湾区纳入到国家顶层设计，2018年中央经济工作会议正式将粤港澳大湾区建设上升为国家战略；2019年2月18日，中共中央、国务院印发《粤港澳大湾区发展规划纲要》，大湾区发展被赋予了充满活力的世界级城市群、具有全球影响力的国际科技创新中心、“一带一路”建设的重要支撑、内地与港澳深度合作示范

---

① 陈世栋．粤港澳大湾区要素流动空间特征及国际对接路径研究［J］．华南师范大学学报（社会科学版），2018（2）：27－32.

② 魏达志．深港都市圈内涵新构［M］．北京：中国城市出版社，2016：122.

区、宜居宜业宜游的优质生活圈等鲜明的角色与职能，从而成为国家建设世界级城市群和参与全球竞争的重要空间载体。

粤港澳大湾区位于中国东南沿海，具有地理区位上的天然优势，是与海上丝绸之路沿海国家、沿线国家海上往来距离最近的贸易集散点和交通节点，也是全球最密集的港口群和发达、宜居的大城市。其中广州既是广府文化的辐射中心，也是两千多年长盛不衰的世界性大港，从公元3世纪起成为海上丝绸之路的主港，代表了商贸经济与民族文化两个基础维度交融的城市发展类型。粤港澳大湾区规划与国家共建“一带一路”倡议有密切关联。2015年，打造粤港澳大湾区被正式写进国家《推动共建丝绸之路经济带和21世纪海上丝绸之路的愿景与行动》，要求充分发挥广州南沙、深圳前海、珠海横琴等合作区的引领作用，深化与港澳台合作。2016年3月，国务院印发的《关于深化泛珠三角区域合作的指导意见》，也明确要求广州、深圳、珠海携手港澳，共同打造粤港澳大湾区，建设世界级城市群。粤港澳大湾区将在共建“一带一路”倡议中发挥重要的平台作用。正像十多年前在中国实施西部大开发战略、向西开放中发挥了重要作用一样，在国家多项重大战略的实施过程中都可以发挥粤港澳大湾区的许多综合优势、桥梁作用，在“一带一路”建设当中为企业产业和社会发展更好地服务。粤港澳大湾区服务业优势明显，在国内与国际上都具有相当的竞争实力，粤港澳大湾区金融、航运、贸易中心的作用都可以在共建“一带一路”倡议的实施当中得到更好的发挥。粤港澳大湾区，在新一轮高水平对外开放中必将发挥新的重要作用。相信无论是在“一带一路”倡议的实现当中，还是在粤港澳大湾区建设当中，都会发挥应有的作用。

观察当前成熟的纽约湾区、旧金山湾区和东京湾区世界三大湾区的成功因素，发现可从硬实力和软实力、内部因素与外部因素两个视角加以分析。

首先，硬实力包括如下方面：①临海向洋的天然良港，水陆空立体交通网络便捷通达。②金融行业发达，便利的配套交易中心。③重要的制造业中心，尤其是高端制造业。④科研机构、高等院校源源不断的人才蓄积和输送。其次，世界三大湾区成功的软实力包括如下方面：①卓越的公共服务，如纽约湾区具有全世界最大的免费Wi-Fi系统，像阳光洒在每一个角落；旧金山湾区成立各种委员会，如火灾委员会、交通委员会等等，委员会之间相互商议，相互协作，充分保障每个公民、每个企业的协调发展。②政府和市场均不遗余力地推动和投身创新，创新被视为企业的灵魂。日本的高新技术企业拥有的科研机构占比高达100%，而国内40 000多家高科技企业占有的科研机构不到7%。③重视知识产权保护，美国、日本对于自己国家的知识产权保护相当重视，在保护范围、侵犯知识产权的惩戒力度等各方面均有成熟和严密的法律体系；粤港澳大湾区中各城市有所差异，香港对知识产权的保护机制较具典型性。① 最后，从“内部因素－外部因素”的视角来看，湾区成功因素对应三个内部层面和三个外部层面。内部层面有：人才汇聚与有序流动、行业与专业性合作、政府与城市间合作；

---

① 杨向荣. 粤港澳合作新方位下的大湾区经济发展探析［J］. 中国商论，2018（8）：125－126.

外部层面有：与其他区域的关系、国家宏观发展布局、全球发展空间。

粤港澳大湾区已具备成功的各种基本要素，正在国家战略的统筹引导下向具有全球影响力的最新的一个世界性湾区稳步前进。深圳港货物年吞吐量居世界第三，香港年吞吐量居世界第五，广州位列第六。交通网络运输便捷，仅以机场为例，大湾区内分布有全球性中心机场（如香港）、全国性重要机场（如广州、深圳）、区域性机场（如珠海）、地方性机场（如佛山）和其他类型的机场十多个。配套的交易中心方面，东京有东京股票交易所，纽约有华尔街，旧金山硅谷地区则有一千多家风投公司，而粤港澳地区则有深交所和港交所；广州金融实力蓄势待发，广州期货交易所、粤港澳大湾区商业银行筹办工作正在有序推进。珠三角地区是我国乃至全世界重要的制造业中心，同时高校林立，科研机构众多，完全具备发展成为世界级湾区的条件与水准。在各种关键要素中，软实力和内部因素方面相应有更多提升空间，而高等教育和高端人才无疑是其中颇为重要的一项内容。

2018 年 11 月，中共中央、国务院在《关于建立更加有效的区域协调发展新机制的意见》中指出，要建立区域战略统筹机制，推动国家重大区域战略融合发展；明确要求“以香港、澳门、广州、深圳为中心引领粤港澳大湾区建设，带动珠江—西江经济带创新绿色发展”。① 这标志着粤港澳大湾区建设进入新的阶段。可以预期，在中央有关部门支持下，粤港澳三地将完善创新合作机制，促进合作共赢关系，共同将粤港澳大湾区建设成为更具全方位活力的经济区、宜居宜业宜游的优质生活圈和内地与港澳深度合作的示范区，打造国际一流湾区和世界级城市群。2019 年 2 月《粤港澳大湾区发展规划纲要》正式发布，粤港澳大湾区建设翻开了崭新的篇章，世界为之瞩目，学术界亦为之瞩目。

### 1.1.2 基于对高等教育推动区域创新与经济增长问题的关注和思考

粤港澳大湾区建设上升为国家战略规划既是新形势下“一国两制”方针实践的重要体现，也是国家发展处于转型升级阶段的主动性战略选择，同时也与“一带一路”倡议、“21 世纪海上丝绸之路”等重大战略和区域融合发展的趋势相契合。在这样的背景下，高等教育正在进行战略转型并成为经济发展的引擎，必须持续性参与和支持粤港澳大湾区发展建设，在人才培养、学术研究、社会服务、文化传承等方面发挥重要引领作用。

粤港澳大湾区建设涵括经济、社会、教育、科技、文化等多个领域，其快速发展，离不开人才的支持和智力支持，而高等教育是培养高素质人才的一个重要途径，因此高等教育之于粤港澳大湾区建设必不可少。当前湾区高等教育发展并不足以支撑大湾区的创新驱动发展，存在三地教育发展不平衡、高校之间交流合作存在壁垒、融合程度不高等问题。事实上，三地高等教育类型丰富、各具特点，具有很强的互补性。广

① 新华社. 中共中央 国务院关于建立更加有效的区域协调发展新机制的意见[EB/OL]. (2018－11－29)[2018－12－31]. http://www.gov.cn/zhengce/2018-11/29/content_5344537.htm.

东高校类型多样，产学关系紧密；香港高校科研实力雄厚，国际化优势明显；澳门高校则在服务业等方面优势明显，三地高等教育可优势互补，相互借鉴。因此，充分发挥粤港澳三地高等教育优势，促进其协同、融合发展，对于粤港澳大湾区的全面发展有着重要的现实意义。

高等教育对区域创新的作用一方面体现在高素质人力资源的整体供给与对研发工作的持续支撑上；另一方面还包括多层类与差异化人才的培养，不同层面的人才在市场分别进行创新、创新推广与创新成果的转化与利用。不同的高等教育供给对创新产生不同的作用机理，但两者不存在简单的线性关系。当区域内高等教育质量与差异在一个适当的区间，创新才是最有效的。一个地区在总体社会发展程度、经济发展水平等其他关键性外部条件稳定的条件下，存在“高等教育的创新合作边界”或“创新合作的适宜区间”，不足或超过这个区间都可能引发创新活动的规模与质量的下降或偏离，即高等教育资源质量差异与区域创新大体上存在“倒U”形关系。①

高等教育与经济增长的关系较为复杂。高等教育对于经济增长的贡献作用，有不同的研究结论，差异明显。一方面，大量实证研究显示，高等教育通过科研创新活动会增加工作机会，并促进受教育个体的工资提升；同时还能为高校所在地的企业提供便捷、有效的教育选择、培训资源和技术支持等，可以有力地促进经济增长。不过高等教育的经济促进作用并不存在整齐划一的效应，而是随着不同的专业种类、行业部门、城乡区域等发生变化。现有研究揭示高等教育对我国经济产出有积极作用，其中“对工业部门的影响最大，对农业部门的影响在统计上不显著……对服务业部门产出有显著正效应”；同时高等教育的不同专业类别产生有差异化的影响，如“工业部门中理工类和农林类专业的影响较大”。② 整体来看，合理的高等教育专业设置和适当的规模会助推经济的快速发展。相应地，经济发展水平也反过来影响着高等教育的生源分布、招生规模、专业结构和培养过程。因此，为了更好地发挥高等教育服务国家、社会和区域发展的职能，需要重视高等教育和经济增长的协调发展，找准两者之间的契合点，在互动过程中精准把握平衡性。另一方面，来自国际与跨国数据的研究结果则认为高等教育并不一定会显著推动经济增长，高等教育各类投入中仅用于科研的部分才对经济发展有实质性贡献。这种结果差异化的原因既有理论来源、研究视角和方法的差别，也明显受到高等教育对于经济发展作用的滞后性因素影响。这为研究高等教育与经济增长关系问题提供了一定借鉴，应当更加重视高等教育对经济发展的隐性作用，关注整体性、长期性效应。

应当指出，经济增长与经济发展是两个互相联系、内涵有所不同的概念。经济增长是指一个国家经济数量上的增加，一般用 GNP、GDP 等指标衡量；而经济发展除了

---

① 赖德胜，王琦，石丹淅. 高等教育质量差异与区域创新［J］. 教育研究，2015，36（2）：41－50.

② 邸俊鹏，孙百才. 高等教育对经济增长的影响：基于分专业视角的实证分析［J］. 教育研究，2014，35（9）：39－46.

总量、产量增长和人均增长外，还包括产业、产出和收入结构，产品和生活质量，社会经济政治体制等质性与结构方面的进步与创新。可见，经济发展是一个兼有经济学与社会学意义的概念，指人们的价值观念、经济体量、社会效益和经济政治制度等多元维度的变革，以及由此形成持续性、高质量和绿色生态友好型的经济增长所需的环境。二者的区别表现在：经济发展是一种整体表现与过程，而经济增长则表现为一种结果与节点的状态比较；经济发展涉及增加的经济资源与收入在社会各阶层的分配与影响，而经济增长不直接关心分配与公平问题；发展具有持续性和累积性，是具有内在因素与特质的状态呈现，是内因性的自觉；而增长则是一种外部观测的实在结果，是外源性的要求。它们之间的联系则表现为增长一般以发展为前提条件，发展的结果一般使经济增长，即发展包含和孕育着增长。第二次世界大战后马歇尔计划的主要构建者之一的美国著名经济学者 C. P. 金德尔伯格曾指出，与指向单一产出增多的经济增长这一概念相比较，“经济发展则同时意味着更多的产出和技术与制度的变革，产出的增加正是通过技术与制度的变革而获得的”①。

通俗地理解，可以认为经济增长偏重于数量，而经济发展既包含数量也包括质量。经济增长和经济发展的概念区别与联系是全面和系统地理解高等教育与区域经济增长的重要基点，也是理解二者真实关系的必要前提。经济增长与经济发展两种范式既是经济学与经济发展的结果，也对高等教育的职能与作用提供了全新的考察视角。无论从历史发展还是现实实践的角度来考察，高等教育在区域创新与推动经济发展方面通过三种基本机制来发挥重要和关键性作用：高等教育探索与创新知识与技术的边界，是区域新型科技产业与经济发展的助推器；参与科技转化与产学研联动，是区域核心竞争力形成的关键要素之一；培育英才，是区域长期可持续发展的人才基础支撑。

### 1.1.3　基于对高等教育转型与大学服务国家战略问题的关注和思考

在现代社会中，高等教育走出了象征传统大学的象牙塔，从幕后走向台前，其发展与国家和社会发展密切相关。改革开放以来，我国高等教育发展迅速，从社会经济发展对高等教育的影响角度来看，整体上经历了规模化、数量式、绩效型发展与多元化、质量性、内涵式发展两次基础性价值导向与制度秩序重建的过程。② 而从高等教育内部观察，先后经历了招考机制与秩序恢复、双规制与就业择业市场化、规模化发展与精英模式嬗变等数次影响高等教育整体的关键性转变。当前阶段，我国高等教育与国家战略联系的紧密程度前所未见，与区域发展的互动模式也更为多元和深入；同时，2017 年高等教育毛入学率达到 45.7%，2018 年达到 48.1%，处于从大众化阶段向普及化阶段过渡期；③ 根据人口年龄结构变化和高考招生趋势预测，2019 年或 2020

---

① 金德尔伯格. 经济发展［M］//黄田华. 经济发展的结构与战略比较. 北京：中国对外经济贸易出版社，1992：3.

② 陈先哲. 我国社会第二次转型与高等教育秩序重建［J］. 高等教育研究，2012，33（1）：5-9.

③ 教育部. 2018 年全国教育事业发展统计公报[EB/OL].（2019-07-24）[2019-09-19]. http://www.moe.gov.cn/jyb_sjzl/sjzl_fztjgb/201907/t20190724_392041.html.

年可达到50%的临界点，正式进入高等教育普及化阶段。整体上看高等教育发展正处于关键的第五次转型期，以响应国家战略与大众化模式嬗变为核心特征。

目前经历的高等教育转型也是国家推进供给侧改革背景下的时代选择和实践要求。结构体系职能的重塑是新时代高等教育转型的核心问题，转型既是高等教育宏观结构布局与大学个体职能定位的深度融合，也是大学个体、高等教育整体与国家战略、区域发展之间的互动融合。高等教育制度体系的再造及其与国家社会发展机制的对接是新时代高等教育转型的根本保障，高等教育转型需要系统性优化的制度环境变革，而制度创新的关键是优化高等教育转型的外部推动与输入、内生力量与输出这两个动力系统，以及两个系统之间的有效衔接渠道。区域化发展战略和湾区城市群的深度融合为广东地区高等教育改革和高校转型发展提供了广阔的现实基础和变革空间。

如上所述，2020年左右我国高等教育在校生总规模将突破4 000万人，高等教育毛入学率将达到50%以上，进入高等教育普及化阶段。这一重大变化要求高等教育必须转型发展，各级各类高等学校重新定位、重组、再结构化与合理分工，并在学科专业配置、师资储备与招募和人才培养方案及规格等基本方面做出重大调整。20世纪90年代，普通高校毕业生数远低于匹配岗位的用人需求量，约相当于其时白领岗位需求量的三分之一。21世纪前十年，普通高校毕业生数已开始超过白领岗位总需求人数，绝对数量上的就业分类分流成为必然。随着人工智能的兴起，高校毕业生就业需求与白领岗位供给缺口这一趋势在不断加大，普通高校毕业生将有相当一部分（40%～50%）需要进入非传统观念认同的“蓝领”性岗位就业，成为具有知识、技能储备基础和更新能力的新型工人、新型农民（职业农民）和新型商业服务人员。

一方面，从城镇新增就业劳动力的教育结构分布上看。根据第四、第五、第六次全国人口普查资料，1990—1999年间，我国城镇就业岗位新补充人数为7 600万人，同期普通高校毕业生累计总量为750万人（含本科与专科层次），仅占前者实际需求量的不足10%。① 在21世纪前十年期间，我国城镇就业岗位新补充人数进一步扩充，达1.3亿人，同期普通高校本专科毕业生数则快速增长，较前一个十年翻了两番还要多，达到3 400万人，大致占前者的25%；2011—2020年间，预计我国城镇就业岗位新补充人数约为1.4亿人，同期普通高校本专科毕业生数再次提升一倍，达约7 000万人，已占前者的一半左右。

另一方面，从高等教育产生与发展的过程看，世界高等教育经历了“制度与建制化”“职能复杂化”“外部性拓展”“内涵式发展”等多元发展方式的承续与更替，这种演变既有同一地理空间内在时间上的变化与成长，也有同一历史阶段中空间地域意义上的传递与扩展，更有两种基本模式的复杂立体互动进程。当前阶段中国高等教育动力机

---

① 7 600万与人力资源和社会保障部历年公布的城镇新就业人数统计结果基本吻合。人口普查职业分类属于传统观念中白领阶层的包括：各级单位负责人、专业技术人员以及办事人员四类岗位（其中各级单位负责人和办事人员均属管理人员），属于蓝领的包括：商业、服务业人员、农民和工人四类岗位。

制与发展模式的转变是符合高等教育自身历史逻辑、适应社会外部变革的理性选择，也是重新定位高等教育发展与改革过程中可能产生的两种累积性偏差、解决实践矛盾与未来趋势两个基本问题、回归教育与高等教育两个基本本质、实现高水平内涵式发展与多元化个性人才成长规律的内在需要。只有全面深入地把握全球和我国高等教育发展演变的历史逻辑与现实问题，才能超越制度模仿与模式化的简单套路，实现我国高等教育发展的在地化、区域化逻辑与高等教育发展的国际化、全球化趋势的有机结合。

### 1.1.4 基于对国际四大湾区与高等教育互动发展问题的关注和思考



传统意义上的湾区是指与自然形成的海湾水面相连接的近海陆地区域，一般包括港口及在港口基础上形成的一个或多个城市、市镇。现代意义上的湾区概念不仅包含与海湾水面直接相接的陆地城市区域，还包括与狭义湾区概念中所指城市有密切经济联系的城市群。这种经济联系既表现为交通连接的紧密，也表现为技术、资本、人口、信息和政策等要素在城市间的快速流动。按照旧金山湾区政府协会首席经济学家辛西娅·克罗尔（Cynthia Kroll）教授的定义，湾区地理范围的划定标准主要有陆地涉水区域、交通通达性和人口等要素流动的紧密性三项内容。①

纽约、波士顿、旧金山和东京四大湾区以天然的地理区位优势作为空间载体，与世界一流大学集群的分布高度重合，全球排名前 100 的大学有多所分布在这四个湾区内。粤港澳大湾区作为新兴的湾区，同样也集聚着大量的高等教育机构，其中一部分已享有世界声誉，一部分正在快速发展（见表 1－1）。通过高水平大学集群从人才、基础科研、研发和创新机制等多种渠道的强力支撑，全球湾区构建了较完备的创新体系，夯实了经济社会发展的基础引擎，打造成了世界级科技创新集群地。

**表 1－1 国际四大湾区与粤港澳大湾区世界高水平大学分布情况②**

| 湾区 | U. S. News 2019 | ARWU 2019 | THE 2019 | QS 2020 |
|---|---|---|---|---|
| 纽约湾区 | Top 100：6 所<br>Top 200：8 所 | Top 100：5 所<br>Top 200：7 所 | Top 100：4 所<br>Top 200：5 所 | Top 100：4 所<br>Top 200：4 所 |
| 波士顿湾区 | Top 100：3 所<br>Top 200：4 所 | Top 100：3 所<br>Top 200：4 所 | Top 100：3 所<br>Top 200：5 所 | Top 100：3 所<br>Top 200：3 所 |

① KROLL C A，EVRENGIL E. The San Francisco Bay Area economy：a profile of the region as it approaches the 1990s［J］. Center for real estate and urban economics working paper series，1989：80－160.

② 资料来源：根据相关全球大学排行榜整理。U. S. News：《美国新闻与世界报道》世界大学排名；ARWU，ShanghaiRanking's Academic Ranking of World Universities：软科世界大学学术排名；THE，Times Higher Education：泰晤士高等教育世界大学排名；QS，Quacquarelli Symonds：夸夸雷利·西蒙兹世界大学排名。

**续上表**

| 湾区 | U. S. News 2019 | ARWU 2019 | THE 2019 | QS 2020 |
| --- | --- | --- | --- | --- |
| 旧金山湾区 | Top 100：5 所<br>Top 200：5 所 | Top 100：4 所<br>Top 200：5 所 | Top 100：3 所<br>Top 200：4 所 | Top 100：2 所<br>Top 200：2 所 |
| 东京湾区 | Top 100：0 所<br>Top 200：1 所 | Top 100：1 所<br>Top 200：2 所 | Top 100：1 所<br>Top 200：1 所 | Top 100：2 所<br>Top 200：4 所 |
| 粤港澳大湾区 | Top 100：0 所<br>Top 200：4 所 | Top 100：0 所<br>Top 200：3 所 | Top 100：3 所<br>Top 200：5 所 | Top 100：5 所<br>Top 200：5 所 |

国际四大湾区高校与区域和社区发展形成良性的深度互动，高水平大学集聚且各具特色。纽约湾区高等教育历史悠久，积淀深厚，传统与新创融合发展。纽约湾区的形成得益于人口中心和工业力量的双重效应，但更多地受利于湾区高水平大学的集群效应，这种聚集效应在一定程度上促使一批以科技为导向的企业和科研机构汇聚于此，进而形成良性互动。世界顶尖的“常春藤”盟校 8 所大学中的 3 所群集于此，“常春藤”也成为世界一流大学基本格局与发展方向的风向标。世界顶尖大学、世界高水平大学、高水平公立大学及社区学院共同组成了纽约湾区既有梯度又互相协调的高等教育体系，形成了强大的高等教育规模效应。波士顿湾区是美国高等教育发源地，高等教育历史悠久，特色鲜明，实力雄厚。波士顿湾区占据了“常春藤盟校”中的 5 所，拥有哈佛大学、麻省理工学院等世界顶尖大学以及东北大学、布朗大学、耶鲁大学、波士顿大学、达特茅斯学院、波士顿学院、塔夫茨大学、布兰迪斯大学、宾夕法尼亚大学等世界一流大学。波士顿湾区政府、高校、科研机构、企业等不同创新主体共同构筑起区域创新网络，实现了高度协同的区域创新体系。旧金山湾区是世界著名高科技研发中心。它既有代表性的世界私立顶级大学，也有全球最具影响力的公立大学。世界一流大学集群、美国一流大学集群及国际一流社区学院集群共同构成美国西海岸高等教育集群。东京湾区高等教育具有后发优势特色，与日本社会状况密切关联。东京湾区是日本最大的工业城市群和世界重要的商贸中心、交通中心和金融中心，也是国际高等教育中心。东京湾区拥有 200 多所高等教育机构，集聚了东京大学、东京工业大学、早稻田大学、庆应义塾大学等日本多所知名大学，占日本大学总量的五分之一强。东京湾区的超级国际化大学共 17 所，其中超级国际化大学 A 类（顶尖型）6 所，B 类（全球牵引型）11 所，占 37 所入选大学总数的 46%；东京湾区的牵引国际化人才大学共 22 所，占 42 所入选大学总数的 52%。① 此外，东京湾区还拥有一批区域高水平大学，如东京农工大学、横滨国立大学、东京理科大学等。四大湾区高水平大学集群发展影响了世界一流高等教育的基本格局，成为世界一流湾区的标志性现

① 日本文部科学省. スーパーグローバル大学創成支援［EB/OL］.［2020－07－19］. https://www.mext.go.jp/a_menu/koutou/kaikaku/sekaitenkai/1360288.htm.

象。可以预期，借助高水平大学和研究机构形成的高端智力资源，进而形成由高水平大学集群、研发创新集群、创业企业集群、投资运作集群等多个高度相关的集群融合在一起的创新创业生态系统，必将是世界一流湾区高水平大学集群发展的基本趋势。

纽约湾区历史阶段性和现实多样性有机融合，将不同大学发展时段集中呈现在一个湾区空间中，形成“多时态 - 多层类”式大学时空分布模式；波士顿湾区是美国开国精神创新之源，历史文化底蕴丰厚；旧金山湾区高校沿海岸线罗布，公立高校具有典型的政府规划设计特征，私立高校凭借市场推力，价值定位与发展形态不一，是“政府 - 非政府 - 市场”多主体互动，公私形态互补，优质大学空间分布较为均衡；东京湾区的政府作用更为明显，人口密度更高，市政规划与大学发展结合程度更深入，大学围绕全球性超级大都市东京形成了“同心圆”式的空间分布形态。参考国际四大一流湾区高水平大学集群发展进程，粤港澳大湾区要实现世界一流湾区的战略目标，需要营造有利于世界一流大学快速发展的两种关键机制：一方面，充分利用政府的主导与引导力量，落实国家战略，制定和执行更富国际前瞻性、组织稳健性与区域针对性的高等教育发展规划，旗帜鲜明地建设世界一流湾区高水平大学大集群高地；另一方面，充分遵循高等教育的自觉与自主发展规律，整体优化区域内大学整体层面的治理基础与现实结构，发挥大学群体与个体层面的主动性与多元动力，建构符合世界一流特色的教育基础环境与高等教育生态系统，进而建设基于产学研政等主体多方合作的知识技术创新与经济社会发展系统。

与国际一流湾区相比，粤港澳大湾区高等教育与湾区互动发展的良性局面尚未形成。在高等教育规模上，三地高等教育资源比较丰富，具有一定的规模。粤港澳三地现有高校 180 余所，高等教育基本已构成了专科、本科、硕士、博士各层次人才培养体系，各类高等教育学生总量超过 300 万人，全日制在校生超过 200 万人①。据最新统计资料，广东省 2020 年高等教育毛入学率首次突破 50%，达 52%；预计 2021 年实现全省 21 个地级以上市高校（校区）、高职院校全覆盖。但湾区优质高等教育规模小且发展不平衡。在高等教育发展水平上，位列全球前 50 的国际顶尖大学缺乏，高等教育国际竞争力有待提升。在高等教育集聚发展与合作水平上，三地高校具有一定的集聚效应，但湾区高等教育交流与合作力度不够。粤港澳三地高等教育理念、管理体制、评价体系等依然存在差异，三地合作更多地呈现出零散性、个体性及低水平性等特征。在产教融合和科教融合上，高等教育创新创业生态系统尚未形成，大学 - 政府 - 产业需要不断地进行制度创新。国际经验表明，只有高等教育与产业集群的协同发展，才有可能全面推动人才与资本聚集，打通从科技创新到产业应用的关键环节，真正实现“产学研政用”的完美衔接。产教融合与跨界合作反过来又将增强大学知识创造力、人才培养力、成果转化力，提升高等教育核心竞争力。因此对国际湾区，尤其是粤港澳大湾区高等教育与区域互动发展的问题必将得到学术界与社会各界的广泛关注。

---

① 陈小娟. 广东高等教育发展规模分析与前瞻［J］. 广东第二师范学院学报，2016，36（6）：7 - 11.

## 1.2 研究的历史进展和基本概况

为了比较全面地理解高等教育与湾区经济发展的研究现状，为国际比较与经验借鉴提供理论指引与文献基础，下面从四个方面对现有研究进行简要梳理与归纳：粤港澳高等教育发展的研究；大学角色、职能与作用的研究；国际四大湾区高等教育发展的研究；高等教育与湾区经济互动发展的研究。

### 1.2.1 粤港澳高等教育发展的研究

粤港澳之间的合作其实并不是一个新提出的概念，可以理解为是过去 30 年港珠澳地区区域合作的进一步深化，2009 年《大珠三角城镇群协调发展规划研究》将湾区计划列为空间总体布局协调计划的一环，2017 年在政府工作报告中明确提出了内地与港澳地区的深化合作，之后《深化粤港澳合作　推进大湾区建设框架协议》在香港签署。近几年粤港澳大湾区成为社会各界探讨的热点议题，而在教育领域，其实很早就有学者将目光投到了粤港澳三地高校的合作上。1996 年学者杨移贻认为“粤港澳三地由于处于不同的政治经济环境中，因此优缺点各不相同，相互间的借鉴学习交流是共同发展的基础，优势互补又是实现对接的先决条件”①，而实现途径主要是体制上的相互借鉴、联合办学、合作科研、资源共享以及加强高教理论研究的合作。1997 年学者朱建成提出“三地互相取长补短，互惠互利，就是最好的合作”②，在港澳人才紧缺的情况下，应该加快开展三地的教育合作，这有利于港澳回归后的发展。2011 年，学者韦惠惠与陈昌贵运用新制度经济学的制度变迁理论，从实践、动态以及静态这三个角度对粤港澳大湾区合作的制度属性进行了分析，提出了制度需求的影响因素在于制度选择集合、粤港双方教育资源状况、技术因素以及合作的市场规模，而供给的影响因素则在于制度环境的变化、现存制度安排的影响、新制度创立成本和预期实施成本、社会科学知识积累状况、上层决策者的收益和非正式制度的影响，并对改革开放后教育合作制度变迁的脉络进行了一定的梳理，将粤港高等教育合作的制度变迁分为三个阶段进行分析：1978 年改革开放至 1997 年香港回归为第一阶段，这一阶段内地加大了教育领域的对外开放，制定了一系列的政策以保证对外交流的顺利进行。1997 年香港回归至 2008 年底《珠江三角洲地区改革发展规划纲要（2008—2020 年）》颁布为第二阶段，广东可以通过香港尽快达到现代化国际化的水平，而香港也可以通过与广东的合作办学解决空间有限生源不足的困难。粤港高校间通过签订一系列的合作协议以及跨境产学研合作制度等多种形式达到了共同发展的目标。而第三阶段为 2009 年至今，粤港的合作逐渐上升到国家战略层面，成为一个不容忽视，亟待讨论的话题，如

---

① 杨移贻．互补与对接：21 世纪粤港澳高等教育合作展望［J］．高教探索，1996（3）：17 - 22，16.

② 朱建成．粤港澳高等教育互惠互补的思考［J］．港澳经济，1997（3）：34 - 36.

何进一步促进合作的深化，使得两地间的合作更上一个层次，需要更有针对性与系统性的思考。①

有学者对粤港澳三地的合作现状进行了分析，提出广东省的优势在于高等教育水平位居中国前列，香港则拥有优质多元灵活的升学途径。② 香港的高校，如香港大学、香港中文大学、香港科技大学、香港理工大学、香港城市大学，均位于世界前 100 名，实力雄厚，而澳门则有 10 所院校可颁发学位，有利于学生的交流与交换。三地的高等教育具有高度互补性。学者杨玉浩在 2018 年提出了基于地缘关系的粤港澳大湾区合作现状分析，整理了大湾区高校分布概况、多样化办学模式概览以及高校分类发展的办学策略，为粤港澳大湾区政策发展提供建议。③ 学者许长青通过对香港科技大学校长陈繁昌教授的深度访谈，提出“粤港澳大湾区大学应加强教育科技合作，打造高水平大学创新联盟，采取灵活多样的合作模式，推动高等教育融合发展，充分发挥大学角色与作用，推动国家战略目标的实现”④。学者谢爱磊等认为粤港澳大湾区应“进一步加强顶层设计、进行制度创新、促进高等教育与产业的协同、提升国际化水平”⑤。

### 1.2.2 大学角色、职能与作用的研究

大学是承担一定职能的专门化、专业性的社会机构。大学职能既是高等教育中的基本理论问题，也是大学教育实践的一个基本立足点。自中世纪现代大学建制以来，大学职能的问题便被提出来了，不过大学的社会角色、职能和作用不断变化。在当前社会中，大学已经不是职能单纯的学术组织，也不是传统意义上的教育机构，而受社会环境和自身变化的双重影响，在履行教育与学术职能的同时，不断地回应现实需求，担负起更多维度的实践职能，如政治职能、社会职能、经济职能、文化职能、国际化职能与文明交流职能等。于是，也就有了大学的第一、第二、第三、第四、第五等不断递进与派生职能之论；各类职能之间的关系错综复杂，相互间的促进效应，已经存在以及可能存在的种种冲突也引起了人们的广泛关注。

大学职能的理论基础可归结于结构主义理论、职能主义理论和结构职能主义。按大学历史演变的轨迹，可以看到在不同的历史时期，大学的基本职能与价值取向具有不同的时代烙印与发展特征。一般而言，大学的基本职能，也是大学起源阶段的原初

---

① 韦惠惠，陈昌贵. 粤港高等教育合作制度变迁分析［J］. 广东工业大学学报（社会科学版），2011，11（1）：6－10.

② 冼雪琳，安冬平. 粤港澳大湾区高等教育现状及合作模式探讨［J］. 深圳信息职业技术学院学报，2017，15（4）：7－11.

③ 杨玉浩. 基于地缘关系的粤港澳大湾区高等教育现状及发展战略研究［J］. 教育导刊，2018（8）：77－81.

④ 许长青. 大学在粤港澳大湾区建设中的角色与作用：访香港科技大学校长陈繁昌教授［J］. 国家教育行政学院学报，2018（12）：17－24，95.

⑤ 谢爱磊，李家新，刘群群. 粤港澳大湾区高等教育融合发展：背景、基础与路径［J］. 中国高教研究，2019（5）：58－63，69.

职能即人才培养，陆续发展出其他衍生职能主要包括科学研究、社会服务、文化传承创新、文明交流沟通等。基本职能对衍生职能具有一定的优先性与决定性，而衍生职能既有派生性又有较强独立特性，对基本职能起到互动、反哺、辅助、改进与再塑等作用。对大学来说，不同职能之间虽然可能存在阶段性、地域性的矛盾与抵牾之处，不过已经事实上成为彼此紧密关联的有机整体。大学多元职能具有明显整体性，大学作为一种社会机构对人和人类社会的发展具有整体功效，并具有实际发挥这种整体功效的能力。大学职能的实际发挥不能仅从单一维度、单个层面去考察，而应从大学多维职能一体化属性的角度予以整体把握，即大学职能的多维统一性。不过，应当看到大学职能彼此的对立乃至一定程度的对立性，整体性的割裂是大学现实存在的一种境遇，大学职能系统失衡与大学职能整体性割裂的原因和可能的危害都是多层面的。重塑大学职能整体性的价值，应首先坚持大学与时代趋势发展相互一致、彼此融合、协同共进，同时坚持大学自身发展逻辑的历史传承与一致性。

自大学诞生以后的数个世纪以来，大学一直是作为人才培养和高深知识传授的场所，这一点与初等、中等教育既有内在一致性，又有层级差异性。英国引领的全球第一次科技革命对欧洲，尤其是德国大学的发展产生了关键影响，科学研究的重要性引起国家与大学的重视，科学研究职能在大学中成为新的核心任务。18 世纪，德国大学对研究的重视和研究生教育的起源是这一阶段的典型事件。第二次世界大战中的军事竞争促生了国家需求与大学职能之间的对接。二战之后，以美国大学发展为代表，国家战略需求的满足寄望于大学，社会服务职能成为大学承担的第三大类职能。在全球性的知识社会和新时代国家发展战略的背景下，文化传承创新受到空前重视，成为推动我国经济社会全面均衡可持续发展的重要力量。文化传承创新既是一种发展手段，也是一种教育过程，是对国家传统文化与人类真善美不断的向往与追求，是促进人的自由、全面、和谐发展并推动社会整体发展的过程。在主导力量和各种因素的协作影响下，大学文化传承创新职能受到政府与大学两方的高度关注，迅速成为当代中国大学共同认可的第四项基本职能。大学职能是大学与国际社会、国家、社会、市场、个人等各方关系的集中反映，一般而言，人才培养、科学研究、社会服务是被国内外大学普遍认可的三大基本职能；文化传承创新主要是我国大学当前面临的具有时代要求与本土话语意义的特殊职能，促进全球文明间的合作与交流职能则是全球化背景下所有大学面临的一项重大议题。

作为当代美国高等教育研究的知名学者和教育改革的实践者，克拉克·克尔（Clark Kerr）在《大学的功用》（*The Uses of the University*）一书中阐述的“多元化巨型大学”模型被视为当代大学组织职能的典范。① 基于历史渊源和现实背景，现代大学结构庞大，大学职能与大学目的互为表里，大学组织机构与大学管理模式日臻细密精致，人才培养与学术研究是多元中心的两种基本价值追求，是历史悠久的大学职能。同西方发达国家相比较，我国大学办学历史较短，整体实力仍相对较弱，大学产生的

---

① 克拉克·克尔. 大学的功用［M］. 陈学飞，等译. 南昌：江西教育出版社，1993.

国际影响力也较为有限。不过，随着我国高等教育事业的迅速发展，越来越多的大学开始在国际舞台上发挥越来越明显的作用。同时大学职能也不再局限于传播知识、培养人才，而是从社会经济发展的需要出发，呈现出多样化职能的特点：政学研、产学研、政产学研有机结合，多重螺旋作用力深度合作。我国大学正面临着由社会转型而引发的巨大变革，大学内外部环境发生了并且仍在持续发生着根本性的变化，使大学系统本身出现诸多问题。这些问题一部分原因便是大学尚未或难以承担应有的使命，大学偏离其本体与本源职能，遮蔽了历史与传统职能，弱化了现实与时代职能。问题的解决需要明确大学各主体职能之间的关系。从本体上看，大学职能体系作用的发挥是以人才培养为主线的多线程一体化过程，各种基本职能各司其职、协调一致，互相支撑发展。从大学发展的逻辑起点和历史起源来看，这些职能是以人才培养为中心，构成的一个相互交叉与融合的统一整体，共同服务于满足一定社会发展需要而培养高素养人才这一本体职能。大学之为大学，本体职能就是人才培养。科学研究、社会服务、文化传承创新与国际文明交流都是本体职能的有机衍生与变革，既是独特与不可替代的，也促进了本体职能更切合时代、更充分地实现。现代大学的职能高度综合化，它们以人才培养为基准点，在具体实践中，大学通过科技成果转化与技术发展、社会与地方服务、文化传承与创新、知识传授等各种方式来培养适应当代社会需求的人才，形成了多元的人才培养模式。大学各职能间的关系是一个沟通理论与实践的时代命题，唯有厘清大学各职能关系，才能更好地推动大学职能整体性的有效发挥。

### 1.2.3 国际四大湾区高等教育发展的研究

纽约湾区、波士顿湾区、旧金山湾区与东京湾区这世界著名的四大湾区，它们不仅是高新技术的高地，也是高等学校的集聚地，正是因为汇集了大量的顶尖高校，区域内的发展才能够得到大量的人才支持与技术支撑。学者欧小军认为："世界三大湾区扎堆而形成的高水平大学集群已经成为世界一流湾区的重要标志，借助高水平大学和研究机构形成的关系网络资本，进而形成由高水平大学群体、创业企业群体等多个高度相关的群体融合在一起的创业生态系统，是世界一流湾区高水平大学集群发展的趋势。"① 并且各大湾区的高等教育都有自己独特的发展模式，大学在发展进程中形成了具有属地特色与区域特性的多元时空样态。有研究者提出旧金山湾区形成了一种"大学－企业－风险投资－政府"的完善创新生态系统。② 这一系统可分为"核心－支撑"或"中心－外围"两个层次：以硅谷和斯坦福大学为双核心的旧金山湾区拥有一个较为完善的创新生态系统，政府部门、大学师生、科研机构研究人员、企业家、风险投资家以及各类中间机构、非正式社区组织等创新要素构成了创新核心网络层；便利的基础设

① 欧小军．世界一流大湾区高水平大学集群发展研究：以纽约、旧金山、东京三大湾区为例[J]．四川理工学院学报（社会科学版），2018，33（3）：83－100.

② 丁旭光．借鉴旧金山湾区创新经验，构建粤港澳大湾区创新共同体[J]．探求，2017（6）：27－30.

施、简明的创新文化、风险与收益预期均衡的投资氛围、专业性服务机构、各种行业协会和非正式社交网络构成了创新环境支撑层。以斯坦福大学为典型代表的众多高校集群融入整个创新网络中，为湾区的发展提供理论资源、智力支撑和创新技术的支持。

### 1.2.4 高等教育与湾区经济互动发展的研究

学者杜育红认为“教育和人力资本是保证经济持续增长的重要源泉”①，通过创建相关模型进行验证，发现教育人力资本既可以作为生产要素直接促进经济增长，又可以通过推动技术进步促进经济增长，主张加速推进高等教育与地区经济发展的协同，而教育与资本的互补性则能够凸显出资本投入对教育的依赖。学者胡文涛认为高等教育的合作是弥补经济发展短板的“妙药”，“粤港澳大湾区将对三地人才需求提出多样化要求，需要在保险、金融、法律、税收、会计乃至医疗服务等各个领域的国际化、专业化、高端化人才。广东高等教育需借鉴港澳地区尤其是香港高校在人才培养方面的先进经验，做好人才需求调研，制定科学合理的人才培养目标和方案，推进大湾区人才的‘精准供给’。积极推进与港澳地区高校的高端智库合作”②。通过对“粤港澳大湾区、东京湾区及旧金山湾区就经济辐射效应、区域协同效应及配套设施三方面进行比较分析”，有研究指出“根据产业现状和发展路径，在香港、广州等高等教育资源较为丰富地区针对人才需求较高的专业进行合理扩招，为劳动力市场就近供应对口资源”。③ 通过建立共享平台、设立合作机制，推动高等教育在湾区经济增长中发挥出最大的作用。

## 1.3 研究的主要方法与框架设计

### 1.3.1 研究的主要方法

#### 1.3.1.1 定性与定量结合

学术界一般认为定性研究是指研究者在自然环境中通过采用实地体验、结构式与半结构式访谈、参与式与非参与式观察、文献分析、个案调查等手段对社会现象与问题进行深入细致和长期研究的一种方法。定量研究是指研究者事先建立假设并确定具有因果关系的各种变量，通过采用某些经过检测的工具进行测量和分析，从而验证假设、得出结论的一种研究方法。定量研究秉承实证主义观点，以经验的确切资料为哲学指导基础；定性研究以本体论、个人主观意义及经验为主体的知识论和价值理性为

---

① 杜育红，赵冉. 教育在经济增长中的作用：要素积累、效率提升抑或资本互补？[J]. 教育研究，2018，39（5）：27－35.

② 胡文涛. 高等教育合作在大湾区的妙用［N］. 中国教育报，2018－04－19（6）.

③ 沈子奕，郝睿，周墨. 粤港澳大湾区与旧金山及东京湾区发展特征的比较研究［J］. 国际经济合作，2019（2）：32－42.

哲学指导基础。定量研究一般基于调查得到的现实资料数据，遵循从一般到特殊、自上而下的演绎过程；定性研究一般基于大量的历史事实和生活经验材料，偏向于从个别到一般、自下而上的归纳过程。显然二者在研究的理论基础、价值判断、研究过程、采用方法上存在显著差异。但随着时代发展和社会科学出现的交叉融合趋势，定性与定量研究亦出现了兼容与整合的发展趋势。本研究将综合使用定量与定性研究手段，既采用多元统计分析、大数据分析等定量方法揭示基本事实与要素之间的关系，又通过深度访谈、案例分析等定性方法阐明作用机制与内在机理。

#### 1.3.1.2 宏观与微观互补

“宏观”与“微观”两个概念均源于希腊文（makros，mikros）。从哲学意义上考察，“宏观”意为“大”的意思，即宏观物体和宏观现象的总称；“微观”意为“小”的意思，即细微事物。宏观研究方法和微观研究方法既适用于自然科学研究，也适用于社会科学研究。① 在教育研究上，宏观研究方法是指从大的视角，从相对整体或全局意义上去考察教育改革与发展实践的内在联系，以寻觅寓于教育实践之中，隐于教育现象背后的更深层次的本质，如教育与政治、经济、科技、文化、人口等关系的研究，又如教育方针、教育目标、教育结构、教育管理、教育政策、教育投资、教育评价等问题研究；微观研究方法是指从小的视角去考察教育发展中的局部或细部问题，如对教育教学方法、学生培养、学科内容、学校办学效率、产学合作等问题的研究。严格来说，介于宏观与微观之间的教育问题的研究属于中观教育问题研究，如粤港澳大湾区教育问题研究等，但本研究并不将它独立划出，而是归属于宏观教育问题研究。宏观研究和微观研究属于两种不同的研究方法，二者之间有区别，但并不是对立的，而是具有互补和互动关系。因此本研究采取宏观与微观有机结合、相互补充的方法，开展整体研究与案例研究。既以高等教育为整体，从宏观层面开展高等教育与湾区发展的影响机制研究，又选定个案高校，从中、微观层面开展应用研究。

#### 1.3.1.3 文献与比较统一

文献法亦称历史文献法，是指通过阅读、分析、整理有关文献材料，全面、正确地研究某一问题的方法。比较研究法是教育研究中的重要方法之一。比较教育学科中的比较法就是根据一定的标准，对不同国家或地区的教育制度或实践进行比较研究，找出教育的特殊规律和普遍规律的方法。② 一般来说，比较研究方法就是根据一定标准，对两个或两个以上有联系的事物进行考察研究、寻找异同、探求普遍规律与特殊规律的一种研究方法。本研究将通过文献整理与政策分析、历史分析与比较研究的有机结合，探索高等教育与湾区融合发展的演变轨迹与未来发展趋势。

---

① 金福来，裴云涌．论研究历史的科学方法——宏观与微观的研究方法［J］．内蒙古民族大学学报（社会科学版），2008（1）：15－17.

② 吴文侃，杨汉清．比较教育学［M］．北京：人民教育出版社，1999.

### 1.3.2 研究的框架设计

研究围绕高等教育与湾区发展的关系，聚焦高等教育与区域经济发展和国家战略融合的动力机制与作用过程。首先分析改革开放以来我国高等教育与经济社会发展之间的关联方式和历史变迁，接着重点对新时代高等教育发展的内部属性和外部特性予以翔实考察，然后探讨世界四大湾区中高等教育发展的现实路径与链接机制，最后提出粤港澳大湾区高等教育的现实问题与发展对策，研判如何紧密贴合国家战略走出具有国际一流水准和本土特色的大湾区高等教育发展之路。选准研究的理论切入点与实证突破点，以点带面、点面结合，总体研究框架如图 1－2 所示：

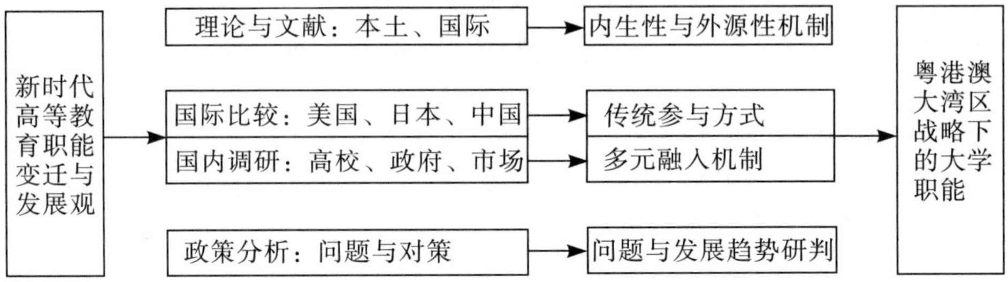


**图 1－2 研究内容总体框架**

## 1.4 研究的逻辑起点与基本假设

### 1.4.1 研究的逻辑起点

研究的逻辑起点是高等教育在当代社会中承担着多元和直接的功能与作用，是社会发展的直接参与者与推动者；并且经济发展与高等教育发展同样呈现出集聚化和规模化效应，高质量经济社会发展与高水平高等教育呈现密切正相关。具体而言有理论逻辑起点、实践逻辑起点和政策逻辑起点三个。

#### 1.4.1.1 理论逻辑起点

全球高等教育竞争激烈，发展趋势必然要求高等学校要在合作与碰撞中创造性地探索高等教育发展新模式。大学都较为重视全球权威排行榜中的表现，政府也多将高水平大学建设作为地方竞争力和施政绩效的重要筹码。而高等教育发展水平与经济发展水平不一致，经济强健而高等教育相对偏弱，一直是广东这个经济大省长期的痛。所以就广东而言，通过积极推动粤港澳大湾区高等教育集群建设，在和京津冀、长三角等国内著名城市群的竞争中，有望迅速补齐高端智力资源和人才库的短板。当然，这绝不是要几大经济集群去组团比拼，国家显然对大湾区高等教育集群有着更高的期待。区域高等教育集群的优势显然不在于体大量多，而在于能否探索出符合国情特征和时代发展趋势的高等教育发展新模式。尤其是在两种体制的合作与交流中，自有产生新模式的诸多机会，既为湾区经济腾飞和社会进步服务，又能够为未来大学发展提供新思路。

#### 1.4.1.2 实践逻辑起点

粤港澳大湾区建设备受瞩目，尤为令人关注的是，大湾区的建设重点之一是打造全球科技创新中心，而其建设基础来源于大湾区活跃的产业群和为此提供创新人才的高等教育集群。粤港澳三地拥有众多世界级的、具有影响力的大学，其中香港的香港大学等几所大学稳居各大世界大学排名前 100 强，广州的中山大学、华南理工大学入选国家“双一流”建设计划，深圳近年来在大学建设方面下了颇多大手笔，澳门的大学亦发展迅速。粤港澳大湾区战略对教育提出了更高要求和更加紧迫的任务。2016 年 11 月，粤港澳高校联盟正式创盟，中山大学为联盟首届理事会理事长单位。我国正面临从“教育大国”走向“教育强国”的机遇和挑战，粤港澳高校联盟的成立将为区内高校合作开启新局面。粤港澳大湾区的重要战略主攻方向是打造高水平世界一流大学，打造环高校知识经济圈和全球创新中心，打造“东方的硅谷”。相应地，湾区内的高校需要不断加强与港澳高校的联系、交流与合作，共同助力粤港澳三地协同创新发展，服务粤港澳大湾区建设。因而粤港澳大湾区高校互创合作、融合发展、全面服务国家战略成为本研究的实践逻辑起点。

#### 1.4.1.3 政策逻辑起点

港澳与珠三角城市群的合作由来已久，但更多的是在地方政府和民间层面。2018 年粤港澳大湾区建设上升至国家战略层面，高等教育之于粤港澳大湾区的角色与作用，首先要考虑的是其在服务国家战略层面的意义。这就是本研究的政策逻辑起点，即湾区高等教育的政策制定，必须围绕服务国家战略而展开。第一，高等教育的本质职能是人才培养，尤其是探索如何培养参与竞争并主导引领新一轮科技、经济全球化发展的人才。充分发挥粤港澳三地高等教育模式与发展的“势差”与“形别”的比较合作优势，探索一套真正具有粤港澳大湾区特色的人才培养制度与模式是大学的应有之义。第二，高等教育融合发展有助于湾区知识合作与整体认同，促进湾区经济、社会、文化融合发展。高等教育面向的群体是年轻人，是国家的未来，高等教育融合发展可有力强化粤港澳三地年轻人的沟通机制，增强青年命运共同体的凝聚力。高等教育是区域文化的品牌，粤港澳三地高等教育合作与融合发展有利于提升港澳学生国家意识和爱国精神，实现港澳人心回归。粤港澳高等教育合作与融合发展将为港澳青年进入广东和内地其他高校学习以及实习、就业、创业等提供更多的机会，有利于港澳青年学生在内地实现成才成功梦想，培育以中华文化为主体、多元文化共存的价值体现，增进国家认同感。第三，大学服务国家战略符合国际高等教育发展的新趋势。从高等教育发展的历史看，高等教育为区域经济发展服务，从 20 世纪早期美国威斯康星大学的“威斯康星思想”就已经开始。从全球湾区来看，纽约湾区、旧金山湾区、东京湾区等传统湾区之所以能享誉全球，高等教育提供了强大智力支持。高等教育之于粤港澳大湾区，正是一条沟通未来跨区域经济、社会合作和发展的纽带，但这条纽带连接着三不同体制、不同类型、不同发展阶段的高校协同发展，在全球范围内实属罕见。粤港澳大湾区高等教育正是承载了这样一个光荣而艰巨的使命，为国家发展做出新的贡献。同时，高等教育可以促进大湾区的知识合作与整体认同，为大湾区进一步融合发展的政策制定提供认知与学理基础。

### 1.4.2 研究的基本假设

大学在粤港澳大湾区建设中的角色与作用基于以下的几点假设：

第一，粤港澳大湾区高等教育及其集群发展是国家重大发展战略的有效抓手和关键链接点。新时代几项国家重大倡议和战略方案：共建“一带一路”倡议、“21 世纪海上丝绸之路”、粤港澳大湾区和乡村振兴汇聚在粤港澳三地，形成了强大的发展合力和时代大趋势。

第二，世界一流大学及其集群发展是形成区域高等教育优势的核心战略，高水平大学是区域内跨制度的社会经济沟通的桥梁。

第三，不同层类的高校将在大湾区高等教育合作与碰撞中探索出崭新的发展模式，在比较、探索、合作与竞争中深度发现高等教育的自身意义与价值。

第四，粤港澳大湾区高等教育融合发展在“器物文明 - 行为规范 - 惯习场域 - 价值理念”多层次、多维度的瓶颈效应，需要通过“共性 - 共赢 - 共创 - 共生”的模式来寻求重大突破，构建从大学器物（校园）文明到学术生态文明的全方位高等教育发展共同体。

## 1.5 研究的基础性概念

### 1.5.1 高等教育

高等教育是指在完成中等教育的基础上进行的专业教育，是培养高级专门人才和职业人员的主要社会活动。20 世纪后半叶是高等教育发展的一个小高潮，它进行了不断的扩展与质变，而随着社会对人才需求的不断增加，高等教育也从以往狭义的精英教育走向了更适合社会前进的大众化教育。本研究中所说的高等教育在实践层面上指粤、港、澳三地的普通高等教育，除非特别说明，一般不包括成人高等教育。

### 1.5.2 湾区与湾区经济

从地理学视角来说，湾区是指由一个海湾或者相连的若干个海湾、港湾、邻近岛屿共同组成的区域。① 随着资本的集聚，湾区渐渐成为高新技术合作与经济发达沿海

---

① 王旭阳，黄征学. 湾区发展：全球经验及对我国的建议［J］. 经济研究参考，2017（24）：5 - 10，36.

区域的代名词。成熟的湾区具有如下特征：区位性——湾区必须具有优良海港，因港而生，依湾而兴，经济腹地广阔，能够产生港口、城市、创新、产业等经济叠加效应；集聚性——基础设施完善、交通便利、投资环境好、资源和产业高度集聚；开放性——城市高度开放、经济外向、人口多元、社会包容；创新性——湾区是创新引领者，影响周边地区进行产业升级和科技创新；宜居性——宜居宜业，生态环境好，能吸引和留住人才；国际性——国际人才充分流动、国际交往频繁。湾区是带动经济发展与技术创新的领头羊，世界银行的相关数据表明，全球经济总量的60%来自港口海湾地带及其直接腹地。中国沿海有很多湾区，如粤港澳大湾区、杭州湾、环渤海湾、湄洲湾、泉州湾、厦门湾、东山湾、胶州湾、北部湾；国外亦有很多湾区，如伦敦湾、悉尼湾、鹿儿岛湾、印第安湾（迈阿密港）、切萨皮克湾（巴尔的摩港）、英吉利湾（温哥华港）、卡迪夫湾（卡迪夫港）、奥斯陆湾（奥斯陆港）、阿姆斯特丹哈德逊湾、波斯湾、几内亚湾、孟加拉湾等。但基于生态、经济、社会发展等多维度，从建设实践现状来看，目前世界上发育最为成熟的湾区城市群有三个，分别为旧金山湾区、纽约湾区以及日本东京湾区。①② 在中国，发展比较成熟、获得国家正式确认的湾区就是粤港澳大湾区。纽约湾区、波士顿湾区、旧金山湾区、东京湾区以及我国正在大力建设的粤港澳大湾区符合湾区发展的上述特征，引领着湾区经济发展，因而成为本项目的研究对象。湾区经济作为一种重要的滨海经济形态，一般是指由港口城市都市圈与湾区独特地理形态相结合而衍生出的一种经济，是港口经济、集聚经济和网络经济高度融合而成的一种独特经济形态③，是陆域经济与海洋经济深度融合的区域经济发展的高阶模式④，具有“拥海抱湾、合群通陆”的独特优势，能够通过湾区城市拓展腹地，集聚各种生产要素，积极引领对外开放，产生港口群、产业群、城市群的叠加效应⑤。这也呼应了湾区本身所具有的特点，本项目着眼于高等教育对湾区经济增长的支撑作用研究。

### 1.5.3 区域创新

区域创新体系（regional innovation system，RIS）是一个新兴的概念，在全球范围内掀起了研究热潮，英国卡迪夫大学的学者库克（Philip Cooke）于1992年最早提出

---

① 伍凤兰，陶一桃，申勇．湾区经济演进的动力机制研究——国际案例与启示［J］．科技进步与对策，2015，32（23）：31－35.

② 这里的纽约湾区包括的主要中心城市有纽约、波士顿、华盛顿、巴尔的摩等。本项目研究充分考虑美国东北部地区的南北差异性，将波士顿湾区独立划出。因而本项目湾区研究对象为五大湾区，即纽约、波士顿、旧金山、东京和粤港澳大湾区。五大湾区的概念在1.5.5的基础性概念界定中亦有阐述。

③ 王宏彬．湾区经济与中国实践［J］．中国经济报告，2014（11）：99－100.

④ 申勇．湾区经济的形成机理与粤港澳大湾区定位探究［J］．特区实践与理论，2017（5）：42－46.

⑤ 周俪，郑立文．福建省湾区经济发展路径研究［J］．海洋经济，2020，10（1）：28－36.

并对区域创新做了较为系统而深入的研究，因发表了《区域创新体系：新欧洲的竞争规则》一文而受到学术界的重视与研究。① 随后，美国硅谷的兴起以及产业集聚所形成的规模化效应也引起了人们对于区域创新体系的重视。区域创新体系的内涵是指一个区域内有特色的、与地区资源相关联的、推进创新的制度组织网络，其目的是推动区域内新技术或新知识的产生、流动、更新和转化。区域创新体系主要由主体要素，即区域内的企业、大学、科研机构等，加上职能要素，配合环境要素所构成，具有输出技术知识、物质产品和效益三种职能。

### 1.5.4 经济增长

狭义上的经济增长指的是在一个较长的时间跨度上，国家人均产出或人均收入的持续增加，而增长其实是属于宏观的经济范畴。学者萨缪尔森在《经济学》② 一书中写明“经济增长代表的是一国潜在的 GDP 或国民产出的增加”。而学者刘易斯在《经济增长理论》③ 一书中，则认为经济增长是人均实际产出的持续增长，如果考虑到人口和价格因素，经济增长就是人均实际产出的增加。教育经济学中认为对教育的支出是一种投资，“具有非盈利性、连续性、固定性和递增性等特点”④。教育对经济增长的作用主要体现在为经济发展提供优质的人力资源，学者杜育红认为“教育和人力资本是保持经济持续增长的重要源泉”⑤。本研究着眼于粤港澳大湾区高等教育的发展，通过对比研究为大湾区的经济增长提供智力支持。

### 1.5.5 五大湾区

现有文献中，四大湾区多指日本东京湾区、美国旧金山湾区、美国纽约湾区以及中国粤港澳大湾区。学者张恒会⑥在《地理教育》中对四大湾区做了简单的介绍——日本东京湾区位于日本关东地区，是日本最大的工业城市群和国际金融中心、交通中心、商贸中心、消费中心；美国旧金山湾区位于美国加利福尼亚州北部的大都会区，是世界上最重要的高科技研发中心之一，硅谷位于湾区的南部，拥有斯坦福大学、加州大学伯克利分校和加州大学戴维斯分校等多所世界知名大学；纽约湾区由 31 个县联合组成，是世界金融的核心中枢，其金融业、奢侈品、都市文化等都具有世界性的影

---

① COOKE P. Regional innovation systems: competitive regulation in the new Europe [J]. Geoforum, 1992, 23 (3): 365 – 382.

② 萨缪尔森，诺德豪斯. 经济学 [M]. 18 版. 萧琛，主译. 北京：人民邮电出版社，2008: 352 – 358.

③ 刘易斯. 经济增长理论 [M]. 梁小民，译. 上海：人民出版社，1994: 1 – 3.

④ 孙玉环，季晓旭. 教育投入对中国经济增长作用的区域差异分析：基于多指标面板数据聚类结果 [J]. 地理研究，2014, 33 (6): 1129 – 1139.

⑤ 杜育红，赵冉. 教育在经济增长中的作用：要素积累、效率提升抑或资本互补? [J]. 教育研究，2018, 39 (5): 27 – 35.

⑥ 张恒会. 全球四大湾区 [J]. 地理教育，2018 (9): 60.

响力；而中国粤港澳大湾区是由香港、澳门两个特别行政区和广东省的广州、深圳、珠海、佛山、中山、东莞、肇庆、江门、惠州9市组成的城市群，是国家建设的重要工程。美国波士顿拥有哈佛大学、麻省理工学院、波士顿大学、波士顿学院等诸多高校，为波士顿及纽约提供了高素质的人力资源及和高新科技。波士顿是美国东北部高等教育中心，是全美人口受教育程度最高的城市，是美国科研、金融与技术中心，也是一个全球性城市。在地理位置上，波士顿面向大西洋，整个城市建造在一个半岛上，通过一个狭窄的地峡与大陆相连并被马萨诸塞湾和后湾－查尔斯河所环绕。基于理论与现实的考察，本研究将跳出传统的思维，将波士顿湾区作为一个独立的湾区来考察，而不是将之界定为纽约湾区的北翼。本研究着眼于粤港澳大湾区与其他四大湾区高等教育的比较，学习其他湾区的先进经验，希望能为粤港澳大湾区高等教育改革发展提供建议和支持。



### 1.5.6 大学角色与作用

谈及大学的角色与作用，复旦大学前校长杨玉良曾指出一个现实状况，表面上来看大学的地位在社会上有所提高，然而更多的是“把大学看作实现某种近期或局部目标的工具”①。这是不利于大学承担其应有的学术使命和社会责任的。大学应当注重本质和精神的回归，它的角色与作用应该是在法律规范的前提下，培养更多有社会责任感与理想主义的有为青年。大学的作用绝不能被短期的经济目标所束缚，自身角色的定位更应有长远的目光。著名的物理学家霍金曾言：“无论生活看似多么艰难，总有你能成功胜任的事情。”这不仅仅是对个人有所启发，大学的治理与领导也应对此有所思考。以深圳大学为例，深圳大学曾一度面临需要转型成为一所应用型大学的现实压力，学校领导层坚持综合性高水平大学的办学目标，认为深圳两千万的人口，没有一个综合性、高水平的大学是不行的，而“深大就是要发展一所和深圳特区相衬的高水平有特色现代化一流大学”。大学的定位取决于社会的需求，如果市场机制不到位，行政干预又太多，就会造成现在很多大学培养的学生毕业后就业难的状况，一个大学应该同时兼顾人才培养、科学研究、服务社会三个职能。粤港澳大湾区建设需要充分发挥大学的角色与作用，大学需要找准定位，准确认识到粤港澳大湾区的发展需要什么，大学扮演什么角色，起到什么作用。

“角色”一词源于戏剧，在戏剧舞台上，一切剧中人物都称之为“角色”。米德（George Herbert Mead）1934年首次从戏剧中引入“角色”一词用以分析个体在社会中的自我认知、在社会活动中的身份以及它呈现给社会的行为特质，从而将心灵、自我和社会结构与社会互动过程联系起来。林顿（R. Linton）、塔尔科特·帕森斯（Talcott Parsons）、默顿（Robert King Merton）等人对角色进行了持续研究并认为个体扮演着一定网络中的特定角色。随后的研究出现了结构主义角色理论与建构主义角色理论。前

---

① 程也. 对话复旦大学校长杨玉良：全球化视野中的大学角色和使命［J］. 社会观察，2010（10）：4－7.

者认为角色是先于行动者而存在的社会设置，这种设置预设了行动者的行为，而扮演角色的过程就是特定设置下的行动，个体在角色扮演中缺乏足够的自主权①。后者则认为角色的产生和存在不能被简单地视为既定的社会设置，而应该从社会个体与社会互动过程中去反思角色的互构过程。② 尽管两者在理论上存在分野，但二者均表达了相近的理论内核，即强调行动主体的行为是特定社会情境下的外在表现，表现过程形塑着主体行为，同时，主体行为也影响着角色行动过程。当下社会学对“角色”这一概念的一般理解为：“与人们的某种社会地位、身份相一致的一整套权利、义务的规范与行为模式，是人们对具有特定身份的行为期望，它构成社会群体或组织的基础。”显然，角色总是与一定的行为模式相联系，这种模式既包含了人们对具有特定社会地位的个体或组织行为的期待，也涵盖了行动者对角色的认知和实践过程。大学角色是“与大学的某种地位、身份相一致的一整套权利、义务的规范与行为方式，也是社会对大学行为的一种期待”。社会人在面对不同主体时可以扮演不同角色，随着其角色的转变需要不同的行为规范来面对相异的对象，大学亦是如此。大学作用亦称之为大学职能，是大学所承担的角色对社会产生的结果或效应，是一所大学日常的基本活动，反映着大学的具体任务、重要职能和社会责任，也是一所大学可以立足于社会的最基本和最关键的活动要素。大学扮演什么角色，其行为就将产生什么结果，因此，大学的角色和作用相互联系，密不可分。本研究将大学角色与作用一并使用。

## 1.6　可能的学术创新和不足之处

### 1.6.1　研究可能的学术创新

研究可能的学术创新有四：第一，考察高等教育与外部环境（政治、经济与社会等维度）的作用机制，揭示世界一流高等教育体系形成的客观环境特性；第二，较为全面与系统地挖掘五大湾区高等教育的特性与共性，深入考察每个湾区案例的发展特色、问题与经验，再进行湾区间的比较分析与湾区整体的空间战略分析，推进高等教育集群发展的理论创新；第三，考察高校内部，探寻新时代与国家重大战略紧密结合的高校人才培养模式；第四，立足粤港澳大湾区高等教育实际与发展需求，提出针对性和整体性两方面的发展建议。

### 1.6.2　研究存在的不足之处

尽管课题组对问题进行了较为深入的研究，但由于资料、时间、研究主旨等各种条件的要求与约束，本研究在很多方面进行了初步的探讨，仍有很多不足之处和可资

---

① TURNER J H. The structure of sociological theory [M]. Chicago: University of Chicago Press, 1986.

② MERTON R K. Social theory and social structure [M]. New York: The Free Press, 1957.

深入研究的内容。一方面，历史分析维度可能不够全面，在高等教育与社会互动的作用梳理上可能存在时空与特定场域的限制效应，不够全面和完备。另一方面，一手资料搜集存在资源、效益与难度方面的制约，难以丰富地揭示发展现状和未来趋势。此外，有一些研究判断和视角还可以进一步丰富、讨论与完善：国际高等教育与经济发展“五大湾区”的提法有待历史发展检验，国际其他重要的湾区现象（如西雅图－温哥华湾区、伦敦湾区、悉尼湾区、上海－杭州湾区等）是否可以纳入湾区的范畴进行研究，这都有待进一步探讨；粤港澳大湾区空间发展战略、文化融合发展战略等建议只是较为初步的认识，还有很多问题需要进一步分析；各大湾区高等教育体系的特征与比较，力图客观、简明且有新意，不过面对复杂、巨型与多元的现代高等教育系统与大学体系，难免会有偏重偏轻之处。



## 1.7　研究的理论与实践应用价值

### 1.7.1　理论价值

理论价值主要体现在两个方面：一方面，推进高等教育职能理论的进一步发展，理解高等教育在区域发展中的作用与角色，丰富现有理论体系；另一方面，探索中国特色世界一流大学建设的实践路径，讨论大学如何协调，提炼具有世界影响力的理论模式。具体而言，在现有研究、案例考察与国际比较的基础上，进一步解释、补充和推进现有理论体系，并尝试提出以下一些新的理论观点：

（1）梳理和提炼湾区高等教育的特征，提出湾区高等教育承担着较为一致的角色职能，面临全球化的时代契机，而演化出不同的发展形态，分化出所在地的结构模式，强化了多元大学文化的表现方式。

（2）根据对波士顿地区高校的考察与访谈工作，尝试提出全球高等教育与经济发展“五大湾区”一说，以期有助于引发对“湾区的高等教育”现象和“高等教育的湾区”发展的进一步讨论。

（3）认为空间规划对湾区大学发展至关重要，提出粤港澳大湾区空间发展战略。

（4）认为推进形成全球知名的大学群，以及知名大学在空间与结构上的合理分布，是湾区科技竞争力与文化软实力的重要依托与可持续动力，将同时对促进粤港澳大湾区的经济发展与社会稳定产生强大的推动作用与保障效应。

（5）提出“同源的传统文化与异构的大学文化”是粤港澳大湾区高校合作的软环境，既能激发创新型合作动力，产生高等教育区域融合发展的新机制，蕴含着丰富、多元的合作机遇；又可能对理解与推进整体与有效的发展产生一定的阻隔，隐藏着需要识别与面对的合作挑战。一般而言，地理空间距离越远，不同大学间的文化结构差异越大。① 而由于特殊的历史发展进程，粤港澳大湾区则是在相对紧凑的空间中存在明显的四类高等教育子类别与大学文化。

### 1.7.2 实践价值

粤港澳大湾区是我国经济最发达、最有活力的区域之一，也是最有可能通过战略发展和集中建设成为具有典型中国特色和亮点的“湾区经济”的区域。从高等教育与湾区经济发展作用机制的角度，研究区域发展系统中的创新效应和科教、经济协同发展效应，从而试图为粤港澳大湾区创新发展和区域创新效率提升提供思路与对策。首先，为我国高等教育发展和“双一流”建设服务，为粤港澳大湾区大学规划、布局和发展提供政策建议；其次，为国家重大战略发展服务，助力粤港澳大湾区战略的深入推进；最后，探索具有中国特色和世界意义的高等教育人才培养模式，为湾区高校的个性化发展和人才培养的多元化模式提供经验借鉴与发展建议。

---

① 李成恩，侯铁珊.“同分异构”视域下的中西方大学文化演进与发展［J］. 比较教育研究，2015，37（7）：91－97，106.

# 第2章
# 理论基础



在相当长的时间内，高等教育和大学校园被视作远离社会生活的“象牙塔”，几乎与经济发展不产生任何直接或明显的联系。二战以来，尤其是随着知识经济的兴起，信息与知识开始在社会与经济生活中占据主导性地位，世界经济发展越来越倚重科学技术的进步，高等教育在知识生产和人才培养两个基础性方面推动了科技发展。高等教育与区域增长之间的关系越来越被人们发现、研究和重视，产生出各种理论试图准确理解两者之间的关系，而这种理论生产的过程本身便是高等教育推动社会经济发展的一种独特的作用机制。经济增长理论、区域发展与创新理论、高等教育与区域经济互动发展理论、创新人才培养和人才流动与集聚理论四种理论分别从经济增长的要素、创新对区域发展的作用、高等教育与区域经济之间的关系、人才在高等教育与市场间的流动等几个方面解释了在一定区域内高等教育与经济增长的宏观联系与微观机制。

## 2.1 经济增长理论

### 2.1.1 理论概念与特征

经济增长是由多种因素导致的，其中最基本的便是投入的增长，一般由投资量、劳动力和生产率三个直接因素决定经济增长的实现与否及速度。劳动力的增加、资本的扩大，或是技术要素的改进，都会带来一定程度的经济增长；与生产领域有关的管理制度要素也是影响经济增长的一项重要因素。其中资本的积累是源于储蓄量以及投资额的增加，新古典增长理论认为，落后贫困的国家与发达富裕的国家之间的生活水平最终将会趋同。

萨缪尔森（Paul A. Samuelson）在其经典著作《经济学》中将经济增长简明地界定为“一个国家潜在的GDP或国民产出的增加”。这是一种从整体和总量上考察增长的视角，可以说，当一国生产可能性边界向外移动和获得实际产出时，就实现了经济增长。美国经济学家库兹涅茨（Simon S. Kuznets）认为一个国家的经济增长可以定义为给居民提供种类繁多的经济产品的能力日益提升，这种不断提升的能力建立在先进技术以及所需要的制度和思想意识相应调整的基础之上。[①] 这个定义较为复杂，阐明了经济增长的能力属性及其实践的条件依赖性，具有浓厚的政治经济理论色彩，为经济学界广泛认可。它包含了三层值得阐述说明的基本含义：①经济增长集中表现在经济实力的增长上，而经济实力体现在商品和劳务总量两方面，即 GDP 的增加或人均实际 GDP 的增加。简单地理解，经济增长就是 GDP 的增加。②技术进步是实现经济增长的必要条件。也就是说，以国家为一个整体来考察时，只有依靠技术进步，整体的经济增长才是可能的；进而只要技术进步是持续进行的，同时满足国家政治环境与社会的基本稳定，经济增长也将会保持可以预期的持续发展。相应的技术进步的停滞会引起经济增长的推动乏力和持续低迷。③经济增长的充分条件是制度与意识的适切性。也就是说，技术进步的发挥需要中介变量，只有社会制度与意识形态适合于经济增长的需要，技术进步才能成为具有趋势性的社会事实，并发挥作用，才可能进一步发挥更大、更有效率的作用，经济增长才是可能和高效率的。[②] 反之亦然。

参照一些国家的经济发展情况和历史资料，经济增长一般具有以下 6 个特征：①按人口计算的产量的高增长率和人口的高增长率，经济增长最显著的特点就在于产量增长率、人口增长率、人均产量增长率三个增长率都相当高；②生产率的高增长率，生产率提高正是技术进步的标志；③经济结构的变革速度；④社会结构与意识形态结构迅速改革；⑤增长在世界范围内迅速扩大；⑥从地理空间分布上看，世界范围内不同国家、区域的增长是不平衡的。此外，经济增长的两个核心主题是：①经济持续增长的动力来源到底是什么；②经济增长是否及如何产生收敛性与差异化的结果。前者代表了经济学家研究经济增长的主要目的就是为了寻找影响经济增长的主要因素。后者代表了经济学家对经济增长结果的关注，即经济增长在不同国家之间的分布状况。

### 2.1.2 理论演进与主要观点

经济增长理论已有 200 余年的发展历史，以英国经济学家弗兰克·拉姆齐（Frank P. Ramsey）1928 年在《经济学杂志》上发表了一篇题为《储蓄的一个数理理论》的经典论文为分水岭，[③] 可以把经济增长理论一分为二。1928 年以前是古典增长理论（与新古典增长理论相呼应）；1928 年以后是经济增长理论的成熟阶段，这一阶段的增长理论包括新古典增长理论和内生增长理论。

---

① KUZNETS S. Economic growth of nations: total output and production structure [M]. Cambridge: Harvard University Press, 1971.

② KUZNETS S, MURPHY J T. Modern economic growth: rate, structure, and spread [M]. New Haven: Yale University Press, 1966: 10 – 11.

③ RAMSEY F P. A mathematical theory of saving [J]. The Economic Journal, 1928, 38 (152): 543 – 559.

### 2.1.2.1 增长理论的奠基阶段（古典增长理论）

这一阶段的时间跨度大致相当于从亚当·斯密（Adam Smith）到拉姆齐。从经济学的发展史看，古典增长理论跨越了古典经济学、新古典经济学两个范式，包括了多种特征差异明显的增长理论。亚当·斯密在《国富论》中论述的“分工促进经济增长”的理论、马尔萨斯（Thomas R. Malthus）在《人口原理》中讨论的人口理论、马克思在《资本论》中阐述的两部门再生产理论（或再生产图式），都属于古典经济学范式的增长理论。而熊彼特（Joseph A. Schumpeter）在《经济发展理论》中提出的“创新理论”和阿伦·杨格（Allyn A. Young）在《递增的报酬和经济进步》中归纳的“斯密定理”等则可归入新古典经济学范式的增长理论。

古典增长理论思想库丰富多彩，其内部不同的思想与理论又秉持不同的分析框架与研究思路，因此，任何一个经济学家都难以从大量的原始素材中归纳出整齐划一的分析结果。然而可以肯定的是，古典增长理论中确实包括了一些现代增长理论未予以足够重视和明确阐述的思想维度，比如马克思的增长理论包括了制度内生变量，熊彼特的增长理论强调金融因素与产业资本结合。

古典增长理论的另一个重要特点体现在研究方法上。古典增长理论丰富多彩的思想在很大程度上源于经济学家们的个性化经历与现实经验，采用了不同的研究方法和观察视角。如马克思的经济增长理论建立在欧洲大陆古典经济学的基础之上，以劳动价值理论、剩余价值理论为主要的分析框架；而熊彼特的增长理论则建立在奥地利学派的经济现象分析与分析哲学传统之上，在对经济要素、现象、困境、周期、循环等的细致分析基础上提出的创新理论影响深远。

在现代经济学家看来，作为古典经济学家的亚当·斯密、马尔萨斯、马克思等人将经济理论与增长理论等价结合，既是这一理论的魅力所在，也是其不足之处。经济增长研究核心问题是增长趋势和差异问题，典型例子如“为什么有的国家远富于其他国家”“为何真实收入随时间而大幅度提高”等，古典经济学家无疑是真正的增长理论家，古典经济学是经济增长理论发展的第一个高潮时期。

然而，继古典经济学范式之后崛起的新古典经济学范式在性质上发生了重大转变——经济学研究的重点转向了更为微观的尺度：静态的市场均衡，也就是“供求相等的价格均衡”。这种转变促使经济增长理论的视角被淡化，并最终从新古典经济学的视野中消失了。而那些明确不赞同新古典经济学派的经济学家，如杨格、熊彼特等人创造出了优秀的增长理论。这个意义上，新古典经济学以其无所不能的表象形成了“经济学帝国主义”的同时，也可以看作经济增长理论的一个成长参照系和低潮时期。①

### 2.1.2.2 增长理论的成熟阶段（现代经济增长理论）

这一阶段的时间是从拉姆齐至今。通常认为，现代经济增长理论的起点是“哈罗德-多马”模型的出现。如果从研究的内容上看，“哈罗德-多马”模型确实可以作

① 赵志君. 经济学个人主义方法论反思——劳动分工和内生市场结构的视角［J］. 经济研究，2018，53（8）：163-176.

为现代经济增长理论的起点。这一模型是将凯恩斯（John M. Keynes）的思想动态化的典型例子，它试图在凯恩斯的短期分析中整合进经济增长的长期因素，并强调资本积累在经济增长中的重要性。不过，如果从方法上具备了研究动态问题的角度来说，现代经济增长理论的起点始于 1928 年的弗兰克·拉姆齐。20 世纪六七十年代，卡斯（D. Cass）和库普曼斯（T. C. Koopmans）的工作主要是运用拉姆齐的思想对索洛模型进行新古典式的改造。

现代经济增长理论发展先后经历了三个高潮。现代经济增长理论经历的第一个高潮阶段是 20 世纪 40 年代，这一阶段的工作主要是由哈罗德（R. H. Harrod）、多马（E. D. Domar）开创的，他们是凯恩斯主义经济学家，致力于将凯恩斯的短期分析动态化。第二阶段是 20 世纪 50 年代中期，索洛（R. Solow）和斯旺（T. Swan）构建了有外生储蓄率的增长模型索洛－斯旺模型（Solow-Swan Model），这一新古典增长模型及相关理论范式推动了一个持续更久、规模更大的兴趣浪潮。这次浪潮在 1970 年到 1986 年间经过一段相对被忽视的时期后又重新兴起。第三次浪潮开始于 20 世纪 80 年代，主要是因罗默（Paul M. Romer）和卢卡斯（Robert Lucas）的研究工作而兴起的，他们将人力资本概念引入经济增长理论，认为知识创新（如专利）和人力资本（与高等教育密切相关）是经济增长的内生要素，与新古典经济学中的资本和劳动（非技术劳动）两个要素一起构成了四要素增长理论。这次浪潮引发了内生增长理论的发展，而内生增长理论是针对新古典模型中理论上、实证上的缺陷而产生的。

现代经济增长理论最核心的特点不是体现在研究结果上，而是体现在研究方法上。在古典增长理论阶段，研究经济增长问题并没有一个固定的研究方法，这就使得经济增长理论呈现出研究方法与研究结论上丰富多彩的特征。现代经济增长理论则是通过不断采用标准化、主流化的研究方法，形成对经济增长问题的系统研究成果。现代经济增长理论的研究方法可以简单地概括为两个方面：新古典的分析框架——代理人（agent）的最优化决策与动态时间序列方法。现代经济增长理论的另一个特点体现在研究结论上。与古典增长理论丰富多彩的结论不同，现代经济增长理论的结论显示了良好的可比性、扩展性，它对经济增长源泉的不同解释都可以放到生产函数中加以比较。从这个意义上说，不同的增长理论可以很容易地比较彼此之间的差异，同时也有利于经济增长理论在现有基础上的进一步发展。

总之，经济增长理论经历了古典增长理论和现代增长理论两个阶段，伴随着经济增长理论的发展和完善，现代增长理论已经逐步形成了一些十分重要的核心内涵：最重要的内核就是经济增长中的“均衡”思想，现代经济增长理论是建立在均衡分析框架基础上的，均衡的概念构成了主流经济学体系中最基本、最核心的概念；另一个重要内核是经济增长中的“最优”思想，增长意味着所有的潜在资源都处于充分利用的状态，这需要建立在充分就业、资源配置达到帕累托最优的状态基础之上，而且经济增长理论中的“最优”不仅是某个时点上的，还是整个时期的。①

---

① 齐红倩，王志涛．经济新常态与我国经济发展的生态思维及其模式转变——基于生态均衡的视角［J］．经济与管理，2016，30（1）：23－28.

## 2.2 区域发展与创新理论

美籍奥地利经济学家熊彼特在其著作《经济发展理论》中首先提出“创新”及其在经济发展中的作用并在随后的研究中系统地阐述了创新理论。熊彼特提出了一种新的经济增长理论范式并产生了深远影响。熊彼特认为，所谓创新就是要“建立一种新的生产函数”，即“生产要素的重新组合”，就是要把从来没有过的关于生产要素和生产条件的“新组合”引入生产体系，进而形成新的生产力，最终获得潜在利润。熊彼特明确提出了创新的五种情况：引入新产品或一种产品的新特性；采用新技术，即新的生产方法；开辟新市场；获得原材料或半成品的新的供给来源；产业的重新组织。① 这个五个创新依次对应产品创新、技术创新、市场创新、资源配置创新及组织创新。后来的追随者沿着熊彼特开创的理论范式进行深入探索，形成了两条相对独立的研究路线：一个是以技术变革和技术推广为研究对象的技术创新论，另一个则是以制度变革和制度推进为研究对象的制度创新论。② 二战后国家竞争力提升得到各国政府及学界的高度关注，国家创新体系建设开始取代传统的国家研究开发系统，强调从社会经济的宏观角度来解释各国技术创新业绩的差异，强调从更为广阔的社会文化背景来研究不同企业的技术创新行为差异。英国经济学家克里斯托夫·弗里曼（Christopher Freeman）首次提出“国家创新体系”概念，指出人类历史上技术领先国家先后经历从英国、德国、美国到日本的转移，这不仅仅是技术创新的结果，许多制度安排与组织创新活动功不可没，即是国家创新体系发生演变的结果。美国经济学家理查德·纳尔逊（Richard R. Nelson）将国家创新体系定义为“相互作用影响到企业技术创新成果的一整套制度”。丹麦经济学家本特阿克·伦德瓦尔（Bengt-Aake Lundvall）则将国家创新体系的研究重点转向创新的微观领域。国内学者冯之浚对国家创新体系进行了界定——一个国家内部各有关部门和机构间相互作用而形成的推动创新的网络，是由经济和科技的组织机构组成的创新推动网络。③ 创新可以是全球性、全国性的，但也可以是区域性的，这就是区域发展与区域创新。在经济全球化背景下，区域的崛起令人瞩目，区域超越了国界与行政边界，在全球化国际分工中发挥着不可替代的作用。

区域发展与创新理论可以看作创新系统、发展系统在区域的具体化过程。在知识经济时代，区域创新是驱动区域发展的主要力量。④ 综合分析创新系统以及区域创新系统的研究文献，区域创新系统的概念包括以下基本内涵：①地域空间的确定性和边界的开放性；②生产企业、高等院校、研究与开发机构和地方政府机构等多元主体为创新主要单元，服务机构等为辅助单元；③不同创新单位的联系与互动模式构成创新系统的组织结构和空间结构；④创新单元主要通过自身组织创新和环境相互作用机制

---

① 熊彼特. 经济发展理论——对利润、资本、信贷、利息和经济周期的探究［M］. 叶华，译. 北京：中国社会科学出版社，2009.

② 舒俊. 创新理论的发展演变［J］. 创新科技，2017（1）：29-32.

③ 冯之浚. 国家创新系统的理论与政策［M］. 北京：经济科学出版社，1999.

④ 卓乘风，邓峰. 人口老龄化、区域创新与产业结构升级［J］. 人口与经济，2018（1）：48-60.

创新两种方式实现创新职能，并对区域社会、经济、生态产生影响；⑤创新的运行和持续发展同样需要通过与环境的作用和系统自组织作用来维持。

市场作用培育和政府力量的引导是区域创新系统的两条发展途径。创新环境理论认为产业的本地化包括提升整个社区的技术和专业化水平，提供丰富的高素质劳动力，增加辅助的贸易和专业化服务，满足众多公司的需求，为采用更加专业化的机械创造条件。创新是一种对环境和氛围敏感的行为，具有区域差异性，存在于某种无形的氛围之中——同一个国家中一些地方存在创新，而另一些地方不存在创新；同一个区域中，一些城市存在创新，而另一些城市不存在创新；同一个区域中，一些组织存在创新，而另一些组织不存在创新；即便在同一个组织内，一些部门和发展阶段存在创新，而另一些部门和发展阶段不存在创新。有创新环境的地方才有创新，而创新环境是在那些有创新的地方存在着的。一般认为区域创新环境，尤其是创新文化是与当地的自然环境、人文地理和历史文化密切相关的。① 但许多环境条件，如政府管理等宏观环境，道路交通等硬件环境，信息、人才等软件环境是后天可以创造的，区域创新环境包括介质环境、机构环境和调整环境。

国际区域创新发展模式大体上可以归为三个类型：以美国为代表的自主创新模式，创新单位活跃度高，创新系统自主性强，而不同区域的创新系统差异性大；以欧盟为代表的温和理性与合作发展创新模式，国家、市场、研发机构与高校等各类主体的合作与竞争有一定明确的制度框架约束，区域内合作有制度保障；以日本为代表的移植模仿式创新模式，有效率高、速度快的后发优势。②

总的看来，区域创新系统对区域发展的促进作用体现在三个方面：①发展引擎作用，推动经济发展的火车头；②资源优化作用，提高区域竞争力的关键；③技术地基作用，产业升级转型的根本技术支撑。区域创新系统自身的构成机制则可以分为利益驱动与共享机制、学习培训与教育整合机制、信息与决策机制和竞争协作机制四个维度，对创新系统运作过程的评价也可从这四个方面进行考察。

## 2.3 高等教育与区域经济互动发展理论

### 2.3.1 理论概念与特征

高等教育与区域经济的关系主要表现为大学与产业或工业的关系，其发展有一个历史的发展过程。美国学者库尔顿（R. M. Coulton）和尤戴尔（G. Udell）在论述美

---

① 周灿，曾刚，宓泽锋，等. 区域创新网络模式研究：以长三角城市群为例［J］. 地理科学进展，2017，36（7）：795－805.

② 刘曙光，田丽琴. 区域创新发展的模式与国际案例研究［J］. 世界地理研究，2001（1）：20－23，19.

国大学与产业关系时曾简明地表述了这一发展的历史进程。① 如图 2 - 1 所示，大学与产业在最初阶段是两个相互独立的系统，彼此之间互不联系；随着生产和科学技术的发展，大学和产业之间有了单向的、偶然的联系；随着外部环境的进一步变化，大学和产业两个系统之间出现了双向交流互动的合作计划；到最后大学与产业的关系发展到一种成熟的、职能部分重叠的合作关系模式。

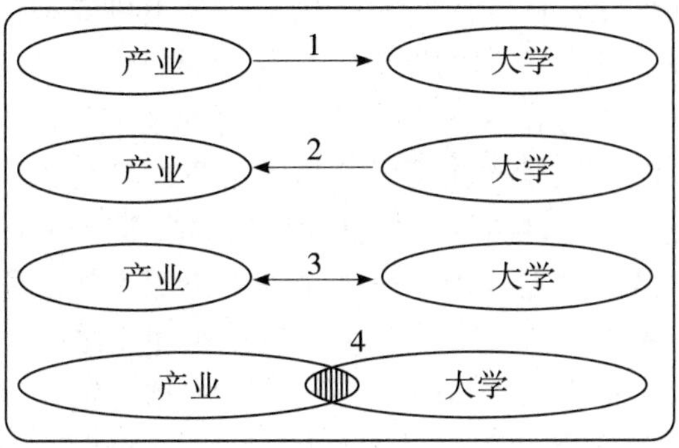


**图 2 - 1　大学与产业关系演变②**

在欧美国家，从以贵族教育为起源的“中世纪大学”到工业革命后以平民教育为宗旨的“中生代大学”，再到二战后大学与区域互动发展的“相互作用大学”，高等教育与区域经济发展的关系经历一个相对完整的过程。③ “康奈尔计划”“威斯康星思想”“硅谷模式”均是大学与区域互动发展的范例。在我国，潘懋元先生在谈到高等教育的发展规律时，提出了教育的两条基本规律，即教育的外部关系规律与教育的内部关系规律。其中教育的外部关系规律就是指教育与社会系统之间的关系：一方面教育必须受一定社会的政治、经济、文化等所制约；另一方面，教育必须要适应并为一定的政治、经济、文化服务。高等教育已经从过去的“象牙之塔”走向服务国家、服务区域发展的广阔天地。

高等教育与区域经济互动发展理论是在高等教育第三项职能——社会服务的基本职能上发展演变而来的。这一理论的核心观点主要包括“高等教育与区域经济的互动关系”和“高等教育的时代使命与基本职能”两个方面：高等教育与区域经济整体上是共生关系；大学的根本使命就是促进社会的可持续发展和进步。这一理论强调高等教育需要不断调整以适应社会经济发展的需求，作为高等教育重要载体的高校则应主

---

① COULTON R M，UDELL G G. The national science foundation's innovation center - an experiment in training potential entrepreneurs and innovators [J]. Journal of Small Business Management，1976，14 (2)：11 - 20.

② 根据徐辉“大学与工业联系”和王成军“产业与大学之间的联系动态变迁”图绘制，参见：徐辉. 高等教育发展的新阶段：论大学与工业的关系 [M]. 杭州：杭州大学出版社，1990：33. 王成军. 三重螺旋：官产学伙伴关系研究 [M]. 杭州：浙江大学出版社，2005：64.

③ 孙艳晓. 西方高等教育与区域经济互动发展的理论、实践与启示 [J]. 齐齐哈尔大学学报（哲学社会科学版），2016 (2)：54 - 56.

动变革，融入区域经济发展，推动社会进步。该理论既具有进步论的色彩，又重视知识的应用性、功用性和实用性。知识经济时代，高等教育与社会经济发展的关系更加密切，大学从社会的边缘走向中心，成为社会发展的一个发动机。随着我国经济发展区域化的快速发展，高等教育国际化与地区化的不断深化，高等教育与区域如何良性互动发展的问题亟待研究。在经济发展区域化成为国家战略和高等教育深化改革的大背景下，高等教育的在地化发展和国际化影响均成为不可或缺的一体两面，实现高等教育与区域经济互动发展成为人们的共识。区域经济作为一个相对完整的有机系统，其内部诸要素之间的联系十分密切，表现为区域内的经济、教育、科技、文化的有机结合与协调发展。不同的区域经济在发展并形成自身经济特色时，需要高等教育与之配合，为之服务，形成一个与区域经济发展相适应的高等教育系统。

高等教育与区域经济互动发展理论是一系列理论观点的统称，各理论观点之间既有一些共性，亦有不小差异，甚至可能存在一些互相冲突之处。这一理论关注的重要的现实概念颇多，主要包括：人均 GDP、三次产业的增加值与就业人数比重、城镇人口比重、科学研究与试验发展（Research and Development，R&D）投入、每百万人口中高校科学家与工程师人数、每 10 万人口中大专以上文化程度人数、恩格尔系数、教育消费支出比例、每 10 万人口中高等教育在校生人数、高等教育毛入学率、生均教育经费、重点学科数、科技成果转让收入等。理论关注的侧重点可分为高等教育基本理论（高等教育哲学、高等学校职能、高等教育产业属性等）与经济发展理论（新增长理论、非均衡发展理论及城市化理论等）以及两者之间的协调互动关系三个维度，从而形成若干不同学说阐述高等教育与区域互动发展的机制与机理。研究方法上一般采用系统内外结合的研究方法，既关注高校的自身系统（规模发展、经费投入、办学条件、师资水平）、高中阶段教育的支撑能力，又关注外部市场需求程度及区域经济发展支撑水平；部分研究还将视角拓展到博士后体系、国际体系比较方面。

### 2.3.2 理论演进与主要观点

高等教育与区域经济互动发展的有关理论主要来源于西方，具有代表性的理论主要包括：三螺旋理论、三角协调模式理论、区域竞争力理论、非均衡增长理论、新经济增长理论及后发优势理论。

#### 2.3.2.1 三螺旋理论

三螺旋理论（Triple Helix Theory）由美国纽约州立大学石溪分校亨瑞·埃茨科威兹（Henry Etzkowitz）教授等在 20 世纪 90 年代提出，旨在通过三螺旋来研究大学、产业与政府之间的关系。即政府、企业与大学是知识经济社会内部创新制度环境的三大要素，它们根据市场规律要求和市场需求变化而联结起来，形成了三种力量交叉影响的三螺旋关系，即所谓三螺旋理论。三螺旋理论的核心在于随着知识经济的出现，一定区域内的科研院所与高校成为主要的知识生产者和智力资产资源库，具有了更高、更直接的社会经济价值。在成熟的创新区域内，科研院所与大学通过其组织结构最下层的研究中心、科研小组以及个人等建立起与市场经济活动良好的接口，在区域内发挥了强大的技术创新辐射作用。目前三螺旋在高等教育领域的运用主要集中在创业型大学上。从纵向上看，三股螺旋呈现出进化形态：每股螺旋都在不断完善，谋求自身发展。从横向上看，这种循环由人员、信息和产品等若干要素的流动形成。如大学的产品主要是毕业生、新科技研究成果和新思想等，产业的产品包括商品、缴税和资本等，政府的产品则包括政策、法规和资金等。这些要素在大学、产业和政府三者之间流动或转移，形成人员循环、信息循环和产品循环。周春彦与亨利·埃茨科威兹认为三螺旋相互作用的结果是伴随着三股螺旋的纵向进化和横向循环实现的，发生在微观和宏观两个层次上（见图2-2）。宏观循环在三股螺旋间起作用，微观循环则只发生在每个螺旋内部；前者产生合作政策、合作项目和平台、网络，后者通过内部循环释放产品。



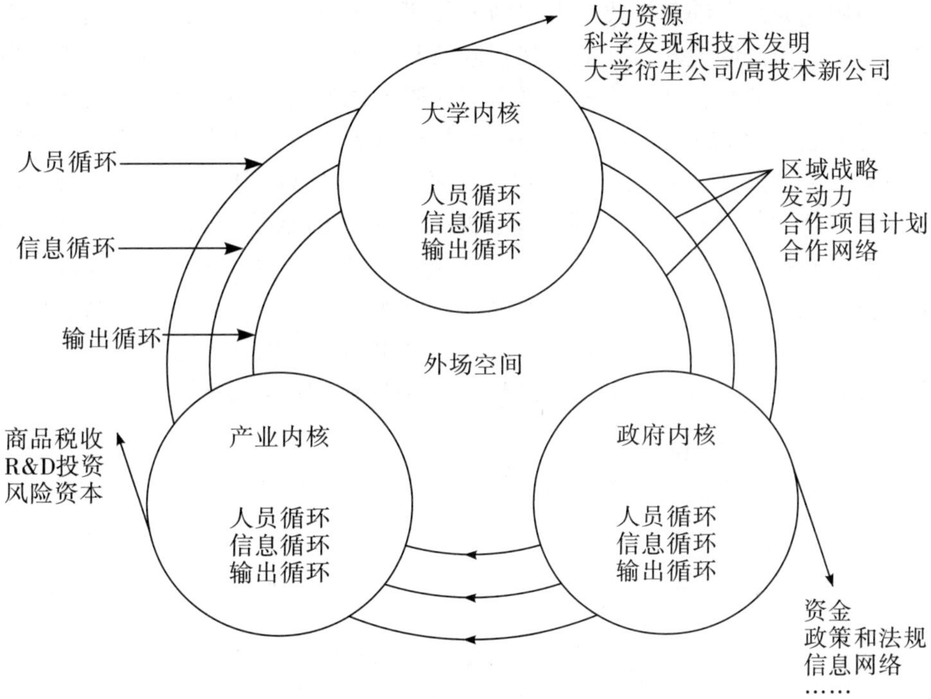


**图2-2 “政府-产业-大学”三螺旋横向循环过程①**

### 2.3.2.2 三角协调模式理论

三角协调模式理论（The Triangular Coordination Model）与三螺旋理论有相似之处，是由美国高等教育研究学者伯顿·克拉克（Burton R. Clark）教授于1983年在《高等

① 周春彦，亨利·埃茨科威兹．三螺旋创新模式的理论探讨［J］．东北大学学报（社会科学版），2008（4）：300-304．

教育系统：学术组织的跨国研究》一书中提出。① 克拉克教授认为高等教育的运行机制是围绕政府、市场、大学三个基本要素的关系与作用展开，建构了富有影响力的大学、政府与市场的三角协调模式，并在此框架下对世界主要国家的高等教育权力分配系统进行了细致的分类研究（见图 2 - 3）。加雷斯·威廉斯（Gareth L. Williams）则对该模式进行了拓展和进一步的制度分析，将各个国家的高等教育经费分配划分为官僚控制模式、学院控制模式和市场模式，官僚控制模式指经济决策由校外机构，如各级政府做出，资源根据明确规定的分配标准给各院校。加雷斯·威廉斯同时也指出，各个国家的高等教育经费分配制度并非绝对纯粹的官僚模式、学院模式或市场模式，一般而言某些级别的决策采用官僚模式，而另一些级别的决策则选用其他模式。加雷斯·威廉斯根据高等教育经费分配的相关研究结果，将克拉克的高等教育三角协调模式进一步图像化为六个细部模式。上述两人的研究给高等教育公共支出提供了有效的理解思路：①三角协调模式很好地解释了政府与高校的关系，揭示出高校组织行为与公共支出的密切相关性；②高等教育经费制度受各国经济发展水平的直接影响，展现了高等教育的公共产品属性，给各国公共支出用于发展高等教育提供了理论依据；③高等教育服务是公共产品或准公共产品，各国政府偏好不同，支持程度也有差别；④受高等教育制度制约，各国高等教育公共支出标准的软硬与高低存在多样性差异，公共支出不足的部分（尤其是在建设具有全球水平的高等教育供给体系时），需要用私人支出等其他途径进行补充。这一理论模式有效地解释了高等教育在激烈变动的外部环境下的内部变革动力机制，既是一种相互竞争的利益团体的模式，更重要的是模式背后蕴含着不同的价值体系和高等教育理念的冲突、合作与融合。

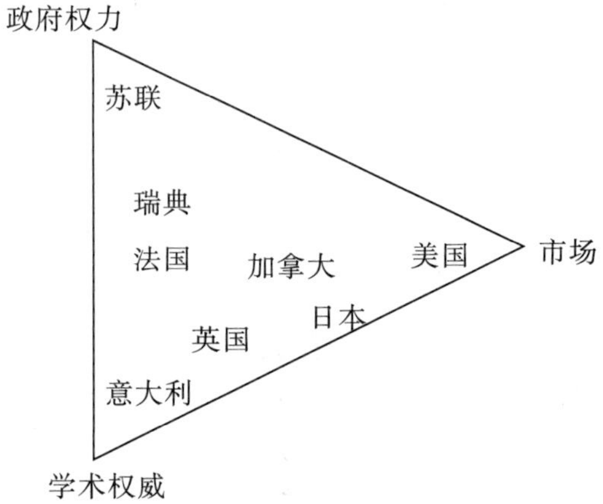


**图 2 - 3 "政府权力 - 学术权威 - 市场"三角协调模式②**

① 彭湃. 大学、政府与市场：高等教育三角关系模式探析：一个历史与比较的视角［J］. 高等教育研究，2006，27（9）：100 - 105.

② 克拉克. 高等教育系统：学术组织的跨国研究［M］. 王承绪，等译. 杭州：杭州大学出版社，1994：159.

### 2.3.2.3 区域竞争力理论

区域竞争力主要是指全球化中一个国家或地区经济方面的国际竞争力，而区域竞争力理论（Regional Competitiveness Theory）则强调在和平和平稳的整体环境中，经济实力在国际竞争力中的核心和决定性地位。在国际竞争力的具体要素中，科技竞争力、国民素质竞争力分别代表了知识创新与人才素质，是两大核心，也是决定经济长期持续发展能力的关键。根据瑞士国际管理发展学院（International Institute for Management Development，Switzerland，IMD）2000 年《世界竞争力年鉴》中的数据计算，国民素质排名与国际竞争力排名中的斯皮尔曼等级相关系数为 0.902，居诸相关系数之首，国内经济实力居第二，为 0.791，教育结构位居第三，为 0.783。而国民素质的下一级指标体系包括人口资源数量与结构、人力资源质量两大部分七个方面，计 44 项细分指标，与教育（尤其是与高等教育）相关的指标有 22 项。教育与国民素质国际竞争力的相关系数最高，为 0.887，说明教育对人力资本形成、国民素质提高具有特殊的重要性，而科技竞争力、国民素质竞争力的形成与提升根本上来源于高等教育。

### 2.3.2.4 非均衡增长理论

非均衡增长理论（Unbalanced Development Theory）的产生来源于西方经济学家通过集中分析供求关系这一具有基础性地位的市场现象来探讨经济发展规律。该理论认为，经济技术的发展并非一种平衡的进程，也不是具有同步性的经济结构，通观全球性、地区与区域性以及特定国家性的经济现象与事实，可以发现在世界范围内客观上形成了多层次的经济技术梯度，甚至在一个国家的不同地区也存在类似的情况。经济增长往往以不同的强度首先出现于一个或几个实力较强的区域中心，然后通过不同的渠道向外扩散，从而对整个经济产生不同影响。一方面，在开始阶段这些增长极地区对其他地区具有支配效应；另一方面，随着经济的发展，推移速度的加快，地区差距逐步缩小。该理论分布着佩鲁的增长极理论、弗里德曼的“核心－边缘”理论和赫希曼的不平衡增长理论等若干子理论。

1955 年，法国经济学家弗朗索瓦·佩鲁提出增长极理论（Growth Pole Theory），后来由法国地理学家布德维尔和美国发展经济学家赫希曼进一步发展和完善。这一理论的主要观点是，经济增长在不同地方和部门之间是不同步的，在某个特定的区域内会存在若干经济中心或极，产生类似磁极作用的磁力场。在经济增长过程中，优先在创新能力强的企业（地区）发展，这些主导部门通常集聚在城镇，即“增长极”上。这些城镇在区域内起到了类似“磁极”的作用，能够同时产生吸引与辐射双重作用，并通过引导、支配、叠加、乘积、极化、扩散等一系列效应促进自身发展并带动周边经济增长。“增长极”的产生，将在一定的“经济区域”内发挥聚集效应，人口、资本、生产、技术、贸易等全经济要素持续地聚集，产生生产规模化、生活城市化与空间密实化的趋势。一般而言，经济要素与活动在时间与空间体系上的集中分布能比分散状态更有活力与效力，区域经济的发展往往是由增长极作为主动力量打开路径与方向，其他非极点地区从动跟进。这一理论表明，在区域发展中，首先应重点关注少数区位条件好的地区和少数条件好的产业，并将它们培育成一个或数个经济增长极，形成扩散、渗透效应，带动周边地区和上下游产业链条的发展。

1966年，美国地理学与城市规划专家J.弗里德曼提出了“核心－边缘”理论，旨在从行为角度来论证区域发展模式，阐明区域由孤立发展变成发展不平衡，又由极不平衡发展变为相互关联的平衡发展的内在发展机制。缪尔达尔和赫希曼也对这一理论的发展做出了重要贡献。弗里德曼将空间地域分为“核心区”和“边缘区”，核心区域一般是指基础设施与产业条件较好、技术水平较高、资本与人口集中、经济增长速度快的城市。核心区域通过供给、市场与行政等途径影响外围依附区，通过支配性优势地位传播新颖的生产技术与商业模式，拓展创新成果的利用空间。随着空间信息交流的增加，核心区域在空间与职能上逐渐扩展，外围区、“低洼区”在非均等交流机制下吸蓄能量，力量增强，从而实现区域的整体发展。“核心－边缘”理论揭示了城镇化的发展机制，指出区域经济活动的空间组织形式，通常具有强烈的极化效应与扩散效应，表现为中心区通过极化效应不断强化自身经济，继而通过扩散效应形成对边缘区的支配态势，这种互相依存机制的不断强化将促进区域城镇化的发展。① 这一理论对湾区区域发展过程中城市与内部农村、周边农村，城市内经济发达地区与生态保护地区之间（如广州市天河区与从化区）的关系具有重要借鉴价值。

1958年，赫希曼提出不平衡增长理论，认为发展是一种不平衡的连锁演变过程。②他集中关注产业部门的发展，主张优先发展某些重点产业部门，通过关键产业与其他产业之间的联系，逐步促成经济的整体发展。赫希曼的这种不平衡增长战略表现在他所提出的两个关于产业间联系的基本概念“前向联系”与“后向联系”：前者指关键产业需要许多其他产业为其提供原料、燃料和生产设备而产生的部门关联；后者指关键产业在进行生产之后，其产品成为其他产业的原料、燃料或生产设备，或进入消费部门而产生的部门关联。一般来讲，应该选择前后向关联较多的产业为关键产业，有利于充分利用关键产业优势带动相关产业发展，最终推动整个地区经济发展。不平衡增长理论认为，政府应当发挥积极推动和减压控险两项辩证式的职能，把前向、后向联系效应最大的产业、项目作为投资重点，优先发展，这样就能对整个经济的增长产生最大的刺激和促进作用。总之，不平衡增长是区域经济发展的手段，尤其切合城市化发展过程的现实需要，目的是更高层次和更高水平的平衡增长。

#### 2.3.2.5 新经济增长理论

20世纪80年代以来，新古典经济增长理论占据了经济增长研究的主导地位，但面临着两个重大挑战：一是完全竞争的市场模型与现实中的真实市场相悖，二是规模

---

① 罗清和，许新华．转型时期经济特区与非特区如何协调发展的思考［J］．广东社会科学，2014（3）：30－35.

② 赫希曼．经济发展战略［M］．曹征海，潘照东，译．北京：经济科学出版社，1991.

收益不变的假设同经济行为中时常发生的“事半功倍”现象不符。把劳动力增长率与技术进步作为独立于经济发展的外生变量，不能对现实做出令人满意的解释，也无法给出有效的政策建议。实践检验的挑战提示人们理论逻辑存在重大不足，经济增长理论必然要进一步发展、调整与完善。于是，为了解决这两大挑战，保尔·罗默（Paul P. Romer）、罗伯特·卢卡斯（Robert Lucas）和莫里斯·斯科特（Maurice Scott）等学者从两个方面修正新古典经济增长理论的基本假设：一方面把技术进步作为内生变量，另一方面把劳动力扩展为人力资本投资。这些努力构建出新经济增长理论（New Economic Growth Theory），增强与改善了对真实经济行为与现实世界的解释能力。其中美国经济学家保尔·罗默的新经济增长论是一个收益递增模型，被称作罗默模型：知识积累是经济增长的一个独立因素，专门知识和专业化人力资本是经济增长的最重要因素，它们既能通过自身形成递增的收益，也能促使投入的劳动和资本产生递增的收益——这两种方式共同使整个经济的规模收益保持递增趋势。罗默模型的表达公式为：

$$Q_i = f(K_i, K, X_i)$$

模型中 $Q_i$ 表示 $i$ 生产者的产量，用所有生产者的连续微分函数 $f$ 表示；$K_i$ 表示 $i$ 生产者的专业化知识；$K$ 表示所有生产者通用的一般知识；$X_i$ 表示 $i$ 生产者的物质资本和劳动等追加生产要素投入的总和。知识在这里被区分为一般知识和专业化知识两类，前者具有普惠性，可使全社会获得规模经济效应；而后者产生的利益具有特定性，会给个别生产者带来超额利润，进而推动其投入研究与开发资金，促进技术进步，形成追加投资与知识创新的良性循环。由此可见，作为独立因素的知识积累在自身、其他要素和社会整体三个层面上都产生递增收益。因此，知识积累可以实现社会总产出的规模收益递增，为经济长期均衡稳定增长提供重要的保证和动力。概言之：①技术进步是经济增长的核心；②大部分技术进步是出于市场激励而导致的有意识行为的结果；③知识商品可无损耗共享，可同时大规模多次使用，且除了生产开发本身的成本之外无须追加其他成本。一个公司、地区或国家要想提高经济增长率，就必须理解这种作用机制，积极增加用于研究与开发的资源投入，加快知识积累和知识创新的进程，这一点在当今世界上经济强国研究与开发方面、基础研究工作和高等教育“产学研”合作方面的投入上可见一斑。①

美国经济学家罗伯特·卢卡斯是理性预期学派的主要代表，任芝加哥大学教授，于1995年获得诺贝尔经济学奖。1988年卢卡斯针对当时的经济增长理论范式的不足之处，提出了一个专业化的人力资本增长模型，把经济增长中的技术进步因素具体化，将其体现在生产过程的知识上，表现为劳动者劳动技能的人力资本。卢卡斯在模型中把资本与劳动进一步细分，前者划分为物质资本和人力资本，后者划分为原始劳动和专业化的人力资本。同时，卢卡斯把人力资本又具体化为全社会共同拥有的一般知识形式的人力资本和表现为劳动者劳动技能的专业化的人力资本。卢卡斯认为，只有专

---

① 柳卸林，葛爽．探究20年来中国经济增长创新驱动的内在机制——基于新熊彼特增长理论的视角［J］．科学学与科学技术管理，2018，39（11）：3－18．

业化的劳动技能的人力资本才是经济增长的真正源泉与动力。卢卡斯在模型中将人力资本对经济增长的作用效果分为两种：一种是内在效应，是长时段和较为宽口径的效应，通过正规与非正规教育形成的，它表现为高人力资本可以产生收益递增，并获得高收入；另一种是外在效应，时效性和针对性较强，是在实际工作中“干学结合”，获得经验而形成的人力资本带来的。这也为发展中国家积累人力资本提供了一个具有后发优势色彩的新思路：大力发展对外贸易，不断引进高科技产品，而后通过利用新技术、使用新设备或消费新产品等方式在实践中突破本地市场的瓶颈，积累应用与转化的经验，学习掌握新技术。

英国经济学家莫里斯·斯科特着眼分析资本因素的影响，给出了一个资本投资决定技术进步的模型。其理论是基于新古典经济增长模型总量分析的框架，改变模型使用的生产函数，引入人力资本和规模收益递增，也被称为“正统”学派。同罗默等人的理论一样，斯科特也认为技术进步是经济增长的关键，知识与技术对劳动力质量和劳动生产效率有重要影响。但斯科特认为不应过分强调技术进步、知识积累和人力资本的经济增长作用，更不应该将其视作资本积累的对立面；他认为技术进步与投资总是一体的，资本投资是技术进步的源泉，才是经济增长的不可替代、不可进一步还原的决定性因素。

#### 2.3.2.6 后发优势理论

后发优势理论（Late-developing Advantage Theory）由美国经济史学家亚历山大·格申克龙（Alexander Gerschenkron）于1962年创立，立论基础是德国、日本等相较英国等老牌资本主义国家而言的后发国家的现代化历程。后发优势是指后起国家在推动工业化方面可以借鉴先进国家的经验、教训等特殊有利条件，是来自于落后本身的优势。后发优势理论的含义包含三个层次：“经济”替代性优势，国际社会的产业分工与合作，人力成本与发展政策制度的比较优势；“凹地”流入性优势，后起国家引进先进国家的技术、设备和资金；“镜像”时间差优势，借鉴先进国家的成功经验，吸取其失败的教训。后发优势表现多种多样，具体形态更是千差万别，主要途径表现在以下六个方面：先在成功经验的借鉴（及不成功经验的反向借鉴）、科技文化利用、后发国家联合、产业转移、外资利用和榜样激励。也可以从学习理论与制度主义变迁的视角理解后发优势，是一个比对参照系并从“移植—模仿—参照—改造”的行为域或工具箱中选择合适手段的过程。①

由于可以直接吸收和引进先进国家和地区的技术，后发国家的技术成本要比最初开发的国家低得多；同时，在同样的资金资源、技术成本条件下，后发国家或地区还具有劳动力成本低、发展政策宽松等优势。只要在政策扶植与保护下达到规模经济阶段，后发国家或地区就可能发展出新的优势产业，从而在其传统的资本或技术密集的分工领域追赶或超越先进国家或地区，但后发国家或地区区域间差距的不断扩大却是

---

① 中国经济增长与宏观稳定课题组．干中学、低成本竞争和增长路径转变［J］．经济研究，2006（4）：4－14.

不可回避的事实。在开放经济条件下，发展中国家可以通过技术模仿、引进或创新，实现技术和经济水平的赶超，并过渡到技术自我创新阶段。格申克龙的后发优势理论，首次从理论高度展示了在工业化进程中后发国家存在着相对于先进国家而言取得更高发展速度和效果的途径，以及赶上乃至超过先发国家的可能性。列维则强调了现代化进程中，后发国家在认识、技术借鉴、预测等方面所具有的后发优势。许多学者对后发优势理论进行了进一步的研究。1991 年，伯利兹（Brezis）、保罗·克鲁格曼（Paul Krugman）、齐东（D. Tsiddon）在总结发展中国家成功发展经验的基础上，提出了基于后发优势的技术发展的“蛙跳模型”（Leapfrogging Model），指出后发国家具有技术性后发优势，不过也会面临一系列潜在与现实的问题。① 1995 年，罗伯特·巴罗（Robert J. Barro）和萨拉易马丁（Sala-i-Martin）提出“技术模仿的收敛性悖论”假说，认为一国进行技术模仿的成本与该国已经模仿的技术种类占现有技术总数量比例呈负相关，即过去模仿的技术越多，则继续模仿的相对成本就越高。② 这也意味着如果缺少或无法激发内部创新力量，技术模仿最终会陷入死胡同。1996 年，范艾肯（R. van Elkan）在开放经济条件下建立了技术转移模仿和创新的一般均衡模型，认为经济欠发达国家可以通过技术的模仿、引进或创新，最终实现技术和经济水平的赶超，转向技术的自我创新阶段。③ 这为后发国家从技术模仿到技术创新的转型指明了方向，从计量经济学的角度考察，经济欠发达国家可以通过技术的模仿、引进，在本国开放的市场体系中开展本土性创新尝试，最终实现技术和经济水平的赶超。总之，后发优势理论为后发国家或地区的加速发展、超越式发展提供了理论依据，指出了具体可行的发展模式，也为后发国家制定和实施相应的经济发展政策提供了指引。

#### 2.3.2.7 教育成本分担理论

高等教育成本分担理论（Education Cost Sharing Theory）与高等教育是否属于公共产品及其程度这一议题密切相关，由美国教育经济学家布鲁斯·约翰斯通（D. Bruce Johnstone）于 1986 年在其《高等教育成本分担：英国、联邦德国、法国、瑞典和美国的学生财政资助》一书中明确提出。④⑤ 该理论主张高等教育成本多元化分担，应由

① BREZIS E, KRUGMAN P, TSIDDON D. Leapfrogging: a theory of cycles in national technological leadership [R]. National Bureau of Economic Research, 1991.

② SALA-I-MARTIN X X, BARRO R J. Technological diffusion, convergence, and growth [R]. Center Discussion Paper, 1995.

③ VAN ELKAN R. Catching up and slowing down: learning and growth patterns in an open economy [J]. Journal of International Economics, 1996, 41 (1/2): 95－111.

④ JOHNSTONE D B. Sharing the costs of higher education: student financial assistance in the United Kingdom, the Federal Republic of Germany, France, Sweden, and the United States [M]. New York: College Board Publications, 1986.

⑤ 约翰斯通，马库齐. 高等教育财政国际视野的成本分担 [M]. 沈红，李红桃，孙涛，译. 武汉：华中科技大学出版社，2014.

利益相关者政府（或者纳税人）、学生家长、学生本人、私人或社会事业捐赠者共同承担。此后，很多国家制定高等教育学费政策时以该理论作为重要依据。其理念基础则在于高等教育产生的效益既有一定的普遍性和外部性，也有一定的个体性和内部性。高等教育成本分担理论认为高等教育既不是完全的公共产品，成本可完全由政府承担；也不是完全的私人产品，成本由受益人自行承担。这一理论将高等教育理解为“准公共产品”，其成本应由从高等教育中的各类公-私、法人-自然人等受益者进行合理分担，即受益者根据各自收益情况及支付能力对高等教育成本进行支付或补偿。

美国经济学者萨缪尔森于1954年提出的公共产品理论将社会产品和服务分为公共产品、准公共产品和私人产品，认为由政府提供公共产品，由政府与市场共同提供准公共产品，由市场提供私人产品。高等教育产品是介于私人产品和公共产品两者之间的准公共产品，并具有巨大的正外部效应，诸如推动经济增长、改善收入分配不公、增进社会物质文明和精神文明等作用。该理论为政府分担高等教育成本提供了理论基础，为世界上大多数国家在高等教育经费需求与供给之间的矛盾突出的情况下建立多元化的教育投资体制提供了理论依据，并在一定程度上缓解了这一矛盾。美国、英国、俄罗斯、澳大利亚、荷兰等多数国家都已接受了教育成本分担理念并早已付诸实践。

改革开放以来，随着中国经济社会的高速发展，高等教育进入超常规发展的快车道。高等教育发展过程中遇到很多极具中国本土特征的教育实践与现象，而高等教育与国家、区域经济发展的关系也成为学者们关注的焦点问题，一批有影响的研究应运而生。具有代表性的理论主要包括：高等教育外部适应论、高等教育规划发展论（政策与方针）、教育成本分担论、非均衡发展理论、高等教育产业关系论、产学研融合论等。对高等教育与社区的关系，大学与城市、区域和政府的互动，大学竞争与市场化、多元化发展模式等方面的研究相对缺乏。

#### 2.3.2.8 高等教育适应论

高等教育适应论（Higher Education Adaptation Assumption）以潘懋元先生的“两个规律”说为起源和代表。① 潘懋元先生在20世纪80年代时明确提出了教育的两条基本规律：一条是教育外部关系的基本规律，阐明教育与经济、政治、文化系统之间的相互关系，强调教育要通过培养人来为社会服务，简称教育的外部规律；另一条是教育内部关系的基本规律，即教育内的子系统与要素之间的相互关系规律，强调教育要培养全面发展的人，简称教育的内部规律。第一个规律在高等教育领域的适用也被称为高等教育适应论，它将高等教育视为社会整体中相对独立但又依存于社会发展的一个子系统，要求高等教育适应外部条件、要求与变化趋势。高等教育的外部矛盾即高等教育与社会需求的矛盾当作高等教育的主要矛盾，不能解决好这种基本矛盾会导致高等教育失去存在的合理性与合法性，强调高等教育发展必须与社会发展需求相一致。这一理论含有关系主从性、外部决定性与主体分离性三层基本含义：高等教育是从经

① 潘懋元. 高等教育学的若干问题［J］. 高等教育研究，1983（1）：4-26.

济发展分离出来的相对独立的体系，从属于社会经济发展需要，其发展的根本动力也是由自身体系之外的因素决定。高等教育适应论在不同历史阶段有不同的具体内容，先后把国家工业化、政治建设与运动、经济发展与体制改革、服务国家社会重大需求、建设世界一流大学和促进文明交流等目标当作高等教育的主要适应对象，引起了诸多后续讨论与研究。如有后续研究认为高等教育适应论一方面试图用工具理性、政治理性和传统的实践理性等取代认知理性在教学和科研中的核心地位，使国内高等教育难以走上正常发展的轨道；另一方面在选择某种实践理性为主导的时候，又压制其他各种实践理性的发展，以至于在高等教育的各种目标之间、不同的目标与手段之间造成了矛盾和冲突。① 从高等教育自身和发展历史考察，高等教育各类活动的本质是知识再生产与传授同步进行，符合认知活动合理化即认知理性发展的要求。



#### 2.3.2.9 高等教育规划发展论

高等教育规划发展论（Plan-leading Development of Higher Education）是结合了高等教育适应发展与自主发展模式的一种理论观点，认为高等教育的发展首先取决于高等教育规划的质量与水平，而高等教育规划是多层次、多等级的综合规划体系，包括国家、地方与高等教育三个层面，政府、高校、学术组织、师生四类主体，而规划工具则主要包括法律法规、规章制度、政策和文件等。这一模式在高等教育实践中被广为采用，也被称为高等教育规划原则，如很多高校最近通过各种方式强化了校内发展规划和高等教育政策研究机构的权责能力与职能范围，便于与政府的高等教育专门发展规划和国家重大战略规划对接。《中华人民共和国高等教育法》第六条规定："国家根据经济建设和社会发展的需要，制定高等教育发展规划，举办高等学校，并采取多种形式积极发展高等教育事业。"高等教育的规划发展原则是指国家在宏观政策的引导下，根据国家的经济和社会发展的具体情况，不断优化高等教育的宏观发展。这种宏观的决策包括对现有高等教育的长期发展规划、对新的高等院校的建立以及采取不同形式来发展高等教育事业。国家是高等院校的举办者，要在国家的统一领导之下，进行学校的建设，这意味着国家对高等院校要进行监督和管理，同时也要对高等院校进行大力扶持。我国高等教育在改革开放之后有了较大的发展，但我们与世界强国的高等教育相比还存在一定的差距，这与我国的经济力量和社会发展有密切的关系。因此，不仅要由国家来举办高等教育，而且应吸收世界各国办高等教育的经验，利用社会的各种力量为高等教育做出贡献。高等教育规划发展论的立论基础主要有三点：首先，承认高等教育外部适应论，认为高等教育必须适应国家与经济社会发展，满足外部需求；其次，国家与社会经济需求无论是相对稳定或是处于变革之中，整体上都是可谋可控与可知可测的；最后，高等教育规划具有信息传导和职能约束的双重作用，既可有效捕捉和传递外部需求与变革，又可约束自身内部发展，即兼容有明确的信息链条与创新的知识链条。

---

① 展立新，陈学飞．理性的视角：走出高等教育"适应论"的历史误区［J］．北京大学教育评论，2013，11（1）：95－125，192．

#### 2.3.2.10 高等教育产业论

高等教育产业论（Higher Education Industrialization）来源于两种教育实践：在市场经济快速发展的社会背景下对高度计划性发展的高等教育的一种平衡性需求以及对高等教育快速规模化发展带来的成本压力的内部回应。同时也是自身产业化与市场化发展的探索，政府公共投入长期不足，难以满足持续增长的高等教育需求，寻找新的资金源成为自然之选。除了政府财政支持之外，通过学费、各种创收活动（如签订研究合同，开展广泛的学术与文化服务和开办短期学习教育班）来开源。高等教育产业论理论基础源于“人力资本”，而教育过程是物质、技术人化的过程，培育和形成个性。这一理论将高等教育投入视为生产性投入，是战略性、先导性基础产业。政府对高等教育投入是具有知识产业属性的国家基础建设投资，必须继续增加，同时要动员全社会的资源和力量为高等教育发展提供物质支撑，而高校也需要进一步增强自我发展能力。把发展高等教育的负担由国家身上转到包括政府在内的社会不同利益主体身上，只要高等院校能找到更有效地利用自己的人力和物力的经营办法，高等院校应当可能从其服务性活动中收回大部分成本，高等院校有能力与其他社会部门竞争国家的财政资源。高等教育产业论与高等教育成本分担理论有相似之处，即把高等教育视作可以用来交易并创造相应价值收入的商品或服务产品。两者的不同之处在于产业论强调高等教育的成本与生存需求，对高等教育是否为公共产品的属性未予明确或未及关注，高等院校的核心职能，如教育的学术质量、基础研究与长期的社会价值可能被忽略；而成本分担理论则强调高等教育受益与成本的对等性，认为其为准公共产品。

#### 2.3.2.11 产学研合作与融合论

产学研合作与融合论（Industry-university-research Cooperation and Fusion）把高等教育、科研和产业发展（人力资源与科技成果转化等维度上）置于同一个宏大的观察框架下，与高等教育产业论密切关联，是从机构职能创新与形态变革的角度理解高等教育的发展趋势。在高等教育的子领域研究生教育中产学研的深度合作与融合更是深受重视，被视为研究生培养机制改革的重要内容，尤其是专业学位研究生教育的机制改革。既是高等教育与产业界、研究界的合作，也是高等教育知识转化与社会服务、教育与人才培养、科学研究与创新三项职能的协调发展。通过产学研融合，人们力图寻求高等教育在政府与市场双重压力下的有效回应方式，寻找发现社会发展真实需求并与社会重大变迁同步的机制。高等教育在当今迅速变化的社会中，对新的需求反应迟钝，高教体制活力不足。如何使高等教育适应社会主义市场经济条件下不同利益主体的多元需求成为高等教育发展面临的重要任务。借助产学研深度合作，实现高等教育认知图式的转换，对于增强高等教育体制活力，提高高等教育主体积极性，拓宽资金渠道与灵活性，提高高校主动变革能力起着积极的作用。

此外，高等教育发展和城市化进程对中国未来发展意义重大，高等教育与城市化的关系也是国内学者关注的一项重要的研究议题。① 高等教育可以直接有力地促进知识、科学与技术进步，从而与产业合作，并支持产业的转型升级与良性演进，助推城市化进程。高等教育的人才培养职能的发挥，提升了城市人口素质，培育和维系城市文化底蕴，促进城市经济发展和社会文明和谐。城市化则为高等教育提供发展的基础与资源支撑，并影响其定位，城市化模式也从形式和内容上影响高校区域布局。城市化和高等教育之间相互促动，相互影响，螺旋式演进发展。学者张臻汉通过对我国286个城市的数据实证分析，验证了高等教育和城市化的相关关系，认为未来我国应合理控制城市化规模并匹配布局高等教育，应加强高校的绿色低碳教育来支持城市生态文明建设，通过优化高等教育资源配置以促进社会和谐。② 高等教育与城市化的关系引起人们关注的同时，其与区域发展、城乡均衡发展之间的关系也引发了一些讨论。党的十九大报告中提出“城乡融合发展”和乡村振兴战略后，高等教育在空间上更为优质、高效地布局和发展，以及如何促进城乡融合发展成为教育实践中需要面对的一个新问题。如有研究指出高校“县域办学”现象是促进高等教育空间流动和资源公平分布的一个重要现象。③

在粤港澳大湾区国家战略的时代背景下，粤港澳大湾区城市化和高等教育发展之间的关系将会越来越紧密。一方面，城市化与高等教育的互动从硬件资源与物理地理空间逐步渗透到人才与制度机制方面，是加快城市化进程和提高城市化质量的有效途径；另一方面，在城市化进行到相对成熟阶段时，高等教育在促进非城市空间发展、促进城乡融合发展方面将发挥更大更直接的作用。学者夏建刚总结了美国等西方国家高等教育与区域经济互动发展的经验，针对我国高等教育及区域经济内部发展不均衡现状，提出相关建议，如加大政策支持，大力发展高等教育，加快建立科技园区，发展社区教育，等等。④ 马文玲从区域经济学的角度，研究高等教育与区域经济发展的关系，进而提出协调高等教育与区域经济发展之间的政策，如加大政策扶持力度、建立大学科技园和实施高等教育区域化战略等，对区域经济的良性发展提出了相应的依据。⑤ 赵士谦、康翠萍认为高等教育与城市化进程彼此渗透：一方面，城市化进程加速了高等教育的大众化、国际化与产业化；另一方面，高等教育的扩张加速了城市化进程，比如以建立吸引高学历者向城市迁移的政策或机制来提升城市化水平。⑥

---

① 阎堃，顾培亮．我国城市化进程与高等教育发展［J］．教育研究，2003（11）：21－25.

② 张臻汉．高等教育与城市化的关系研究［J］．兰州大学学报（社会科学版），2013，41（6）：154－159.

③ 蔡真亮，陈民伟，吕慈仙．高校延伸至县域办学的现象分析：基于“推拉理论”的视角［J］．中国高教研究，2017（10）：31－34，46.

④ 夏建刚．高等教育与区域经济互动发展研究［J］．兵团教育学院学报，2004（1）：50－52，56.

⑤ 马文玲．高等教育与区域经济发展良性互动研究［J］．商场现代化，2007（32）：207－208.

⑥ 崔玉平，张杨，夏焰．苏南高等教育与地区经济互动关系研究［M］．苏州：苏州大学出版社，2013：137.

## 2.4 创新人才培养和人才流动与集聚理论

### 2.4.1 人才培养与多元巨型大学

美国当代著名教育家克拉克·克尔（Clark Kerr）的多元巨型大学（multiversity）观点成为思考当代大学职能和培育人才的一个内部基点，而产学研关系理论则是重要的外部参照框架。克尔曾长期任职美国加州大学第十二届校长（1958—1967年），任职期间成就卓著，学生人数增加一倍，经费增加两倍，研究生院在全美名列前茅。1960年他领导制定《加州高等教育总体规划》，将该州高等教育分为三级，对美国高等教育体制产生重大影响，也在全球范围内成为理论研究和高教改革关注的重要内容。1967年因学生运动被解除校长职务。1967—1979年任卡内基高等教育委员会主席。

根据对美国现代大学的发展历程的分析，克尔在20世纪60年代提出了“多元巨型大学”的概念，并就其目的、职能、结构以及对外关系等方面构建起内涵丰富而深邃的多元化巨型大学观。①② 此理论精妙地概括了美国大学发展的基本动力机制和时代特色，不仅开辟了大学发展史的新领地，充实了二战后美国高等教育理论，而且推动了美国教育进一步的改革与发展，对世界高等教育学界产生了重要影响。20世纪90年代以来，随着我国高等教育的快速发展，一些综合性研究型大学已明显地显现出克尔所描述的多元化巨型大学的诸多特点（如教学、行政、研究三项内部事务的冲突与关系，教师的地位以及教师、学生、学校三者的关系，大学的资金来源，产学研关系等），同时亦有不少富有国内实践特色的新特征（中央政府与地方政府的角色双重性，高校内部治理模式，大学城区、园区、校区，办学模式的空间演变与时间传递等）。

从20世纪末大规模扩招以来，中国的大学越来越具有“多元巨型大学”的典型特征，人才培养的问题也成为高校发展过程中最具显示度和影响力的核心问题之一。这些特征既有全球高校普遍面临的国际性因素，如大学与社会及政府关系的多重性、学生与教师规模扩张、行政人员扩张、大学角色与职能复杂化、大学边界移动与内部事务的高度规则化、大学竞争与国际交流、大学学术与教育生态变迁等；也有中国高校特别面对的国别性和地方性因素，如高等教育全国性统筹规划式发展、大学的高度城市化、大学城与大学空间职能、大学内部与外部治理结构。

### 2.4.2 高端人才集聚理论

人才集聚理论起源于集聚经济学理论，从全要素视角考察，将人力、智力资源作为影响经济发展的重要因素之一。经济与社会发展实践中人才集聚越来越复杂，区域

---

① KERR C. The great transformation in higher education, 1960 - 1980 [M]. Albany: SUNY Press, 1991.

② KERR C. The uses of the university [M]. Cambridge: Harvard University Press, 2001.

人才集聚过程有关问题的研究需要多学科和多角度的对话与合作。

高端人才又称高层次人才，有绝对和相对两种界定方式：高端人才具有一定的客观的可观测、可衡量的标准，在德行、知识与教育资历、专业能力、社会贡献、行业影响力和发展潜力等方面均有一定硬标准和金指标；高端人才也是一个相对的概念，一个国家、一个地区、一个单位均具有相应层级的高端人才，不同国家、不同地区、不同时期有不同的内涵和外延，即使在同一国家、同一时期的不同层次的区域，这一人才群体也表现出不同的识别标准。① 在政策制定与实践操作中，中央人才工作协调小组对海外引进高端人才的认可标准含有学位与年龄等门槛性条件，并分为专家学者、专业技术人才和经营管理人才、创业人才、其他高层次创新创业人才等四类。② 在高端人才工作事件中，各类人才项目入选情况、科研成果奖项、工作业绩和贡献这三个方面往往成为衡量人才的直接要素。

从人才渠道和层次上看，可以将高端人才划分为国际与海外高端人才、国家高端人才、部门与地方高端人才；从人才依托单位性质划分，则有政府高端人才、高校科研机构高端人才、行业企业高端人才和新型组织高端人才；按人才类别划分，有创新型、创业型、技能型高端人才。划分层次的目的是建设高端人才梯队，国际高端人才引进和国内高端人才培养均衡发展，构建人才成长、流动与使用的健康高校机制，形成结构合理、可持续发展的高端人才队伍，维持生态、生机、生力兼具的高端人才库，为建设创新型国家提供人才支撑。高端人才集聚理论（High-end Talent Cluster Theory）是对高端人才集聚现象的理论解释，通常包括集聚动力、模式、机制、演变、环境与效应等几个维度。

首先，纵观整个人类发展史，高端人才的集聚现象与效应是普遍存在的。科学史上众多“学派”现象与多种学科发展过程中的派别争辩，本质上反映了不同高端人才群体之间的聚合与竞争关系。高端人才集聚可以产生智力的规模竞争效应，在局部区域引发知识的突破式发展，促进学术发展与进步。这一点与工业化过程中人力、物力、信息与知识等多种资源向城市高度集中，从而推动经济社会快速发展有相似之处。高端精英人才的集聚，为人类社会的进步与发展做出了巨大的贡献。高端人才是人力资源中最优秀的群体，对推动经济社会进步、增强自主创新能力、提高综合国力有着举足轻重的影响。高端人才的流动形成了高端人才的集聚，其集聚现象会产生高端人才集聚效应。

其次，高端人才集聚的动力和机制与经济社会发展密切耦合，集聚模式多元、多阶段且有一定的演变规律。区域经济发展水平、产业集聚类型、人才集聚效应等导致人才集聚的因素具有一定的区域特征，并形成了几种高端人才集聚模式。根据政府干

---

① 张瑾. 我国吸引和有效发挥高端人才作用的对策研究［M］. 北京：经济管理出版社，2014：40.

② 中共中央办公厅转发《中央人才工作协调小组关于实施海外高层次人才引进计划的意见》的通知［EB/OL］.（2012－06－20）［2019－04－05］. http://cpc.people.com.cn/GB/244800/244856/18246001.html.

预和市场机制在人才集聚过程中作用的强弱程度和两者间的关系，可将人才集聚模式分为三种类型：市场主导型人才集聚模式、政府扶持型人才集聚模式和计划型人才集聚模式。① 不同的区域发展阶段会形成不同的高端人才集聚模式，政府扶持和计划型集聚模式在区域发展初期和过程中具有重要作用，而市场主导型人才集聚模式通常在区域发展成熟阶段占据主导性地位。在国家战略的大框架下，区域发展过程一般会经历区域发展论证与规划阶段、区域整体基础设施建设阶段、区域产业结构体系形成阶段、区域经济发展成熟阶段和区域产业结构调整重组阶段，并且在各个阶段，区域发展规划都有可能根据实际需要进行重新布局或局部调整。

再者，高端人才集聚与周边环境变迁之间存在高度相关。高端人才集聚既与宏观社会经济与政策环境有关，又与微观的工作、生活与生态环境密切相关，并可能在互动过程中与周边环境形成一个有利于高端人才发展和地方发展的整体人才生态系统。如北京市充分利用中关村国家自主创新示范区体制机制先行先试的政策优势，并与周边高校现有的智力库和智力源紧密合作，围绕人才、知识、资本、技术等核心创新要素，完善有关制度和政策安排，激活适合高端人才的多元激励机制，形成引导创新、激励创新和服务创新的良好环境。中关村创新人才管理模式，找准全球视野与在地环境的契合点，落实“千人计划”“北京海外人才集聚工程”和“中关村高端人才集聚工程”，集中力量建设了中关村人才特区这一世界性的人才集聚高地。②

再如建设中的中山大学国际创新谷，亦是在国家重大战略和区域重大发展机遇的时代背景下，打通与融合城市微环境的一个典型案例。中山大学国际创新谷位于广州市海珠区，毗邻中山大学广州校区南校园，与校园南门对街而居，地理位置优越。按照中山大学2018年与海珠区政府签订的中大国际创新谷鹭江启动园区备忘录，中大国际创新谷位于海珠区中部核心区，范围东至广州大道南，南至新滘西路，西至东晓南路、新港西路、怡乐路，北至滨江东路，规划面积10平方千米，产业用地4平方千米。它是由中山大学提出规划、海珠区政府扶持引导，按照“总体规划、分步实施、点状发展”的工作思路，依托中山大学及周边众多国家和省部级科研单位的优势，围绕信息、能源、先进制造、医药、环保、艺术设计等重点领域，建设技术创新、技术转移、成果孵化、创业中心和人才创新基地，推动区域创新资源汇聚发展，形成一个对海珠区、广州市乃至珠三角地区都具有较强辐射作用的高端平台。创新谷规划用地涉及村社部分集体物业用地，需要政府、高校、业界和市民的多方合作——政府与高校通力合作，市场与学界共建科研－人才培养－成果转化与产业链，市民与师生共享人才集聚与发展红利。

---

① 孙健，孙启文，孙嘉琦．中国不同地区人才集聚模式研究［J］．人口与经济，2007（3）：13－18.

② 北京市地方志编纂委员会办公室．北京年鉴（2012）［M］．北京：北京年鉴社，2012：59－60.

### 2.4.3 人才流动理论

流动和迁徙是人类社会的常见现象，人才流动（Talent Mobility）是观察人才现象的常见角度。社会流动性作为资源占有不平等背景下的社会属性是社会阶层构成和调整过程中的动力因子，社会流动是人们在社会结构中的位置变化现象，是个体、群体或代际从一个阶级、阶层向另一个阶级、阶层的转变过程，反映出社会结构的动态重组过程。社会流动概念最早由索罗金（P. A. Sorokin）于1927年提出，是指不同社会阶层间的人口交换。① 根据流动参照基点，社会流动可以分为向上流动和向下流动、代内流动和代际流动。代内流动是指个人职业和社会位置等的变动情况，代际流动是指子辈所处社会位置相对于父辈的变动情况。代际流动性越强，代际效应越低；相应的代际流动性越弱，代际效应越明显。社会流动是一个简单的再社会化过程，个体差异会导致阶层流动时的文化适应呈现不对称特征。布劳（Blau）和邓肯（Duncan）较早地对代际流动进行了研究，他们运用路径分析方法建立了基于父辈先赋因素和子辈自致因素的共同作用的地位获得模型。② 国外学者对人才流动问题的研究主要涉及经济学、管理学、组织行为学、社会学等不同角度，通过分析人才流动现象，探索其中机理，构建了推拉理论、产业间转移理论和多种个体-组织匹配性假说等具有一定解释力和影响力的人才流动模型。国内关于社会流动问题的研究大致可以分为两类：一类是从社会学视角来研究，该类研究主要是利用“功能主义”和“冲突理论”分析教育对于当代社会流动产生的作用；另一类是从经济学视角来研究。总体来看，社会学和经济学沿着不同脉络研究社会流动。社会学主要从研究静态的社会分层深入到动态的社会流动，从代际职业流动反映社会流动。经济学则从研究静态的收入分配扩展到动态的收入流动，从代际收入流动反映社会流动。国内经济学则从收入流动的角度研究我国社会流动性。在制度主义视角下，家庭传承或人力资本对社会流动的影响离不开社会制度。我国社会从刚性体制转向弹性体制必须保持充分的流动性。③ 如果缺乏流动性就会固化社会利益结构，将造成动态不平等，导致长期经济增长停滞。④ 没有流动就不会有人才集聚，人才流动理论是研究人才集聚问题的基础，理解与掌握人才流动特征与规律对分析人才集聚的形成有重要意义。

#### 2.4.3.1 推拉理论

推拉理论（Push-Pull Theory）的雏形出现于19世纪末，发展至今已有100余年，仍是观察人口流动和移民现象的重要理论之一。19世纪末，德国地理学者拉文斯坦

---

① SOROKIN P A. Social mobility [M]. New York: Harper and Brothers Press, 1927.

② BLAU P M, DUNCAN O D. The American occupational structure [M]. Chicago: The University of Chicago Press, 1967.

③ 厉以宁. 资本主义的起源：比较经济史研究 [M]. 北京：商务印书馆，2003.

④ 蔡洪滨. 维持高社会流动性 [J]. 新世纪周刊，2011 (13)：70-71.

（E. G. Ravenstein）提出了“迁移定律”，认为人们进行迁移的主要目的是为了改善自己的经济状况，可以视为推拉理论的原型。① 之后几个时代直到20世纪50年代，有关人口迁移的研究相对未受到足够重视，没有取得具有重要影响力的实质性进展。不过1938年时，德国地理社会学者赫伯拉（Rudolph Heberle）基于对德国劳动力从农村往城市与工业区迁移现象的分析，尝试从“力”的角度解释人口流动现象，指出原住地基本生活设施的缺乏、农业生产成本增加、自然灾害的应对能力不佳等构成了原住地的推力，而较多的就业机会、较高的工资、发达的基础设施等形成了目的地的拉力，原住地的外推力与目的地的内拉力促使了人们的迁移。② 这可视为初具雏形的推拉理论。唐纳德·博格（D. J. Bogue）1959年将“推拉理论”系统化，认为人们流动的目的是改善生活条件，于是在流入地中那些能使生活条件改善的因素就成为拉力，而流出地中那些不利的社会经济条件就成为推力。埃弗雷特·李（Everett S. Lee）于1966年进一步完善了人口迁移理论，建立了较为完整的推拉理论体系，将影响迁移的因素划分为迁出地因素、迁入地因素、中间干扰因素和个体因素四个方面，并指出个体对各种影响因素的判断和权衡因人而异，具有主观性和非理性色彩。③ 在不考虑个体认知与决策因素的情况下，即从更为整体与宏观的角度考量，迁移行为的发生是迁出地和迁入地的推力和拉力一起作用的结果，当迁出地推力总和大于拉力总和，而迁入地的拉力总和大于推力总和时，迁移便会产生，即当迁移动力能克服迁移阻力时，才能最终完成迁移过程。推拉理论的成熟形态着重考察了迁移的空间力场变化与个体因素影响，而对于亚文化、区域文化差异的影响和迁移过程的阶段划分与时间序列演变机制这两个方面未加以详细阐述。总之，人才的流动可以从个人、群体与整体三个层面来分析，大体对应动机决策、行为模式和社会变迁三个角度的推拉作用机制。

#### 2.4.3.2 产业间转移理论

产业间转移理论（Inter-industry Transfer Theory）又称“配第定律”，最初由英国经济学家威廉·配第（William Petty）在其政治经济学著作《政治算术》一书中提出，认为由于商业、工业、农业三类产业的收益依次递减，不同产业之间的收益侪辈推动了劳动力由农业向工业、再由工业向商业的产业流动。英国经济学家科林·克拉克（Colin Clark）在配第研究的基础上，在1940年出版的《经济进步的条件》一书中提出三次产业划分的观点，认为随着经济发展和人均国民收入水平的提高，劳动力首先由第一产业向第二产业转移，再向第三产业转移，即“克拉克定律”。④ 1979年诺贝

---

① RAVENSTEIN E G. The laws of migration [J]. Journal of the Statistical Society of London, 1885, 48 (2): 167-235.

② HERBERLE R. The causes of rural-urban migration: a survey of German theories [J]. American Journal of Sociology, 1938, 43 (6): 932-950.

③ LEE E S. A theory of migration [J]. Demography, 1966, 3 (1): 47-57.

④ CLARK C C. The conditions of economic progress [M]. 3rd ed. London: Macmillan, 1957.

尔经济学奖得主、美国著名经济学家威廉·阿瑟·刘易斯于1954年在其著名的《劳动力无限供给条件下的经济发展》一文中讨论了劳动力供给充足而资本相对有限的情况下经济体发展的问题，指出工业部门的工资通常高于农业部门30%左右，这种生产部门间的工资率差拉动农村劳动力不断向城市工业部门转移。① 同时，劳动力会从低工资水平的地区、国家向高工资水平的地区与国家发生空间流动，减缓当地工资增加速度、程度，延长了劳动密集型人口红利发展期。

#### 2.4.3.3 组织行为学关于人才流动的理论

组织行为学（Organization Behavior）对于人才流动的考察与解释一般基于对微观与中观尺度上的人才流动现象分析，从个体、全体与团队、组织三个层面解释其中机理，代表性的理论如勒温的场论、卡茨的组织寿命学说、目标一致理论和综合成本收益决策模型等。

美籍德裔心理学家库尔特·勒温（Kurt Lewin）描述人在周围环境中的行为，提出了个人绩效受个人能力与所处环境共同影响的场论理论，即勒温场论。② 如果个人处于能力岗位不匹配、文化不适应、人际关系不和谐、内部薪酬不公平等不利的组织环境中，无法实现自身发展需要，又几乎无力改变环境，就会选择离开。美国学者卡茨（Karz）提出组织寿命学说，从企业活力的角度论证了人才流动的重要性和必要性。在研究科研机构的组织寿命时发现，科研机构组织寿命的长短和组织内的信息交流情况与所获得的科研成果密切相关。实际上，如个体的发展一样，科研机构的发展也经历着成长、成熟和衰退的过程。组织的最佳年龄区是成立1.5～5年，组织寿命超过5年，现有人才团队由于缺乏新鲜血液而变得效率下降，只有通过适当的人才流动与改组才能保持组织活力。日本学者中松义郎提出的“目标一致”理论描述了个人实际发挥的能力与潜在能力之间的关系，即当个人目标与组织目标完全一致时，个人潜能得以充分发挥，且组织具有良好的整体职能，形成双赢局面；当二者不一致时，个人潜能受到抑制，组织的整体职能也受到削弱，形成双输局面。当出现不一致时，如果个人基本认同组织目标并努力将自身目标向组织目标靠拢，引导自己慢慢符合组织倡导的价值观，减小两者的差距，可以获得自身与组织的共同发展。但如果个人目标与组织目标差距很大，且协调一致对个体而言难度很大或所付成本很高，那么个人则更愿意选择离开，去选择新的与个人目标更为一致的新组织。可见个人目标与组织目标是否一致是人才流动的重要原因之一。

有学者认为人才流动是人才个体追求其工作状态效用最大化的结果，这一点在国内高端人才的空间流动与组织机构流动方面表现在“高端人才出走与学术资本获得之

---

① LEWIS W A. Economic development with unlimited supplies of labour [J]. The Manchester School, 1954, 22 (2): 139－191.

② LEWIN K. Field theory in social science: selected theoretical papers [J]. Greenwood, 1951.

间的关系更为紧密，与行政资源与经济资本的关联较松散”。① 高端人才的国际流动随着科技全球化、创新活动共性及新兴经济体的政策优势而呈现差异化的图景，一方面创新创业人才国际流动日益频繁，另一方面双向或多向人才环流比人力资本从外围国家向中心国家单向流动的“人才流失”更符合当前高端人才国际流动的实际状况。② 亦有学者从人才个体和组织两个方面综合考虑，提出一个个体与组织共同决定的人才流动决策，即综合成本收益决策模型。③ 该模型首先从人才自身出发，假设人才流动的两个前提：一是人才能从流动后的工作中获得比现有工作更大的效用；二是人才从流动前后的工作中所获得的效用差额足以补偿为流动所支付的直接成本，即净收益为正。该模型再从组织方面出发，假设组织支持人才流动的前提是人才为组织带来的效益大于组织的人才使用成本。综合人才个体与组织决策就可得到人才流动模型，人才流动与否取决于人才个体与组织决策的组合。人才是否流动最终取决于对人才与组织两者的成本收益比较。

---

① 黄海刚，曲越，白华. 中国高端人才的地理流动、空间布局与组织集聚［J］. 科学学研究，2018，36（12）：2191－2204.

② 黄海刚. 从人才流失到人才环流：国际高水平人才流动的转换［J］. 高等教育研究，2017，38（1）：90－97，104.

③ 张弘，赵曙明. 人才流动探析［J］. 中国人力资源开发，2000（8）：4－6.

# 第3章

# 大学在湾区经济发展中作用的国别考察：纽约湾区

湾区是由一个海湾或者相连的若干个海湾、港湾、邻近岛屿与陆地共同组成的区域，一般拥有适宜停泊大型轮船的海港，是陆地与海洋的特别交汇区域。湾区一般以港口和临港城市为中心，可以分为陆地区、海岸线、港口区和海上延展区，往往拥有丰富的交通基础、经济形态和生态系统。很多湾区还是重要的江河入海口，是河口与海口的复合形态。湾区经济是一种重要的滨海经济形态，是当前国际经济版图的亮点，对全球经济格局产生着重大影响。国际知名湾区如纽约湾区、波士顿湾区、旧金山湾区和东京湾区等以及在成长中的粤港澳大湾区等，均具有多元化、开放性、创新性、宜居性和国际化等特征，凭借开放的经济结构、高效的资源配置能力、强大的集聚外溢职能、厚实的产业与科技创新力、深邃的教育文化吸引力和发达的国际交往网络，发挥着引领创新、集聚辐射的核心职能，已成为带动全球经济发展的重要增长极和引领技术变革的领头羊。

## 3.1 纽约湾区的基本概况

纽约湾区是全球金融湾区。从经济规模和经济影响力方面来看，纽约湾区是全球湾区的龙头；从高等教育的质量与规模看，纽约湾区是全美高等教育重地，拥有一批卓越的大学，有着重要的全球性影响；从高等教育与区域发展的关系来看，大学既是政府、产业部门协同发展的伙伴，也是为政府与产业部门提供咨询与智力支持的专业平台与创新性触媒。

### 3.1.1 纽约湾区的地理区位

纽约湾区位于美国东海岸偏北部，纽约海湾（亦称新泽西海湾）位于区域的东部，北接新英格兰地区的康涅狄格州，南邻新泽西州。从地理与经济发展共同体的角度考察，湾区以纽约市为中心，传统上认为由25个县组成，包括纽约州中的12个县、新泽西州中的12个县和宾夕法尼亚州的1个县，占地面积2.15万平方千米。而根据2015年合并统计区域名词（Combined Statistical Area，CSA）统计口径，纽约湾区总面积达3.35万平方千米，是涵盖纽约州、新泽西州和康涅狄格州内31个郡县的大都市区。纽约湾区的重要城市包括纽约市、纽瓦克市和新泽西市。

纽约港水域宽阔、水路通畅，是西半球最优良的海港之一。在相当长的历史时间里，纽约是欧洲人经由海运进入北美和加勒比海地区的重要门户，是欧洲和美洲之间的联络枢纽。从开辟远洋航线的故事看，纽约湾区的崛起，首要条件是有优良的通商条件。纽约港分为上纽约港和下纽约港，下纽约港由拉里坦湾、布鲁克林和斯坦顿岛包围，穿过这里就进入了上纽约港。在周围陆地和岛屿的掩映下，港口风平浪静，使船只免于风暴侵袭。曼哈顿岛把上纽约港分为东河和哈得孙河两部分。哈得孙河与内陆联通，东河则连接长岛海峡直通美国东北部新英格兰地区。上纽约港错综复杂的水文结构既提供了优良港湾，也让纽约通向广阔的腹地。与北美大西洋沿岸的其他竞争港口相比，纽约港优势明显。北边的魁北克港和波士顿冰期都比纽约港长，而南边的费城等港口水深又不如纽约。

纽约湾在美国东海岸拥有重要而特殊的地位，19世纪初伊利运河开通后，纽约市的港口是整个东海岸唯一连通内陆航运和五大湖区域港口的大型海港，成了湖区、陆区和海湾区的物质运输汇聚地和战略发展中心。同时，位于东海岸的纽约与欧洲交通往来也有独特的地理优势——相比西海岸一线，距离伦敦等地区地理距离更近，飞行、航运时间更短，这对于需要频繁出差欧洲的华尔街金融从业人员来说是控制和节省时间与物质成本的不二之选。除了地理区位优势之外，因毗邻美国历史开端地的新英格兰地区，历史传统上也与欧洲大陆产生了更强的心理认同感，大量财富从美国、欧洲和全世界涌入华尔街，国际金融中心之路正式开启。

作为国际湾区之首，纽约湾区借助地理区位的优势，以及由非同寻常的地理位置所衍生出的地理空间经济效应，成为世界金融的核心枢纽。作为湾区空间的重要组成，全球500强企业有200家选择在此落地，占总量的40%；纽约市港口与城市的双重身份发挥着极强的桥梁与辐射作用。曼哈顿中城是世界上最大的CBD及摩天大楼集中区域，蜚声全球的华尔街深度影响着世界经济走势，同时还有实体与网络经济高度融合而成的独特经济形态——100多家国际著名的银行与保险公司的总部。纽约湾区的第三产业占比超过了90%，经济具有滨海经济、港口经济、都市经济的综合优势，由海岸贸易、都市商圈与湾区地理形态聚合而成。

### 3.1.2 城市与湾区的整体规划

纽约湾区与世界其他湾区相比，其中一个最大的不同在于纽约湾区是一个跨州建设的大都市区。由于其自西向东横跨新泽西州、纽约州和康涅狄格州，如何平衡区域内庞大的人口，建设和管辖之间的关系便成为纽约规划的重中之重。

纽约湾区的发展离不开自然地理与环境资源方面的优势，同样也离不开极为出色和富有前瞻性的整体规划。从殖民者登陆东海岸算起，纽约的发展源远流长，同其他海湾地区的发展类似，天然良港的自然禀赋使得纽约湾也是从区域性贸易港的角色开启全球化发展进程的。贸易带来了各地人群、多样货物和天下财富。这其中最早依靠纽约湾内天然港的独特地形优势发展起来的地区便是曼哈顿。曼哈顿地区的早期发展与“1811 年委员计划”（Commissioners' Plan of 1811）密切相关，这项被称为纽约发展之源的规划是纽约市第一个综合规划，开启了曼哈顿地区乃至纽约大都市区规划建设道路。这项规划核心思想是解决移民潮问题，独特的“网格状”规划，加上利用方便的地铁交通让城市中心区的容积率更高，此模式下的曼哈顿城市中心区容积率最高可达 15 左右，这就是所谓的“曼哈顿模式”（Manhattan Model），其在日后被更多城市规划者所青睐与借鉴。方块式、棋盘式的开放式设计能够帮助交通更容易得到疏通，也保证在发生灾难的时候人们能够更顺利地离开。规划涉及 12 条南北主干道和 155 条正交十字路、公园和广场等街道建设和公共空间，尽管几乎没有考虑到曼哈顿岛的自然地形和海湾环境等关键因素，但它的客观化技术手段和空间延伸的理念是紧凑型城市中留出蔓延型城市空间的典型方案，一定程度上平衡了人口膨胀和城市扩张关系，为曼哈顿区、纽约市和纽约湾区呈现出今日的繁盛面貌打下了基础。

鉴于纽约湾区跨州建设的特点，为平衡区域内人口发展、建设、决策和管辖之间的关系。纽约湾区规划采用多元协调决策、多方协同治理、基建合作联通、政策灵活适度的模式。二战后的美国，一批政府联合会①（Council of Governments，COG）应运而生，其主要成员来自各地多个相关政府权力部门，在区域协调过程中发挥着重要作用。美国政府利用立法和交通基金划拨两种手段，通过 COG 统筹与协调区域发展。按照其主要职能的差异，COG 可以划分为区域委员会（Regional Council，RC）和大都市区规划组织（Metropolitan Planning Organization，MPO）两类。其中，RC 主要负责区域社会经济发展中各政府部门间的协调问题，而 MPO 则主要负责大都市区交通和交通基金申请工作，评估区域内整体的交通建设方案，建立统一的规划项目，维持长期交通规划，发展交通改善项目，等等。

目前，美国人口在 5 万以上的城市地区一般都设有 MPO，并建立有统一性与区域性兼具的运营制度，负责管理交通问题。纽约大都市交通委员会（New York Metropolitan Transportation Council，NYMTC）就是其中之一，负责管理纽约市、长岛和下哈得孙河谷地带。基础设施，尤其是交通建设的规划在纽约的发展中至关重要。如最早期纽约利用公路建设来缓解中心城区的压力。现今在郊区化蔓延的情形下，则利用基础设施建设的引导改善来保证中心城区人口和经济可持续发展，缓解区域交通的负担等问题。作为独立的统一规划组织，MPO 等机构的存在一定程度上避免了跨区域管理中人员职能重叠、手续烦琐冗杂带来资源要素无效消耗的问题，提高了规划效率，并能从长远战略出发协调整个区域的整体发展。此外，MPO 等机构同样善于挖掘和利用外部力量，注重公众参与和支持。其中区域规划协会（Regional Plan Association，RPA）就是民间智库的典型代表。

RPA 是一家成立于 1922 年的城市规划与发展研究机构，旨在为纽约大都市区的发

① 也叫政府协会（Association of Governments）或区域联合会（Regional Council）。20 世纪六七十年代，美国成立了 20 余个 COG。目前，美国的 COG 总数已经超过 700 个。

展提供治理支撑与决策咨询。其研究规划内容包括土地资源利用、环境保护、交通与基础设施建设、经济社会发展，以及个体与组织发展机会等。成立以来，RPA 对纽约大都市圈先后提出了四次规划方案，其中很多建设策略都得到了实施或作为规划依据。1929 年第一版《纽约及其周边的区域规划》（*The Regional Plan of York and Its Environs*）针对高速公路、铁路、工商业中心和公共空间建设等提出建议，提倡以路网和空间联通来缓解中心城区压力。这次规划中韦拉札诺海峡大桥的建设、乔治·华盛顿大桥的选址以及主要港口迁出曼哈顿等建议在后来被证明是非常正确的，是纽约大都市圈的第一次整体规划。第一轮区域规划极富创新性，提出了一种全新的发展和管理的框架，打破行政边界的束缚，建设活力、宜居与可持续发展的城市社区。在规划指引下，纽约兴建了大量基础设施和市政工程，促使纽约在 20 世纪中期发展成为全球领先城市。

20 世纪 60 年代，针对当时城市失序蔓延、城市环境恶化和老城区收缩等问题，RPA 推出了第二次区域规划，建议通过建设统一的交通体系来促进城市中心再繁荣。1996 年第三次规划出台，《危机下的区域发展》（*A Region at Risk*）聚焦新世纪纽约湾区在可持续发展上面临的挑战，倡议进一步完善基础建设设施，提高居民的生活质量。交通网络联通建设依旧是中心之一，试图提高纽约湾区的宜居性。第三次规划还包括了城市环境保护、公共空间保留，从社区建设、环境保护和劳动力保护上来促进地区经济的可持续发展。2017 年 11 月，区域规划协会研讨筹备历时逾 4 年的纽约大都市地区（纽约湾区）规划发布，这次规划为纽约湾区未来 25 年的发展和管理提供了指南。这一规划被称为《共同区域建设》，被视为纽约市发展史上的极为重要的第四次全局性规划方案，进一步体现了人本主义的城市群发展理念，着力解决居住条件、通勤交通、气候环境及可持续生活上的种种问题，建立居民与步行友好型湾区社区。如通勤上旨在进一步降低汽车使用频率，而步行、自行车与在家办公的比例均相应有所增长。重点涉及通过住房、商用地和基建方面的提升来促进就业，改善区域内发展不均衡与机会不平等问题，让更多人分享湾区经济增长带来的成果与红利。此次规划揭示了 RPA 对于纽约湾区从全球贸易港到全球金融中心，未来朝向顶级宜居湾区发展的规划目标。早在 2012 年时，同样由 RPA 发布了另外一个富有前瞻性的“美国 2050”空间战略规划。① 这是美国由联邦政府推动制定的第一个综合性的全国国土空间战略规划，旨在分析美国未来 50 年的发展趋势，建构前瞻性空间发展的整体策略，以应对中长期时间尺度上社会发展面临和可能面临的各种复杂挑战。“美国 2050”包含了丰富的规划内容与规划思想，构思宏大，立意高远，是美国空间战略规划的典型代表。2006 年在联邦政府提议下，洛克菲勒基金、福特基金、林肯土地政策研究所等共同资助和参与；联邦政府还专门成立了“美国 2050”国家委员会管理，联合美国区域规划协会、林肯土地政策研究所、大学等机构的专家、学者和政策制定者，研究构建美国未来空间发展的基本构架。“美国 2050”空间战略规划包含基础设施规划、巨型都市区域规划、欠发展地区规划和大型景观保护规划四个方面的核心内容，其中巨型都市区域规

---

① 详细信息可参见官网：http://www.america2050.org.

划的部分思路在 2017 年的纽约湾区规划中得以承续与拓展。“美国 2050”空间战略规划和纽约湾区规划在理念、方法、机制等方面对粤港澳大湾区的整体规划与空间规划有较高参考价值。

“美国 2050”空间战略规划的一个主要内容就是巨型都市区域规划，意在打通同个区域内各大都市的行政与地理边界，打造一个更具整体发展活力和全球竞争力的综合性区域，并将其作为政府投资、区域协同创新和政策制定的新空间单元。该规划有几个主要的价值取向：共享的资源与生态系统，在更大空间尺度上营造优美与稳健的人居环境系统；一体化的基础设施，提高区域内通勤与交通效率；密切的经济联系，加强城市间产业与创新合作；相似的居住方式和土地利用模式，强化生活供给保障与土地利用效率；共同的文化和历史等，塑造可共享的文化价值观。另外，该规划确定了超级都市区划分的区隔标准：属于美国的核心统计区域；人口密度大于 200 人/英里$^2$①，且 2000—2050 年人口密度需要增加 50 人/英里$^2$；人口增长率高于 15%，2020 年总人口增加 1 000 人以上；就业率增加 15%，2025 年总就业岗位大于 20 000 个。根据这些指标与标准，该计划在 2009 年规划出 11 个超级都市区：东北地区、五大湖地区、南加利福尼亚、南佛罗里达、北加利福尼亚、皮的蒙特地区、亚利桑那阳光走廊、卡斯卡底、落基山脉山前地带、沿海海湾地区和得克萨斯三角地带。这 11 个区域覆盖美国 26% 的国土面积，却居住了 74% 的人口。可见这一空间规划考虑到了人口密度与人口分布现状、点状和片状分布不均衡的现象，各种尺度上的非均衡发展都广泛存在。如此庞大的规划也将大幅改变美国的交通出行现状，形成泛美出行交通网络。

不过，通过超级都市集群规划带来最大帮助的还是大都市群，对于一些发展滞后地区，都市群规划的拉动效应有限，比如，中部发展滞后地区并没有被覆盖在任何一个都市集群里。五大湖区都市群与北部发展滞后地区有较多重合，但是中部大量发展滞后地区并没有被都市群覆盖，城市集群的拉动作用降低。

到 2050 年，美国也将遭到老龄化挑战。据人口数据，美国 18 ~ 24 岁的人口继续维持在 3 000 万左右，18 岁以下人口少于 8 000 万，而 65 岁以上人口从目前的 5 000 万激增到 9 000 万，适龄工作者（25 ~ 64 岁）的人口数量从 1.6 亿增长到 2 亿。人口老龄化伴随发展滞后地区的欠拉动将会是一个重大社会发展问题，所以在“美国 2050”规划中，城市交通系统也特别关注老年人口和贫困人口的需求。

## 3.2 纽约湾区经济发展概况

纽约湾区是全球最著名的金融中心所在地，其金融业具有强大的世界性影响力，而科技创新则是纽约湾区快速成长的关键力量。从经济规模和经济影响力方面来看，纽约湾区无疑是全球湾区的龙头。作为国际湾区之首，纽约湾区的经济体量巨大；作

① 1 英里≈1.609 3 千米。

为国际金融中心，华尔街是国际金融业标杆的象征；作为人口集聚的国际大都市区，经济发展与生态系统之间的关系也是湾区发展中需要面对的重大议题。

### 3.2.1 经济规模与结构

从1609年的新阿姆斯特丹开始算起，纽约市的发展已历时400多年，昔日被视为“蛮荒之地”“冰雪带城市”的纽约已发展为美国最大的港口城市和最具影响力的国际化大都会；以点带面，纽约所在地区也发展为全球最知名的湾区之一。经济的发展、地理区位的天然优势和后天规划与政策合力加成，加上高等教育、历史与文化的积淀，纽约享有“世界之都”的盛名，纽约湾区则引领世界城市区域化发展的潮流。

作为国际湾区之首，近年来纽约湾区GDP贡献了美国GDP总量的5%以上，是美国的商业与经济中心，而且还是世界金融的核心枢纽。全球500强企业有近一半在此落地外，市内曼哈顿城是世界上最大的CBD及摩天大楼集中地。纽约湾区的第三产业占比长期超过90%，在金融业产生全球首要影响力的华尔街是全球行业精英人才的汇聚处，同时还云集着100多家国际著名的银行与保险公司的总部。湾区内居民约2 370万（2015年CSA统计口径），GDP总量高达1.65万亿美元（2016年），与北上广深四个一线城市当年GDP的总和相当。纽约湾区既是国际金融中心，也是教育重镇，更有康涅狄格州和新泽西州作为传统工业中心和制造业中心提供支撑。纽约汇聚了逾55家全球五百强企业，也是全球股市风向标的纽交所、纳斯达克证券交易所和华尔街的所在地。金融业是纽约湾区的核心竞争力之一，以2016年GDP为例，来自金融、保险、地产和租赁产业的GDP达5 474亿美金，高于同年旧金山湾区整体的GDP，占纽约湾区GDP总量的1/3左右。

二战以后，随着城市硬件设施的逐步成熟和规划的有序实施，便捷的基建交通网络、源源不断的资金支持和丰厚的文化底蕴使得以服务业为首的第三产业开始在纽约湾区崛起，制造业和贸易的前期发展为产业结构调整提供了产业和资源支撑。同时，和谐统筹带来了良性发展。正是跨州间和谐统筹的规划，使得纽约湾区内的各项资源能够实现效用最大化，为金融业发展助力。和谐开放的管理为金融创新带来了活力，纽约湾区当代经济发展以2008年为界分为两个阶段。20世纪90年代，金融创新蓬勃发展，金融衍生品花样翻新、层出不穷，金融从业人员分享着快速增长的巨大财富蛋糕。监管宽松时，金融产品自然是雨后春笋般蓬勃发展；监管收紧时，金融产品依然能绕道而行，“创新”能力生生不息。2008年以前，金融业蓬勃发展，引领世界发展潮流，在湾区经济中占据绝对主体地位。2008年全球金融危机的爆发暴露了以华尔街为代表的金融行业脆弱的监督机制、生态体系和扭曲的运营模式。危机过后，纽约湾区的金融业面临着监管、技术和商业模式变革等各方面的挑战。按照GDP产值和产业影响力来看，虽然教育和信息产业正在迎头赶上，但目前阶段金融业仍是纽约湾区发展的主要推动力。

良好的规划促进了高等教育和经济之间的协调发展。纽约湾区是美国东部的教育重镇，湾区内形成了“高峰－高原－高地”的系列高水平高校联盟和“公立大学－私立学院－社区学院”的多元化高校体系；按2019年最新数据，纽约州共有被我国教育部认可的高校376所，其中多数位于湾区内。高校层类丰富、体系完备，质量、结构与数量臻于完善，为培养高素质人才提供了大平台，而高端人才的本地就业与流动发展为湾区经济发展提供了最坚实的智力支撑。以纽约市为中心，沿东部大西洋海岸线由北至南分布着一条重要的城市带：波士顿—纽约—费城—华盛顿城市带，也是美国的教育文化与经济金融枢纽城市群落之一。纽约湾区拥有“常春藤”联盟高校中的三所，其中哥伦比亚大学位于纽约州，普林斯顿大学位于新泽西州，耶鲁大学位于康涅狄格州。另外湾区还有纽约大学和洛克菲勒大学等几十所著名大学。相关研究表明，纽约湾区的成功在很大程度上受益于多层次、多类型高水平大学与其社会经济主体（产业、政府与社会民众等）之间的密切互动，大学的智识优势通过人才、科研、产品等融合到湾区社会发展中，而社会亦给予了大学更多的投入和支持。

纽约湾区由纽约州和新泽西州两个州围绕而成，北部接壤康涅狄格州。纽约市、泽西城和纽瓦克市三座城市由东至西一字排开，紧密相连，共同组成湾区城市群的核心部分。湾区内的高等教育资源丰富，高校数量庞大、实力卓越，从社区学院到一流高校的博士生，各层类学生来自全球各地，与教师一起组成了湾区科研创新的主力军。湾区内高校涵盖了2015年版卡内基高校分类法（Carnegie Classification of Institutions of Higher Education 2015）中博士学位主导型大学（又分为R1高度研究型、R2高研究型和R3普通型三个子类）、硕士学位主导型高校、学士学位主导型学院、副学士学位主导型学院、特别高校和部落学院六类大学的前五类，为湾区发展提供了强大而全面的知识、技术与人才支撑。纽约湾区的成功，在很大程度上受益于多层类高水平大学与其他社会经济主体（产业、政府与社会民众等）之间的密切互动，大学的智识优势通过人才、科研、产品等融合到社会发展之中，而社会也给予大学更多的投入与支持。

总之，纽约湾区是全球最著名的金融中心所在地，其金融业具有强大的世界性影响力。不过，应当看到科技创新才是纽约湾区快速成长的关键因素。纵观纽约湾区发展历程，几乎每一次的技术革新都推动了产业结构的转型升级，所形成的新产业均成为其经济支柱。在湾区整合创新资源方面，纽约市政府提出“继续发展知识经济，成就科技纽约城市”目标，积极引入外部机构建设纽约科技城，努力打造更富有空间压缩特性和集聚效应的“纽约硅巷”，力求成为美国的“新科技首都”。

### 3.2.2 都市区的经济发展、生态系统与可持续发展

纽约都市圈核心城区的生态环境系统容量有限，生态景观既有多样性、互补性的一面，也有破碎化、偏态化的一面。城市热岛效应明显，城市人居环境质量差，水生生物多样性受损。哈得孙河对纽约的生态环境调节和生态系统维系起着重要作用，河

口流经曼哈顿地区汇成上纽约港，地理与生态地位显著。哈得孙河基金会组织实施哈得孙河生态保育工程，综合利用各种生态修复手段，构建立体、复式、多生物圈层的河口生态系统，将都市圈主城区规模、周边城区空间和河海口区域融合考虑，实施都市圈生态系统管理（见图3－1）。

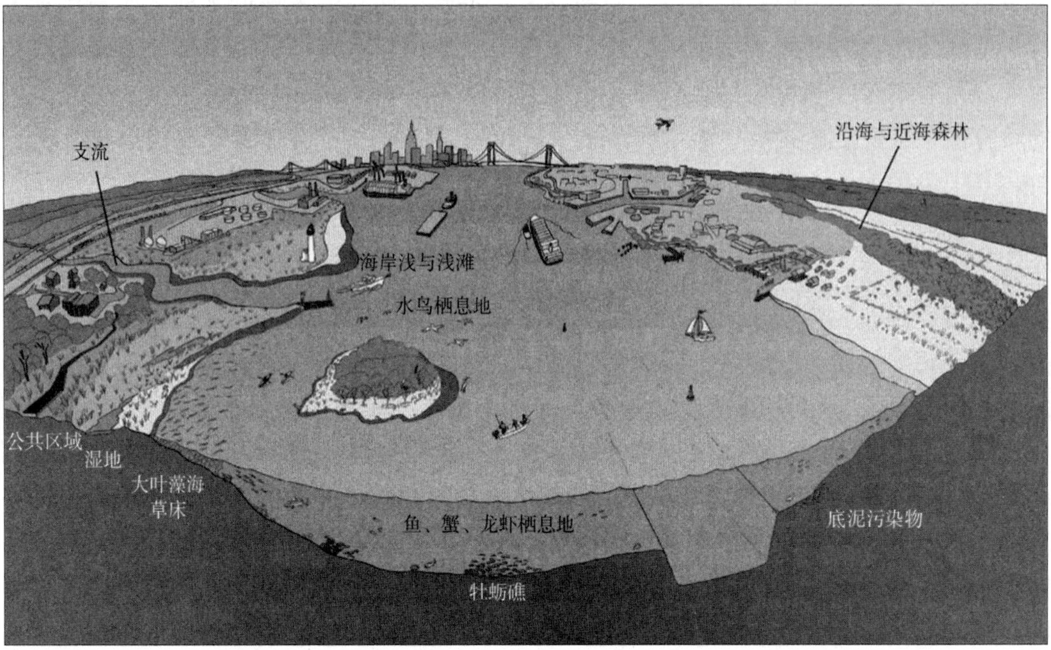


**图3－1　纽约大都市区的哈得孙河口生态系统维护与修复特征①**

哈得孙河口生态系统建设的案例表明了纽约大都市区土地利用空间可持续发展理念，这一点对整个湾区的可持续发展至关重要。在城市复杂的经济生态系统中，产业规模的体量和结构的多样性促进了城市生态经济系统的鲁棒性（对抗风险时的稳健性）；而在城市－周边－湾区这个三层次系统中，生态群落与资源的多样性促进了区域社会生态系统的鲁棒性，与纽约市建设更加宜居型国际大都市的理念高度吻合。对城市系统来说，推动城市土地空间演化要以城市的可持续发展为基础，使系统内的全部企业都遵循生态经济的发展模式，即经济水平持续增长与稳健的城市生态环境相辅相成，而不是牺牲生态换取经济发展。在湾区经济布局的过程中，规范用地使城市土地空间的演化与环境的保护同步进行，这样就可以在很大限度上节约土地、资源和其他成本，使城市－周边－湾区综合体能够获得多重效益。

① Hudson River Foundation[EB/OL].[2019－06－26]. https://www.hudsonriver.org/our-work.

## 3.3 纽约湾区高等教育发展概况

纽约湾区是美国和世界高等教育重镇。高等教育空间分布呈现出明显的“高峰-高地-高原”特征，在湾区内产生高峰效应，集聚高地效益，形成高原效果；而大学空间分布与职能演变交互作用，形成既有美国高等教育普遍特征又独具纽约湾区特色的高等教育集群。

### 3.3.1 高等教育空间分布的“高峰-高地-高原”效应

知识经济的到来促使知识生产模式和知识生产系统发生了深刻变化，作为知识生产与传播系统的高等教育从社会的边缘走入经济的舞台前场，在区域发展中的角色与形象发生了巨大转变，作用与地位越来越重要。在城市化、工业化和后工业化进程中，国家与社会对高素质劳动力的需求增加，美国及很多发达资本主义国家都先后出现了高等教育规模迅速扩张的现象，由此加速和凸显了原本就存在，但未引起人们关注的高等教育区域发展不平衡问题。

纽约湾区的高水平大学集群层类结构完善，空间分布均衡，不仅仅局限在某一区域，而是由相关联的区域组成的有机整体。这一有机整体包括优势明显的极点（高峰），如大纽约湾区视角下的哈佛大学-麻省理工学院极点（严格意义上属于波士顿湾区）、哥伦比亚大学-纽约大学极点；极点产生区域辐射效应，形成一些知名的全球高等教育高地，如剑桥-波士顿高地、纽约-纽瓦克高地；进一步带动整个大湾区成为世界教育的一块高原，形成互补、有序的高等教育系统立体结构。这样一种极点（高峰）-高地-高原的布局特性为其他湾区或具有相似的整体发展环境的地区提供了借鉴，以重点建设高校为突破点，产生高峰效应，集聚高地效益，形成高原效果。

### 3.3.2 大学空间与职能演变形成了六大高等教育集群

总的来说，纽约湾区有六大层类丰富、特色各异、结构互补的高等教育集群：“常春藤”盟校高峰式集群、“新常春藤”大学集群、“小常春藤”大学集群、纽约公立大学集群、纽约湾区及周边其他私立大学集群和社区大学（社区学院）集群。

#### 3.3.2.1 *以“常春藤”盟校为代表的R1顶尖研究型大学集群*

纽约湾区汇聚了一批高度研究型的博士学位授予大学，即卡内基高校分类法中的R1类别，包括哥伦比亚大学、康奈尔大学和纽约大学等。这些大学享有历史声誉，对纽约湾区的高端人力资源的形成起到了强有力的引领与培育作用。“常春藤”联盟（Ivy League）成立于1965年，最初源于由美国东北部地区的8所大学哈佛大学（Harvard University，1636年）、耶鲁大学（Yale University，1701年）、宾夕法尼亚大学（University of Pennsylvania，1740年）、普林斯顿大学（Princeton University，1746年）、哥伦比亚大学（Columbia University，1754年）、布朗大学（Brown University，1764年）、达特茅斯学院（Dartmouth College，1769 年）及康奈尔大学（Cornell University，1865 年）组成的体育赛事联盟，是美国一流名校组成的全球知名高校联盟。这 8 所学校建校时间长，除康奈尔大学是在美国独立战争后建立的之外，其余 7 所均是在英国殖民时期建立的。美国 8 所“常春藤”盟校都是私立大学，和公立大学一样，它们同时接受联邦政府研究性经费资助和私人捐赠，不过不享有公立大学所享有联邦政府的一般性财政拨款。需要说明的是，哈佛大学、麻省理工学院这两所世界顶级大学将在下一章波士顿湾区中单独讨论。

从整体上看，第一集群中有世界排名最前列的大学，彼此距离多不超过 200 英里（320 千米），大学之间师生互动频繁，资源与信息流动性强，形成了强有力的以科研与教学为核心要素的优质高等教育共同体。

#### 3.3.2.2 以“新常春藤”盟校为代表的 R1 高水平研究型大学集群

“新常春藤”（New Ivies）盟校集群指的是除了 8 所常春藤联盟学校之外的美国顶尖公立或者私立大学，拥有和 8 所常春藤学校同类优异水平的科研和教学能力。从不同视角出发有不同的认识与界定，不同的评选机构也给出了不尽相同的高校名单，其中比较有参考价值的一份名单是由著名教育研究机构 Kaplan-Newsweek 在 2007 年发布《大学选校指南》（*How to Get into College Guide*）一书所提到的包括私立大学、公立大学和文理学院在内的 25 所精英大学。① 评选出新常春藤高校数量因学校名望等因素变化，如 2012 年新常春藤高校有 33 所精英大学，其中私立大学、公立大学、文理学院分别为 14 所、6 所、13 所。新常春藤高校被认为与老“常春藤”高校有着可相媲美的人才培养、科学研究等优势，是继常春藤盟校后涌现出的又一集群发展的新生力量，因其办学历史长、学术声誉高得到了全美和全世界高等教育界的普遍肯定。

查看这些高校名单，可以发现一个显著的特点，即它们基本上来自 R1 高校和学士主导型的文理学院。这也是美国高等教育教育的特色之一，广受认可的优质教育资源分布在多种类型与层次的高校中，最高水平的文理学院与最高水平的综合性大学都享有悠久的历史与广泛的声誉。目前共有遍布美国全境的 30 余所高校被人们归入“新

---

① 25 所高校具体名单：波士顿学院（Boston College）、华盛顿大学（圣路易斯）（Washington University in St. Louis）、弗吉尼亚大学（University of Virginia）、加州大学洛杉矶分校（University of California，Los Angeles）、北卡罗来纳大学（University of North Carolina）、罗彻斯特大学（University of Rochester）、密歇根大学（University of Michigan）、纽约大学（New York University）、圣母大学（University of Notre Dame）、范德比尔特大学（Vanderbilt University）、埃默里大学（Emory University）、莱斯大学（Rice University）、斯基德莫尔学院（Skidmore College）、塔夫茨大学（Tufts University）、鲍登学院（Bowdoin College）、卡内基·梅隆大学（Carnegie Mellon University）、肯阳学院（Kenyon College）、玛卡莱斯特学院（Macalester College）、富兰克林欧林工程学院（Frankin W. Olin College of Engineering）、里德学院（Reed College）、伦斯勒理工学院（Rensselaer Polytechnic Institute）、克莱蒙特学院联盟（Claremont Colleges：Harvey Mudd and Pomona）、科尔比学院（Colby College）、科尔盖特大学（Colgate University）和戴维森学院（Davidson College）。

常春藤”盟校，其中位于美国东海岸对纽约湾区产生重要影响的高校就有 8 所，而位于纽约州的有伦勒斯理工学院、罗彻斯特大学、科尔盖特大学、斯基德摩尔学院；位于马萨诸塞州波士顿及附近的有波士顿学院、塔夫茨大学、富兰克林欧林工程学院；位于新泽西州的有瑞德大学等。

#### 3.3.2.3 以“小常春藤”盟校为代表的文理学院集群

纽约湾区及周边的“小常春藤”（Little Ivies）大学集群，其成员均是文理学院，源于 1971 年的新英格兰小型学院运动联盟（简称 NESCAC），其优异的教育水平引领全球本科教育的前沿和改革风潮。作为美国东海岸的“小常青藤”盟校，主要分布在以纽约湾区为中心周边临近的纽约州、马萨诸塞州、康涅狄格州、宾夕法尼亚州、缅因州和佛蒙特州。位于纽约州的有汉密尔顿学院（Hamilton College）等三所，位于马萨诸塞州的有威廉姆斯学院（Williams College）和阿姆赫斯特学院（Amherst College），位于康涅狄格州的有卫斯理大学（Wesleyan University）等三所，位于宾夕法尼亚州的有斯沃斯莫尔学院（Swarthmore College）和哈弗福德学院（Haverford College），位于缅因州的有鲍登学院（Bowdoin College）等三所，位于佛蒙特州的有明德学院（Middlebury College）。这些文理学院的教学和学术水平都享有盛誉，其中威廉姆斯学院、阿姆赫斯特学院、卫斯理大学等大学在美国的学术声誉可以媲美常青藤名校。

#### 3.3.2.4 以“公立常春藤”盟校为代表的纽约公立大学集群

加州大学圣克鲁兹分校理查德·摩尔（Richard Moll）教授 1985 年首次提出“公立常春藤”（Public Ivies）。摩尔认为一流的“公立常春藤”高校在高等教育质量上和“常春藤”盟校有一致的表现，具有同等的教学和学术水平。现在“公立常春藤”高校越来越多地为教育界所认可和接受，越来越多的顶尖公立大学加入这一联盟。在最初的名单中“公立常春藤”高校主要包括加州大学（加州大学伯克利分校）、密西根大学安娜堡分校、威廉玛丽学院、佛吉尼亚大学、德克萨斯大学奥斯顿分校、北卡罗莱纳大学教堂山分校。随后加入的大学有：科罗拉多大学波尔德分校、佐治亚理工学院、密苏里大学哥伦比亚分校、宾夕法尼亚州立大学、匹兹堡大学、纽约州立大学宾汉姆顿分校、西雅图华盛顿大学、威斯康星大学麦迪逊分校。最新加入的大学包括：罗格斯大学、康涅狄格大学、马里兰大学帕克分校、亚利桑那大学、加州大学洛杉矶分校、俄亥俄州立大学、密歇根州立大学、明尼苏达大学双城分校、伊利诺伊大学香槟分校等。目前共有 30 多所高校成为“公立常春藤”盟校，其中位于纽约湾区的盟校就有三所，包括纽约州立大学（宾汉姆顿）、康涅狄格大学（斯托尔斯）、罗格斯大学等。纽约公立大学集群包括纽约州立大学（State University of New York，SUNY）和纽约市立大学（City University of New York，CUNY）两大类。纽约州立大学和市立大学数量多、规模大、体系完整、是美国最大、最全面的公立高等教育系统之一，在美国和全球产生广泛的影响力。纽约州立大学拥有相互独立的 64 所分校，纽约市立大学拥有 11 个常规制学院、6 个社区学院及研究生院等。尤其值得一提的是，在纽约州立大学众多分校中，有纽约州立大学布法罗分校（水牛城）、纽约州立大学宾汉姆顿大学、纽约州立大学石溪分校、纽约州立大学奥尔巴尼分校、纽约州立大学环境科学与林业科学院等在美国国内大学排名或主要的全球大学排行榜中位列前 200 名，达到了世界一流大学水平，在美国乃至世界都享有崇高声誉。此外，还有被誉为“音乐界哈佛”的世界顶尖专业音乐院校茱利亚音乐学院和著名的艺术类院校普瑞特艺术学院。

#### 3.3.2.5　以其他私立大学和社区学院为代表的大学集群

除了一批世界一流私立研究型大学外，还有一大批著名的私立大学集聚在纽约湾区及周边地区，其中在纽约州的就有世界知名私立研究型大学福德汉姆大学、圣约翰大学、莎拉·劳伦斯学院、洛彻斯特理工大学、雪城大学、纽约理工大学、叶什瓦大学、曼哈顿学院、佩斯大学等。

纽约湾区的社区大学（社区学院）集群主要由纽约市公立系统的 6 所两年制社区学院和纽约州内的其他 29 所社区学院组成。① 社区大学（Community College）是美国教育体系的重要组成部分，提供两年制的初级高等教育。社区大学是具有美国发展特色的创新型高等教育发展模式，美国前总统克林顿曾说社区大学是“最佳的美国特色”，美国前总统奥巴马高中毕业后曾在私立社区大学加州西方学院（Occidental College）就读两年。社区大学的理念主要来自于美国著名教育家、世界顶级学府芝加哥大学第一任校长威廉·哈珀（William Rainey Harper），在他的倡导下全美第一所公立社区大学乔利埃特初级学院（Joliet Junior College）于 1901 年创办。美国文化讲究实用主义，而社区大学的主要职能之一是提供以职业培训、获取证书、学成就业为目的的生计教育（即提供实用且便利的高等职业教育），能够帮助学员获得就业机会或提升就业层次从而实现其“美国梦”。

美国社区大学是适应 20 世纪工业化发展的产物，对美国经济社会发展贡献巨大，给入读的多元群体学生带来了更多高质量的就业机会，获得社会的广泛认可。根据美国社区大学协会发布的 2019 年最新数据，目前美国有约 1 200 所社区大学，注册学生共 1 200 万，占在读大学生（不含研究生阶段）规模的一半左右。② 社区大学的年平均学费为 2 000 多美元，不足普通公立大学的一半。现在大学与社会愈加融合，服务区域文化成为大学新的使命和追求，对于湾区内的大学尤其如此。纽约湾区的大学体系在自身追求全球水准的卓越教育进程中，也在不断彰显其服务区域文化的职能和价值。

---

① CUNY 系统 6 所社区学院名单：CUNY – Borough of Manhattan Community College（New York），CUNY – Bronx Community College（Bronx），CUNY – Hostos Community College（Bronx），CUNY – Kingsborough Community College（Brooklyn），CUNY – LaGuardia Community College（Long Island City），CUNY – Queensborough Community College（Bayside）.

② https://www.aacc.nche.edu/about-us.

## 3.4 大学在纽约湾区发展中的角色与作用

### 3.4.1 创新性人才是连接大学和湾区发展的桥梁

高等教育与所在城市和地区的政治、经济、社会和文化存在着千丝万缕的联系，与城市的宏大愿景、特质潜能、市民生活和个体发展息息相关。纽约世界城市地位的形成，纽约湾区金融业在全球地位的确立，都与这一城市及区域历史悠久、高度发达的高等教育有着深度的互相促进关系。纽约高等教育的起源可追溯到早期的殖民地时期。

17 世纪，来到北美大陆的欧洲移民相继建立起包括纽约在内的 13 个殖民地。欧洲大陆的政治、经济以及文化教育制度与资源不断地被移民带到纽约并发挥影响。在这一历史背景下，主要借鉴英国的高等教育模式，移民于 1754 年建立了国王学院（King's College，哥伦比亚大学前身）等殖民地学院，标志着早期纽约高等教育体系的初步建立。早期的殖民地学院多由教会创办，直接目的是培养教会人员。尽管这些学校与城市发展、市民生活的联系并不紧密，但它们调和了教会系统与世俗世界的紧张关系，创造了一个可以沟通精神需求与物质生产两个世界的媒介空间，大学也逐渐从知识化、宗教化变成知识化、世俗化的智力场所。尤其到了殖民地后期，学校的培养目标已超越前期的宗教范围，世俗化的学生培养目标逐渐明确，学生来源和就读目的也同步世俗化。服务于本地城市建设和社会需要的趋势虽不太明朗，但已初步显露。独立战争期间，作为主要战场的纽约社会经济发展受重创，纽约地区的高等教育也元气大伤，战时的国王学院因校舍被征用为部队医院场所曾一度停办。战争也使得纽约开始注重普通市民的需要，改革高等教育和学校的管理体制。在对哥伦比亚大学等私立大学改造失败之后，政府从英国教育体制中脱离出来，仿照法国集权模式的高等教育建制，于 1816 年率先在纽约市创建了纽约州立大学（SUNY）等公立高等教育机构。此后纽约地区的高等教育逐步走上现代化的快速发展轨道，哥伦比亚大学成为世界顶尖的“常春藤”盟校之一，纽约州立大学系统也成为美国最为成功和出色的州立大学系统之一，地位与加州大学系统中的州立大学不分伯仲。为了确保高等教育质量，纽约的高等教育管理部门和四类高等教育系统（分别是州立大学、城市大学、非营利性私立学院和大学、营利性私立学院系统）分别提出了相应的实施方案，其中纽约城市大学系统方案的核心内容包括：为社区学院的学生提供更多的全职教师；提供美国历史方面最好的师资；加强对教师教育项目的认证；确保 70% 的课程由全职教师承担；采用绩效管理方法进行全面监控；实施纽约城市大学标准化的水平考试；等等。①

纽约湾区是从原先单个城市纽约市，经由海运、陆运和水运等工商业贸易发展，

---

① 郄海霞，陈超. 城市与大学互动关系探讨：以纽约市与其高等教育系统的互动为例 [J]. 清华大学教育研究，2013，34 (1)：73 – 79.

区域内城市之间的联动密切和频繁，逐渐形成了城市集群，到最后变成了一体化发展的纽约湾区。这个发展进程最初由制造业和贸易业带头，然后转到湾区核心竞争优势的金融业，目前信息产业和教育产业的重要性也逐渐显露出来。产业升级过程中大湾区的集群优势开始叠加，产生了现代区域发展中的一个根本性的关键动力——创新，尤其是知识密集型的产业、科技与管理创新。创新不断地突破陈规、引领风潮，开创先河、变革模式，成为纽约大湾区经济发展的根本动力。

### 3.4.2 大学成为沟通政府与产业部门的创新性触媒

创新的动力无疑来源于人，而汇聚创新人才的机构则可为创新提供源源不断的动力源。大学集群，尤其是世界级的大学集群是纽约湾区创新的不竭之源。高等教育是纽约湾区经济硬实力、文化软实力和影响活实力的持续发动机、核心塑造者和关键策源地。从高等教育发展史和现实作用两个维度来看，高等教育集群的发展都具有明显的积极外部性效益，在教育、科技、文化、医疗、人才和经济方面有集聚以后溢出的辐射效果。大湾区高等教育类型丰富、互补性强，大学集群发展得天独厚，在动态合作中产生了最大化的结构势能，其集聚溢出效益将是独特的、不可替代的。发达的联通基建、高度发达富裕的城市和工作机会则为留住这些高校培育出的人才提供了良好环境。而同时发达的校友网络则会进一步加强湾区内企业和高校的联系，形成人才储备上的良性循环。

以人才为纽带，大学、科研机构与企业之间开展了紧密的合作，湾区的原始创新能力得到了极大的提高，并推动了湾区内知识生产、技术商业化和创新扩散的发展。纽约湾区作为典型的知识驱动型湾区，六大高校体系 100 余所高等院校通过汇聚和培养人才盘活了创新的基础要素和氛围。很多高水平大学与产业界保持着密切的合作关系，制定了适应市场要求的教育培训政策和产业联盟计划，鼓励科研人员校外创业以加速科研成果商业化。同时，高度重视发挥研发机构的原始创新能力，如湾区各大高校内设有一批重点实验室，不仅提高了国家的科技实力，推动了湾区高校在相关技术领域的创新，而且积极促进了研究成果向科技生产力转换。

美国联邦实验室（国家实验室）研究领域包括国家安全、能源开发、空间探索、海洋科学、资源环境、卫生健康、农林畜牧、交通运输等，往往是关键科技领域内全球规模最大、综合性最强的科研机构群体之一，拥有世界一流的大科学装置，在国际上享有盛誉。联邦实验室体系是美国在世界上保持科技、经济领先地位的强大支撑，是政府履行国家职责和使命的重要基础。① 隶属美国能源部的布鲁克海文国家实验室位于纽约长岛中部，石溪大学是该实验室的日常运营管理方。该实验室成立于 1947 年，历史上该实验室所曾 5 次获得过诺贝尔奖。布鲁克海文国家实验室最初用于探索原子能的和平应用，而目前则主要实施前沿科学领域长期和高风险的基础科学与应用

---

① 卫之奇. 美国能源部国家实验室绩效评估体系浅探 [J]. 全球科技经济瞭望，2008 (1)：35 - 40.

科学研究项目，并根据美国能源部和国际科学界的需要，构思、设计、建造和运行复杂的、前沿的、面向用户的实验设施。

高等教育的高度发达推动产生了国际化的创新网络。湾区通过集聚国际化创新人才、全球创新企业，营造包容开放的创新文化，形成链接全球资源的创新网络。强大的人才资源吸引能力，集聚了一批国际化高端人才；大量技术移民涌入，让不同母语、不同文化背景的工程师、科学家和企业家成为联结企业与其母国科技中心的纽带；一批具有国际影响力的企业能够有效吸引全球创新资源，而包容开放的创新文化和良好的人居环境成为吸引全球资源的重要因素。

建设高科技城市和绿色城市需要大量科技成果的支撑与科技人才的投入，而这些成果与人才供给主要依赖于纽约的高等教育系统，尤其是州立大学系统和私立精英大学系统。在确保科技人才和各行业高素质人才培养质量方面，为了提高本科教育质量，根据州教育专员和高等教育顾问委员会的建议，纽约州从1999年开始确立了高等教育的优先事务清单，其中之一就是“在尊重不同学校的使命和自治，减少不必要的重复责任要求的基础上，提高学生学习和发展的质量”①。在高等教育内部有必要建立更高的学习标准，确保高等教育质量的稳定与提升既是教育规律与自身发展的自然要求，也是为了服务于纽约州人民以及获得公众、工商业界和政治领袖的继续支持。基于外部诉求的考量，州政府在高等教育质量保证中扮演着重要角色，如纽约州教育局高等教育办公室和州大学董事会发起了质量保障动议，对全州高等教育系统的本科教育质量尤其是学生的学习和发展进行一系列评估活动，并对评估活动的有效性与合规性进行监督。

高等教育集群是湾区基础持久的动力源泉，在世界范围内新一轮科技革命与产业变革扑面而来的时代背景下，纽约湾区大学深度参与和融入了湾区在地化、区域化和全球化三个层面的发展战略和发展实践，大学集群发展的“集聚－溢出”效应有力支撑了湾区内统筹布局、协同发展的产业体系。

① 郄海霞，陈超．城市与大学互动关系探讨：以纽约市与其高等教育系统的互动为例［J］．清华大学教育研究，2013，34（1）：73－79.

# 第4章

# 大学在湾区经济发展中作用的国别考察：波士顿湾区

美国的建国历史发源于波士顿湾区。美国脱离英国统治、走向独立的历史可以追溯到1773年12月16日的波士顿倾茶事件（Boston Tea Party），起初也被称为波士顿茶叶损毁事件（the Destruction of the Tea in Boston），它是一场由波士顿“自由之子（Sons of Liberty）”所领导的政治示威事件。由于对英国国会于1773年颁布的《茶税法》的盘剥表示强烈不满，示威者们当日乔装成印第安人的模样潜入商船，将东印度公司运来的一整船茶叶倾入波士顿湾，以示抗议。该事件加剧了美洲13个殖民地的殖民者与英国统治者之间的矛盾，并最终导致了1775年殖民地与英国政府之间的矛盾爆发，酿成了美国革命。1775年同样发生在波士顿湾区的“莱克星顿的枪声”则标志着美国革命和独立战争的开始。1775年4月19日，殖民者们在位于波士顿市西北方向莱克星顿（Lexington）打响第一枪的美国独立战争，是北美殖民地人民为反对英国殖民统治，争取民族独立而进行的民族解放战争。战争从1775年至1783年，前后持续8年之久，最终以英国在北美殖民统治的破产和北美殖民地的独立而告终。

美国现代高等教育体系同样起源于波士顿湾区。美国本土历史最悠久的高等学府哈佛大学即诞生于波士顿湾区的腹地、与波士顿市隔查尔斯河相望的剑桥市。哈佛大学诞生于1636年，最早由马萨诸塞州殖民地立法机关创建，成立伊始名为新市民学院。为了纪念在成立初期给予学院慷慨捐赠和支持的约翰·哈佛牧师，学校于1639年3月更名为哈佛学院，1780年哈佛学院正式改称哈佛大学。现在，查尔斯河两岸分布着哈佛大学、麻省理工学院、波士顿大学、塔夫茨大学、东北大学和波士顿学院等众多全球知名学府，构成整个湾区高等教育亮丽的文化底色，也是湾区发展的人才与文化底蕴所在。

## 4.1 波士顿湾区的基本概况

现有的研究倾向于把波士顿纳入纽约湾区，或者并不把波士顿湾区视为具有全球影响力的湾区。如果把美国东北部整体看作一个完整的世界学术高原，那么这个学术高原北部中心就是波士顿，中部核心就是纽约，南部中心就是华盛顿。所以，有学者把波士顿与华盛顿看作纽约湾区的两翼也是有道理的。不过，无论从美国历史发展和世界高等教育演变的角度，还是从全球经济版图结构的角度看，波士顿湾区都拥有关键性的一席之地。波士顿湾区与纽约湾区一样，都是美国东北部极为重要的两大湾区，正是这两个湾区拥有非常明显的大学集群，并且每个湾区都拥有自己的突出特点，才主导形成了美国东北部壮观的学术高原现象。波士顿湾区内拥有哈佛大学与麻省理工学院这两所举世闻名的高水平大学为代表的大学集群，形成了高等教育类别与层次互补、空间分布较为均衡的大学梯队，塑造了“常春藤”高校聚集现象，孕育了重视传统、鼓励创新两种理念兼容并蓄的高等教育“常春藤”文化。还在城市与区域发展的过程中，形成了以生物科技为引领的产业特色，与纽约湾区的以金融引领为特色完全不一样，所以我们认为有必要把波士顿湾区作为一个独具特色的湾区现象加以考察与讨论。

### 4.1.1 波士顿湾区的地理区位

波士顿湾区位于美国东北部，马萨诸塞湾（Massachusetts Bay）位于湾区的东部，广湾（Broad Sound）和昆西湾（Quincy Bay）分别位于湾区的东北部和东南部。湾区主要包括波士顿市与临近的一系列“C”环形小型城市（梅德福、剑桥、列克星敦、牛顿、昆西等）和东部的海湾与岛屿，其中波士顿市（Boston）是湾区的核心城市。湾区整体上分布在马萨诸塞州的东部，南接罗德岛州和康涅狄格州，北邻新罕布什尔州。波士顿是马萨诸塞州的首府和最大城市，也是美东新英格兰地区的最大城市，在历史文化和区域发展中都具有关键性地位。波士顿依傍大西洋沿岸而建，创建于1630年，是美国历史最为悠久、最有教育传统与文化传承的城市之一。著名的波士顿倾茶事件，最终引起了美国独立战争。

波士顿面积232平方千米，人口59.7万（2016年），整个大波士顿都会区的总人口数量则超过473万（2017年）。2017年，波士顿都会区GDP总量达4 386.8亿美元，在全美排第9位，人均92 705美元；人均值仅次于圣何塞和旧金山市，超过纽约市，与西雅图（GDP 3 565.7亿美元，人口386.7万，人均92 208美元）大致持平。波士顿是美国东北部高等教育和医疗保健的中心，统计数据显示是全美人口受教育程度最高的城市。它的经济基础是科研、金融与技术，特别是生物工程，被认为是一个全球性城市或世界性城市。美国革命后一段时期内，由于波士顿是美国距离欧洲最近的一个主要港口，得以迅速发展海洋和国际贸易，向欧洲出口各类商品（朗姆酒、鱼、食盐和烟草等），成为当时世界上最富裕的国际商港之一。这一时期，一些波士顿名门世家的后代成了美国社会文化的精英；他们后来被称为波士顿婆罗门。1822年，波士顿得到特许状，正式取得了城市身份。

波士顿近年发展的历史上，有一件事情显示出这座城市独特的市民特性与文化风格。2015年1月8日，美国奥委会宣布波士顿将代表美国申办2024年夏季奥运会，但是最终因为民众支持率低而选择放弃。和全力投入申奥的其他城市不同，对此民意调查显示该地区大部分人都反对申奥，因为申奥花费变得越来越高，反对者甚至一度发出声音，威胁要通过市民投票来决定此事。当地居民当时大多认为奥运会占用过多的公共财政资源与社会资源，影响该市交通、住房、教育等难题的解决；当然同时也有一部分市民则认为波士顿（或任何大城市）要靠承办大型体育赛事才能解决这些问题。

### 4.1.2　城市与湾区的整体规划

由于发展与定型早，早期城市职能相对不那么复杂，波士顿的城市规划一开始并未预留较大的发展空间，结构布局非常紧凑。根据美国人口调查局资料，该市的总面积为 89.6 平方英里（232.1 平方千米），其中陆地面积为 48.4 平方英里（125.4 平方千米，占 54.0%），水域面积为 41.2 平方英里（106.7 平方千米，占 46.0%）。而其他许多与波士顿人口规模对等的城市都有更大的城市土地与空间，如科罗拉多州的丹佛有 154.9 平方英里，而北卡罗来纳州的夏洛特有 280.5 平方英里。美国人口 50 万以上的大城市中，只有旧金山和华盛顿的面积小于波士顿。以洛根国际机场为标准，波士顿海拔高度是 19 英尺（5.8 米）。波士顿的最高点是贝勒维尔山，海拔 330 英尺（101 米）。与波士顿毗邻的城镇有温索普、里维尔、切尔西、艾弗瑞、萨默维尔、剑桥、水城、牛顿、布鲁克兰、尼达姆、戴得汉姆、坎顿、米尔顿和昆西，通常都被认为是大波士顿的一部分。后湾和波士顿南区的大部分是用垃圾碎石填海形成，面积是波士顿最初的 3 座小山区域的 2.5 倍。最初的 3 座小山中只有最小的灯塔山被削低以后保留了部分。市中心区域及近邻地区主要由低层砖砌或石砌建筑组成，有许多联邦建筑风格的古老建筑，其中一些与现代高层建筑混杂在一起，特别是在金融区、政府中心、南波士顿滨水地区和后湾，有波士顿公共图书馆、基督教科学派教堂、科普来广场、纽伯里街等许多杰出的地标建筑，新英格兰地区 6 个州（缅因州、佛蒙特州、新罕布什尔州、马萨诸塞州、罗得岛州和康涅狄格州）范围内最高的建筑约翰·汉考克塔楼（John Hancock Tower）就坐落在波士顿市中心。波士顿商业活动发达，但商业区通常不大，零散分布在市中心和周边城镇的住宅区内，商业资源的均衡分布方便了大波士顿地区居民的日常生活需求。

波士顿公园（Boston Common）位于金融区和灯塔山附近，是美国最古老的公园。连同附近的波士顿公共花园，都属于“翡翠项链”（一系列环绕城市的公园）的一部分，并且都是由弗雷德里克·劳·奥姆斯泰德所设计。主要公园还有沿着查尔斯河的河岸休闲公园。其他公园则散布于全市。主要的公园与海滩都靠近查尔斯镇、城堡岛，或沿着多尔切斯特、南波士顿和东波士顿的海岸线。该市最大的公园是富兰克林公园，包括动物园、阿诺德植物园和石溪国家保留地。查尔斯河将波士顿市区和剑桥、水城以及邻近的查尔斯镇分隔开来，向东面是波士顿港和波士顿港岛国家休闲区。尼本赛特河构成波士顿南区与昆西、米尔顿两市的界河。而切尔西溪与波士顿港将波士顿和东波士顿分开。人们普遍认为是因为高速公路或铁路的修建割裂了完整的城市街区，而在波士顿的后湾区，横穿的铁道线路先于城市而存在而作为后来城市发展的前提。波士顿后湾本是临海的一片沼泽，填成陆地后在城市规划的引导下改为居民区，建有大量维多利亚风格住宅，这里现在既保存有19世纪的城市设计风格，有大量历史地标建筑；也有著名的商业购物街，还有许多现代风格的高楼大厦——传统与现代并存是后湾和整个波士顿空间布局的基本格调。

## 4.2 波士顿湾区经济发展概况

波士顿湾区就坐落在美国东海岸的新英格兰地区，主要是以马萨诸塞州为中心，对新罕布什尔州、缅因州、佛蒙特州、罗得岛州、康涅狄格州、宾夕法尼亚州等都形成了较强的辐射效应。波士顿湾区的核心城市波士顿不但是美国马萨诸塞州（Massachusetts）的首府和最大城市，也是美国东北部的新英格兰地区（New England）的最大城市。波士顿湾区是美国工业发展相对较早的重要区域，但是，波士顿湾区在20世纪中后叶就陷入了衰退期。到20世纪末，波士顿湾区借助全球化的浪潮，利用其高水平大学、科研机构和高端人才的创新优势，着力发展以生物科技与医疗科技为代表的高技术产业，积极推进高层次的全球区域竞争与协作，实施新一轮的区域转型升级发展，并成功实现转型，成为全球最为知名的创新区域之一。

波士顿湾区是“生物科技湾区”典范，位于美国东北部大西洋沿岸，波士顿被称为“生物医药之都”，波士顿不但是生物科技公司、制药业的胜地，是美国东北部高等教育和医疗保健中心，而且是全美著名的高科技产业密集区，湾区内高科技、金融和教育等行业也发展得非常好，因此，波士顿也有“东部硅谷”之称。

## 4.3 波士顿湾区高等教育发展概况

### 4.3.1 波士顿湾区世界一流大学集群

美国波士顿湾区不但具备完善的基础设施和发达的金融业，而且在湾区内拥有哈佛大学、麻省理工学院等世界一流大学，集聚了众多高水平研究机构和高科技企业。其中，在生物工程、医疗制药、国防技术、电子信息与软件等领域已形成全美著名的高科技产业密集区。波士顿湾区是高科技创新中心，也是全美最大的医疗研究中心，同时还是全美第二大生物科技中心。根据《财富》杂志发布的《2015年全球顶尖科技创新中心》，波士顿湾区创新实力高居全球第四位。波士顿湾区内的政府、高校、研究机构、企业等不同的创新主体，根据其各自的定位和角色，相互作用和协调并结成创新网络，从而实现了高度协同的区域创新发展。

美国波士顿湾区之所以具有这么强的创新实力，除了湾区内形成了以政府、高校、研究机构、企业等不同主体创新网络之外，最重要的是湾区内世界一流高水平大学的集群态势非常明显。这种高水平大学集群的格局，对整个波士顿湾区的影响非常大，特别对生物工程、医疗研究、制药科技、社会经济、国防技术等方面的影响力更是惊人。例如，波士顿大学的生物医学、传播类、商学、工程类等学系都是在全美享有卓越声誉的学科。麻省理工学院是“世界理工学院之最”，尤其在工程技术方面的排名世界第一，几乎所有的学术排名都能在世界前十以内。因为波士顿湾区的高等教育创新集群，使波士顿成为整个湾区，乃至整个美国的商业与科技重镇。在整个波士顿湾区，除了麻省理工学院、哈佛大学这两所全球顶级高水平大学之外，波士顿大学、波士顿学院、塔夫茨大学、布兰迪斯大学、东北大学等也是位于波士顿市及周边地区的全球顶级和知名高水平大学。广义范围的波士顿湾区还有布朗大学、耶鲁大学、达特茅斯学院等顶级私立大学。在美国 8 所顶级私立大学组成的“常春藤”盟校中，大波士顿湾区就占据了 4 所，其中耶鲁大学也常被归入纽约湾区之内；另外 4 所分布在广义的纽约湾区。

从这些大学的创建历史看，哈佛大学创建于 1636 年，耶鲁大学创立于 1701 年，布朗大学创立于 1764 年，达特茅斯学院创立于 1769 年，麻省理工学院创立于 1861 年，由此可见，这些高水平大学基本上都有两三百年的办学历史，因为办学历史非常悠久，所以，大学的人文底蕴都很深厚。因为拥有众多高水平大学的加持，波士顿湾区城市的人文底蕴与人口素质也是世界公认的。创建于 1630 年的波士顿市，不但是美国最古老、最有文化价值的城市之一，而且是美国人口受教育程度最高的城市。波士顿因为很好地融合了现代大都会和古典艺术文化的多元化风格，所以波士顿也因此成为世界名校的集合地，甚至当地的学术名流们还美其名曰“美国的雅典之城”。

在波士顿这座世界著名的大学城，不但汇集了全美乃至全世界的一流大学，而且汇集全美乃至全世界的各界精英。除了这些大学办学历史悠久、人文底蕴深厚等特点之外，这些高水平大学的研究实力也是非常强的。如位于波士顿市中心的东北大学，设有 65 个本科专业和 125 个研究生专业，学校的临床医学、生物医学、药剂学、国际商务、工程等专业均位居美国前列。至于麻省理工学院与哈佛大学这样的更高水平的世界一流大学的科研实力当然就更强了。所以，在波士顿湾区内，世界一流的高水平大学的集群态势不但非常明显，而且是所有湾区中一流大学聚集数量最多的湾区之一，特别是生物科技、生物医学、临床医学等专业领域都是全美乃至全世界第一的。正是因为拥有这么多世界一流大学的加持，波士顿湾区的社会经济发展提供了强大智力支持，使之成为美国东部的“硅谷”，成为美国的商业与科技重镇。

### 4.3.2　“泛常春藤”文化与两大湾区高水平大学集聚现象

世界高水平大学同样呈现集群态势。在波士顿湾区中，属于 25 所“新常春藤”盟校、其作用能辐射到波士顿湾区、并对波士顿湾区产生重要影响的高校主要有位于马萨诸塞州波士顿及附近的波士顿学院、塔夫茨大学、富兰克林欧林工程学院等。“小常春藤”盟校基本上都是位于美国东北部的文理学院，主要包括马萨诸塞州的威廉姆斯学院和阿姆赫斯特学院、康涅狄格州的卫斯理大学等。

在波士顿湾区，一些高水平大学的发展与城市的进步密切相关，典型的代表是波士顿大学（Boston University）。该校创办于 1839 年，主校区与哈佛大学、麻省理工学院隔查尔斯河相望，医学院校区则设在波士顿市区南边的长木医学区，是历史悠久的世界顶尖研究型大学。该校是由1839年在波士顿市召开的代表团会议决定建立的一所神学院（Newbury Biblical Institute），校址选在佛蒙特州；1847年迁移到新罕布什尔州协和市（Concord）；1867年迁到波士顿市，改名为波士顿神学院（the Boston Theological Seminary），并于1869年更名为波士顿大学。1938年开始修建现在的查尔斯河畔校区，开启直到1966年、前后近30年的大规模校园建设时期，而这一时期波士顿市正经历着城市角色与职能大衰退。与查尔斯河对岸的大学城等力量一起，新迁入的波士顿大学为城市20世纪80年代以来的复兴提供了高素质人才与科技力量。可见，波士顿大学的建立、变迁与发展历程与波士顿市紧密相连，大学文化与城市文化深度融合。

波士顿大学是美国大学协会（Association of American Universities，AAU）成员，也是爱国者联盟成员，素有“学生天堂”之美名。学校既为国家与区域发展做出了贡献，也为推动教育公平付出了不懈努力。较为典型的标志性事件如：1876年被誉为“电话之父”的亚历山大·贝尔（Alexander Graham Bell）教授在波士顿大学的工作室发明了电话；1965年该校建立了美国第一个联合开展癌症研究和临床教学的实验室；1985年查尔斯·戴里斯（Charles DeLisi）教授提出了后来成为人类基因工程的提议，并组建了分子工程学实验室；1867年成为美国最早向女性学生开放所有学科的大学之一，1873年波士顿大学医学院是美国第一所招收女学生、实行男女不分性别公平就学的医学院；1877年成为美国第一所授予女性博士学位的大学（1861年耶鲁大学颁授了美国本土第一个博士学位）；1955年马丁·路德·金在此获得神学博士学位。

这些“新常春藤”盟校、“小常春藤”盟校等多层次、多元化的高水平大学高度集聚的态势，对于波士顿湾区加持的力量非常强大。而“小常春藤”盟校的突出特点就是规模小，但是其办学历史悠久，在办学过程中，已经凝练出自己的特色，特别重要的是拥有世界顶尖级的本科教育。

麻省五校联盟（Five College Collaboration）也是湾区高等教育体系的一个重要特色，也是美国文理学院借地取势、相互合作建立的四大联盟之一。① 麻省五校联盟成立于1956年，五所学校包含四所传统文理学院和一所综合性州立大学，分别是：阿默斯特学院（Amherst College）、曼荷莲学院（Mount Holyoke College）、史密斯学院（Smith College）、罕布什尔学院（Hampshire College）和马萨诸塞大学安姆斯特分校（UMass Amherst）。这五所高校共提供数千门本科课程，任何在注册学校上完第一学年第一学期课程的学生，都可以在其他学校自由选择两门课程修读。联盟高校的学生可以参加各个学校的校园活动，使用学校的图书馆、食堂等基础设施，并有校车供学生往返各院校。除了“藤校”式、联盟式大学集群外，还可以从地理空间和城市之间的

---

① 文理学院四大联盟分别是：麻省五校联盟；加州 Claremont Colleges 联盟，包括5个本科文理学院（其中两个设有研究生院）——Pomona College、Scripps College、Claremont McKenna College、Harvey Mudd College 和 Pitzer College；缅因州 CBB 联盟，包括 Colby、Bates、Bowdoin 3个小型文理学院，CBB最初是个体育联盟，三个学院均负有盛名，因此也被称为小常春藤；俄亥俄五校联盟，包括 Oberlin College、Kenyon College、Ohio Wesleyan University、Denison University 和 College of Wooster。

关系上考察，波士顿湾区及周边的大学集群以波士顿市为中心，形成了三个错落有致的层次：波士顿市组成第一层，波士顿周边卫星城构成第二层，波士顿湾区外围城市形成了第三层。北安普顿市（North Ampton）、阿默斯特市（Amherst）等是第三层集群的典型代表。北安普顿地理环境和人文条件优越，属于新英格兰“知识走廊”的一部分，被称为“天堂之城”（Paradise City）。该市为汉普郡县县治所在地，位于麻省群山环绕的先锋谷（Pioneer Valley），西距波士顿市约200千米。这座小城市人口只有数万人，却坐拥麻省五校联盟之便利，给整个地区都添上了传统学术、区域文化与创新思想的人文气息。坐落于市内的斯密斯学院是美国著名的“七姐妹”女子文理学院之一，生源优秀，校友资源丰富，在美国颇有影响力。

通观纽约湾区与波士顿湾区，两大湾区在地理上彼此相连，在地域上文化共享，“常春藤”“新常春藤”“公立常春藤”“小常春藤”“专业常春藤”等系列高校一起形成了两大湾区独具特色的高等教育“泛常春藤”文化。除了上述8所学校之外的美国顶尖大学、文理学院的少数派代表之外，按不同的分类标准与考察方式，泛常春藤高校在两个湾区各有几十所，拥有和8所常春藤学校相同或者相近的教学能力、可类比的科研能力与可互相补充的社会服务能力，高校数量更多，学生来源更宽广。部分学校的生源和教授毫不逊色于常春藤大学，而在诺贝尔等奖项和校友质量方面甚至比常春藤学校更出色，因此这些大学和上述8所大学一起分享着美国高校的国际声誉并塑造出美国高校的国家力量与区域形象。

## 4.4 大学在波士顿湾区发展中的角色与作用

### 4.4.1 波士顿湾区大学集聚发展的特点与模式

#### 4.4.1.1 波士顿湾区大学集聚发展的特点：校企深度融合

与纽约湾区一样，波士顿湾区拥有一批有卓越声誉的世界一流大学，形成了知名大学集群，为湾区的发展提供了强有力的智力、人才与文化底蕴支撑。这个湾区的高水平大学承担着为整个湾区提供充足的人才培养和知识创新等方面的任务。因为湾区内拥有众多的、丰富的高水平大学作为校企之间开展深度合作的宝贵资源。例如，麻省理工学院从成立之初便注重其创新教育，引导和鼓励学生、研究人员等开展项目研究、咨询等活动，与企业等进行多种方式的交流合作。大学产生企业，不少麻省理工学院毕业生直接创业，创建高科技企业。截至2016年，麻省理工孵化的高新技术公司千余家，占“128号公路”地区全部高新技术公司的1/40。

波士顿湾区有很多家从属于州政府、高校、研究机构以及非营利组织的技术转移中介机构。这些技术转移中介机构为区域内的产学研技术转移提供服务，由中介机构将高校内的创新技术和产品转让给企业。如麻省理工学院技术许可办公室（Technology Licensing Office）与各企业、风投机构、产业界保持长期紧密联系与合作，按照一定的技术评估和技术许可规范和流程，积极为大学提供专利和技术转让。目前，技术转移中介机构已为多家高新技术企业提供了涵盖纳米、生物、信息等多个高技术领域的专利和技术。美国一直把生物技术作为基础性和战略性产业加以支持，是现代生物技术产业的发源地和领导者，现代生物技术产业成为美国经济长期发展的重要增长点。20世纪90年代以来，美国生物技术产业集群倾向相当明显，许多州和区域把发展生物技术产业集群作为重要发展战略。区域创新集群往往是以产业关联为基础、以地理邻近为特征、以文化融合为纽带的“在地化”区域创新网络。区域创新集群的建设，有利于促进知识和技术的转移扩散，提高创新活动的频率和成功几率，实现创新资源的有效配置。区域中是否拥有高水平研究型大学或研究机构，以及能否充分发挥它们参与创新结网的作用，是影响区域创新集群功能持续提升的关键因素。生物医药产业最重要的区位特征是明显的地理聚集，在地域空间上形成生物医药产业集群。生物医药创新集群是指众多大学和科研机构、生物技术公司、制药公司及相关服务性机构在特定区域的集聚分布。目前美国已经形成波士顿、旧金山、圣迭戈、罗利－达勒姆、西雅图、纽约、费城、洛杉矶和华盛顿－巴尔的摩等多个生物医药创新集群区。其中波士顿地区生物医药集群最具影响力，几乎所有的著名生物医药公司都在此设立了研发中心。该集群代表性的大学主要有：哈佛大学、麻省理工学院、波士顿大学等；代表性企业主要有：百健（Biogen）、千年制药（Millennium Pharmaceuticals）、基因梅（Genzyme）等生物医药公司。① 可见，在波士顿湾区经济社会发展过程中，大学扮演着十分重要的角色并发挥着不可替代的作用。波士顿湾区之所以会拥有“生物科技之湾”的美誉，是因为波士顿湾区形成了校企深度融合、特色创新发展的格局。

除此之外，波士顿湾区还有很多风险投资公司。波士顿产学界与风险投资公司都有紧密的长期合作关系。波士顿湾区有40余家风险投资公司专注于高技术产业领域，并形成了10多个天使投资联盟专注于高技术公司的孵化。马萨诸塞州的软件企业中，超三成的企业有风险资金注入，其水平仅次于加利福尼亚州，位居全美第二。大量风险资本的投入对促进高技术企业的发展具有重要作用。如麻省理工学院和哈佛商学院教授共同创建的美国研究开发公司，作为全美第一家风险投资公司，其致力于对新兴产业中的高技术企业进行初期投资，对其公司内部管理活动与外部营销活动进行优化，并成功孵化培育了一批创新型企业。

#### 4.4.1.2 波士顿湾区大学集聚发展的模式：联合研究、长期合作模式

波士顿湾区不但世界高水平大学云集，而且高水平大学与企业共同合作，建立了很多高水平的联合研究机构，从而不断提升研发效率。通过建立联合研究机构，大学和产业界可以进行跨学科研究开发，发挥各自优势，取长补短，互动双赢，从而提升其研发效率。如麻省理工学院的工业行为中心自建立以来，其学生和研究人员与各大

---

① 许长青. 美国大学技术转移在中小企业创新中的作用［J］. 中国高校科技，2017（8）：46－49.

公司开展多项合作研究，涉及制造业、能源产业、现代服务业和绿色新型产业等多个领域，通过各方联合研究产生大量研究成果。

波士顿湾区的大学与企业还积极建立长期合作模式。大学和产业界主要通过封闭式联合研究团队（Closed Consortium）与开放式联合研究团队（Open Consortia）的方式开展交流合作。在封闭式联合研究团队中，固定会员可以共享研究管理经费、前期出版成果和技术认证机会。开放式联合研究团队则是鼓励高校、企业、研究机构的各类研究人员共同开展研究。除此之外，波士顿湾区内的部分高校还会与企业共同举办合作论坛、专业研讨、产学研管理培训、公司诊所、商业计划工作室、案例分析等，高校也会邀请高科技企业的人员做访问学者或者短期学习和研究，高校与产业界开展的多样化的合作方式对产学研合作的技术创新产生了积极作用，并有助于双方建立长期稳定的合作机制。

波士顿湾区这种大学与企业“联合研究、长期合作”的大学集群发展模式，不但构建了跨区域的人才平台、合作平台与创新平台，而且为整个湾区营造了校企深度合作、特色资源共享的良好氛围，全面拓展了高校、企业、研究机构的各类研究人员交流的频度、广度和深度，为世界生物科技中心的形成奠定了非常重要的基础，最终成就了基于“知识链 - 价值链 - 创新链”相互衔接的世界生物科技中心——波士顿。与纽约湾区相比，波士顿湾区这种“校企深度融合”的特点与校企“联合研究、长期合作”的模式，充分发挥了大学集群强大的知识集聚 - 溢出效应，从而更好地实现“产、学、研”的有机融合与科技创新系统所带来的“倍增效应”。目前，波士顿湾区已经形成了一个以研究型大学为核心，面向世界一流科技创新的教育和科研开发集群，波士顿湾区也因此成为世界著名的“生物科技之湾”。①

### 4.4.2 大学文化、社区文化与产业创新文化的有机融合

#### 4.4.2.1 传统城市文化、传统文化与高等教育文化的“三流合渠”

波士顿是美国寻求政治经济独立运动的发源地之一，是美国历史文化名城，文化积淀非常深厚。城市虽经历过战火洗礼，但历史遗迹保存较好，仍保留了英国殖民地时期的建筑和风俗，同时又孕育了美国城市化发展的价值诉求。美国独立革命完成后，波士顿凭借港口优势成为美国东北部的经济重镇，海产、烟酒和食盐通过海外贸易远销欧洲，重商主义的城市底蕴丰厚。凭借优越的地理位置和与欧洲国家的贸易往来，18 世纪时波士顿一跃成为美国东北部一座耀眼的商业明星城市。大量而频繁的商品贸易活动也不断促成欧洲大陆的移民美国潮流。

作为桥头堡，波士顿把欧洲先进的商业理念和城市规划理念引入了北美。波士顿是美国新英格兰地区的代表城市，显示出美国在政治经济上力争独立于英国，但是在

① 翁媛媛，饶文军. 生物技术产业集群发展机理研究——以美国波士顿地区为例［J］. 科技进步与对策，2010，27（6）：54 - 59.

文化和城市建设上却传承英国较为成熟的规划模式的情状。近代以来，波士顿经历了工业革命的洗礼和几轮移民潮，发展出独具特色的文化模式。

以波士顿为核心的传统城市文化、传统文化与高等教育文化“三流合渠”是整个湾区发展的历史文化底蕴。对美国移民史的研究在前述的数部移民史著作中，真正具有影响力的只有两部：《波士顿移民》和《离别故土的迁徙者》。这两部著作使得汉德林（Oscar Handlin）在移民史领域的地位得以确立。[①]《波士顿移民》是汉德林的成名之作。此书探讨了爱尔兰移民在波士顿的文化适应过程，兼具移民史和城市史的特点。

波士顿的移民文化既是美国移民文化的一部分，又有鲜明的地方色彩与个性特征，是欧洲移民文化、本地土著文化与商业文化三者的混合，其起源与约翰·温斯罗普（John Winthrop）密切相关。温斯罗普对新英格兰地区的早期建设和美国建国有重要影响，被专门研究新英格兰史的美国学者弗朗西斯·布莱默称为“被遗忘的美国奠基之父”。[②] 温斯罗普在缔造和建设新早期殖民地活动中做出了卓越和独特的贡献，其在政治上的敏锐性和怀有的政治经济发展宏大愿景，面对内外重大困难时不屈不挠的领导作风和对新大陆建设的宏伟抱负是早期马萨诸塞湾殖民地能够成功的主要原因。温斯罗普带领早期移民亲手建立了波士顿，也是建立哈佛大学的重要推动者，对波士顿的移民文化和城市文化的发生起到了立标开源的作用。[③] 在哈佛大学建立前7年的1629年，温斯罗普率领一批怀着共同梦想的清教徒从欧洲出发，一路披荆斩棘跨越大西洋来到美洲新大陆，并在登陆点建立了今天的波士顿。在“天命显受”（Manifest Destiny）这一具有宗教根源的精神指引下，温斯罗普力图将波士顿等北美殖民地建设成为被全世界人民看到和瞩目的“山巅之城”（a City upon a Hill）。他们生活节俭，勤奋工作，又非常重视教育，这些精神气质孕育和奠定了波士顿市和周围地区大学林立、追求卓越的“泛常春藤”精英文化传统。可以说，温斯罗普在17世纪早期的开创性胸怀和开拓性工作为马萨诸塞湾殖民地前半个世纪的稳定与发展、后半个世纪的变革与繁荣奠定了基础。

18世纪开始，欧洲和美洲之间的越洋长途贸易逐渐兴盛，波士顿作为港口城市受到不同文化影响，不断有来自欧洲不同地方的新移民进入。波士顿原本是一座在经济、政治和文化诸方面都和谐发展的城市，而当时涌入的大批贫穷爱尔兰移民打破了这种和谐，波士顿由此不断更新变化。爱尔兰人因贫乏的自身条件和波士顿土生居民不友好态度，在陌生的都市里开始了漫长的适应过程。这些爱尔兰人原有文化遭到主动和

① 奥斯卡·汉德林是20世纪美国史学家中颇有影响的一位。其学术研究兴趣极其广泛，研究范围涉及移民史、政治史、历史编纂学等，迄今已出版的作品达30余种。（参见：WILSON C N. Dictionary of literary biography. volume seventeen：twentieth-century American historians [M]. Farmington Hills，MI：Gale，1983：191.）

② BREMER F J. John Winthrop：America's forgotten founding father [M]. New York：Oxford University Press，2005：1.

③ 张瑞华. 约翰·温斯罗普的意义：从海丝特为温斯罗普总督守灵说起 [J]. 外国文学，2011（1）：91-98，159.

被动两个方面的遗忘与破坏，失去了原作用，城市发展和族群融入的过程共同塑造了波士顿传统文化的光辉与色彩。

移民文化和商业文化使得波士顿文化具有很强的开放性和包容性，商业活动中的人性化色彩也得到了不断强化。波士顿美术馆中有印第安人的作品，它们是本地的古代艺术和原住民艺术；有欧洲移民而来的艺术家的作品，欧洲艺术的底色清晰可见，以自己独特的移民经验和跨洲对话的方式重新书写了美国艺术。波士顿美术馆定位高端、雅致，与城市浓厚的教育基础与文化氛围一致，其目标人群是有较高文化修养的年轻人和中产阶层，旨在鼓励人们不断探索新的认知手段、内容与方式，提高公众对于视觉世界的品味力、理解力和欣赏力。

此外，体育文化也是波士顿城市文化的重要组成部分。波士顿的篮球文化、橄榄球文化和近年兴起的马拉松运动文化等，将城市形象与健康、快乐、向上等积极的体育文化有机融合在一起。

#### 4.4.2.2　现代大学文化、社区文化与产业创新文化的“三源共舞”

现代大学文化、社区文化与产业创新文化的“三源共舞”是整个湾区发展的时代精神动力。大波士顿在创新城市网络中的地位主要应归功于拥有坎布里奇这一蜚声全球的大学城。坎布里奇面积为6.26平方英里，拥有哈佛大学和麻省理工学院，担当着大波士顿的“创新心脏”角色（heart of innovation是坎布里奇的官方口号）。除了中央广场作为坎布里奇的社区中心外，拥有哈佛广场和肯达尔广场两大公共空间作为大波士顿的市级文化中心和创新中心。坎布里奇现有常住人口12万，其中居民10万人（2000年人口普查数据），其中直接受雇于哈佛大学和麻省理工学院的有近2万人，院校学生逾2万人（2008年数据）。

70%的成年居民（25岁以上）受过高等教育，高出整个大波士顿30个百分点；约1/3的居民是在外国出生的，城市与社区文化开放包容。坎布里奇对大波士顿的生物产业、金融、医疗健康、高端科技及高等教育等5大支柱产业，担当着技术驱动源和人力资源库职能。高等教育方面，波士顿被誉为“美国雅典”，高水平大学既相对集中又较为均衡地分布在大中城市和小城镇，有来自全球各国的25万名大学生在此接受教育。同时波士顿地区的基础教育同样发达，有美国最古老的中小学公立学校系统之一，包括100多所教学质量优秀的学校，其中有波士顿拉丁学校（Boston Latin School，成立于1635年的最古老的公立学校）、英文中学（Boston School of English，最古老的公立中学）和马特学校（成立于1639年，最古老的公立小学）等。高科技产业方面，波士顿的行业优势与纽约不相上下，素有“东部硅谷”之称。128号半环形公路修建于1951年，距波士顿市区约16千米，林立着电子、宇航、国防、生物工程等领域的众多公司和工厂，形成了一个具有高度规模效应的高技术工业群；得益于麻省理工学院与哈佛大学等知名大学的智力投入与深度参与，这里是美国仅次于硅谷的微电子技术中心，被人们称为“金色半圆形”或“美国的技术公路”。

大波士顿城市转型与作为中央智力区的坎布里奇密切相关，爱德华·格莱泽

(Edward L. Glaeser) 研究了 1640 年至 2003 年的波士顿发展历程，发现波士顿在此期间经历了 3 次大危机，遭遇了 3 次城市角色转型，但都基于高等教育底蕴和人力资源基础得以城市再造，化危为机。① 19 世纪早期波士顿海洋渔业和相关海事产业发达，有大批海事和渔业工人，这批手工技术工人的努力奋斗成就了波士顿作为美国主要贸易口岸和渔港的地位。随着内陆河运与东海岸海运的贯通，波士顿的海事产业优势不再明显，竞争力逐渐落后于纽约和芝加哥，但 19 世纪末期波士顿又在移民输入和本地资本崛起两大要素的刺激与作用下转型成为更具现代气息的工业城市。此后在 20 世纪 20 年代至 80 年代大半个世纪的时间内，波士顿处于持续的衰退期，直到 20 世纪末波士顿在高等教育人才与机构的集聚作用推动下，变身成为具有信息化时代特征的智慧城市。在波士顿城市地位与核心职能的三次变迁中，尤其是最后一轮变迁的全过程，坎布里奇一直扮演着重要角色。坎布里奇同波士顿的关系时紧密时松散，正是随着知识要素价值的提升，由早期的“貌合神离”转变到现代的“形神合一”。直到今天，努力工作、道德正直、重视教育仍然是波士顿城市与社区文化的重要组成部分。

① GLAESER E L. Reinventing Boston: 1630 – 2003 [J]. Journal of Economic Geography, 2005, 5 (2): 119 – 153.

# 第5章
# 大学在湾区经济发展中作用的国别考察：旧金山湾区

旧金山湾区是全球高科技产业湾区的典型代表。硅谷是旧金山湾区最引人注目的经济名片与身份表征，斯坦福大学和伯克利大学等则是湾区的文化名片。湾区所在的加利福尼亚州（California，简称“加州”）是美国各州中经济体量最大、经济发展最为强劲的“领头羊”。作为全球公立高等教育典范的加州高等教育与加州大学系统，同样对湾区的发展产生着重要影响。

## 5.1 旧金山湾区的基本概况

### 5.1.1 旧金山湾区的地理区位

旧金山湾区位处美国加利福尼亚州北部，位于沙加缅度河下游出海口的旧金山湾和圣帕布罗湾四周。湾区的具体范围尚有争议，但一般是指美国西海岸旧金山海湾及其附近的地区，普遍认可的范围包含西侧的旧金山，南侧的圣马刁县、圣克拉拉谷地区，东侧的阿拉米达县、康特拉科斯塔县、索拉诺县，以及北侧的马林县、纳帕县和索诺马县，共9个县、101个城市，面积共17 955平方千米，总人口数在700万以上。其中著名城市包括旧金山、奥克兰市和圣何塞等。2015年本区GDP为7 210亿美元，按世界国家GDP排名位居第16名，介于墨西哥和印度尼西亚两国之间。除了含上述9个郡县的传统意义上的旧金山湾区之外，还有共含12个县的广义上的旧金山湾区。按美国合并统计区域名词（Combined Statistical Area，CSA），以San Jose-San Francisco-Oakland为代表，泛指此一大区之合计值，2015年本区GDP为7 585亿美元，位居美国CSA的第3名。

根据地理环境，旧金山湾区又可以划分为北湾、旧金山、东湾、半岛和南湾五大板块。金门大桥（Golden Gate Bridge）以北的区域通常被称作北湾（North Bay），主要包含马林县，向北延伸至索诺马县和纳帕县，向东延伸至索拉诺县。北湾整体上是非常富有的地方，马林县经常被列为全国最富足的行政区。这里的都市化程度也比湾区其他地方低，有很大比例是未开发的土地与农田。北湾尚未开通通勤铁路服务，该区

2006 年时曾动议修建通勤铁路，但兴建案未获居民 2/3 多数通过。

旧金山市（县）具有独特地位，本地人习惯称之为“The City”。旧金山北方、东方和西方三面环水，南接戴利城（Daly City）。旧金山长期是旧金山湾区的经济、文化和都市中心，也是湾区的主要人口集聚地。占地不大，仅 47 平方英里，城市人口密度是美国的第二高，仅次于纽约市，人口增长空间有限。1906 年旧金山大地震后，部分市内人口逐渐分流到附近其他县和城市。

东湾包括康特拉科斯塔县和阿拉米达县全境，狭义则泛指两县濒临旧金山湾的城市，包括最北的里奇蒙（Richmond）、奥伯尼（Albany）、伯克利（Berkeley）、爱莫利维尔（Emeryville）、奥克兰（Oakland）、阿拉米达（Alameda）、圣利安卓（San Leandro）、海沃（Hayward）、联合市（Union City）、纽华克（Newark）和费利蒙（Fremont）。其中奥克兰被称为“旧金山的布鲁克林”，是旧金山的姐妹城市，与东湾隔水相望。如同纽约的布鲁克林区，奥克兰市也具有悠久的人文历史、优美的环境和发达的饮食文化。东湾的华人社区传统上以奥克兰华埠为中心，市内分布有发达和成熟的华人购物中心。东湾房价可负担性高，气候冷热适度、舒适宜人，没有旧金山冬天偶尔的寒冷，也没有南湾夏季的炎热。诸多旧金山湾区的著名地标和教育文化机构、组织都位于东湾，主要包括：加州大学伯克利分校、奥克兰突击者橄榄球队、金州勇士篮球队和奥克兰体育家棒球队等。

介于旧金山和南湾的旧金山半岛在当地常简称为“半岛（The Peninsula）”。该地区由圣马特奥县的数个中小型城市、近郊社区和圣塔克拉拉县西北部组成，另外还包含一些太平洋岸边的城镇，如半月湾（Half Moon Bay）、珀斯费卡（Pacifica）。半岛居民的组成比较多元。这里许多城镇在第二次世界大战后随着中产和富有家庭迁移至此而逐步发展起来的，二战前大多是乡村。自 20 世纪 80 年代起，硅谷高科技产业一片繁荣，中产和富有家庭的数量急速增长。来自外国的就业者在当地组建了家庭，居民组成多元多样。

南湾位于旧金山湾南端，即圣塔克拉拉谷地区，世界顶级高校斯坦福大学和全球高科技中心硅谷都坐落于此，世界多所知名大型高科技公司云集于此。南湾地区的中心城市为圣何塞（San Jose），主要城市有圣克拉拉（Santa Clara）、森尼韦尔（Sunnyvale）、库比蒂诺（Cupertino）、苗比达（Milpitas）等。一般来说，南湾的范围相当于整个圣塔克拉拉郡，不过该郡西北部一般被认为是半岛的一部分。圣何塞在 2010 年人口普查有 945 942 人，是湾区最大城市、加州第三大城。

旧金山县是旧金山湾区的中心城市，陆地面积占湾区的 1.15%。其中旧金山市是湾区的龙头城市，也是继纽约、洛杉矶、芝加哥、休斯敦之后的美国第五大都市。旧金山湾区在高新技术、国际贸易、旅游休闲等方面发展迅速。旧金山湾区的南湾（South Bay）地区是硅谷中心地带，旧金山湾区曾经是军事电子产品的生产基地，随着半导体、微处理器和基因技术的出现，现在的湾区高新技术企业主要是信息技术和生物技术，包括计算机和电子产品、通信、多媒体、生物科技、环境技术，以及银行金融业和服务业。

### 5.1.2 城市与湾区的整体规划

旧金山湾有曲折、漫长的海岸线，湾区边缘形似拉长的字母“C”。南北走向的金门大桥连接了陆地交通的缺口，使得湾区变成一个长长的“O”形。奥克兰海湾大桥等几座东西走向的跨湾大桥沟通了湾区东西两岸，大大缩短了沿岸城市之间的通勤与交通时间，有力地推动了湾区人才流动、资源共享与经济要素一体化发展。人员与资源流动时间和成本大幅度减少，打破了原有的城市畸轻畸重的不均衡结构，使得孤立的城市个体联合形成了互补的城市群，加速了不同类别城市之间的多元发展、合作发展与战略发展，并从根本上迈向协同化发展。跨海大桥的出现加强了城市间的联系，融通湾区缺口，贯通湾区沿岸，构成了融合的圆形地缘湾区，曾一度被地理因素隔断的地区成为无缝对接的一个整体。20 世纪 20 年代，旧金山湾区的高速公路网基本完善成型，1926 年开始之后的 12 年间先后建成了 7 座跨海大桥，是湾区交通水陆网络一体化发展的重要里程碑（见表 5－1）。其中，最长的跨海大桥圣马特奥大桥在斯坦福大学和加州大学伯克利大学的发展过程中体现两校竞争性合作文化的“斧头大战”中扮演过有趣的角色。跨海大桥的陆续建立不仅消除了城市的孤岛式发展，塑造了湾区城市集群网络的雏形，还拉近了湾区内各城市之间商业贸易的发展、物流循环与人口流动，提升了湾区协同化发展的步伐。这种通过兴建布局合理的跨海大桥体系来盘活江海地区的城市潜力，带动桥头堡城市及周边地区发展的做法已成为许多湾区的重要战略。

**表 5－1 20 世纪旧金山湾区集中建成的跨海大桥（1926—1937 年）①**

| 大桥名称 | 竣工年份 | 长度 | 用途 | 联结区位（连通地点） | 备注 |
|---|---|---|---|---|---|
| 安蒂奥克大桥 (Antioch Bridge) | 1926 | 1.8 英里 (2.9 千米) | 公路桥 | 东湾和北湾（斯托克顿市—阿尔维索市） | 1978 年重建 |
| 唐巴顿大桥 (Dumbarton Bridge) | 1927 | 1.6 英里 (2.6 千米) | 公路桥 | 旧金山半岛和东湾（弗里蒙特市—门罗公园市） | 1982 年重建 |
| 卡基尼斯大桥 (Carquinez Bridge) | 1927 | 0.7 英里 (1.1 千米) | 铁路桥 | 东湾和北湾（瓦列霍市—克罗基特市） | 2003 年重建 |
| 圣马特奥大桥 (San Mateo-Hayward Bridge) | 1929 | 7.0 英里 (11.3 千米) | 公路桥 | 旧金山半岛和东湾（圣马特奥市—海沃德市） | 1967 年重建（局部保留） |
| 贝尼西亚－马丁内斯大桥 (Benicia-Martinez Bridge) | 1930 | 1.7 英里 (2.7 千米) | 铁路桥 | 东湾和北湾（伯尼夏市—马丁内斯市） | 2007 年并行重建（整体保留） |

① 数据来源：作者根据公开资料整理。

**续上表**

| 大桥名称 | 竣工年份 | 长度 | 用途 | 联结区位（连通地点） | 备注 |
| --- | --- | --- | --- | --- | --- |
| 海湾大桥 (San Francisco-Oakland Bay Bridge) | 1936 | 4.5 英里（7.2 千米） | 公路、铁路桥 | 旧金山半岛和东湾（旧金山市—奥克兰市） | 2013 年局部重建 |
| 金门大桥 (Golden Gate Bridge) | 1937 | 1.7 英里（2.7 千米） | 公路桥 | 旧金山半岛和北湾（旧金山市—索萨利托市） | — |



旧金山湾区的道路与桥梁系统。道路与桥梁（跨海大桥）对旧金山湾区的发展有重要意义。尤其是在资本主义经济大萧条期间（The Great Depression，1929—1933 年）开工修建的金门大桥和海湾大桥，“本身就是对旧金山市经济的一个刺激”。① 系列跨海大桥建成后，湾区北部和东部的一些居民到旧金山市中心商业区的交通便捷性大大提高，既增强了湾区居民的整体发展获得性和生活幸福感，也使得旧金山的商业和金融中心的地位得到了有力的强化。目前湾区跨海大桥一般均按车次收取 5 ~ 8 美元不等的通行费，这一收费制度对湾区发展产生的积极与消极影响时有讨论。完善的基础设施与立体化、便捷的交通网络对湾区发展至关重要。于旧金山湾区而言，奥克兰市拥有港口，有发达的商贸活动；湾区东部一些城市制造业发达，通过大桥等基础设施把不同城市的不同优势和核心城市旧金山以及整个湾区无障碍连通起来，形成高密度、高质量互动。除了便利的跨海大桥之外，加州计划修建的旧金山—洛杉矶高速铁路对促进湾区和其他核心区域的发展具有重要作用，旧金山湾区委员会经济研究所（Bay Area Council, Economic Institute）前所长肖恩·伦道夫（Sean Randolph）认为高速铁路拓宽了旧金山湾区的时效半径和辐射空间，对旧金山湾区未来的可持续发展有重要价值。②

进一步而言，大桥和高铁都是实体工具，也是一种符号性和表征性存在，而“大桥经济”“高铁经济”话语下的“公共交通与湾区经济发展”是这一现象的本质。随着这些公路、桥梁、航运、水运、铁路等立体交通网路的完善，旧金山的经济进一步迅速发展，成了著名的全球科技创新中心和美国西部金融中心。以海湾大桥为例，目前日通行数十万车次，10 分钟左右就能从旧金山到达北湾，大大降低了交通运输成本，有力地增强了资源重组、要素流动和信息沟通。再以金门大桥为例，当地以该桥为主题举办骑行出游等丰富的文化旅游休闲活动，工作与惬意生活的有机均衡成为吸引人们集聚于此地的原因，为当地经济带来十分积极的正面效应。其实，纽约湾区的韦拉扎诺海峡大桥同样为纽约市地区的区域高速公路系统提供了关键节点的连接，并使得新泽西州直通长岛与肯尼迪机场，对区域内不同城市之间要素流动、优势互补、发展协同都有着相当大的贡献。

---

① 韩忠. 二战后旧金山湾区中心城市发展道路比较研究［D］. 厦门：厦门大学，2008：49.

② RANDOLPH S, HAVEMAN J, EGAN T. California high-speed rail economic benefits and impacts in the San Francisco Bay Area［J］. Bay Area Council Economic Institute, 2008（10）：1 – 44.

## 5.2 旧金山湾区经济发展概况

### 5.2.1 经济规模与结构

历史上，以黄金为主的矿产资源曾是包括旧金山湾区在内的加利福尼亚州的经济支柱，在客观上促进了湾区经济的早期发展。“黄金经济”的源头可追溯至1848年初，一个名叫詹姆斯·威尔逊·马歇尔（James Wilson Marshall）的工人在一片农场的美利坚河的泥沙中发现了黄金，含量丰富，简单物理筛选后即可获取，加利福尼亚的掘金潮由此开始。人们从四面八方蜂拥而至，工人、农夫、商人、服务生和农场主，各行各业的人离开家庭和工作加入这场浪潮。掘金潮的涌动一度造成了加利福尼亚暂时性的劳动力短缺。1849年末，黄金的消息在全美甚至全世界广为传布，旧金山湾迎来又一波移民潮，来自世界各地的人们为了黄金财富来到这片土地，并从开采黄金资源开始扎根于此。1850年，加利福尼亚正式成为美国第31州。可以说，黄金经济是旧金山湾区经济的起源，是理解湾区当前社会经济情况的历史根基。

当前，以硅谷为代表的高科技产业是旧金山湾区的经济核心竞争力。硅谷是一个高等教育与经济发展充分融合、区域发展与国际化充分结合的开放竞争环境，行业杰出人才（以计算机行业人才为主体）来自于全世界各个国家。开放包容的经济制度、自由活跃的创新氛围为高端人才发展提供了充裕的空间，不论来自哪个国家与种族的人才，都能迅速地融入区域和行业中。某种程度上，一定是充分开放的、国际化的区域才可能吸引全世界各地的人才，而旧金山湾区正是这样一个高科技行业人才的理想的移民城市。

旧金山湾区GDP及人口总量在美国均排名靠前，且经济增速领先。美国经济分析局数据显示，2015年美国292个大都会区的实际GDP平均增长了2.5%，旧金山湾区处在GDP增速较快的区域。而从人口数量来看，根据美国人口统计局普查数据，圣何塞－旧金山－奥克兰都会区是美国人口第五大地区，成为美国西部仅次于洛杉矶的第二大人口集聚区。作为国际四大湾区之一，在全美GDP仅增长2.4%的情况下，旧金山湾区仍保持了较高的增长速度和旺盛的经济活力，并成为美国重要的人口集聚区和经济增长极。

旧金山湾区内的主要城市以旧金山为核心，形成了协调发展经济体系，经济实力与规模既有重量级的极点，又有梯度适宜的分层梯队。2017年旧金山GDP为5007亿美元，名义增速5.32%（作为参照与比较，同年上海的GDP名义增速为5.2%，达到4 463亿美元，体量是旧金山的89%）。

从湾区所在的大区域来看，旧金山湾区所在的加州在美国州级行政单位的GDP排名中常年位列第一，2017年加州GDP总量为23 860亿美元，也是全球第一（见图5－1）。相比较之下，广东省2017年GDP总量为13 310亿美元，是加州的55.8%；如加上香港（3 416亿美元）和澳门（506亿美元）的经济体量，粤港澳大湾区所在的三个省（特别行政区）2017 年 GDP 总量为 17 232 亿美元，是加州的 72.2%。

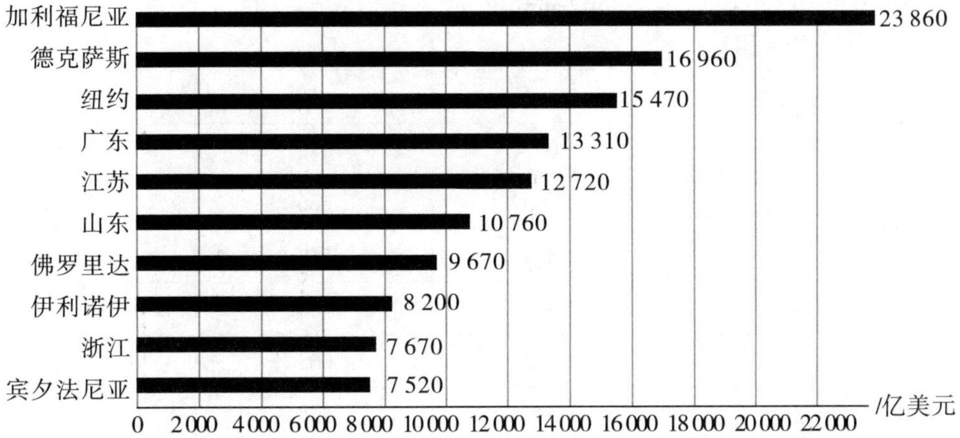


**图 5－1　2017 年中美 GDP 总量排名前十的省级/州级行政区域情况①**

从湾区的核心城市来看，2017 年旧金山 GDP 总量为 4 814 亿美元，排名位居全美第 7 位。同年深圳、广州的 GDP 总量分别为 3 425 亿、3 305 亿美元，分别居中国城市的第 3、第 4 位，两者之和已经超过了旧金山市（见表 5－2）。如果再加上香港与澳门的 GDP 总量，粤港澳大湾区四大核心城市的经济实力远超旧金山湾区的核心城市旧金山，多中心均衡发展的结构优势较为明显；而旧金山湾区在经济引擎方面则是较为明显的单极点中心模式，区域内其他城市与旧金山的经济体量相差较大。

**表 5－2　2017 年中美 GDP 排名前十的城市/都会区**

| 排名 | 十大都会区（美国/中国） | 2017 年 GDP /亿美元 | 2016 年末人口 /万人 | 2017 年人均 GDP 万美元 |
|---|---|---|---|---|
| 1 | 纽约 | 17 351 | 2 020 | 8.59 |
| | 上海 | 4 631 | 2 418 | 1.92 |
| 2 | 洛杉矶 | 9 782 | 1 334 | 7.33 |
| | 北京 | 4 304 | 2 171 | 1.98 |
| 3 | 芝加哥 | 6 705 | 955 | 7.02 |
| | 深圳 | 3 425 | 1 253 | 2.73 |
| 4 | 达拉斯 | 5 775 | 731 | 7.90 |
| | 广州 | 3 305 | 1 450 | 2.28 |

① 资料来源：根据中美有关统计资料整理。

续上表

| 排名 | 十大都会区（美国/中国） | 2017 年 GDP /亿美元 | 2016 年末人口 /万人 | 2017 年人均 GDP /万美元 |
|---|---|---|---|---|
| 5 | 华盛顿 | 5 313 | 610 | 8.71 |
| | 重庆 | 3 002 | 3 075 | 0.98 |
| 6 | 休斯敦 | 5 260 | 666 | 7.90 |
| | 天津 | 2 858 | 1 557 | 1.84 |
| 7 | 旧金山 | 4 814 | 466 | 10.33 |
| | 苏州 | 2 613 | 1 068 | 2.45 |
| 8 | 费城 | 4 339 | 607 | 7.15 |
| | 成都 | 2 135 | 1 604 | 1.33 |
| 9 | 波士顿 | 4 282 | 477 | 8.98 |
| | 武汉 | 2 060 | 1 091 | 1.89 |
| 10 | 亚特兰大 | 3 712 | 573 | 6.48 |
| | 杭州 | 1 930 | 947 | 2.04 |

### 5.2.2　支撑湾区经济发展的三大核心城市

20 世纪下半叶以来，旧金山湾区中心城市定位趋于明确，主要包括：以旧金山为总龙头的湾区西部金融中心地位进一步巩固，同时城市商贸和零售业也快速发展；以奥克兰为中心的湾区东部港口和新兴经济，历经曲折变迁，逐渐成为城市发展的主导力量；以圣何塞为主体的湾区南部高科技产业与创业经济，依托硅谷，逐渐成为湾区的科技创新中心。

#### 5.2.2.1　旧金山：湾区龙头与金融之城

旧金山在湾区城市中率先自我转型，逐步脱离原来的工业城市，服务业进一步发展，零售业和金融业保持了在湾区里的中心地位。与此相反，一些传统产业和部门，如制造业和港口，却趋于衰落。从 2016 年就业人口结构来看，服务、商业金融、批发零售已经成为主导行业，占据了近三成的就业人口，制造业实现了向周边其他低成本的城市转移，就业人口占比仅 2.5%。

（1）金融业。随着二战后西部地区移民和经济机会的增加，美国与太平洋地区之间贸易的增长（尤其是旧金山与日本之间的贸易在 20 世纪 60 年代快速增长），使得旧金山对国内外金融市场需求都有了进一步扩张。以美洲银行为代表的金融服务改革促使银行业实力不断增长。尤其是在硅谷崛起之后，以硅谷为产业链带动的科技金融业成为其显著标志，旧金山金融中心成为风险投资的沃土。

（2）零售业。受二战后联邦政府的“城市更新”影响，旧金山中心城区出现曼哈顿化的趋势，这为办公、零售业等提供了较大的空间。同时，1990 年以后，随着加州经济的复兴，旧金山的零售购买力进一步提升，旧金山逐渐成为美国零售业的重要地区。

### 5.2.2.2 奥克兰：工业城市的艰难转型

奥克兰城市的发展促进了港口发展，反过来，港口的发展也为城市的进一步发展提供了巨大的空间。自 1927 年奥克兰港口建成以来，该市的工业和商业很快也随之繁荣。特别是二战期间，军事造船业迅速兴起，城市商业、旅游业以及日益完善的城市公共设施等相继得到迅速发展，奥克兰城市面貌焕然一新。① 二战后，奥克兰作为战时“兵工厂”的时代已经过去，邻近城市凭借更加优惠的政策，吸引制造业转移，使得奥克兰制造业由盛转衰。与此同时，奥克兰港却获得了突飞猛进的发展，成为奥克兰新的经济增长极。这一方面源于奥克兰港优越的天然条件，另一方面也要归功于奥克兰港口管理部门的大力改造。1969 年，奥克兰港就超越旧金山港成为世界上仅次于纽约的集装箱货运第二大港。

20 世纪 80 年代后，奥克兰港受到洛杉矶、长滩港的巨大冲击，在西海岸的地位明显下降。90 年代，奥克兰政府采取了积极吸引高新技术公司的政策，同时，奥克兰远低于旧金山和圣何塞的房价也是其能够吸引人才的关键因素之一。总之，随着硅谷的外溢，奥克兰成本优势逐渐显现，新兴产业也逐渐成为促进经济增长的主要驱动力之一。

### 5.2.2.3 圣何塞：科技之城的时代旗帜

二战后，圣何塞从一个以农产品加工业为主的小城市，迅速成长为一个以高科技产业为主导的大城市。圣何塞的崛起，一是得益于移民的增加，一是得益于硅谷的迅猛发展。

（1）人口快速增加。婴儿潮和移民涌入使得城市人口爆发式增长。圣何塞是湾区三个核心城市中唯一没有人口负增长的城市，且增速明显高于旧金山和奥克兰，1950—1970 年，圣何塞总人口翻了两番。新增人口的主要来源是移民，移民人口呈现两个显著特点：一是部分移民有较高素质，包括电子工程师、数学家、电子技术人员等；二是移民的年龄构成较年轻，1970 年的数据显示，77% 为 44 岁以下人口。这些高素质的年轻人的涌入为圣何塞经济崛起奠定了基础。旧金山湾区开放性高，不断吸引着外部要素（资金、资源与人才等）涌入，硅谷崛起后，旧金山湾区成为全球科技人才的蓄水池。湾区内可开发空间仍较大，区域内空间竞争性与互补并存，人们居住地的选择相对自由，因此人口增长较为分散。要素的不断更新与均衡分布增强了湾区

---

① 魏然. 港以城兴，港兴城兴——美国奥克兰港 [J]. 港口经济，2003（2）：50－51.

的生态活性，降低了核心城市的过度富集化效应。

（2）“硅谷首府”地位确立。硅谷的不断发展为圣何塞提供了难得的历史机遇和良好的外部环境。20世纪70年代以后，随着科技浪潮的不断出现，硅谷地理范围不断扩大，但北部可用土地日益减少，中心不断向南迁移。同时圣何塞大力进行工业园区建设和市中心区改造，先后建造了北部的林孔区和南部的艾登维尔区，以吸引和发展高科技产业。90年代，圣何塞逐渐成为“硅谷首府”，城市经济开启快速发展通道。

总体来看，三大城市人口均保持正增长，其中圣何塞人口变化速度较为剧烈，旧金山与奥克兰相对平缓。旧金山湾区从萌芽期到发展成熟，虽历经160多年，但其核心发展阶段主要集中于二战以后，尤其是硅谷崛起后，全球科技人才纷纷涌入湾区，带来了巨大的人力资源优势和发展势能。纵观其发展史，科技创新与全球科技人才的涌入、二战后移民与婴儿潮产生的人力资本效应、金融服务体系的支撑、产业互补、交通一体化和19世纪后期淘金热引起的移民潮在不同的历史阶段分别起到了关键性作用，是旧金山湾区发展进程中的核心驱动因素。其中人力资本是关键要素，各个时期的工人移民、技术移民与创新人才流动构成了旧金山湾区持续发展之魂。目前，旧金山湾区已经成为以科研创新为原动力，依托旧金山、奥克兰、圣何塞三大城市为核心的世界级湾区。

## 5.3 旧金山湾区高等教育发展概况

### 5.3.1 加州高等教育与加州私立大学系统

加州高等教育的显著特点是水平高且极为均衡发展。加州高等教育系统是高等教育运行、实施、监管和评估的综合体系，主要由大学系统、高等教育管理系统和第三方组织等组成。其中大学系统是高等教育系统的核心组织结构。与美国其他各州情况类似，加州的高等教育系统按资金来源可分公立大学和私立大学两大种类，也可按学校类别分为研究型大学、教学型大学和社区学院三大层类。其中私立高等教育系统主要包括世界顶尖的高水平研究型大学及世界顶尖的高水平文理学院。

#### 5.3.1.1 加州高水平研究型私立大学

加州私立大学系统拥有一批高水平的研究型大学，其中主要包括斯坦福大学（Stanford University）、加州理工学院（California Institute of Technology）、南加州大学（University of Southern California）、佩珀代因大学（Pepperdine University）、圣地亚哥大学（University of San Diego）。

斯坦福大学是世界顶尖的研究型大学之一，位于美国加州硅谷的心脏地带——旧金山（San Francisco）和圣荷赛（San Jose）之间的帕罗奥多市（Palo Alto）。斯坦福大学是由时任加州州长及参议员的铁路富豪利兰·斯坦福及他的妻子简·莱思罗普·斯坦福于1891年共同成立的，大学以他们因伤寒而去世的儿子小利兰·斯坦福为名。斯坦福大学成立伊始便致力于寻找更大挑战的解决方案以培养学生在面对复杂世界时所具备的领导力。斯坦福大学能够从最初的名不见经传的乡村学院发展成为世界一流顶尖大学，最大的原因在于其不断超越的大学定位及大学科技与产业的完美结合。斯坦福大学拥有雄厚的科研实力，教师始终把科研和教学放在第一位，并认为只有一流的科研水平，才有可能具有一流的教学水平。大学拥有一批实力雄厚的科研机构，包括国家实验室——SLAC 国家加速器实验室、院系实验室、大学与工业合作研究中心等；大学也拥有顶尖的人文社会科学研究机构，如斯坦福国际研究中心、斯坦福胡佛研究所等。在这里，许多新兴科技公司围绕大学成立，推动硅谷发展成为世界上最具创新性和生产力的高科技区域及全球科技创新中心。

加州理工学院位于加州帕萨迪纳市（Pasadena），由政治家阿默斯·G. 史路普（Amos G. Throop）于 1891 年创立，1920 年正式更名为加州理工学院，是世界著名的科学和工程的研究和教育机构，世界顶尖的研究型大学。虽然位于洛杉矶，但由于洛杉矶与旧金山均为美国西海岸重要城市，而且均为加州高等教育的重要组成部分，因而本研究将其划入旧金山湾区做整体研究。加州理工学院的办学宗旨是“为教育事业、政府及工业发展需要培养富有创造力的科学家和工程师”，通过结合教育的研究，拓展人类知识，造福社会。加州理工学院出色的教师和学生努力寻求复杂问题的解决方法，探索新知识，引领创新，进而改变未来。加州理工学院拥有一批世界顶尖科学家，教师们在知识创新与自由的环境中蓬勃发展。教师和校友们大胆探索科学，激发合作，使其在国内外都享有极高的盛誉。截至 2017 年，共有 37 位教授、校友获得诺贝尔奖，涉及化学，经济学，物理学，生理学和医学领域，也有诺贝尔和平奖获奖者。加州理工学院目前有 75 名美国国家科学院院士，29 名美国国家工程院院士，75 名国家文理学院院士。加州理工学院拥有一批顶尖科学研究机构，如有布斯计算中心、Hale 天文台、地震实验室、Kerckhoff 海洋实验室、Big Bear 太阳系观测站、Palomar 天文台、Owens 峡谷射电天文台、美国国家航空航天局喷气推进实验室（JPL）、环境质量实验室等。一流的教师和科研机构、浓厚的学术文化是其成为世界一流大学的根本保障。

南加州大学创立于 1880 年，是美国西海岸最古老的私立研究型大学，学校位于洛杉矶，在硅谷具有重要的影响力。南加州大学拥有过 140 多年的办学历史，其办学水平广受肯定，其中商学院、电影、传播、建筑、医学及理工学院等科系在美国大学中相当知名，尤其电影学院伴随着好莱坞的电影工业发展，造就了不少电影界奇才。南加州大学拥有 5 位诺贝尔奖获得者，领域遍及化学，经济学和物理学，3 位麦克阿瑟研究员，3 位美国国家荣誉艺术奖获得者，3 位美国国家科学奖获得者，2 位美国国家技术奖获得者以及 1 位美国国家人文奖获得者。

佩珀代因大学成立于 1937 年，是一所私立研究型大学，也是一所精致的文理学院。学校致力于追求学术和基督教价值观的高标准，使得学生生活的目的、服务和领导能力均得到加强。佩珀代因大学隶属于教育会学校，致力于小班化博雅教育，师资力量优秀，学术氛围浓厚，商学院和法学院办学水平具有较高的影响力。

圣地亚哥大学创立于 1949 年，是一所位于加州圣地亚哥市的私立研究型大学。也是一所罗马天主教大学，提供优秀的文科教育，致力于推进卓越的学术水平，扩大专业知识，创造一个多样化和包容性的社区并培养保有道德操守、对服务充满热情的领导人。圣地亚哥大学倡导小班教学，教学质量优秀。

#### 5.3.1.2 加州高水平私立文理学院

在美国加州有一个顶尖的文理学院联盟，叫作克莱蒙特大学联盟（Claremont University Consortium，也称作 The Claremont Colleges）它是美国西海岸著名的私立文理学院联盟。联盟包括五所顶尖私立文理学院，分别是波莫纳学院（Pomona College）、克莱蒙特·麦肯纳学院（Claremont Mckenna College）、哈维·穆德学院（Harvey Mudd College）、斯克利普斯学院（Scripps College）、培泽学院（Pitzer College）。正如美国其他州的文理学院一样，西海岸的文理学院代表的是小规模、高质量的精英教育，注重基础教育、聚焦本科教育、强调个性化教育、注重师生互动。由于教育质量和学术声誉高，许多文理学院不亚于哈佛、耶鲁等名校，因而成为美国很多贵族子女教育的选择。加州的私立文理学院均为高水平的本科教育学院，为美国西部海岸培养了许多优秀人才，促进了旧金山湾区发展。

### 5.3.2 加州高等教育与加州公立大学系统

加州公立大学系统具有引领作用、典型价值和借鉴意义，其发展对国内公立高校有一定参考价值，尤其是对粤港澳大湾区中高等教育改革与发展的借鉴作用。美国加州拥有三大公立高等学校系统。一是加州大学（University of California，UC）系统，都属于广泛意义上的研究型大学，共 10 所大学，其中不乏世界级高水平大学，如加州大学伯克利分校（UCB）、加州大学洛杉矶分校（UCLA）。加州大学规模与质量兼具，在加州整个高等教育体系中起着基础性支撑作用。二是加州州立大学（California State University，CSU）系统，整体上可归为教学型大学，共 23 所大学。三是加州社区学院（California Community College，CCC）系统，社区学院类似中国高等职业院校，共 124 所公立社区学院（加州另有 83 所私立社区学院）。①

#### 5.3.2.1 加州大学（UC）系统

加利福尼亚大学，简称加州大学或加大（University of California，简称 UC），是位于加州境内的 10 所高水平公立大学的统一组织。10 所加州大学各具特色与优势，每一所都有自身发展特色，享有世界声誉；而整体上看，加州大学系统尤其具有强大的实力、影响力和号召力，在美国乃至世界上都享有崇高声誉，是全球最具代表性的质量优、规模大、影响广的高等教育体系之一，所形成的加州大学模式影响着众多大学

---

① 三类大学具体名单分别可参见：https://www.universityofcalifornia.edu/uc-system/parts-of-uc（加州大学）；https://www2.calstate.edu/（加州州立大学）；http://www.californiacolleges.edu/（加州社区学院）。

的决策与发展。

加州大学最初起源于1853年建立在加州奥克兰市的加利福尼亚学院（College of California），经过初期的发展，于1868年3月更名为加州大学（University of California），标志着加州大学正式成立。1873年该校迁出奥克兰市，在旧址东北方不远处择新址营建大学城。为了纪念18世纪伟大的哲学家乔治·贝克莱（George Berkeley），新建大学的地方被命名为“伯克利市”。加州大学伯克利分校是加州大学系统的创始大学，也是美国大学协会的创始会员之一，1839年立校之初仅有10名教师和38名学生。稍后逐渐在洛杉矶、戴维斯等地开设分校区。经过不断地发展壮大，目前加大系统拥有10所大学，其中9所设有大学部和研究生院、1所仅设研究生院，在校学生超过20万人，教职员工超过16万人。10所分校中，有2所坐落在旧金山湾区（UC Berkeley、UCSF）、2所临近湾区，另外6所主要集中在南加州地区。

加州大学本是以单校区公立大学的身份立校，受到加州移民性、融合性地域文化的影响，并与其他高等教育机构展开了激烈竞争，经过不断调试发展和成长壮大，逐渐形成了复杂、高效而富有质量内涵的多校区大学系统。如前所述，伯克利分校是加州大学10所分校中最早设立的校区，并且2005年前是加州大学总校（大学校长办公室）的所在地；总校现所在地则分布在奥克兰市的5个办公点，主办公点在梅里特湖（Lake Merritt）西畔，临近位于奥克兰市中心的该校最初校址。

其他9所分校的形成大致可以分为三种情况：第一种是组织合并型分校，加州大学在扩张过程中合并了其他院校，逐步发展成为独立分校，如洛杉矶分校（UCLA）原本为洛杉矶州立师范学院，圣特芭芭拉分校（UCSB）原本为圣特芭芭拉学院，旧金山分校（UCSF）原本为托兰德医学；第二种情况是机构内生型分校，在特定情况下，原本为加州大学的内设附属机构，因地制宜独立出来形成了分校，如戴维斯分校（UC Davis）、圣地亚哥分校（UCSD）和河滨分校（UC Riverside）都是此种情形；第三种是政策扩张型分校，在加州高等教育规划的指导安排下，选择不同地方建立起全新的分校，尔湾分校（UC Irvine）、圣塔克鲁斯分校（UC-SC）和默赛德分校（UC Merced）属于这种情况。①

加州大学拥有3个国家实验室、5所医学中心。加州大学签约管理的3个美国能源部的国家实验室，分别是劳伦斯·伯克利国家实验室（Lawrence Berkeley National Laboratory，LBNL）、劳伦斯·利弗莫尔国家实验室（Lawrence Livermore National Laboratory，LLNL）和洛斯·阿拉莫斯国家实验室（Los Alamos National Laboratory，LANL）；拥有诺贝尔奖得主55位，美国国家科学院院士357位，占美国国家科学院院士总量2 039位的近1/5。著名的美国大学协会（Association of American Universities，AAU）由美国3 000余所高等教育机构中的高水平研究型大学代表组成，目前有成员

① 谢广宽，钟灿涛. 美国加州大学多校区系统的发展及其总分校关系的演变［J］. 高校教育管理，2013，7（5）：54－61.

62个（60所美国国内高校和2所加拿大高校），① 其中加州大学有6所分校为该组织成员。相较而言，其他美国多校区大学体系中最多只有一个或两个校区是这个联合会的成员，如伊利诺伊大学系统只有香槟分校，纽约州立大学系统有石溪分校、水牛城分校两所分校。加州大学系统10所分校概况如表5－3所示。

表5－3 加州大学系统10所分校基本情况

| 加州大学分校 | 中文校名 | 医学中心 | 办学层次 | AAU成员 | 2019 U. S. News 世界大学排名② |
|---|---|---|---|---|---|
| University of California, Berkeley | 加州大学伯克利分校 | 无 | 本科＋研究生 | 是 | 4（22） |
| University of California, Davis | 加州大学戴维斯分校 | 有 | 本科＋研究生 | 是 | 60（38） |
| University of California, Irvine | 加州大学欧文分校 | 有 | 本科＋研究生 | 是 | 78（33） |
| University of California, Los Angeles | 加州大学洛杉矶分校 | 有 | 本科＋研究生 | 是 | 13（19） |
| University of California, Merced | 加州大学美熹德分校 | 无 | 本科＋研究生 | 否 | 644（136） |
| University of California, Riverside | 加州大学河滨分校 | 无 | 本科＋研究生 | 否 | 151（85） |
| University of California, San Diego | 加州大学圣地亚哥分校 | 有 | 本科＋研究生 | 是 | 17（41） |
| University of California, San Francisco | 加州大学旧金山分校 | 有 | 仅研究生、职业学位 | 否 | 15（/） |
| University of California, Santa Barbara | 加州大学圣塔芭芭拉分校 | 无 | 本科＋研究生 | 是 | 37（30） |
| University of California, Santa Cruz | 加州大学圣塔克鲁斯分校 | 无 | 本科＋研究生 | 否 | 58（70） |

资料来源：根据加州大学官网信息整理。

加州大学创立时，美国西部地区还是一片荒远落后之地，社会经济发展远不如美东地区，学校建校时间也落后东部名校一两个世纪之久。建校之初面临着复杂的自然

① AAU成员名单参见：https://www.aau.edu/who-we-are/our-members,2020-03-12.

② 括号内为同年U. S. News美国国内大学排名，一般供美国高中毕业生选择就读大学参考。

地理环境约束和政治经济条件限制，大学发展缓慢，曾一度停滞不前。其后经过一个多世纪的努力，加州大学逐渐发展成美国最有影响力的公立大学系统之一，被称为“公立高等教育的典范”。加州大学的兴起既得益于多元外部力量、资源与政策法律的支持，更直接受益于历任校长非凡的发展战略和卓越的领导才能，以及其在当时独树一帜的分校发展理念与模式。这些条件无疑为加州大学的发展创造了优越的内外部环境，提供了源源不断的驱动力量。

此外，加州大学伯克利分校（UC Berkeley）与洛杉矶分校（UCLA）以及同处于美国西海岸的私立大学斯坦福大学（Stanford University）、加州理工学院（California Institute of Technology）和南加州大学（University of Southern California）等高校有时被称为西海岸的常春藤大学，形成了与美国东部哈佛、耶鲁、普林斯顿等 8 所常春藤名校相媲美的名校联盟，被誉为西海岸“新常春藤联盟”（New Ivy League）。

#### 5.3.2.2 加州州立大学（CSU）系统

加州州立大学系统规模更为庞大，从校园数量、师生规模、科研成就和社会影响力等各方面考察都是世界最大规模区域性高等教育体系之一。加利福尼亚州立大学（California State University，简称加州州大 CSU 或 Cal State）是美国加州的一个公立大学系统，与加利福尼亚大学系统和加州社区大学系统共同组成加州公立高等教育体系的三个大学系统。加州州大以本科生教育、教学工作为核心职能，属较为典型的教学型大学。与加州大学系统相比，加州州大收取的学费较低，入学要求亦较宽松，本科阶段学业标准的独立性较强；与加州社区学院系统相比，加州州大提供四年制公立本科教育并可与社区学院进行学分转换和学制衔接。

在《加州高等教育总体规划》（*Master Plan for Higher Education in California*）中，加州州立大学系统于 1960 年组建。加州州大系统共有 23 个校区，学生总数超过 40 万人，教职员工总数超过 4 万人。加州州大是全美最大的高等教育系统（不含社区大学）。加州 60% 的教师及 40% 的工程人才，以及加州每年一半的大学毕业生及三分之一的硕士毕业生，均出自加州州大系统。按 2016 年秋季学期数据，学生总数约 48 万人（包括 42.3 万本科学生、5.5 万硕士生和少量博士生）；教职员工总数约 4.7 万人。另据统计资料，加州州内约 52% 的教师资格证持有者、47% 的工程人才、28% 的 IT 人才、50% 的商业人才出自加州州立大学。学校每年毕业生约 10 万，加州每年一半的本科毕业生和三分之一的硕士毕业生出自加州州立大学系统。据 2019 年数据，每 20 位拥有本科学位的美国人中，就有 1 位毕业于加州州立大学。①

加州州立大学系统创立于 1857 年，其前身是位于旧金山的明斯夜间师范学校（Minns Evening Normal School）。1862 年州政府接管后，校址搬迁至圣何塞，并重命名

---

① THE CALIFORNIA TATE UNIVERSITY. Graduation rates for first-time and transfer students reach all-time highs [EB/OL]. [2019 - 10 - 20]. https://www2.calstate.edu/csu-system/news/Pages/Graduation-Rates-for-First-Time-and-Transfer-Students-Reach-All-Time-Highs.aspx.

为加州州立师范学校（California State Normal School）。该校现今成为圣何塞州立大学。1882 年，加州州立师范学校南校区在洛杉矶创建。1887 年，加州州议会把位于圣何塞和洛杉矶的两所学校校名中的“加州”（California）字样去除，重命名为州立师范学校（State Normal Schools）。之后奇诺分校（1887 年）和圣地亚哥分校（1897 年）分别创建。1927 年，加州州立师范学校南校区（洛杉矶）成为加州大学洛杉矶分校（UCLA）。1921 年 5 月，州立师范学校重新命名为州立师范学院（State Teachers Colleges）。董事会被解散，学校纳入在加州首府萨克拉门托新创立的加州教育部的监管。这意味着，他们将由该部门的副主任管理，而该部门又由国家教育主管和州教育委员会负责管理。这时候，各个分校的名字都以他们所在的城市命名。

二战时期，圣巴巴拉当地的领导人和商业推广者在大学管理者的默许下，说服州议会和州长，在 1944 年将圣巴巴拉分校转移到了加州大学系统。加州州立大学的支持者在失去第二个校园后在 1946 年对加州州宪法进行修改以防止此类事件再次发生。二战结束后，多个校园加入了加州州立大学系统。1957—1960 年期间，又有 7 所学校被授权成立。1960 年多诺霍高等教育法案（*Donohoe Higher Education Act*）颁布后，又有 6 所大学加入了加州州立大学系统。时至今日总数达到了 23 所。

1972 年，这个系统成为加州州立大学和学院系统（California State University and Colleges），所有的校园都被重命名为“加州州立大学”的名字。前圣地亚哥州立大学校长卡尔文·罗宾逊写了一份提案，要求每一个加州州立大学分校有权选择一个更老的名字。时任州长罗纳德·里根通过来了提案，1982 年各分校在校名里去掉了“college”的字样，至此，加州州立大学（California State University，CSU）的名称获得统一。

加州州立大学系统与加州大学系统都是加州公共资助的高等教育机构，既同是加州大学系统的有机组成，彼此间又有着重大区别，从内容与形式两个维度上都有较多差异，主要表现在办学层次与定位、学制、内部治理模式和命名方式等几个方面。①

首先，最为重要的一个区别是，加州州立大学属教学型大学，加州大学属科研型大学。加州大学其中一所分校的经费可能超过整个加州州立大学全部分校经费的总和。根据一些数据和调查研究，加州州立大学内教师每周花费在教学、指导学生和进行研究、创造性活动的时间之比为 3∶1（30 小时∶10 小时），而加州大学系统内这个比值接近 1∶1（26 小时∶23 小时）。加州有能力负担两个大学（UC 和 CSU）的开支，然而州政府拨付的州立大学学生人均支出较低。

在 CSU 系统形成的早期阶段，权力更强大的 UC 系统阻断了 CSU 颁发某些学位的权利，导致 CSU 无法颁授除了教育博士之外的大多数类型的博士学位。与此同时，其他州的州立大学一般为科研型大学，可以颁发广泛领域的博士学位，例如亚利桑那州立大学。根据 1960 年的《加州高等教育总体规划》，只有加州大学可以颁发哲学博士

---

① 甘永涛. 美国公共高等教育的治理架构与院校教师参与的界面［J］. 江苏高教，2013（6）：147－150.

学位（Ph. D）和职业博士学位，后者例如法律、医学、兽医、牙医。基于最近的政策调整，加州州立大学可以提供部分哲学博士学位（Ph. D）和专业博士学位，后者例如教育博士（Ed. D）、听力学博士（Au. D）。多数分校可提供数种博士学位，部分分校可提供十余种博士学位，其中提供博士学位种类较多的分校圣地亚哥州立大学，可以提供20余种博士学位。

其次，收费制度也有显著差异。对本州学生，加州州立大学的学费只有加州大学的一半左右。因此加州州立大学被人们称为“人民的大学”（People's University）。对于国际学生而言，加州州立大学的学费只有加州大学的三分之一，性价比也很高。

再者，学校内的治理结构和组织机构存在差别。比如对于“校长”的称呼两所大学明显不同。CSU系统称之为“chancellor”，而UC系统则称之为“president”。CSU的行政总办公室位于长滩分校西侧（洛杉矶市），UC的行政总办公室位于奥克兰市。

同时，学制系统和学生招生方面差别明显。UC系统采用三学期（quarter）制，每年有秋、冬、春三个必修学期和暑期选修学期（Berkeley、Merced两个分校，所有的法学院以及UCLA医学院除外），本科阶段采用160学分毕业制。而CSU系统大多采用两学期（semester）制，每年有春秋两个必修学期和冬夏两个选修学期，采用120学分毕业制。目前尚未采用两学期制的CSUEB、CSUSB、CSULA、CSUB等6个分校按计划也将在2020年转为两学期制。需要注意的是，由于学制差异，UC的1.5学分等同CSU的1学分。传统上，CSU比UC更愿意接纳大龄大学生，并且提供更多的夜间和网上课程。CSU的分校大多从临近地区招收学生，很少有跨州的生源。不过随着学校的建设和扩大，一些更有声望的CSU分校逐渐吸引了更广泛的生源，学生组成多元化趋势加强。

最后，两个大学系统的命名也有区别。加州大学UC有统一的命名规则，采用“University of California + 所在城市名”的格式命名。标准的名称中城市名前加逗号隔开，例如University of California，Los Angeles。加州州立大学CSU的部分分校采用此命名规则，例如California State University，Northridge；不过有一些采用“城市名 + State University”的规则，例如San Francisco State University；理工类的学校则采用“California Polytechnic State University，San Luis Obispo”这样的名字。需要注意的是，作为特例，海峡群岛分校（CSUCI）和圣马科斯堡分校（CSUSM）的官方名称都不包含逗号。

近年来，无论是本科层次或研究生层次，也无论是研究型大学、教学型大学甚至社区学院，美国高校普遍面临学生毕业率低的问题。加州州立大学系统同样受到这一问题的困扰，本科生四年毕业率一度不足20%，高等教育育人效率处境堪忧。加州州立大学于2016年设立毕业激励计划（Graduation Initiative 2025），制定具体目标与配套措施，激励新生和转学生设立毕业目标，改进课程设置，消除选课与管理等方面的非学习能力与学业性障碍，为学生提供学业建议和经济支持。该计划持续推进到2025年，届时从整体上把本科生四年毕业率提高到40%，六年毕业率提至70%，并消除少数族裔和低收入家庭学生在毕业率上的差别。据加州州立大学公布的数据，经过数年持续上升后，2019 年毕业率再破最高纪录，四年毕业率是 27.5%，较 2015 年的 19.3%有明显提升；六年毕业率 62.1%，同样高于 2015 年的 57.3%。[①] 此外，加州社区学院学生 2 年、4 年成功转学（升学）率也达历史新高，分别达到 40.4% 和 77.5%，而升学的对接高校便是加州州立大学。2019 年加州州立大学总的毕业人数达 10.7 万，毕业率的提高主要得益于 23 个分校持续实施的这一毕业激励计划。但在消除不同族裔学生毕业率的差别上，激励计划的效果不明显，非裔、拉丁裔和来自低收入家庭学生的毕业率仍是最低，与其他背景学生间的差距也并没有减少。

#### 5.3.2.3 加州社区学院（CCC）

社区大学（Community College，或 City College）是美国人开创性地创造出来的高等教育发展模式，其中与本科阶段连在一起的方式也被视为“2 + 2”发展模式，是美国的教育体系的特色。美国社区学院学制为两年制大学，是州教育部认可的高等教育机构。

美国的社区学院是美国高等教育富有创新特征的一个分支，也是整个体系的重要组成部分，提供两年制的初级高等教育。社区大学的理念源自 19 世纪末 20 世纪初，美国著名教育家、芝加哥大学第一任校长威廉·哈珀倡导与设计社区大学制度，并与 J. Stanley Brown 于 1901 年共同创办的全美第一所公立社区大学“乔利埃特初级学院（Joliet Junior College）”。[②] 社区学院提供本科前两年的基础教育，既是美国教育系统中规模庞大、相对独立的组成部分，也是沟通中等教育与四年制高等教育的桥梁，有较为顺畅的毕业与升学双重出口机制，一直承担着高等教育和职业教育的双重责任。

据美国教育部统计数据，2015—2016 学年度，美国中等后第四类教育机构（Postsecondary Title IV Institutions）总数达 7 021 个，其中有资质颁发学位的高等教育机构（Degree-granting Institutions）有 4 583 个（含两年制学院 1 579 个、四年制大学 3 004 个）。[③] 根据美国社区学院协会 2019 年最新统计资料，其所代表的美国 1051 所社区学院共有在读学生逾 1 200 万。[④] 美国 1 000 多所两年制、非营利性的社区学院中，约 85% 为公立学院，社区学院的学生人数占全美高等教育学生总数的 40% 以上。

学生选择社区学院一般出于两种考虑：毕业后进入四年制大学学习，或者是接受职业教育后进入职场工作。根据估算，约有 1/5 到 1/4 的学生实现了第一个目标。社区学院在美国教育体系中起着日益重要的角色，尤其是在推动传统手工、劳动密集型制造业向现代知识、技术密集型制造业转型过程中培养了大量基础性技术工作人才。另一方面，很多希望继续深造以获得学士和硕博士学位的社区大学学生，经过努力学习可申请毕业后转入公立大学继续深造。这种上升进修有学制衔接与制度保障，学分

---

① THE CALIFORNIA STATE UNIVERSITY. Graduation rates for first-time and transfer students teach all-time highs [EB/OL]. [2019 - 10 - 20]. https://www2. calstate. edu/csu-system/news/Pages/Graduation-Rates-for-First-Time-and-Transfer-Students-Reach-All-Time-Highs. aspx.

② 具体信息可参见学校官网：https://www. jjc. edu/about-jjc/history.

③ 具体信息可参见美国教育统计中心官网：https://nces. ed. gov/fastfacts/display. asp?id = 84.

④ 具体信息可参见协会官网：https://www. aacc. nche. edu/research-trends/fast-facts/.

携带计划的实施使得社区大学的学分可以被本州的公立大学承认。总之，社区大学是一个开放的教育系统，接纳有意愿学习的应届和已工作的高中毕业生，为他们毕业后继续学习提供制度性支持与安排。从社区大学转入公立大学，既可以节省一部分学习开支，又可以采用兼工兼读的非全日制方式，为低收入家庭子女提供了更为多元的选择机会。有的社区学院有上万名学生，规模之大不亚于很多公立大学。

社区学院主要致力于为所有追求中学后教育的加州居民提供学术和职业指导。除了颁发毕业证书和副学士学位之外，加州社区学院也提供补习性辅导，为成人提供无学分的课程、劳动力培训、社区服务以及把英语作为第二语言的课程学习。转学职能是社区学院办学职能中的应有之义，将学生在社区学院取得的学分转入加州大学和州立大学系统，这是学生入学承诺中必不可缺的要素之一。加州的社区大学与加州大学系统、加州州立系统的大部分学校有转学协议（Transfer Admission Guarantee）。

### 5.3.3 加州大学的早期发展与总体规划

在长期的发展过程中，总校与分校之间的关系经历了曲折的变化。1849 年美国加州制宪会议召开，讨论建立一所州立大学的可行性。但由于加州成立之初社会尚未稳定，加上财政力量薄弱，难以在短期内建立一所公立大学。之后在宗教力量的推动下，太平洋学院和加利福尼亚学院先后于 1852 年、1853 年建立。不过因系宗教办学，不符合当时州教育政策的资助条款，无法得到州政府的财政支持。1862 年联邦政府颁布了对美国高等教育的发展与转型具有里程碑意义的《莫里尔法案》，加州政府乘势而动，决定根据该法案利用联邦赠地建立州立大学。1864 年，加州立法机构决定接受 15 万英亩的联邦赠地，任命一个特别委员会负责筹建大学。新的赠地大学即是在加利福尼亚学院的基础上建立的加州大学于 1868 年宣布正式成立。建校初期，加州大学实施加州居民免费入学政策，在学校财政运营允许的情况下，对加州所有居民免收招生费和学费。这种本州居民免除学费的政策持续了近一个世纪。

加州公立大学是由多所学校所构成的富有典型价值的公立大学系统，这一现象与美国高等教育管理体制和加州大学的整体规划密切相关。美国教育管理与决策权集中在州政府层面，大学系统亦由于各州教育行政体制的差异而表现出多元的类型，其中一种在多个州流行的类型便是多校区公立大学系统。而这一多校区大学系统体制的流行便始于 20 世纪 60 年代的加州，尤其直接得益于《加州高等教育总体规划》的实施与推动。

1960 年《加州高等教育总体规划》在综合协调各类矛盾和各方利益的情况下，以分层设计的制度安排确定了加州高等教育系统的运行规则和发展模式，并一直沿用至今，成为美国州一级政府高等教育规划发展的典范，对全球高等教育发展产生了深远影响。① 1960 年总体规划的核心内容可归结为以下四个方面：①协调（coordination）：建立专门的高等教育协调委员会（coordinating council），负责推荐内部与外部合作，

---

① 何振海，杨桂梅. 美国州级公立高等教育结构类型探析［J］. 比较教育研究，2011，33（11）：72－76.

协调各项工作，保障规划的整体推进，起到了顶层设计顶层执行的作用；②权能（empowerment）：成立专门的州立学院管理委员会（CSU Board of Trustees），增加其管理的独立性，提高日常运作的效率与灵活性；③专门化（professionalism）：推进大学管理与教育过程的专门化运作，其中一项重要的任务是，根据不同的使命，规划建立大学和州立学院的差异化招生库（differential admission pools），使加州大学、加州州立大学、加州社区学院成为具有不同使命、彼此独立的系统；④层类特性（hierarchy）：根据不同层类定位的高校采取扩张、错位发展的政策，提高大学系统、州立大学系统招生的选择性，学生来源范围更为宽广，重视学术声誉与教育质量，招收符合学校理念与发展定位的优质生源；而对社区学院实行“开门办学”政策，学生多以“在地入学”者为主，契合高等教育规模化发展的趋势，满足大学和州立大学系统之外的高等教育需求。

在加州大学系统前总校长克尔等的大力倡导下，加州大学系统规模迅速扩大，影响日盛。美国国内很多州受加州影响，先后整合其高教机构形成各有特色的大学系统。加州是美国经济、人口的第一大州，也是美国教育的第一大州，所以加州大学系统既是实践中诸多高等教育模式和改革的先行者与领导者，也被比较教育学者视为美国大学系统的范例。《加州高等教育总体规划》将加州分为加州大学系统、州立大学系统和加州社区学院三大系统，各系统分工明确又互相开放，很好地解决了盲目无序竞争的问题。

自成立以来，开放办学的社区学院和有一定选择性的加州州立大学两个系统，招收了加州学生中的大多数。相较而言，加州大学一直在全球选拔优质生源，入学竞争激烈，在加州不断增长的高等教育系统中，加州大学招收的本科生所占比例不足10%。如果没有有效的社区学院系统和加州州立大学系统，加州大学要想建设成为优秀的研究型大学无疑要以牺牲均等的教育公平与多元的教育机会为代价，并对本区域的高等教育系统生态产生巨大的负面影响。加州在建立大众化高等教育系统的过程中，三类大学系统互相协调统一，有序合作，保障了政府意图、市场需求和高校特色的有效兼容。州政府对精英公立大学和大众化社区学院都给予相应的公共资助制度，并建立了社区学院到公立大学的高效率、高质量转学制度。

《加州高等教育总体规划》是20世纪最重要的高等教育改革规划之一，50余年来，该规划多次修订，但仍保留了1960年的精髓。在高等教育发展进程中如何处理好各级各类高校的相互关系、政府与高校的关系、公平与效率的关系，规划方案提供了极有价值的借鉴。尤其应注意的是，这一规划方案出台的背景与新时代我国高等教育界当前面临的问题和挑战有诸多相似或相通之处。这对于我国高等教育结合实践，树立开放平等、合作式竞争的教育理念，调整和优化高等教育的层次结构，明确各高校的目标和职能定位等都有着积极的借鉴作用。

### 5.3.4 加州大学系统的治理体系

作为美国最早建立的多校区研究型大学和当今世界上最优秀的公立大学系统之一，加州大学系统在建立与发展的过程中面临的一个重要的内部议题便是大学治理问题，大学与分校、分校与分校之间、分校内部这三个层次在治理结构中是什么关系值得深入探讨。

讨论加州大学的治理问题，就必须提到第十二任校长克拉克·克尔。克尔是美国著名教育改革家、高等教育研究学者和经济学家。作为校长，克尔在任职期间（1958—1967）成就卓著，学生人数增加一倍，办学总经费增加两倍，研究生院水平在全美名列前茅。1960 年作为核心负责人，领导制定《加州高等教育总体规划》，将加州高等教育分为大学系统、州立大学系统与社区大学系统三大梯队，对美国其他州的高等教育体制产生重大影响。与 20 世纪 60 年代席卷美国的学生运动有关，同时受到州政府削减财政预算的压力，克尔于 1967 年被加州大学董事会解除校长职务。此后，1967—1979 年任卡内基高等教育委员会主席，这一期间委员会发布的政策报告和资助的有关研究，都直接受到克尔高等教育思想的影响。

#### 5.3.4.1 总校的分享式治理体系

为了统筹大学体系的整体规划与全局工作，协调总校与分校之间可能存在的差异和不一致之处，平衡大学系统内不同群体的权力结构与利益关系，加州大学层面的治理组织主要包括校董会、校长及校长办公室、学术评议会等充分体现 10 所分校各自利益的机构，实现了多元利益主体和大学决策过程之间的有效、有序、有机结合。在整个治理组织中，学校董事会依据加州法律成立，是基于政治行为的“委托－代理”关系而产生的代理决策机构；也可以看作是受纳税人委托而管理加州大学的信托机构，行使最高决策权，并对加州大学进行管理和监督。加州大学校长是总校的行政首脑，由董事会遴选任命，对董事会负责，根据董事会决策对全校以及分校各项事务进行管理。学术评议会是学术事务决策机构，由教师、职员和学生三类代表组成，负责审议教职与学业相关的专业事项，代表加州大学全体师生员工参与学校管理。10 所分校中也设有学术评议会分会，具体负责各自分校的学术决策。10 所分校校长代表各自分校组织管理自身的内部事务，包括人才培养、科学研究、社会服务与国际交流合作等各项活动，同时接受总校校长的监督。在日常运作中涉及一个分校的事务时，分校校长拥有相对独立和广泛的管理权力。在董事会领导下，有行政与学术两个并行的高层决策体系，前者是以校长为代表的总校及分校行政系统，后者是学术评议会，两者共同构成加州大学分享式治理的组织结构。①

加州大学系统由董事会统筹管理，大学的整体使命既清晰明确又协调互补，其中加州大学的校长对州内三级高等教育系统中加州大学的学术职能与独特价值有着特别的认可与坚持。虽然加州大学分享式治理制度历经长期发展而逐步得到完善，成为众多国家的高等学校参考借鉴的制度典范，但伴随着后现代社会变迁、教育技术革新与市场经济的发展，加州大学的治理制度受到高等教育产业化和高校行政官僚化的双重

① 曾剑雄，刘晏如．美国加州大学多校区共同治理结构探析［J］．中国高等教育评估，2016，27（4）：63－69.

夹击。① 知识生产模式的变迁和学术资本主义的广泛影响进一步加深了高校内部的利益纷争与群体分裂，日益复杂化、官僚化与商业化的大学管理层有时存在将教师视为影响学校运作效率的制掣，是实现新的大学管理运作模式的敌人。在此背景下，教师参与学校事务治理的主体性与合法性受到来自管理层的质疑。这一点在高层管理中表现得尤其明显，加州大学董事会在决策过程中出现了忽视分校校长、教授和学术评议会报告的倾向，尤其将教师视为不肯合作的“敌人”，分校特点、学科差异与个案分歧等因素未得到重视，统一化与标准化等通常会带来高效率决策的行政手段被广泛使用。在实际运作过程中，董事会和总校管理系统甚至会不断通过行政系统与行政资源丑化与否认教师决策的意义，贬低教师对于大学管理的价值，攻击其决策效率低下、执行力度孱弱，宣扬教师决策浪费宝贵时间。甚至出现过解散学术评议会的声音，借此来削弱教师长期以来所拥有的权利，推行大学管理的企业模式。

如果这一切持续发生和推进，可能会损坏加州大学的整体发展与声誉。如果建立一个新的统筹三大系统的董事会来管理加州大学、州立大学和社区学院，那么董事会就要面临管理使命和理想具有显著差异性的上百所学术机构，管理的有效性与衡平性很难兼顾，管理复杂性显著提升。

#### 5.3.4.2 分校的共享式治理体系

加州大学10个分校区的内部治理结构彼此较为类似，其中加州大学伯克利分校在治理结构与职能实现上尤为典型。以其内部治理结构为例，根据其最新的官网信息，校级层面设有分校校长1名，执行副校长兼教务长1名；分校副校长7名，分管行政、公平与包容性、财务、研究、学生事务、本科教育、大学发展与校友关系等事务。② 此外，设副教务长3名，分管教员、学术规划和研究生教育。除了在学校领导层面设有校长、副校长与教务长外，还在一些较高层级的行政部门下设若干行政管理办公室、研究机构，并指导各院系承担对应职能的行政部门或工作人员开展工作。分校校长代表分校组织管理分校内部事务，同时接受总校校长的管理与监督。

伯克利分校评议会的组织架构与运行模式尤其体现了共享式治理的治校理念。加州大学伯克利分校学术评议会分为学校与学院两个层次，由委员全体大会、常务理事会和各分支委员会共同构成，负责决策的议题涉及学术科研、教学与实践、学生工作和校园管理等众多方面。评议会整体上以学术人员为主，吸收少量行政人员遵循协商民主制的运行原则。学术评议会职能的发挥主要得益于其组织结构的系统性、章程的规范性以及代表成员的广泛性。评议会作为保障大学学术权力的重要组织制度，已经植入伯克利分校组织文化并成为大学治理结构的必要组成。

21世纪以来加州大学伯克利分校共享式治理体系发生了一些新近的变化，主要体

---

① 王英杰. 论共同治理——加州大学（伯克利）创建一流大学之路［J］. 比较教育研究，2011，33（1）：1－7，13.

② 详细信息参见：https://www.berkeley.edu/about/leadership，2019－10－09.

现在现代技术治理与远程共享、知识生产模式治理与社区共享、研学教关系治理与师生共享等几个方面。以现代技术治理为例，IT 治理是当前世界高水平大学信息化体制建设的核心议题。加州大学伯克利的 IT 治理有以下几个典型特征：首先，明确信息化发展目标在于促进大学战略使命的实现，提升大学核心活动的价值，以技术变革推动大学发展；其次，以对 IT 项目与预算的决策、监管为主线，构建多群体参与的 IT 权责框架，实现 IT 管理与服务的相对剥离；最后，通过 IT 规划与 IT 治理审查认清问题，在校领导直接推动下，广泛发动校内外利益相关者推行 IT 治理改革。这一实践表明，IT 治理改革既是教学服务方式、教育技术与教育管理手段等形式上的改革；也是校内外相关群体利益的再形成、再分配与再确认，需要多元群体的协力合作；还是为大学文化注入新元素、新活力的一场变革，是推动现代大学治理改革的一个有效切入点。

#### 5.3.4.3 总校与分校的“治理共同体”

在加州大学系统中，加州大学是一个有机统一的整体。大学只有一个董事会，大学系统的行政管理机构就是大学校长办公室，负责加州大学的整体运行工作。办公室负责向各分校分配州政府的拨款，负责为学术委员会提供支持和咨询工作，负责与州政府协商大学事宜等。总校从全局的角度对整个学校的管理进行顶层设计，制定基础性的制度框架，协调外部与分校间的关系。而加州大学 10 所分校又各具特色，具有独立性。10 所分校校长由总校校长负责遴选，由大学董事会任命。分校在总校的基础框架下灵活地运营，既独立自主又互相合作，拥有广泛的权限管理各自学校的具体事务。与此同时，加州大学设有学术委员会，加州大学系统的学术治理结构由教务长、学术委员会组成，每一所分校的学术治理结构由分校教务长和分校的学术委员会组成。学术论理结构在学术政策制定中发挥重要作用。总校和分校的关系体现了加州大学兼顾统一性与多元性的平衡，即“分享的治理共同体”这一治理特点。作为世界知名的研究型大学，美国加州大学在近两个世纪的发展历程中逐渐形成了享誉全球的多校区办学体系典范，以分享、共享式治理为特色的内部治理结构整体运行良好，教师、学生和职员等多元群体形成了有共同价值与理想的治理共同体。

概括起来，加州大学的共享治理模式呈现出如下几个特点：一是学术委员会制定学术政策，发挥学术领导力；二是大学决策过程是一个分散型的集体化决策模式；三是专业化与职业化的紧密结合；四是科学决策，通过数据分析和决策问题进行论证为大学决策服务；五是相对民主和透明，学术委员会的决策采用表决的方式，体现民主过程；六是决策在实施过程中的监督性强，体现“制定－执行－评估－改进”的监督与被监督闭环式路径。① 这种“治理共同体”结构模式对加州大学办学水平、教育质量和国际声誉的提升起到了重要的保障作用。

---

① 根据 2018 年 10 月 10 日作者访谈加州大学校长办公室主任常桐善的访谈资料及相关材料整理。

## 5.4 大学在旧金山湾区发展中的角色与作用

### 5.4.1 大学科技园与经济发展

大学科技园与经济发展的关联始于大学与企业的创新驱动循环。斯坦福大学早期面临资金短缺问题，自力更生创立的科技园，催生了硅谷的萌芽。斯坦福大学地处美国经济边缘的西部地区，早期可获得的政府科研经费少，迫使其主动与当地企业共同进行创新、分享成果与利益。大学和硅谷企业的发展是相辅相成的。一方面，大学为硅谷输送了大量的技术和管理人才；另一方面，这些高科技企业为大学提供了源源不断的科研资金、设备。总之，产学研的无缝对接，推动了湾区科技的创新与研发。

最初园区被公路自然划分为东西两部分，斯坦福大学可根据发展需求在其中设置教育、研发板块，均属有限制造区（limited manufacturing）。园区内的板块区划可大可小，自由选择的跨度大，可以效适应不同企业需求，更具弹性。板块划分与公共设施的建设都基于为科技创新提供支持，各类建筑松散地分布于景观优美的园区，加上大地块的开放空间与野外考察区，创造出有利于交流与创新的空间环境。

当前科技园区是具有地区特性的全球化运作模式，既是适宜生活的环境友好型社区的一部分，也具有充满活力的商业环境和充满机遇的投资氛围，并与大学融合发展。大学科技园区顺应内外部环境的变革趋势，基于知识生态理念，以人才为引领，以创造力为核心，强调社区和城市融合，突出网络创新的新科技园区发展模式。高科技园区的创新能力和园区文化密切相关，而园区文化有三重架构，即社区文化、创新文化和创业文化。

“创新社区”发展模式是园区创新发展的新模式。创新社区的提出并非偶然，而是科技园区发展至今的自然趋势。从美国硅谷的发展经验看，随着硅谷产业的不断集聚，人口大幅增长，原有的自然环境、交通、公共服务设施承载力都面临挑战，原有高品质郊区的模式难以延续。在快速发展的过程中，硅谷逐渐由原来人们向往的低密度近都市郊区慢慢转变为高密度的城市中心区，呈现出“中心—边缘”区域非均衡发展的一般图景，而硅谷中工作生活的人们则开始在外围寻找新的高品质生活环境。借助这种区域间辐射、流动与扩散发展效应，美国近都市郊区的外围又诞生一批新的高端郊区是较为普遍的现象。这些地区凭借更好的人居环境成为“城市化与逆城市”双向发展过程中新的地理中心。

除了斯坦福大学之外，圣何塞州立大学（San Jose State University）与加州大学尔湾分校（University of California，Irvine）两所大学也与科技创新的湾区经验与硅谷模式密切相关。圣何塞州立大学成立于1857年，是加州州立大学系统的发源地，目前有3.6万名在校本科生、研究生，4 300名教职员工，是加州与硅谷经济、文化与社会发展的关键性参与力量。[1] 该校地处圣何塞市中心，在地理位置上最为靠近硅谷，学校与硅谷从“形”与“实”两方面都高度融合。“为硅谷充电”（Powering Silicon Valley）是该校的校训和重要的人才培养目标，鲜明地展现出学校与科技园的密切关系，表明了学校的特色与定位。硅谷的自然便利条件为学生参与、利用、更新与融入硅谷创新文化提供了良好的平台，在读学生和毕业生每年都大规模地参与到硅谷的发展之中。学校聘用大量行业企业的技术与管理人员为兼职老师，给学生带来技术和行业的前沿趋势和动态。同时学校的创新文化关注普遍创新的可能性，而对初创公司和小公司的关注，也是硅谷文化的精髓所在。

加州大学尔湾分校创建于 1965 年，是一所年轻的高水平研究型大学，是美国大学协会（AAU）成员、环太平洋大学联盟成员。该校位于南加州洛杉矶东南约 50 英里的橙县（Orange County）尔湾市（Irvine），橙县高科技企业云集，有“南加州硅谷”之美誉。尔湾地区的发展经历了尔湾农场（1860—1959 年）、大学社区（1960—1970 年）、规模化住宅社区（1970—1977 年）和科技海岸城市（1977 年至今）等几个主要阶段，集中反映了美国西部发展进程中农场与农业、大学与社区、行业与城市之间的复杂关联与演变轨迹。作为城市，尔湾是一个年轻的新兴城市，正式诞生于 20 世纪 70 年代初，是美国规模大、影响力强的规划城市社区之一，也是城市—社区—行业—大学多元融合发展的典型个案。优良的自然环境、富于创业精神的商业环境、完善的政府管理与服务与优秀的高等教育资源形成合力，为区域发展提供了坚实而多维度的要素支撑。得益于学校与城市社区、行业企业的良好互动，学校发展迅速，虽然建校时间短，但在 2019 年 U. S. News 美国国内大学排名中表现出色，位居第 33 位。

### 5. 4. 2 硅谷模式与大学的时代角色

美国硅谷的形成有两大要素，一个是二战以后美国重视科技发展的整体环境和旧金山湾区的开放创新区域特征，区域知识创新驱动和创新创业需求十分强烈；另一个关键要素便是世界高水平大学的技术支持与智力支撑——斯坦福大学与硅谷之间紧密合作形成了湾区式科技创新生态系统。高校与行业产业力量的合作对高科技企业的集聚起到关键作用。

20 世纪 60 年代中期以来，随着微电子技术高速发展，硅谷逐步发展壮大，开始产生全球性影响力。依托附近一些具有雄厚科研力量的美国一流大学如斯坦福大学、加州大学伯克利分校等，以高技术的中小公司群为基础，并拥有谷歌、Facebook、惠普、英特尔、苹果、思科、特斯拉、甲骨文、英伟达等国际大公司，融科学研究、技术创新、工艺生产和相关产业发展为一体。与硅谷自然临近的大学包括：斯坦福大学（Stanford University）、圣塔克拉拉大学（Santa Clara University）、圣何塞州立大学（San Jose State University）和卡内基梅隆大学西海岸校区（Carnegie Mellon University, West Coast Campus）。以下大学位于硅谷外围区域，往往作为硅谷研究资源和人力资源

① 参见学校官网：http://www. sjsu. edu/about/index. php.

（新毕业生）的来源：加州大学伯克利分析（University of California，Berkeley）、加州大学戴维斯分校（University of California，Davis）、加州大学圣塔克鲁斯分校（University of California，Santa Cruz）、加州州立大学东湾分校（California State University，East Bay）等。

首先，硅谷的诞生离不开美国和加州的整体环境。综合来看，美国的高等教育非常发达，加州的高等教育系统逐步发展完善，并同时具备较大体量与优异质量，能够为创新提供足够的新技术和源源不断的研发型人才；知识产权方面的法制健全，重视知识产权保护，创新型的小公司可以专心开拓新边界，不用顾虑自己的专利和模式被其他公司剽窃；美国文化中有很重的个人主义与英雄主义情结，人们敢于追逐梦想，相信公平的制度可以提供和保障平凡人成功的基本条件，不会有太多的后顾之忧；美国是移民国家，文化多元化程度非常高，包容性很强，创新创业者一般不过于担心失败，社会包容失败。这些都是创新、创业必要的环境条件和人文品质。

其次，美国有非常发达的航空交通网和成本很低的公路运输网，使得经济发展所需的要素能够在全美国自由而内充分地流动。这样一个环境，使得美国能够在全国形成合理的产业分工，而在局部地区形成足够的产业集聚效应。比如，在全美范围内有纽约无可争议的金融中心，波士顿地区生物产业的集聚，德州地区有电器、石油装备制造业的集聚，硅谷地区的 IT、TMT 产业的集聚，洛杉矶星光熠熠的文化娱乐产业的集聚。硅谷单独看是一个有充分集聚效应的产业区，放在整个美国看又是美国整体经济环境中有机的一环。

再者，不能忽视硅谷的个性因素。硅谷最初的发展是因为斯坦福这所高校，而斯坦福又是一个产学研结合的最好高校之一。实际上，斯坦福之所以产学研的工作做得好，还是因为当年学校经费紧张，而其创始人斯坦福先生的遗嘱规定“永远不许卖出学校土地”，逼得管理层没有办法了，拼命在学校的技术转化和土地出租上动脑筋。这才形成了最初的“高校产业园区 + 高校技术转化”的发展模式，形成了硅谷的雏形。这样的发展方式使得硅谷在技术创新中，起步就领先，并一路领先，建立了强大品牌和吸引力，现在已经形成了强烈的马太效应，短时期内其他地区没法与之比肩。

再有，另一个显著特点就是人口都是“移民”而来。最初，美国西部的淘金热潮，把东部一批最富冒险精神的美国人吸引到了旧金山。尽管这部分人大部分是失败了，但是他们的冒险精神和开拓的勇气传承了下来。随着时代的推移，西部又成为大量东欧移民、中国移民、印度移民的主要落脚点和聚集地。这些人的到来，给硅谷带来了勤奋的气质和更加多元化、更加包容的文化氛围。这些独特的精神气质使得硅谷地区自然成为创新和创业的乐土。

最后，硅谷自身非常幸运的一点是，它正好赶上了 20 世纪 70 年代以来技术革命的“风口”。随着 70 年代微处理技术的发展，电脑的体积进行了大幅度缩小，这个技术把世界带进了“网络时代”。而硅谷当时在研发能力储备上和技术路径选择上，又全力以赴地向这个路径发展。既可以说是斯坦福的技术和硅谷的产业引领着这个时代，也可以说是这个全新的时代造就了硅谷模式。微型计算机技术的发展和网络时代的到来是人类历史上的必然，但是这个技术在硅谷形成集群产业还是具有一定偶然性的，这和硅谷的硬件条件有重要的关系，但在很大程度上也是硅谷自身的幸运。

20 世纪 80 年代，美国政府主动运用和尝试在其他行业复制硅谷发展经验，在旧金山市郊打造世界级水平的“基因谷”。方圆数百平方千米的“基因谷”内集中了在生物科技与医药健康科学领域享有盛誉的大学——加州大学伯克利分校、旧金山分校、戴维斯分校、圣塔克鲁斯分校和斯坦福大学等，高校与行业之间同样紧密协同、深度合作。这些高校为“基因谷”提供了源源不断的创新知识与理论供给，为其在世界生物技术领域的主导地位奠定了知识与学术基础；同时也为“基因谷”现代生物医药产业的发展培育了大批行业精英人才，成为“基因谷”的人才资源库。

“基因谷”依托大学拥有一批具有世界影响力的出类拔萃的生物科学家，其中包括多名诺贝尔生理学或医学奖获得者。大学的一些专业学者和知名教授逐渐成为“基因谷”新型创业者，他们带着理论发现和实验室取得的科研成果，寻找到合适的风险投资，建立了大量生物技术风险与创新型企业。这些学者创业者后来成为生物技术领域大学科研成果社会转化与产业支撑的先驱者。“基因谷”的经验得益于“硅谷”，同时又产生了辐射与带动效应。加州圣地亚哥“生物药谷”的形成，也是与加州大学圣地亚哥分校科技转化推广站的“孵化箱”作用分不开的。以著名大学为核心，以高端科技与实验室成果为依托，通过市场与实验室的合作、资本与技术的有机结合，形成高科技企业园区，产生行业生态群落和规模化效应，是加州“硅谷”“基因谷”和“生物药谷”成功的一大显著特点。

总之，大学在旧金山湾区经济发展中的作用是多元的，既具有直接作用，也具有间接作用。大学在湾区经济增长中的直接作用主要有：人员直接贡献、基建支出直接贡献、技术开发和转移直接贡献等。大学在湾区经济增长中的间接作用主要表现为：大学开展科学研究、技术创新、人才培养、区域合作等活动对公共领域所产生的溢出效应。

学者刘宝存就加州大学伯克利分校对湾区经济的贡献进行了案例分析，认为加州大学伯克利分校主要从提供就业岗位、购买商品和服务、培训人才、科学研究、学生和校园游客的消费、文化娱乐活动、体育活动、学术讲座、服务性学习活动、对中小学教育的扶持、社区伙伴关系、志愿者活动等方面为湾区社会经济发展做出重要贡献。① 以学生消费为例，据伯克利分校学生资助办公室估计，1998—1999 学年，该校学生用于饮食、交通和个人消费的花费超过 2.70 亿美元；以留学生为例，1998—1999 学年，留学生对加州经济贡献为 17 亿美元，名列全美第一，而纽约以 15 亿美元名列第二，麻萨诸塞以 11 亿美元名列第三；以校园游客消费为例，1998—1999 学年 20 万人造访伯克利分校，以每人在学校外仅消费 25 美元这样的保守估计，他们为伯克利市经济发展的贡献将达 500 万美元；以创造就业机会为例，加州大学伯克利分校 1998—1999 年在旧金山湾区创造了 21 550 个直接就业机会和 17 500 个间接就业机会，共计提

① 刘宝存. 大学对地方社会经济发展的贡献——加州大学伯克利分校的个案研究 [J]. 清华大学教育研究，2005 (6)：59 - 65.

供 39 000 个就业机会，每百万美元间接消费为湾区创造 20 个就业机会。①

学者林荣日对加州大学旧金山分校进行了案例分析。认为加州大学旧金山分校对湾区经济发展的直接贡献主要表现为：现任雇员的贡献、前任雇员的贡献、在校生消费的贡献、参观访问人员的贡献、基建支出的贡献、大学科研的投入、大学创办或投资企业、大学衍生企业等；大学的间接作用主要表现为：增加就业岗位、提供优质毕业生源、降低经济社会发展成本等。② 以现任雇员贡献为例，2015 年加州大学旧金山分校全校雇员的直接薪酬超过 25 亿美元，为湾区提供 42 600 个工作岗位，创造 38 亿美元劳动收入和 78 亿美元工作总产值；以基建支出为例，2015 年加州大学旧金山分校基建支出为 3. 1 亿美元，创造了约 2 500 个就业岗位，1. 7 亿美元劳动力收入，近 5 亿美元工业产出；以技术开发与转移为例，仅 2014 年加州定量生物科学库（QB3）诞生的公司就接受了 50 个基金和 14 项专利，为海湾地区带来 6 亿美元资金和 1. 61 亿美元的收入；以降低生产成本为例，如加州大学旧金山分校依靠强大的医疗技术始终以提高社区生活质量为公共责任，为湾区居民提供了免费或者较低费用的健康护理服务，提高了当地居民的生活质量。③

① 刘宝存. 大学对地方社会经济发展的贡献——加州大学伯克利分校的个案研究 [J]. 清华大学教育研究，2005（6）：59 – 65

②③ 林荣日. 大学对区域经济的贡献：加州大学旧金山分校的个案分析 [R]. 广州：粤港澳大湾区高等教育国际学术论坛，2018 年 5 月 19 – 20 日。

# 第6章
# 大学在湾区经济发展中作用的国别考察：东京湾区



东京湾区是在日本首都圈规划的基础上发展而来。东京湾区具有便利的海陆空交通运输条件、成熟的工业产业体系以及对外开放的政策导向。东京湾区内拥有多类型、多学科、多层次的大学集群，让高学历、高素质的高科技人才集聚于东京湾区，为科技创新提供智力保障。日本政府非常推崇“产学官”合作，即企业、大学与政府三方之间的合作，从而推动技术革新和加速技术的实际应用。早在1980年日本政府正式提出“科学技术立国”发展战略，以《科学技术基本法》《科学技术基本计划》《科学技术白皮书》和《重新设计科学技术和创新政策科学计划》等政策计划为代表，进行国家的科研基础设施建设和教育体制改革，培养适应驱动创新的科技人才，而《大学等机构的技术转移促进法》强化了大学与企业之间的合作。毫无疑问，东京湾区的崛起离不开众多大学及强大科研体系的支持。

## 6.1 东京湾区的基本情况

### 6.1.1 地理人文特征

东京湾地处日本本州岛中东部的太平洋海岸，因与东京接壤而得名，地理坐标为东经139°、北纬35°。西有横须贺市，东有木更津市，南由神奈川县三浦半岛（西）与千叶县房总（东）半岛环抱，南北长约80千米，东西宽20~30千米，只留一个宽约8千米的小口，由浦贺水道进入太平洋。① 关于东京湾的具体范围，受到较为广泛认可的有两种说法：以三浦半岛观音崎和房总半岛富津岬连线以北为界，总面积约922平方千米的区域；或将浦贺水道纳入，以三浦半岛剑崎和房总半岛洲崎连线以北

① 王军，林晓红，史云娣. 海湾开发与生态环境保护对策探讨——日本东京湾发展历程对青岛的借鉴［J］. 中国发展，2011，11（4）：5-8.

为界，总面积约为 1 320 平方千米。① 东京湾区属温带海洋性气候，常年温差小，比较温和。这是一个优良的天然深水良港，海湾深入内陆近 80 千米，形状内宽外窄，陆地多为冲积平原，这样的地质条件不仅有利于港口贸易和交通运输，也为填海造地提供了充分空间，尤其适合仓储区和工业区的建设发展。

东京湾区的发展正是得益于东京湾得天独厚的区位条件。在日本，东京湾区也被称为“首都圈”。东京都、埼玉县、千叶县及神奈川县等围绕东京湾发展的“一都三县”不仅是日本的政治、经济、科技、文化中心，而且是日本最大的工业城市群和国际金融中心、交通中心、商贸中心以及消费中心。东京湾区面积为 13 556 平方千米，占日本国土总面积的 3. 5%，在四大湾区（东京湾区、旧金山湾区、纽约湾区、粤港澳大湾区）居末，但 2017 年，东京湾区 GDP 达到 1. 8 万亿美元，位列四大湾区之首，比肩全球前十大经济体②，占全日本 GDP 的 40%。由于制造业布局、能源配置和港口分布等因素的存在，东京湾区大规模高密度的人口紧邻海湾，逐渐向内陆延展。2015 年普查人口数据显示，东京湾区总人口为 3 503. 2 万人，约占全国总人口的 1/3，其中东京都以 1 341. 7 万人口居湾区之首。

东京湾区现代经济开发历史已有近 150 年。尤其 20 世纪下半叶以来，东京湾区正面经历了填海造陆、第三次工业革命、举办奥运会、七港联合等多次巨变。在历史浪潮的不断冲刷中，东京以及连片的湾区城市带建设成熟，为世界级湾区建设打造了独特的“东瀛样本”。

泡沫经济破灭后，东京湾区率先进入了日本“失去的二十年”，都市青年中充斥着“丧文化”，甚至有人断言，以东京湾区为代表的日本大都市已经进入了“低欲望社会”。③ 然而不可否认的是，东京湾区依然以其完善发达的基础设施、高附加值的科技工业、充满活力的港口航运、影响深远的人文文化雄踞世界级都市群的最前沿，依然蕴含着不可小觑的发展潜力。

半个多世纪以来，日本首都圈的规划都处在不断动态调整之中。④ 1956 年，当局出台的“首都圈整顿方案”第一次围绕东京，以 100 千米为半径划出了圈限。这条边界并非泾渭分明，仅仅两年之后，日本《第一次首都圈基本计划》出台，这份规划吸收了伦敦战后重建规划的经验，提出了在 100 千米外围建设卫星城的设想。历经近 10 年修改调整，“首都圈整治法”在 1965 年完成修订，地域复合体的宏大设想随之成型。第二和第三次首都圈基本计划分别在 1968 年和 1976 年出炉，日本关东地区“一都七

---

① 冯翠. 基于行动者网络理论的胶州湾海岸带旅游开发与保护研究［D］. 青岛：青岛大学，2016.

② 张昱，眭文娟，谌俊坤. 世界典型湾区的经济表征与发展模式研究［J］. 国际经贸探索，2018，34（10）：45 – 57.

③ 马光远. 关于中国经济的十个真相［EB/OL］.（2016 – 09 – 18）［2019 – 10 – 09］. http://finance. sina. com. cn/coverstory/2016-09-18/doc-ifxvyqwa3366302. shtml.

④ 冯建超，朱显平. 日本首都圈规划调整及对我国的启示［J］. 东北亚论坛，2009，18（6）：76 – 83.

县”的大首都圈规划于此时成型，以东京为圆心，多个中心城市分担首都职能的网络结构由此奠定基础。随后经过十年发展，日本当局在1986年的第四次首都圈建设规划中首次提出“多心多核”的构想，明确要建设“区域多中心城市复合体”。这一设想主张将东京都市圈进一步分成几个自立性高的区域，建设为业务核心城市和次核心城市，培育具有更强自立性的都市圈，并配置各自职能。① 可见，从“一极”到“多核”，日本最晚在1986年就完成了这一重大的规划思路转变，意图进一步将中心城市东京及周围次中心城市的部分职能向都市圈内其他城市迁移②，根据这一构想，每一个区域都有各自的核心城市与次级核心城市，依靠发达的公路铁路网络联系成一整体，这个都市圈内的核心城市将分担东京都的部分中心职能。这一规划在1999年出台的第五次首都圈建设规划中发展为展都和迁移首都的职能。③

据日本现行的《首都圈整备法》规定，目前首都圈范围除上述“一都三县”外，还包括“关东紫峰”所在的茨城县、“枫叶故乡”枥木县、富士山下的山梨县，以及“百岁首相”中曾根康弘的故乡、以秋名山出名的群马县，也就是所谓的“一都七县”。

### 6.1.2 基础设施情况

在对世界各大湾区的观察中，我们不难发现，“制造业+港口贸易”的双驱动模式是相当普遍的产业结构。东京湾区的制造业基础以来料加工为主，企业利用港口优势获得成本相对低廉的原材料，进行深加工或再加工后，将制成品通过港口贸易出口至其他国家。产业特征决定了基础设施建设发展的方向，在很长一段时间内，水陆交通与能源设施是东京湾区建设投入的重点。

#### 6.1.2.1 交通设施

东京湾区集中了3 000多万人口，作为世界金融与信息中心之一和日本的政治、经济和文化中心，其机动车保有量长年保持在1 000万辆以上，交通负荷可想而知。但得益于多年来对公共交通的提倡，东京都区域公路交通负担明显低于其他国际大都市。统计表明，东京九成以上的通勤人口以轨道交通为日常通勤手段，仅有6%的上班族选择自驾④，这也从侧面说明了当地公共轨道交通系统之完善。

东京湾区交通便捷，轨道交通的长度和密度位居世界大湾区之首。50多条地铁和电车线路十分繁忙，承担了91%的上班高峰期交通压力。据统计，湾区每日出行人口

---

① 卢明华，李国平，孙铁山. 东京大都市圈内各核心城市的职能分工及启示研究［J］. 地理科学，2003（2）：150－156.

② 张晓兰. 东京和纽约都市圈经济发展的比较研究［D］. 长春：吉林大学，2013.

③ 吴唯佳，唐燕，向俊波，等. 特大型城市发展和功能演进规律研究——伦敦、东京、纽约的国际案例比较［J］. 上海城市规划，2014（6）：25－36.

④ 张暄. 对东京整治城市交通拥堵政策的分析与研究［J］. 城市管理与科技，2015，17（3）：78－81.

中，43%采用轨道交通；在东京及次级城市中心工作的人口中，这一数字还要翻倍。①

从地域上来说，以东京城市中心为圆心，内外各层次之间的交通运输系统特点不同。东京城市区域内，轨道交通极度发达，12 条地铁线路时速可达 60 千米/时，而平均车站间距仅 1 000 米，且轨道的末端直接与通向城郊的私人铁路相连。根据长期规划，东京湾区将以都心为圆心，分别建设半径 10 千米的高速中央环线、半径 20 千米的东京外廓环线高速公路以及半径 50 千米的首都圈中央联络高速公路。

在对外交通运输方面，中长途轨道交通以著名的国家铁路有轨电车（JR）和高速铁路（新干线）为主。JR 总长不足 1 000 千米，站距离 5 千米左右，主要承担东京都市圈内的运输；JR 干道与新干线相连，新干线运行时速可达 130 千米/时，主要承担城际交通功能。

与轨道交通相似，东京的高速公路也存在环形与放射结构，内部与城际交通都十分便利。都心环线、中央环线及外环线将这张网络清晰地划分为了三个内外层次，从圆心出发的 9 条放射状道路直达周边各县。总之，得益于发达的陆上交通网络，城市之间、城市各圈层之间的流动效率极大提升。这不得不令人赞赏，东京湾区半个多世纪以来的规划逻辑是何等完整、长远而严密。

#### 6.1.2.2 海港和航空港

东京港、千叶港、川崎港、横滨港、木更津港、横须贺港等 6 个良港散落于本州岛南部一个近 200 海里长的海湾内，形成了举世罕见的港口集群。其中，横滨港、川崎港、东京港、千叶港年吞吐量高达 5 亿吨，是名副其实的大型物流港。虽然东京湾区对外竞争是一个整体，各港口却有明确的职能分工，避免了港口内部的恶性竞争，成为整合港口群的世界典范。②。根据日本港口分类（见表 6－1），东京港、横滨港和川崎港是最重要的国际货柜（集装箱）枢纽港，而千叶港、横须贺港和木更津港则属第二重要的国际枢纽港。具体职能作用详见表 6－2。

**表 6－1　日本港口分类③**

| 港口分类 | 功能 | 在日本的数量/个 |
|---|---|---|
| 国际货柜枢纽港 | 在众多港口之中应大力加强有国际竞争力的港口，可担当国际长途货柜海运的国际海运网络枢纽，以及上述国际海运网络与国内海运网络之间的有效连接节点 | 5 |

① 黄新民，吴晓，施俊庆．东京、上海和中京三都市圈轨道交通的比较与启示［J］．交通运输工程与信息学报，2008（2）：31－36，50.

② 王建红．日本东京湾港口群的主要港口职能分工及启示［J］．中国港湾建设，2008（1）：63－66，70.

③ 根据日本国土交通省资料整理。

**续上表**

| 港口分类 | 功能 | 在日本的数量/个 |
|---|---|---|
| 国际枢纽港 | 除了国际货柜枢纽港以外，可担当国际海运网络枢纽的港口 | 18 |
| 主要港口 | 除了国际货柜枢纽和国际枢纽港以外，可担当海运网络枢纽并对国家利益非常重要的港口 | 102 |
| 次要港口 | 除了国际货柜枢纽港、国际枢纽港和主要港口以外，与地方利益相关的港口 | 808 |
| 避难港口 | 主要供小型船舶躲避风暴的港口，在正常情况下不会用于货物装卸或乘客上落 | 35 |
| 没有指定港区的港口 | | 61 |

**表 6-2 东京湾区主要港口职能分工①②③④⑤**

| 港口 | 港口级别 | 基础和特色 | 职能 | 地位 |
|---|---|---|---|---|
| 东京港 | 特定重要港口 | 较新港口，依托东京，是日本最大的经济中心、金融中心、交通中心 | 输入型港口、商品进出口港、内贸港口、集装箱港 | 成立于 1941 年，依托东京巨大的消费市场并拥有高密度的交通网络，使得东京港的各种商品进口占比很大 |
| 横滨港 | 特定重要港口 | 历史上的重要国际贸易港，京滨工业区的重要组成部分，以重化工业、机械为主 | 国际贸易港、工业品输出港、集装箱货物集散地 | 成立于 1859 年，全球性的大港口，位于日本四大工业区之一的京滨工业区的核心，整个精兵工业带生产的产品多通过横滨港输出 |

---

① 资料来源：戴德梁行．蓄势待放的世界湾区第四极：粤港澳大湾区展望及世界湾区经济研究[EB/OL]．[2019-07-03]．http://media.src.leju.com/imp/imp/deal/b4/14/e/8647d99e9307612d3294f4e5cd6_p24_mk24.pdf.

② 李红兵，佟东．协同发展促进港口产业安全与转型——以日本东京湾港口群为例［J］．中国国情国力，2013（11）：54-56.

③ 岳巧红，石婧．港口枢纽经济发展模式与经验借鉴［J］．产业创新研究，2019（9）：5-8.

④ 张月想，张娜，史胜安．以日本千叶港为例的新兴港口发展研究与启示［J］．港口经济，2008（5）：29-32.

⑤ 王建红．日本东京湾港口群的主要港口职能分工及启示［J］．中国港湾建设，2008（1）：63-66，70.

续上表

| 港口 | 港口级别 | 基础和特色 | 职能 | 地位 |
| --- | --- | --- | --- | --- |
| 千叶港 | 特定重要港口 | 新兴港口，京叶工业区的重要组成部分，日本的重化工业基地 | 能源输入港、工业港 | 日本最大的工业港口，在二战后迅速发展起来 |
| 川崎港 | 特定重要港口 | 与东京港和横滨港首尾相连，多为企业专用码头，深水泊位少 | 原材料进口与成品输出 | 全球性特大港口，位于日本最大的消费地——首都经济圈的中央，连接东京港和横滨港，拥有部分远洋泊位 |
| 木更津港 | 地方港口，1968 年改为重要港口 | 以服务境内的君津钢铁厂为主，旅游资源丰富 | 地方商港和旅游港 | 依托木更津市而建，历史悠久，是支持木更津腹地产业发展的重要港口，也是木更津商圈的重要中心城市 |
| 横须贺港 | 重要港口 | 主要为军事港口，少部分服务当地企业 | 军港兼贸易 | 繁荣的军港城市。日本海上自卫队、美国海军第七舰队司令部都设立于此，有“东洋第一军港之称” |

从表 6－2 中可以看出，东京湾区的各个港口几乎以周边工业为依托，因此港口之间的发展定位各有不同。港口的运营状况与各个行政区域之间明确的分工息息相关，如东京都发挥区域经济核心作用，是名副其实的金融、贸易、商业中心；依托横滨市这一湾区贸易中心，横滨港就以外贸为主打；埼玉县接纳了东京都区部分行政机构，进一步行使行政、居住、商务职能，在缓解东京都城市压力的同时，为其提供运行支持；千叶县重点发展空港经济及国际物流运输产业；神奈川县发展商业、科研、港口贸易；茨城县则依托高等教育结构及科研机构，重点发展信息产业，各地区职能存在差异但又与国际经济合作有所重叠，为支持东京都的区域核心职能提供保障。①

日本还通过一系列的制度法令来对港口管理进行规范。作为一个典型的海洋国家，港口可以说是经济命脉所在。日本为港口立法最早是在 1951 年，《港湾法》规定了港口的管理机制，提出由运输省负责制订全国港口发展的长期计划，在此框架内，港口管理机构分别制定各港口的年度预算和长期规划。到 1967 年，管理机构之间的职能层级关系进一步理顺。

该文件首次提出将六大港口及船桥港等次级港口进行有机整合，形成广域港湾，以一体化的姿态与世界其他大型港口竞争。② 作为吞吐量长期排名世界前十的港口集

① 田栋，王福强．国际湾区发展比较分析与经验借鉴［J］．全球化，2017（11）：100－113，135.

② 李敏．借鉴国外典型港口群协同发展经验［J］．中国港口，2015（8）：23，22.

群，东京湾区早已形成了“一超多强”格局。近年来，世界海运行业形势急剧变化，湾区各个港口同比发展并不顺利。但是京滨港口群（东京港、横滨港和川崎港）吞吐量在2017年仍达到了约756万个标准集装箱（TEU）①，超过了纽约的新泽西港。

东京羽田航空港和成田国际机场是湾区的两大航空港，东京羽田航空港主营日本国内航空运输，与东京市区有单轨铁路、区域铁路和高速公路相连，二号航站楼还有浅草线与东京市区相连。② 日本最大的国际航空港成田国际机场距离东京市区68千米，位于千叶县成田市。该机场的货运吞吐量位居日本第一、全球第三。两大航空港一远一近，客运货运两相宜，同港口、新干线一起，构成了东京湾与日本及全球主要城市间的海陆空立体交通网，为湾区客货运输提供了极大的便利条件。③

#### 6.1.2.3 能源

湾区两岸工业带对能源的需求极大。能源企业中，东京电力公司的重要程度首屈一指。作为日本收入最高的电力公司，东京电力公司承担了日本近1/6的电力供应份额，其发电、输电和配电只能覆盖了东京都及周边八县。东京电力公司也一度是全球最大的民营核电商，运营着3个核电站共17座反应堆，分别是福岛第一核电站、福岛第二核电站（已于2019年7月宣布废弃）和柏琦刈羽核电站。④ 此外东京电力公司还有火力发电站24所，水力发电站160所，风力发电站1所。在燃气方面，日本最大的天然气供应商——东京煤气公司为湾区提供了相应的基础建设工作、能源服务以及电力供应。该公司天然气以进口为主，少量靠国内生产。

#### 6.1.2.4 排水系统

东京湾区的海洋性气候带来了充沛的降水，也由此产生了较大的城市排水需求。16号国道埼玉县段的地下50米处，是目前世界上最先进的下水道排水系统——首都圈外郭放水路。这一系统于2006年竣工，按照“五至十年一遇”的排水标准建设，由混凝土立坑构成的巨型隧道，全长6.4千米，直径10.6米。这一系统与东京市内长达15 700千米的城市下水道相连接，同时通过竖井连通附近的江户川、仓松川、中川、古立川等河流，地下河深达60米。⑤

东京还设有较为完善的降雨信息系统，对各类降水数据进行预测和统计，同时利用统计结果进行各地的排水调度，有效地防范台风雨水灾害的侵袭。⑥

---

① 根据东京、横滨、川崎统计官网数据，2017年东京港、横滨港、川崎港的港口吞吐量分别为450万、293万、12.9万TEU（Twenty-foot Equivalent Unit）。

② 杨佳璇．城市轨道交通站点接驳体系时空效率研究［D］．天津：天津大学，2015.

③ 王苇航．东京湾区的专业分工发展之路［N］．中国财经报，2017-08-12（6）.

④ 廖海霞．试论环境成本投入与企业可持续发展——基于日本核危机的回顾与反思［J］．财会通讯，2012（20）：36-38.

⑤ 赵华．国际大都市如何排水［J］．防灾博览，2012（4）：60-62.

⑥ 高峰．东京和伦敦排水系统探秘［N］．中国建设报，2013-05-29（2）.

### 6.1.3 发展历程

东京湾区崛起于德川时代，经历时代变迁而长盛不衰。对于高速成长中的粤港澳大湾区而言，已然发展成熟并保持活力的东京湾区无疑是一个值得学习借鉴的榜样。

#### 6.1.3.1 从黑船叩关到战后复苏

东京湾的崛起与日本政治中心东迁息息相关，一般认为，江户时代（1603—1867年）是其开发史的起点。江户（东京旧称）逐渐崛起，19世纪时，江户已经成为日本商品经济最为发达的城市，江户港也成为了日本国内首屈一指的经贸往来港口。1853年，在黑船舰炮的胁迫下，江户幕府同意开放口岸通商，允许美国往来船只在日本港口进行补给。

黑船事件激发了东京湾区的潜力。明治维新后，日本从欧洲引进了先进的纺织业、机械加工业和炼钢产业，形成了第一批临港产业集群，东京湾区得以快速发展。[①] 而随着开放程度提升，日本逐渐将经济发展重心向制造业和对外贸易倾斜，对外贸易对海港的依赖使得东京湾成为工业发展的重中之重。

二战后，随着工业化扩展，东京两翼分别形成了较大规模的工业带。西侧的京滨工业带以重工业和化学工业为主，东北方向上是以炼油和石油工业为主的京叶工业带；[②] 而依托深厚的历史积淀和发达的工业体系，这一地区迅速成为了科技、金融、商业和娱乐中心。东京的资源集聚加上两大工业地带的产业基础，造就了东京湾这个世界主要的先进制造中心。

20世纪80年代后，湾内工业地区进入知识技术密集型产业的发展阶段，其中京滨工业带逐渐成为东京湾区的产业研发中心。据统计，目前共有263所大学集中在东京湾区，注册大学生超过127万人。京滨工业带是研究型高校的最主要集中地之一，著名高校有庆应大学、武藏工业大学、横滨国立大学等。20世纪80年代后，湾内工业地区进入知识技术密集型产业的发展阶段，其中京滨工业带逐渐成为东京湾区的产业研发中心。日本知名企业，如三菱、东芝、丰田、索尼、佳能、NEC等都将研究所落户于此，京滨工业带的“产学研”一体化程度举世瞩目。

总之，东京湾区的发展历程是一部浓缩的全球产业革命史。从依托港口发展自由贸易，到承接全球制造业转移，再到第三产业崛起甚至取代第二产业地位，最后是信息技术革命催生了创新经济的繁荣。在数十年发展历程中，湾区的优势产业实现了从劳动密集型向知识、资本密集型产业的转移。[③]

---

① 奥托·纽曼，理查德·德·佐萨. 信息时代的美国梦［M］. 凯万，等译. 北京：社会科学文献出版社，2002.

② 谢许潭. 借鉴与合作：粤港澳大湾区与世界知名湾区的互动新态势分析［J］. 城市观察，2018（1）：36－48.

③ 张昱，眭文娟，谌俊坤. 世界典型湾区的经济表征与发展模式研究［J］. 国际经贸探索，2018，34（10）：45－57.

#### 6.1.3.2 从 1964 年到 2020 年：两次奥运的影响

1964 年 10 月 10 日至 24 日，奥林匹克的橄榄枝首次飘到亚细亚大地，东京奥运会成功举办。经历了 21 年的战后重建，日本为筹备奥运会，财政资金总投入约 30 亿美元，除了兴修体育场馆，资金的大头用在改善东京交通条件，扩大城区范围上。得益于“奥运经济”，可容纳近 8 万人的东京国立体育场等 13 座场馆落成，世界首条高速铁路东海道新干线开通，其余地铁、高速公路、高架单轨电力等基础设施建设也在这一时期实现了质的飞跃。此外，这些配套的基础设施建设极大助力了东京湾区的建设与发展。1962—1964 年的“奥林匹克景气”，成为经济学家眼中日本经济腾飞的重要标志。①

2013 年 7 月，东京申办 2020 年夏季奥运会成功。但这一次，民众支持率持续走低，申奥成功后，开支预算增长、主场馆建设争议不时见诸报端。56 年后，奥运会再次落户东京，虽然奥运红利今非昔比，但日本仍有信心以强大的潮流文化影响力以及以人工智能为代表的雄厚的科技实力，为世界呈上一场远超竞技层面的文化与科技盛会。

#### 6.1.3.3 环境保护与惨痛教训

从明治维新算起，150 多年东京湾区现代经济开发进程创造了无数奇迹，但也有不少惨痛教训。填海造地给湾区提供了更为广阔的经济腹地，但这一举动对于海洋与海岸生态系统的破坏也时常为人诟病。20 世纪六七十年代以来，东京湾区工业腾飞，在很大程度上也是以环境污染为代价的。20 世纪世界环境八大公害事件中，半数发生于日本。其中四日市哮喘病事件发生在京滨工业区。由于化工企业的大规模集聚与环保意识淡薄、环境监测技术落后，当地二氧化硫排放严重超标，到 1972 年，有 6 376 人罹患四日市哮喘病。20 世纪末以来，日本出台了许多严苛的环境法规，但工业化进程中各类环境问题的负面影响至今仍未彻底清除。这也启示我们，在粤港澳大湾区建设中，必须将环境保护想在前面，平衡好发展和环境的关系。

## 6.2 东京湾区经济发展概况

东京是世界五大国际金融中心，是亚洲第一时尚中心。② 以东京为龙头的东京湾区同样是在世界范围内影响深远的都市群。对于这一都市群的经济发展概况，本节将从湾区空间组织结构特征及影响因素、效应分析、产业发展三个方面进行分析。

---

① 王玉．基于消费者对国家和产业认知的跨国营销路径研究［D］．郑州：郑州大学，2010.

② 钱文静．东京和纽约都市圈经济发展的比较研究［J］．商，2015（31）：103.

### 6.2.1 东京湾区结构特征及影响因素

#### 6.2.1.1 东京湾区空间组织结构的形成条件

（1）强势的中心城市。区域经济发展往往需要一个龙头，要有一个具有高首位度的中心城市。国际化大都市东京无疑能够胜任这个角色。在由东京都、埼玉县、千叶县、神奈川县构成的这个湾区中，东京发挥着强大的凝聚力，无论是资金、信息还是人才，东京都是一个流量中心。

（2）有序的城市梯度结构。东京湾区包括了许多不同级别和规模的城市，形成了一个等级分明的城市体系。这些城市围绕着东京湾区这个整体发挥着不同的职能作用，形成了日本最重要的一个城市团块。在中心城市辐射下，东京湾区圈内经济社会联系紧密，每个城市均与核心城市有很大的经济关联度，形成了一个有序的分工合作体系，而这一结构对于湾区的发展乃至日本整个国家的经济腾飞举足轻重。①

（3）基础设施互联互通。东京湾区各城市间紧密的经济联系体现于清晰有序的城市分工，各自的功能定位形成和谐的互补关系。② 而等级分明的城市等级体系的背后却得益于东京湾区发达的交通、通信网络建设。目前，东京湾区城市间的联通网络已经涵盖了产业、资本与信息等多个层次，完善的基础设施使得整个湾区的一体化进程变得极为顺利。③

（4）充分的法律支持和政策引导。如前文所述，日本政府分别于 1958 年、1968 年、1976 年、1986 年和 1999 年制订了五次“首都圈基本计划”，并相继制定了《首都圈市街地开发区域整备法》等多部法律法规，为东京都市圈的规划与建设提供了法律依据。在宏观调控下的科学合理布局，使得东京湾区的产业空间形态不断优化。④此外，早在 1951 年和 1967 年，日本政府就颁布实施了《港湾法》和《东京湾港湾计划的基本构想》，对港口进行统一规划管理，实现港口群效益的最大化。⑤⑥

#### 6.2.1.2 东京湾区空间组织结构的特征

东京湾区是典型的单核型空间组织结构。作为单核的东京市地位超然，表现出强大的经济势能。对于东京湾区的中小城市来说，与东京市区距离的远近在很大程度上决定

---

① 张晓兰. 东京和纽约都市圈经济发展的比较研究［D］. 长春：吉林大学，2013.

② 李奇霖. 东京湾区崛起的启示［EB/OL］.（2019 - 09 - 29）［2019 - 10 - 18］. https://finance.sina.cn/zl/bank/2019 - 09 - 29/zl-iicezzrq9082162.shtml.

③ 申明浩，杨永聪. 国际湾区实践对粤港澳大湾区建设的启示［J］. 发展改革理论与实践，2017（7）：9 - 13.

④ 王应贵，娄世艳. 东京都市圈人口变迁、产业布局与结构调整［J］. 现代日本经济，2018（3）：27 - 37.

⑤ 王健龙. 珠三角港口群的演化机理与协调发展研究［D］. 广州：华南理工大学，2013.

⑥ 王苇航. 东京湾区的专业分工发展之路［N］. 中国财经报，2017 - 08 - 12（6）.

了城市的经济发达程度。而处于同一层级的城市之间往往也具有更加紧密的经济联系。

#### 6.2.1.3 影响因素

东京湾区的自然条件得天独厚，但究其崛起，最直接的动力还是日本第一次国土规划以来对于首都圈建设规划的不断调整，及随之而来的诸多经济社会政策改革。

（1）地理区位。东京湾区的崛起，首先得益于其优越的地理条件。日本本身缺乏自然资源，在工业化进程中，原材料多需依靠进口，所以港口的重要性不言而喻。东京港因海运而兴，迅速成为了整个关东地区经济发展的核心。依托港口集聚的产业、人口与资本逐渐向周围扩散，这使得东京城市规模不断扩大，同时周边中小城市也随之兴起。总而言之，东京湾区是基于优越的区位条件及其带来的外向型经济繁荣而发展起来的。①

（2）人口因素。城市化进程中，人口集聚程度往往是一个关键性的指标。东京湾区位于日本关东平原南部，面临东京湾。② 平坦开阔的地形有利于中心城市的建设，为人口集聚与扩散提供了便利条件。显而易见，东京市是东京湾区人口流动的中心，甚至可以说，东京湾区能够达到现有的发展水平，主要仰赖于东京超强的人口吸引力。东京人口达到百万量级是在 19 世纪初，到了 20 世纪 60 年代中期，东京更是率先成为人口千万量级的城市，比关西的第二大城市大阪多 400 多万人③，至今仍在日本主要城市中遥遥领先。以东京为龙头，湾区内的其他中心城市也相对发展较快，城市群的集聚优势十分明显。

（3）交通运输。正如 6.1.2.1 所述，东京湾区的形成和发展背后，交通技术的进步功不可没，尤其是轨道交通建设至关重要。二战后的几十年间，东京湾区构建起了集高速公路、城区地铁、城市轻轨、城际高铁于一体的城市立体交通网络，拉近了区域内城市的经济距离和通勤距离，加快了城市间人口和生产要素的自由流动，为城市职能定位与产业合理布局提供基础。④ 这些变化有力地推动了湾区的发展。特别是东京湾区的轨道交通建设水平在世界范围内首屈一指。因此当地居民的通勤出行能力较强，对于城市规模扩张来说，这一点十分重要。交通系统的建设水平在很大程度上决定了城市扩张的上限。

（4）经济因素。工业化与城市化是都市圈形成的基础，而城市化以工业化为驱动力。在东京湾区的发展史上，快速的工业化正是原有城市不断被突破的前提条件。而随着城市化的迅速推进，原有的聚落与产业基地连点成线，展线成面。从这个角度来说，东京湾区本身就是高度发展的工业化和城市化在空间上的表现形式。

---

①④ 张晓兰，朱秋．东京都市圈演化与发展机制研究［J］．现代日本经济，2013（2）：66－72.

② 马忠新．我国湾区经济对外开放度的比较研究［D］．深圳：深圳大学，2017.

③ 根据《日本统计年鉴 2020》，1965 年东京人口数量达 1 086.9 万人，而大阪仅有 657 万人。

### 6.2.2 效应分析

#### 6.2.2.1 经济辐射效应

辐射是一个物理学概念，经济学借用这一现象，描述人才、资源、资本、技术和信息等要素，以及思想观念、社会风尚、行为习惯等由相对较为发达地区向经济社会发展较低地区传播的过程。① 而劳动力等拥有比较优势的要素则会在辐射过程中从经济次发达地区向发达地区流动。换言之，经济辐射效应的本质是两类区域间充分发挥自身比较优势，在双向辐射的过程中，最终缩小发展程度的差距。

根据区域经济学理论，经济辐射效应的实现需具备两个前提条件：一是已经发展到一定阶段的城市集群，即“增长极”，经济辐射的范围和深度取决于增长极的现代化经济发展水平和自身产业结构；二是辐射媒介，狭义上指的是包括交通运输和通信在内的基础设施②，广义上还包括政策制度、文化环境等可能对上述生产要素流动造成影响的多方面因素，辐射媒介的发展水平直接影响着经济辐射效应的有效性。

（1）辐射中心量。东京湾区核心增长极是东京都。二战结束后，周边区域人口快速向东京集聚，加之政府产业政策引导，制造加工业快速发展，日本行政及经济中心的地位进一步稳固。20 世纪 60 年代，制造业尤其是机械工业由东京都这一中心区域向京滨、京叶国际经济合作地区迁移，缓解了中心城区压力，东京也得以向服务业进行产业转型升级，并最终发展成为日本的金融、商业、政治及文化中心。

（2）经济辐射效率。实现经济辐射的先决条件是，辐射中心区域的要素及各类影响能向外传递，同时要有完善的传递媒介。东京湾区的经济辐射模式非常典型，东京的加工制造业和作为增长极的推进型产业，有效地实现了产业集群的扩散转移，并在此过程中使东京自身实现了向以服务业为主导产业的多元经济结构升级转型。

#### 6.2.2.2 区域协同效应

区域分工协同理论脱胎于经济学中劳动分工理论。正如亚当·斯密在《国富论》中所说，在同一工厂中，不同劳动者通过分工，提高了劳动熟练度，减少了因变换工作而损失的时间，从而使劳动效率成倍提高。在区域经济学理论中，湾区作为区域经济发展的重要模式之一，明确湾区内部各城市的分工定位和发展路径，可以充分发挥区域内部的协同作用，极大限度地提升区域发展速度，实现规模经济和范围经济。

根据劳动分工理论，根据形成过程和内在属性，分工有自然分工、社会分工两种形式。这和区域内部的城市分工方式有类似之处。自然分工指区域内各城市根据其自身资源、位置等内在优势，吸引特定产业或资本，最终承担不同职能，例如，旧金山

---

① 帅军. 江西区域经济差异及协调发展研究［D］. 广州：暨南大学，2005.

② 王迪. 长三角地区基础设施投资与城镇化关系的实证研究［D］. 合肥：安徽建筑大学，2016.

湾区就是典型的自然分工模式。社会分工则指国家或政府根据客观环境，自上而下对区域内部各城市进行事先规划，通过制定不同政策措施使各地区承担不同职能，东京湾区的发展则基本符合这一模式。

通过对政策史的梳理研究不难发现，东京湾区发展初期，日本政府事先就其首都圈各县的职能定位进行了规划，并根据发展形势的演变而不断调整。20 世纪 70 年代，经济高速增长促使传统来料加工型制造业逐步从东京都向周边城市迁移，在此过程中，各城市发展定位愈发明确。

### 6.2.3 产业发展

许多经济学家判断，东京湾区已经发展到了后工业化时代。在典型的现代都市型产业体系基础上，出现了产业结构高度分化、模式更加集约等特点。①

东京湾区的产业结构分布较为合理。区域内的第三产业占比在 2018 年已高达 82.3%，且三大产业的比较劳动生产率十分接近。统计表明，批发零售业、信息通信业、不动产及金融业是东京湾区经济发展的支柱。同时，该区域内产业知识技术密集化的特点相当突出。此外，整个湾区内部各节点的产业结构都有着自身特色，通过优势互补、专业分工和错位发展形成了合理的等级体系，保证了资源配置合理有效。产业结构的优化推进了劳动力、资本、技术的优化组合，通过影响人口布局，使得东京湾区各个城市职能定位得到了优化，从而促进了东京湾区经济的发展。②

## 6.3 东京湾区高等教育发展概况

在东京湾区，高等教育的发展与经济增长是相辅相成、互相促进的。如前文所述，东京湾区目前拥有 263 所高等教育机构③，东京大学、早稻田大学、东京都市大学等知名学府皆坐落于此。京滨工业区内的知名高校有庆应大学、武藏工业大学、横滨国立大学等。2014 年，日本文部科学省启动了以培养国际化高素质人才和推动世界性研究为目标的“超级国际化大学”计划（Top Global University Project），重点支持的 37 所大学中，分别有 5 所 A 类“顶尖型”大学和 10 所 B 类“全球牵引型”大学位于东京。④

根据 2020 年的统计数据，东京都、神奈川县、埼玉县的大学和研究生院共有学生 106 万人，占人口比例高于美国平均水平（28%）。大批高水平大学的集聚，构建了较完备的创新体系，打造出了世界级的科技创新集群地。⑤

---

① 王子木. 东京产业结构演化研究及其启示［J］. 河北企业，2015（11）：79.

② 钱文静. 东京和纽约都市圈经济发展的比较研究［J］. 商，2015（31）：103.

③ 鲁巧巧，劳汉生. 粤港澳大湾区高等教育的国际比较与角色定位分析［J］. 教育探索，2018（6）：54－59.

④ 王俊. 东京高等教育国际化进程：趋势与反思［J］. 世界教育信息，2019，32（4）：46－50.

⑤ 杨东亮，李春凤. 东京大湾区的创新格局与日本创新政策研究［J］. 现代日本经济，2019，38（6）：80－92.

### 6.3.1 “超级国际化大学”计划内和非计划内的大学集群

#### 6.3.1.1 超级国际化大学集群

日本文部省公布的“超级国际化大学”计划中，重点支持的超级国际化大学 A 类有 13 所、B 类有 24 所。东京湾区就集聚了日本国内近一半的优质高校资源，其中 A 类 6 所，B 类 11 所。仅东京市就有东京大学、东京工业大学等代表日本综合类和理工类教育最高水平的高等学府。首都圈内的超级国际化大学还包括大规模综合型大学千叶大学，最具代表性的语言类国立大学东京外国语大学，为培养美术和音乐领域艺术家的东京艺术大学，还有保持精英教育传统的国际基督教大学，以及私立型科技名校芝浦工业大学，等等①。

#### 6.3.1.2 牵引国际化人才大学集群

除了“超级国际化大学”计划，文部省还将 42 所高校列入“牵引国际化人才大学”计划，致力于培养具有国际化视野的专业人才。位于东京湾区内的就有千叶大学、国际基督教大学、早稻田大学、顶尖知名女子综合大学御茶水女子大学等 5 所 A 类“全学推进型”大学，以及主播大学、东京医科齿科大学、明治大学、昭和女子大学等 17 所 B 类“特色型”大学。

#### 6.3.1.3 其他高水平大学集群

即使是未列入“超级国际化大学”计划，东京湾区内也有相当一部分高校具有较高的水平。其中公立大学例如东京农工大学、东京都立大学、横滨国立大学、东京理科大学、横滨市立大学等，以及私立高校中规模最大的日本大学，此外还包括青山学院大学、东海大学等。

### 6.3.2 高等教育分布状况

如前文所述，东京湾区分布着全日本 50% 左右的高水平大学，与工业集群一样，东京湾区已经形成以东京为中心，四周边陲同步发展的大学分布格局。② 二战后，日本对东京都市区的五次规划逐步改变了东京湾区“单极”结构，培育起了更多增长极，以东京为龙头的教育文化职能也开始向周边地区辐射。

第三次首都圈基本计划制度出台后，东京一直在明确建设区域多中心城市复合体的定位，试图变单极为多极，将周边地区培养成“业务核城市”，形成分散的网络结

① 许长青，郭孔生．粤港澳大湾区高等教育集群发展：国际经验与政策创新［J］．高教探索，2019（9）：5－13．

② 欧小军．世界一流大湾区高水平大学集群发展研究——以纽约、旧金山、东京三大湾区为例［J］．四川理工学院学报（社会科学版），2018，33（3）：83－100．

构。东京是日本的政治、经济、文化中心，集聚了许多大型企业总部，而与之紧密相关的产业基地往往位于周边的横滨、千叶、川崎、横须贺等地，形成了一些次级产业中心。① 但是在产业分工顺利开展的同时，东京湾区在高等教育方面“多心多核”的探索并不顺利，“中心 + 边陲”的分布格局保存至今。例如，20 世纪 80 年代起，东京大学的年度预算就保持在 1 000 亿日元以上，这样的投入水平在世界范围内都很少见。预算中，90% 以上来自政府投资。统计数字表明，仅东京大学一家，就占用了日本政府高教投资总额的 10% 左右。与这一数据相呼应的是东京大学毕业生在日本精英阶层中的占比。目前日本许多领域的高级官员职务出身东京大学，在企业界，这一趋势也相当明显。②

东京城功能集中带来的风险日益显现，日本政府因此在东京不远处建造出筑波科学城，用以缓解中心区压力，实现城市发展的多级化。筑波科学城吸纳了国家诸多人力、物力和财力，同时也引发社会各界对其作用的争议。但不可否认的是，该科学城促进了东京湾区产学研一体化和创新驱动发展。时至今日，科学城从属于政府的性质束缚其创新活力，尚未达到政策目标，东京城的虹吸效应依然非常突出。③

### 6.3.3 发展问题

日本国立社会保障与人口问题研究所提供的《将来推计人口报告》中提到，以 2010 年 1.281 亿总人口作为人口估计的起点，此后日本总人口将进入长期递减的过程。到 2030 年，日本总人口预计为 1.166 亿人，2048 年下降为 9 913 万人，2060 年进一步减少到 8 674 万人。④

“少子化”对大学生源造成的影响是立竿见影的。2018 年起，高等教育生源出现明显下滑，因此，日本学界将这一现象称之为“2018 问题”。预计到 2031 年，大学新入学人数最多不超过 104 万人，比 2012 年减少 15 万人。⑤

生源锐减对于高等教育的冲击是多方面的。首当其冲的就是私立大学。按照日本的教育政策，若私立大学招生人数未达到计划的 50%，就无法享受国家补助。因此，在生源总数下降的情况下，实力较弱的私立大学为拿到补助，往往选择降低招生门槛以吸引更多学生报考。因此，私立大学的人才培养水平难以得到保障。⑥

---

① 张季风. 日本如何进行都市圈建设——以东京圈为例 [J]. 人民论坛，2020 (5)：122 - 125.

② 张阔. 从东京大学的发展看日本政府对高等教育的态度 [J]. 廊坊师范学院学报（社会科学版），2009，25 (3)：102 - 104.

③ 王海芸. 日本筑波科学城发展的启示研究 [J]. 科技中国，2019 (03)：20 - 27.

④ 数据来源：http://www.ipss.go.jp/syoushika/tohkei//newest04/con2h.html.

⑤ 乐绍延，许缘. 日本部分高校面临生存挑战 [EB/OL]. (2015 - 01 - 12)[2019 - 10 - 18]. http://www.xinhuanet.com/world/2015 - 01/12/c_1113964096.htm.

⑥ 杨广晖，栉田直规. “2018 问题”：日本高等教育的生存与挑战 [J]. 高教探索，2018 (1)：71 - 75.

除了高速发展的大学教育，日本上世纪取得的经济发展成就也与在职培训（On the Job Training，OJT）的普及息息相关。在日本，旨在提升团队合作能力的OJT训练受到了雇主的高度重视，对于大学毕业生来说，OJT训练的经历重要性甚至不亚于学校教育。① 这样的双轨制下，高等教育内容的重要性被弱化，而毕业生自身表现出来的学习能力和职业可塑性被强化。对于企业来说，大学学历固然重要，但其最重要的价值并不在于专业学习成绩，而在于对学习能力的证明——能够考入名牌大学的学生，往往在职业技能的学习上也更快更好。因此，企业总是对一流大学的毕业生青睐有加。这样的就业环境下，学校的声望就显得特别重要。在毕业生就业市场上，非一流大学的竞争力相对较弱。为保持就业率，它们往往鼓励学生在毕业前就进入求职市场，以此来与名校学生拉开时间差，避免正面竞争。这一做法显然导致了非一流大学在课程时间上有所压缩，教育质量更加难以保证。

在高等教育全球化的时代，“2018问题”和就业市场的挤压对于日本高校的影响是明显的。在激烈的世界高校排名竞争中，许多日本高校出现了倒退。这就迫使日本教育部门必须正视问题，重新对学科进行调整，制订新的大学经营计划。②

## 6.4 大学在东京湾区发展中的角色与作用

大学在东京湾区发展中具有举足轻重的地位，主要表现为：为东京湾区培养大批人才储备，为经济发展提供智力支持；促进东京湾区科技成果转化，为东京湾区提供社会服务；构建终身学习的社会思潮。

### 6.4.1 培养高素质人才

产、学、研结合的目标首先就是培养高素质人才。大学是高级专门人才的培养基地，这对于东京湾区的经济社会发展至关重要。在完善创新高校人才培养模式方面，东京湾区内大学的具体实现模式有：健全学校教育职能，提供创新实践、学以致用的平台；借助社会的教育资源，丰富人才培养方式，提升人才培养质量；推动高校教学内容、课程体系和专业设置改革，培养企业急需的专业人才等。2018年全球榜单显示，世界四大湾区中，东京的城市人才竞争力指数仅次于美国旧金山，排名第12位，对全球优秀人才的吸引力十分强。其关键要素之一在于日本的“留学生30万人计划”，打造完备的学习、生活与工作环境，吸引全球留学生人才来日求学就业，通过国际化教育为东京湾区发展“收割”大批优质人才。③

---

① 王琼艳．日本企业职业培训的发展现状以及对我国的启示［J］．职业教育研究，2019（11）：92－96.

② 杨广晖，栉田直规．“2018问题”：日本高等教育的生存与挑战［J］．高教探索，2018（1）：71－75.

③ 刘原兵．全球化视域下日本留学生政策：以“留学生30万人计划”为核心的考察［J］．高教探索，2014（6）：47－51.

东亚的大学，特别是日本和周边一些国家，从19世纪以后，它和西方最大区别之一是国家有目的、有计划地建设大学来为国家服务，同时兼顾社会需要。在西方，比如欧洲中世纪大学，还有最初的学校，一般是被教会控制，地方经济和国家，也就是我们所说的世俗国家，跟大学没有直接关系。东亚的大学，特别是像日本，它一开始就是国家建立的。建立大学的目的首先要满足国家需要，培养国家需要的管理人才、技术人才、政治人才，这在日本表现得非常明显。第二次世界大战之前，日本的研究型大学，也就是6所旧帝国大学——东京大学、京都大学、大阪大学、东北大学、九州大学和北海道大学，这些国立大学基本上是研究型大学。二战后，美国要求日本教育（包括高等教育）进行整体的彻底改造，也就是说要驱除军国主义、国家主义。改造的途径有两条：一条是民主化，一条是大众化。因此二战后的日本国立大学在为国家从事技术研究的同时，兼顾区域经济的发展。特别是近10年，日本高等教育毛入学率已经接近80%，按照马丁·特罗的定义，已经进入普及化阶段。① 那么这时国立大学特别是研究型大学，它发挥的作用或是在社会上扮演的角色就更加强调为区域经济发展服务，这个趋势变得越发明显。日本的很多大学都制定了学校的长期的办学目标，如日本广岛大学的办学目标就有两个：一个是国际化，另一个是地方化。国际化就是要建立世界一流大学，地方化就是为周边的9个县服务，为地方进行人才培养、科学研究与推进国际交流等。又如东京大学每年的学生数量不多，但是培养了不少高端人才。东京大学的学生规模不是很大，包括研究生有2万多人，在日本国内应该是水平最高的大学，东京大学学生毕业之后大部分都留在东京。东京大学也成为一个日本或东京湾输送高端人才的品牌。

再如早稻田大学未来将实施“早稻田走向全球”计划，推动大学人才培养和社会发展。具体目标包括：①10年内培养出10万名全球领导者。培养具有强烈人性和洞察力的全球领导人，使他们表达出对世界做出贡献的承诺。成功指标包括学生多样性、教职员工多样性、教育国际化、研究国际化、入学考试国际化、适当治理、国际开放等。②10年内在18个研究领域跻身世界百强大学之列。推进原创研究，最终为现实世界的和平和人类社会的幸福做出贡献。为此实施了以下措施：一是制订教育和研究计划，解决全球挑战，创新未来。早稻田大学将以获取知识为目标，建立一个改革大学学术课程体系和治理结构的框架，初步在6个研究领域的示范单位实施大规模改革。此外，早稻田还将利用早稻田与其合作机构之间建立的学术网络，努力建立一个人力资源培育体系。二是订立全球化教育和研究项目。早稻田大学将与世界各地的顶尖大学合作，建立一个国际学术网络，学生和研究人员可以在不受国界或结构性差异影响的情况下从事他们的工作，并在各机构之间灵活流动。为了吸引来自世界各地的优秀学生到早稻田，该大学将坚持不懈地致力于其改革。三是从根本上改革教师招聘制度和高校治理，从世界各地招聘一流的教师。早稻田大学将实施基本治理改革，以整合

---

① 黄福涛．日本大学质量保障体系的建立与基本特征［J］．深圳大学学报（人文社会科学版），2016，33（4）：143－149.

大学内部的权力和责任，并建立一个财政机构，以确保在“全球顶尖大学”项目结束后继续为教育和研究提供资金。

### 6.4.2　推动科技成果转化

集中的大学群有利于推动东京湾区科学技术快速转化为生产力。大学科技园则是大学与社会之间沟通的重要桥梁。要实现产学研一体化，一条捷径是将高校、研究机构和企业聚集于一处，通过大学科技园的形式，搭建起三者合作的平台。在成熟的大学科技园里，科研项目从设想、论证、立项、研发到转化，各个环节都有三方工作人员的共同参与。此外，大学科技园模式要取得成功，还离不开一个成熟的服务机制。一般来说，配套服务首先应包括科研所需要的中试试验环境、设备支撑和信息支撑能力，其次应包括一定的创业孵化能力，还应包括多品类的中介服务。① 为完善产学研合作机制，日本已将隶属于多个省厅的大学和研究所调整为独立法人机构，以机制改革赋予大学和科研单位更大的行政权力，建立起更有竞争活力的创新体系，进一步巩固京滨工业区作为东京湾区的产业研发中心的战略地位。② 大学在推动经济增长方面具有不可替代的作用。以东京大学为例，过去10年东京大学对产学研合作、对初创企业的鼓励比较多，东京大学工学部学生毕业之后自己创业也不少。但毕业生整体创业的比例还是不高，不过有所上升。过去10年，我们的博士生毕业之后开办的企业中，也有好几个上市企业，主业是医疗、人工智能等方面。东京大学也有创业投资资金，有专业的团队在管理，高科技初创企业对东京湾区的经济增长有一些帮助。当然这些企业的规模还没那么大，但在先进领域，不少是东京大学毕业生的初创企业，如人工智能、生物医疗、机器人等。从日本创业公司上市情况来看，东京大学是最好的，但是上市企业也不到10家，比其他大学多。东京大学的创业投资机构比较出名，投资创业金额占全国大学的40%～50%。在日本专门的大学科技园应该是没有的，主要是一些办公室、办公楼之类的孵化器。政府或大学制定了一些鼓励性政策，推动产学合作及科技成功转化。

### 6.4.3　建立中介服务体系

林立的高等学府让东京湾区具备了形成中介服务生态圈的可能性，这一生态圈具有服务产业化、职能社会化、组织网络化等重要特征。中介服务的内涵十分广泛，对于大学来说，法律事务、知识产权事务、项目评估、技能培训、会议组织和技术交流等方面的需求都十分突出。高校科研成果转化更是离不开专利保护、资质认定、成品测试等方面的中介服务。因此，随着大学扩张，相配套的中介服务体系也应运而生，

---

① 荣彩，黄晓宇，徐波．大学科技园在促进高校科技成果转化中的角色定位与重要作用［J］．科技风，2017（22）：6．

② 丘杉．东京湾区经济带发展背后　高度重视科技创新［N］．深圳特区报，2014－11－25（B11）．

与大学本身的发展相辅相成。例如，东京湾的筑波科技城大力支持大学和科研机构成立科技中介机构——技术许可组织，接受大学及研究者个人委托，为大学科研成果申请专利，进行技术营销，实施技术转移。①② 在东京湾区，大学的金融类中介服务需求正在变得越来越突出。在专业金融、投资机构指导下，许多大学都开始涉足风险投资领域，寻找多元化的融资渠道。③ 更为常见的是，高校设立成果转化基金、融资担保资金和创新企业孵化基金，并凭此引入产权交易体系甚至进入国内外证券交易市场，甚至形成一个小型的资本生态圈。总的来说，东京湾区高校在金融方面的活跃表现带来了一些积极的影响，尤其是对于创新企业的孵化、科研成果的转化意义重大。

日本贸易振兴机构（Japan External Trade Organization，JETRO）就是一个准官方性质的中介服务机构。JETRO 的前身是成立于 1958 年的“日本贸易振兴会”，以全面振兴日本贸易为宗旨并于 1998 年与亚洲经济研究所合并为特殊法人，其工作重心由战后为获得外汇的“振兴出口”，到在贸易盈余扩大，与欧美各国之间产生经济摩擦条件下的“促进进口”，再到“开展针对发展中国家的经济合作与研究”，始终紧扣时代脉搏。④ JETRO 除了推动贸易之外，还推动投资贸易发展，为国家制定通商方面的策略。随着时间的变化，JETRO 的业务范围也在发生变化，现在的很多业务是与贸易和资金相关。在推动日本企业创新方面，它是联通国内、国外两大市场的一个桥梁。既推动日本的一些初创企业或新技术到国外去发展，也引进国外的创新性企业到日本投资，刺激日本的科技创新。

### 6.4.4 形成平和价值观和终身学习氛围

大学的存在不仅推动了东京湾区的经济社会发展，作为社会思潮的引领者，经过一个多世纪的发展，日本的高等教育体系已经相当发达，现在的日本基本已经形成了一个高学历社会。

广岛是世界上唯一一个曾被原子弹炸毁的城市，因此广岛大学在平和教育这一块承担了特殊的责任。广岛大学建立有平和教育研究所，它在日本国内挺有影响，它不仅通过本科生的通识教育课程教学来强调和发挥“和平”价值观的特色（日本称之为“平和”），而且把它上升到研究角度。广岛大学创办了一个学科叫和平学。广岛县有很多的团体，他们有些有自己的学会，相关团体合作的目的是在广岛构建世界和平教育研究基地。广岛大学最推崇的价值观就是和平，最重视和平教育。以往的新入学学生，要到平和公园去参观，了解战争对人类带来的不幸后果，了解和平的重要。广岛大学以前把它作为选修课，现在已经是必修课并且两个学分，这个价值观教育是最重

---

① 薛春志. 日本技术创新研究［D］. 长春：吉林大学，2011.

② 全球化智库. 粤港澳大湾区人才发展报告［EB/OL］.［2019－06－25］. http://www.ccg.org.cn/dianzizazhi/yuegangao201812.pdf.

③ 李萍，郑旭. 美英日大学科技园创新创业人才培养特点及启示［J］. 科技管理研究，2012，32（6）：96－99.

④ 何异凡，韩一婧. 走进日本贸易振兴机构［J］. 国际市场，2008（10）：44－45.

要的。日本的一些社会科学研究者通过参加“审议会”等会议的方式，灵活运用自己的研究成果，通过提供咨询报告，从而影响到政府的政策制定。如早稻田大学尽管是一所私立大学，它与政府保持着一定的距离，具有自己的“独立性”，但在维护学术独立性的同时，仍然促进学术的实际应用，培养良好的公民。大学社会科学领域的学者大多以学者个人的身份参与社会决策，实际起到了智库的作用，促进社会价值观的形成和发展。

与其他国家相比，日本高校提供给社会人士的学习机会非常丰富。1991 年颁布的《大学设置基准》规定，大学认为教育上有益时，可以将学生入该大学前在大学或短期大学学习授课科目获得的学分，视为入该大学后由于学习该大学的授课科目修得的学分（数量有上限）。修满规定的学分后，即可以授予相应的学位。例如在短期大学、专修学校、广播电视大学等机构中获取的学分，可以直接认定为本科教育的学分，直接插班进入相应大学学习。这使得日本的社会人士享有了多样化的入学机会，也在工作之后拥有了更多自我提升的可能。①

诚然，日本也存在类似于中国“全日制教育”与“成人教育”的区别，社会人士进入大学学习的“含金量”通常也不可与应届学生同日而语。但这样多元化的大学入学机制确实在一定程度上缓解了高中毕业生考试竞争的压力和“一考定终身”的焦虑。更重要的是，向社会敞开的大学校门有力地促进了全社会终身学习氛围的形成。

总之，作为一个国家高素质人才的集中培养中心，大学对于东京湾区的作用不仅在于促进经济社会的发展，还在于对湾区社会及每一个市民潜移默化的影响，是东京湾区实现长远发展的重要助力。

---

① 水志国. 日本大学在构建终身学习社会中的作用研究［D］. 保定：河北大学，2004.

# 第7章 大学在湾区经济发展中作用的国别考察：粤港澳大湾区



改革开放以来，中国特色社会主义建设实际上在打造三个样本：一是强调发展速度的深圳特区，二是强调发展质量的雄安新区，三是强调区域协同发展的粤港澳大湾区。作为国家重要战略之一，粤港澳大湾区必须在共建“一带一路”倡议以及推动区域内的经济、政治、文化上的融合起到关键作用。粤港澳大湾区战略的提出是对国内外现状的三重回应：一是全球化条件下，对互联治理的回应；二是深度市场化条件下，对更为复杂治理的回应；三是新一轮国际竞争条件下，对中国特色治理的回应。也就是说，粤港澳大湾区战略是中国对标纽约湾区、旧金山湾区以及东京湾区启动的全面追赶，标志着中国的区域发展模式从单一的经济合作和职能互补走向制度性战略性合作，是一个以高点定位打造世界级城市群的中国样本，以此在未来的新的全球竞争格局中占据战略制高点。追赶的核心要义在于人才与科技资源的供给，这就需要打造区域内教育和人才高地，支撑世界级的、具有竞争力的国际平台，因此高等教育在粤港澳大湾区建设中不可或缺。

## 7.1 粤港澳大湾区的基本概况

作为中国在新时代推动形成全面开放新格局的国家战略，粤港澳大湾区（见图7－1）是在大珠三角城市群及“一国两制”的基础上发展出来的一次融合试验。它以“9＋2”城市群作为区域发展的主体，由2个特别行政区和9个位置相邻的珠三角城市组成，即香港特别行政区、澳门特别行政区和广东省广州市、深圳市、珠海市、佛山市、惠州市、东莞市、中山市、江门市和肇庆市，形成了“一个国家、两种制度、三个关税区（三种货币、三种法律制度①）、四个核心城市”的基本格局，辐射范围包

① 三种货币指粤、港、澳三地发行独立的货币；三种法律制度指中国内地的大陆法律体系、香港的英美法律体系、澳门的以原葡萄牙法律为基础的大陆法律体系。

括泛珠三角区域。[1] 大湾区 11 个城市可划分为东岸、西岸和北部三大都市圈。其中，东岸是以深圳和香港为核心的港深莞惠都市圈，西岸是以珠海和澳门为中心的澳珠中江都市圈，北部是以广州为核心的广佛肇都市圈，三大都市圈使湾区的发展兼顾金融、科技、环保等诸多领域。[2] 三地地缘相近、人缘相亲、文缘相通、历史关系深厚，在港澳回归以后，其合作交流逐步全面和深化，形成共同互补发展的局面。

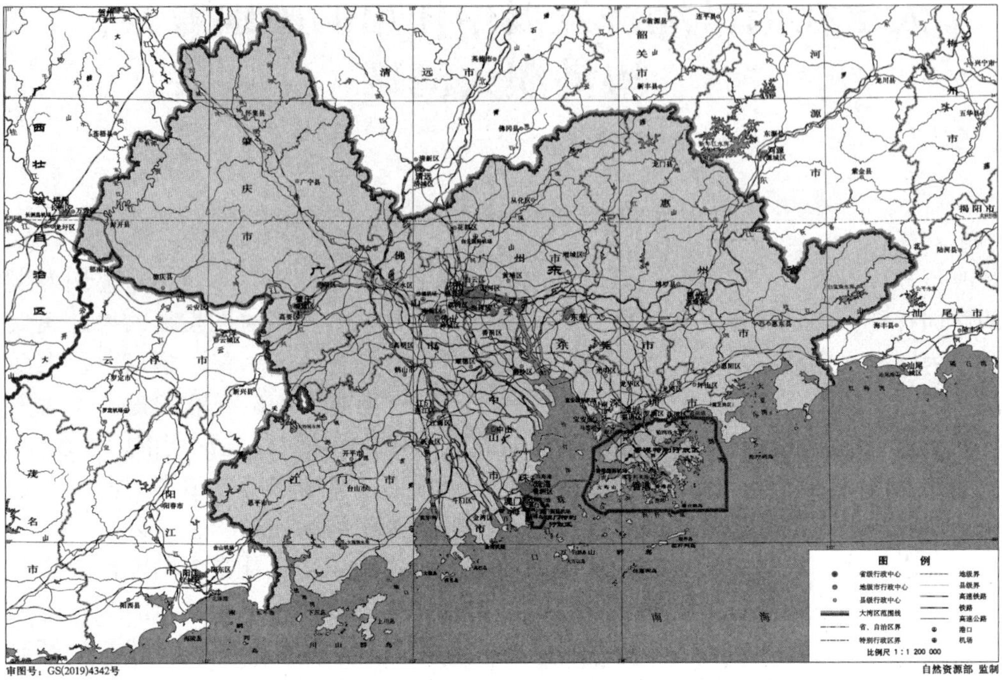


**图 7－1　粤港澳大湾区**[3]

2019 年 2 月 18 日，中共中央、国务院印发《粤港澳大湾区发展规划纲要》（以下简称《规划纲要》），明确提出要将粤港澳大湾区建设成为“充满活力的世界级城市群”“具有全球影响力的国际科技创新中心”“‘一带一路’建设的重要支撑”“内地与港澳深度合作示范区”“宜居宜业宜游的优质生活圈”。因此，粤港澳大湾区作为一个大区整体性规划，既是引领区域自身高质量发展和深化内地和港澳合作的重要机遇，也是国家提升参与全球经济治理地位与职能的重要战略之一，随着中国全面推进“一

① 张胜磊. 粤港澳大湾区发展路径和建设战略探讨：基于世界三大湾区的对比分析［J］. 中国发展，2018，18（3）：53－59.

② 向晓梅，杨娟. 粤港澳大湾区产业协同发展的机制和模式［J］. 华南师范大学学报（社会科学版），2018（2）：17－20.

③ 图片来源：标准地图服务系统（http：//bzdt. ch. mnr. gov. cn/index. html），审图号：GS（2019）4342 号。

带一路”倡议，从北至南，雄安新区推动京津冀协同，长三角城市群龙头领衔长江经济带，粤港澳大湾区助力泛珠三角，三个发力点鼎足而立，打开了中国经济发展的新格局。①

粤港澳大湾区建设意在打造华南地区的经济发展新引擎，为中国经济转型升级发展添动力。作为继东京湾区、纽约湾区和旧金山湾区之后的“第四湾区”，它将致力于促进更高质量的经济发展和更高水平的对外开放。促进内地与港澳的全面深度融合，以世界第四大湾区的身份促进国家的经济发展和更高水平的对外开放，掌握世界变局的先机和主导权。②

### 7.1.1 粤港澳大湾区的基础条件

粤港澳大湾区位于中国东南丘陵南部，地势北高南低，珠江沿岸与海岸线附近散布平原，地理条件优越。由珠江三大支流西江、北江、东江合力冲击而成的珠江三角洲是其主体。主要水道 105 条，长 1 738 千米；东、北、西三面丘陵、台地环抱，地势低平，经济腹地广阔。粤港澳大湾区在对外开放上有天然优势，这一区域北临长江经济带，西靠北部湾经济区，南望东南亚、南亚，向东亦可以辐射到海峡西岸经济区与我国台湾。此外，这一区域地质条件也比较稳定。相较于渤海湾区、胶州湾区、杭州湾区和北部湾区等，粤港澳大湾区覆盖范围适中，无论区域内联系还是外向型程度，都是发展“湾区经济”的理想之选，有条件成为国家高水平参与国际经济合作重要平台。

粤港澳大湾区陆域面积约为 5.6 万平方千米，占全国国土面积的 0.58%。③ 但区域内的地域差异十分显著，肇庆市的土地面积是澳门土地面积的 450 倍之多（见表 7-1）。目前，湾区尚有耕地面积 7 820 平方千米，其中 82.5% 用于发展无公害农产品，集中在珠海、中山、广州中北部、肇庆高要区、肇庆四会市、江门恩平市、江门鹤山市、惠州博罗县、惠州惠东县等地，适合发展绿色农产品的耕地面积占比 52.4%，主要分布在肇庆和惠州大部分地区、江门中西部和广州北部等地。湾区耕地中，广州北部、江门中西部和肇庆、惠州大部适合发展绿色农产品，作为区域工程建设和城市建设用地的后备土地资源有为 7 725 平方千米。④

粤港澳大湾区大陆和岛屿海岸线总长度为 3 201 千米，海岸线漫长，海域面广阔。与世界其他四大湾区不同的是，粤港澳大湾区处于北回归线以南的低纬度地区，为典型的亚热带季风气候，年日照时数为 1 900～2 000 小时，常年温暖湿润，年平均气温

---

① 周强．“粤港澳大湾区”未来有多“牛”？［N］．中华工商时报，2017-3-24（4）．

② 蔡赤萌．粤港澳大湾区城市群建设的战略意义和现实挑战［J］．广东社会科学，2017（4）：5-14，254．

③ 中国城市中心．数据｜粤港澳 PK 纽约、旧金山和东京湾区［EB/OL］．（2017-07-06）［2019-10-18］．http://dy.163.com/v2/article/detail/COMR413505149666.html.

④ 广东省自然资源厅．广东省土地利用现状汇总表（2017 年）［EB/OL］．（2018-07-25）［2019-10-18］．http://nr.gd.gov.cn/gdlr_info/cal/land/year/content/post_2168227.html.

21～22℃，年降雨量1 600～2 000毫米，光、热、水资源充足且组合较好①。地带性植被为南亚热带常绿阔叶季雨林，种类组成以热带科为主，土壤以水稻土、堆叠土、赤红壤等为主。粤港澳大湾区水质优良率达77.1%，湿地面积8 650平方千米，地下淡水天然资源总量每年150亿立方米。由于水资源供需不平衡，目前粤港澳大湾区首个超大型水利工程——珠江三角洲水资源配置工程已全面开工建设，以缓解深莞等东部城市缺水问题和东江水资源紧张的问题。②

**表7－1　2018年末粤港澳大湾区腹地城市人口及土地面积③**

| 城市 | 面积/平方千米 | 人口/万人 | 比上年末增加人口/万人 | 城镇化率 | 自然增长率 |
|---|---|---|---|---|---|
| 香港 | 1 107 | 748.25 | 6.94 | 100.00% | 7.60‰ |
| 澳门 | 33 | 66.74 | 1.43 | 100.00% | 5.78‰ |
| 广州 | 7 434 | 1 490.44 | 40.60 | 86.38% | 13.00‰ |
| 深圳 | 1 997 | 1 302.66 | 49.83 | 100.00% | 23.92‰* |
| 珠海 | 1 736 | 189.11 | 12.57 | 90.08% | 13.10‰ |
| 佛山 | 3 798 | 790.57 | 24.90 | 94.98% | 9.28‰ |
| 惠州 | 1 1347 | 483.00 | 5.30 | 51.93% | 10.66‰ |
| 东莞 | 2 460 | 839.22 | 4.97 | 91.02% | 13.75‰ |
| 中山 | 1 784 | 331.00 | 5.00 | 88.35% | 9.62‰ |
| 江门 | 9 506 | 459.82 | 3.65 | 66.50% | 6.69‰* |
| 肇庆 | 14 891 | 415.17 | 3.63 | 47.76% | 8.77‰ |
| 粤港澳大湾区 | 56 093 | 7 115.98 | 158.82 | 83.36% | 11.11‰ |

注：*为2017年数据。

2018年末，粤港澳大湾区总人口数量达到7 100万以上，占全国的5%，分别是东京、纽约、旧金山三大湾区的1.5倍、3倍和9倍，展现出了在劳动力供应方面的巨大优势。城镇人口城镇化率达83.36%，其中两大特别行政区和深圳的城镇化率达到100%。但是在粤港澳大湾区内部具有较大的地区差异，珠江口东西两岸表现出“东强西弱”的特征，珠江口西岸的江门、肇庆等城市的人口集聚效应和城镇化水平明显有待提升（见图7－2）。

---

① 卢曼．珠江三角洲自然生态空间规划研究［D］．广州：广州大学，2018.

② 贺林平．粤港澳大湾区首个超大水利工程：珠三角水资源配置工程全面开工［N］．人民日报海外版，2019－05－08（4）.

③ 资料来源：（香港特别行政区）政府统计处（2018）、澳门统计暨普查局（2018）及广东省九市国民经济与社会发展统计公报（2018）。

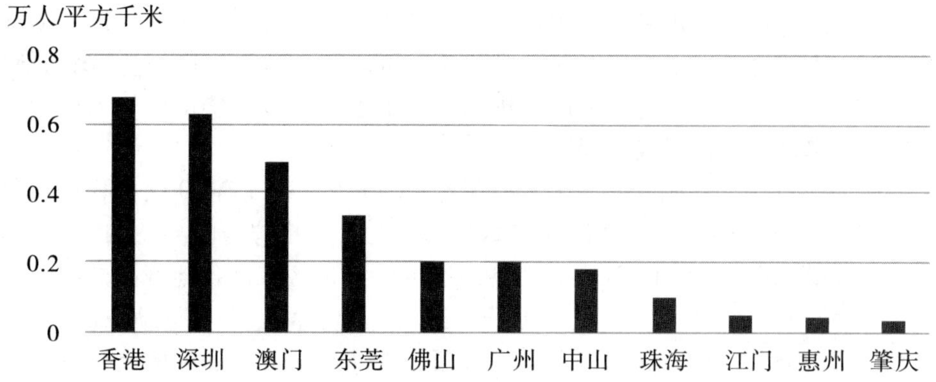


**图 7－2　粤港澳大湾区腹地城市 2018 年人口密度**

粤港澳大湾区居民主要使用粤语，客家方言主要分布在花都、东莞、惠东、惠阳、龙岗、中山五桂山等地，香港居民使用的语言主要有粤语、英语和普通话，澳门居民交流以粤语、英语、葡萄牙语和普通话为主。从语言分布可以看出，粤港澳大湾区既有传统岭南文化的本根，又有英国、葡萄牙等西方文化的影响，体现多元文化的碰撞与交融。

### 7.1.2　粤港澳大湾区的基础设施

粤港澳大湾区交通运输网十分密集，是东南亚乃至世界的交通枢纽，为人流物流的自由流动提供极大的便利。湾区交通运输业发达，无论是货运量还是客运量均较大（见表 7－2），可形成全球最大的运输和物流中心，为经济发展提供强有力的后盾。① 该区域集中了大珠三角地区主要的机场群和港口群，可进一步辐射至沿“21 世纪海上丝绸之路”的东南亚地区港口，以集群优势推动港口间货物进出口的便利化，提升大湾区发展生产、销售、供应链管理、国际物流库存及分发等领域的区域竞争力。② 区内主要有香港国际机场、澳门国际机场、广州白云国际机场、深圳宝安国际机场和珠海金湾国际机场等 5 个国际机场，另有惠州和佛山两个地区机场。香港作为国际航运和国际航空枢纽，也是大湾区内国际化程度最高的城市，香港国际机场在“2019 世界十大机场”排行榜中连续第十次获得冠军。③

粤港澳大湾区多深港良港，具有代表性的是广州港、深圳港、香港港等枢纽港口，目前已建成适应当前最大船舶进出港的航道，港口集装箱吞吐量位列四大湾区之首。湾区 2018 年的港口集装箱吞吐量共计约 6 700 万国际标准箱，在全球集装箱前十行列；④

---

① 谭凇，汤黎明. 粤港澳大湾区专题报告：立足优势把握机遇、构建世界级湾区［EB/OL］.（2018－10－19）［2019－08－03］. http://data.eastmoney.com/report/20181019/hg,APPISC2RYHlVReport.html.

② 立法会秘书处资料研究组. 粤港澳大湾区：香港的机遇与挑战［DB/OL］.（2018－02－23）［2020－07－19］. https://www.legco.gov.hk/research-publications/chinese/1718fs04-guangdong-hong-kong-macao-bay-area-opportunities-and-challenges-for-hong-kong-20180223-c.pdf.

③ 瑞安. 粤港澳大湾区打造世界级机场群［N］. 人民日报海外版，2019－05－23（3）.

④ 资料来源：http://www.sofreight.com/news_32194.html.

地方港口包括惠州港、中山港、佛山港、肇庆港等，进一步加强地域连接可形成全球最大的港口群。湾区的航运物流可提供船舶融资和管理、航空管理培训、高增值货运、飞机租赁和航空融资服务，为大湾区提供高质量的航运服务，协助内地港口的管理与发展，支持大湾区建设世界级机场群。①

大湾区内，目前已建成高铁、城轨里程约 1 640 千米，尚有 10 余条客运专线在建或已列入规划。全部建成后，总长度将达 2 370 千米，并与全国高铁网络全面联通。2018 年开通的港珠澳大桥和广深港高速铁路香港段实现区域内各地规则的对接，为珠三角西部提供了直接交通联系，大大提升了往来香港和湾区内其他地点的通勤效率。在珠三角区域以外，广州、深圳对粤东、粤西、粤北地区乃至邻省的高铁联结也正经由广汕、广湛、深湛及深赣高铁的建设变得更加紧密，为贸易港口提供进出口货物和销售市场。尤其是随着深中通道、虎门二桥等重点项目陆续建成，珠江口对西岸城市的天然阻隔将被打破。目前，广佛江珠城际、穗莞深城际、广佛环线等 15 条城际轨道也在规划或在建中，大珠三角地区内连接各主要交通枢纽的城际“一小时交通圈”及“三小时生活圈”的建设将进一步形成一体化综合交通运输体系，加强大湾区城市群之间的互联互通，从而促进人口流动、优化资源配置、助推湾区城市融合。②

**表 7－2　粤港澳大湾区 2018 年交通运输情况③**

| 城市 | 货物运输总量/万吨 | 旅客运输总量/万人 | 港口货物吞吐量/万吨 | 港口集装箱吞吐量/万国际标准箱 | 机场旅客吞吐量/万人次 |
|---|---|---|---|---|---|
| 香港 | 28 539.5 | 31 468.6 | 19 596 | 1 959 | 7 435.98 |
| 澳门 | 18 706.9 | 3 570.89 | 13 863.9 | 13.86 | 645.66 |
| 广州 | 127 752.06 | 48 047.96 | 61 313.31 | 2 192 | 6 974.32 |
| 深圳 | 32 763.63 | 19 872.47 | 25 126.71 | 2 574 | 4 934.92 |
| 珠海 | 13 447.45 | 5 725.73 | 13 799 | 231 | 1 122.1 |
| 佛山 | 32 165 | 5 057 | 8 973.08 | 399.49 | — |
| 惠州 | 26 080 | 6 616 | 8 757 | 25 | 188 |
| 东莞 | 17 272 | 3 383.78 | 16 400 | 350 | — |
| 中山 | 609.55 | 465.79 | 11 965 | 144 | — |
| 江门 | 15 894 | 9 417 | 9 369 | 70.84 | — |
| 肇庆 | 7 848 | 2 893 | 3 921 | 75.05 | — |
| 粤港澳大湾区 | 321 078.1 | 136 518.2 | 193 084 | 8 034.24 | 21 300.98 |

① 见粤港澳大湾区官网，https://www.bayarea.gov.hk/sc/opportunities/mainpoints-transport.html。

② 中国经济网. 粤港澳大湾区：“三核”、“两制”与“一个共同体”［EB/OL］.（2018－01－15）［2020－07－19］. http://www.ce.cn/xwzx/gnsz/gdxw/201801/15/t20180115_27736438.shtml.

③ 资料来源：（香港特别行政区）政府统计处（2018）、澳门统计暨普查局（2018）及广东省九市国民经济与社会发展统计公报（2018）。

### 7.1.3 粤港澳大湾区的规划历程

早在改革开放之初，粤港澳大湾区的构想就浮出水面，当时商界人士倡议建立港珠澳大桥，建立港澳和珠海地区之间的陆路连接。此后数十年来，三地之间互补合作日益密切，产生了一系列相关的合作文件与会议（图 7－3）。为更好地发挥港澳在内地的作用，2003 年，中国内地分别与香港、澳门特区政府签署了《关于建立更紧密经贸关系的安排》（*Closer Economic Partnership Arrangement*，简称 CEPA），形成了内地与港澳制度性合作的新途径。此后，三地政府便制定了一系列贸易、服务业开放和投资自由化的相关政策，推动合作的发展。2008 年，为强化港澳与大陆的关系，中共中央发布《珠江三角洲地区改革发展规划纲要（2008—2020 年）》，提出共同打造亚太地区最具活力的城市群，为推进粤港澳合作展开积极探索。湾区建设遂由民间倡议的概念升格为珠三角发展战略。2009 年粤港澳三地共同编制《大珠江三角洲城镇群协调发展规划研究》，构想兴建"一湾三区"①，提出粤港澳应合力建设具有全球竞争力的世界级城市群。之后广东分别与港澳政府又签署《粤港合作框架协议》和《粤澳合作框架协议》，提出"环珠江口宜居湾区建设"，通过经济手段强化粤港澳在经济、民生、科技及资源上的联结。② 2011 年，国家"十二五"规划纲要明确了"深化粤港澳合作""打造更具综合竞争力的世界级城市群"的目标，并且强调港珠澳大桥、广州南沙新区开发、珠海横琴新区开发等粤港澳合作重大项目。③

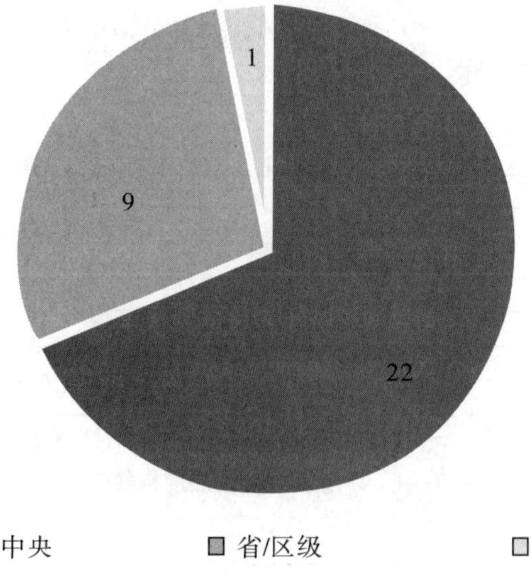


**图 7－3 2003—2019 年粤港澳大湾区相关文件及会议发布数量情况**

---

① "一湾三区"指的是珠江口湾区和广佛、港深、澳珠三大都市区。

② 朱英嘉. "粤港澳大湾区"战略意义：中国特色的区域整合观点的分析［J］. 展望与探索，2018，16（8）：66－90.

③ 罗智中. 粤港澳区域经济合作的成功经验及瓶颈问题研究［D］. 长春：吉林大学，2013.

“粤港澳大湾区”一词在国家文件中首见于2015年，当时作为共建“一带一路”倡议的重要方面被专门提出。2016年发布的国家“十三五”规划中，粤港澳大湾区概念得到强调。随后，广东省“十三五”规划与《深化粤港澳合作推进大湾区建设框架协议》相继出台。2017年，国务院总理李克强在中央政府工作报告中明确提及粤港澳大湾区发展规划，并提出要深化粤港澳合作，研究制定湾区城市群发展规划，发挥港澳的独特优势，提升整个大湾区在国家经济发展和对外开放中的地位与职能。这标志着大湾区的建设正式成为国家战略。① 2017年7月，在国家主席习近平的见证下，国家发改委与粤港澳三地政府在香港共同签署了《深化粤港澳合作推进大湾区建设框架协议》，初步确定了三地政府的分工、合作方向及协调机制。2017年10月，习近平总书记在党的十九大报告中再次重申，将大湾区建设作为推动港澳纳入国家经济和社会发展大局的重要战略部署。2018年8月，“粤港澳大湾区建设领导小组”成立，由国家发改委统筹协调。2019年2月18日，中共中央正式公布《规划纲要》，擘画湾区发展蓝图，三地政府与中央相关部委将按该规划共同商讨和制订具体工作计划。

总之，在2017年以前粤港澳大湾区处于酝酿与萌芽状态，从民间倡议转化为珠三角区域的地方战略。在此之后，在中共中央总书记、国家主席习近平的亲自谋划、部署和推动下，粤港澳大湾区的规划迈入了制度化的轨道，升级为全方位对外开放的国家战略，通过一系列的合作发展框架协议、交流合作安排等全国性和区域性的行政协定，形成了粤港澳政府间的定期会晤沟通机制，宣示了三地区域经济一体化和交通基础设施同城化的愿景与目标。《规划纲要》发布后，由中央政府推动、地方政府协调的湾区建设不断提速（见图7-4），在更大范围和更深层次上创造性地推动粤港澳大湾区融入国家发展大局的目标。

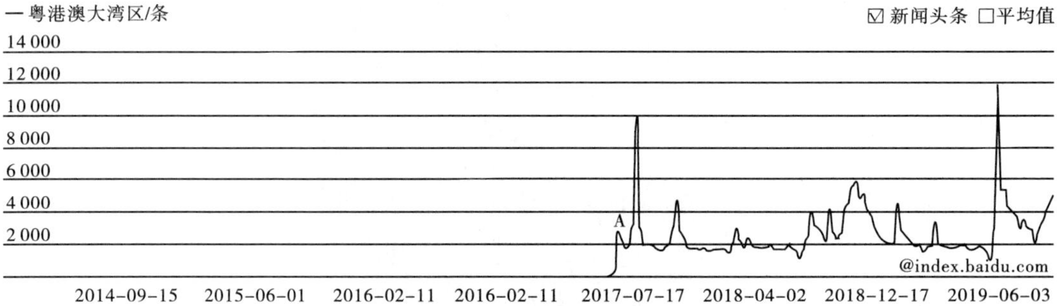


**图7-4 粤港澳大湾区热度指数②**

① 陈晓锋. 用超越历史的眼光发展粤港澳大湾区——香港发挥独特优势积极参与粤港澳大湾区建设［J］. 港澳研究，2017（4）：76-83，94.

② 资料来源：百度指数（2014年1月1日至2019年6月4日）。

## 7.2 粤港澳大湾区经济发展概况

40 多年来，粤港澳大湾区一直是中国推行改革开放的前沿地区和重要的经济重心。20 世纪 80 年代末，中央政府在该区划定经济特区，以其优厚的条件和税项优惠吸引大批企业，这使得大湾区建立了以出口为导向的经济体系，以其发达的制造业和完善的供应链成为“世界工厂”主阵地。在这一时期，港澳地区企业带着丰富的资金、技术、人才和管理经验来到珠江三角洲地区投资兴业，逐步形成“前店后厂”的产业模式，创立了“三来一补”贸易形式。① 在相当长的一段时期内，大湾区对外贸易频繁，是全国经济外向型程度最高的地区。当时，广东省是中国增长最快的省份，GDP 增长率多次超过 16%。在国际管理发展学院发表的《2019 年世界竞争力年报》中，香港排名维持全球第二位。②

大湾区的产业结构不断优化的过程中，也吸引了新兴技术产业入驻于此，“人才洼地”效应日益凸显。加上香港作为国际金融中心，为粤港澳大湾区迈向国际一流湾区提供专业化、多元化、高素质化的人才保障。根据 2018 年国际货币基金组织世界经济展望，粤港澳大湾区目前是世界第 15 大经济体，预计到 2025 年将成为第 9 大经济体。③ 中国社科院财经战略研究院发布的《四大湾区影响力报告（2018）：纽约 · 旧金山 · 东京 · 粤港澳》显示，目前粤港澳大湾区整体影响力指数排名第三，经济影响力则位列四大湾区之首，创新影响力和形象影响力排名第二。④⑤ 在基础设施互联互通的基础上，大湾区内各城市市场一体化水平也在不断提升，打造国际科技创新中心，以高水平开放和高质量发展日益成为大湾区建设新征程的主旋律。⑥

### 7.2.1 经济规模

统计数字显示，2018 年，粤港澳大湾区 GDP 约占全国的 12%，总量上远超旧金山湾区，紧追纽约湾区，其经济增长速度也逼近了东京湾区。⑦ 近年来，在全国经济下行压力日益增大的环境下，粤港澳大湾区 GDP 增长速度依然高于全国平均水平，人

---

① 罗小龙，沈建法. 从“前店后厂”到港深都会：三十年港深关系之演变［J］. 经济地理，2010，30（5）：711－715.

② 香港特别行政区政府新闻公报. 香港竞争力排名全球第二［EB/OL］.（2019－05－29）［2019－08－03］. https://www.info.gov.hk/gia/general/201905/29/P2019052900442.htm.

③ 亚翔航空. 2018 年粤港澳大湾区通航报告［EB/OL］.［2019－08－03］http://asianskygroup.com/attachment/news/Greater%20Bay%20Aviation%20Report%20-%20CN.pdf.

④ 梁丽雯. 粤港澳大湾区科创透视［J］. 金融科技时代，2019（3）：84－87.

⑤ 刘川. 世界《四大湾区影响力报告（2018）》发布［N］. 中国海洋报，2019－01－24（1）.

⑥ 许长青. 高水平合作，高质量发展，推动粤港澳大湾区建设［J］. 现代教育论丛，2019（1）：8－11，20.

⑦ 粤开策略. 粤港澳大湾区何以成为中国经济的增长极？［EB/OL］.（2020－03－18）［2020－07－19］. https://finance.sina.com.cn/stock/stockptd/2020-03-18/doc-iimxxstf9977602.shtml.

均 GDP 几乎是国内平均水平的三倍之多。① 相比之下，原世界三大湾区中，纽约湾区的年均增长率为 3%，旧金山湾区为 5%，东京湾区仅为 2%，预计到 2022 年，粤港澳大湾区就将在 GDP 发展水平上超过东京湾区和纽约湾区，跃居四大湾区之首。②

当前，湾区内的 11 个城市发展水平参差不齐，可以分为三个层级。第一层级的香港、广州、深圳各自 GDP 达万亿元水平，创造了绝对多数的经济增量，不逊色于内地中游省份全省的数据；第二层级包括佛山和东莞，GDP 在 8 000 亿元以上，逐步接近万亿元水平；第三层级的 6 个城市，GDP 处于 2 000 亿至 5 000 亿元之间，与其他两个层级的城市差异显著。从发展水平的层级亦可以看出，粤港澳大湾区和纽约湾区、旧金山湾区和东京湾区不同之处在于：后三者都由一个超级大城市带动辐射，具备单核的特征；而粤港澳大湾区则是 3 个经济规模与发展速度相近的城市所组成，呈现“三驾马车”并驾齐驱的状态，是一个多核发展的格局。

人均 GDP 和人均可支配收入最高的澳门和香港等于发达经济体的水平，与大湾区区内的其他城市相比，澳门和香港分别约为人均 GDP 最低的肇庆的 10 倍和 6 倍，人均可支配收入也约为其 19 倍和 13 倍。③ 因此，粤港澳大湾区各地区地方一般公共预算收入与地方一般预算支出存有较大差异，人均经济总量、人均可支配收入也和其他世界级湾区有较大差距（见表 7－3）。

**表 7－3　粤港澳大湾区城市 2018 年经济情况④**

| 城市 | GDP/亿元 | 同比增长 | 人均GDP/元 | 地方一般公共预算收入/亿元 | 地方一般公共预算支出/亿元 | 人均可支配收入/元 |
|---|---|---|---|---|---|---|
| 香港 | 24 000.98 | 6.9% | 320 762 | 3 726.27 | 3 226.27 | 319 708.50 |
| 澳门 | 3 621.85 | 8.5% | 542 681 | 976.80 | 898.46 | 467 029.80* |
| 广州 | 22 859.35 | 6.2% | 157 668 | 1 632.30 | 2 505.84 | 4 3001.10 |
| 深圳 | 24 221.98 | 7.6% | 193 338 | 3 538.41 | 4 282.54 | 57 543.60 |
| 珠海 | 2 914.74 | 8.0% | 165 104 | 331.47 | 572.52 | 48 107.00 |
| 佛山 | 9 935.88 | 6.3% | 129 767 | 703.14 | 806.91 | 49 630.00 |
| 惠州 | 4 103.05 | 6.0% | 85 892 | 393.01 | 544.25 | 33 930.00 |
| 东莞 | 8 278.59 | 7.4% | 99 234 | 649.91 | 765.41 | 49 331.00 |
| 中山 | 3 632.70 | 5.9% | 110 585 | 315.23 | 437.89 | 46 865.00 |
| 江门 | 2 900.41 | 7.8% | 63 328 | 243.93 | 378.46 | 2 9547.00 |

① 根据《2018 年国民经济和社会发展统计公报》，2018 年全国 GDP 的增长速度为 6.6%，人均 GDP 约为 64 644 元。

② 全球化智库. 粤港澳大湾区人才发展报告［EB/OL］.［2019－06－25］. http://www.ccg.org.cn/dianzizazhi/yuegangao201812.pdf.

③ 立法会秘书处资料研究组. 粤港澳大湾区：香港的机遇与挑战［DB/OL］.（2018－02－23）［2020－07－19］. https://www.legco.gov.hk/research-publications/chinese/1718fs04-guangdong-hong-kong-macao-bay-area-opportunities-and-challenges-for-hong-kong-20180223-c.pdf.

④ 资料来源：（香港特别行政区）政府统计处（2018）、澳门统计暨普查局（2018）及广东省九市国民经济与社会发展统计公报（2018）。

**续上表**

| 城市 | GDP /亿元 | 同比增长 | 人均 GDP/元 | 地方一般公共预算收入/亿元 | 地方一般公共预算支出/亿元 | 人均可支配收入/元 |
|---|---|---|---|---|---|---|
| 肇庆 | 2 201.80 | 6.6% | 53 267 | 106.04 | 315.72 | 24 070.90 |
| 粤港澳大湾区 | 108 671.30 | 7.02% | 174 693 | 12 616.51 | 14 734.27 | 70 173.41 |

注：上述香港、澳门生产总值按 2018 年平均汇率换算成人民币；* 为 2017 年数据。

### 7.2.2 产业结构与布局

在产业结构方面，粤港澳大湾区第三产业占 GDP 的平均比重为 58.58%。其中港澳两个特区的这一数据均超过 90%，比重明显高于大湾区内其他城市。珠三角的 9 个城市中，广州的第三产业对经济增长的贡献率最高，达 71.75%，其次是深圳（58.80%）、中山（58.21%）和东莞（51.10%）。从图 7－5 可以看到，上述 4 个城市通过自主创新，不断调整产业结构，转变经济发展方式，推动战略性新兴产业的发展。珠海、江门、惠州、佛山、肇庆等 5 个城市还处于以中低端制造业为主的产业结构，第二产业对 GDP 的贡献率依然高于第三产业。其中肇庆和江门农业较为发达，第一产业分别占 GDP 的 10.30% 和 7.00%。

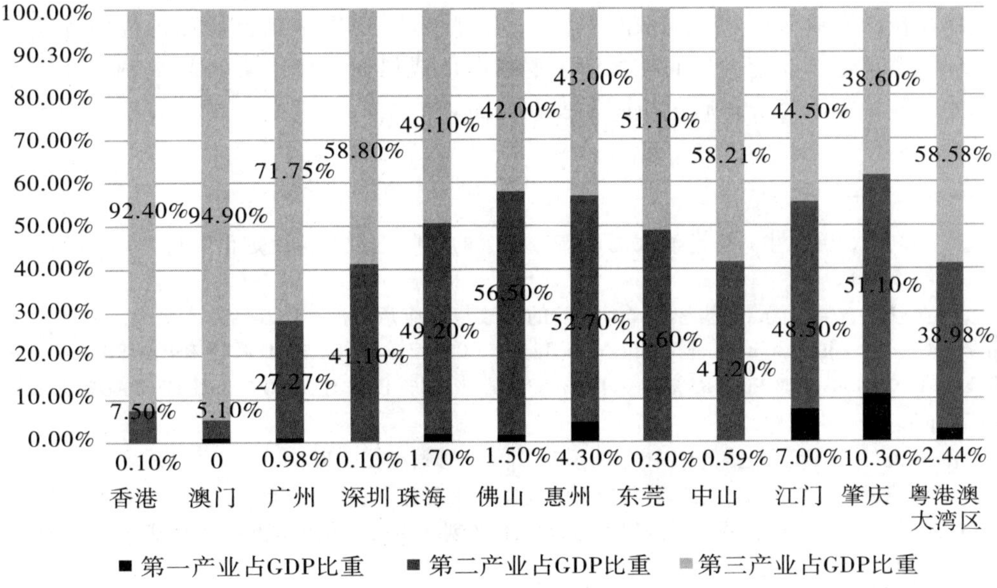


**图 7－5　2018 年粤港澳大湾区腹地城市占地区生产总值之比①**

注：上述香港、澳门生产总值按 2018 年平均汇率换算成人民币；香港、澳门的产业结构为 2017 年数据。

① 资料来源：（香港特别行政区）政府统计处（2018）、澳门统计暨普查局（2018）及广东省九市国民经济与社会发展统计公报（2018）。

当前，纽约、东京和旧金山湾区第三产业占比平均超过 80%①，相形之下，粤港澳大湾区城市的产业结构仍普遍落后于国际主要湾区。湾区内大部分地区还是相当依赖以制造业为主的经济成长模式，存在金融业与研发服务业等现代性服务业发展未臻成熟、科技与研发创新能力明显不足等问题，制造业的升级应成为大湾区内的重要一环。②

目前，粤港澳大湾区已拥有完备的制造业体系和良好的生产基地及硬件设施，通信电子信息产业、新能源汽车产业、无人机产业、机器人产业等高端产业集群已经形成，以及石油化工、服装鞋帽、玩具加工、食品饮料等中低端产业集群已非常成熟。③④⑤⑥ 但必须看到，作为全国乃至全球重要的制造中心，大湾区内各城市依然存在产业划分缺乏协调性，分工不明确，城市之间产业重复，存在恶性竞争、资源争夺等问题。⑦ 根据《规划纲要》，粤港澳大湾区的发展需要进一步完善城市群和城镇发展体系，优化提升香港、澳门、广州、深圳这四大中心城市，同时建设珠海、佛山、惠州、东莞、中山、江门、肇庆等重要节点城市。⑧ 为发挥各城市对周边区域的辐射带动作用和比较优势，《规划纲要》根据不同城市的定位对其进行了相应的产业布局（见表7－4），力求以分工互补，将其由中国的经济发展引擎发展为全球经济发展的引擎。总体而言，香港和澳门促进向外发展、加强对内融合，广州、东莞、深圳将围绕新兴产业和高科技建设知识密集型产业带，佛山、中山、肇庆等将围绕装备制造业和农业建设技术密集型产业带，珠海、惠州、江门将围绕先进制造业和现代服务业建设生态环保型重化产业带，从而在大湾区范围内形成科研创新产业、高端制造业、现代服务业的三轮驱动经济高质量协同发展新局面。

---

① 鲁巧巧，劳汉生．粤港澳大湾区高等教育的国际比较与角色定位分析［J］．教育探索，2018（6）：54－59.

② 吴佳勋，吴子涵．“粤港澳大湾区”的挑战与对应意涵［J/OL］．经济前瞻，2019（181）. http://www.cier.edu.tw/site/cier/public/data/181-055-059-%E4%B8%AD%E5%9C%8B%E7%B6%93%E6%BF%9F-%E5%90%B3%E4%BD%B3%E5%8B%B3%E5%90%B3%E5%AD%90%E6%B6%B5.pdf.

③ 张锐．打开湾区经济的“中国之门”［N］．中国财经报，2017－5－9（7）.

④ 汪德贵．粤港澳大湾区建设背景下的港口发展之途［J］．中国港口，2017（12）：17－19.

⑤ 辜胜阻，曹冬梅，杨嵋．构建粤港澳大湾区创新生态系统的战略思考［J］．中国软科学，2018（4）：1－9.

⑥ 陈华康．01 湾区综述//粤港澳大湾区城市群概览 2017［M］．香港：香港城市大学出版社，2018：3.

⑦ 谭淞，汤黎明．立足优势把握机遇、构建世界级湾区：粤港澳大湾区专题报告［EB/OL］．（2018－10－19）［2019－08－03］. http://data.eastmoney.com/report/20181019/hg,APPISC2RYHlVReport.html.

⑧ 中共中央，国务院．粤港澳大湾区发展规划纲要［EB/OL］．（2019－02－18）［2020－07－19］. http:www.gov.cn/zhengce/2019－02/18/content_5366593.htm#1.

**表7－4　粤港澳大湾区腹地城市的定位分工①**

| 城市地位 | 城市 | 定位分工 | 主要产业 |
| --- | --- | --- | --- |
| 核心引擎 | 香港 | 国际金融、航运、贸易中心和国际航空枢纽地位，全球离岸人民币业务枢纽地位，国际资产管理中心及风险管理中心，亚太区国际法律及争议解决服务中心，更具竞争力的国际大都会 | 金融服务业、旅游业、贸易物流 |
|  | 澳门 | 世界旅游休闲中心，中国与葡语国家商贸合作服务平台，以中华文化为主流、多元文化共存的交流合作基地 | 博彩业、旅游业、建筑业、地产业 |
| 核心引擎 | 广州 | 国家中心城市和综合性门户城市，全面国际商贸中心，综合交通枢纽，科技教育文化中心，着力建设国际大都市 | 新能源、新材料产业、海洋产业 |
|  | 深圳 | 经济特区，全国性经济中心城市和国家创新型城市，现代化国际化城市，努力成为具有世界影响力的创新创意之都 | 通信设备制造、电子信息 |
| 重要节点 | 珠海 | 横琴国际休闲旅游岛，集养老、居住、教育、医疗等职能于一体的综合民生项目，通用航空产业综合示范区，国家煤炭储备基地，珠江西岸先进装备制造产业带，澳门－珠海跨境金融合作示范区 | 航空产业、机械制造 |
|  | 佛山 | 珠江西岸先进装备制造产业带，制造业转型升级综合改革试点，世界美食之都，离岸贸易合作，粤港澳高端服务合作，搭建粤港澳市场互联、人才信息技术等经济要素互通的桥梁 | 纺织家具、建筑材料 |
|  | 惠州 | 香港—深圳—惠州—汕尾海上旅游航线，青年创业基地建设，粤港澳绿色农产品生产供应基地 | 石油化工 |
|  | 东莞 | 世界级先进制造业产业集群，战略性新兴产业研发基地，港澳青年创新创业基地建设 | 通用和专用设备制造、金属制品 |
|  | 中山 | 粤港澳青年创新创业合作平台 | 生物医药、装备制造 |
|  | 江门 | 大广海湾经济区，引资引智创业创新平台，华侨华人文化交流合作重要平台；中国（江门、增城）"侨梦苑"华侨华人创新产业集聚区建设 | 交通及海洋装备制造、电力设备制造 |
|  | 肇庆 | 绿色农副产品集散基地 | 现代农业产业 |

① 资料来源：中共中央、国务院印发的《粤港澳大湾区发展规划纲要》。

### 7.2.3 市场环境

广东省近年来在创新驱动发展方面投入巨大，深圳及其周边已经初步形成了世界级科技产业链，集聚了华为、腾讯等全球知名的高科技企业集群。根据 2018 年《财富》杂志公布的排行榜，粤港澳大湾区有 20 家企业上榜世界 500 强，占中国上榜企业总量的 16.7%，主要分布于深圳、香港、广州以及东莞（见表 7－5）。

**表 7－5 粤港澳大湾区世界 500 强上榜企业①**

| 企业名称 | 总部所在城市 | 排名 |
| --- | --- | --- |
| 中国平安保险（集团）股份有限公司 | 深圳 | 29 |
| 华为投资控股有限公司 | 深圳 | 72 |
| 中国华润有限公司 | 香港 | 86 |
| 中国南方电网有限责任公司 | 广州 | 110 |
| 正威国际集团 | 深圳 | 111 |
| 广州汽车工业集团 | 广州 | 202 |
| 招商银行 | 深圳 | 213 |
| 中国恒大集团 | 深圳 | 230 |
| 联想集团 | 香港 | 240 |
| 招商局集团 | 香港 | 280 |
| 怡和集团 | 香港 | 283 |
| 友邦保险集团 | 香港 | 295 |
| 美的集团股份有限公司 | 佛山 | 323 |
| 腾讯控股有限公司 | 深圳 | 331 |
| 万科企业股份有限公司 | 深圳 | 332 |
| 来宝集团 | 香港 | 339 |
| 碧桂园控股有限公司 | 佛山 | 353 |
| 雪松控股集团 | 广州 | 361 |
| 长江和记实业有限公司 | 香港 | 374 |
| 中国太平保险集团有限责任公司 | 香港 | 465 |

① 资料来源：财富中文网. 2018 年财富世界 500 强排行榜［EB/OL］.（2018－07－19）［2019－06－25］. http://www.fortunechina.com/fortune500/c/2018－07/19/content_311046.htm.

当前，粤港澳大湾区的失业率维持在3%以下，也反映了城市群良好的劳动力市场环境（见图7-6）。《规划纲要》中特别提到要优化营商环境，让大湾区成为宜居地。中央广播电视总台发布《中国城市营商环境报告2018》显示，深圳和广州的营商环境整体质量分别位列全国第三和第四位①；在世界银行的《2019年全球营商环境报告》中，香港的便利营商排名为第四位，超越了大多数发达经济体，三大城市为提升大湾区甚至全国的整体营商环境形成了良好的示范和引领作用。② 为吸引更多的人才，粤港澳大湾区各城市还发布一系列吸引高端人才计划及放宽人口落户的政策，如香港的“科技人才入境计划”、深圳的“孔雀计划”、珠海的“珠海英才计划”等，采用积分入户和核准制入户等方式，增强湾区城市的吸引力。③

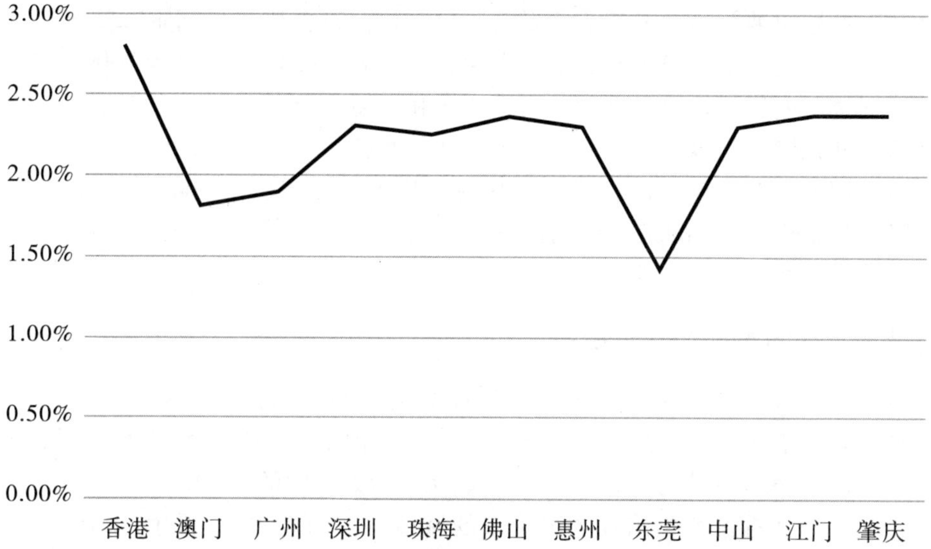


**图7-6 粤港澳大湾区2018年失业率情况④**

同时，大湾区拥有众多活跃的创业孵化平台。目前已有包括政府及公共服务机构、社会专业主体建设的平台、各投资主体和企业参与社会服务项目等在内的24个平台分布于深圳、广州、东莞等地，形成了多元化主体建设的新局面。⑤ 各创业孵化平台对

---

① 中国经济网.《中国城市营商环境报告2018》发布［EB/OL］.（2018-12-13）［2019-06-25］. http://www.ce.cn/xwzx/gnsz/gdxw/201812/13/t20181213_31020466.shtml.

② 世界银行. 2019年全球营商环境报告［DB/OL］.（2018-10-31）［2020-05-08］. https://www.doingbusiness.org/en/reports/global-reports/doing-business-2019.

③ 根据粤港澳大湾区各城市政府网站整理。

④ 资料来源：（香港特别行政区）政府统计处（2018）、澳门统计暨普查局（2018）及广东省九市国民经济与社会发展统计公报（2018）。

⑤ 创科香港基金会. 闯闯大湾区：香港创业者的第一本湾区攻略［EB/OL］.（2019-03-23）［2019-08-03］. http://www.hkxfoundation.org/download/download-2019-03-23.pdf.

不同类型、不同行业、不同服务质量的创业项目给予评审认定，并在公共配套设施建设、企业入驻资金补贴和风投项目资金配套等方面给予一定补贴，为创新创业提供良好的环境。

中国三大股票交易所中，粤港澳大湾区占有两个席位。即深交所和港交所的总市值超过48亿人民币。① 其中港交所位列世界第三，更是沪交所的1.6倍。粤港澳大湾区内还设立了116.2平方千米的中国（广东）自由贸易试验区，该区域涵盖了广州市南沙新区片区、深圳市前海蛇口片区以及珠海横琴新区片区，旨在打造新型国际投资贸易规则试验区，在国际投资、贸易、智慧财产权等领域探索对接国际高标准规则体系。自贸区的职能定位依次为“以生产性服务业为主导的现代产业新高地和具有世界先进水平的综合服务枢纽”，“我国金融业对外开放试验示范窗口、世界服务贸易重要基地和国际性枢纽港”，“文化教育开放先导区和国际商务服务休闲旅游基地”。② 三个自贸区进一步推动了粤港澳服务贸易自由化，在产业、税收、人才等领域与港澳合作密切，并通过制度创新将自由流动、贸易往来和金融创新等领域深度整合，为港口贸易、物流、加工制造、金融等产业提供了良好的发展基础。截至2018年末，广州南山新区片区、深圳前海蛇口片区、珠海横琴新区片区共引进世界500强企业及项目536个。③ 其中表现最为突出的是深圳前海片区，凭借区位优势及大力度的政策优惠，集聚了自贸区内70%以上的注册企业。

### 7.2.4 国内贸易与对外经济

粤港澳大湾区的国内贸易频繁，全年社会消费品零售总额高达33 097.87亿元，占全国全年社会消费品零售总额的8.69%。④ 但其内部亦存在较大地域差异，广州全年社会消费品零售总额最高，为9 256.19亿元，约为澳门的15倍。

粤港澳大湾区覆盖了我国外贸最繁荣的城市群。如表7－6所示，2018年进出口规模超过万亿元的城市有3个，分别是香港（75 250.04亿元）、深圳（29 983.74亿元）和东莞（13 418.70亿元）。香港贡献的进出口总额占比达52%，深圳占比达20.72%，东莞为9.27%。整体而言，粤港澳大湾区出口额大于进口额，在对外贸易中处于较为有利的地位，其中深圳以2 565.64亿元的贸易顺差成为粤港澳最优全球化贸易竞争力城市。外资方面，澳门特别行政区以1 879.52亿美元高居湾区内榜首，香港次之。总体来看，在面临复杂严峻的国际环境的情况下，粤港澳大湾区外资依存度并不突出，有助于抵御全球化浪潮衰减所造成的负面影响。

---

① 根据香港交易所2018年6月29日数据。

② 广东省自贸办. 中国（广东）自由贸易试验区[EB/OL].(2015－03－02)[2019－08－03]. http://ftz.gd.gov.cn/zmsyqjj/content/post_917243.html#zhuyao.

③ 根据广东省各自贸区统计数据汇总。

④ 中国《2018年国民经济和社会发展统计公报》统计，国内全年社会消费品零售总额为380 987亿元。

**表 7-6　2018 年粤港澳大湾区国内贸易与对外经济情况①**

| 城市 | 社会消费品零售总额/亿元 | 进出口总额/亿元 | 出口总额/亿元 | 进口总额/亿元 | 进出口差额/亿元 | 外商直接投资项目/个 | FDI/亿美元 | 增长速度 |
|---|---|---|---|---|---|---|---|---|
| 香港 | 4 111.86 | 75 250.04 | 35 238.19 | 40 011.85 | -4 773.66 | — | 1 107.00* | -5.3% |
| 澳门 | 634.71 | 845.41 | 100.76 | 744.65 | -643.89 | — | 3.75* | -7.3% |
| 广州 | 9 256.19 | 9 810.15 | 5 607.58 | 4 202.57 | 1 405.01 | 5 376 | 66.11 | 5.1% |
| 深圳 | 6 168.87 | 29 983.74 | 16 274.69 | 13 709.05 | 2 565.64 | 14 834 | 82.03 | 10.8% |
| 珠海 | 1 160.64 | 3 246.28 | 1 887.13 | 1 359.15 | 527.98 | 3 973 | 23.92 | -1.7% |
| 佛山 | 3 615.95 | 4 599.30 | 3 527.40 | 1 071.90 | 2 455.50 | 751 | 45.73 | 181.8% |
| 惠州 | 1 478.97 | 3 334.71 | 2 208.89 | 1 125.82 | 1 083.07 | 2 006 | 63.49 | -8.1% |
| 东莞 | 2 905.61 | 13 418.70 | 5 463.06 | 7 955.64 | -2 492.58 | 1 400 | 13.61 | -20.8% |
| 中山 | 1 490.79 | 2 341.88 | 1 801.97 | 539.91 | 1 262.06 | 584 | 5.27 | 3.5% |
| 江门 | 1 407.58 | 1 473.30 | 1 123.10 | 350.20 | 772.90 | 467 | 7.34 | 43.7% |
| 肇庆 | 866.70 | 389.90 | 237.70 | 152.20 | 85.50 | 1 165 | 9.44 | 62.6% |
| 粤港澳大湾区 | 33 097.87 | 144 693.4 | 73 470.47 | 71 222.94 | 2 247.53 | — | 3 302.36 | 24.0% |

注：*为 2017 年数据。

## 7.3　粤港澳大湾区高等教育发展概况

当前，粤港澳大湾区已经集聚了大量高等教育优质资源，拥有众多高水平大学。②粤港澳三地共集聚 180 余所高等院校，广东省九市、香港、澳门高校的数量分别是 141 所、20 所和 10 所。明确大学在区域高等教育结构中的地位和在各项战略中的任务是办学的前提，大学需要根据自身的角色确定不同的办学重点。粤港澳大湾区高等教育类型丰富、层次多样、互补性强，各高校与科研院所之间交流与合作频繁，世界级大学集群发展得天独厚。③ 粤港澳大湾区高等教育发展的主要优势主要体现在四个方面：一是文化多元化，包括港英时期的殖民文化遗产、葡澳殖民文化遗产以及珠三角的岭南文化；二是经济多体化，表现为粤港澳不同的经济发展战略定位上；三是社会发展

① 资料来源：香港特别行政区政府统计处（2018）、澳门特别行政区统计暨普查局（2018）及广东省九市国民经济与社会发展统计公报（2018）。

② 卓泽林. 粤港澳大湾区高等教育枢纽建设：基础、困境与对策［J］. 国家教育行政学院学报，2019（12）：41-48.

③ 全球化智库. 粤港澳大湾区人才发展报告［EB/OL］.［2019-06-25］. http://www.ccg.org.cn/dianzizazhi/yuegangao201812.pdf.

的多层化，粤港澳三地经济发展的成熟度依次为法制建设较完善的香港社会、完善中的澳门社会以及发展中的珠三角九市；四是高等教育发展梯度化，形成了香港高等教育体系高度成熟，澳门高等教育具有后发优势，广东省九市高等教育蓄势待发的差序发展的格局。① 其中广州、香港、澳门拥有的高等教育资源最为丰富（见表7－7和表7－8）。

**表7－7　粤港澳大湾区广东省内城市优质高等教育资源②**

| 城市 | 广东省高水平大学建设 | | 国家“双一流”建设 | | 高水平理工高校 | 中外合作办学机构（含内地与港澳台地区合作办学机构） |
|---|---|---|---|---|---|---|
| | 重点建设高校 | 重点学科建设高校 | 一流大学建设高校 | 一流学科建设高校 | | |
| 广州 | 中山大学、华南理工大学、暨南大学、华南农业大学、南方医科大学、华南师范大学、广东工业大学 | 广州中医药大学、广东外语外贸大学、汕头大学、广东海洋大学、广州大学、广州医科大学 | 中山大学、华南理工大学 | 中山大学、华南理工大学、暨南大学、广州中医药大学、华南师范大学 | — | 暨南大学伯明翰大学联合学院 |
| 深圳 | — | 深圳大学 | — | — | 南方科技大学 | 香港中文大学深圳校区、深圳北理莫斯科大学 |
| 佛山 | — | — | — | — | 佛山科学技术学院 | — |
| 东莞 | — | — | — | — | 东莞理工学院 | 东莞理工学院法国国立工艺学院联合学院 |
| 珠海 | — | — | — | — | — | 北京师范大学－香港浸会大学联合国际学院、中山大学中法核工程与技术学院 |

① 王洪才．粤港澳大湾区高等教育发展：特色化、优质化、差异化［R］．广州：第一届粤港澳大湾区高等教育论坛，2018－05－20．

② 焦磊．粤港澳大湾区高校战略联盟构建策略研究［J］．高教探索，2018（8）：20－24．

**表 7－8　港澳高等教育资源①**

| 特区 | 公立 | 私立 |
| --- | --- | --- |
| 香港 | 香港大学、香港中文大学、香港浸会大学、岭南大学、香港理工大学、香港城市大学、香港科技大学、香港教育大学、香港公开大学、香港高等科技教育学院、香港演艺学院 | 香港树仁大学、珠海学院、恒生管理学院、东华学院、明爱专上学院、明德学院 |
| 澳门 | 澳门大学、澳门理工学院、澳门旅游学院、保安部队高等学校 | 澳门城市大学、圣若瑟大学、镜湖护理学院、澳门科技大学、澳门管理学院、中西创新学院 |

### 7.3.1　广东省九市高等教育发展概况

广东九市高等教育一直进行着制度创新的有益探索。广东九市集聚了 55 所本科院校、74 所专科院校、3 所管理干部学院、3 所广播电视大学以及 6 所职工高校，占据着全省 2/3 的高校资源，具体高校数量占比如图 7－7 所示。值得注意的是，这个区域在高等教育方面曾经做出了三个“全国率先”：一是率先建立一批位于中心城市的新大学，大大缓解经济社会发展对人才的需求；二是率先实行省部共建一流大学的试验；三是率先开展大学城运动。②

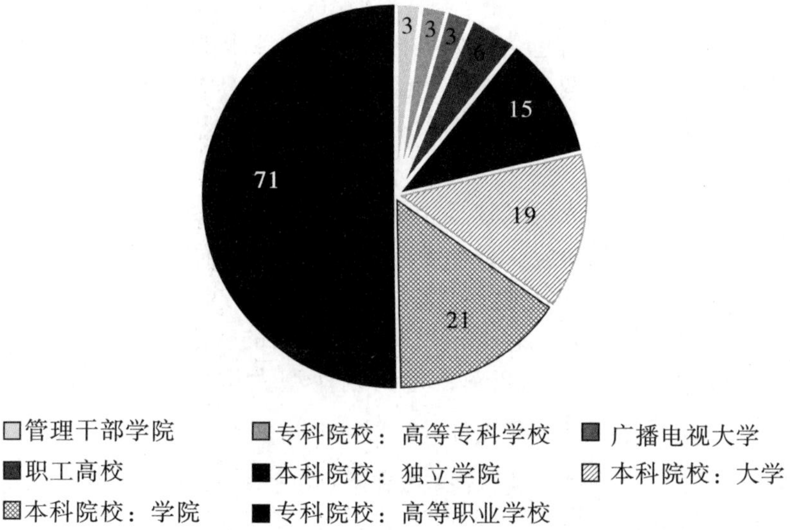


**图 7－7　粤港澳大湾区广东省九市高等院校数量分布情况③**

---

① 焦磊. 粤港澳大湾区高校战略联盟构建策略研究［J］. 高教探索，2018（8）：20－24.

② 陈昌贵，陈文汉. CEPA 与粤港澳高等教育的制度化合作［J］. 高等教育研究，2004，25（1）：39－42.

③ 资料来源：根据广东省教育厅相关数据绘制。

目前，粤港澳大湾区已有广东省高水平大学13所，其中7所为重点建设高校，6所为重点学科建设高校。广东高等教育学科（特别是基础学科）门类齐全，人文社会学科的研究得到重视，并且拥有庞大的生源市场。2015年11月，国务院印发《统筹推进世界一流大学和一流学科建设总体方案》。四年来，粤港澳三地不断加快贯彻落实“双一流”建设战略。目前，中山大学、华南理工大学、暨南大学、广州中医药大学、华南师范大学已进入一流大学建设高校和一流学科建设高校阵营中。其中，一流高校建设2所，一流学科建设高校5所，一流学科18个，占全国“双一流”建设数量的比重依次为4.7%、5.3%和13.1%。① 需要注意的是，要客观分析研究型大学与应用型大学在粤港澳大湾区的作用。研究型大学把研究作为大学的重要职能，并与教学相结合，固然有世界一流大学。一流大学主要是指在某一区域或某一学科领域教育实力雄厚、拥有极大声誉、排名在前列的大学，这就意味着一般大学和职业院校也有一流大学，其一流只是与研究型大学的领域不同而已。比如顺德职业技术学院、深圳职业技术学院、番禺职业技术学院等高校，也在国内职业院校排名前列，共同推动广东一流大学的多样化、层次化发展。②

深圳、佛山和东莞各有一所高水平理工高校。珠三角的高校中，中外合作办学已不鲜见，算上内地与港澳台的合作的话，目前已有7所境内外合作办学机构。

广州市有中山大学、华南理工大学等综合实力强劲的一流高校；深圳市则大力引进优质高教资源，清华大学、北京大学、中国科学院大学、哈尔滨工业大学、中国人民大学、中山大学等中国一流大学在深圳设立校区或研究院。目前，新一轮的广东高等教育改革需要走市场化、特色化、分类化、差异化和国际化之路，面对量多质低的问题，广东高校需要与港澳两地合作，争创世界一流的高等教育顶层设计，打造更多的高水平大学。广东“双高大学”“高水平理工大学”建设及应用型大学建设体现了大学分类管理的思想。③

对于地方高校而言，在大湾区建设中同样面临不少的机遇。首先，通过实施蓝海战略，重新定位并划定市场边界，目标导向于教育接受者而非竞争者，化被动为主动，从而以多元化的方式拓展市场领地。其次，走创业型大学之路，通过发展强有力的驾驭核心、拓宽的发展外围、多元化的资助基地、激活的学术心脏地带、整合的创业文化等方式④，突破象牙塔大学的樊篱，走向创业型大学的广阔天地⑤。第三，基于

---

① 鲁巧巧，劳汉生. 粤港澳大湾区高等教育的国际比较与角色定位分析［J］. 教育探索，2018（6）：54－59.

②③ 戴春晨，邢佳慧. 中山大学粤港澳发展研究院许长青：广东高等教育改革需分类管理 应用型大学也有机会［EB/OL］.（2017－01－20）［2019－08－03］. http://finance.sina.com.cn/roll/2017-01-20/doc-ifxzunxf1520960.shtml.

④ 邹晓东，陈汉聪. 创业型大学：概念内涵、组织特征与实践路径［J］. 高等工程教育研究，2011（3）：54－59.

⑤ 付淑琼. 大学进取与变革的路径——论伯顿·克拉克的创业型大学观［J］. 教育研究，2010，31（2）：63－67.

SWOT 分析的战略选择。简单而言，即走自己擅长的路，摒弃不擅长的部分。①

### 7.3.2 港澳高等教育发展概况

无可非议，香港拥有世界级的优质大学，有 5 所排行全球 100 名以内的公立大学。在 2018 年世界大学学术排名中，粤港澳大湾区的 17 所大学进入排名行列（见表 7 -9）。香港上榜高校整体较前，并且在 2019 年 QS（Quacquarelli Symonds，夸夸雷利·西蒙兹，国际教育咨询机构）世界大学综合排名前 100 名中，香港大学（第 25 位）、香港科技大学（第 37 位）、香港中文大学（第 49 位）及香港城市大学（第 55 位）各占一席之地，其中排名前 50 位的 3 所高校还在 2018 年《泰晤士报》高等教育亚洲大学排名前十。香港较好的教学资源和科研能力源自于高水平的人才、资本等软硬条件，能为学生提供优质、多元、灵活的升学途径，在办学模式、课程设置等方面与国际接轨，其战略规划特征体现在环境、技术和资源要素等多方面，特别是原始创新、基础创新能力较强。如香港科技大学、香港中文大学和香港城市大学等 3 所高校洞悉全球环境及技术变革，面向世界设立卓越目标，具有特色的发展要素以及有针对性的发展保障，在竞争环境中发挥大学的学术自主性，并战略规划转化为利益相关者的集体行动，从而有效地推进世界一流大学建设的进程。② 香港科技大学公共政策研究院院长吴逊认为，在大湾区高校合作发展中，香港真正一流的国际高校或许可以借鉴美国加利福尼亚加州大学的办学体系，在大湾区内开办具有规模的分校。③ 同时，面对激烈的国际竞争，香港需要稳定现有国际地位，与内地高校加强合作，不失为在科研经费、生源培养、科研成果转化等方面谋求长远有力支持的一种双赢方式。④

澳门是粤港澳大湾区西岸唯一的中心城市，注重休闲旅游业，有充足的科研资金做保障，10 所可颁授学位的高等教育院校，既注意从澳门实际出发体现自身特色，又注重与国际接轨，在拉丁语系等专业有明显优势。⑤⑥ 其中澳门大学是实力最强的综合性大学，目前正打造粤港澳大湾区西岸科技创新中心，辐射周边。澳门高校一直主动

---

① 观点来自于 2017 年 11 月 8 日中山大学许长青教授在广东财经大学华商学院发表的题为《精准定位大学角色，助力粤港澳大湾区建设》的演讲，参见 http://ggx. gdhsc. edu. cn/info/1239/2530. htm.

② 全守杰，王运来. 世界一流大学战略规划的文本及行动转化研究：以香港 3 所大学为例 [J]. 中国高教研究，2017（11）：24 -29.

③ 胡若璋. 大湾区两模式助港高校保持国际领先优势 [EB/OL].（2018 -05 -20）[2019 -08 -03]. http://news. takungpao. com. hk/hkol/topnews/2018 -05/3570883. html.

④ 吕光一. 粤港澳大湾区高等教育融合发展需求迫切　专家建议组建湾区联合大学 [EB/OL].（2018 -11 -06）[2019 -08 -03]. http://www. gznsnews. com/index. php? a = show&c = index&id = 1942&m = special.

⑤ 陈昌贵，韦惠惠. 粤港澳合作：广东高等教育体制创新的重要选择 [J]. 高等工程教育研究，2008（5）：64 -67，89.

⑥ 陈昌贵，陈文汉. CEPA 与粤港澳高等教育的制度化合作 [J]. 高等教育研究，2004，25（1）：39 -42.

融入大湾区建设战略大局中来，积极响应《规划纲要》，发挥西岸高等教育的示范作用。如率先与华南理工大学开展粤港澳大湾区内高校合作的首个双向双学位本科联合培养项目，探索教育协同创新路径。但整体而言，无论是数量还是质量，澳门高校的整体实力较于香港仍很弱。

**表 7-9　2018 年世界大学学术排名中粤港澳大湾区高校情况①**

| 城市/特区 | 大学 | 排名 | 总数/所 |
|---|---|---|---|
| 香港 | 香港大学 | 101~150 | 6 |
| | 香港中文大学 | 151~200 | |
| | 香港城市大学 | 201~300 | |
| | 香港理工大学 | 201~300 | |
| | 香港科技大学 | 201~300 | |
| | 香港浸会大学 | 501~600 | |
| 广州 | 中山大学 | 101~150 | 7 |
| | 华南理工大学 | 201~300 | |
| | 暨南大学 | 501~600 | |
| | 南方医科大学 | 501~600 | |
| | 广州医科大学 | 701~800 | |
| | 华南农业大学 | 801~900 | |
| | 华南师范大学 | 801~900 | |
| 澳门 | 澳门科技大学 | 501~600 | 2 |
| | 澳门大学 | 501~600 | |
| 深圳 | 深圳大学 | 501~600 | 2 |
| | 南方科技大学 | 501~600 | |

### 7.3.3　粤港澳大湾区高等教育合作概况

根据《规划纲要》要求，推动教育合作发展，要支持粤港澳高校合作办学，充分发挥粤港澳高校联盟的作用，提供推动学分设置、交换生安排等方面的合作交流条件②，引进世界知名大学和特色学院，来推进粤港澳高校的“双一流”建设③。

① 资料来源：ShanghaiRanking Consultancy. Academic ranking of world universities [EB/OL]. [2020-07-19]. http://www.shanghairanking.com/ARWU2018.html.

② 顾敏康. 发挥湾区制度优势　助推“一带一路”建设 [N/OL]. 南方日报，2019-03-18 [2020-07-19]. http://epaper.southcn.com/nfdaily/html/2019-03/18/content_7786753.htm.

③ 中共中央，国务院. 粤港澳大湾区发展规划纲要 [EB/OL]. (2019-02-18) [2020-07-19]. http:www.gov.cn/zhengce/2019-02/18/content_5366593.htm#1.

粤港澳高等教育类型丰富、各具特点，可相互借鉴、共建共享。各地的高校和科研机构具有很强的互补性，地域文化特征的同质性也为高校集群的建设打下了很好的基础。具体来看，香港有排名较前的大学，拥有更多的高校自主权，国际化的环境、成熟的法律以及低税率；澳门拥有自身优质的旅游资源，注重培养高水平中葡双语人才；珠三角拥有完善的产业链、科技创新企业、制造业的生态环境，人才、资金充足，正在向创新发展路径上发力。内地为港澳释放了改革红利，同时也提供了三地高校合作的机遇。由于历史等原因造成的文化异质性也为三地形成整合互补的可能性。

早在2000年，香港理工大学就入驻了深圳虚拟大学园，成立了香港理工大学深圳研究院，以“虚”“实”结合的方式成为首个在深圳办学的香港教育机构。① 此后，香港科技大学、香港城市大学、香港中文大学、香港大学以及香港浸会大学等5所香港高校纷至沓来，陆续在深圳设立了研究院。2005年，北京师范大学和香港浸会大学在珠海共同创立了北京师范大学－香港浸会大学联合国际学院。

2016年11月，由中山大学首倡，并与香港中文大学、澳门大学共同发起创立了粤港澳高校盟。② 目前，粤港澳三地共有28所高校加入，包括华南理工大学等12所广东高校，香港大学、香港城市大学等9所香港高校，以及圣若瑟大学、澳门科技大学等7所澳门高校。

广泛实施区域教育联盟是高等教育合作制度创新的重要形式，美国的区域高校联合体和跨州或全国性的高等教育联盟、欧洲的“教育行动计划”、非洲的高等教育一体化战略等典型案例，充分表明高等教育联盟在推动区域高等教育合作方面发挥的重要作用。粤港澳高校联盟因推动资源整合而兴，在此基础上催生的各种专业子联盟进一步拓展了联盟高校合作内容，规范了湾区高等学校合作模式，以大学集群战略让粤港澳高水平大学学科优势得到了最大限度的发挥。③ 高校联盟对于建设粤港澳大湾区高水平学科群意义非凡，在协同的步调下，扩大高校集群效应和实现三地高等教育高水平合作、高质量发展未来可期。粤港澳大湾区高校联盟的成立不仅为大湾区打造成为世界重要的高等教育中心和创新人才培养高地提供支撑，对于中国高等教育改革也具有重大意义。

为推动联盟高校合作的实质化进程，2017年高校联盟三大发起方成立粤港澳高校图书馆联盟，通过文献传递、馆际互借等方式促进优质图书资源的共建共享。第三届粤港澳高校联盟年会暨校长论坛上，粤港澳高校联盟还签约成立了三大专业联盟，即由澳门大学、中山大学、南方医科大学、香港中文大学及香港大学共建的“粤港澳高校公共卫生联盟”；由澳门大学、广州中医药大学及香港浸会大学共建的“粤港澳中

---

① 胡罡，罗剑平．粤港高校科技合作的主要障碍及对策——香港高校深圳研究院的视角［J］．中国高校科技，2016（8）：37－39.

② 李晶．改革开放四十年来粤港澳高等教育合作的回顾与前瞻［J］．现代教育论丛，2019（5）：42－48.

③ 许长青．高水平合作，高质量发展，推动粤港澳大湾区建设［J］．现代教育论丛，2019（1）：8－11，20.

医药联盟”以及由澳门大学、中山大学和香港中文大学共建的“粤港澳高校中文联盟”。三大专业联盟将整合三地高校各自的专业优势，发挥强强联合的积极作用，打造湾区的教育高地、人才高地。

此外，在广东省教育厅的指导下，中山大学、华南理工大学等11所高校联合发起成立了粤港澳大湾区高校在线开放课程联盟，现联盟成员高校达到了62所。据其官网数据，截至2019年7月31日，官网总访问量达89 588次，学习人次有10 496人，课程数557门。“联盟将着力打造粤港澳大湾区高校课程建设和应用的共同体，努力建设成为国内领先的课程联盟，为世界提供高等教育的中国方案和高校人才培养的中国模式。”①

同时，粤港澳高校积极创造条件相互招生，加强学术联系，形成“2+2”模式、交换生交流、师资交流合作以及短期暑期师生交流等联合人才培养的创新方式，向着加快建设“一小时学术圈”而努力。② 例如，为配合特区政府“发展科技创意产业、建设智慧城市”的战略需求，2018年，澳门大学与中山大学合作成立“教育部联合重点实验室”，在“化学合成、光电与能源材料”等研究领域加强合作和发展。至今，粤港澳大湾区高等教育的合作项目约有190项，体现了三地高校教育的良好互动。

### 7.3.4 粤港澳大湾区高等教育建设存在的问题

首先，尽管粤港澳大湾区高校和在校大学生数量庞大，但大湾区内现有高等教育水平仍不足以支撑区域高质量发展。这种不足首先体现在资源空间分布上，香港的高等教育水平较高，广州次之，澳门、深圳与珠海紧随其后，但其他城市基础依然相当薄弱。而即使是几所龙头高校也都还有很大提升空间。

其次，粤港澳三地大学教育存在的瓶颈各有不同。广东高等教育规模大，但是优质高等教育资源落后于北京和上海③，培养人才水平欠缺，现代化和国际化水平都有待加强；香港拥有世界知名院校，但科技成果转化水平低，且办学空间有限、优质生源不足④；澳门则科研氛围不浓郁，存在人文社科教育相对薄弱、高级人才培养受限等问题。此外，大湾区内高校、科研机构、企业良性协同创新格局尚未形成，技术资源配置能力偏低，科技成果转化渠道还不够通畅，阻碍了创新体系整体效能的进一步提升。⑤ 这一现象在香港尤为明显，科技创新产业薄弱的短板已经导致其综合竞争力下滑。香港科技大学公共政策研究院吴逊指出，现今国际上一流高校竞争压力很大，

---

① 参见粤港澳大湾区高校在线开放课程联盟官网中“联盟简介”一栏。http://www.gdhkmooc.com/portal/news/notice?pid=342&typeid=2490.

② 卢建红．粤港高校人才培养深度合作路径探析［J］．现代教育论丛，2017（4）：38-43.

③ 许长青．广州建设国际创新枢纽的发展战略与路径选择思考：基于粤港澳大湾区高水平大学科技合作的视角［J］．广东经济，2018（1）：80-84.

④ 王静田．国际湾区经验对粤港澳大湾区建设的启示［J］．经济师，2017（11）：16-18，20.

⑤ 卢晓中．推动粤港澳大湾区教育合作发展的思考［J］．中国高教研究，2019（5）：54-57.

在未来10到20年内，香港高校要保持现有的学术水准并不容易。① 目前，粤港澳大湾区与世界一流湾区的差距主要表现在科技创新的软实力上。要发挥高水平大学的作用，实施增长战略、联盟战略、整合战略、特色化战略和信息化战略，谋篇布局，打造全球科技创新中心。

最后，湾区各城市间的高校合作并非畅通无阻，互相之间依然存在着一些鸿沟和壁垒。较之于世界一流湾区，因三地社会制度、法律体系、要素流通管制、关税安排等方面的差异，粤港澳大湾区的独特性决定其一体化发展的关键在于湾区内高等教育的融合。② 但现实问题是，宏观层面的“一国两制”、三关税区、三套法律体系下，三地教育制度也各有不同，微观层面的大学办学自主权、校长战略领导力、高校行政管理体制等环境因素的存在，形成湾区高校深化合作的阻滞效应。三地原有的高等教育交流与合作往往流于浅层次和碎片化，体现为自发性与零散化的交流、互访、学术会议等活动，难以取得突破性的成效。例如，港澳在内地开设分校或联合办学面临诸多制约，审查通过难度极大，合作办学只能是想方设法绕过相关政策打擦边球。如此既增加高校合作办学的风险，也不利于广东高校与港澳高校合作的深入，极大地打击了双方合作办学的积极性③。央地政府一向以来推动的合作主要是经贸方面，而教育文化合作往往被边缘化，缺乏配套的政策措施和实施细节，鲜有大视野、大手笔、大动作的项目产生④。此外，从高校整体实力来看，广东高校与港澳两地高校存有较大差距，决定了三地在高等教育合作的不对等关系。⑤ 随着经济社会融合脚步加快，三地的高等教育合作迫切需要提升到深层次的、全面而制度化的层面。不过，与美日高度成熟的世界级湾区相比，粤港澳大湾区在教育和科技领域不过刚刚起步，共享合作机制仍不完善，“产学研”体系建设任重道远。

## 7.4 大学在粤港澳大湾区发展中的角色与作用

美国《在线》杂志率先提出了“全球科技创新中心”的概念，并认为地域性高校和研究机构应具备培养技能或开发新技术的能力。⑥

---

①③ 卢静怡. 院士吁港大学湾区扩容设分校[EB/OL].(2018-05-21)[2019-08-03]. http://news.takungpao.com/paper/q/2018/0521/3571013.html.

② 许长青，黄玉梅. 制度变迁视域中粤港澳大湾区高等教育融合发展研究［J］. 中国高教研究，2019（7）：25-32.

④ 许长青. 高水平合作，高质量发展，推动粤港澳大湾区建设［J］. 现代教育论丛，2019（1）：8-11，20.

⑤ 吕光一. 粤港澳大湾区高等教育融合发展需求迫切 专家建议组建湾区联合大学[EB/OL].(2018-11-06)[2019-08-03]. http://www.gznsnews.com/index.php?a=show&c=index&id=1942&m=special.

⑥ 安璐. 全球科技创新中心：内涵、要素与发展方向［J］. 人民论坛·学术前沿，2020（6）：6-15.

高等教育作为公共产品，具有显著的正外部性。当前，高等教育对知识的生产起到了决定性作用，并已经成为直接参与经济发展的重要因素。世界级、地区级的大学集群将成为区域崛起的重要支撑，纵观国际一流湾区，其稳健发展的基石均是世界级的城市集群。要建成世界一流的大湾区，必须具备六个要素：国际金融中心、世界制造中心、科技创新中心、卓越的公共服务、创新驱动、知识产权保护。从社会学的角度，大学在社会上始终扮演着人才园、创新源、孵化地、思想库、国际窗的角色，所以大学在世界湾区建设要素的实现中，有着不可或缺的作用。① 因此，要把粤港澳大湾区建成创新高地和参与全球竞争，就必须充分发挥大学的主体作用，为三地发展提供智力支持和人才保障。

在粤港澳大湾区建设中，区域内各高校要守本固位，明确自身的所要扮演的角色和需要承担的社会责任；同时要与时俱进，紧跟国家战略与社会对大学期待的变化，瞄准时代需求，在不同角色中转换自如，避免角色冲突，从而持续不断地优化高等教育专业结构和人才培养结构，达到与产业结构长期均衡关系的目的。具体地说，大学在粤港澳大湾区发展中的角色与作用主要体现为三个方面：一是储备人力资本，为经济发展输送优质人才；二是培育智库核心增长极，推动产学研相结合；三是增强区域联系，提高对外开放水平。

### 7.4.1 储备优质的人力资本

人力资源是经济发展的基础资源。面对“中等收入陷阱问题”的困扰，广东省产业转型升级的核心在于通过三地的合作来提升高校教育质量，从而提升劳动力的知识和技能水平。②

创新是大学最本质的特征，创新型人才的培养是大学的最根本任务，粤港澳大湾区的建设产生对创新人才、企业发展以及高新科技的研发与应用等方面的特别需求。③ 随着《关于加强粤港高等教育交流合作备忘录》签署，粤港澳高校联盟成立，三地高校科研合作不断向纵深推进，科技创新资源优势互补和共建共享机制日趋完善，为湾区建设提供了强有力的创新型人才培养平台。2015 年，中山大学还成立了粤港澳研究院，以一流的研究成果为粤港澳大湾区的相关决策提供智力支持。人才储备是大湾区发展的源头活水，为知识经济发展提供了有力保障。

培育新的经济增长极意味着粤港澳大湾区应该供给更高质量的人力资本。④ 大湾

---

① 观点来自于 2017 年 11 月 8 日，中山大学许长青教授在广东财经大学华商学院开展的《精准定位大学角色，助力粤港澳大湾区建设》讲座，http://ggx.gdhsc.edu.cn/info/1239/2530.htm.

② 黄崴．建立粤港澳大学联盟：打造世界高水平科研和人才培养高地［J］．高教探索，2016（10）：18－21，31.

③ 许长青．大学在粤港澳大湾区建设中的角色与作用：访香港科技大学校长陈繁昌教授［J］．国家教育行政学院学报，2018（12）：17－24，95.

④ 李晶，刘晖．粤港澳大湾区高等教育整合的逻辑与进路［J］．高等教育研究，2018，39（10）：31－36.

区内高校可以按需办学，因地制宜，分层次、有重点地投放办学资源，有针对性地培养学生。如地处深圳的深圳大学、中山大学深圳校区、南方科技大学等高校，都根据当地产业特色，对专业设置、招生规模和办学资源投入方面进行了调整，向通信设备制造、电子信息、人工智能等先进科技产业进行了适当的倾斜，为当地的科创企业提供不断的创新人才资源。此外，在输送优质人才的同时，大学也会因其提供的各种优越的基础设施配置吸引优质人才集聚于此，为经济发展输送更多的高素质劳动力资源。

### 7.4.2 推动产学研相结合

大学在承担基础研究和教学工作的同时，也要满足社会对大学推动科研成果转化等方面的期待。① 在为促进发展势头强劲的科创产业发展提供创新环境的同时，世界一流学府开展的大量科学技术研发与科技成果转化工作，推动了产学研相结合。高素质的高校集群往往伴随着各类的科学研究和科技园区，为创新与科研能力提供良好的成长空间，催生一系列的知识产业化成果，形成企业与高校良好的互动关系。广州在大湾区内的发明专利联合申请中有2/5 都与中山大学、华南理工大学、暨南大学和华南师范大学有关，这直接反映出高校提供创新人才资源培养上的重要性。② 深圳由于高等教育极其稀缺，采用移植的办法吸纳全国优质高校前来建设分校，保证创新型企业雇用到研究人员和发明者，并能源源不断地获得新思想。③

高水平研究机构推动了哲学社会科学、人文社会科学以及交叉学科等研究领域的创新，孕育出了与国际接轨的先进技术。④ 粤港澳大湾区要实现由“制造”向“智造”的转型，就需要通过世界一流的高等教育与产业界共建研究机构和经营实体，加强项目合作。大学与企业的良好互动将定制人才与项目开展相结合，把创新发展力转化为生产持续力。例如，依托霍英东研究院、深圳先进集成技术研究所、香港大学深圳医院等形成企业和大学的联盟。⑤ 2018 年年底，广州市还与港科大签署合作办学协议，将研究院落户于广州南沙，建立技术成果转化平台⑥；深圳市政府和北京大学合作，设立产学研的孵化机构，解决了毕业生的就业问题。值得一提的是，中小企业往

---

① 许长青. 大学在粤港澳大湾区建设中的角色与作用：访香港科技大学校长陈繁昌教授 [J]. 国家教育行政学院学报，2018（12）：17 -24，95.

② 汇丰银行. 2018 中国企业创新发展报告：粤港澳大湾区企业创新环境分析[EB/OL].(2018 - 11 - 30)[2019 - 08 - 03]. https://www. business. hsbc. com. cn/-/media/library/markets-selective/china/pdfs/gba-innovation-environment-analysis. pdf.

③ 孙丽昕. “双区驱动”背景下的深圳高等教育发展策略 [J]. 高教探索，2020（8）：14 - 18，25.

④⑤ 王坤. 珠港澳高等教育联动发展的对策研究——基于创新驱动发展战略背景 [J]. 特区经济，2017（9）：21 -26.

⑥ 柳时强. 广州南沙全力建设大湾区重大合作平台 [EB/OL]. (2019 - 10 - 22)[2020 - 07 - 19]. http://economy. southcn. com/e/2019 - 10/22/content_189289191. htm.

往面临融资困难的情况，但它可以通过与大学的合作寻求政府联合科研基金。① 此举不但能突破资金的流动性约束，还能大大缩短科研成果转化的周期，调动高校科研积极性与创造性的同时，推动中小型创新企业的发展。

### 7.4.3 提高经济开放与合作水平

高等教育发展水平是一项软实力，已经从过去的社会边缘走到社会中心，成为粤港澳大湾区经济增长和社会发展的新引擎，直接影响其在世界上的综合实力地位。

同时，大学的使命不仅包括培养学生和创造知识，也在于社会服务，全面融入社会发展的有机体中。② 在建设粤港澳大湾区高校联盟的基础上，大学紧跟经济发展步伐，逐步推进专业与产业、职业岗位对接，学历证书与资格证书对接，职业教育与终身学习对接。③④。粤港澳大湾区内的高校可通过与其他区域内高校的互动有利于促进区域间的经济交流与合作，增强区域内经济活力与国际竞争力。尤其是在三个关税区和三种货币体系的情况下，粤港澳三地教育上的合作能促进生产上的合作，以国际化的港澳经济引领广东省九市的本土化经济，打破经济发展壁垒。

此外，香港集聚了众多世界一流大学，但是科技创新竞争力尚有不足，而深圳科技创新领域较为突出，但支撑高新技术产业进一步发展的高等教育发展动力不足。⑤ 不同地区的高校之间的优势互补，共同打造教育文化的高地，可促进相互之间市场优势的紧密结合，丰富文化传承与国际交流的社会服务，推动产业分工的协调运转，从而实现大湾区建设成为国际一流湾区和世界级城市群。

### 7.4.4 坚持"一国两制"，推动融合发展

粤港澳大湾区纳入国家战略的时间节点恰逢香港回归和"一国两制"实践 20 周年之际，此举对于三地乃至国家的长足发展均具有十分重大的现实意义与历史意义。

20 多年的实践证明，邓小平同志提出"一国两制"构想，在为祖国的全面统一奠定基础的同时，也开创了全新的政治理论先河。"一国两制"不仅为回归后港澳两地的繁荣稳定提供了制度保障，也不断为珠三角九城市引领中国改革开放、创造"经济

---

① 戴春晨，邢佳慧．中山大学粤港澳发展研究院许长青：广东高等教育改革需分类管理　应用型大学也有机会[EB/OL].(2017－01－20)[2019－08－03]. http://finance. sina. com. cn/roll/2017-01-20/doc-ifxzunxf1520960. shtml.

② 许长青．大学在粤港澳大湾区建设中的角色与作用：访香港科技大学校长陈繁昌教授［J］．国家教育行政学院学报，2018（12）：17－24，95.

③ 王启洋．按照五对接原则建设课程体系探索与实践［J］．教育教学论坛，2012（12）：186－187.

④ 王正万．构建以职业能力培养为核心的高职教育开放课程体系［J］．教育教学论坛，2017(30)：252－254.

⑤ 袁宏舟．浅析香港在粤港澳大湾区建设中的作用［J］．宏观经济管理，2018（2）：56－60.

奇迹”释放制度红利。[①] 在党的十九大报告中，习近平总书记再次提出“坚持‘一国两制’，推进祖国统一”，为今后一段时间内继续保持港澳繁荣发展，推动国家治理能力和治理体系现代化提供了有力的理论后盾。

《规划纲要》的出台意味着“一国两制”新版本建设期已经来临。粤港澳大湾区战略回应了“一国两制”的内在国家理性，即国家对港澳的高度自治授权与港澳对国家的持续贡献力的张力问题。基于政治权力运行逻辑，中国共产党作为执政党，从顶层设计的高度进行规划，以大湾区的形式使三地进一步统合。[②]

这一实践前无古人，前进的道路也不会一帆风顺。[③④] 经过多年的互动，三地发展的内生性矛盾逐步暴露。由于历史原因，三地实行两种教育体系，教育水平和教育理念存在较大的差距，高校之间存在不同程度的同质化竞争和资源错配问题。

这些问题单靠传统的交流对话难以解决，必须要寻找粤港澳大湾区高等教育“融合发展”的新路径，以此产生湾区建设的积极效应。《规划纲要》中已经为三地融合发展提供了最为完整而健全的实践框架，以深化合作模式来充分调动港澳同胞的国家认同意识和深化身份的融入，促进内地与港澳地区经济、社会、文化、思想的共同发展。具体到高等教育领域，融合发展将是一条必经之路。融合是一种继合作、协同、联盟等阶段之后的动态演变，意指和谐共处状态。

粤港澳大湾区高等教育融合发展，意味着湾区内高等教育合作模式的根本转变。过去，各个高校各自为营，合作重在取长补短；而现在，高校和地方教育部门在合作中需要摆脱既有思维，站在更高高度，着眼区域发展进行优势互补，主动寻找三地之间的共同利益。[⑤] 通过体制机制创新，搭建基于政府、高校、社会互动模式的融合平台，形成一体化的利益共同体、发展共同体；以深化产教融合机制为抓手，以高质量的知识与技术资源为中心，依赖政策推动平台建设，构建以“高校集群－产业集群”为主导的融合发展模式，充分运用现代信息技术尤其是大数据技术，促进融合发展的多样化、便捷化与精准化。[⑥]

具体到湾区高等教育融合，其发展具有交互性、开放性、共治性及情感性特征。交互性体现为各高等教育发展主体在融合“场域”关系中获取资源，发展自我。开放性体现在大规模、多样化的主体参与高等教育合作实践，这是高等教育融合发展的重要体现，契合了大湾区合作的发展性思维。情感性体现出融合是一种对话，是双方向

---

① 邢立军，徐海波. 论岭南文化精神与港人国民意识的建构［J］. 广西师范大学学报（哲学社会科学版），2015，51（4）：20－27.

② 冯国芳. 政治关系和谐与构建和谐社会［J］. 理论探讨，2006（5）：33－35.

③ 中国新闻网. 习近平在澳门特别行政区政府欢迎晚宴上的致辞（全文）［EB/OL］.（2019－12－19）［2020－07－19］. http://www.chinanews.com/gn/2019/12-19/9038576.shtml.

④ 张紧跟. 论粤港澳大湾区建设中的区域一体化转型［J］. 学术研究，2018（7）：58－65.

⑤ 钟嘉仪. 协同创新发展，探索高等教育合作路径［J］. 广东教育（综合版），2018（8）：20－21.

⑥ 许长青，卢晓中. 粤港澳大湾区高等教育融合发展：理念、现实与制度同构［J］. 高等教育研究，2019，40（1）：28－36.

的互动与融入，不仅是一种物理上的融合，而且体现在认知、情感、态度、倾向等社会心理的融合。①

“强制性+诱致性”的混合制度变迁促成粤港澳大湾区高等教育融合发展的制度创新。粤港澳大湾区高等教育融合发展的制度变迁力量既来自于政府的强制推力，又源于高校的自身动力。因此，高等教育融合发展的着力点在于政府、高校和整个社会。粤港澳大湾区高等教育融合发展是区域高等教育合作的愿景，它不仅需要政府从实际政策上给予支持，加强湾区高等教育体制机制创新，解决融合发展的制度化与常态化问题；也需要高校之间进行高等教育协同创新，调动各联盟高校自身的主动性与积极性；同时要在整个社会营造出高等教育多元共治的融洽氛围，促进湾区内高校与科研机构、企业等社会主体的良性互动。②

应当看到，“一国两制”是粤港澳大湾区走向国际化的重要基础。③ 粤港澳大湾区建设的实践，丰富了“一国两制”的内涵。从高校合作到产业园区建设，再到跨境项目投资，粤港澳大湾区背景下的高等教育与经济发展正焕发出勃勃生机。粤港澳大湾区的一体化建设，不仅需要硬件配置的互联互通④，更要软件要素的互联互通和协同发展。未来粤港澳大湾区的高校发展，需要在坚持“一国两制”基本原则的基础上，将两制进行转换、衔接、适应，将两制之异变成两制之利，重塑流动性体制和化解现实壁垒，促进人心回归与人才流动，形成高等教育的“同心圆”和融合发展的共识。尤其是港澳两地继续发挥“一国两制”的优势，发挥出作为国际联络人的角色，对标世界一流湾区和一流高校的做法，以国际化标准优化湾区高校的教学理念、师资水平、设施设备、文化氛围、学术声誉等，配合国家战略发挥三地所长⑤，培育高等教育融合发展特色，建设全球科技创新高地和新兴产业重要策源地，加快国家的经济转型升级，引领经济社会高质量发展。

---

① 许长青，卢晓中. 粤港澳大湾区高等教育融合发展：理念、现实与制度同构［J］. 高等教育研究，2019，40（1）：28-36.

② 许长青，黄玉梅. 制度变迁视域中粤港澳大湾区高等教育融合发展研究［J］. 中国高教研究，2019（7）：25-32.

③ 武文卿. 粤港澳大湾区：一国、两制、三个关税区、三种货币［J］. 中国招标，2019（11）：6-8.

④ 毛艳华. 粤港澳大湾区协调发展的体制机制创新研究［J］. 南方经济，2018（12）：129-139.

⑤ 戴春晨，邢佳慧. 中山大学粤港澳发展研究院许长青：广东高等教育改革需分类管理 应用型大学也有机会［EB/OL］.（2017-01-20）［2019-08-03］. http://finance.sina.com.cn/roll/2017-01-20/doc-ifxzunxf1520960.shtml.

# 第8章 五大湾区比较分析



世界银行的有关统计资料显示，全球60%的经济总量集中在入海口，75%的大城市、70%的工业资本和人口集中在距海岸100千米的海岸带地区。地处湾区的大都市往往是区域经济的核心所在。国外许多城市和地区凭借有利的海湾资源与丰富的水陆空立体交通条件，实现了快速发展并崛起为具有全球影响力的大都市，美国的纽约、波士顿、旧金山及日本的东京这四座世界级城市莫不如此；扩展视野进一步探究，美国的西雅图、加拿大的温哥华（这两座城市海湾互通、邻地而居，形成了松散的、跨美加国界的全球第五或第六大湾区"皮吉特－巴拉德湾"，Puget Sound-Burrard Inlet)①、澳大利亚的悉尼、英国的伦敦，这些享有世界声誉的城市都临海湾而建，并以厚实的经济基础、优美的自然环境、开放的文化氛围和便捷的交通系统等著称。

第一次世界大战前后，世界科技逐步从德国转移到美国，而高等教育中心也几乎在同一时期从德国转移到美国。美国三大湾区的发展都离不开当地大学与高等教育系统提供的直接（人才培养、科研及成果转化、决策咨询等）和间接推动（文化软实力、社区建设、社会稳定及多元活力等）。大学的功用在东京湾区和粤港澳大湾区对经济的推动与社会的发展方面同样表现出多元的形式、强大的动力和丰富的潜力。考察比较五大湾区的高等教育系统，大学在湾区经济发展中的作用既有同质的一面，也有诸多异质之处。

## 8.1　大学在湾区经济发展中作用的同质性分析

现代大学体系起源于欧洲，世界大学具有同根同源性。现代大学作为一种组织与制度，从西方逐步扩展到全球各个国家，大学的理想、角色、职能与定位具有很强的超越性，大学运作也遵从一定的通用准则。作为知识传承与创新的精神文化场所，大

① 湾区内同样有卓越的大学与高等教育体系：The University of Washington、The University of British Columbia等都是全球排名前50的顶级学府，有稳健的支柱产业与发达的经济体系：波音、亚马逊等全球大公司的总部或核心组织坐落于此。

学能够在时间的流逝中保持常青的生命力，大学在湾区经济发展中的作用有诸多同质性：首先，知识与创新对经济的全要素增值作用；其次，大学为依托的高端智库对区域发展的深度介入与创新性人才的持续供给；再者，塑造区域文化名片与全球软实力；最后，促进文明多元性、经济多维性与社会生态多样性。

### 8.1.1 知识与创新对经济的全要素增值作用

由于湾区基础环境的天然同质化与自然一体性，湾区内各要素的交流与沟通具有良好的物质基础。不过湾区内物质、物流、资源、资讯、文化与人等全要素之间的流动与互通却可能因为缺乏多维度沟通渠道而遇到困难，湾区内大学便起到推动主、客观全要素增值与主体多维度沟通的作用。

互联互通非常重要，如何既从经济上将交通、物流、信息与市场化机制畅通起来，又让人口形成一定集聚，并在大学、企业与政府之间形成完善的人才流动链条，这对于区域发展至关重要。纽约湾区、旧金山湾区、东京湾区并没有充分实现这两点，尤其是在主体与组织机构方面的沟通还有较大提升空间；粤港澳大湾区则在两个维度上都面临着挑战，也蕴含着其他湾区所不具备的独特机遇。

旧金山湾区从地理位置上来看它相对集中，产业分布互补性强，但无论是发展过程还是现状，旧金山、奥克兰和圣何塞三个核心城市之间都存在竞争，在人才资源方面，城市间竞争尤为激烈。与旧金山湾区相比，粤港澳大湾区的体量更大，内外环境因素也更为复杂，解决人才问题更为迫切。比如怎样让海陆空交通的立体化衔接更完善，怎样让不同机构之间的合作渠道更加顺畅，怎样形成更具市场整合度的发达成熟的商业网络。其中一个可行的方案便是通过大学之间的合作不间断地培养和影响青年人才，以点带面，促进区域内人口流动与文化交流。当前，粤港澳大湾区内中心城市的产业优势与文化氛围各有不同，如香港在现代服务业和金融业上表现突出，深圳的创业创新环境优势明显，广州在文化产业和国际贸易商具有传统优势，而以东莞为代表的其他珠三角地区的多元制造业更具比较优势，这些产业优势需要更好地整合在一起，成为一个真正的经济发展与人的发展相互促进的双重“共同体”。

从三大世界级湾区的发展历程中可以发现，湾区的形成与发展既有赖于自然资源条件，如优良海港、港口城市群和高容量的生态系统等，而入海口的区位优势是湾区萌芽的先天便利条件；更有赖于湾区与经济社会发展趋势的有机融合，如纽约湾区与全球金融发展高度一致，而旧金山湾区抓住了科技革命的历史机遇，勇于承担时代赋予的新角色。抓住科技革命历史机遇，引导各种要素资源加快向湾区集聚，实现了产业的升级和跨海交通的通达，形成开放型经济体系，纽约湾区、旧金山湾区、东京湾区等三大世界级湾区的发展无不是如此。旧金山湾区正是把握住了第三次世界科技浪潮的趋势，科技人才的涌入与科技产业的崛起同向而行，才得以形成以硅谷为核心的高新技术产业集聚区。①

“后工业化社会”的一个典型特征是全球进入信息时代，人才和创新对经济发展的重要性与日俱增。信息社会里的劳动者相较于传统的工业社会已经发生了要素结构的变化，这也意味着作为人才培养基地的大学需要相应做出教育培养的方针调整。“去工业化”现象出现以后，美国后工业社会也随即来临。实际上，早在后工业社会形成之前，便有学者对后工业社会做出了大胆的预测。早在20世纪70年代，曾在哥伦比亚大学和哈佛大学任教的社会学家丹尼尔·贝尔（Daniel Bell）就曾对即将来临的后工业社会给出了详细的阐释，他认为：“如果工业社会是以机器技术为基础，后工业社会则是由知识技术形成的。如果资本与劳动是工业社会的主要特征，那么信息和知识则是后工业社会的主要特征。”②

后工业社会中第三产业蓬勃发展，以非营业为目的的机构组织数量庞大，占据社会生活与经济发展的重要位置，例如学校、医院、科研机构、志愿者、公民联合会等。与此同时，商业公司的影响力从整体上超越传统制造业公司，成为经济的新核心。超过一半的国民生产总值产生于商业公司，商业经济在后工业经济中占据着相当大的比重。根据贝尔的描述，后工业社会也是一个相对宽泛的界定，主要涉及经济领域、职业分布、中轴原理、未来方向和制定决策等诸多领域。③ 就经济领域而言，在后工业社会中大多数劳动力不从事农业和制造业，而是从事第三产业（服务业），如贸易、金融、运输、娱乐和教育等。④ 服务业中，既有个人性质的（如街头修车摊、杂货铺等），也有企业性质的（如银行业、金融业、旅游业等）。不仅如此，在当前社会中，信息技术与第三产业深度融合，呈现出以信息交互整合和主体互动整合为主要特征的“第四产业”的趋势。总之，当前的后工业经济是以服务业与信息技术为主导的经济结构，“去工业化”和后工业信息社会中劳动力和人才结构特点主要表现在以下几方面。

（1）人才资源人才化，劳动力的高度素质化。在第三次工业革命的浪潮下，生产活动对科技和劳动者的智力要求不断提高，这在测量检测、精细化、服务业等产业尤为明显。随着自动化、人工智能的兴起，技术密集型产业和资本密集型产业将逐步超越劳动密集型产业，甚至取代传统的手工劳动。如果不具备相应的智力储备和技能基础，无法操作快速变化的生产工具，适应新的商品生产与经济发展模式，就难以成为合格的劳动力。

（2）知识资源高端化，劳动要求的高端化。劳动者不仅应当熟练地运用所掌握的

---

① 丁旭光．借鉴旧金山湾区创新经验，构建粤港澳大湾区创新共同体［J］．探求，2017（6）：27－30，59.

② BELL D. The coming of the post-industrial society［M］. New York：Basic Books，1973.

③ 罗浩．信息时代城市空间演化趋势研究——以杭州滨江新区为例［D］．杭州：浙江工业大学，2011.

④ 张康之，张皓．在后工业化背景下思考服务型政府［J］．四川大学学报（哲学社会科学版），2009（1）：12－20.

专业知识，也应当能够不断地更新自己的知识储备，通过学制式学习和终身制学习的有效结合，不断进行生产和技术上的革新与创新，才能主动进行劳动变换以适应变幻莫测的商业生态。①

（3）人际资源网络化，人才专业知识的多元化。由于现今的信息结构兼具分化与综合的矛盾特性，综合型人才获得脱颖而出的优先权，多元知识人才的合作更是经济发展中产生的大量的、基础性的结构性需求。现代科学技术发展趋势之一便是智力横移，在其影响下，一个成功的从业人员和高校科研人员必须具备广博的知识结构和深邃的专业能力。我国的经济正在高速度增长，逐步缩小与发达国家的差距，代表城市化高度发展水平的湾区经济尤其成绩斐然。

大学对湾区经济发展的支撑作用从弱到强、由隐及明，自从社会舞台的边缘走入中心区域之后，再次从社会经济发展的边缘走入社会经济发展的中心区域。大学对湾区经济发展的支持不仅体现在杰出人才的培养上，更加体现在人才群体的供给与结构塑造上。在社会分工高度细化的今天，人才群体内部的划分同样复杂，最杰出的人才也往往只擅长某一细分领域事务，不可能提供经济与社会发展所需的各种智力资源，更不可能解决全部难题。而作为高端人才群体载体的大学则可以提供稳定的智力库资源，大学，尤其是综合性大学，其优势在于集聚了为数众多的、不同学科背景、不同学历层次的人才。在这个巨大的人才库中，无论是科研项目还是企业经营，都比较容易找到合适的人员配置组合，换言之，在政策与市场规律的共同作用下，大学提供了一个迅速适应经济社会发展需要，最大限度实现人才配置“最优解”的平台。对于一个经济活动十分活跃的湾区来说，一个足够庞大而强势的大学群是非常必要的。②

### 8.1.2 高端智库的深度介入与创新性人才的持续供给

在各大湾区发展的过程中，大学从两个方面对其发展起到了直接支撑的作用：一方面是高端智库的角色，产学研深度合作与融合，针对经济发展的规划和进程中遇到的各种问题给出解决策略与方案；另一方面是发挥高素质人才成长中心的职能，既走在学科与学术发展的前沿，又扎根区域大地，贴近区域发展的现实场域，源源不断地培养能融入社会又能引领发展的创新性人才。

高校高端智库职能的发挥离不开智库建设。智库建设不仅需要多学科人才组成的深厚科研功底，而且需要充分发挥人才的信息研究与解读能力，提供快速准确的咨询服务。高校应当依据新型智库建设对复合应用型人才的知能需要，切实加强教学内容与教学方法改革，开设现代咨询学、智囊学、智库研究案例等新的课程，加强智库研究与服务的实践教学。智库实践平台建设既重视自主建设也重视合作建设，著名智库兰德公司于1970年成立了兰德研究生院，以培养适用智库研究需要的政策分析人员；世界名校斯坦福大学则建有著名智库斯坦福咨询研究所，担负智库研究服务与智库人

① 梁锐．信息社会与教育刍议［J］．西南师范大学学报（哲学社会科学版），1996（2）：28－31.

② 龚雅屏．试论信息社会与人才的关系［J］．学术论坛，1987（1）：22－25.

才培养两种职责。①

美国硅谷是世界科技创新中心，被普遍视为科技创新的集大成者和最佳典范。硅谷的成功固然离不开科技革命，但必须看到的是，硅谷的人文社会科学实力同样不容小觑。技术进步支撑着硅谷的企业不断做大做强，而人文社会科学方面的工作，及随之而来的制度软实力帮助硅谷形成了富有企业家精神的创业氛围。在硅谷，问题意识与实践导向是科技工作者基本素养中的重要组成部分，而正是这些特点驱使他们不断攀登高峰，站在世界高新技术之巅。② 这些人才的不断努力助推科技企业抢占世界科技前沿和战略高地，生产出享誉全球的高科技产品与应用技术，创造出源源不断的财富。

硅谷的发展与成功和斯坦福大学紧密联系在一起，在学校师生的热情投入下，形成了具有高密度技术优势的集成电路产业集群，并和美国政府对国防工业的需求找到了对接渠道。究其背景和根源，发动者和主要推动力量并不是美国政府，也不全部来自斯坦福大学，而是直接来源于硅谷中那些从事信息分析与咨询服务的高端智库人才，尤其是人文社会科学类的高端智库。硅谷的人文社会科学发展不因其产业重心变化而变化。从20世纪六七十年代的国防工业到20世纪末信息时代来临，人文社会科学的支持都不可或缺。智库中的学者密切关注科技创新中的现实、理念、法律、价值与社会风险问题，及时主动提出富有本地经验和全球眼光的对策建议，还针对个案和个别需求实行方案对问题、焦点对难点、一答对一问式的咨询服务。

斯坦福大学、加州大学伯克利分校等大学及林立的研究机构为硅谷提供了充足的智库来源。它们一方面目光长远，致力于服务国家战略；另一方面，这些高校与研究机构始终将硅谷作为其首选的服务对象。其中一个引人注目的咨询服务案例是H1签证政策的推行。20世纪90年代美国信息经济迅速发展，知识对经济的强大推动力逐渐显露出来，同时“互联网+”也开始对传统经济模式产生颠覆性的影响，来自斯坦福大学的战略智库应时而动，建议政府推出新的签证种类，即H1签证，专门用来留住在美国获得硕士博士学位的外国留学生和相关领域的高端专业技术人才，满足信息技术快速发展所导致的行业人才的短缺，积累和扩大美国在信息产业的领先优势。随着这个建议在政策层面落地，美国对高端人才的吸引力大增，近20万H1签证政策受益者中，相当一部分流向了硅谷。以斯坦福大学、加州大学伯克利分校等为主体的湾区智库审时度势，及时推出新的思想成果和具有现实价值、前瞻意义的咨询报告与建议，很多为联邦政府、州政府和地方政府所采纳，并转化成法规文件，使硅谷的科技创新和产业发展整体一直朝着正确的方向发展，处于全球竞争的引导者地位。

旧金山湾区大学智库的一个典型个案是斯坦福大学的“胡佛战争、革命与和平研究所”（The Hoover Institution on War，Revolution and Peace），成立于1919年、以美国

---

① 谢俊贵．智库建设与社会学学科应用性的拓展［J］．社会科学辑刊，2018（4）：95－99．

② 龚雅屏．试论信息社会与人才的关系［J］．学术论坛，1987（1）：22－25．

第33任总统名字命名①②，胡佛总统本人正是毕业于斯坦福大学。该研究所成立于第一次世界大战之后，原本职能是搜集整理一战相关史料。二战后，该研究所开始将馆藏文献投入专题研究。冷战期间，研究所规模迅速扩大，形成了一支百人研究队伍，同时开始致力于国际交流与合作，在国际上享有较高威望。③ 胡佛研究所逐渐发展成为有关20世纪政治、经济、社会和教育方面发展与变革的国际性资料研究中心，并承担学术文献出版职能。④ 值得注意的是，该研究所吸纳了众多来自政府机关和高校的研究人员。这种富有特色的“旋转门”机制极大拓展了该所的研究领域，也使得研究所拥有了更多社会资源。目前，该所年均经费支出约为2 500万美元，其主要经费来源是企业捐赠，其中，埃克森·美孚、福特汽车、通用汽车和宝洁等都是其捐助者⑤。斯坦福大学也是其主要捐助者，每年提供的经费占总预算的15%。学界对胡佛研究所的关注在一定程度上源于它在中国近现代史研究领域的重要地位。该所在这方面的资料收集数量和质量都在全球首屈一指。⑥胡佛研究所经费、人员、资源充裕，有强大的全球影响力，1992年被英国的《经济学家》杂志评选为世界主要智库榜首，而根据浙江大学信息资源分析与应用研究中心发布的《全球智库影响力评价报告2019》，胡佛研究所依然高居第37位。

当前，粤港澳大湾区大学的智库建设还面临着种种问题：服务地方发展的理念尚未深入人心，现实针对性有待加强，区域和国内影响力未能充分发挥；智库的对外交往总体水平偏低，国际影响力有限；对智库型高端人才的汇聚和培养重视不够，智库自身建设滞后⑦。我们看到，一是国外来访者多、湾区智库人员走出去的较少，走出去产生影响力的更少；二是国外来访者短期的、一次性的和礼节性的到访多，长期和制度化的交流与合作的少；三是与国外高端智库的联系正快速增加，但形成伙伴及同盟合作关系的少。这些问题都在很大程度上削弱了我国智库参与公共外交的主动性和积极性，湾区高校智库可以在建立国际性社交网络方面探索前进。⑧

---

① 王晓君. 美国硅谷高新技术产业发展的经验借鉴［J］. 商业经济，2018（3）：62－63.

② 详细信息可参见官网：https://www.hoover.org/about/missionhistory.

③ 王瑞芳. 从高校图书馆到世界一流大学智库：斯坦福大学胡佛研究所转型与发展研究［D］. 保定：河北大学，2016.

④⑥ 滕继萌. 蒋介石日记与胡佛研究院［J］. 世界知识，2008（14）：62－63.

⑤ 王志章. 人文社会科学服务科技创新的路径与启示——基于美国硅谷的视角［J］. 社会科学家，2014（1）：65－71.

⑦ 黄海波. 我国高校智库人才管理中的问题与对策［J］. 西部经济管理论坛，2019，30（5）：87－92.

⑧ 刘峰. 我国高校智库公共外交功能的建设路径思考［J］. 高校教育管理，2017，11（5）：75－80.

### 8.1.3 塑造区域文化名片与全球软实力

大学人才培养、科学研究和服务社会等主导职能的发挥与地方文化环境密切相关①，同时从区域生态的视角看，大学文化与区域文化也可以看作是两种互融、共生的亚文化系统②。大学通过主导职能的实施和大学文化建设来帮助营造区域文化，提升区域的全球软实力。四大湾区内都有若干所世界知名大学，成为人们了解湾区与走进湾区的一张文化名片，更是吸引学生、优秀青年人才和科研工作者的文化名片。大学文化中的带有一定普适性的价值标准，如创新、理性与科技进步，再加上各个大学自身的历史发展与价值观，融入区域发展中，形成独特的知识密集型的品牌文化，实现大学文化自觉与湾区文化自我更新的互动联系。大学文化既是大学自身文化软实力，也是区域文化软实力的重要组成部分。③ 高水平大学的文化会产生超越区域乃至超越国界的强大的吸引力、影响力，强大的活力、创造力，强大的实力、竞争力。湾区内典型大学品牌文化的形成，可以实现大学文化从特色发展向品牌发展的跨越，大学从湾区发展中找到结合契机，通过战略规划推动品牌文化建设，以带有湾区特征的文化名片塑造和提升自身品牌文化的多元内涵。④

#### 8.1.3.1 纽约湾区与波士顿湾区“多极多层次”大学文化

纽约湾区与波士顿湾区涉及纽约、波士顿两大核心城市和纽约州、康涅狄格州（以下简称康州）、新泽西州、马萨诸塞州（以下简称马州）和罗得岛州5个州的部分地理空间，组成了大学实力最为雄厚的高等教育体系之一，城市群的差异化特征明显。纽约是世界金融的中央枢纽和全球商业中心，全球100多家大中型银行、保险公司在此设立总部；康州是全美最重要的制造业中心之一，同时房地产业与金融业也比较发达；新泽西州是全美的制药业中心，有20多家制药和医疗技术公司总部或中心⑤；马州是美国文化与精神的策源地，有着最为悠久的人文历史传统。纽约湾区的大学同样有显著的差异化、多层次特征，囊括纽约大学、哥伦比亚大学、普林斯顿大学等知名学府和大量区域性高校，产生了显著的规模化发展和大学文化效应。

纽约湾区内高水平大学聚落分布、集群发展，产生了强大的规模效应和整体效果；加上与湾区毗邻的波士顿湾区，这一特征尤为明显。纽约湾区的大学形成了错落有致

---

① 陈光亭，周良奎．地方一流应用型大学建设路径研究［J］．高等工程教育研究，2020（4）：124－130.

② 郭孝锋，陆伟．区域文化与大学文化的融合与共生［J］．中国青年研究，2009（12）：87－89.

③ 高福廷．加强校史研究是增强大学文化软实力的重要措施［J］．北京教育（高教版），2010（5）：41－43.

④ 成长春．大学文化推进高等教育现代化的路径研究［J］．国家教育行政学院学报，2013（5）：60－64.

⑤ 沈坤荣，赵倩．世界级城市群国际比较与区域高质量发展路径选择——以江苏为例［J］．江海学刊，2018（2）：102－107，238.

的“高校群落”，从生态学视野看类似于生物学的“类聚效应”。“物以类聚”的大学，与湾区发展和需求紧密结合，以实践导向为有效的分化与催化机制，产生出适应世界一流湾区发展需要的多类型、多层次的高水平大学，大学群形成的共享大学文化产生了规模化效应。从学校定位与层次上看，既有高峰式的世界顶尖级大学，也有高原式的国内一流的大学，同时也有高地式的州区域性高水平大学集群，以及一系列服务社区和小型人口聚落的社区学院；从学科布局来看，综合类名牌大学、理工类以及艺术类院校兼具，相应具备不同特色的办学理念；从财政来源来看，公立和私立大学并驾齐驱，从而形成不同的办学水平和高等教育价值取向。此外，从学校空间分布看，既有湾区核心区域内的高水平、多层类大学集群，也有湾区周边和邻接波士顿湾区的高声望、多样态大学集群——尤其以哈佛大学、麻省理工学院为代表的全球顶级大学集群的存在与发展，犹如一串有柔性磁力的文化明珠，既融入湾区的历史之中，也深刻影响着湾区的当前文化面貌，引导着湾区未来的文化形象和发展方向。

纽约湾区大学文化内涵与自由女神像的精神意义也高度契合。自由女神像由法国艺术家奥古斯特·巴托尔迪（Frédéric Auguste Bartholdi）受托完成。巴托尔迪之前曾游说埃及总督，计划在苏伊士运河河口树立一座高耸的灯塔，造型为古罗马“自由女神”，最终未果。① 历史契机让纽约湾区成为自由女神像的最终归宿地。自由女神像全部用铜片拼接组装，每一块都由人力捶打而成。1886 年，自由女神像在纽约湾北部落成。自由女神雕像象征着自由精神、渴求美好未来的人间价值，湾区大学形成了学术自由又紧贴现实、追求真理且助益社区的聚落文化，湾区行业高度竞争、高度互补的竞争性生态发展理念——这三者共同塑造了纽约湾区的文化内核，打造了湾区文化软实力的精神实质。

高水平大学集群发展是纽约湾区的重要标志，也是湾区大学文化的重要特征。作为知识型组织，纽约湾区的大学具有明显的“类”或“群”的特性。借助高水平大学和研究机构形成的关系网络资本，大学集群是在地理上临近的特定区域内，基于竞争、合作、互补基础上的正式和非正式关系构成的网络组织。临近集聚性同生物群落一样，“物以类聚”的类聚效应也成为大学集群发展的重要文化现象，并且影响着湾区文化的形成与发展。②

#### 8.1.3.2 旧金山湾区“竞争性合作”大学文化

旧金山湾区“竞争性合作”的大学文化主要来自湾区内两所全球名校加州大学伯克利分校与斯坦福大学之间此消彼长、共生共长的竞争与合作关系。培养“创业之领袖”的斯坦福大学，能够迅速比肩甚至超过加州大学伯克利分校，一个重要的因素便

---

① 刘火雄．自由女神像：法国送给美国的百岁贺礼［J］．东方收藏，2011（12）：118－120.

② 许长青，郭孔生．粤港澳大湾区高等教育集群发展：国际经验与政策创新［J］．高教探索，2019（9）：5－13.

是大学制度文化对高水平学科发展的推动作用。① 100 年前，斯坦福大学还是美国西部一所名不见经传的小型高校。直到 1955 年，IBM 买下了附近的 180 亩田园，建起第一批电脑厂房，随后，大企业纷至沓来，硅谷应运而生。到 1960 年，斯坦福大学已跃居美国学术机构前列。斯坦福大学百年校庆（1991 年）时，这所昔日的“乡村大学”甚至一度超过了哈佛、耶鲁和普林斯顿的地位，被视为有了位居全美大学之首的真正实力。斯坦福大学重“学”与重“术”的大学制度文化来源已久，自创立时起就持有全力支持产业发展的理念。此后 20 世纪 40 年代的学校财政预算捉襟见肘，一时发生运营危机，也使得斯坦福大学深知财政开源的重要性，极为重视与企业建立密切的关系。②

因此，无论从大学的制度文化还是当时的制度环境来说，斯坦福大学都极为重视教职工和学生的创业活动。通过与业界建立良好合作关系，斯坦福大学获得了必要的科研经费，增强了对科研问题的现实敏感性，而且提高了教授薪酬与收入。被誉为“硅谷之父”的费雷德里克·特曼（Frederick Terman）大力倡导与企业建立良好关系，鼓励教职工和学生的创业活动。③ 在特曼看来，大学的主要作用应该体现在研发，而不是纯学术方面。④ 特曼从小就在斯坦福校园长大，是化学系毕业的校友。他在麻省理工学院攻读计算机领域博士学位后又获聘博士后工作机会在麻省任教。1924 年，他正式执教之前回斯坦福探亲，不幸染疾休养一年。出于对健康的考虑，特曼最终放弃了波士顿的麻省理工学院，留在气候更舒适的加州，接受了斯坦福大学无线电工程学教授一职。特曼的特别经历既说明了广泛意义上的大纽约湾区（包含波士顿湾区在内）与旧金山湾区在大学文化上既有基本的同质性，也有典型的差异性——区域自然环境与大学文化之间通过人的选择与行为产生着密切的互动，这也是斯坦福大学得以迅速发展起来的“地利”因素之一。斯坦福大学成立时的一件小事也说明了两大湾区对大学文化产生与形成施加了不同的影响：1891 年 10 月 1 日斯坦福大学举行开学典礼，第一届实际招生约 500 人，超过了当时已闻名遐迩的加州大学伯克利分校。而之前纽约的报纸曾预言没有人会到蛮荒之地的西部上这所大学，认为教授们将在大理石教室里，面对空板凳讲课。⑤

此外，斯坦福创业教育大学文化驱动大学生创业教育的发展主要是通过始终根植于浓厚的大学文化土壤之中，大学文化成功引领创业教育价值观而实现。大学生创业教育价值观为创业教育的内在驱动力量。创业教育价值观主张大学生创业行为、实现

---

① 孟照海. 世界一流学科是如何形成的：基于斯坦福大学和加州大学伯克利分校工程学科的比较 [J]. 比较教育研究，2018，40（3）：70 – 76.

② 朱春奎，李文娟，龚晨，等. 美国斯坦福大学建设创业型大学的经验与启示 [EB/OL].（2018 – 01 – 30）[2020 – 07 – 19]. http://www.nsfc.gov.cn/csc/20340/20289/22170/index.html.

③ 梁传杰. 学科群与社会经济协同发展模式——从斯坦福大学发展看高校优势学科群形成 [J]. 高等工程教育研究，2010（4）：105 – 108，113.

④ 方兴东. 硅谷之父：弗吉德里克·特曼 [J]. 财会月刊，2000（11）：32 – 34.

⑤ 刘瑞挺. 斯坦福大学与计算机教育（上）[J]. 计算机教育，2005（5）：33 – 36.

大学与区域的融合发展有着重要意义，同时也是大学生自身价值与社会价值相统一的彰显。斯坦福大学在发展人类智力、满足社会需求方面充满活力、独树一帜，为大学的发展、社会的进步提供一个具有吸引力的机遇。斯坦福大学从地理位置上位于美洲-太平洋的边缘、东方和西方交汇之处，而且也身处技术和人文两大基础学科的融合之中，已在大学与湾区发展之间成功地搭建了桥梁，如果斯坦福大学能在东方和西方、技术和人文之间成功建立一道沟通的桥梁，那么可以预言，斯坦福大学将能为解决困扰当今世界发展和进步的一些疑惑做出非常有意义的贡献。

#### 8.1.3.3 东京湾区“单极多中心”大学文化

东京湾区是日本政治、经济和产业中心，也是世界知名的高端制造业走廊。作为日本工业产业最为发达的地带，东京湾区囊括了日本的钢铁、有色、机械、汽车、电子等主要工业部门，并形成了以京滨、京叶工业区为核心的两大工业地带，日本1/3的人口、1/3的经济总量、40%的工业产值，以及一大半日本年销售额在100亿元以上的大企业集聚于此带。战后东京湾区经济发展形态演变可概括为“绿环带+新城”“一极集中”和“多心多核”三个阶段，这既有日本政府的引导推动，也有城市化与工业化进程的拉动。① 其中后两个阶段的发展形态代表着东京湾区的最新发展理念，与湾区大学文化的“单极多中心”文化虽有差异，但更有着多维度、多形态的密切互动。

东京湾区具有较为丰富的高等教育资源和充裕的科技创新资源。据2018年的统计资料，东京湾区共有225所大学，占日本全国的29%；湾区研究机构则占到了全国总量的40%，研发人员占比高达60%。日本文部科学省于2014年启动“超级国际化大学”计划，旨在培养具有国际视野和全球竞争实力的高素质人才，推动具有世界领先水平的研究和大学建设。② 日本高校在泰晤士高等教育（THE）等受国际普遍认可的主要世界大学排行榜中国际排名呈总体下降趋势，如2009—2013年THE世界大学排名中，位于世界排名前100的日本高校数量明显下降，分别为6、5、2、2、2所。2014年启动该计划前仅有东京大学（27名）和京都大学（54名）还在榜单100名内，大阪大学、东京工业大学、名古屋大学、东北大学等学校悉数跌出榜单；而东京大学和京都大学还在持续受到来自中国等快速发展的高水平高校的竞争压力。这一事实成为日本实施“超级国际化大学”计划的直接动因之一。共有37所大学入选该计划，入选大学分为两类：顶尖型大学（A类，13所；除庆应义塾大学、早稻田大学两所私立大学外，均为国立大学）和全球牵引型大学（B类，24所；国立大学、私立大学大致对半）。③ A类大学的目标是稳步提高自身的国际竞争力，保持、提升全球竞争力或

① 何诚颖，张立超. 国际湾区经济建设的主要经验借鉴及横向比较［J］. 特区经济，2017（9）：10-13.

② 详细信息可参见官网：https://tgu.mext.go.jp/en/index.html.

③ 齐小鹍. 日本高等教育国际化政策：演进与趋势［J］. 上海教育评估研究，2018，7（3）：43-48.

争取进入世界百强大学之列；B 类大学的目标是基于实际情况提升教育质量与影响力，引领日本高校的国际化。

这一计划取代了之前日本政府和日本一流大学推出的主要面对国际留学生的英文授课的“G30”项目。优异大学集群在东京湾区分布较为集中，A 类 13 所中的 6 所、B 类中 24 所中的 11 所，共占日本这一计划大学 A、B 两类 37 所中的 45.9%。东京湾区现有超级国际化大学 A 类名单如下：作为日本最高学术殿堂的世界一流研究综合型大学东京大学、世界著名的理工类大学东京工业大学、素有“企业家摇篮”的世界顶尖大学庆应义塾大学、日本极负盛名的世界顶尖大学早稻田大学、对仅次于硅谷的世界第二大高科技基地日本筑波科学城具有重要影响的筑波大学、日本顶尖世界一流的医学类大学东京医科齿科大学。①

东京大学是湾区大学的单极核心，在各大全球大学排行榜中一般均位列世界前 50 名，并被认为亚洲最好的大学之一（可以与之竞争的是新加坡国立大学，近年来国内清华大学、北京大学的排名有时与这两所高校不相上下）。其他大学相较东京大学在全球的排名，均相差较远，其中享有全球声誉的大学主要包括早稻田大学、庆应义塾大学、筑波大学、东京工业大学等几所；再下一个梯队，主要是有一定国际知名度的大学，如一桥大学、千叶大学、同志社大学等；最后一个梯队，主要是日本国内和区域性大学，如御茶水女子大学、东京艺术大学、东京学艺大学、东京海洋大学、东京农工大学等。东京湾区的优秀大学主要集中在东京市内，这与纽约湾区、旧金山湾区内高水平大学分布相对分散的状况截然不同。

可以说，东京湾区“单极多中心”的大学文化——既以东京大学为高等教育文化的单极点，又以东京市为大学布局的空间单极点，与湾区的整体经济发展状况相一致的——以东京市的高端制造业为单极点。此外，在湾区整合创新资源方面，东京湾区通过一系列努力实现了预期目标，发明专利授权量和专利申请量位居世界湾区前列，形成了“工业（集群）+研发（基地）”独特的发展模式，入驻了庆应大学、武藏工业大学、横滨国立大学等知名研究型大学，有效带动了企业的产品研发和科技创新，特别是丰田、索尼、NEC、佳能、三菱电机、三菱重工以及东芝等公司设立的企业研究院，也成为湾区整合创新资源的重。②

#### 8.1.3.4 粤港澳大湾区“一小时学术共同体”新型大学文化

在以广、深、港、澳四大城市中心区为核心的高速直达格局下，广州与周边城市之间逐渐形成了城市轨道“一小时交通圈”，促进了城市之间的融合发展。这种情况下，湾区的大学既有科研大区域思维，又能创新学术微合作模式，建设粤港澳大湾区

① 许长青，郭孔生．粤港澳大湾区高等教育集群发展：国际经验与政策创新［J］．高教探索，2019（9）：5－13.

② 沈坤荣，赵倩．世界级城市群国际比较与区域高质量发展路径选择——以江苏为例［J］．江海学刊，2018（2）：102－107，238.

“一小时学术共同体”也成为各高校提升自身实力和服务湾区发展的一个时代支点。“一小时学术共同体”是粤、港、澳三地异质性大学文化在新时代的同质性需求与共情性表达，随着合作深化和时间推演，将呈现出初阶、中阶和高阶三种形态。

（1）“高校联盟文化”是“一小时学术共同体”文化的初阶形态。这一文化形态的本质是（资源性、同质化）合作，以在行政力量倡导与推动下的教育与学术全面但浅表层合作为主，常见形式是“强强联合”的同质性合作和“美美与共”的资源型合作。

作为我国新兴的跨区域大学合作模式，粤港澳高校联盟不但有参与高校的积极行动和谋划，还得到了各层政府和社会各界的广泛支持。粤港澳高校联盟通过联盟理事会来管理高校联盟日常事务，联盟理事会设立理事长 1 名，副理事长 2 名，分别由粤港澳三地高校校长担任。通过加强合作机制的建设，实现三地高等教育在人才培养、教学互助、合作交流方面开展全方位、多层次的合作，目前已发展成制度化、规范化的合作机制。此外，粤港澳三地拥有稳固的合作交流平台——粤港教育合作专责小组会议，这是由政府部门和粤港澳高校事务负责人共同组成的交流的平台，在推动粤港澳各类教育深入融合发展上发挥着巨大的作用，目前已成为高校合作的品牌项目。粤港高校联盟对推进高水平大学建设、科研项目合作、合作办学、创新人才培养模式提供全面交流的平台，加速推进了粤港澳三地产学研协同发展。在粤港澳高校联盟中，学生培养“N + M”模式、师资交流合作、交换生项目等促进了各高校之间的合作。目前，中山大学已与香港大学、香港理工大学、香港科技大学等高校在微电子、计算机、城市规划、企业管理等多个专业领域开展多项本科生和研究生层次的联合培养项目。2016 年 11 月，广东省教育厅印发《广东省教育厅关于启动粤港澳联合实验室建设的通知》（粤教科函〔2016〕125 号），提出“要共同构建高层次科研创新平台，联合开展高水平基础研究和高技术研究，提高创新人才培养质量”，联合培养项目的签订和联合实验室的建立标志着粤港澳高校教育合作的进一步深化，有利于实现粤港澳高校精英高校和优势项目之间的“强强联合”，提升高校综合实力和全球竞争力。

（2）“信息同盟文化”是“一小时学术共同体”文化的中阶形态。这一文化形态的本质是（知识性、异质化）创新，以在学术科研组织倡导与推动下的基础研究与科技开发合作为主，是资源与信息创新性共享文化，常见形式有跨校、跨地、跨学科的规模研究团队协作和重大研究任务合作。

粤港澳大湾区高校中精英高校汇聚成类，各类高校优势各异，通过建立起优质的信息与资源共享体系，不仅能解决高等教育资源不均衡的问题，还促进了高校之间的优势互补。相较于内地高校，港澳地区高校在适应现代大学的全球化机制方面有一定优势，师资来源的国际性与多样性较强，科研合作网络也相对更为广泛一些，但创新成果有效转化机制较为狭窄，行业条件和环境空间却相对逼仄，市场消化能力较差；相较之下，广东省的高校优势和短板都十分明显，大部分高校在成果转化能力、国际合作与全球竞争力方面稍显不足，科研创新能力也在不断发展中，但国家与地方政府的政策支持力度较大，人才储备雄厚，学生来源宽广，可开拓的市场空间也十分巨大。

加强信息共建共享，打造粤港澳“一小时学术共同体”，可以有效推动高校间科研项目的实质性和持续性合作。①

(3)“人员协盟文化”是“一小时学术共同体”文化的高阶形态。这一文化形态的本质是（主体性、多质性）发展，致力于实现区域内以高校师生为主的人员在横向与纵向上的有序、有制度、无歧、无障碍流动。

在师生等高校人员自由流动方面，既包括师生在同类空间和高校间的有序流动，也包括不同层次高校间的衔接机制（可以借鉴旧金山湾区社区学院学生就读公立大学之间的衔接机制），还包括高校内不同层类学生、教师间的教育－职业发展链条的开放流动机制。实现人员在各要素、各向量上的完全自由流动需要长期循序渐进的过程，可以从三地先各自选择一所高校作为试点，树立“一国两制”下的政府指导下高校协作与市场化操作的典型案例，并使之成为可借鉴、可复制、可推广的模式，为后续的进一步区域合作打好基础。同时应深入剖析大湾区高等教育制度创新的必要性，并在此基础上突破粤港澳大湾区高校制度创新的实施机制：突破将粤港澳合作划分为粤港合作、粤澳合作与港澳合作的三分发展模式，强化湾区的区域整体理念，从顶层设计入手构建大湾区高校的跨境联盟、同盟与协盟机制②；充分利用现有沟通机制与合作平台的作用，提高区域内高校间制度性整合的空间与效率；促进多种形式的合作，增加人员在湾区高校内的学生学业转认与教师职业流动的可能性，同步提升湾区高等教育质量与公平③。



### 8.1.4 促进文明多元性、经济多维性与社会生态多样性发展

自20世纪90年代早期冷战结束后，文明间对话这一概念开始出现并日益重要，尤其是2001年美国“9·11”事件之后，文明的冲突、相互理解与共存问题成为人类面对的、全球关注的重大议题。联合国把2001年定为“文明对话年”。大学在促进文明交流与对话中所扮演的角色、所发挥的作用也越来越受到各国政府的重视，引起民众的普遍期待。哈佛大学教授萨缪尔·亨廷顿（Samuel Huntington）提出“文明冲突论”，引发了世界各国学者努力探索大学如何在这种文明对话中扮演积极的角色。④

在经济全球化、文化多元化深入发展的21世纪，除了传统的教育教学（人才培养）、学术创新（科学研究）与社会化（服务国家与社会）三大职能外，大学有两项新增职能引起关注：赓续文化传承与促进文明交流，前者是历时性与发展性、国家特

① 何玮，喻凯，曾晓彬. 基于比较视角的粤港澳高校联盟发展建设研究［J］. 广东开放大学学报，2018，27（3）：36－41.

② 钟韵，胡晓华. 粤港澳大湾区的构建与制度创新：理论基础与实施机制［J］. 经济学家，2017（12）：50－57.

③ 韩姗姗，杨丽，黄树卿，等. 全国港澳研究会2017年学术研讨会会议综述［J］. 港澳研究，2018（1）：84－92，96.

④ 许美德. 大学与文明间的对话［J］. 浙江大学学报（人文社会科学版），2002（3）：104－109.

征与地区特性导向的，而后者则是共时性与多元化、跨国理性与族群特性导向的，也可以说分别体现了教育社会学与教育人类学两种视角的差别。这两大职能均与大学师生熟悉的学术交流活动有着自然的联系，也是基于大学文化中某些具有全球理解力的基础性内容而产生交流与合作方式。大学的国际交往与文明对话职能被提上日程，并日益引起政府与高校的重视。国际交往与文明促进职能作为现代大学的一项基本职能，有其存在的必然性和合法性。它在培养世界公民，促进不同文明之间的联系与合作，促进多元文明和谐共生与发展，调节国际性社会冲突，促进世界和平与发展等方面具有重要作用。① 在全球化和多元化并存的今天，不同文明间的对话面临重重障碍，局部利益与价值观冲突有加深的趋向，现代大学面临着更为严峻的挑战。为此，应通过多种途径强化发展大学的国际交往职能，且应目光长远，静水深流其功深而远也。近几十年来，全球化进程快速推进，多元文化之间的交流需求日益增加，而大学在其中扮演的角色也越来越重要。② 当今之时，拓展现代大学的交往职能实属必要且意义深远。③

四大湾区的大学本身便处于陆地文明与海洋文明的交汇点上，天然具有促进全球文明对话的自然要素优势。粤港澳大湾区地处岭南腹地，是中华文明在南方塑造自我的红土形态、走向世界的绿色高地、通往海洋的蓝色窗口。既得中华民族数千年文化积累之滋润，又得近代文明交往与对外交流风气之先，是沟通陆地文明与海洋文明的天然桥梁。在全球化日益复杂的今天，湾区内的大学应当善于利用环境优势，勇于承担时代重任。从诞生之日起，大学就是思想交流、文化沟通、观点交锋的重要平台。大湾区是多种文化交汇碰撞的窗口，在当前环境下，大学的交往职能将进一步得到强调。④⑤

## 8.2 大学在湾区经济发展中作用的异质性分析

现代大学体系在从欧洲向其他大洲、从西方向东方、从北半球向南半球扩展的同时，也在不断地发生着制度模仿、改革与创新，世界大学的发展与演变具有多形多元性。不同国家与湾区的大学经济发展中的作用同样存在多维度的异质性：首先，大学与湾区经济要素互动模式各异，对区域发展的参与、介入与支持程度差别明显；其次，大学的人才供给与湾区经济发展衔接的途径存在宏观与微观多层面上的差别；再者，大学对区域软实力的提升作用并非直接关联，而是存在制度机制等关键中介变量；最后，大学区域“发动机”和社会“减压阀”角色存在一定冲突，冲突的种类、强度与表现方式不尽相同。

---

①④ 袁利平，刘立宾．全球化时代大学的交往功能及其实现［J］．扬州大学学报（高教研究版），2011，15（3）：7－10.

② 陈超．从文化全球化看世界一流大学的交往功能［J］．外国教育研究，2004（3）：29－33.

③⑤ 葛静．不同文明对话中大学功能的重新诠释［J］．江苏科技大学学报（社会科学版），2005（2）：103－105.

### 8.2.1 大学与经济要素互动模式各异，对区域发展支持程度有别

世界上在科技领域最成功的城市和地区，都拥有非常强大的研究型大学，四大湾区更是如此。不过各个湾区的大学与经济要素互动模式各异，对区域发展的支持程度有高有低。湾区大学融入湾区发展的渠道、高等教育发展阶段、就业市场与学生择业理念和产学研合作政策与机制等都直接影响到大学与湾区经济要素互动的方式。

研究型大学和科研机构在世界四大湾区内分布集中，形成了规模化的智力高地优势，以人才为纽带，大学、科研机构与企业之间开展了紧密的合作。① 旧金山湾区是典型的知识－市场匹配型驱动湾区，公立与私立大学实力相当，私立大学在驱动区域经济发展方面更具灵活性与现实影响力。私立大学斯坦福大学在发掘市场需求、抓住和创造市场机遇方面的运作机制灵活高效，通过制订产业联盟计划，鼓励学校师生到校外创业，加速科研成果产业化。② 创办硅谷的成功经验是旧金山湾区科学研究转化为高科技行业，得以产业化发展的典范。此外，大量技术移民涌入旧金山湾区为湾区经济发展提供了来自全球的优秀人才资源，同时不同族群背景的工程师、科学家和企业家成为联结湾区企业与各国科技中心和消费市场的纽带。

大学的公立与私立属性决定了不同的大学应对市场变化的模式有很大差异。四大湾区的大学均有公立与私立之分：纽约湾区和旧金山湾区中公立与私立大学的数量与质量均鼎足而立，在全球顶尖大学集群内，私立大学还略有优势；东京大学中公立（含国立）大学占优势；而粤港澳大湾区则是公立大学占绝对优势。纽约湾区是市场－知识轮动型驱动湾区，公立与私立大学角色互补，私立大学在推动湾区金融服务行业发展、制度与文化建设方面优势明显，公立大学规模庞大，分布在湾区各地，覆盖社区、人群和行业面均十分宽广。私立大学中的纽约大学与哥伦比亚大学是纽约湾区精英高校的代表，在参与湾区发展和为湾区培养人才方面建树卓越，两校制定适应市场要求的教育培训政策，坚持面向社区和区域发展实际开展特别的教育项目。纽约湾区对于优质人才的吸引力在于交通网络、财富资源以及职业机会，而随着知名高校毕业生蜂拥而至，覆盖湾区内各大企业、高校与政府机构的校友网络随之形成，高校与企业之间的联系更加密切，人才培养、实践、反馈的全链条畅通无阻。东京湾区是政府－市场－知识互动型驱动湾区，公立大学占主导优势，而中央政府具有较高权威性，东京市等湾区有关的地方政府在政府－市场－高校三方合作体内中的地位与定位较为模糊。粤港澳大湾区是政府－知识－市场组合型驱动湾区，公立大学占绝对优势，中央政府具有高度权威性，粤港澳大湾区有关的地方政府（省、特别行政区、市与区县政府等）定位亦较为模糊。

较好地说明大学属性对大学参与经济活动影响的一个案例来自斯坦福大学。二战

---

① 田栋，王福强．国际湾区发展比较分析与经验借鉴［J］．全球化，2017（11）：100－113，135.

② 熊鸿儒．全球科技创新中心的形成与发展［J］．学习与探索，2015（9）：112－116.

后，斯坦福大学一度遭遇财政瓶颈，难以吸引优质人才。为此，学校果断选择将手头的土地资源出租，筹集到的资金用来充实师资队伍，提升学术实力。这个决定对斯坦福大学最终跻身世界一流之列至关重要。① 刚刚被提升为副校长的特曼想到了利用学校资产“下海”投资，推动学校财产资产化。而二战后，电子计算机发展迎来风口，斯坦福大学抓住了这个千载难逢的时机，与以惠普为代表的新兴电子信息技术企业开展了深度合作。② 但根据捐赠土地的协议，校园内的土地不允许出售。斯坦福大学决策层做出了一个富有远见的决定，利用学校的土地资源开辟高技术工业区，而不改变土地产权关系。1951 年，斯坦福大学把靠近帕洛阿托的 500 多英亩③学校土地划出来成立斯坦福工业园区，兴建研究所、实验室、办公写字楼等，于是世界上第一个正规的高校工业区诞生了。斯坦福大学的目的很简单，那就是通过土地出租来盘活学校资产给学校赚钱。工业区后改称研究区，建立起了从实验室到企业的合作机制。④ 1955 年已有 7 家公司在研究区设厂，1960 年增加到 32 家，1970 年达 70 家。1980 年整个研究区的土地全部租完，共 90 家公司的 25 万名员工进驻。⑤ 这些电子工业中的高技术公司在特曼的穿针引线下与学校融合发展，斯坦福研究区也成了美国和全世界效尤的高技术产业区典范。

具有国际影响力的企业能够有效吸引全球创新资源，科技公司的创立者往往毕业于研究型大学，作为入学门槛最高的一类高校，研究型大学吸纳了大量优质人才，为科技创业提供了很好的氛围，斯坦福大学就是许多科技创业者的起点。以旧金山湾区的斯坦福大学为例，很多科技公司的创立者都来自于这里。而香港多所享有全球声誉、产生全球影响的大学，却没有产生相应的尖端技术，也没有形成相应的领先性行业领域，究其根本，在于技术导向氛围的缺失，大学生热衷从事商业和金融，对于科技创业缺乏兴趣和信心。当然这里面既有香港过于独特的制度因素与有限的发展空间制约，也有区域文化与教育体制的因素。目前，香港高校在吸引人才方面仍有优势，而广东的创新资源与市场正在变得愈发广阔。粤港澳大湾区内大学结合起来寻找市场与行业机会，会有力推进大学与经济要素的深度互动模式。

### 8.2.2 大学的人才供给与湾区经济发展衔接的途径差别明显

四大湾区的大学每年培养大量优秀人才，理论上分析这些人才都具有在全国自由就业的能力，很大一部分具有国际上流动与就业的能力。湾区能否以及如何吸引本地人才是支撑湾区长期发展的一个内生性稳定因素，与之相应的则是吸引其他地区和国

---

① 方兴东. 硅谷之父：弗吉德里克·特曼［J］. 财会月刊，2000（11）：32－34.

② 瑾瑜. 硅谷无法复制 创新、人才和企业家精神是核心［EB/OL］.（2013－07－07）［2020－07－19］. https://tech.qq.com/a/20130707/001106.htm.

③ 1 英亩≈4 046.86 平方米。

④ 人民网. 特曼：造就硅谷［EB/OL］.（2000－09－14）［2020－07－19］. http://dengxiaopingnet.com/GB/channel5/569/20000914/233439.html.

⑤ 王文娟. 产业集群国际比较研究［D］. 北京：中共中央党校，2008.

际人才。大学人才供给与湾区经济发展衔接的途径与湾区自身的资源禀赋、市场机制、自然环境因素、人文地理因素和人才政策密切相关，教学科研的深度融合是研究型大学的共同认可的高等教育价值理念，但不同大学实现融合的动机、机制、运作模式与实际效果差异明显，不同湾区也呈现出不同的“教育成长－职业发展”衔接模式。

大学并非象牙塔，它们扎根于地方，也不可避免地与地方文化环境相互影响，与地方政府之间频繁地进行资源交换。大学的发展有赖于地方政府给予的政策、资金与基础设施方面的支持，也往往受到当地主导产业在资金和学生就业等方面的帮助；而大学在人才供给、技术支持和文化环境塑造等方面对所在地的影响是显著的。例如，东京大学人才培养的模式就深受东京湾区发展历史与日本工业立国文化的影响，哈佛大学在教育与学术方面的成就，与纽约湾区传统的“美国精神”文化气质关系密切，而斯坦福大学强调人才培养与科研的融合，实用主义的倾向显然也与旧金山湾区的氛围有关。① 总之，大学在发展进程中往往需要适应地方文化环境，寻找到自身特色与区域发展需求的结合点，而并非一味贪大求全。②

大学的整体实力差异与湾区环境宜居性差异对人才的吸引效果有很大差别，不同湾区持续引领科技创新和经济发展的潜力也与之密切相关。旧金山湾区之所以能成为高水平人才的集聚地，首先就与其优越的气候与地理条件有关。宜居的环境是人才长期居留的重要因素，而人才集聚对于硅谷产业发展至关重要，随后，高科技产业的聚集带动了城市崛起。③ 无论是在前文提及的特曼这一独特的个案上，还是最近具有世界影响力的学者选择职业生涯高校时对美国西海岸的偏好，或是当前留学生选择留学目的学校时对区域自然环境的考量上都体现出这一趋势。

相较之下，东京湾区目前也有较成熟的制度供给与宜居环境，而粤港澳大湾区的大学则有很大提升空间，表现之一便是大学实力与环境宜居性实力在空间布局与结合上很不均衡：广州高等教育实力强大但环境宜居性有继续提升空间，珠海环境宜居性高但高等教育发展薄弱，香港高等教育实力强大、环境宜居性适中，深圳宜居性和高等教育实力均适中，其他城市则两者都较薄弱，如何进一步同时提升环境吸引力和高等教育吸引力是湾区发展中的需要引起重视的一个基础性问题。

高水平人才将决定湾区发展的大趋势。特别是科技园区，对人才的需求不局限于一时一地，能否在整个湾区、全国甚至全球范围内形成强大的人才吸引力，这是科技园区能否可持续发展的关键所在，也在很大程度上决定了湾区能否实现规划发展目标。因此，从政策层面来说，湾区规划中不仅要重视基础设施与产业培育，更要重视培养人才、吸引人才、留住人才。④

---

① 孔翔，于良全. 地方文化环境与大学教学科研融合发展的模式初探——基于英美若干研究型大学的经验研究 [J]. 世界地理研究，2014，23 (1)：167－175.

② 王廷栋. 基于区域特色文化的大学文化建设研究 [D]. 西安科技大学，2010.

③ 田栋，王福强. 国际湾区发展比较分析与经验借鉴 [J]. 全球化，2017 (11)：100－113，135.

④ 汪怿. 全球第三代科技园区的出现及启示 [J]. 科技进步与对策，2012，29 (6)：5－9.

### 8.2.3 大学对区域软实力的提升作用存在中介变量

开放的经济结构、具有国际竞争力的特色产业、强大的原始创新能力和国际化的创新网络是大湾区科技创新发展的重要特征。世界级著名湾区的发展进程证明，开放的经济结构、具有国际竞争力的特色产业、强大的原始创新能力和国际化的创新网络都与当地大学的发展密不可分。① 而大学对区域软实力的提升作用存在中介变量：本地性中介变量，如区域文化、区域经济支持等；国家性中介变量，如高等教育政策与战略；国际性中介变量，如高等教育国际流动性趋势。

#### 8.2.3.1 大学发展模式

纽约湾区的多层次盟校机制，旧金山湾区所在加州独特的分校合作模式，东京湾区极点效应模式都因地制宜，与当地软实力密切关联。大学发展模式，尤其是大学群的发展定位与合作模式是大学职能发挥区域性作用的重要中介变量。虽然加州大学的成功有其独特的政治、经济、社会和教育背景，但是国内高校在珠海、深圳集中开办分校，引进优质大学开办国际性大学或分校的模式与加州大学体系有相似之处；粤港澳大湾区的经济发展规划与城市定位与旧金山湾区也有可类比之处。粤港澳大湾区的高等学校目前面临的许多困难和问题，如与更强大的东部高校的竞争策略与比较劣势、优秀学生生源、充裕且可自主支配的办学经费来源、学校与行业合作模式等。鉴于此，粤港澳大湾区高等教育的快速发展，首先可与旧金山湾区、纽约湾区加强直接合作，采用“借鸡生蛋”的模式，增加全球最优质高等教育资源的交流与供给，同步推荐湾区内高校国际质量导向的改革；其次，充分发挥湾区内强校（尤其是香港的香港大学、香港理工大学等具有世界竞争力的大学，广州的中山大学、华南理工大学等已经具有一定世界知名度的大学）的辐射带动作用，采用借壳孵化的模式，进一步提高湾区内其他高校的教育质量；最后，从健全湾区内高等教育体系出发，采用“抱团取暖”的模式，实现既有顶层设计又能分类发展和特色办学。

#### 8.2.3.2 大学制度类型与发展阶段

大学制度是大学的办事规章与成员的行为准则，包括大学运行所需要的规范化管理体系及各种权利和义务的规定。按照德国著名哲学家雅斯贝尔斯的观点，大学制度不仅包括各种具体规章制度的总和，而且包括制度构建、实施过程中所蕴含的制度理念、制度传统和大学精神等。因此，大学制度是实现大学理念和形成大学文化的重要途径。② 大学在多大程度上将理念转化成具体实在的制度，决定了大学品质。大学制度之于大学的重要性体现为多方面。第一，大学制度是学术工作顺利开展的保证。大

---

① 吴岩．大学之大与湾区之大［N/OL］．光明日报，2018－08－07［2020－07－19］．http://epaper.gmw.cn/gmrb/html/2018-08/07/nw.D110000gmrb_20180807_1-13.htm.

② 卡尔·雅斯贝尔斯．大学之理念［M］．邱立波，译．上海：上海世纪出版集团，2007.

学制度能够为学术活动提供充足的物质条件，同时学术成果在大学制度化的环境中也能得以延续。第二，大学理念附着于大学制度。制度是理念的现实体现，理念则是制度的精神灵魂，大学理念作为一种组织意识形态，只有在制度环境中才能以具体而实在的方式呈现。第三，大学制度有助于提高大学中个体的自由度。大学制度旨在提高大学个体的自由度，包括思想自由、学术自由、学习自由等，而大学自治和学术自由是大学制度的根本所在。① 大学制度化本质上是一个学校制度体系不断建构和调整的过程。在这一过程中，由于各个历史时期社会环境的差别、大学条件的悬殊以及大学与社会关联机制的不同，内嵌于社会整体背景中的大学制度在价值表征上会迥然不同。② 从欧美大学制度演变过程来看，大学制度的演变主要体现为"规制取向"与"自由追求"价值关系的历史演变。③ 中世纪的大学制度表现为"自由"依附于"规制"，大学自主决定大学发展，学术力量拥有对大学内部事务的决定权。大学自治、学术自由，大学与社会联系几乎没有。1810 年德国洪堡大学建立，开启了大学制度变革的新阶段。德国现代大学制度明显地体现出"规制"与"自由"的结合。在强烈的国家主义驱动下，德国大学制度表征出浓厚的规制色彩，政府全面规制大学，大学自主相对缺乏。基于新人文主义理想，德国大学制度又蕴含着强烈的"自由追求"，大学基层学术组织拥有较大的自治权力，教授享有广泛的学术自由权利。美国现代大学制度的形成经历了一个不断演化的过程，体现出灵活性与特殊性，表现为"规制"和"自由"的动态平衡。一方面，大学与政府、社会联系紧密；另一方面，大学拥有一定的自治权，学术人员享有一定程度的自由权。随着大学理念的不断发展，大学制度不断得到发展完善。当今社会，大学不再是中世纪时的象牙之塔，但大学也不是社会和政府的附庸。大学在自主发展的同时，服务地方、服务国家已成为一种使命和担当，也是一种新的制度文化。任何大学都带有地域属性的，同时也对区域文化的发挥着独特作用，国际湾区的大学同样如此。纽约湾区、东京湾区的大学体系在自身追求全球水准的卓越教育进程中，也在不断地彰显其服务区域文化的职能和价值。④ 但大学运作受到国家政治、经济、文化体制及大学制度文化的深刻影响，因此大学对区域发展及软实力的提升上表现出明显的特色和差异。

#### 8.2.3.3 大学治理结构与府校关系

治理是使相互冲突的或不同的利益得以调和并采取联合行动的过程，其特征主要如下：治理是一个过程而非规则和活动，治理的基础是协调而非控制，治理涉及公共

---

① 王超，任婉秋，樊媛. 雅斯贝尔斯大学制度观及其对"双一流"建设的启示 [J]. 中国高等教育，2019 (2)：62 – 64.

②③ 唐世纲，李嘉琦. 欧美国家大学制度演化的价值审视——基于规制与自由之关系的视角 [J]. 现代教育管理，2016 (9)：29 – 33.

④ 田联进. "双一流"建设进程中的大学文化空间塑造 [J]. 教育与教学研究，2016，30 (11)：12 – 19.

部门和私人部门，治理是持续的互动。① 一般来说，大学治理包括内部治理和外部治理两个方面。马金森和康斯丁认为，内部治理关乎大学内部的价值决定、大学的决策和资源分配系统、大学的使命和目标、大学的权威和科层模式，外部治理关乎大学作为学术组织与政府、商业和社区的组织之间的关系。② 伯顿·克拉克在谈到大学治理时，提出了著名的协调三角形，协调三角形提供了高等教育治理国际比较的基本框架并产生了重要影响。③ 囿于大学、政府、市场（社会）三方存在难以调和的价值与利益冲突，大学治理宜平衡三种力量并建构有共同目标价值，并营造基于竞争与合作的均衡状态，以达到权力均衡、利益均衡与价值均衡。④

美国大学的治理结构一般是由董事会、校长、学术评议会共同组成。董事会制度作为美国大学治理结构的一大特色，促进了美国高等教育可持续发展。为了大学的福祉和永久稳定，董事会肩负着管理大学的信托义务、负责监督大学的资产管理以便确保大学固守创立之初衷和未来发展之重任。董事会作为大学的法人代表，拥有大学最高决策权力，是美国大学治理结构中的核心。董事会一般由校外政府官员等社会精英组成。行政管理权则掌握在以校长为首的行政管理团队之手，校长由董事会直接任命，是大学的首席执行官。校长在接受任命之后，负责大学的发展规划、筹集学校运营经费、针对学校内部事务开展公关以及维护好社区关系。学术评议会则针对大学学术事项开展管理。其管理工作涉及学校的学术发展、学科设置、教师聘用以及晋升等方面。董事会根据学术委员会所提出来的相关建议进行重要决策。⑤ 我国大学的主要治理结构包括一般包括党委会、校长办公会、学术委员会、教职工代表大会等，其突出特征表现为党政结构是治理结构的核心，学术委员会发挥补充作用。⑥

从国际比较视野看，各级政府与高校之间关系的类别、强度与密度对大学职能的发挥起着极其重要的引导与调节作用；而从区域和国家的具体案例看，政府与高校关系的强度对大学由弱到大、由大到强的快速发展更加重要，基于知识支持文化的关系强度有助于大学职能的自主、稳定发挥。⑦⑧

---

① 俞可平. 治理和善治：一种新的政治分析框架［J］. 南京社会科学，2001（9）：40－44.

② MARGINSON S，CONSIDINE M. The enterprise university：power，governance and reinvention in Australia［M］. Cambridge：Cambridge University Press. 2000：7.

③⑥ 刘益东，周作宇. 大学治理：一个整体性框架［J］. 大学教育科学，2020（3）：64－72.

④ 董亲学. 大学治理结构中的权力冲突与组织设计［J］. 学术界，2018（8）：126－133.

⑤ 傅雷鸣，陈海林. 美国大学治理结构的内涵、维度及启示［J］. 继续教育研究，2020（2）：55－58.

⑦ 戚兴华，内拉德. 同名异构：中美研究型大学研究生院的组织与制度比较［J］. 高等教育研究，2018，39（7）：90－98.

⑧ ADEINAT I M，ABDULFATAH F H. Organizational culture and knowledge processes：case study in a public university［J］. Vine Journal of Information and Knowledge Management System，2019，49（1）：35－53.

### 8.2.4 大学区域“发动机”和社会“减压阀”角色存在一定冲突

从高等教育的功用与湾区发展的角度看，大学的角色在与时俱进中不断转变，要深度参与和支持经济发展，成为区域发展的发动机；从高等教育的传统与理想看，大学的角色在时代变迁中保持着统一性，要有效地支持多元个体与群体的广泛发展，作为社会公平与稳定的减压阀。在湾区框架和区域战略的背景下，大学的社会公平与经济效率之间存在互相抵牾之处，同时处理两种宏大又基础性的价值追求有时会引发大学职能的内部抵牾或失调。从湾区发展经验上看，无论是纽约湾区的沿海生态系统，还是旧金山湾区的移民城市、海绵城市和宜居社区，弱化和解决这种矛盾的一个方案便是引入第三要素：把生态系统和/或文化价值引入人与经济（或者说：高校与区域/教育与产业）的二元体系中，形成稳定的三元系统，促进区域社会经济协调发展。

湾区区域经济协调发展表现为三个维度的同步发展：湾区经济同向增长（利益整体增进）、公共支出的结构均衡（收益均衡配置）和合作关系深度拓展（区域一体化），而区域内经济差距逐渐缩小、基本公共服务均等化、区域公共管理无缝对接、区域文化融合共享、区域生态良性维系是区域经济协调发展的自然结果。区域经济协调发展体现了发展观的演进规律和价值诉求，从单一的经济效用转变为整合的发展效用，以人为本、全面协调可持续的科学发展观构成了区域经济协调发展的理论基石，高等教育在这种框架下既是服务性支撑工具，也是主体性价值目的。① 一般来说，区域协调发展的定义包括了政治、经济、文化、社会与生态等多个维度。其中，经济发展是区域协调发展的基础，政治稳定、文化繁荣、社会和谐与生态平衡是区域可持续发展的必要条件。② 教育公平则是软约束中容易被忽视的具体领域，就高等教育而言，其对经济发展的支撑作用引起广泛关注，而较少关注其对社会稳定、制度稳健的“减压阀”作用。

以合理的规划和出色的行政能力为前提，区域发展中完全可以实现经济效益、社会效益与生态效益共赢。世界其他四大湾区的发展史表明，经济效率的实现需要集聚经济发挥作用，但这将不可避免地产生高等教育的非均衡发展，同时也可能导致发展差距和生态环境等问题。粤港澳大湾区的发展趋势也再次证明了这一点。高等教育既要贡献于区域经济发展的经济效率目标，也要有助于社会公平与关系协调发展的价值目标，需要发挥市场一体化和政府制度创新的相互作用。③ 比如，要考虑到湾区高等教育促进城乡融合发展的空间溢出效应与带动效应，必须要在人口和经济活动继续向城市和沿海地区集聚的同时，既以完全实现人口自由流动为目标，使湾区外部人口有

---

① 李波. 区域经济协调发展与区域高等教育均衡［J］. 河南师范大学学报（哲学社会科学版），2005（1）：171－174.

② 张可云，易毅，张文彬. 生态文明取向的区域经济协调发展新内涵［J］. 广东行政学院学报，2012，24（02）：77－81.

③ 刘剑虹，熊和平. 非均衡理论视域下区域高等教育的多元发展［J］. 浙江社会科学，2013（5）：101－105，158－159.

序进入与融入湾区，最终实现城乡区域间、湾区内部与周边基本公共服务均等化①；又要给予欠发达区域公正地接受优质高等教育的机会，鼓励高校中心下移到县域经济内，采用多种合作模式，对接落后地区的高中教育（含职业教育），提高与当地发展需求相适应的人力资本供给能力。

## 8.3 大学在粤港澳大湾区建设中作用的SWOT分析

现代大学告别了古典大学“象牙塔”形象，以一种巨型复杂组织的角色镶嵌进快速变化的现代社会体系中。政府、社会与民众对大学有不同的要求、理解与期待，大学同时还面临着跨国竞争压力、区域发展诉求与行业集群生态。大学在粤港澳大湾区建设中如何充分利用自身优势、发挥自身作用和促进自身成长既是一道内外形势多变、机会与挑战并存的客观判断题，又是一道长短路径多解、理想与诱惑同在的主观选择题：首先，粤港澳大湾区是政策、制度、资源与教育传统的多元一体，有厚实共享的文化根源和巨大持久的文化融合潜力，发展环境的优势明显；其次，大学的经济基础和资源投入等硬实力有待提升，软硬实力偏弱，自主程度偏低，发展条件的劣势仍待改进；再者，21世纪以来世界高等教育秩序进入重整期，国内大学蓄势待发，湾区大学面临新的重大发展机遇；最后，国际因素复杂多变，国内大学个体之间的竞争、区域大学之间的竞争面临着来自各方面的要求与压力，竞争的价值取舍与导向选择、规模与内涵、广度与强度可能对大学产生难以预料的极化影响与严峻挑战。

从组织战略发展的角度看，战略是一组可选策略的集合，是一个组织“能够做的自主行动力”（组织的强项和弱项）和“可能做的现实约束因素”（即环境的机会和威胁）之间的有机组合。SWOT分析正是从内外部面临的竞争环境和所拥有的竞争条件出发进行要素与态势分析，将与研究对象高度相关的组织优势、劣势和外部的机会、威胁等，逐一调查明确，并依照矩阵形式排列，然后用系统分析得出结论或建议，为决策提供直接参考。其中S（strengths）与W（weaknesses）是优势与劣势，O（opportunities）与T（threats）是机会与威胁。②

### 8.3.1 优势分析：政策、制度、资源与教育传统的多元一体

#### 8.3.1.1 国家政策层面的发展战略优势

四大湾区具有显著的优质高校集聚效应，拥有强劲的高等教育竞争力，优质高等教育集群与区域经济社会发展具有良性的互动效应。粤港澳大湾区高等教育的发展从

---

① 张树剑，黄卫平．新区域主义理论下粤港澳大湾区公共品供给的协同治理路径［J］．深圳大学学报：人文社会科学版，2020（1）：42－49．

② PICKTON D W，WRIGHT S．What's SWOT in strategic analysis？［J］．Strategic Change，2015，7（2）：101－109．

数量和质量上均有较大的可提升空间，在国家推出粤港澳大湾区战略、海洋战略等多项重大战略的背景下，同时高等教育的“双一流”建设政策方兴未艾，各级政府致力于打造高等教育集群和高端人才培养高地的发展战略。在国家战略与相关政策驱动下，粤港澳大湾区高等教育集群具有可期的比较优势与发展潜力。①

在纽约湾区与旧金山湾区高等教育发展的过程中，由于美国的教育权力机构主要分散到州政府层面，没有单一机构可以在湾区高等教育政策过程中拥有绝对的决定权与执行权，高等教育政策过程较为缓慢，且全局性政策通过尤为艰难。我国高等教育决策在内部监督和适度扩大外部监督的趋势下，仍有较高的决策效率和全局视角，成为粤港澳大湾区发展的政策高度和政策优势。高校的政策系统加上日益开放的政策空间，为所有政策行动者之间展开沟通与合作提供了必要和可能，重视政府、大学与社会团体之间的角色互补与力量均衡②。

发挥先行先试的政策优势，增强粤港澳大湾区的高等教育合作。当前，由于三地之间的制度和体制机制差异，粤港澳之间的高等教育深度合作还存在着难以逾越的障碍。在中外合作方面，我国各地已经有许多探索，相关法规制度也早已起步制定、修订，但对于大湾区范围内跨境合作办学来说，现有的制度局限性非常明显。在大湾区协同发展上升为国家战略的大背景下，三地的高等教育合作也应从顶层设计层面做出合理规划，在政策与制度方面完全可以先行一步、大胆尝试，以更强有力的政策支持创造更加宽松、灵活的合作办学条件。③ 在合作过程中，应整合政策、制度、资源与教育传统的多元优势。各地高等教育应提升自身的内在力量，以期产生更为强大的合作合力。

#### 8.3.1.2 多元大学制度与经济发展模式下区域合作的差异化优势

相比世界其他湾区，粤港澳大湾区高校有着最为异质性和多元化的大学制度，受英国教育与文化体制影响的香港的大学、受到欧洲大陆现代大学制度影响的澳门的大学、受中国传统教育文化理念影响的广东的高校，三类大学在空间上高度汇聚，在粤港澳大湾区国家战略的支持下，三者的互动与一体化进程将碰撞出多彩的思想火花，结出丰硕的科研果实，产生持久的社会影响。传统高校如香港大学（1911 年）与中山大学（1924 年），新锐高校如香港城市大学（1984 年）、南方科技大学（2011 年）与深圳大学（1983 年），异地分校如北京师范大学珠海分校（2019 年）与哈尔滨工业大学（深圳）（2018 年）、国际性高校如香港中文大学（深圳）（2014 年）与清华 - 伯克利深圳学院（筹建）；单校园高校如华南农业大学（1909 年），多地办学高校如华南理工大学（1952 年），市中心分散的校园、大学城集聚的校园、下沉到各个地方的校

---

① 吴少敏，姚瑶．粤港澳大学群梯队完备　发展潜力大［N］．南方日报，2019 - 5 - 15（A06）．

② 徐自强．高等教育协会组织的政策行动分析——以美国高等教育与认证协会为例［J］．武汉理工大学学报（社会科学版），2013，26（2）：251 - 255．

③ 唐高华．深港高等教育合作 SWOT 分析与审思［J］．深圳信息职业技术学院学报，2013，11（4）：18 - 22．

园与教学点等——高校类型、形态与布局丰富多样，容量巨大的高校系统蕴含着无可比拟的高等教育生态优势，在湾区高等教育一体化发展进程中将产生服务发展战略与改变发展路径的能量。同时，湾区内三地的经济发展阶段与发展模式也有很大差异，在区域合作上具有差异化优势。

可见，粤港澳大湾区在促进湾区内高校资源共享、优势互补方面有着巨大的发展前景。不过目前受限于起步较晚、运行模式不成熟及行政体制上的差异，湾区三地高校在管理机制、运营模式、法律法规等方面真正实现合作仍面临诸多困难。对此，应当充分发挥“教育文化异质性与传统文化共同体”的双重优势，同时借鉴国外跨区域大学合作的成功经验，着眼于以合作为导向的高校内部运行机制和规章制度的建设，积极开展联合办学、资源共享、人才互换等合作项目，推动粤港澳大湾区高等教育的发展共赢。①

粤港澳大湾区内各地高校间合作越来越紧密，尤其是近年来广东和香港高校的科技合作得到迅猛发展。以粤港科技论文合作网络为例，无论合作数量还是质量，香港大学、香港中文大学、中山大学等实力较强的综合性大学处于合作网络的中心地位，而实力较弱的则位于边缘位置。不过整体上来自香港的高校有更强的合作网络与合作质量，“需进一步加强广东省同香港间的科技交流，通过两地科技优势互补，共同推动粤港澳大湾区科创中心建设”②。

#### 8.3.1.3　改革开放经济与财富积累产生的资源优势

广东是快速发展的改革开放前沿，香港、澳门有较为成熟的市场机制，粤港澳大湾区是经济发展的前线、财富积累的前导和知识创新的前沿。广东既是解放思想与改革开放的先行者，区域传统文化巧妙地融合创新与务实两种气质；也是解放思想与改革开放的受益者，人才与科技的集聚作用推动了经济的持续发展。③ 如果没有思想解放带来的改革开放和国家战略与政策提供的进取空间，广东的区位优势将难以发挥和形成，也就不可能有广东经济社会发展到今天取得的巨大成就，更不可能有当前粤港澳大湾区高等教育与各类大学加速发展的物质与经济基础。

得益于上千年的对外开放传统，在近代史上，广东尤其是珠三角地区成为了对外贸易的先行地和民族工业的发祥地之一。在这样的环境下形成的岭南文化具有务实、进取、开放、包容的特性。改革开放以来，这种特色鲜明地方文化发扬光大，形成了引人注目的新时期改革精神，在全国乃至全世界范围产生了很大影响。④ 而这种改革

---

① 何玮，喻凯，曾晓彬. 基于比较视角的粤港澳高校联盟发展建设研究 [J]. 广东开放大学学报，2018，27 (3)：36－41.

② 梁经伟，毛艳华，李彦. 论文合著视角下粤港科技合作的演变特征研究 [J]. 现代情报，2018，38 (12)：164－171.

③ 蒋斌，杜新山，丁晋清，等. 在新的起点上继续解放思想 [N]. 南方日报，2008－01－10 (A14).

④ 陈江玲. 广东改革开放与中国特色社会主义模式崛起 [J]. 岭南学刊，2009 (1)：9－12.

精神与岭南文化同样也是与香港、澳门所共有的特征，也成为粤港澳大湾区合作的物质基础之外的精神地基。广东和港澳两地都有敢为天下先的“吃螃蟹”精神，广东成功地建立经济特区，是一个空前的制度创新，通过社会主义基本经济制度与市场经济的接轨，很好地回答了中国的社会主义市场经济怎么建的问题。① 而在粤港澳高等教育体制融合发展与高校合作方面，同样需要在学术精神与地方文化核心价值的指引下，在领域内发挥敢想敢干、敢为人先的精神。

近四十年来，广东的高速发展不仅是一个经济改革创造的奇迹，文化和教育事业的大胆创新始终是其支柱力量之一。早在上世纪90年代，广东省就在全国率先提出了“文化广东”发展理念，在进入21世纪后，这一口号进一步深化，经济大省广东将建设“文化大省”纳入了发展目标之中。目前是广东从高等教育大省到高等教育强省转变的关键期，也是粤港澳大湾区高等教育共谋发展的战略机遇期。从宏阔的视野考察，可以发现广东省改革开放前30年（1978—2008年）的经济力量的迅猛增长，背后离不开岭南文化精髓的滋润；2008年以来，高等教育成为支撑广东经济转型发展的重要力量。近年广东的大学扩招迅猛，高考录取率达到80%左右。这表明，经济大省广东对于高等教育发展具有强烈的需求，并且已经在政策层面做出了相应的努力。区域的优势经济基础与高水平高等教育建设之间的关系，并不仅是单线的运动，而是双向的互动②。

#### 8.3.1.4 教育“大”“小”传统结合的精神力优势

粤港澳大湾区的教育思想与传承资源有“两大两小”四种教育文化传统合并蓄力：韩愈、苏轼为代表的中原科举文化的岭南传播、岭南书院文化两个大传统，岭南优秀民间传统文化、近代广东开启的留学教育文化两个小传统。留学文化、书院文化在香港、澳门得到较好保存与承续，而科举文化中尊师重教等思想精髓和民间传统文化在广东得到较好的保育。粤港澳大湾区高等教育融合发展的优势，离不开湾区内大小传统的互动、交流与整合。大小传统的互动交融是各民族交往交流交融的必然趋势，并且在长期历史进程促使中华民族的形成。粤港澳大湾区内教育传统的有机交融将是促进高等教育高质量发展不可或缺的重要一环。

以留学传统为例略作展开论述。从1871年首批留学幼童算起，广东便是最为积极参与中国近代与现代留学活动的地区之一。容闳开启了政府资助的“留美幼童”运动，当时设定的“条陈四则”就是为了选派优秀青年出国留学，来为国家储备人才，特意注重学习美国等西方先进的现代化思想制度。侨文化、侨乡文化是岭南文化的重要组成部分。在大湾区，世界文化遗产“开平碉楼与村落”、世界记忆遗产“侨批档案”就是侨乡的著名文化符号，广东省的留学文化、商业文化、慈善文化等也都与华侨华人有着密切联系。

近代涌现大批近现代著名留学与华侨人物，影响了广东乃至整个中国的国家发展

---

① 郭跃文. 经济特区发展成就彰显我国制度优势［N］. 经济日报，2020-08-26（11）.

② 李宗桂. 广东文化发展30年的省思［J］. 广东省社会主义学院学报，2009（2）：24-33.

进程。政治人物中，家喻户晓如康有为、梁启超、孙中山、叶剑英等；华侨资本家陈启沅、张振勋、陈宜禧等开了民族工业诸多先河；此外，上海永安百货公司的创立者郭氏兄弟，先驱百货公司的创建者马应彪等都是祖籍广东的华人华侨①；在教育界，出生于珠海市的容闳推动政府资助的公费留学运动，开创中国留学教育先河，被誉为“留学生之父”，不一而足。20 世纪三四十年代，在民族存亡关头，华侨群体奔走呼号，发挥了更大的作用。知名者如侨领、洪门元老司徒美堂，实业家、慈善家珠海籍侨领陈芳，泰国米业大王陈慈黉等。华侨文化是岭南文化的重要组成部分，许多华侨中的代表人物曾经在教育领域做出重要贡献，而他们爱国爱乡、开放包容的精神至今仍激励着粤港澳大湾区加快创新合作与发展的步伐。②

当前国际政治经济形势已发生巨变，海外华人华侨社会也发生了前所未有的变化。一方面，改革开放以来，这一群体的总体规模急剧上升，尤其是在科技、金融、学术等领域，华人华侨的影响力显著提升，而专业社团、商会组织和校友会也成为了海外华人社团的主干。另一方面，随着中国国力增强与开放程度提升，华人华侨与祖国的关系也更加密切，回乡求学、创业、就业的意愿空前提升。③

“精英文化”（elite culture）与“大众文化”（popular culture）是文化研究中常用的一组概念。欧洲学者认为“精英文化”（elite culture）即“大传统”，主要通过规范化水平较高且对公众封闭的渠道传播，如学校教育；而“大众文化”（popular culture）即所谓“小传统”，通过非正式途径，在民间主要以口耳相传的方式传播。④ 粤港澳大湾区高等教育的发展无疑需要大小传统内部之间，以及教育传统与经济机制之间在整个区域的开放与融合。

### 8.3.2 劣势分析：软硬实力偏弱，自主程度较低

#### 8.3.2.1 大学发展的经济基础和资源投入等硬实力有待提升

从高等教育投入方面分析，1998—2010 年，OECD 国家教育投入平均占 GDP 的比例从 5.6% 上升到 6.3%，目前，OECD⑤ 国家教育机构投入总计占 GDP 的比例保持在 6% 以上，其中绝大多数是公共支出。在投入经费结构方面，OECD 国家的国家公共支出比例比较稳定，随 GDP 增长而稳定增长，相应的，高等教育的社会投入增长明显，从 1998 年到 2010 年，社会投入所占比例从 11.7% 上升到了 14.3%，可以说，OECD

---

① 郭耀. 广东经济年鉴 2008 [M]. 广州：广东旅游出版社，2008：16.

② 广东年鉴编纂委员会. 广东年鉴 2009 [M]. 广州：广东年鉴社，2009：111.

③ 吴献举. 论广东新闻传媒产业在华侨华人文化市场的开拓 [J]. 新闻界，2007 (5)：75 - 76.

④ 宋雷鸣. 论大传统和小传统概念的时间意义 [J]. 广西民族大学学报（哲学社会科学版），2010，32 (2)：67 - 73.

⑤ 经济合作与发展组织（The Organisation for Economic Co-operation and Development，缩写为 OECD）。

国家的高等教育经费增长，主体是社会投入增长。

我国的财政性教育经费支出在2012年达到了4%，目前仍与高等教育强国存在一定差距。此外，我国早年并不重视教育的社会投入，尤其是在高等教育领域，相关的研究分析极少，在官方统计中，这一部分投入也长期没有纳入统计口径。①

#### 8.3.2.2 大学文化软实力亟须精心规划

国内高校普遍经历着一场深刻的大学精神与文化危机，大学传统的价值信念或者被忽视与误解，或者在支撑大学快速发展方面时有不足之处，市场化、商业也紧密相连，其中界限难以厘定。毋庸讳言的是，社会结构的现代性亏欠所导致的公共精神匮乏，制度伦理的现代性匮乏所导致的伦理环境恶化是造成这一危机的重要根源。②

相较于物质匮乏，精神匮乏的表现往往隐蔽得多。即使是意识到了精神匮乏状态的普遍存在，仍有一些人片面地理解“仓廪实而知礼节”，认为精神匮乏的状态可以通过消解物质匮乏来实现同步消解。这是造成“两个文明”建设“一手硬一手软”的重要原因。在现代大学建设中，也在一定程度上出现了“重大楼而轻大师”的取向。要树立正确的教育理念，首先就必须正确认识物质需求与精神文化需求之间的关系，尤其是要厘清二者间的差异，对精神需求的不平衡不充分现状有充分的理解。③

大学精神是促进高等教育发展的内在文化动力，新时代大学精神大讨论，应当纳入大学规划的内容。构建湾区大学发展文化自觉 - 文化创新 - 文化自强的战略框架。文化自觉是前提，事增强文化责任，激发“大学人”担当高等教育现代化的使命担当。文化创新是手段、方法，是为了实现文化自强；文化自强的目的是要实现高等教育现代化，三者辩证统一。大学的文化自强则是经历文化自觉之后，依靠文化创新逐渐实现的。为了塑造品牌，建议打造领导文化名片。校领导代表着一所高校的教育理念与文化形象。大学的兴盛，离不开富有智慧、经验、人格魅力和开拓创新精神的卓越领导者。优秀的校领导应该拥有广阔的视野和卓越的行动能力，能够传承发扬学校的深厚底蕴，同时紧跟新形势，摸准学校在新时代获得新发展的着力点和突破点。纵观我国高等教育历史，北京大学的蔡元培、清华大学的梅贻琦、浙江大学的竺可桢等大师都是当代高校领导效法的榜样。④

#### 8.3.2.3 大学发展的自主实力有待进一步积蓄和涵养

如本书2.3.2.2所述，高等教育领域的知名学者、加州大学洛杉矶分校教授伯顿·克拉克（Burton R. Clark）在20世纪80年代提出“三角协调模式”理论，之后在

---

① 马陆亭，刘红宇. 高教财政投入和社会投入占GDP比例的政策价值［J］. 华中师范大学学报（人文社会科学版），2015，54（1）：150－160.

② 刘宇. 论当代中国价值虚无主义精神状况及其超越［J］. 道德与文明，2014（3）：99－104.

③ 杨小勇，王文娟. 新时代社会主要矛盾的转化逻辑及化解路径［J］. 上海财经大学学报，2018，20（1）：17－28.

④ 牟成文. 关于提升村庄内生能力的思考［J］. 社会主义研究，2012（2）：77－81.

全球高等教育实践与理论界产生了持续而深远的影响。① 粤港澳大湾区的大学的发展和权力结构同样交织着国家政府权力、市场力量与大学学术权力，形成三方协调模式和关系嬗变规律。② 湾区内公立大学占有主体地位，无论是有一定实力和国际影响力的传统名校（如香港大学、中山大学）或是刚刚成立不久的新型高校（如香港城市大学、南方科技大学），其主导力量是政府行政行为，公共政策与财政的支持攸关紧要。不过，高校的自主权和市场选择机制在行政力量主导的教育发展体系下难免受到一定的抑制，大学发展的内部力量与内生性动力受到外部因素的影响较大。随着 2017 年《教育部等五部门关于深化高等教育领域简政放权放管结合优化服务改革的若干意见》（教政法〔2017〕7 号）等系列改革措施的出台，高等教育领域"放管服"改革和"管办评"分离改革，办学自主权的下放，政府着力于对高校发展进行宏观调控，大学自治和自主发展的空间增加，学术权威和力量得到进一步增强。同时粤港澳大湾区市场经济发展已基本完成财富粗放式增长和积累阶段，进入以优质、高效、均衡、协调性发展为经济增长目标的新阶段，按照市场供需规律引入更多社会资源进入高等教育场域成为大趋势，市场力量在"三角关系"中位置亦渐趋凸显。

大学的自主力量、市场的催化作用与政府的主导性三者的关系既影响个案大学的发展，也影响湾区高校集群的发展。粤港澳大湾区高等教育融合发展，意味着湾区内高等教育将从以往着眼于各主体自身的利益和目标、以取长补短为特征的合作向着眼于区域群体、以优势互补为特征的合作转变③；强调三地寻求基于优势互补的利益共同点，通过体制机制创新，搭建基于政府、高校、社会互动模式的融合平台，形成一体化的利益共同体、发展共同体；以深化产教融合机制为抓手，以高质量的知识与技术资源为中心，依赖政策推动平台建设，构建以"高校集群 - 产业集群"为主导的融合发展模式，充分运用现代信息技术尤其是大数据技术，促进融合发展的多样化、便捷化与精准化。④ 粤港澳大湾区高等教育融合发展具有交互性、开放性、共治性及情感性特征。具备高等教育发展主体在融合"场域"关系中获取资源，在自主发展的基础上互相融合，从个体优势走向群体优势、从单点效应走向集群效应。

#### 8.3.2.4　大学发展的在地化能力有待提升与整合

丹尼尔·吉尔曼（Daniel Gilman）是美国第一所真正意义的研究型大学——约翰·霍普金斯大学（The Johns Hopkins University）的创建者。吉尔曼曾指出，对于个人来说，大学是接受自由教育的首选；对于社会发展来说，大学是推动科学技术和人类文明进步的最佳机构。大学作为一个代表学术和文化的机构，已经经历数个世纪的

---

① BRENNAN J. Burton Clark's The higher education system：academic organization in cross-national perspective [J]. London Review of Education，2010，8（3）：229 - 237.

② 王海莹. 高校转型相关理论研究 [J]. 天津市教科院学报，2018（2）：13 - 16.

③ 卢晓中. 区域教育发展的一种战略选择——对南方教育高地的若干认识 [J]. 高教探索，2012（4）：5 - 7.

④ 卢晓中. 推动粤港澳大湾区教育合作发展的思考 [J]. 中国高教研究，2019（5）：54 - 57.

发展，而且毫无两样地，大学都是因为增进新知、发现真理和教育年轻人而声誉卓著的机构的理念。吉尔曼认为，对于文明而言，抛开它的正式定义，作为一个普通的词，文明是一个民族的盛大的商业中心，在这里，储存了一切财富、一切生活的元素和当前的政治和权力。①

当前大学与文明的关系、大学与新知的关系走到了一个重要的转折期，大学不但要承担人类共通文明财富的承续与教育年轻人的职能，还要担负地方特别文明的传承与为所有人提供合适的高等教育的职能。大学与社区、所在地区的关系比以往任何时候都显得重要，大学对湾区经济发展的支撑作用从弱到强、由隐及明，自从社会舞台的边缘走入中心区域之后，再次从社会经济发展的边缘走入社会经济发展的中心区域。在高等教育系统与粤港澳大湾区文明文化的关系上，湾区内的大学还有很多可以拓展的地方，大学向社区扎根、向更广阔的非城市的湾区空间和湾区周边空间（如城市中的边缘社区、湾区内的相对弱势发展地区、湾区周边的县乡等）扎根。这时大学需要面对粤港澳三地整合、城乡整合和社区整合三种模式，前两种模式与粤港澳大湾区战略和乡村振兴战略紧密结合，正在逐步推进；后一种模式与大学空间发展战略相关，还尚未引起应有的重视。



### 8.3.3 机遇分析：世界高等教育秩序重整，国内大学蓄势待发

#### 8.3.3.1 近代②以来国际科技与高等教育中心转移规律

日本科学史学者汤浅光朝在1962年指出，从科技成果统计数据来看，从1501年到1950年，世界科技中心在四个半世纪中发生了5次转移（见表8-1）：其迁移路线为意大利（1540—1610年）、英国（1660—1730年）、法国（1770—1830年）、德国（1830—1920年）到美国（1920年至今），从统计中不难看出，每次中心转移的平均时间在70年左右。这一发现被称为“汤浅现象”。③

---

① 刘春华. 吉尔曼大学思想述评［J］. 河北师范大学学报（教育科学版），2012，14（9）：67-74.

② 世界历史的分期问题，至今尚无完全一致的意见。早在文艺复兴时期，西方就已有了把历史分为“古代”“中世纪”和“近代”的说法。这种主要基于欧洲历史的分期，在西方史学界长期沿用。有不少史学家又在三时期之后加上“现代”或“当代”，从而形成四阶段分期法。一种较常见的精准分期方法以1640年英国资产阶级革命作为世界近代史的开端，另一种亦常见的整体分期法以16世纪前后资本主义社会形态的酝酿与产生作为世界近代史的开端。此处采后一种观点。可参见：乔治·威尔斯，卡尔顿·海斯. 全球通史：从史前文明到现代世界［M］. 北京：中国友谊出版公司，2017.

③ 王喆. 体制创新是科技创新的重要保障——也谈“汤浅现象”与“李约瑟难题”［J］. 北京行政学院学报，2006（1）：25-28.

**表 8－1　汤浅光朝科学中心及其转移学说①**

| 国家 | 时段 | 地点 | 原因或其他说明 | 兴隆期/年 |
|---|---|---|---|---|
| 意大利 | 1540—1610 | 佛罗伦萨、威尼斯、帕都瓦 | 文艺复兴 | 70 |
| 英国 | 1660—1730 | 伦敦 | 社会革命（如考虑技术，则科技术兴隆期至 19 世纪末） | 70 |
| 法国 | 1770—1830 | 巴黎 | 兴于法国大革命，止于科学家年龄老化 | 60 |
| 德国 | 1830—1920 | 柏林 | 德国 1848—1849 年革命位于兴隆期的中间点；止于希特勒上台 | 90 |
| 美国 | 1920— | 新英格兰、加利福尼亚 | 源于美国进步主义时代；美国作为世界科技中心的地位在 21 世纪的最初 20 年仍有延续的趋势 | 未知 |

继世界科技中心转移规律被提出，大量的学者讨论，美国科技水平式微后，世界科技中心又将转移至何处。有一些研究提出，美国在 2020 年左右进入明显的衰退期，21 世纪可能是中国大有作为的世纪。但是应该看到，纯粹的统计规律外推，无因素分析的预测，都只是针对历史事实的估算，缺少坚实的现实依据。后续有研究者批判了“上天赋予的北纬 40 度东西转移规律”，提出世界科技中心转移的三大规律：科技发展与政治体制的内在冲突、多中心并存与平等竞争阶段、两极分化与新科技中心形成。② 必须认识到，“汤浅现象”并非铁律，这只是基于统计数据得出的一种历史现象描述。对于研究者来说，“汤浅现象”可作为一种参考，但它并不应该被视为一种做出判断、预测未来的依据，更不应据此轻率地做出政策方面的建议。事实上，关于科学中心转移的现象还存在诸多争议，例如，依据利萨·罗斯纳编著的科学年表做的相似研究就得出了截然相反的结论：科学中心转移现象并不显著。此外，对“科学中心”一词的定义，许多学者也有不同层面的解释，目前并不存在统一标准。③

科学家人数、图书情报资源、先进的科研设备以及科研经费被称为科学系统的四大要素，科学发展受到外部环境的影响，就是指这些要素受到了促进或限制。④ 随着中世纪以后西方科学与技术的发展，同时发生的一个重要现象是现代大学的兴起，两者具有较强的关联性与伴随性。有研究发现，全球能存续超过 100 年以上的人类组织

① 汤浅光朝. 解说科学文化史年表［M］. 张利华，译. 北京：科学普及出版社，1989.

② 谷兴荣. 世界科技中心转移的三大规律初探［J］. 湖南社会科学，2000（6）：9－12.

③ 赵克. 科学中心转移与中国战略机遇［J］. 毛泽东邓小平理论研究，2013（7）：72－77，93.

④ 姜春林，周磊，唐悦. 科学活动中心转移现象的再测度和新解读——基于利萨·罗斯纳科学年表的数据［J］. 科学学研究，2010，28（4）：500－507.

与标识物，主要是教会（教堂）和大学（校园）两类。大学持续对近现代社会发展产生着越来越明显的影响，高等教育发展进程与近代科技中心的转移之间存在千丝万缕的联系。因此，我们尝试提出世界科技中心转移的五个新的描述性规律：①高质量科技活动以创新为首要特征，世界科技中心的生产与维系需要持续有活力的创新体制与环境（内部性拉动因素）以及/或者高强度、大规模的资源输入（外部性推动因素），科技中心的长期维系需要极高的政治、社会与经济成本；②世界科技中心的衰退，与该中心所在国科技发展无法保持连续性、领先性和出现政治体制变革的间断性、滞后性有密切关系[①]；③新的世界科技中心的形成，与该国科技发展的突破性、扩展性和政治体制的稳定性、可预期变革型密切相关；④衰退与新生之间并不一定是完全同步骤，也不一定存在明显的时间链条关系；⑤世界科技中心的转变与高等教育中心的变迁是同步进行的。



#### 8.3.3.2 湾区城市空间地理与人文地理的协调发展引发新的产业机遇

既要关注和治理过度城市化、无序城市化产生的城市拥挤等城市病现象，也要从反向思维的角度关注城市化中的DID（Densely Inhabited District，人口密集地区），推进有质量地人口密集。既要求提升城市公共服务能力，又可能引发新的产业机会，如大数据服务、人口健康服务等。

在DID方面，美国“2050”规划和东京湾区两个案例提供了很好的发展经验可供借鉴。美国在制定“2050”空间战略时对人口密集程度进行了详细分析，确定人口中心点，绘制了全国的人口密集区空间距离图，识别出人口增长与集聚表现不足区域，为全国性都市区的划分和整体空间战略提供了直观和客观的数据支持。[②] 纽约、波士顿、旧金山三大湾区人口密集度最为突出，但在县、郡级行政区域层面上纽约湾区不存在明显的人口集聚现象，波士顿湾区存在适量规模的人口集聚现象，而旧金山湾区则存在大规模的人口集聚现象（其所在的加州州一级行政区域层面上亦如此）。日本政府实施的国势调查中城市人口密度的指标为DID人口，即每平方千米4 000人以上连片的人口密集地区。目前，日本的DID人口比率已经达到了空前的水平，全国层面，这一数据为67.3%，东京大都市圈已达到了89%，其中东京都高达98.2%。居高不下的DID数据显示了高水平的人口集聚，东京大都市圈集聚了3 800万人口，城市化水平已高度发达。[③]

粤港澳大湾区与东京湾区相比人口聚集度还不高，但这也意味着未来发展的空间大，DID可以做得更大。[④]

---

① 谷兴荣．世界科技中心转移的三大规律初探［J］．湖南社会科学，2000（6）：9－12.

② HAGLER Y. Introduction：Identifying underperforming regions［EB/OL］.［2019－07－29］. http://www.america2050.org/upload/2009/10/Regional_Economic_Development_2009.pdf.

③④ 胡俊凯．东京湾启示录：世界性大湾区的成功秘诀［J］．时代报告，2017（8）：56－57.

#### 8.3.3.3 打造高校智库国际品牌

与西方发达国家高端智库相比，我国高校智库，国际品牌发展意识强烈但经验不足。我国智库因为没有国际品牌引领，研究视野狭窄，在国际媒体、国际组织或会议上还处于弱势地位。因此，我国高端智库要“走出去”，首先要建立国家级高校智库公共外交专家库，对智库专家进行与外交和保密相关的培训；其次要加强与世界各国智库的交流与合作，建立高校国际联盟，共同打造智库品牌和国际影响力；最后，我国应加大政府财政资金投入，鼓励国内顶尖高校在国外设立高校智库办事处和研究中心，以便驻外智库直接与外国政府、机构、公众建立对话渠道，营造友好的舆论环境。①

我国高校智库要加快人才聘用、职称评定、工作绩效、成果评价等人事、绩效和评价制度改革，对拥有多学科或者新兴学科背景的青年专家给以特别培养，增强其对国家宏观决策的把握能力，使其积累国际外交实践经验。一是全球化视野下的前瞻性和系统性研究偏弱，其习惯于“发现问题和解决问题”的思维惯性；二是在规模和效能上，西方智库集群基于第三次全球化涉及的经济、政治、社会等各个领域，在应付危机情景、揭示多重危机背后的隐秘症结方面呈现领导性优势，而我国智库因为没有国际品牌引领，研究视野狭窄，在国际组织或会议上还处于弱势地位。

因此，湾区大学智库的建设和作用发挥，需要传播中国声音，需要智库专家转观念、接地气，善于与各种媒体打交道。客观分析世界知名智库发展的历史经验，推动大学发展与科技创新、经济社会发展的紧密结合，加强人才资源的网络化职能和蓄水池效应，着力增强自主创新能力和自我识别问题、解决问题的能力，对实现湾区经济结构的调整和经济增长方式的转变等，具有十分重要的借鉴意义。

传播中国话语，不光要让外界听得到、听得懂，更重要的是愿意听、有回应。这些都迫切需要高校智库积极参与公共外交实践中去，包括成果多渠道发布、思想多角度推广、舆论多方位引导、信息多层次游说等。新常态下国内高端高校智库迫切需要扩大国际影响力，立足中国文化的强大魅力，增强中国话语体系和中国经验的阐释力和还原力，凝练“中国道路”内涵，发出“中国最强音”。②

### 8.3.4 挑战分析：国际因素复杂多变，国内竞争量质不一

#### 8.3.4.1 竞争压力与量化考核带来的挑战

整体规划是一项工作的愿景图，在具体实施过程中，需要制定具体的量化目标。各高校设立的量化目标数量很少，只是对短期内预期达到的目标进行了量化。通过对日本37所超级国际化大学建设高校的构想书的分析研究，可以发现这37所高校对每

① 刘峰. 我国高校智库公共外交功能的建设路径思考 [J]. 高校教育管理，2017，11 (5)：75－80.

② 李印. 建设中国特色高校智库的思考与建议 [J]. 情报杂志，2017，36 (6)：45－49，77.

一个设定的任务都进行了目标量化，包括政府资助的经费明细均有量化。从这一点来讲，我们应该学习日本高校的做法，制定量化目标以更好地明确各个阶段的任务，从而更好地实现建设世界一流大学的愿景。

#### 8.3.4.2 大学集群与聚落自身产生的挑战

首先，大学集群发展过程中可能会引发教育与学术生态拥堵，部分大学战略规划偏差和策略选择失误时可能会陷入零和博弈的恶性竞争陷阱中。这一点在高校生源竞争、高校高端人才非常规流动与常规人才的非常态流动、城市人才政策的激烈竞争等方面上都可以观察到。

其次，集群化的大学会产生集中的、同质化和大批量的资金与资源需求，可能引发财政与收入的挑战。高等教育与基础教育的义务属性不同，具有准公共产品的性质。一般而言高等教育的发展成本是在政府、社会与个人多元主体间分担的①，财政投入的增加意味着不仅要扩大公共支出，还要扩大私人支出。

只有大学集群结构较好地做到在分层定位中不越位、不错位、不缺位，在各个层次都办出一流的大学，才能将一流创新大学群体和尖端创业群体等多个高度相关的群体融合在一起，进而形成高端教育与创新经济生态系统，这也是世界一流湾区高水平大学集群发展的趋势。②

#### 8.3.4.3 国际环境与全球高等教育变动引发的挑战

学术资本主义与知识生产模式变迁对高等教育发展产生了多方面的负面影响，形成了合作与抗拒两难的“悖论式”挑战。大学与高速变迁的区域社会深度合作，与资本的多元合作，可能诱发大学理想的褪变，影响高等教育的公平结构。

国际局势变动不居，国家政治合作与对抗并存，文明间的冲突此消彼长，全球高等教育直接受到国际形势的影响，有时是被动且本质性的影响。各高校一方面继续传统的合作与交流模式，另一方面高校间的国际竞争也在加强。世界各大湾区均高度重视发挥研发机构的原始创新能力，如旧金山湾区各大高校内设有一批国家级的重点实验室，包括斯坦福大学的直线加速器中心、加州大学伯克利分校的劳伦斯实验室、加州大学的劳伦斯利弗莫实验室和洛斯阿拉莫斯实验室等。这些国家实验室不仅提高了国家的科技实力还推动了湾区高校在相关技术领域的创新，积极促进了研究成果向科技生产力转换。③

---

① 肖凤翔，陈玺名. 我国高等学校过度债务的成因及其预警措施［C］//中国教育学会教育经济学分会. 2009 年中国教育经济学学术年会论文集. 中国教育学会教育经济学分会：中国教育学会教育经济学分会，2009：1235－1242.

② 卓泽林，杨体荣. 粤港澳大湾区高校集群建设的发展导向及其路径［J］. 教育发展研究，2019，39（11）：16－23，39.

③ 段艳红，何悦，胡品平. 世界三大湾区的创新发展路径与特征［J］. 科技创新发展战略研究，2018，2（4）：27－30.

世界各大湾区通过集聚国际化创新人才和创新企业，营造包容开放的创新文化，形成链接全球资源的创新网络。湾区人才吸引力强大，集聚了一批国际化顶尖人才，如旧金山湾区仅硅谷就有近1/4的诺贝尔奖获得者和7 000多名博士。① 然而经常可以看到的是，国家层面的资助和政策深刻改变大学的发展行为与轨迹——如国家对高端产业与知识产权过度保护与过于敏感时，高等教育领域的合作常常首当其冲，承担了不利的影响。

#### 8.3.4.4 粤港澳三地制度和大学文化差异对合作产生的挑战

制度变迁的前因变量源自大湾区高等教育合作的制度环境，包括宏观和微观环境因素。宏观环境因素主要包括“一国两制”制度、三个单独关税区、三套法律体系、三种教育体制。微观环境因素包括大学办学自主权、校长战略领导力、高校行政管理体制。大湾区高等教育融合发展制度变迁由三部分组成：①正式规则包括合作办学法律、合作框架协议、合作科教政策等；②非正式约束包括合作准则、合作规范、合作惯例等；③实施特征包括自发实施、相互实施及强制实施等三种形式。整个制度变迁呈现出关联性、多主体性及渐进性特点。

在区域高等教育合作的过程中，制度变迁的主体可以在短时期内动用资源改变正式规则。但非正式约束，如三地高校文化、师生价值观、观念意识、办学理念的融合以及国家认同、民族认同等尚需更长的时间，并且需要依靠自发实施机制。大湾区高等教育融合发展是对现存合作制度持续进行调整与更新的长期动态过程。融合不是一体化而是和谐共处、互利双赢，当制度环境发生改变时，需借助环境因素产生的制度变迁力量改变现存制度，并确保新制度安排产生适应性结果。

① 段艳红，何悦，胡品平．世界三大湾区的创新发展路径与特征［J］．科技创新发展战略研究，2018，2（4）：27－30．

# 第9章
# 公共政策创新



科学与及时的公共政策可以有效配置公共资源，调动组织与个人的积极性，推动高等教育在粤港澳大湾区发展中的角色演绎与职能发挥。充分基于实践、充分锐意创新的公共政策可以系统地激发高等教育体系与科技人才的创新创业潜能，为区域发展提供强力而持久的动力源。利用粤港澳大湾区、广东自贸区及深圳建设中国特色社会主义先行示范区的多重优势，重点发展具有国际视野与全球竞争力的本地教育科研机构。

## 9.1 分析框架：全政策周期过程与三业协同机制

公共政策（public policy）是对整个社会价值的权威性分配（The authoritative allocation of values for the whole society）。[①] 政策过程（policy process）指从政策制定到政策执行、评估的政策周期过程，其中政策制定是政策周期的核心环节——是包括问题提出、议程设置、政策形成、政策合法化等环节的系统性的动态过程。广义的视角分析，政策过程包括载体上的政策文本过程（形成公共政策文本、有法定效率的政策文本、文本解释、基于现实需求而进行的政策文本调整等）与主体上政策行动过程（研制、采纳、制定、颁布、执行、评估与废止等）；从政策影响形态上看则包括由上而下的政策正式化与标准化过程，以及由下而上的政策合作与参与过程（前政策、政策中与后政策）；从政策存在形式与生命历程来看，则有政策环、政策链、政策异化与歧化、政策分形与整合、政策周期等现象。

政策过程中不同利益主体在互动中彼此做出让步妥协，为达成共赢（或按帕累托最优状态，至少没有输的一方）而进行的博弈。从政策实践上看，政策制定过程需要多元参与，才能在多方利益中达成适度的均衡状态。从社会福利最大化的角度看，政府、公共组织、利益集团、大众传媒以及公民个人在内的各方均有需求，亦负有相应的责任参与分配社会总资源和总价值，于是政策制定的各参与主体便形成了基于利益相关下的参与者互动关系。

---

① EASTON D. Theoretical approaches to political support [J]. Canadian Journal of Political Science, 1976, 9 (3): 431-448.

### 9.1.1 大框架：湾区空间一体化下的全要素流动

都市、都市圈和湾区之间的竞争，除了传统的一二三产业竞争之外，更为集中地表现在以高知识密度和强创新能力为核心特征的产业竞争之中。人类历史上的数次产业革命改变了社会发展的既定轨道，产业结构的根本性变化引发一次次市场结构的重整。粤港澳大湾区在高等教育领域区域公共政策的创新，应在借鉴其他湾区发展经验和其他地区高等教育发展模式（如欧盟促进高等教育区域开放流动的“伊拉斯谟计划”，Erasmus Programme-European Community Action Scheme for the Mobility of University Students）的基础上，坚持湾区空间一体化下的全要素流动为基本方向，构建“地理空间开放度—资源要素公共化—人力知识流动性”的高等教育促进区域全要素发展体系。

在构建全要素流动体系的过程中，重点是围绕高等教育建设为湾区发展提供持续性动力和创新能力的智力支撑的人才内循环与外循环：粤港澳大湾区战略可以与乡村振兴战略、高等教育发展的重大布局（“双一流”建设等）紧密融合，形成区域内的高端人才智力库与社会经济发展相互支持的良好内循环；同时利用湾区的海洋优势，以空间上的纵深推进带动时间上的长远发展，打开国际合作与海洋发展的大门，形成高等教育发展与国家战略、国际趋势深度结合的外循环。从人才成长与微观角度分析，人才循环包括人才的培养、使用、人才创造成果的推广以及再教育四个阶段；而从人才流动与宏观角度分析，人才循环包括人才的国别流动、区域流动、时间流动、行业流动、职业发展/身份流动等五个维度，涵盖了国际人才流动中的人才流失（brain drain）、人才获取（brain gain）、人才圈（brain cycle）、人才环流（brain circulation）等。人才良性循环是指人才循环不停地从一个阶段转入另一个阶段，且彼此适应、彼此促进，有利于人才的培养与使用。而制定有效的区域政策与管理机制，遵循人才良性循环的规律，建立新的管理机制，使优秀人才长得好、用得正、出得去、回得来，是构建湾区人才良性内外循环的主要外部因素。

### 9.1.2 微框架：三业协同下的人才培养

高等教育阶段学生的学业发展是湾区科技人才成长的前置环节，结合教育科研规律与科技发展规律，从学生主体性成长的角度建立“学业－职业－行业”三业协同人才培养模式，为湾区科技产业奠定牢固的人才基础，保障湾区可持续性竞争力的变现与维持能力。学业（教育）资历框架包含四个贯通：教育序列与教育空间、教育理念、教育技术环境的贯通衔接；职业资格框架目前主要包括医学、法律、财会、建筑、软件工程师等成熟的职业资格体系与高等教育（尤其专业学位研究生教育与高等教育职业教育）之间衔接，而从生涯教育的视角看所有层类的高等教育均需要考虑二者的衔接需求与机制；行业资质框架主要是高等教育与就业市场与劳动力市场的衔接，依靠个人选择与市场机制调节。这一框架引入了人才个体生命历程的元素，进一步聚焦区域发展结构中的主体能动性，可以看作是当前研究与实践热点的“产学研”“政校企”合作模式的微观化、动态化版本。目前推荐的专业学位研究生教育改革（分类培养、专业学位与职业资格衔接机制等）、高等职业教育改革（持续扩大招生量、调整比例结构及与研究生教育衔接等）等高等教育领域推进的重塑大学与社会需求密切联系的重要改革，与这一框架的价值基础也高度吻合。

从产学研与产业融合的角度看，按照中国科学院中国现代化研究中心的划分标准，产业结构共涉及农业经济时代、工业经济时代、服务经济时代和知识经济时代四个阶段，农业增加值比例大于30%且农业劳动力比例大于50%，表明处于农业经济时代；农业增加值比例小于15%且农业劳动力比例小于30%表明进入工业经济时代；服务业增加值和劳动力比例大于60%表明进入服务经济时代；知识产业增加值和劳动力比例大于40%则表明进入知识经济时代。① 联合国于2009年制定并颁布的《国际标准行业分类》（4.0版）将国民经济分为第一产业农业、第二产业工业和第三产业服务业三大类次产业；中国科学院发布的《中国现代化报告2016：服务业现代化研究》基于全球经济社会和中国服务业的新近发展态势，提出了新的“国际行业分类”框架，将国民经济分为物质产业、服务产业和知识产业三大产业。这为基于产学研融合和产业融合的区域发展提供了新思路和理论支撑，一方面从物质产业的角度考察，农业与工业自然归入一类，两者的协调发展亦是自然而然之势，农业现代化与工业现代化；另一方面有形物质产业与无形的知识与创新产业融合发展。

就组织创新机制而言，发挥研究型大学作用，通过校企合作加强知识型企业对经济发展的贡献度；高校办学道路多元化，改革政府体制内办学单一主导的局面，促进体制外企业、社会共同办学，如在控制基本质量标准的基础上促进多种形式的民办高等教育和混合制高等教育的发展；缓解高校教育资源紧缺的矛盾，适当超前发展高等教育，满足区域经济发展到一定阶段时人民日益增长的高等教育需求。高校、政府、企业与社会等各主体树立共同成长的观念，激发内驱力；建立适合湾区发展、同中存异又共通共享的产学研合作机制，探索以市场为导向的资源投入机制，完善风险投资机制；在资源与信息要素之外，着力促进人才要素的流动，完善以德才兼备为核心的人才流动机制。最后，探索建立高等教育与职业教育互通发展的平台、渠道与立交桥，建立弹性学习制度和多元化学位制度，在高等教育普及化阶段促进更多人、更多次、更多元地接受高等教育。

## 9.2 体制机制互动创新

### 9.2.1 对外开放，借鉴国外经验，完善高等教育制度

在持续对外开放的同时，在粤港澳大湾区内推行科技创新最大限度的中性包容原则。在高等教育创新体制建设方面，充分结合科技中心与高等教育中心转移的规律，

① 何传启. 中国现代化报告2018：产业结构现代化研究［M］. 北京：北京大学出版社，2018：101.

不但允许创新失败，更重要的是忍耐创新的常识反常性与可能产生的伦理反态性、价值反对性，从制度与机制上对科学与技术最大限度的中性包容原则，但在科学技术应用转化方面则加强监控与调控——即将对创新活动的行政与社会方面的审查与监管链条后置。当然这需要建立成熟的研究伦理制度，对研究设计与工程进行必要的学术伦理审查。

由于公立高校中存在“中央 - 地方”内部二元管理体制，部属高校和地方高校形成了两层不同特性的交往网络，两个网络内部的交往强度远高于网络之间的交往强度——这一点在同一个省区内表现得尤其明显，对粤港澳大湾区高等教育的整合发展也形成了一个现实考验。在改革开放后很长一段时间内，部属高校往往侧重于对接国家、中央政府及省部级政府机构的要求、战略规划与需求，地方性高校则侧重于省级以下地方政府，在局部行业部门的发展中提供服务。不过区域经济的发展既需要地方政府的积极作为，又需要各级政府的政策支持、合理的权力配置，而两类高校倾向于路径依赖的发展机制，为区域征集经济服务与社会发展贡献力量的整合性、合作性、融合性概念淡薄，与区域经济的联系既不全面也不紧密，在提高区域竞争力的贡献与作为局限性和时限性色彩浓重。区域竞争力理论说明，两类高校只有合作才能是高等教育作为一个整体力量在提高区域竞争力上发挥作用。

因此，区域内不同层类的高校合作尤其具有重大意义。因为其在区域竞争力提高方面的巨大潜力和发展空间，这种合作不仅因为管理体制的对话与改变而与地方政府、地方实践发生紧密联系，更要在服务区域经济的发展中发挥更大的作用，更好地体现出地方性高校社会化服务绩效。这种跨层类合作，既能提升高校整体扎根中国大地、区域大地办好自身的时代能力，又能促进学生与师资人员的梯度化、理性化与秩序化流动，在更广泛的框架下实现人才使用的最大化和人才自身成就实现的最优化。只有这样，才能在与地方经济社会的发展中实现部属高校、地方性高校和地方社会经济互利与多方共赢。

### 9.2.2 对内改革，赓续优良教育传统，谱写高等教育新篇章

如果说书院与科举教育代表区域教育大传统，岭南文化重教传统和近代留学文化代表教育小传统的话，区域高等教育发展则是连接岭南地区大、小传统的纽带和桥梁。湾区高等教育的真正融合，离不开大小传统的互动和交流；大小传统的互动交融是区域交往交流交融的必然趋势，也是高等教育应当承担的时代使命——促进文化传承。书院是汉族民间教育机构，也是国家人才与教育体制内的一环，是一个集教育、学术、著书、藏书为一体为历朝政府所认可与器重的正式教育场所。最早出现在唐朝，正式的教育制度则是朱熹创立。书院盛于宋元的以文治国，普及于明清的成熟的科举制度，废改于清末废除科举后的学堂转制，历时千余年。从举办者来看，往往是杰出文人、退归后的地方大员和贬黜文官；从办学目的看，主要是传播正统文化知识与学术思想，是为“政统、道统与教统”的完美结合。作为代表官方意志和正统学术思想的书院，明清时期在边远的岭南、黔东北等地区得以大量兴建，并得到较快的发展。包含港澳

地区在内的岭南书院文化是高等教育可资深入借鉴和深度发扬的教育传统文化，如其中的“告老还乡”文化对湾区人才全生命历程的流动具有十分积极的借鉴意义，书院的“三统”机理亦颇值得深入探究与反思。

岭南地区的广府文化、客家文化与潮汕文化都高度重视家教与耕读，与这些教育传统密不可分。客家文化中历来有“一个好媳妇，三代好儿郎”之说，客家祖母形象与女性在教育中的地位对促进广东高等教育规模化、质量化发展具有积极的现代意义，对湾区发展提供更深远、广邃的人才资源亦有不菲价值意蕴。“耕读传家久，诗书继世长”。传统农耕文化的精髓之一便是“耕读传家”四字，所谓“富贵传家，不过三代；诗书传家，继世绵长”，千百年来成民众共识。诗书传家以德育人的，虽可能一时成效难以速察，但总能教化子女、养育英才，人才相继有至、宗族绵延不绝。耕田可以事稼穑、丰五谷，养家糊口，以立性命。读书可以知诗书、达礼义，修身养性，以立高德。“耕读传家”既授真知，又授善美；既教做人，又教做事。本分做人，不废学业；耕读为生，朴中带雅。皓首穷经、躬耕垅亩，起于阡陌、达于仕宦。修身、齐家、治国、平天下，是古代人耕读的理想追求。耕读文化既是农业文化，也是教育文化；既是滋养乡村社会发展的传统文化，也是滋润乡村人才成长的现代文化，是助力乡村振兴的精神财富与宝藏。

地方教育的兴盛与大、小传统有关，与政府的支持与社会重视有关，也与下层民众对知识的期待有关——地方老百姓认识到读书的至关重要性。岭南书院的产生发展，与大小传统的助推有密切的关联。而书院的举办、教育的发展，改变了小传统社会环境，达到了“教化倡行，文风丕变”“工农虽小人，事业各有守”的目的。不过另一方面，古代社会中精英经常参与小传统的形成与传播，而大众却没有机会参与大传统之中。同时，古人又云“礼失求诸野”，指大传统形成之后会渗透到农村小传统中去，并能长久延存。① 所谓“礼乐教化”和移风易俗也正是其中之义。另外，大传统必须从各地小传统中吸取养料，如古代统治者专设“乐府”向民间“采诗”。当代湾区高等教育的发展理应重视这种大小传统之间的区别和互动，并不断结合大小教育传统发展区域高等教育。

## 9.3 借鉴四大湾区和其他地区的区域创新经验

### 9.3.1 探索建设具有本土生命力的粤港澳大湾区创新驱动发展模式

借鉴美国三大湾区的原生式自主创新模式。坚持以政府主导推进“顶天”规划、以市场力量引导落地“立地”方案，以科教创新推进动力集聚、以高等教育优先发展推动有全球影响力科技中心的形成，真正实现高等教育相对于区域经济社会的先导发

---

① 张荣华. 文化史研究中的大、小传统关系论［J］. 复旦学报（社会科学版），2007（1）：73－82.

展。《粤港澳大湾区发展规划纲要》明确要求深入实施创新驱动发展战略，深化粤港澳创新合作，构建开放型融合发展的区域协同创新共同体，建设全球科技创新高地和新兴产业重要策源地。粤港澳大湾区的一个重要战略定位即是成为具有全球影响力的国际科技创新中心。科技创新需要立足于世界科技和产业发展前沿，大力发展新技术、新产业、新业态、新模式，建立具有创新动力的产业经济体系，建设全球科技创新高地和新兴产业策源地。原生式科技中心的兴起尤其与发达的高等教育紧密相关，后者提供了源源不断的创新智库和人才蓄水池，是推动原生性科技中心成长与发展的基础与平台。

借鉴以东京湾区为典型的后发式区域创新经验。东京湾区同样在借鉴与模仿西方发达地区发展模式的基础上，充分结合了本国传统发展理念，发挥了湾区的资源、技术与人文地理等各关键要素的独特优势，逐渐形成本土特色的创新机制。粤港澳大湾区同样可以通过向成功经验的创新先行区域学习，尤其是借鉴有更多文化共性的日本等东亚国家湾区发展的成功经验，借鉴其发展过程中的合理成分，再结合自身特点开创新的发展模式。在技术研究与开发领域持续追踪前沿研究，跟进热点研究与关键技术开放；在系统运行机制的建立方面不断借鉴与改革，进行有针对性与实操性的嫁接或改造，形成适合本区域的制度体系与运行机制。借鉴与模仿并不等于生搬硬套，利用由于后发展而具有的时序与经验上的相对优势可以避免不必要的、重复性的技术失误与管理失败，直接采用或改造利用新近成功的技术与管理模式的优势，建立具有相对优势的创新环节，如在创新产品的质量、职能、类型、服务、商业模式等方面建立优势。模仿也非甘于落后、一味跟进，而是在某个领域的发展初期阶段采取的权宜之策，模仿对方发展的同时进行自己创新能力的培育，尤其应加大在基础创新领域的投入，以期通过模仿、借鉴与再利用等方式实现超越。

国际合作层面，应充分发挥香港的国际金融中心地位及开放辐射作用，建立“湾区科技与教育联盟”等常态化合作机制，全面提升湾区的合作层次及科技教育创新的国际影响力。建议制订和出台粤港澳大湾区科技创新合作的具体行动计划，以明确湾区科技创新的核心城市职能定位、总体发展战略及实现路径，并以此扎实推动粤港澳大湾区的科技研发与产业创新，激发各类创新主体的活力。

总之，探索本土经验，凝练中国智慧，探索大湾区发展的新的第四种模式——融合式创新发展体系，即融合时序多样性与空间生态多元化发展的区域创新系统模式。参考国外区域创新研究及各国区域创新重大举措，广州大都市区的区域创新研究与规划、创新环境与系统的建立等方面还处在起步阶段，大力提高社会各主体的创新意识和创新观念势在必行；政府应在区域创新中发挥组织与引导作用，开展区域创新系统的调查研究，规划与推进区域创新项目。

### 9.3.2 教育政策与决策过程中的多元主体参与机制

教育政策与决策过程中的多元主体参与机制对于形成可持续的市场创新力量至关重要。对于高等教育系统的核心主体大学而言，政府权力机构是一个拥有优势权力的外部集团，发生矛盾和潜在冲突时，单个大学难以与政府权力相周旋，高等教育行业协会组织是专业力量汇集的平台，才能够同其相互制衡与均衡合作。作为独立的专业性力量，高等教育协会组织在美国高等教育（包含社区学院、本科教育与研究生教育等各层类的高等教育）的发展历程中做出了不可替代的重要贡献。美国高等教育与认证协会在美国高等教育协会组织中有较高认可度与影响力，是有典型价值的非营利性非政府组织。包括其在内的美国各类高等教育协会组织主要是通过整合高等教育系统内部主体的利益代言诉求，提供政策研究与咨询服务，直接介入政策的整个周期过程中，从政策议题、政策议程、政策制定到政策评估、政策终止等各个环节都积极参与和融入美国高等教育事业，在美国高等教育政策领域中发挥着重要作用。

在保障政策与决策效率和全局观的基础上，粤港澳大湾区可以在借鉴其他国家、地区与湾区经验的基础上，从以下三个方面鼓励与保障高等教育协会组织参与到高等教育政策与决策体系中：第一，制度性参与权的配置与保障，让高等教育协会组织充分发挥自身的专业优势，提供更宽广的教育政策空间，打破教育政策行动中固化的“中心－边缘”式主体间关系结构；第二，厘清高等教育协会组织的责任和权限，在权责明确、边界清晰的条件下，组织的日常运转更具稳定性、效率性、针对性与目标性；第三，提倡开放式与现场式参与空间，避免“闭门造车”式政策参与，日益成熟的教育决策技术与开放的高等教育政策系统为政策行动者展开沟通与合作提供了更具开放性与实时性的参与空间。

## 9.4 基于经济全要素发展的高等教育政策创新

### 9.4.1 建设“教育－职业”开环发展与人才自由流动的新机制

新经济增长理论突破传统经济增长中资本与劳动力要素的局限，引入知识和专业化人力资本，认为两者可以产生递增收益，并可提高其他投入要素的收益率。全要素收益率的提升保障了总的规模收益递增，这揭示了现代社会经济增长持续的动力机制。新增长理论认为技术具有内生性，将技术和人才视为与资本一样能产生收益的经济要素而不只是作为生产成本要素。这一理论还指出员工继续教育以及知识外溢在经济发展中的重要作用，重视员工技能的持续更新；强调对外开放对发展中国家经济发展的促进作用，国际贸易可以加速先进知识、技术和人力资本跨国界传递，显著提升参与贸易各国的知识、技术和人力资本水平；相比贸易壁垒和单一国内交易函数两种情况，能明显提高后发展国家参与国家贸易行业的整体生产效率。新增长理论确立了政府政策和高等教育在经济发展中的地位和作用，对于湾区经济发展与全面进步富有启发意义。

就高等教育与经济发展的关系而言，人才的流动主要有三种类型：高等教育场域内流动、从教育场域到科技行业场域的流动、科技场域内的流动，其中科技场域内的流动对经济发展有直接影响。科技创业人才的循环反馈是指掌握一定科学技术且具有创业精神和能力的人员流动（见图9－1），反映区域科技创业能力的科技创业企业年增加数量，主要受科技创业人员数量和质量两个状态变量的影响。科技创业人员数量为基数加上科技创业人才净增加量；而科技创业人员净增加量为创业人才的增加量和创业人才的流失量之差，二者均受到区域科技创业吸引力的影响。科技创业人才质量主要由高等教育人才供应质量、人才继续教育与终身学习质量以及政府对科技创业教育的投入来调节，其中高等教育人才供应、人才继续教育质量两项主要受到全国性与区域高校的高等教育政策与办学模式影响，而科技创业教育投入和区域科技创业吸引力的大小主要取决于受科技创业企业收益影响的区域 GDP 的规模。

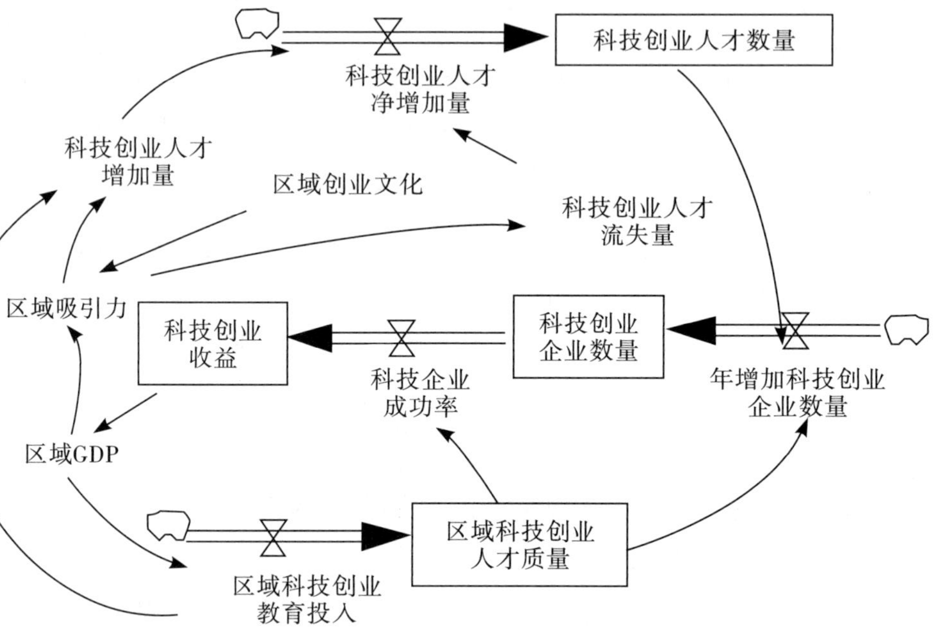


**图 9-1　科技创业人才循环系统动态流**①

由此可见，科技创业人才流动会产生人才与经济产出之间的循环反馈，这一反馈的正向回路主要体现在区域 GDP 增长引起区域科技创业教育投入的增加和对区域外创业人才吸引力的增强，从而带动科技创业人才的数量增加和质量提升，再进一步增加了科技创业企业数量和提高了科技创业成功率，提高 GDP 产出，这样就形成了可以自主强化的科技创业人才区域循环动态过程。

从高等教育场域到科技场域之间的转换越来越显示出其重要性，对经济社会发展有间接但明显、长期的促进作用，促进终身教育理念与职业终身发展理念的开环融合则是提升科技人才持续性创新能力的制度保障。如图 9-2 所示，2017 年我国高等教育毛入学率 45.7%，在学总规模共 3 779 万（其中本专科生 2 754 万、硕士生 228 万、博士生 36 万，成人教育学生 544 万等）；2018 年高等教育毛入学率已达 48.1%，在学

① 赵涛，刘文光，边伟军. 基于系统动力学的区域科技创业生态群落运行机制研究［J］. 科技进步与对策，2012，29（16）：20-24.

总规模共 3 833 万（其中本专科生 2 831 万、硕士生 234 万、博士生 39 万、成人教育学生 591 万等）。① 2019 年我国高等教育毛入学率突破 50% 临界点，意味着我国整体上正式进入高等教育普及化阶段。在高等教育普及化阶段，粤港澳大湾区应走在教育实践的前方，努力在校园与职场之间建立以个人全生命周期发展为导向的无障碍通道，打通教育与经济社会发展两者持续作用的微观渠道，将从教育到职场的单程票、从职场到教育的返程票转变为“校园 - 职场”的终身开放入场的发展券，破除两个场域的组织壁垒，汇聚个体能动性，形成强大的创新发展共振效应。

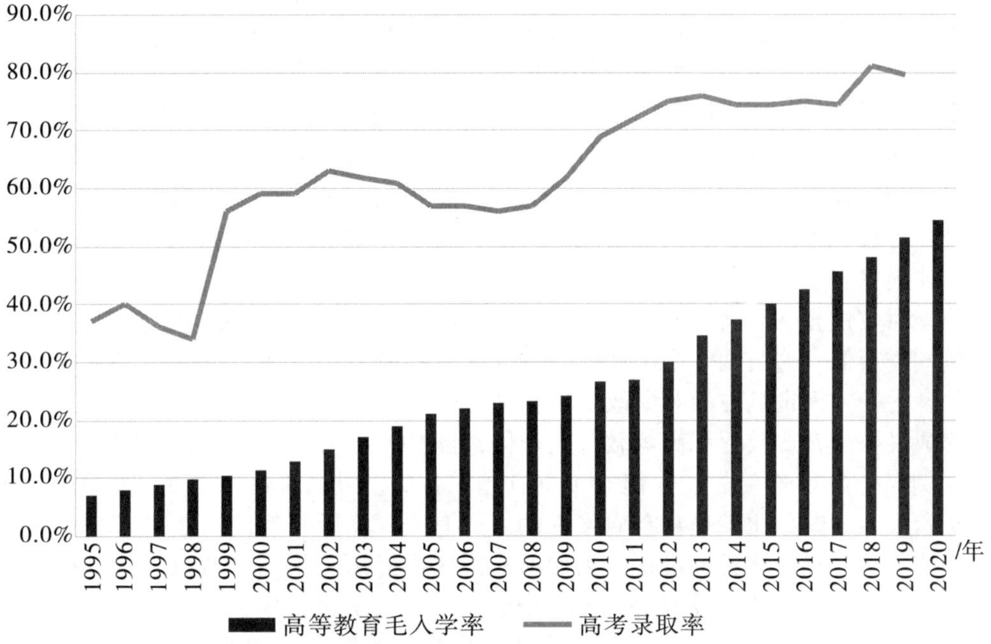


**图 9 - 2　我国高等教育毛入学率与高考录取率变化情况**（1995—2020）

### 9.4.2　适当增加政府对高等教育的财政支持与公共投入

教育财政支出占公共财政支出的比例是考察教育投入的一项重要指标，它是中央政府部门在教育上投入的公共资源和努力意向。比较各国高等教育公共投入占 GDP 的比重和高等教育公共支出在公共总支出中的比重，可以发现高等教育相对于卫生保健、社会保障和国防安全等其他公共投资的重要性和价值，为地方政府在高等教育财政政策方面给予决策支持。

2012 年，瑞士、加拿大、澳大利亚和荷兰人均 GDP 超过 5 万美元，奥地利、比利时、美国、日本和法国在 4 万 ~5 万美元，英国、新西兰、意大利和西班牙 3 万 ~4 万美元，中国只有 5 414 美元。人均 GDP 与高等教育公共支出占 GDP 的比值大小不存在

① 教育部. 2018 年全国教育事业发展统计公报[EB/OL]. [2019 - 07 - 27]. http://www.moe.gov.cn/jyb_sjzl/sjzl_fztjgb/201907/t20190724_392041.html.

强相关性。瑞士是官僚控制模式的典型代表，美国和加拿大是市场模式的典型代表国家；中国高等教育公共支出占 GDP 比值低，但与葡萄牙、意大利和日本同列，并不完全是受经济发展水平的影响。高等教育公共支出是高等教育经费总支出的一部分，如果以高等教育经费总支出占 GDP 之比来看，2012 年比值排在前列的国家是美国、加拿大、韩国和新西兰，都是市场模式主导；排在后面的国家是西班牙、葡萄牙、瑞士和比利时，都是官僚控制模式。① 公共财政资源有限且需要在众多领域配置，而公共支出膨胀容易加重纳税人的负担。昂贵的高等教育服务成本有一部分自然落在学费与社会资助上，使高等教育最大限度地获得可以利用的资源。并且相对于公共支出，高校对私人资金往往具有更大的自主权。这些都会制约政府的教育公共支出。

高等教育公共支出与公共财政总支出的比例大小是衡量政府对教育努力程度的另一个重要指标。2000—2012 年，15 个 OECD 国家比值升降不明显，百分值相差很大，分布在 1.6% ~5.2% 之间。② 一般而言，高等教育财政支出占公共财政支出的波动较为平稳，相对较高，但国家之间差异较大。为了提高院校的自治程度，防止政府对院校的过多行政干预，减少公共支出或扩大私人支出不失为一条可供选择的策略。高等教育需要建立有别于义务教育的公共财政制度。

我国财政性教育经费占 GDP 的比例曾长期在 4% 之下，高等教育公共支出占 GDP 的比例同样很低。这由两个全国性宏观因素决定：一方面是由较低的经济发展水平所决定的，另一方面也是由教育财政支出在高等教育、义务教育之间的配置结构决定的。为了完成义务教育普及化和高等教育大众化，自 1993 年来，教育公共支出占公共总支出的比例保持在 15% 左右，与 15 个 OECD 国家相比，只在新西兰之后。高等教育参与度和经费投入的国际比较是富有启发性的。所有 OECD 国家都经历了高等教育注册人数增长快于公共经费增长的过程，因而所有国家都经历了生均经费减少的过程。高等教育私人收益最简单的测算方法是大学毕业生与非大学毕业生的工资收入比较。所有 OECD 国家 30 ~44 岁年龄段的高等教育毕业生的收入明显高于非高等教育的毕业生，除了较高的工资，毕业生还可以从较高的劳动力参与度中获益。

由此可见，加大对高等教育公共投入的来源更应该来自于地方政府而非中央政府，湾区各地政府可进一步加大对高等教育的投入，以在本区域内产生更强大的人才效应和由此转化而来的私人与公共性经济效益——区域从业人员工资的提高可以吸引到外地甚至全球的精英人才，形成人才的正反馈机制。

## 9.5 基于高等教育促进区域经济增长传导机制的政策创新

### 9.5.1 基于人才培养的人力资本提升机制

教育通过改善人力资本来促进经济可持续增长。新古典经济增长理论表明，物质

---

①② 晏成步. 高等教育公共支出的国际比较分析：兼议高等教育财政制度转型［J］. 中国高教研究，2017（5）：76 -81，97.

资本所具有的边际效应递减，单纯依赖物质资本投入实现经济增长是不可持续的。而知识的内生性和溢出机制引致技术创新和扩散，能够使经济保持长期稳健增长，而人力资本在知识生产过程中发挥了关键性作用。高度教育可能有助于提高劳动者技能、改善人力资本，进而通过技术创新促进经济增长。

高等教育公共支出既有经济实力决定的“经济论”成分，也有教育规律决定的“教育模式论”成分。大公共支出和生均公共支出更需要认识经费制度与组织行为的相关关系，注重高校与政府、市场关系的深度调整，下放高校自主权。从国家层面看，高等教育是一种准公共产品；而从区域发展层面看，如果一个区域高等教育人才绝大多数都留在本区域（这一点对粤港澳大湾区无疑是适用的），那么高等教育在本区域便是标准的公共产品。传统的财政理论倾向于更多的公共投入甚至是包办，以确保高等教育服务的公共性。政府在制定政策和法规时倾向于通过公共组织与商业组织合作参与商业活动来达到最优服务，而不是单纯依赖市场力量。① 对公立高校，在保持公共支出稳定增加的同时，应引导和支持来自社会、市场与私人的资金进入高等教育领域；对民办高校，则采取类似的政策引导与资源均衡原则，注意提供合理与积极的财政支持。

湾区地方政府通过财政拨款支持高等教育时，应注意尽量减少或不适用占本地区GDP“4%以上”等与第三方指标挂钩式拨款，而是采用高校发展预算缺口不足式拨款，探索建设适合区域财政与高校实际的高等教育公共财政制度。前一种方式突出政府控制，要求高校“量入为出”，给多少、用多少；后一种突出高校角色，是“量出为入”，用多少、（尽可能）给多少。

### 9.5.2 基于学术创新的科学与技术创新机制

一定区域内的高校通过两种基于学术创新的途径促进技术创新：一是通过培育高层次劳动力和专业技术人才为技术创新提供人力资本支持；二是通过直接参与科研创新活动产生技术创新。尤其是在现代经济中，受限于单方技术研发能力的不足，高校通过与科研机构、企业合作形成产学研协同创新体系。这种产学研协同创新体系通过促进不同创新要素的融合，在特定空间地域形成创新集聚；创新集聚区内所共存的产业链、价值链与知识链相互作用，产生显著的创新耦合效应。产学研协同体系的高级化，则是由不同地区政府、企业、高校、研发机构等通过全方位的协作，把不同行业、不同类型的产学研子系统相互衔接，形成日益网络化的国家创新体系。

美国两大湾区都汇聚了大量的高等教育机构，按2017—2018学年统计数据，全国分新英格兰、中东部、东南部、五大湖、中部平原、西南部、落基山和远西八个大区，纽约湾区和旧金山湾区所在的中东部地区和远西地区高校数量分别为1 069所、930所，分别占全国总量的16.45%、14.31%，均明显高于八大地区的平均值（见

---

① SLAUGHTER S, LESLIE L L. Academic capitalism: politics, policies, and the entrepreneurial university [M]. Baltimore: The Johns Hopkins University Press, 1997.

表9－1）。如果考虑到高等教育机构质量与水平层次差别，两个地区优质高等教育机构所占比例将大大高于数量上的占比。

表9－1 2017—2018学年美国高等教育机构区域分布情况表①

| 大区 | 高等教育机构数量/所 | 比例 |
|---|---|---|
| 新英格兰（New England） | 373 | 5.74% |
| 中东部（Mid East） | 1069 | 16.45% |
| 东南部（Southeast） | 1646 | 25.33% |
| 五大湖（Great Lakes） | 957 | 14.73% |
| 中部平原（Plains） | 556 | 8.56% |
| 西南部（Southwest） | 708 | 10.90% |
| 洛基山（Rocky Mountains） | 258 | 3.97% |
| 远西（Far West） | 930 | 14.31% |
| 总和 | 6497 | 100% |

### 9.5.3 基于产学研合作的产业结构升级驱动机制

高等教育通过三种基于产学研合作的途径促进产业结构升级：一是从供给侧端，即通过提高人力资本水平，改善劳动力供给质量，提升劳动生产率，促进产品质量和产品结构升级；二是从需求侧端，即教育通过升级居民消费偏好，扩大中高端消费品市场需求，从需求端驱动产业结构升级；三是通过技术创新促进产业结构升级。如可以加强区域高校联动，以建立分校、设立联盟、组建合作平台及人才引进等方式，促使尖端行业人才向内回流与多地环流，为助力湾区内部传统制造业向创新型制造业转型升级，继而向科技创新中心再次转型升级储备人力资源。

国家调节反映权力关系，市场调节反映交换关系。我国政府与大学之间的关系是一种高度集权下的控制模式，在市场经济转型中，大学多渠道融资体制开始建立，私人支出比例递增。高校行政化仍较严重，自治权力并未落到实处，产学研合作的过程中，高校创新意愿并不强烈，往往因为行政限制而缩手缩脚。比如高校学费与教育培训定价权还牢牢掌握在政府手中，在产学研合作中无法灵活地、按市场化方式定价，也就难以充分表达和满足市场需求。按照“克拉克三角关系”模型，大学经费筹集与自治权力具有显著的正相关关系。在产学研合作领域，如何释放大学和参与合作人员的活力，是区域高等教育制度改革面临的一项现实课题。

---

① National Center for Education ftatisfics. IPEDS survey components[EB/OL].[2019-07-30]. https://nces.ed.gov/ipeds/use-the-data/survey-components/4/institutional-characteristics.

### 9.5.4　基于规模效应的城镇化水平提升机制

高等教育对城镇化的促进作用主要表现在以下几个方面：首先，通过提高农村劳动力技能和提供专门技术、继续教育服务促进农业生产率提高，实现农业集约化生产，促使农村剩余劳动力向二、三产业转移①；其次，通过提升农村转移居民的技能水平和社会认知，加快市民化进程；此外，通过高等教育还有助于完善高技能劳动力的就业匹配机制和自我实现能力，促进低技能劳动者在城镇就业；再者，通过下沉办学与合作办学等多种方式，把大学之根延展到中小城镇和乡村地区，为县域以内的居民提供高等教育服务。

以科技领域的创业规模效应为例。创业技术带来的创业收益有很强的不确定性，与技术本身的突破性、创新性并非直接相关，而是与创业技术的产业化率和创业成功率呈正相关。年增加的创业技术数量与高校、科研机构数量和科研实力直接影响，既往的创业技术存量则代表与影响着高校、科研机构的科技研究基础与能力。创业技术产业化率和创业成功率，则受到科技中介服务水平和政府创业政策的影响。区域科技创业收益又直接影响经济发展与 GDP 的增长，财政收入的变换又直接影响政府施政能力、科技创业扶持政策的制定和科技开发投入水平。这样在各要素协调合作与规模化发展的情况下，就形成了区域科技创业技术投入、支持、开发、运用、再投入、再支持、再开发循环的良性动态过程。

### 9.5.5　基于要素均衡流动的城乡与区域融合发展机制

高等教育、智库等向县域的流动，合作在地化办职业技术培训专业、培训班、教学点和特别学校等；县域智力因素向城市的流动；资本与生产、生活要素的流动。无论国际与国内，亦无论国家战略与区域发展规划，智库都起着重要作用，成为影响当代社会发展与公共治理的重要力量。

当前国内智库建设多为“高端智库”，参与主体主要是国家、中央与省级政府、高校、科研机构等。县域与乡村在智库建设与利用中既缺少显示度，又缺少参与度，处于缺位或错位的境地。以县域发展为中心，统筹县域乡村振兴战略，既可让智库直接面对中国广阔的乡村发展现实，又可让智库的作用直接落到实处。县域智库建设，是打通国家治理体系的“中层通道”，沟通乡村与国家的一个重要环节。县域智库建设的理论基础：①知识社会理论；②风险社会与专家治理；③人才流动理论（推拉理论、旋转门现象等）；④高校职能理论（服务社会职能）；⑤城乡一体化发展战略与体系论。县域智库建设的实践路径：①县校合作；②定点支援、对口帮扶；③知识精准扶贫；④县域人才库建设；⑤教育改革与内生智库。其中①②两点有较为充足的制度安排，实践案例众多，重点研究效果评估与改进策略；③④⑤是具有探索性的实践路径，应先进行深入调查，制定合理方案，重在制度创新与安排。

---

① 闵维方. 教育促进经济增长的作用机制研究 [J]. 北京大学教育评论，2017，15（3）：123－136，190－191.

### 9.5.6 基于性别公平与合作的创新型社会智力整合机制

根据美国教育部2010年发布的数据，女性最早取得过半比例是硕士学位（始于1985—1986学年度），随后是博士学位（始于2006—2007学年度），最后是第一职业学位（始于2015—2016学年度，预测值）。另据美国教育部2018年数据，获得博士学位的女性2014—2015学年比2001—2002学年增加了64%，预计2026—2027学年将比2014—2015学年再增加17%，这两项数据均远高于男性（35%、8%）；相应地预计到2026年，美国女性在获取博士学位方面所占优势一直呈现扩大趋势（见图9-3）。①中国女性研究生在入学规模上的优势更为明显，在校研究生中女性的比例优势很可能得以维持。② 女性获得研究生教育的绝对数量和相对比例都快速增加，研究生教育的人口结构明显均衡优化，性别差异大幅度缩减弥合。

当然应当看到，在促进性别公平方面我国高等教育系统仍有一些可进一步改善之处。粤港澳大湾区可成为促进高端人才培养和就业方面性别公平的积极探索者和践行者，尤其是博士生教育和博士就业方面，尚有较大政策优化和调整空间。一个值得关注的事实是，我国博士生中女性占比快速增长，但高效教职人员中女性占比一直较低，这种情况在未来10~20年内有望得到较快改变，湾区可提前规划和制定相关促进政策。

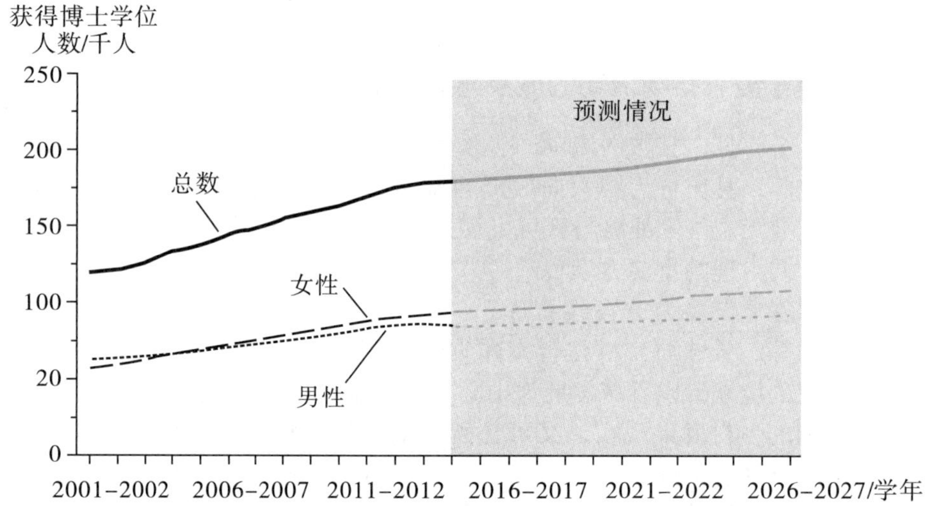


**图9-3 美国分性别学年度获得博士学位的实际与预测情况（2001—2026年）③**

---

① NATIONAL CENTER FOR EDUCATION STATISTICS. Projections of education statistics to 2026 [EB/OL]. (2018-04-12) [2019-07-21]. http://nces.ed.gov/pubsearch/pubsinfo.asp?pubid=2018019.

② 参考美国等发达国家的发展事实与经验，有可能在2035年前女性博士生和博士数量超过男性，占比过半。更精细的估算需要根据中美历年数据，并考虑社会发展基本情况建模估算。

③ NATIONAL CENTER FOR EDUCATION STATISTICS. Projections of education statistics to 2026 [EB/OL]. (2018-04-12) [2019-07-21]. http://nces.ed.gov/pubsearch/pubsinfo.asp?pubid=2018019.

### 9.5.7 基于人员水平流动与垂直流动的区域高校合作机制

水平流动如本科生学业交流、研究生联合培养、学生社会公益活动、国际事务实践实习等方式。适当的跨区域空间流动。垂直流动较少引起关注，包括两种基本方式：首先，本科、研究生、博士后与早期职业发展等各个阶段之间的垂直流动；再者推进建立从职业院校流动到本科院校的机制。可借鉴美国社区学校与公立大学之间的转换机制，建立粤港澳大湾区一体化的先修课程与学分转换制度，节省学生流动的交易成本，增强学生流动的有效活力。

无论是总体效应还是直接影响，高等教育发展规模和发展质量均可以显著地促进区域经济增长。当前阶段高等教育发展规模的促进作用远远大于发展质量的提升作用，提高区域高等教育质量仍任重道远。高等教育发展对城市经济增长整体推动效应明显，而其发展质量的提高既可促进城镇化提高进而促进城市经济增长，也可提升区域文化软实力进而提高区域综合竞争力。

在巩固区域高等教育发展规模的基础上，注重提高教育质量，打造若干所全球知名的大学，作为区域教育与文化的标杆。推动产业升级，深化产学研融合，促进本地产业结构升级进而带动经济增长。尤其是在当前经济发展进入中高速调整阶段，区域政府可能面临更多财政压力，需要建立健全市场资本进入机制，加强高等教育供给与产业的密切联系。因此，可以在以下两方面深化校企合作：一是强化财政资金的重点投入；二是瞄准本地产业升级需求，与企业合资建立实训基地，通过税收扣减等多种税收手段激励校企合作快速发展。进一步发挥高等教育在城镇化和人力强国中的促进作用。针对教育资源分配的不平衡性的客观现实，稳定并提高面向农村地区的高等教育生源比例，有效提高农村劳动力的素质，为区域高端转型与第二阶段的高速发展建设储备充足的人力资源。

## 9.6 制定高等教育服务区域经济的深度空间战略规划

### 9.6.1 湾区空间发展战略是实现国家五大战略的关键节点

湾区是实现新时代国家多项核心战略的空间节点：湾区战略、海洋战略、乡村振兴战略、产业与经济升级转型战略、高等教育强国战略等，这些国家战略或直接关注湾区，或关注宏观经济与城乡发展，或直接关注高等教育，为粤港澳大湾区的发展提供了丰富的经济机遇、发展机会和空间意蕴。粤港澳大湾区可在多重战略叠加效应的基础上，谋划制定独具空间层次性、时序敏感度和发展深度的“粤港澳大湾区空间发展战略（2020—2035 年）”。这一战略中的一项内容便是，利用国家战略布局的叠加效应，制定高等教育服务区域经济的深度空间战略规划。

空间战略规划可以理解为“由不同组织部门和职业地位的人们组合为团队，为了管理空间变化，设计规划编制过程内容和战略的社会过程。这个过程产生的不仅是政策和项目建议形式的正式成果，还是一个深远的决策框架，可以影响相关主体的未来投资决策，并规范他们的行为”①。由此可见空间战略规划是一个基于空间理解与预期的行动框架，用于指导不同权力机构、不同部门和有关私人参与者的经济行为。空间战略规划和传统的空间规划不同，不再只关注包括控制变化、指导增长、促进发展、规范开发等内容的土地使用规划，而是将空间理解为整体的、立体的、发展的、动态的、可感知的、需要相互参与的综合体，为社会经济整体发展提供导则或框架，考虑各方的不同利益，通过政府内部的协调谈判，形成远景设想和近期行动，引导利益相关者的行为实现空间变化的共同目标。

纽约湾区的发展与湾区空间战略的成功规划有莫大联系，而“美国2050”空间发展战略更是对全美范围内的空间整合、融合与持久发展给予了重点规划，已有多项阶段性成果，正在对美国发展乃至世界经济发展产生着深刻影响。其中对巨型都市区域的规划，与提高城市与区域的国际竞争力紧密关联在一起，共划定11个巨型都市区，是美国经济发展的中心。“美国2050”空间战略在“建立科学的分区标准，加强国家级空间战略规划重点区域划分研究”“重视全球化、信息化、气候变化等新因素对国土空间的影响”② 等方面为粤港澳大湾区发展提供了有益借鉴。

深度空间战略规划即是在当前国家重大战略构成的空间发展机遇的基础上，一方面利用“高等教育+”模式，主动作为，如突破大学原有的点式辐射效应，由点及面，由表入里，由大都市到小城镇，建设立体式的能主动发力、可主动发力且多主动发力的服务区域发展机制；另一方面利用“+高等教育”思维，顺势而为，搭建开放式平台，以合作与融合的态势从城市社会经济的舞台中心走向城乡社会经济的舞台中心。将道路开发、极点都市建设和高等教育布局有机结合起来，以高等教育促进人才均衡流动，人才均衡流动带动空间的整体发展潜力，打造储备势能，带动湾区战略、“一带一路”和乡村振兴的空间发展实力。如南粤古驿道的开发建设，设立人才培养基地、研究基地，在关键节点城市中促进高等学校与当地学校的合作办学与人才培养，如广梅园区的模式。

根据粤港澳大湾区高校发展实际，建立大学职能的空间模式与评价体系。历史上大学的职能不断变化，服务社会与国家地方发展的能力在现代社会中受到高度关注，大学也先后出现过象牙塔、火车头和知识工厂等多元的空间形象。湾区高等教育深度空间战略规划也是另一次高等教育空间的区域重组，其中的一种处理方式即是在当前国家重大战略构成的空间发展机遇的基础上，利用“高等教育+”模式，主动作为。如突破大学原有的点式辐射效应，由点及面，由表入里，由大都市到小城镇，建设立体式的能主动发力、可主动发力且多主动发力的服务区域发展机制。

---

① HEALEY P. Collaborative planning：shaping places in fragmented societies [M]. Basingstoke：Macmillan，1997.

② 刘慧、樊杰、李扬.“美国2050”空间战略规划及启示 [J]. 地理研究，2013，32（1）：90-98.

空间战略规划与“双一流”大学评价维度包括：①大空间维度，包括国家空间战略、国界与中外空间、城乡空间、区域—区间空间；②微空间维度，包括墙界与内外空间、楼界与教育空间、门界与教学空间；③体空间维度：校界与国际空间。特别的两个维度：主体空间行动与感知；主体间性与环境氛围（人才培养的新维度）。对“双一流”建设成效的启示，大学从价值共同体的/政治的再现中心走向表现中心（有创意的价值与文化表达），从经济的形式/职能中心走入结构中心，从社会的显性中心走入隐性中心，从教育的/文化的/社群的/生活的群体中心走向个体中心；再次深入，二次中心论，走入社会发展的隐性中心，前两种是独立中心模式，后两种是合作中心模式。

### 9.6.2 抓住高等教育促进湾区战略实施的关键科技领域与相应产业



首先应关注信息与通信产业，从信息与通信的物件核心——海底光缆看，仍集中在纽约湾区与旧金山湾区，粤港澳大湾区应集中科技力量在这一行业中寻求突破。当前国际通信99%依赖贯通大洋、连接各大洲的海底光缆，这些光缆共有380根，绝大多数始于美国，尤其是纽约湾区和旧金山湾区（及西雅图所在的普吉湾区）。

海底光缆系统主要用于连接光缆和Internet，它分为岸上设备和水下设备两大部分。岸上设备将语音、图像、数据等通信业务打包传输。水下设备负责通信信号的处理、发送和接收。水下设备分为海底光缆、中继器和“分支单元”三部分：海底光缆是其中最重要的也是最脆弱的部分。世界各国的网络可以看成是一个大型局域网，海底和陆上光缆将它们连接成为互联网，光缆是Internet的“中枢神经”，而美国几乎是Internet的“大脑”。美国作为Internet的发源地，存放着很多的Web和IM（如MSN）等服务器，全球解析域名的13个根服务器就有10个在美国，登录多数.com.net网站或发电子邮件，数据几乎都要到美国绕一圈才能到达目的地。

海底光缆地图（Submarine Cable Map）网站是一个通过网络地图来展示全球海底光缆区域分布图的站点，通过全球带宽的研究服务数据绘制而成，并根据获取的相关数据定期更新。海底光缆是国际互联网的骨架。光缆的多少，代表一国与互联网的联系是否紧密。目前世界各国的互联网的互联互通要归功于默默躺在海底的光缆，这些光缆的传输速度在40 Gbps ~ 10 Tbps之间，甚至更快。

海缆现在是分区维护的，出于安全目的，海缆平时也需维护。如果有人把海缆捞出来，加进光纤，就可以偷走信息。如果发生战争，也可能有人破坏光缆。海缆是现在通信的最好解决办法，别的方法如卫星、微波可以作为补充，但是现在看来无法取代海缆，因为它们的信道有限。海缆是能让广大用户以便宜的方式进行沟通的方式。

建设粤港澳大湾区是创新驱动增长新时代背景下的重大国家战略和探索性实践。当地时间2019年7月24日，世界知识产权组织在印度首都新德里发布了2019全球创新指数报告（Global Innovation Index，GII）（见表9-2）。① 在全球创新指数排名中，瑞士蝉联第一；中国排名继续攀升，从2018年的第17位升至2019年的第14位，刷

① 详细信息可参见：http://www.globalinnovationindex.org/Home.

新历史最好成绩，成为排行榜前 20 名中唯一的中等收入经济体。

**表 9－2　2019 年全球创新指数排名**

| 2019 年排名 | 经济体 | 2018 年排名 | 排名变化 |
|---|---|---|---|
| 1 | 瑞士 | 1 | 0 |
| 2 | 瑞典 | 3 | 1 |
| 3 | 美国 | 6 | 3 |
| 4 | 荷兰 | 2 | －2 |
| 5 | 英国 | 4 | －1 |
| 6 | 芬兰 | 7 | 1 |
| 7 | 丹麦 | 8 | 1 |
| 8 | 新加坡 | 5 | －3 |
| 9 | 德国 | 9 | 0 |
| 10 | 以色列 | 11 | 1 |
| 11 | 韩国 | 12 | 1 |
| 12 | 爱尔兰 | 10 | －2 |
| 13 | 中国香港 | 14 | 1 |
| 14 | 中国内地 | 17 | 3 |
| 15 | 日本 | 13 | －2 |
| 16 | 法国 | 16 | 0 |
| 17 | 加拿大 | 18 | 1 |
| 18 | 卢森堡 | 15 | －3 |
| 19 | 挪威 | 19 | 0 |
| 20 | 冰岛 | 23 | 3 |

全球创新指数是世界知识产权组织、康奈尔大学、欧洲工商管理学院共同发布，用于衡量全球 120 多个经济体在创新能力的指标，创立于 2007 年，每年发布一次。① 是全球政策制定者、企业管理执行者等人士的主要基准工具。并有助于全球决策者更好地理解如何激励创新活动，以此推动经济增长和人类发展。

全球创新指数中最重要的两个指标就是创新的投入与产出。创新产出次级指数（Innovation Output Sub-Index rankings）上，中国创下了非常优异的成绩，以 52.75 分的成绩位列第 5，超过 52.61 分的美国。但在创新投入次级指数（Innovation Input Sub-Index rankings）的表现上，中国排名 26 位，还有很多可以提升的空间。可见区域可持

① 徐婕，黄辰，刘馨阳，等．如何看待我国创新能力的国际排名——基于“全球创新指数”的评价标准与分析［J］．中国科学基金，2017，31（6）：613－619．

续发展需要强大的物质条件，其基础是经济可持续发展，而当前经济可持续发展的核心动力是技术创新。思想观念和制度机制的创新决定了区域创新的水平，对外开放、吸引外资是提高区域技术创新能力的重要手段。推动区域创新体系建设要根据不同地区的特点采取不同模式，建立高效的区域创新系统需要创新主体有机联系，政府部门可适度、适量引导创新活动，使企业成为技术创新的主体是提高区域创新能力的关键。

未来中国将在全球创新活动中发挥更加重要的作用，而湾区更应身先士卒、领先一步。比如在人工智能领域，中国已在研发到应用推广方面在世界上具有前沿性优势；在“互联网+经济”领域，中国的技术与市场表现都有很多亮点；在生物医疗技术方面，中国也具有独特的资源优势。重视创新领域的知识产权保护工作，在相关国际规则制定方面发挥极为重要的作用，确保前沿技术的开放有足够自由、自主的空间，但其应用符合以人为中心的根本原则、不突破伦理安全的底线。



### 9.6.3　推动粤港澳大湾区高等教育融合发展与集聚发展

粤港澳大湾区建设为湾区高等教育发展提供了重大历史发展机遇。粤港澳大湾区打造全球科技创新高地，高水平大学是重要支撑。从全球趋势看，高等教育目前正在经历一场史无前例的使命和任务的重大转型。当代国际高等教育转型表现为两个特点：一是国家竞争驱动性。当前高等教育转型具有明显的国家竞争驱动性，即国家政策制定者对促进这种转型具有“指引”乃至“干预”的显著意图。21世纪以来，在以人工智能、大数据、物联网、新能源汽车等为代表的新一轮科技与产业革命风起云涌之际，世界政治经济格局正在急剧调整和变化，全球创新空间和分工体系处于一次“大洗牌”的前夜。全球创新网络正不断被解构与重构，新的全球科技创新高地正在崛起。在新一轮科技革命中，如何在世界政治经济格局中赢得相对于别国的创新竞争优势，世界主要大国纷纷寄希望于作为知识创新源头的大学发挥更积极的作用。二是高等教育创新集群性。大学对于创新经济的推动作用显著依赖于创新集群效应，世界各国纷纷在教育创新集群框架下推动大学转型。① 2016年1月，美国教育部教育技术办公室发布报告《教育创新集群：加速创新的步伐》(*Education Innovation Clusters*: *Accelerating the Pace of Innovation*)，明确提出，构建新型的教育创新生态系统需要建立跨越传统“筒仓式”(silos)结构的新的合作关系，必须能够有效连接三个领域的合作伙伴：教育者、研究者和企业家。这种“教育创新集群”在学区、研究机构、私营企业和其他团体之间建立了区域合作关系，能够在区域地理范围内产生创新集聚效应。2017年5月，加拿大联邦政府宣布投入9.5亿美元启动“超级创新集群(super cluster)”项目，旨在将产业与学术相联系，以提升国家创新经济，促进大学和企业合作开展更多的研究开发和投资活动，并重点放在先进制造、农业食品、清洁技术、数字技术、保健/生物科学、清洁资源、基础设施和交通运输领域中，以此帮助加拿大企业迅速成长，增

---

① 王志强，卓泽林．论大学在创新系统演化过程中的主体功能及其实现路径［J］．教育研究，2016，37（6）：64－71.

强国际竞争力。

粤港澳大湾区高等教育资源丰富，互补性强，具有支撑粤港澳大湾区建成国际一流湾区的良好基础。香港高等教育开放办学的程度高，具有显著的国际影响；澳门高等教育具有鲜明的多元性、开放性和包容性；广东高等教育资源丰富，仅珠三角地区就有140多所高等院校，是全国高等教育格局的重要一极，广州市已经成为全国拥有在校大学生人数最多的城市，高校服务地方经济社会发展的程度高、潜力大。着眼未来，广东既需要建设2~3所顶尖世界一流研究型大学，也需要一大批高水平应用型大学和世界领先水平的高职院校，形成高水平大学合理梯队，全面提升广东高等教育国际竞争力。粤港澳大湾区建设正在如火如荼地进行，粤港澳大湾区建设实践为粤港澳三地高等教育发展提供了广阔空间。推动高等教育融合发展与集聚发展，研究提出以下对策建议：

（1）政府教育管理部门在“一国两制”框架下，全面深化高等教育体制机制创新。一是要建立和健全协调机构。为了实现高等教育融合发展的长远目标，构建湾区高等教育协调体系和机构，建立信息及时交流的互通平台和资源共享机制，发挥协调实施机构的规划引导和仲裁功能。要在遵循“一国两制”原则下，建立由中央政府主导、教育部牵头的粤港澳大湾区高等教育协调委员会，形成湾区高等教育合作制度化、常态化；建立湾区高等教育融合发展联席会议制度，制定联席会议章程。二是加快出台大湾区高等教育发展规划，指导大湾区高等教育合作的制度安排。组建大湾区高等教育融合发展基金，设立面向粤港澳大湾区所有高校的研究基金，支持粤港澳大湾区高校的合作研究，促进湾区科技和产业发展；三地政府围绕创新目标，多主体、多因素相互补充与共同协作，建立“政产学研”多位一体的协同创新机制，联合打造国际创新中心；制定利于大湾区高校科研合作的科技政策，实现科研人员往来便利化、科研资金自由划拨、科研仪器设备入境获得关税优惠；探索建立粤港澳高等教育特区，形成“虚”“实”结合的平台和基地，三地签订协议规范合作办学；资助国情教育活动，提升港澳学生的国家意识与文化认同。

（2）高校从服务国家战略出发，考虑自身潜在利益，实施多形式的合作模式，推动湾区高等教育协同创新。建立湾区高校校长联席会议制度，推进高校实质性联盟，联盟高校建立专业联盟，成立特定的专业委员会，促进各种联盟高校的深度合作。建立湾区内大学联合办学及其运行机制，解决联合办学的选址、组织架构、领导体制、招生、教职工安置等难题。建立高校内部管理经验交流平台，增加高校行政人员在内部治理、科研管理、教学管理等方面的交流与培训，保障高校间合作项目落地实施。三地大学制定合作目标和行动方案，通过多种形式的合作交流，如学分互认、学历互认、自由选修、师生交换、学术会议、合作研究、合作办学、设立分校、创办校区等，整合粤港澳研究力量，促进大学创新合作发展。进一步扩大高校办学自主权，发挥高校自身的主动性与积极性。

（3）引入社会力量，实施湾区高等教育多元共治，促进湾区高等教育与社会发展的良性互动。开放三地高等教育投资市场，进一步完善机制，鼓励民间资金投资湾区高等教育，推动湾区高等教育投资资金多元化。鼓励民间资本投资于联合办学或新成立大学，或通过资本市场筹集高等教育发展资金。促进湾区内高校与科研机构、企业形成良性互动，畅通科技成果转化渠道。吸引投资机构资金用于湾区大科学装置、大科学平台的建设，夯实高校合作科研的基础设施。

（4）健全粤港澳高等教育发展法律，促进高水平大学集群发展。鉴于粤港澳大湾区与其他世界一流湾区的特殊性，如何在两种制度、三个关税区、三个法律体系的异质城市群内形成与世界一流湾区相匹配的高水平大学集群，是未来粤港澳大湾区大学集群发展面临的重大挑战。制定与粤港澳大湾区相配套的法律法规与国家（区域）政策是促进粤港澳大湾区高水平大学集群发展的关键。未来在出台粤港澳大湾区发展规划的同时，应出台大湾区高水平大学集群发展的规划，并制定相配套的、操作性强的法律法规，将粤港澳大湾区高水平大学集群发展纳入正式的法律轨道。修改完善《中外合作办学条例》，规定条例在大湾区中的适用性，明确政府部门及合作主体的负面清单，条件成熟时制定《粤港澳大湾区高等教育合作办学条例》，确保合作的法理性。另外，粤港澳大湾区高水平大学集群发展带有强烈的政府主导性色彩，国家宏观调控政策的导向性和区域发展政策的倾向性对粤港澳大湾区高水平大学集群发展产生重要影响。因此，国家和地方政府应出台并实施相关政策支持，推动粤港澳大湾区高水平大学集群持续、稳定、快速发展。通过法律政策的制定，关键解决以下三个问题：其一，加大粤港澳三地大学投入，增设粤港澳高水平大学集群发展基金，解决粤港澳大湾区高水平大学集群发展的经费问题；其二，促进大学之间高级人才的正常流动，建立健全具有国际竞争力的引才用才机制，解决粤港澳大湾区高水平大学集群发展高端人才缺乏问题；其三，实现粤港澳三地高水平大学优质资源共享，促进资源无障碍配置和边界流通，解决高等教育资源跨区域协调与运作问题。

（5）推动粤港澳大湾区高等教育资源共享，促进高水平大学集群发展。在贯彻“一国两制”方针的同时，打破“一国两制三税区”所带来的体制机制壁垒，促进高等教育资源在粤港澳大湾区内进行优化配置，从而更好更快地实现粤港澳大湾区高等教育资源的开放与共享，特别是优质教育资源的开放与共享。首先是硬件资源的共享机制。通过高校共建、共享、互联、互通的深度联动，充分提高重点实验室、大型实验设备、重点实习基地、省级精品课程、各类图书文献等各种教育资源的利用率，通过多方联动与协调，尽量减少重复建设、重复培育而造成的人力、物力与资源的浪费。建议推行“粤港澳大湾区大学一卡通”，各类高校的教师与学生都可以在粤港澳大湾区内的大学自由参观学习，通过教育资源共享平台，获取数据资源、文献资源、优质教育资源等。当然，最终还可以实现优质课程资源共享，优质名师资源共用，学生跨校跨区选修课程，教师可以跨校跨区讲座授课。其次是软件资源共享机制。一个地区最大的软件资源其实就是人才资源。粤港澳大湾区必须打造可以引领未来的世界一流大学与学科群，并且可以与湾区内世界一流的科技型企业、创新创业队伍、科技基础设施和研究机构相匹配，没有高级人才资源的培育与聚焦效应，就没办法提高粤港澳大湾区高级人才资源的存量与质量，更没有办法为产业结构优化升级提供人才保障与智力支持。[①] 要实现人才资源的共享机制，其先决条件是要有足够的人才资源存量，高端人才资源在区域内不但可以智识共享，而且人才汇聚形成了强大的吸引力，在全球范围内吸收各行业的高层次人才，高端人才在人才高地汇聚形成智识蓄水池，产生强大的创新引擎效应。对于区域内高校而言，高密度的校际合作与高强度国际高端人才聚集可以充分拓展教师和科研人员的学术发展空间，提升教学水平与学术水准，培育更有竞争力的优秀人才，源源不断为区域经济社会的高质量发展提供知识与技术支撑，为各行业输送优秀人才。

① 林贡钦，徐广林. 国外著名湾区发展经验及对我国的启示［J］. 深圳大学学报（人文社会科学版），2017，34（5）：25－31.

# 参考文献



## 中文文献：


[1] 蔡赤萌．粤港澳大湾区城市群建设的战略意义和现实挑战［J］．广东社会科学，2017（4）．

[2] 陈昌贵，陈文汉．CEPA 与粤港澳高等教育的制度化合作［J］．高等教育研究，2004，25（1）．

[3] 陈昌贵，韦惠惠．粤港澳合作：广东高等教育体制创新的重要选择［J］．高等工程教育研究，2008（5）．

[4] 陈华康．湾区综述［M］//粤港澳大湾区城市群概览 2017．香港：香港城市大学出版社，2018．

[5] 创科香港基金会．闯闯大湾区 2019：香港创业者的第一本湾区攻略[EB/OL]．(2019－03)[2019－08－03]．http://www.hkxfoundation.org/download/download-2019-03-23.pdf．

[6] 戴春晨，邢佳慧．中山大学粤港澳发展研究院许长青：广东高等教育改革需分类管理 应用型大学也有机会[EB/OL]．(2017－01－20)[2019－08－03]．http://finance.sina.com.cn/roll/2017-01-20/doc-ifxzunxf1520960.shtml．

[7] 戴德梁行．蓄势待放的世界湾区第四极：粤港澳大湾区展望及世界湾区经济研究[EB/OL]．[2019－07－03]．http://media.src.leju.com/imp/imp/deal/b4/14/e/8647d99e9307612d3294f4e5cd6_p24_mk24.pdf．

[8] 杜阳，蒋春洋．美国加州社区学院课程审批流程、特征与启示：以奥龙尼社区学院为例［J］．职业教育研究，2018（10）．

[9] 方正证券．粤港澳大湾区：打造国际一流湾区和世界级城市群[EB/OL]．(2017－06－19)[2019－07－03]．http://hd2image.ikuyu.cn/files/1550469818432.pdf．

[10] 费坚，刘欢．美国加州公立高等教育体系的特征及启示［J］．扬州大学学报（高教研究版），2016，20（3）．

[11] 高峰. 东京和伦敦排水系统探秘 [N]. 中国建设报，2013 -05 -29 (2).
[12] 谷兴荣. 世界科技中心转移的三大规律初探 [J]. 湖南社会科学，2000 (6).
[13] 广东省自然资源厅. 广东省土地利用现状汇总表 (2017 年) [EB/OL]. (2018 - 07 -25) [2019 - 08 - 03]. http://nr.gd.gov.cn/gdlr_info/cal/land/year/content/post_2168227.html.
[14] 郭孝锋，陆伟. 区域文化与大学文化的融合与共生 [J]. 中国青年研究，2009 (12).
[15] 韩永辉，黄亮雄，邹建华. 中国经济结构性减速时代的来临 [J]. 统计研究，2016，33 (5).
[16] 贺林平. 粤港澳大湾区首个超大水利工程：珠三角水资源配置工程全面开工 [N]. 人民日报海外版，2019 -05 -08 (4).
[17] 胡若璋. 大湾区两模式助港高校保持国际领先优势[EB/OL]. (2018 -05 -20) [2019 -08 -03]. http://news.takungpao.com.hk/hkol/topnews/2018-05/3570883.html.
[18] 黄崴. 建立粤港澳大学联盟：打造世界高水平科研和人才培养高地 [J]. 高教探索，2016 (10).
[19] 汇丰银行. 2018 中国企业创新发展报告　粤港澳大湾区企业创新环境分析[EB/OL]. (2018 - 11 - 30) [2019 - 08 - 03]. https://www.business.hsbc.com.cn/-/media/library/markets-selective/china/pdfs/gba-innovation-environment-analysis.pdf.
[20] 蒋义. 我国职业教育对经济增长和产业发展贡献研究 [D]. 北京：财政部财政科学研究所，2010.
[21] 焦磊. 粤港澳大湾区高校战略联盟构建策略研究 [J]. 高教探索，2018 (8).
[22] 孔翔，于良全. 地方文化环境与大学教学科研融合发展的模式初探：基于英美若干研究型大学的经验研究 [J]. 世界地理研究，2014，23 (1).
[23] 李晶，刘晖. 粤港澳大湾区高等教育整合的逻辑与进路 [J]. 高等教育研究，2018，39 (10).
[24] 梁经伟，毛艳华，李彦. 论文合著视角下粤港科技合作的演变特征研究 [J]. 现代情报，2018，38 (12).
[25] 林先扬. 粤港澳大湾区科技创新发展特征、瓶颈与策略探讨 [J]. 岭南学刊，2018 (4).
[26] 梁丽，池丽旭，张学福. 中外典型智库建设比较研究 [J]. 情报杂志，2018，37 (11).
[27] 刘川. 世界《四大湾区影响力报告 (2018)》发布 [N]. 中国海洋报，2019 - 01 -24 (1).
[28] 刘慧，樊杰，李扬. “美国 2050” 空间战略规划及启示 [J]. 地理研究，2013，32 (1).
[29] 刘永贵. 以 IT 治理推动大学信息化建设：以加利福尼亚大学伯克利分校为例

[J]. 开放教育研究，2010，16 (1).
[30] 刘原兵. 全球化视域下日本留学生政策：以“留学生 30 万人计划”为核心的考察 [J]. 高教探索，2014 (6).
[31] 刘钊，孙楠，王亮，贾静淅. 勾勒粤港澳大湾区蓝图的气象底色 [N]. 中国气象报，2019-03-20 (1).
[32] 卢静怡. 院士吁港大学湾区扩容设分校[EB/OL]. (2018-05-21)[2019-08-03]. http://news.takungpao.com/paper/q/2018/0521/3571013.html.
[33] 卢明华，李国平，孙铁山. 东京大都市圈内各核心城市的职能分工及启示研究 [J]. 地理科学，2003，23 (2).
[34] 吕光一. 粤港澳大湾区高等教育融合发展需求迫切　专家建议组建湾区联合大学[EB/OL]. (2018-11-06)[2019-08-03]. http://www.gznsnews.com/index.php?a=show&c=index&id=1942&m=special.
[35] 马陆亭，刘红宇. 高教财政投入和社会投入占 GDP 比例的政策价值 [J]. 华中师范大学学报（人文社会科学版），2015，54 (1).
[36] 马颖德. 东京湾区发展经验可供借鉴[EB/OL]. (2018-10-30)[2019-08-03]. http://economists-pick-research.hktdc.com/business-news/article/%E7%A0%94%E7%A9%B6%E6%96%87%E7%AB%A0/%E6%9D%B1%E4%BA%AC%E7%81%A3%E5%8D%80%E7%99%BC%E5%B1%95%E7%B6%93%E9%A9%97%E5%8F%AF%E4%BE%9B%E5%80%9F%E9%91%92/rp/tc/1/1X000000/1X0AFHXO.htm.
[37] 孟照海. 世界一流学科是如何形成的：基于斯坦福大学和加州大学伯克利分校工程学科的比较 [J]. 比较教育研究，2018，40 (3).
[38] 潘建军，梁昊光. 从政策视角透视加州高等教育发展的困境与挑战 [J]. 高教探索，2017 (1).
[39] 戚兴华，内拉德. 同名异构：中美研究型大学研究生院的组织与制度比较 [J]. 高等教育研究，2018，39 (7).
[40] 钱文静. 东京和纽约都市圈经济发展的比较研究 [J]. 商，2015 (31).
[41] 丘杉. 东京湾区经济带发展背后 高度重视科技创新 [N]. 深圳特区报，2014-11-25 (B11).
[42] 全球化智库，南方国际人才研究院. 粤港澳大湾区人才发展报告[EB/OL]. [2019-06-25]. http://www.ccg.org.cn/dianzizazhi/yuegangao201812.pdf.
[43] 全守杰，王运来. 世界一流大学战略规划的文本及行动转化研究：以香港 3 所大学为例 [J]. 中国高教研究，2017 (11).
[44] 任思儒，李郇，陈婷婷. 改革开放以来粤港澳经济关系的回顾与展望 [J]. 国际城市规划，2017，32 (3).
[45] 任泽平. 粤港澳引领新一轮开放创新[EB/OL]. (2018-06-06)[2019-08-03]. http://finance.sina.com.cn/zl/china/2018-06-07/zl-ihcqccip5506350.shtml.

[46] 瑞安. 粤港澳大湾区打造世界级机场群 [N]. 人民日报海外版，2019-05-23 (3).
[47] 沈坤荣，赵倩. 世界级城市群国际比较与区域高质量发展路径选择：以江苏为例 [J]. 江海学刊，2018 (2).
[48] 广东省自贸办. 中国（广东）自由贸易试验区[EB/OL]. (2015-03-02)[2019-08-03]. http://ftz.gd.gov.cn/zmsyqjj/content/post_917243.html#zhuyao.
[49] 石光宇. 二战后美国纽约后工业经济探研 [J]. 求是学刊，2018，45 (5).
[50] 宋雷鸣. 论大传统和小传统概念的时间意义 [J]. 广西民族大学学报（哲学社会科学版），2010，32 (2).
[51] 搜航网. 2018 年全球前 20 大集装箱港口排名，上海排第一名[EB/OL]. (2019-03-11)[2019-07-03]. http://www.sofreight.com/news_32194.html.
[52] 孙战伟. 基于高端智库建设与研究生教育融合的创新人才培养研究 [J]. 黑龙江工程学院学报，2018，32 (1).
[53] 谭淞，汤黎明. 立足优势把握机遇、构建世界级湾区：粤港澳大湾区专题报告[EB/OL]. (2018-10-19)[2019-08-03]. http://data.eastmoney.com/report/20181019/hg,APPISC2RYHlVReport.html.
[54] 王海东，刘安. 美国高校之间的转学机制与学分认证研究 [J]. 河北师范大学学报（教育科学版），2015，17 (1).
[55] 王坤. 珠港澳高等教育联动发展的对策研究：基于创新驱动发展战略背景 [J]. 特区经济，2017 (9).
[56] 王苇航. 东京湾区的专业分工发展之路 [N]. 中国财经报，2017-08-14 (6).
[57] 魏万青，谢舜. 区域经济发展模式下的劳工收入差异与分解　基于珠三角、苏南与浙江三地数据的实证研究 [J]. 社会，2013，33 (2).
[58] 吴佳勋，吴子涵. "粤港澳大湾区"的挑战与对应意涵 [J/OL]. 经济前瞻，2019 (181). http://www.cier.edu.tw/site/cier/public/data/181-055-059-%E4%B8%AD%E5%9C%8B%E7%B6%93%E6%BF%9F-%E5%90%B3%E4%BD%B3%E5%8B%B3%E5%90%B3%E5%AD%90%E6%B6%B5.pdf.
[59] 夏焰，梁祥君，潘显敏. 美国加州大学崛起的背景、过程及原因分析：兼论对我国中西部高等教育振兴的启示 [J]. 重庆高教研究，2018，6 (6).
[60] 香港特别行政区公报政府新闻公报. 香港竞争力排名全球第二[EB/OL]. (2019-05-29)[2019-08-03]. https://www.info.gov.hk/gia/general/201905/29/P2019052900442.htm.
[61] 向晓梅，杨娟. 粤港澳大湾区产业协同发展的机制和模式 [J]. 华南师范大学学报（社会科学版），2018 (2).
[62] 谢俊贵. 智库建设与社会学学科应用性的拓展 [J]. 社会科学文摘，2018 (9).
[63] 许长青. 大学在粤港澳大湾区建设中的角色与作用：访香港科技大学校长陈繁

昌教授 [J]. 国家教育行政学院学报, 2018 (12).
[64] 许长青. 高水平合作, 高质量发展, 推动粤港澳大湾区建设 [J]. 现代教育论丛, 2019 (1).
[65] 许长青. 广州建设国际创新枢纽的发展战略与路径选择思考: 基于粤港澳大湾区高水平大学科技合作的视角 [J]. 广东经济, 2018 (1).
[66] 许长青, 黄玉梅. 制度变迁视域中粤港澳大湾区高等教育融合发展研究 [J]. 中国高教研究, 2019 (7).
[67] 许长青, 卢晓中. 粤港澳大湾区高等教育融合发展: 理念、现实与制度同构 [J]. 高等教育研究, 2019, 40 (1).
[68] 许长青. OECD 国家高等教育规模扩张及财政资助政策新进展 [J]. 教育学术月刊, 2017 (7).
[69] 许美德. 大学与文明间的对话 [J]. 浙江大学学报 (人文社会科学版), 2002 (3).
[70] 亚翔航空. 2018 年粤港澳大湾区通航报告 [EB/OL]. [2019-08-03]. http://asianskygroup.com/attachment/news/Greater%20Bay%20Aviation%20Report%20-%20CN.pdf.
[71] 晏成步. 高等教育公共支出的国际比较分析: 兼议高等教育财政制度转型 [J]. 中国高教研究, 2017 (5).
[72] 杨广晖, 栉田直规. "2018 问题": 日本高等教育的生存与挑战 [J]. 高教探索, 2018 (1).
[73] 袁江洋. 科学中心转移规律再检视 [J]. 科学文化评论, 2005 (2).
[74] 曾剑雄, 刘晏如. 美国加州大学多校区共同治理结构探析 [J]. 中国高等教育评估, 2016, 27 (4).
[75] 赵涛, 刘文光, 边伟军. 基于系统动力学的区域科技创业生态群落运行机制研究 [J]. 科技进步与对策, 2012, 29 (16).
[76] 张紧跟. 论粤港澳大湾区建设中的区域一体化转型 [J]. 学术研究, 2018 (7).
[77] 张晓兰. 东京和纽约都市圈经济发展的比较研究 [D]. 长春: 吉林大学, 2013.
[78] 张昱, 眭文娟, 谌俊坤. 世界典型湾区的经济表征与发展模式研究 [J]. 国际经贸探索, 2018, 34 (10).
[79] 朱英嘉. "粤港澳大湾区" 战略意义: 中国特色的区域整合观点的分析 [J]. 展望与探索, 2018, 16 (8): 66-90.

## 外文文献：

[1] ADEINAT I M, ABDULFATAH F H. Organizational culture and knowledge management processes: case study in a public university [J]. Vine Journal of Information and Knowledge Management Systems, 2019, 49 (1).

[2] BADY A, KONCZAL M. From master plan to no plan: the slow death of public higher education [J]. Dissent, 2012, 59 (4).

[3] BARNES-DALY M A, PHILLIPS G, ELY E W. Improving hospital survival and reducing brain dysfunction at seven California community hospitals: implementing PAD guidelines via the ABCDEF bundle in 6 064 patients [J]. Critical Care Medicine, 2017, 45 (2).

[4] BELL D. The coming of the post-industrial society [M]. New York: Basic Books, 1973.

[5] BENSON C S. New vocationalism in the United States: potential, problem and outlook [J]. Economics of Education Review, 1997, 16 (3).

[6] BERTINELLI L, BLACK D. Urbanization and growth [J]. Journal of Urban Economics, 2004, 56 (1).

[7] BRABAZON T. The University of Google: Education in the (post) information age [M]. Aldershot Ashgate, 2007.

[8] CARNOY M. Sustaining the new economy: work, family, and community in the information age [M]. Cambridge: Harvard University Press, 2002.

[9] CHE Y, LU Y, TAO Z, et al. The impact of income on democracy revisited [J]. Journal of Comparative Economics, 2013, 41 (1).

[10] COONS A G, BROWNE A D, CAMPION H A, et al. A master plan for higher education in California, 1960 – 1975 [M]. Sacramento: California State Department of Education, 1960.

[11] DENISON E F, STEIN H. The sources of economic growth in the United States and the alternatives before us. [J]. New York: Committee for Economic Development, 1962.

[12] DEWEY J. American education past and future [J]. Chicago: University of Chicago Press, 1931.

[13] DRAHOS P, BRAITHWAITE J. Information feudalism: who owns the knowledge economy [M]. New York: Routledge, 2017.

[14] DUNNING J H. Regions, globalization, and the knowledge-based economy [M]. Oxford University Press, 2000.

[15] EARLE J S. Industrial decline and labor reallocation in Romania [J]. William Davidson Institute Working Papers Series, 1997 (118).

[16] EASTON D. Theoretical approaches to political support [J]. Canadian Journal of Political Science, 1976, 9 (3).

[17] EICHENGREEN B, PARK D, SHIN K. When fast growing economies slow down: international evidence and implications for China [J]. NBER Working Papers, 2011, 11 (1).

[18] FREEDMAN L S, SCHATZKIN A. Sample size for studying intermediate endpoints within intervention trails or observational studies [J]. American Journal of Epidemiology, 1992, 136 (9).

[19] FULLER W P. More evidence supporting the demise of pre-employment vocational trade training: a case study of a factory in India [J]. Comparative Education Review. 1976, 20 (1).

[20] HART C M D, FRIEDMAN E, HILL M. Online course-taking and student outcomes in California Community Colleges [J]. Education Finance and Policy, 2016, 13 (1).

[21] HAYES A. Introduction to mediation, moderation, and conditional process analysis [J]. Journal of Educational Measurement, 2013, 51 (3).

[22] HEALEY P. Collaborative planning: shaping places in fragmented societies [M]. Basingstoke: Macmillan, 1997.

[23] HIGLEY E. Improving access to youth-friendly health services in a rural california community [D]. San Francisco: University of San Francisco, 2019.

[24] HUSSAR W J, BAILEY T M. Projections of education statistics to 2026[EB/OL]. [2018-04-12]. http://nces. ed. gov/pubsearch/pubsinfo. asp?pubid=2018019.

[25] KROLL C A, EVRONGIL E. The San Francisco Bay Area economy: a profile of the region as it approaches the 1990s [Z]. Fisher Center for Real Estate & Urban Economics, 1989.

[26] NUEMAN S, ZIDERMAN A. Vocational secondary school can be more cost-effective than academic schools: the case of Isral [J]. Comparative Education, 1989.

[27] PIZZOLATO J E, OLSON A B, MONJO-PAULSON L N. Finding motivation to learn: exploring achievement goals in California Community College CalWORKs students [J]. Journal of Adult Development, 2017, 24 (3).

[28] PROSSER C A. Vocational education in a democracy [M]. American Technical society, 1949.

[29] RANDOLPH S, HAVEOMAN J, EGAN T. California high-speed rail economic benefits and impacts in the San Francisco Bay Area [J]. San Francisco: Bay Area Council Economic Institute, 2008 (10).

[30] SCHULTZ T W. Education and economic growth [M] //HENRY N B. Social forces influencing American Education. Chicago: University of Chicago Press, 1961.

[31] SLAUGHTER S, LESLIE L L. Academic capitalism: politics, policies, and the entrepreneurial university [M]. Baltimore: Johns Hopkins University Press, 1997.
[32] SOBEL M E. Asymptotic confidence intervals for indirect effects in structural equation models [J]. Sociological Methodology, 1982 (13).
[33] XIE H, YANG Z, DENG J. Assessment of geothermal resource potential in the Guangdong-Hong Kong-Macao Greater Bay Area [J]. Advanced Engineering Sciences, 2019, 51 (1).

# 附　　录



## 附录1　国际四大湾区和粤港澳大湾区世界高水平大学名单

| 湾区 | 学　校 | U. S. News 2019 全球大学排名（前 200 名） | ARWU 2019 全球大学排名（前 200 名） |
|---|---|---|---|
| 纽约湾区 | 普林斯顿大学　Princeton University | 9（1）① | 6 |
| | 耶鲁大学　Yale University | 11（3） | 12 |
| | 哥伦比亚大学　Columbia University | 8（3） | 8 |
| | 纽约大学　New York University | 28（30） | 32 |
| | 洛克菲勒大学　Rockefeller University | 66（—） | 30 |
| | 纽约西奈山医学院　Mount Sinai School of Medicine | 75（—） | 101 ~ 150 |
| | 新泽西州立罗格斯大学 Rutgers, The State University of New Jersey, New Brunswick | 103（56） | 101 ~ 150 |
| | 纽约州立大学石溪分校　Stony Brook University, SUNY | 166（80） | — |
| 波士顿湾区 | 哈佛大学　Harvard University | 1（2） | 1 |
| | 麻省理工学院　Massachusetts Institute of Technology | 2（3） | 4 |
| | 波士顿大学　Boston University | 46（42） | 70 |
| | 塔夫茨大学　Tufts University | 179（27） | 151 ~ 200 |

① 括号内排名为该校 U. S. News 美国国内大学排名，“—”表示该校不纳入本项排名或在 200 名以外（如加州大学伯克利分校原为第 24 位，因校友捐赠方面的数据失真问题退出了本项排名；UCSF 不提供本科教育，不招收本科生）。U. S. News 每年发布全球大学排名和美国国内大学排名，排名理念和评分指标体系有较大不同，后者主要供美国高中生择校参考，排名时注重本科生学习与发展方面的指标权重。

续上表

| 湾区 | 学　校 | U. S. News 2019 全球大学排名（前 200 名） | ARWU 2019 全球大学排名（前 200 名） |
|---|---|---|---|
| 旧金山湾区 | 斯坦福大学　Stanford University | 3（7） | 2 |
| | 加州大学伯克利分校　University of California，Berkeley | 4（—） | 5 |
| | 加州大学旧金山分校 University of California，San Francisco | 15（—） | 21 |
| | 加州大学戴维斯分校　University of California，Davis | 60（38） | 96 |
| | 加州大学圣克鲁斯分校 University of California，Santa Cruz | 58（70） | 101～150 |
| 东京湾区 | 东京大学　University of Tokyo | 62 | 22 |
| | 东京工业大学　Tokyo Institute of Technology | — | 151～200 |
| 粤港澳大湾区 | 香港大学　University of Hong Kong | 103 | 101～150 |
| | 中山大学　Sun Yat-sen University | — | 101～150 |
| | 香港科技大学 Hong Kong University of Science and Technology | 135 | — |
| | 香港中文大学　The Chinese University of Hong Kong | 142 | 151～200 |
| | 香港城市大学　City University of Hong Kong | 172 | — |

## 附录 2　粤港澳大湾区规划建设发展脉络及相关文件与会议汇总表

| 时间 | 发文单位/发言人 | 文件或会议 | 主要内容 |
|---|---|---|---|
| 2003 年 9 月 | 商务部、香港财政司 | 《关于建立更紧密经贸关系的安排》（CEPA） | 内地与港、澳之间的贸易和投资合作，促进双方的共同发展 |
| 2005 年 8 月 | 广东省政府 | 《珠江三角洲城镇群协调发展规划（2004—2020）》 | 划分粤港澳跨界合作发展地区，把发展“湾区”（环珠江口地区）列入重大行动计划 |
| 2008 年 12 月 | 国家发改委 | 《珠三角地区改革发展规划纲要（2008—2020 年）》 | 到 2020 年，形成粤港澳三地分工合作、优势互补、全球最具核心竞争力的大都市圈之一。支持共同规划实施环珠江口地区的“湾区”重点行动计划 |

**续上表**

| | 发文单位/发言人 | 文件或会议 | 主要内容 |
|---|---|---|---|
| 2009 年 10 月 | 粤港澳三地政府 | 《大珠江三角洲城镇群协调发展规划研究》 | 提出“提出四项跟进工作”，合力建设充满生机与活力、具有全球竞争力的协调可持续的世界级城镇群 |
| 2010 年 4 月 | 粤港澳三地政府 | 《环珠江口宜居湾区建设重点行动计划》 | 落实跨界交通合作、跨界地区合作、生态环境保护合作和协调机制建设 |
| 2010 年 4 月 | 广东省人民政府和香港特别行政区政府 | 《粤港合作框架协议》 | 率先建设在全国乃至亚洲具有较强引领作用、更具活力、发展潜力和国际竞争力的世界级新经济区域，实施环珠江口宜居湾区建设重点行动计划 |
| 2011 年 3 月 | 广东省人民政府和澳门特别行政区政府 | 《粤澳合作框架协议》 | 提出“携手建设亚太地区城市群，共同打造世界级新经济区域，促进区域经济一体化” |
| 2011 年 3 月 | 国家发改委 | 国家“十二五”规划 | 深化粤港澳合作，落实粤港、粤澳合作框架协议，促进区域经济共同发展，打造更具综合竞争力的世界级城市群 |
| 2014 年 3 月 | 国家发改委 | 《国家新型城镇化规划（2014—2020 年）》 | 珠江三角洲城市群作为“两横三纵”城市化战略格局的重要组成部分，以建设世界级城市群为目标，发挥其对全国经济社会发展的重要支撑和引领作用 |
| 2014 年 1 月 | 深圳市 | 2014 年深圳市政府工作报告 | 聚焦湾区经济，构建区域协同发展新优势 |
| 2015 年 3 月 | 国家发改委、外交部、商务部 | 《推动共建丝绸之路经济带和 21 世纪海上丝绸之路的愿景与行动》 | 首次提出要“深化”与港澳台合作，打造粤港澳大湾区 |
| 2016 年 1 月 | 广东省省长朱小丹 | 2016 年广东省政府工作报告 | 开展珠三角城市升级行动，联手港澳打造粤港澳大湾区 |

**续上表**

| 时间 | 发文单位/发言人 | 文件或会议 | 主要内容 |
|---|---|---|---|
| 2016年3月 | 国务院 | 《关于深化泛珠三角区域合作的指导意见》 | 提出“携手港澳共同打造粤港澳大湾区，建设世界级城市群” |
| 2016年3月 | 国家发改委 | 国家“十三五”规划 | 第十二篇：深化内地和港澳、大陆和台湾地区合作发展<br>第二节：深化内地与港澳合作 |
| 2016年3月 | 中共广东省委 | 广东省“十三五”规划 | 第十章：促进深度融合发展　形成粤港澳台合作新局面<br>第三节：深化泛珠三角区域合作 |
| 2016年11月 | 国家发改委 | 《关于加快城市群规划编制工作的通知》 | 2017年拟启动珠三角湾区城市群等跨省域城市群规划编制 |
| 2017年1月 | 广东省省长马兴瑞 | 2017年广东省政府工作报告 | 携手港澳推进珠三角世界级城市群和粤港澳大湾区建设 |
| 2017年3月 | 国务院总理李克强 | 2017年国务院政府工作报告 | 推动内地与港澳深化合作，研究制定粤港澳大湾区城市群发展规划，发挥港澳独特优势，提升在国家经济发展和对外开放中的地位与职能 |
| 2017年3月 | 广东省发改委主任何宁卡 | 十二届全国人大五次会议广东团全体会议 | 系统论述建设粤港澳大湾区的六大方向 |
| 2017年4月 | 国务院总理李克强 | 李克强总理在中南海紫光阁会见林郑月娥 | 提出“研究制定粤港澳大湾区发展规划” |
| 2017年7月 | 国家主席习近平 | 庆祝香港回归20周年 | 支持香港在推进“一带一路”建设、粤港澳大湾区建设、人民币国际化等重大发展战略中发挥优势和作用 |
| 2017年7月 | 国家发改委、粤港澳三地政府 | 《深化粤港澳合作　推进大湾区建设框架协议》 | 国家发改委与粤港澳三地政府在国家主席习近平的见证下于香港共同签署，明确提出粤港澳大湾区建设原则、重点领域与协调机制 |
| 2017年7月 | 国家发改委 | “携手共建粤港澳大湾区　合力打造世界级城市群”论坛 | 首次向外界正式发布粤港澳大湾区下一步六项重点工作 |

**续上表**

| 时间 | 发文单位/发言人 | 文件或会议 | 主要内容 |
| --- | --- | --- | --- |
| 2017 年 10 月 | 国家主席习近平 | 党的十九大报告 | 再次重申“要支持香港、澳门融入国家发展大局，以粤港澳大湾区建设、粤港澳合作、泛珠三角区域合作等为重点，全面推进内地同香港、澳门互利合作，制定完善便利香港、澳门居民在内地发展的政策措施” |
| 2017 年 12 月 | 中共中央、国务院 | 中央经济工作会议 | 粤港澳大湾区被列入 2018 年重点工作 |
| 2018 年 3 月 | 国务院总理李克强 | 2018 年国务院政府工作报告 | 再次明确要出台实施粤港澳大湾区发展规划，全面推进内地同香港、澳门互利合作 |
| 2018 年 3 月 | 国务院总理李克强 | 十三届全国人大一次会议中外记者会 | 将尽快发布与实施粤港澳大湾区的规划纲要 |
| 2018 年 3 月 | 国家主席习近平 | 全国人大广东团审议 | 要把粤港澳大湾区建成国际一流湾区和世界级的城市群，粤港澳三方要加强协调配合，共同做好这篇大文章 |
| 2018 年 8 月 | 中共中央、国务院 | 粤港澳大湾区建设领导小组第一次全体会议 | 要将大湾区打造成为国际科技创新中心 |
| 2018 年 12 月 | 国家主席习近平 | 2018 年中央经济工作会议 | 明确指出要科学规划粤港澳大湾区建设，并把粤港澳大湾区上升为与京津冀一体化和长江经济带并列的国家级区域发展战略 |
| 2019 年 2 月 | 中共中央、国务院 | 《粤港澳大湾区发展规划纲要》 | 进一步提升粤港澳大湾区在国家经济发展和对外开放中的支撑引领作用 |
| 2019 年 3 月 | 财政部、税务总局 | 《关于粤港澳大湾区个人所得税优惠政策的通知》 | 对在大湾区工作的境外（含港澳台）高端人才和紧缺人才，按内地与香港个人所得税税负差额给予补贴，并对补贴免征个人所得税 |

续上表

| 时间 | 发文单位/发言人 | 文件或会议 | 主要内容 |
|---|---|---|---|
| 2019 年 3 月 | 中共中央、国务院 | 粤港澳大湾区建设领导小组第二次全体会议 | 公布便利大湾区内人流及物流等八项政策措施 |
| 2019 年 5 月 | 国家移民管理局等 16 部门 | 推动出入境证件便利化应用部际联席会议和出入境证件身份认证服务平台推介会 | 港澳居民华侨 10 月起凭出入境证件可享受 30 余项公共民生服务便利 |

资料来源：国务院、国家发改委、广东省政府、新华网等相关官方网站。

**图书在版编目(CIP)数据**

报关实务项目式教程/ 倪琳，徐刚主编. 一成都 ：电子科技大学出版社，2015.8

ISBN 978-7-5647-3207-3

Ⅰ. ①报… Ⅱ. ①倪… ②徐… Ⅲ. ①进出口贸易－海关手续－中国－教材 Ⅳ. ①F752.5

中国版本图书馆 CIP 数据核字(2015)第 196284 号

**报关实务项目式教程**

**主编 倪 琳 徐 刚**

| | |
|---|---|
| **出　　版** | 电子科技大学出版社(成都市一环路东一段 159 号电子信息产业大厦 邮编:610051) |
| **策划编辑** | 谢晓辉　李述娜 |
| **责任编辑** | 李述娜 |
| **主　　页** | www.uestcp.com.cn |
| **电子邮箱** | uestcp@uestcp.com.cn |
| **发　　行** | 新华书店经销 |
| **印　　刷** | 北京市文良精锐印刷有限公司 |
| **成品尺寸** | 185mm×260mm　　印张 21.75　　字数 460 千字 |
| **版　　次** | 2015 年 8 月第一版 |
| **印　　次** | 2015 年 8 月第一次印刷 |
| **书　　号** | ISBN 978-7-5647-3207-3 |
| **定　　价** | 42.00 元 |



◆ 本社发行部电话:028-83202463;本社邮购电话:028-83201495。

◆ 本书如有缺页、破损、装订错误,请寄回印刷厂调换。

普通高等教育“十二五”经管类重点规划教材
普通高等院校“校企合作”优秀教材

BAOGUAN SHIWU
XIANGMUHUA JIAOCHENG

# 报关实务项目化教程

倪　琳　徐　刚◎主　编
汪永幸　周　艳　陈　钰◎副主编

电子科技大学出版社

# 前　言

加入世界贸易组织 15 年，我国贸易环境不断改善，进出口额逐年快速提升，取得了举世瞩目的成绩。2014 年，我国进出口总值为 26.43 万亿元人民币，比 2013 年增长 2.3%。其中，出口 14.39 万亿元，增长 4.9%；进口 12.04 万亿元，下降 0.6%；贸易顺差 2.35 万亿元，扩大 45.9%。按美元计价，2014 年，我国进出口、出口和进口分别增长 3.4%、6.1%和 0.4%。同时，2014 年是我国全面深化改革的开局之年。在 2013 年，世界经济仍处在国际金融危机之后的深度调整时期，而国内经济发展进入了新常态，在党中央、国务院的正确领导和统一部署下，对外贸易（以下简称外贸）领域的各项改革稳步推进，各地区、各部门和广大外贸企业认真贯彻、落实、促进外贸稳定增长的政策措施。我国的外贸继续保持了平稳增长，运行保持在合理区间。同时我国的外贸进出口在提升质量、提高效益、优化结构等方面也取得了良好的成绩。

我国职业教育注重培养职业岗位所需的应用型人才，关注职业技能培养，注重操作能力的锻炼，但常常受限于现有的技术装备和客观条件，无法进行真实的报关实务方面的操作。我们能做的就是尽可能地模拟贴近真实的报关流程，通过系列的模拟训练，拉近理论与实际的距离，缩短课堂与现实的差距。而本教材将报关知识融入到项目教学中，在项目分析和实施过程中，使学生理解和掌握理论知识，培养动手能力。本教材按照“项目驱动”和“基于工作过程导向”的思路进行编写；按照岗位核心技能的需求列出了知识目标和技能目标，以公司实例开篇，引入正文，正文中设置了知识链接、报关实践及相关案例，对知识、方法和技巧加以解说、引申和补充，将相关的知识嵌入到各个项目中进行讲解和训练。书中各知识点与案例配合得较为紧密，有助于培养学生利用所学知识，分析和解决报关实施过程中产生的问题，提升学生的业务发展能力。

本书由硅湖职业技术学院倪琳和徐刚老师主编，负责拟订总体内容框架和统撰定稿。具体的分工为：项目一、二由硅湖职业技术学院徐刚编写；项目三、四由硅湖职业技术学院汪永幸编写；项目五、六由硅湖职业技术学院倪琳编写；项目七、八由硅湖职业技术学院周艳编写；项目九由南京信息职业技术学院陈钰编写。在编写过程中，我们借鉴和吸取了国内外专家和同行的大量研究成果，教材中所涉及的实例均由硅湖职业技术学院优秀合作企业——昆山睿丰进出口有限公司提供，同时也得到了该公司总经理王伟先生的大力指导。本教材的顺利出版也得到了电子科技大学出版社的大力协助，在此一并表示感谢！

由于作者水平有限，加之时间仓促，书中难免会有疏漏和错误之处，恳请广大读者批评指正。

编者

2015 年 5 月 18 日

# 目 录


**项目一 报关与海关** …… 1

任务一 认识报关 …… 1

任务二 认识海关 …… 3

任务三 认识报关单位 …… 11

任务四 认识报关员 …… 16

**项目二 报关相关的法律制度** …… 28

任务一 认识海关统计制度 …… 28

任务二 认识海关稽查制度 …… 34

任务三 认识海关事务担保制 …… 43

任务四 认识知识产权保护制度 …… 48

任务五 认识海关行政许可制度 …… 54

任务六 认识海关行政处罚制度 …… 58

任务七 认识海关复议制度 …… 62

任务八 认识海关行政裁定制度 …… 65

任务九 进出口货物的陪同查验操作 …… 68

**项目三 对外贸易管制** …… 76

任务一 认识对外贸易管制 …… 76

任务二 认识我国进出口许可管理制度 …… 81

任务三 认识其他贸易管制制度 …… 89

任务四 我国贸易管制及报关规范 …… 102

**项目四 商品归类《协调制度》** …… 130

任务一 认识商品名称及编码协调制度 …… 130

任务二 进出口商品归类的行政管理 …… 134

任务三 认识《协调制度》归类总规则 …… 138

**项目五 一般进出口货物报关程序** …… 146

任务一 认识一般进出口货物 …… 146

任务二　一般进出口货物的报关 …… 147
**项目六　保税进出口货物的报关** …… 165
任务一　认识保税加工货物 …… 165
任务二　纸质手册管理下的保税加工货物的报关 …… 166
任务三　电子账册管理下的保税加工货物的报关 …… 182
任务四　电子手册管理下的保税加工货物的报关 …… 186
任务五　出口加工区加工贸易货物的报关 …… 188
**项目七　其他进出口货物的报关程序** …… 207
任务一　特定减免税货物的报关 …… 208
任务二　暂准进出口货物的报关 …… 213
任务三　转关运输货物的报关 …… 215
任务四　特殊通关货物的报关 …… 219
**项目八　进出口税费** …… 237
任务一　认识进出口税费 …… 237
任务二　确定进出口货物的完税价格 …… 244
任务三　确定进出口货物的原产地与税率 …… 254
任务四　计算进出口税费 …… 262
任务五　关税与进口环节税的减免 …… 271
任务六　进出口税费的缴纳与退补 …… 272
**项目九　进出口货物报关单的填制** …… 283
任务一　认识进出口货物报关单 …… 283
任务二　进出口货物报关单的填制 …… 285

# 项目一 报关与海关

**学习目标**

1.了解海关的产生与发展，海关的内容；

2.理解报关与海关的区别；

3.掌握海关对报关单位的分类与管理，海关对报关的计分考核与内容；

4.理解并掌握海关的权力，学会办理报关单位和报关员的注册登记手续。

重点：海关对报关单位的分类与管理

难点：报关单位和报关员的注册登记

**项目引入**

林某是一名高职毕业生，毕业后在苏州报关行就职。这家公司是一家专业的报关企业，其注册证书的海关编号为21027602××，公司的注册资本为人民币200万元，公司有专职员工60人，拥有在海关注册备案的报关员12名，进入公司后，希望自己能够尽快熟悉业务，在事业上有所成就。但刚走上工作单位的林某，目前拥有报关员资格证书，算不算是报关员呢？海关究竟有什么权利能让报关员和报关单位都感到震撼呢？报关单位与进出口公司又有什么区别呢？

**知识链接**

## 任务一 认识报关

### 一、报关的界定

(一)报关的界定

报关是指进出口货物收发货人、进出境运输工具负责人、进出境物品的所有人或者他们的代理人向海关办理货物、物品或运输工具进出境手续及相关海关事务的过程。

(二)报关的范围

按照法律规定，所有进出境运输工具、货物、物品都需要办理报关手续。报关的具体范围如下：

1.进出境运输工具

进出境运输工具主要包括用以载运人员、货物、物品进出境，并在国际运营的各种境内或境外船舶、车辆、航空器和驮畜等。

2.进出境货物

进出境货物主要包括一般进出口货物、保税货物、暂准进出境货物、特定减免货物，过境、转运和通运货物及其他进出境货物。

另外，一些特殊货物，如通过缆线、管道进出境的水、电和无形的货物，如以货品为载体的软件等也属报关的范围。

3.进出境物品

进出境物品主要包括进出境的行李物品、邮递物品和其他物品。以进出境人员携带、托运等方式进出境的物品为行李物品；以邮递方式进出境的物品为邮递物品；其他物品主要包括享有外交特权和豁免的外国机构或者人员的公务用品或自用物品等。

**二、报关的分类**

(一)按照报关的对象

按照报关对象分，报关可分为运输工具报关、货物报关和物品报关。

海关对进出境运输工具、货物、物品的监管要求各不相同，其中，进出境运输工具作为货物、人员及其携带物品的进出境载体，其报关手续较为简单。进出境物品由于其非贸易性质，其报关手续也很简单。进出境货物的报关较为复杂，为此，海关制定了一系列报关管理规范，并要求必须由具备一定的专业知识和技能且经海关核准的专业人员代表报关单位专门办理。

(二)按照报关的目的

按照报关的目的主要可分为进境报关和出境报关。

由于海关对运输工具、货物、物品的进境和出境有不同的管理要求，运输工具、货物、物品根据进境或出境的目的分别形成了各自不同的进境报关和出境报关手续。另外，在实践中有些海关监管货物需要办理从一个设关地点运至另一个设关地点的海关手续，即“转关”，转关货物也需办理相关的报关手续。

(三)按照报关的行为性质

按照报关的行为性质，报关可分为自理报关和代理报关。

报关是一项专业性较强的工作，尤其是进出境货物的报关比较复杂，一些进出口货物收发货人、进出境运输工具负责人或者物品的所有人，不能或者不愿意自行办理报关手续，而委托代理人代为报关，从而形成了自理报关和代理报关两种报关类型。我国《海关法》对接受进出境物品所有人的委托代为办理进出境物品报关手续的代理人没有特殊要求，但对于接受进出口货物收发货人的委托代为办理进出境货物报关手续的代理人则有明确的规定，我们通常所称的自理报关和代理报关主要是针对进出境货物的报关而言的。

1.自理报关

进出口货物收发货人自行办理报关业务称为自理报关。根据我国海关目前的规定，进出口货物收发货人必须依法向海关注册登记后方能办理报关业务。

2. 代理报关

代理报关是指接受进出口货物收发货人的委托，代理其办理报关业务的行为。我国海关法律把有权接受他人委托办理报关业务的企业称为报关企业。报关企业必须依法取得报关企业注册登记许可并向海关注册登记后方能从事代理报关业务。根据代理报关法律行为责任承担者的不同，代理报关又分为直接代理报关和间接代理报关。

直接代理报关是指报关企业接受委托人（即进口货物的收货人、出口货物的发货人）的委托，以委托人的名义办理报关业务的行为。在直接代理中，代理人代理行为的法律后果直接用于被代理人，即进出口货物收发货人对进出口货物的合法进出口承担完全的法律责任；报关企业承担对报关行为合理、审慎的义务，即报关企业对在报关当中出现的按照报关企业的情况应该可以预防或制止的差错负相应的法律责任。

间接代理报关是指报关企业接受委托人的委托以报关企业自身的名义向海关办理报关业务的行为。在间接代理中，报关企业对报关行为应当承担与收发货人相同的法律责任。目前，我国报关企业大都采取直接代理形式代理报关，间接代理报关只适用于经营快件业务的国际货物运输代理企业。

## 任务二 认识海关

当今世界，每个国家和地区都设有自己的海关。海关是国家主权的象征，体现着国家的权力和意志。同时，海关也是国家的进出关境监督管理机关，坚持“依法行政、为国把关、服务经济、促进发展”的工作方针，履行国家行政制度的监督管理职能。本项目将对海关的性质、任务、管理体制、机构设置、权力等内容分别进行介绍。

### 一、海关的性质与任务

《海关法》规定：“中华人民共和国海关是国家的进出关境监督管理机关。海关依照本法和其他有关法律、行政法规，监管进出境的运输工具、货物、行李物品、邮递物品和其他物品征收关税和其他税费，查缉走私，并编制海关统计和办理其他海关业务。”

（一）海关的性质

1. 国家的行政机关

我国的国家机关包括立法机关、司法机关和行政机关。国务院是我国的最高行政机关，海关是隶属于国务院的国家行政机关之一，是国家的监督管理机关，是国务院的直属机构，代表国家依法独立行使行政管理权，维护国家的主权和利益。

2. 国家进出境监督管理机关

海关实施监督管理的范围是进出关境及与之有关的活动，监督管理的对象是所有进出关境的运输工具、货物和物品。

对“进出境”的理解，需要特别注意“关境”和“国境”两个概念的区别。关境是世界各国通用的概念，指适用于同一海关法或实行同一关税制度的领域。国境是一个国家主权领域。

在一般情况下，关境的范围等于国境。对于关税同盟，其成员方之间货物进出国境不征收关税，只对来自和运往非同盟国的货物在进出共同关境时征收关税，因而对于每个成员方来说，其关境大于国境，如欧盟。若在国内设立自由港、自由贸易区等特定区域，因进出这些特定区域的货物都是免税的，因而该国的关境小于国境。关境同国境一样，包括其领域内的领水、领陆和领空，是一个立体的概念。我国法律已明确规定，香港特别行政区和澳门特别行政区为单独关税区，实行单独的海关制度。本书中所称的“进出境”除特指外均指进出关境。

3. 有执法权的行政机关

海关执法的依据是《海关法》和其他有关法律、行政法规。海关通过法律赋予的权力，对特定范围内的社会经济活动进行监督管理，并对违法行为依法实施行政处罚，以保证这些社会经济活动按照国家的法律规范进行。

海关事务属于中央立法事权，海关依据的法律和行政法规只能由国家最高权力机关（全国人民代表大会）及其常务委员会和国家最高行政机关（国务院）制定。其他省、直辖市、自治区人民代表大会和人民政府部门不得制定海关法律规范，其制定的地方法规、地方规章不是海关的执法依据。海关总署作为国务院的组织机构之一，可以根据法律和国务院的法规、决定、命令制定规章，作为执法依据的补充。

（二）海关的任务

《海关法》明确规定海关有四项基本任务，即监管进出境的运输工具、货物、行李物品、邮递物品和其他物品（以下简称“监管”）；征收关税和其他税费（以下简称“征税”）；查缉走私（以下简称“缉私”）和编制海关统计（以下简称“统计”）。

1. 监管

海关监管是指海关运用国家赋予的权力，通过一系列管理制度与管理程序，依法对进出境运输工具、货物、物品的进出境活动所实施的一种行政管理活动。海关监管是一项国家职能，其目的在于保证一切进出境活动符合国家政策和法律的规范，维护国家主权和利益。海关监管不是海关监督管理的简称，而是海关全部行政执法活动的统称。

根据监管对象的不同，海关监管分为运输工具监管、货物监管和物品监管三大体系，每个体系都有一整套规范的管理程序与方法。监管是海关最基本的任务，海关的其他任务都是在监管工作的基础上进行的。

2. 征税

代表国家征收关税和其他税费是海关的另一项重要任务。“关税”是指由海关代表国家，按照《海关法》和进出口税则，对准许进出口的货物、进出境物品征收的一种税。“其他税费”指海关在货物进出口环节，按照关税征收程序征收的有关国内税费，目前主要有增值税、消费税等。

关税是国家财政收入的重要来源，也是国家宏观经济调控的重要工具。关税的征收主体是国家，《海关法》明确将征收关税的权力授予海关，由海关代表国家行使征收关税职能。海关通过执行国家制定的关税政策，对进出口货物、进出境物品征收关税，起到保护国内工农业生产、调整产业结构和调节进出口贸易活动的作用。海关征税工作的基本法律依据是《海关法》《中华人民共和国进出口关税条例》(以下简称《关税条例》)。

3.缉私

查缉走私是海关为保证顺利完成监管和征税等任务而采取的保障措施。查缉走私是指海关依照法律赋予的权力，在海关监管场所和海关附近的沿海沿边规定地区，为发现、制止、打击、综合治理走私活动而进行的一种调查和惩处活动。

走私是指进出境活动的当事人或相关人违反《海关法》及有关法律、行政法规，逃避海关监管，偷逃应纳税款、逃避国家有关进出境的禁止性或者限制性管理，非法运输、携带、邮寄国家禁止、限制进出口或者依法应当缴纳税款的货物、物品进出境，或者将未经海关许可并且未缴关的监管货物、物品、境外运输工具在境内销售的行为。它以逃避监管、偷逃关税、牟取暴利为目的，扰乱经济秩序，冲击民族工业，腐蚀干部群众，毒化社会风气，引发违法犯罪，对国家危害性极大，必须予以严厉打击。

4.统计

海关统计以实际进出口货物作为统计和分析的对象，通过搜集、整理、加工处理进出口货物报关单或经海关核准的其他申报单证，对进出口货物的品种、数(重)量、价格、国别(地区)、经营单位、境内目的地、境内货源地、贸易方式、运输方式、关别等项目分别进行统计和综合分析，全面、准确地反映对外贸易的运行态势，及时提供统计信息和咨询，实施有效的统计监督，开展国际贸易统计的交流与合作，促进对外贸易的发展。

海关统计是海关依法对进出口货物贸易的统计；是国民经济统计的组成部分；是国家制定对外经济贸易政策、实行宏观经济调控、实施海关严密高效管理的重要依据；是研究我国对外贸易经济发展和国际经济贸易关系的重要资料。

海关的四项基本任务是一个统一的有机联系的整体。监管工作通过监管进出境运输工具、货物、物品的合法进出，保证国家有关进出口政策、法律、行政法规的贯彻实施，是海关四项基本任务的基础。征税工作所需的数据、资料等是在海关监管的基础上获取的，征税与监管有着十分密切的关系。缉私工作则是监管、征税两项基本任务的延伸，监管、征税工作中发现的逃避监管和偷漏税款的行为，必须运用法律手段制止和打击。统计工作是在监管、征税工作的基础上完成的，它为国家宏观经济调控提供了准确、及时的信息，同时又对监管、征税等业务环节的工作质量起到检验把关的作用。

除了这四项基本任务以外，近几年来国家通过有关法律、行政法规赋予了海关一些新的职责比如知识产权海关保护、海关对反倾销及反补贴的调查等，这些新的职责也是海关的任务。

## 二、海关的权力

《海关法》在规定了海关基本任务的同时，为了保证任务的完成，赋予海关许多具体权力。海关权力是指《海关法》和其他法律、行政法规赋予海关的对进出境运输工具、货物和物品的监督管理权。海关权力属于公共行政职权，其行使受一定范围和条件的限制，并应当接受执法监督。

### (一)海关权利的特点

1.特定性

《海关法》第二条规定“海关是国家的进出关境监督管理机关”，从法律上明确了海关享有对进出关境活动进行监督管理的行政主体资格，具有进出关境监督管理权。其他任何机关、团体、个人都不具备行使海关权力的资格，不拥有这种权力。海关权力的特定性也体现在对海关权力的限制上，即这种权力只适用于进出关境监督管理领域，而不能作用于其他场合。

2.独立性

《海关法》第三条规定：“海关依法独立行使职权，向海关总署负责。”这不仅明确了我国海关的垂直领导管理体制，也表明海关行使职权只对法律和上级海关负责，不受地方政府、其他机关、企事业单位或个人的干预。

3.效力先定性

海关权力的效力先定性表现在海关行政行为一经做出，就应推定其符合法律规定，对海关本身和海关管理相对人都具有约束力。在没有被国家机关宣布为违法和无效之前，即使管理相对人认为海关行政行为侵犯其合法权益也必须遵守和服从。

4.优益性

海关职权的优益性是指海关在行使行政职权时，依法享有一定的行政优先权和行政受益权。行政优先权是国家为保障海关有效地行使职权而赋予海关的职务上的优先条件，如海关执行职务受到暴力抗拒时，执行有关任务的公安机关和人民武装警察部队应当予以协助。行政受益权，是指海关享受国家所提供的各种物质优异条件，如中央财政经费等。

### (二)海关权利的内容

根据《海关法》及有关法律、行政法规的规定，海关主要有以下权力。

1.行政许可权

以法律、行政法规设定的海关行政许可项目有10项，包括报关企业登记许可、报关员资格核准及注册登记许可、出口监管仓库、保税仓库设立审批许可等。以国务院决定方式公布的海关行政许可项目10项，如承运境内、海关监管货物的运输企业、车辆注册许可等。

2.税费征收权

包括代表国家依法对进出口货物、物品征收关税及其他税费，根据法律、行政法规及有关规定，依法对特定的进出口货物、物品减征或免征关税，以及对经海关放行后的有关进出口货物、物品，发现少征或者漏征税款的，依法补征、追征税款的权力。

3.行政监督检查权

行政检查权是海关保证其行政管理职能得到履行的基本权力，主要包括以下内容：

(1)海关有权检查进出境运输工具；检查有走私嫌疑的运输工具和有藏匿走私货物、物品的场所及检查走私嫌疑人的身体。

海关对进出境运输工具的检查不受海关监管区域的限制。对走私嫌疑人身体的检查，应在海关监管区和海关附近沿海沿边规定地区内进行。对于有走私嫌疑的运输工具和有藏匿走私货物、物品嫌疑的场所，在海关监管区和海关附近沿海沿边规定地区内，海关人员可直接检查。超出这个范围的，在调查走私案件时，须经直属海关关长或者其授权的隶属海关关长批准，才能进行检查但不能检查公民住处。

(2)查验权

海关有权查验进出境货物、物品，不受海关监管区域的限制。海关认为必要时，可以进行提取货样。

(3)施加封志权

根据《海关法》的规定，海关对所有未办结海关手续、处于海关监管状态的进出境货物、物品、运输工具，有权施加封志。

(4)查阅、复制权

此项权力包括查阅进出境人员的证件，查阅、复制与进出境运输工具、货物、物品有关的合同、发票、账册、单据、记录、文件、业务函电、录音录像制品和其他有关资料。

(5)查问权

海关有权对违反《海关法》或者其他有关法律、行政法规的嫌疑人进行查问，调查其违法行为。

(6)查询权

海关在调查走私案件时，经直属海关关长或者其授权的隶属海关关长批准，可以查询案件涉嫌单位和涉嫌人员在金融机构、邮政企业的存款、汇款。

(7)稽查权

自进出口货物放行之日起3年内或者在保税货物、减免税进出口货物的海关监管期限内及其后的3年内，海关可以对与进出口货物直接有关的企业、单位的会计账簿、会计凭证、报关单证以及其他有关资料和有关进出口货物实施稽查。

4.行政强制权

海关行政强制权是《海关法》及相关法律、行政法规得以贯彻实施的重要保障。具体包括以下几点。

(1)扣留权

扣留权是海关对违反《海关法》或者其他有关法律法规的进出境运输工具、货物、物品及有关资料实施扣留的权力,海关在下列情况下可以行使扣留权:

① 对违反《海关法》或者其他有关法律、行政法规的进出境运输工具、货物和物品以及与之有关的合同、发票、账册、单据、记录、文件、业务函电、录音录像制品和其他资料,可以扣留。

② 在海关监管区和海关附近沿海沿边规定地区,对有走私嫌疑的运输工具、货物、物品和走私犯罪嫌疑人,经直属海关关长或者其授权的隶属海关关长批准,可以扣留;对走私犯罪嫌疑人,扣留时间不得超过24小时,在特殊情况下可以延长至48小时。

③ 在海关监管区和海关附近沿海沿边规定地区以外,对其中有证据证明有走私嫌疑的运输工具、货物、物品,可以扣留。

(2)滞报、滞纳金征收权

海关对超期申报的货物征收滞报金,对于逾期缴纳进出口税费的,征收滞纳金。

(3)其他特殊行政强制权

① 处罚担保。海关对于有违法嫌疑的货物、物品、运输工具无法或不便扣留的,或者有违法嫌疑但依法不应予以没收的货物、物品、运输工具,当事人申请先予以放行或解除扣留的,海关可要求当事人或者运输工具负责人提供等值担保。未提供担保的,海关可扣留当事人等值的其他财产。

② 税收担保。进出口货物的纳税义务人在规定的缴纳期限内有明显转移、藏匿其应税货物以及其他财产迹象的,海关可以责令纳税义务人提供担保。

5.行政处罚权

海关有权对尚未构成走私罪的违法当事人处以行政处罚,如罚款、没收违法所得、取消报关资格等。

6.其他权利

(1)佩带和使用武器权。海关为履行职责,可以配备武器。海关工作人员佩带和使用武器的规定,由海关总署会同公安部制定,报国务院批准。

(2)连续追缉权。进出境运输工具或者个人违抗海关监管逃逸的,海关可以连续追至海关监管区和海关附近沿海沿边规定地区以外将其带回处理。

(3)行政裁定权。包括应对外贸易经营者的申请,对进出口商品的归类、进出口货物原产地的确定、禁止进出口措施和许可证件的使用等海关事务的行政裁定的权力。

(4)行政奖励权。包括对举报或者协助海关查获违反《海关法》的案件的有功单位和个人给予精神或者物质奖励的权力。

(三)海关权力行使的原则

海关权力运行可以起到维护国家利益、维护经济秩序和实现国家权能的积极作用。但是,由于客观上海关权力的广泛性、自由裁量权较大等因素,以及海关执法者主观方面的原因,海关权力在行使时的随意性或者滥用都会导致管理相对人的权益受到侵害,从而对行政法治构成威胁。因此,海关权力的行使必须遵循以下的原则:

1.合法原则

权力的行使要合法,行政权力行使的合法性至少包括以下几个方面:

(1)行使行政权力的主体资格合法,即行使权力的主体必须有法律授权。

(2)行使权力必须以法律规范为依据。

(3)行使权力的方法、手段、步骤、时限等程序应合法。

(4)一切行政违法主体(包括海关及管理相对人)都应承担相应的法律责任。

2.适当原则

行政权力的适当原则是指权力的行使应该以公平性、合理性为基础,以正义性为目标。为了防止自由裁量权的滥用,目前我国对海关自由裁量权进行监督的法律途径主要有行政监督(行政复议程序)和司法监督(行政诉讼程序)程序。

3.依法独立行使原则

海关实行高度集中统一的管理体制和垂直领导方式,地方各级海关只对海关总署负责。海关无论级别高低都是代表国家行使管理权的国家机关。海关依法独立行使权力,各地方、各部门应当支持海关依法行使职权,不得非法干预海关的执法活动。

4.依法受到保障原则

《海关法》规定:海关依法执行职务,有关单位和个人应当如实回答询问,并予以配合,任何单位和个人不得阻挠。海关执行职务受到暴力抗拒时,执行有关任务的公安机关和人民武装警察部队应当予以协助。

**三、海关的管理体制与机构设置**

(一)海关的管理体制

1.海关管理体制的确立

新中国成立后,海关的管理体制几经变更。很长时间内,海关总署归属对外贸易部管辖。1980年2月,国务院根据改革开放形势的需要做出了《国务院改革海关管理体制的决定》,文中指出:"全国海关建制收归中央统一管理,成立中华人民共和国海关总署作为国务院直属机构,统一管理全国海关机构和人员编制、财务及其业务。"1987年通过的《海关法》又明确规定:"国务院设立海关总署,统一管理国家海关。""海关依法独立行使职权,向海关总署负责。”“海关的隶属关系，不受行政区划的限制。”这样就通过法律确立了我国海关的管理体制：海关事务属中央事权，国家设立海关总署统一管理；海关总署属国务院直属行政机构，海关采取垂直领导体系，不受行政区划的限制；各级海关独立行使职权，不受其他地方政府和有关部门干扰。这种高度统一的管理体制保证了各级海关能统一执行国家法律和行政法规的规定，在国家赋予的范围内自主地行使海关职权。

2. 海关的设立原则

《海关法》以法律形式明确了海关的设关原则："国家在对外开放的口岸和海关监管业务集中的地点设立海关，海关的隶属关系不受行政区划的限制。”

（二）海关的组织机构

1. 海关总署

海关总署是国务院的直属机构，在国务院领导下统一管理全国海关机构、人员编制、经费物资和各项海关业务，是海关系统的最高领导部门。海关总署下设广东分署，在上海和天津设立特派员办事处，作为其派驻进出机构。海关总署的职能如下：

(1)研究拟订海关工作的方针、政策、法律、法规和发展规划，并组织实施和监督检查；

(2)研究拟定关税征管条例及实施细则；

(3)研究拟定进出口商品分类目录，拟定进出口商品原产地规则，组织实施知识产权海关保护；

(4)统一负责打击走私工作；

(5)开展海关领域的国际合作与交流。

2. 直属机关

直属海关是指直接由海关总署领导，负责管理一定区域范围内海关业务的海关。目前我国共有 42 个直属海关。直属海关就本关区内的海关事务独立行使职权，向海关总署负责。直属海关承担着在关区内组织开展海关各项业务和关区集中审单作业，全面有效地贯彻执行海关各项政策、法律、法规、管理制度和作业规范的重要职责，在海关三级业务职能管理中发挥着承上启下的作用。

3. 隶属机关

隶属海关是指由直属海关领导，负责办理具体海关业务的海关，是海关进出境监督管理职能的基本执行单位，一般都设在口岸和海关业务集中的地点。隶属海关的职责是：

(1)对进出境运输工具、进出境货物、物品实施实际监管；

(2)依据通关作业程序办理通关货物的接单复核、征收税费、查验和放行手续；

(3)对码头、车站、机场、邮局、集装箱站、监管仓库、保税区、保税仓库和保税工厂等海关监管场所进行实际监控；

(4)办理所在关区的保税、稽查、调查业务；

(5)根据直属海关授权承办有关事务等。

## 任务三 认识报关单位

### 一、报关单位的界定

报关单位是指依法在海关注册登记的进出口货物收发货人和报关企业。

《海关法》规定:“进出口货物收发货人、报关企业办理报关手续,必须依法经海关注册登记,报关人员必须依法取得报关资格。未依法经海关注册登记的企业和未依法取得报关从业资格的人员,不得从事报关业务。”因此,依法向海关注册登记是法人、其他组织或者个人成为报关单位的法定要求。

### 二、报关单位的类型

《海关法》将报关单位划分为两种类型,即自理报关的进出口货物收发货人和从事代理报关的报关企业。

(一)进出口货物收发货人

进出口货物收发货人是指依法直接进口或者出口货物的中华人民共和国关境内的法人、其他组织或者个人。

一般而言,进出口货物收发货人指的是依法向国务院对外贸易主管部门或者其委托的机构办理备案登记的对外贸易经营者。对于一些未取得对外贸易经营者备案登记表但按照国家有关规定需要从事非贸易性进出口活动的单位,如境外企业、新闻单位、经贸机构、文化团体等依法在中国境内设立的常驻代表机构,少量货样进出境的单位,国家机关、学校、科研院所等组织机构,临时接受捐赠、礼品、国际援助的单位,国际船舶代理企业等,在进出口货物时,海关也视其为进出口货物收发货人。进出口货物收发货人经向海关注册登记后,只能为本单位进出口货物报关。

(二)报关企业

报关企业,是指经海关准予注册登记,接受进出口货物收发货人的委托,以进出口货物收发货人的名义或者以自己的名义,向海关办理代理报关业务,从事报关服务的境内企业法人。作为报关企业,必须在经营规模、管理人员素质、报关员数量、守法状况、管理制度等几个方面符合海关规定的设立条件,并经海关注册登记行政许可,依法向海关办理注册登记。目前,我国从事报关服务的报关企业主要有两类:一类是经营国际货物运输代理、国际运输工具代理等业务,兼营进出口货物代理报关业务的国际货物运输代理公司等;另一类是主营代理报关业务的报关公司或报关行。

### 三、海关对报关单位的管理

(一)海关对自理报关企业的管理

1. 自理报关企业在办理报关注册登记时应向海关递交下列资料

(1)《自理报关企业注册登记申请书》;

(2)国务院、外经贸部或省、市、自治区及各地方经贸部门的批准文件,或主管部门核发的《外商投资企业批准证书》;

(3)工商行政管理部门核发的营业执照;

(4)企业章程;

(5)税务登记证书副本;

(6)银行开户证明;

(7)《企业情况登记表》;

(8)企业管理人员情况登记表;

(9)企业印章、报关专用章、企业负责人和报关员印章备案文件等。

《中华人民共和国海关进出口货物收发货人报关注册登记书》的时效为自海关核发之日起3年。进出口货物收发货人应当在有效期届满前30日到注册地海关办理换证手续。

2. 自理报关企业的异地报关备案

(1)异地报关备案的申请

① 自理报关备案申请书;

② 国务院商务院部门或省、市、自治区及各级地方经地方经贸部门的批准文件或主管部门核发的《外商投资企业批准证书》;

③ 工商行政管理部门核发的营业执照;

④《企业情况登记表》;

⑤ 企业的合同、章程;

⑥ 开户银行出具的银行资信证明;

⑦ 企业印章、报关专用章、企业负责人或主管报关业务的负责人和报关员印章印模;

⑧《报关注册登记书》。

(2)注册地海关审核

注册地海关接到申请企业提交的文件资料后进行审核,符合规定,就在《自理报关备案申请书》正本'备案情况'一栏加注意见并加盖印章,与企业递交的其他文件资料一起制作"关封"。同时,海关还在《注册登记证书》正本"备案情况"栏内批注海关审核情况,一并退交申请企业。"关封"由申请企业递交有关海关办理异地报关备案手续。

(3)异地备案地海关审核并颁发证书

3. 自理报关企业的变更和注销登记

(1)自理报关企业变更登记

自理报关企业如变更名称、法人代表、报关员、地址、企业性质、经营范围、注册资金及其他已在海关注册登记内容的,均应办理海关变更登记手续。

(2)自理报关企业的注销登记

自理报关企业有如下情形之一的，应以书面形式向注册地海关报告，由注册地海关注销其《报关注册登记证书》：

① 破产、解散、自行放弃报关权或者分立成两个以上新企业的；

② 被工商行政管理机关注销登记或吊销营业执照的；

③ 丧失独立承担责任能力的；

④ 进出口货物收发货人的对外贸易经营备案登记表或外商投资企业批准证书失效的；

⑤ 其他依法应当注销注册登记的情形。

4. 自理报关企业行为的规则

进出口货物收发货人在海关办理注册登记后，可以在中华人民共和国关境内各个口岸或者海关监管业务集中的地点办理本单位的报关业务，但不能代理其他单位报关。进出口货物收发货人自行办理报关业务时，应当通过本单位所属的报关员向海关办理。

进出口货物收发货人可以委托海关准予注册登记的报关企业，由报关企业所属的报关员代为办理报关业务。

进出口货物收发货人不得委托未取得注册登记许可、未在海关办理注册登记的单位或者个人办理报关业务。

进出口货物收发货人办理报关业务时，向海关递交的纸质进出口货物报关单必须加盖本单位在海关备案的报关专用章。

进出口货物收发货人应对其所属报关员的报关行为承担相应的法律责任。进出口货物收发货人所属的报关员离职，报关员未按规定办理报关员注册注销的，进出口货物收发货人应当自报关员离职之日起 7 日内向海关报告并将报关员证件交注册地海关予以注销；报关员未交还报关员证件的，其所在单位应当在报刊上声明作废，并向注册地海关办理注销手续。

5. 自理报关企业的法律责任

自理报关企业在进出口报关活动中，需要承担下列法律责任。

(1)有下列情况之一者，海关暂停其报关权：

① 有违法海关法和其他有关法规，经警告无效的；

② 不履行纳税义务和其他应履行义务的；

③ 经海关年审不合格的；

④ 内部报关员管理制度不健全的；

⑤ 因其他原因需要暂停报关权的。

(2)有下列情况之一的，海关取消其报关权：

① 主管部门已撤销其进出口经营权或吊销其营业执照的；

② 报关企业解体或并入其他单位的；

③ 犯走私罪的；

④ 有暂停报关权情形的，情形严重。

(3)有违反但未构成走私行为，海关按有关规定处罚；有违反且构成走私行为但不构成走私罪的，按走私行为处罚，由海关没收货物及违法所得并罚款；违法构成走私罪的，依法追究刑事责任。

(4)向海关工作人员行贿的，由海关撤销其报关注册登记，并处以罚款；构成犯罪的，依法追究其刑事责任。

(二)海关对报关企业的管理

1.报关企业应具备的条件

(1)具备境内企业法人资格条件；

(2)企业注册资本不低于人民币150万元；

(3)健全的组织机构和财务管理制度；

(4)报关员人数不少于5名；

(5)投资者、报关业务负责人、报关员无走私记录；

(6)报关业务负责人具有5年以上从事对外贸工作的经验或者报关工作经验；

(7)无因走私违法行为被海关撤销注册登记许可记录；

(8)有符合从事报关服务所需的固定经营场所和设施；

(9)海关监管所需要的其他条件。

2.申请报关企业的程序

(1)向海关提出申请；

(2)海关做出受理决定；

(3)海关审查申请；

(4)海关做出行政许可；

(5)报关企业注册登记手续；

3.报关企业注册登记许可年限

报关企业登记许可年限为2年，被许可人需要延续注册登记许可有效期的，应当在海关核准之日起届满40日前办理注册登记许可延续手续。未办理延期手续或海关未准许延续的，即丧失注册登记许可。

4.报关企业的行为规则

(1)报关企业报关服务的地域范围

报关企业可以在依法取得注册登记许可的直属海关关区内各口岸，或者海关监管业务集中的地点从事报关服务，但是应当在拟从事报关服务的口岸或者海关监管业务集中的地点依法设立分支机构，并且在开展报关服务前按规定向直属海关备案。

报关企业如需要在注册登记许可区域以外从事报关服务的，应当依法设立分支机构，并且向拟注册登记地海关申请报关企业分支机构注册登记许可。报关企业分支机构经海关依法准予注册登记许可的，向海关办理注册登记后，可在所在地口岸或者海关监管业务集中的地点从事报关服务。报关企业对其分支机构的行为承担法律责任。

(2)报关企业从事报关服务应当履行的义务

① 遵守法律、行政法规、海关规章的各项规定，依法履行代理人职责，配合海关监管工作，不得违法滥用报关权。

② 依法建立账簿和营业记录。真实、正确、完整地记录其受委托办理报关业务的所有活动，详细记录进出口时间、收发货单位、报关单号、货值、代理费等内容，完整保留委托单位提供的各种单证、票据、函电，接受海关稽查。

③ 报关企业应当与委托方签订书面委托协议，委托协议应当载明受托报关企业名称、地址、委托事项、双方责任、期限、委托人的名称、地址等内容，由双方签章确认。

④ 报关企业接受进出口货物收发货人的委托，办理报关手续时，应当承担对委托人所提供情况的真实性、完整性进行合理审查的义务。审查内容包括：证明进出口货物的实际情况的资料，包括进出口货物的品名、规格、用途、产地、贸易方式等；有关进出口货物的合同、发票、运输单据、装箱单等商业单据；进出口所需的许可证件及随附单证；海关要求的加工贸易手册(纸质或电子数据的)及其他进出口单证等。报关企业未对进出口货物收发货人提供情况的真实性、完整性履行合理审查义务或违反海关规定申报的，应当承担相应的法律责任。

⑤ 报关企业不得以任何形式出让其名义，供他人办理报关业务。

⑥ 对于代理报关的货物涉及走私违规情况的，应接受或者协助海关进行调查。

5.报关企业的法律责任

(1)报关企业有下列情形之一的，责令改正，给予警告，可以暂停其6个月以内从事报关业务：

① 拖欠税款或者不履行纳税义务的；

② 报关企业出让其名义供他人办理进出口货物报关纳税事宜的；

③ 有需要暂停其从事报关业务的其他违法行为的。

(2)报关企业有下列情形之一的，海关可以撤销其注册登记：

① 报关企业构成走私犯罪或者1年内有2次以上走私行为的；

② 所属报关员1年内3人次以上被海关暂停执业的；

③ 被海关暂停从事报关业务，恢复从事报关业务后1年内再次发生上述2规定情形的；

④ 有需要撤销其注册登记的其他违法行为的。

(3)报关企业非法代理他人报关或者超出海关准予的从业范围进行报关活动的，责令改正，处5万元以下罚款，暂停其6个月以内从事报关业务；情节严重的，撤销其报关注册登记。

(4)报关企业向海关工作人员行贿的，撤销其报关注册登记，并处10万元以下罚款；构成犯罪的，依法追究刑事责任，并不得重新注册登记为报关企业。

(5)提供虚假资料骗取海关注册登记的，撤销其注册登记，并处30万元以下罚款。

## 任务四　认识报关员

### 一、报关员

报关员是指依法取得报关员从业资格，并在海关注册，向海关办理进出口货物报关业务的人员。

进出口货物的报关手续比较复杂，办理人员需要熟悉法律、税务、外贸、商品知识，精通有关法律、法规、规章的规定。因而办理通关手续就需要有专业人员从事这一工作。报关员业务水平的高低和报关质量的好坏不仅影响进出口货物的通关速度和海关的工作效率，也直接影响报关单位的经济效益。

根据我国《海关法》规定，报关员不是自由职业者，只能受雇于一个依法向海关注册登记的进出口货物收发货人或者报关企业，并代表该企业办理报关纳税手续的人。我国海关法律规定禁止报关员非法接受他人委托从事报关业务。

### 二、报关员的资格

随着我国进出口业务的发展，企业对报关员的需求日益增多，报关作为一种社会职业已引起社会的关注。同时，为了满足海关现代化管理的需求，提高通关效率，作为专业技能人员，报关员必须达到相应的专业技术要求。因此，2013年以前我国法律对报关员的资格取得做出了规定，《海关法》规定："未依法取得报关员资格的人员，不得从事报关业务。"但根据海关总署公告2013年第54号文件的规定，根据国务院简政放权、转变职能关于进一步减少资质资格类许可和认定的有关要求，海关总署结合群众路线教育实践活动，经过深入调研和广泛征求意见，决定改革现行报关从业人员资质资格管理制度，取消报关员资格核准审批，对报关人员从业不再设置门槛和准入条件。目前，相关法律法规修订工作正在进行中，新的管理制度将在法律法规完成修订并对外公布后实施。今后，报关从业人员由企业自主聘用，由报关协会自律管理，海关通过指导、督促报关企业加强内部管理实现对报关从业人员的间接管理。这一做法符合简政放权、转变职能的要求以及行政审批制度改革的方向，同时有利于降低就业门槛，释放就业活力，营造就业创业的公平竞争环境。基于此，海关总署决定自2014年起不再组织报关员资格全国统一考试。

### 三、报关员的注册

报关员注册是指依法取得报关员资格的人员，受聘于一家报关单位后，向海关提出从业申请,办理注册登记的行为。报关员注册是指报关单位所在地直属海关或受其委托的隶属海关,对通过报关员资格考试、依法取得报关员资格证书的人员提出的注册申请,依法做出准予报关员注册的决定,并颁发报关员证的行为。

报关员注册是法律设定的海关行政许可事项之一。自2006年6月1日起施行的《中华人民共和国海关报关员执业管理办法》(以下简称《执业管理办法》),专门明确规定了报关员注册制度的实体性和程序性要求。

2014年,继海关总署取消报关员考试之后,又发布了最新的《海关报关单位注册登记管理规定》,在报关单位及所属报关人员管理等方面做出了重大调整,该规定的施行将降低报关就业门槛,扩大报关企业自主用人权利。"此举将降低报关企业运营成本,有利于促进企业发展,对报关服务市场起到较大的促进作用。"报关企业表示。

据海关相关负责人介绍,新规主要在以下三个方面进行了调整:一是针对进出口企业管理,大幅简化了进出口企业注册登记提交材料,并取消了进出口企业换证的规定,《海关报关单位注册登记证书》将长期有效;二是在报关企业的管理方面,大幅降低了报关企业注册门槛,取消了对注册资本、报关员人数等条件限制,简化了报关企业注册登记程序,将报关企业行政许可与注册登记程序合二为一,并减少了审批层级;三是对报关员的管理方面,取消了报关员的注册登记,改为以报关单位名义对其所属从事报关业务人员进行备案,海关予以核发备案证明,取消了报关员记分考核管理,不再对报关人员进行记分和考核管理,改为对报关单位报关差错进行记录。

**四、报关员的执业**

报关员的执业范围与所属的报关单位相同。进出口货物的收发货人的报关员可在我国关境内各口岸或者海关业务监管业务集中的地点办理本企业的报关业务。报关企业或者跨关区分支机构的报关员只能在所注册的关区内从事报关服务。除法律、行政法规另有规定的外,报关单位的报关业务应当由报关员办理。

(一)报关员的执业范围

报关员应当在一个报关单位执业。报关企业及其跨关区分支机构的报关员,应当在所在报关企业或者跨关区分支机构的报关服务的口岸地或者海关监管业务集中的地点执业。进出口货物收发货人的报关员,可以在中华人民共和国关境内的各口岸地或者海关监管业务集中的地点执业。

报关员应当在所在报关单位授权范围内执业。报关员应当按照报关单位的要求和委托人的委托依法办理下列业务:

(1)按照规定如实申报进出口货物的商品编码、商品名称、规格型号、实际成交价格、原产地及相应优惠贸易协定代码等报关单有关项目,并办理填制报关单、提交报关单证等与申报有关的事宜;

(2)申请办理缴纳税费和退税、补税事宜;

(3)申请办理加工贸易合同备案(变更)、深加工结转、外发加工、内销、放弃核准、余料结转、核销及保税监管等事宜;

(4)申请办理进出口货物减税、免税等事宜;

(5)协助海关办理进出口货物的查验、结关等事宜;

(6)应当由报关员办理的其他报关事宜。

(二)报关员的权利和义务

1.报关员的权利:

(1)以所在报关单位名义执业,办理报关业务;

(2)向海关查询其办理的报关业务情况;

(3)拒绝海关工作人员的不合法要求;

(4)对海关对其做出的处理决定享有陈述、申辩、申诉的权利;

(5)依法申请行政复议或者提起行政诉讼;

(6)合法权益因海关违法行为受到损害的,依法要求赔偿;

(7)参加执业培训;

(8)有权举报报关活动中的违规走私行为。

2.报关员的义务:

(1)完整准确地填制报关单;

(2)递交合法齐全有效的报关单证;

(3)到海关查验现场,负责搬移货物、开拆和重封货物的包装;

(4)办理缴纳关税、其他税费和海关罚款手续;

(5)配合海关对走私违规案件的调查;

(6)学习并切实遵守海关法律、法规、规章;

(7)其他应当依法履行的义务。

(三)报关执业的禁止

报关员执业不得有以下行为:

1.故意制造海关与报关单位、委托人之间的矛盾和纠纷;

2.假借海关名义,以明示或者暗示的方式向委托人索要委托合同约定以外的酬金或者其他财物、虚假报销;

3.同时在两个或者两个以上报关单位执业;

4.私自接受委托办理报关业务,或者私自收取委托人酬金及其他财物;

5.将报关员证转借或者转让他人,允许他人持本人《报关员证》执业;

6.涂改报关员证;

7. 其他利用执业之便谋取不正当利益的行为。

(四)报关员的海关记分考核管理

为了维护报关秩序,提高报关质量,规范报关员的报关行为,保证通关效率,海关对报关员实行记分考核管理。根据海关规定,对记分达到规定分值的报关员,海关中止其报关员证效力,不再接受其办理报关手续。报关员应当参加注册登记地海关的报关业务岗位考核,经岗位考核合格之后,方可重新上岗。

1. 记分考核管理的对象和范围

报关员记分考核管理对象是取得报关从业资格,并按照规定程序在海关注册,持有报关员证件的报关员,即在职报关员。

海关对出现报关单填制不规范、报关行为不规范,以及违反海关监管规定或者有走私行为未被海关暂停执业、撤销报关从业资格的报关员予以记分、考核。

2. 记分考核管理的性质

海关对报关员的记分考核管理从性质上讲是一种教育和管理措施,而不是行政处罚。海关对记分达到一定分值的报关员实行岗位考核管理,目的是督促其增强遵纪守法意识,提高自身业务水平。海关通过对报关员记分计满至考核合格前,中止其报关员证效力、不再接受其办理报关手续的方式,来督促报关员履行义务。报关员因为向海关工作人员行贿或有违反海关监管规定、走私行为等其他违法行为,由海关处以暂停执业、取消报关从业资格处罚的,不适用于《记分考核管理办法》,而应按照《海关行政处罚实施条例》等规定处理。

3. 记分考核的管理部门

海关企业管理部门负责对报关员记分考核的职能指导、日常监督管理以及相关协调工作。海关通关业务现场及相关业务职能部门负责具体执行记分工作。海关人员在记分时,应当将记分原因和记分分值以电子或者纸质告知单的形式告知报关员。记分的行政行为以各级海关名义做出。

4. 记分考核管理量化标准

海关对报关员的记分考核,依据其报关单填制不规范、报关行为不规范的程度和行为性质,一次记分的分值分别为 1 分、2 分、5 分、10 分、20 分、30 分。记分周期从每年 1 月 1 日起至 12 月 31 日止,报关员在海关注册登记之日起至当年 12 月 31 日不足 1 年的,按一个记分周期计算。一个记分周期期满后,记分分值累加未达到 30 分的,该周期内的记分分值予以消除,不转入下一个记分周期。但报关员在一个记分周期内办理变更注册登记报关单位或者注销手续的,已记分值在该记分周期内不予以消除。

(1)一次记分的分值为 1 分的情形包括：

① 电子数据报关单的有关项目填写不规范,海关退回责令更正的;

② 在海关签印放行前,因为报关员原因造成申报差错,报关单位向海关要求修改申报

单证及其内容，经海关同意修改，但未对国家贸易管制政策的实施、税费征收及海关统计指标等造成危害的；

③ 未按照规定在纸质报关单及随附单证上加盖报关专用章及其他印章或者使用印章不规范的；

④ 未按照规定在纸质报关单及随附单证上签名盖章或者由其他人代表签名盖章的。

(2)一次记分的分值为 2 分的情形包括：

① 在海关签印放行前，因为报关员填制报关单不规范，报关单位向海关申请撤销申报单证及其内容，经海关同意撤销，但未对国家贸易管制政策的实施、税费征收及海关统计指标等造成危害的；

② 海关人员审核电子数据报关单时，要求报关员向海关解释、说明情况、补充材料或者要求提交货物样品等有关内容的，海关告知后报关员拒不解释、说明、补充材料或者拒不提供货物样品等有关内容，导致海关退回报关单的。

(3)一次记分的分值为 5 分的情形包括：

① 报关员自接到海关"现场交单"或者"放行交单"通知之日起 10 日内，没有正当理由，未按照规定持打印出的纸质报关单，备齐规定的随附单证，到货物所在地海关递交书面单证并办理相关海关手续，导致海关撤销报关单的；

② 在海关签印放行后，因为报关员填制报关单不规范，报关单位向海关申请修改或者撤销报关单(因出口更换舱单除外)，经海关同意且不属于走私、偷逃税等违法违规性质的；

③ 在海关签印放行后，海关发现因为报关员填制报关单不规范，报关单币值或者价格填报与实际不符，且两者差额在 100 万元人民币以下；数量与实际不符，且有 4 位数以下差值，经海关确认不属伪报，但影响海关统计的。

(4)一次记分的分值为 10 分的情形包括：

① 出借本人报关员证件、借用他人报关员证件或者涂改报关员证件内容的；

② 在海关签印放行后，海关发现因报关员填制报关单不规范，报关单币值或者价格填报与实际不符，且两者差额在 100 万元人民币以上；数量与实际不符，且有 4 位数以上差值，经海关确认不属伪报的。

(5)因为违反海关监管规定行为被海关予以行政处罚，但未被暂停执业、取消报关从业资格的，记 20 分。

(6)因为走私行为被海关予以行政处罚，但未被暂停执业、取消报关从业资格的，记 30 分。具体的记分项目在海关总署统一制定的报关员记分对照表中予以列明。

5. 记分考核管理的救济途径

考虑到记分考核管理作为一项与报关员的利益密切相关的行政行为，《记分考核管理办法》除了根据《行政复议法》《行政诉讼法》的规定，对具体行政行为允许其提请行政复议或行政诉讼外，结合记分的实际情况，规定了报关员可向记分执行海关提出书面申辩的救济途径，以降低救济成本。《记分考核管理办法》规定：报关员对记分的行政行为有异议的，应当自收到电子或纸质告知单之日起 7 日内向做出该记分行政行为的海关部门提出书面申辩；海关应当在接到申辩申请后 7 日内做出答复，对记分错误的应当及时予以更正。

6. 岗位考核

根据海关规定，记分达到 30 分的报关员，海关中止其报关员证效力，不再接受其办理报关手续。报关员应当参加注册登记地海关的报关业务岗位考核，经岗位考核合格之后，方可重新上岗。

岗位考核由报关员注册地直属海关或者直属海关委托的单位负责组织。岗位考核内容为海关法律、行政法规、报关单填制规范及相关业务知识和技能。报关员经岗位考核合格的，可以向注册登记地海关申请将原记分分值予以消除。岗位考核不合格的，应当继续参加下一次考核。

报关员记分已达 30 分，拒不参加考核的，直属海关可以将报关员的姓名及所在单位等情况对外公告。

**五、报关员的法律责任**

报关员在报关活动中，违反《海关法》和相关法律、行政法规的，由海关或其他部门给予相应的处理和行政处罚，构成犯罪的，依法移送司法机关追究其刑事责任。

报关员违反海关监管规定的行为及其处罚如下：

1. 报关员因工作疏忽或在代理报关业务中因对委托人所提供情况的真实性未进行合理审查，致使发生进出口货物的品名、税则号列、数量、规格、价格、贸易方式、原产地、启运地、运抵地、最终目的地或者其他应当申报的项目未申报或者申报不实的，海关可以暂停其 6 个月以内报关执业。情节严重的，取消其报关从业资格。

2. 报关员被海关暂停其报关执业，恢复从事有关业务后 1 年内再次被暂停报关执业的，海关可以取消其报关从业资格。

3. 报关员非法代理他人报关或者超出海关准予的从业范围进行报关活动的，责令改正，处 5 万元以下罚款，暂停其 6 个月以内报关执业；情节严重的，取消其报关从业资格。

4. 报关员向海关工作人员行贿的，取消其报关从业资格，并处 10 万元以下罚款；构成犯罪的，依法追究刑事责任，并不得重新取得报关从业资格。

5. 提供虚假资料骗取海关注册登记、报关从业资格的，撤销其注册登记，取消其报关从业资格，并处 30 万元以下罚款。

6. 报关员有下列情形之一的，海关予以警告，责令其改正，并可以处人民币 2000 元以下罚款：

(1)有报关员执业禁止行为的；

(2)报关员海关注册内容发生变更，未按照规定向海关办理变更手续的。海关对于未取得报关从业资格从事报关业务的人员，予以取缔，没收违法所得，可以并处10万元以下罚款。

**案例分析**

2014年10月15日，上海瑞×进出口有限公司以一般贸易方式向上海海关申报进口新鲜花卉一批，申报单价明显低于国际市场同期同类商品行情价格以及海关所掌握的价格资料，该公司对此未能做出合理解释。后经进一步核查，海关发现该公司在从事上述进口贸易过程中有删改合同和发票行为，存在故意低报价格、偷逃税款的重大嫌疑。2014年10月28日，上海海关对该公司立案调查，并根据《海关法》第六条的有关规定，于同日扣留了涉案货物。案件调查期间，因在扣新鲜花卉未经防腐处理不宜长期保存，海关于2015年2月26日委托拍卖机构将该批货物先行变卖，同时制发"先行变卖通知书"，告知当事人对涉案货物先行变卖的有关情况。

该公司不服上述处理决定，向海关总署申请行政复议。公司认为，该公司进口申报行为是否违法尚在调查之中，根据《海关法》第九十二条的规定，无论涉案行为是否违法，在正式做出处罚决定前，海关无权处理进口货物。上海海关在未查明有关事实的情况下，提前变卖扣留货物，且变卖所得远低于货物实际价值，该海关上述行政行为违反了《海关法》的有关规定，使其遭受了重大经济损失，严重侵犯了其合法权益。该公司请求复议机关依法确认某海关先行变卖行为违法，并责令该海关赔偿其经济损失。请问，海关的先行变卖行为是否违法？

**能力训练**

**实训项目一**

2014年3月，上海宇×进出口公司，与加拿大一公司签订进口25000吨黄沙，并约定贸易条件为CIF Shanghai，但由于运输船只途中遭遇飓风偏离航线而被迫停靠在蒙特利尔，待天气好转在运往上海，并将情况及时的通知了买卖双方，考虑到这样会耽误好长时间，上海宇×公司和加拿大公司商定在青岛交货并通知运输公司卸货，同时上海宇航公司委托青岛丰顺报关行办理报关业务，丰顺报关行的报关员小王到青岛为这批货物报关，但青岛海关不予这批货物报关。

任务一：为什么青岛海关不接受丰顺报关行的报关？

任务二：该如何解决？

**实训项目二**

瑞×进出口有限公司是2015年3月在苏州高新区新建的外商投资企业，主要经营电子产品的生产，尚未办理进出口备案手续，也未注册登记为报关单位。现因业务发展，需要拓展国外市场，货物主要从上海、苏州口岸进出。公司该安排李某去办理相关手续。李某应携带材料到哪里办理何种手续？

任务一：获得外贸经营权。

任务二：获得外贸经营权后，货物进出口要到哪些部门备案注册？

任务三：到这些部门备案注册时还应提交哪些主要材料？

**实训项目三**

上海雅×进出口公司想从事报关服务行业，请为该公司设计报关企业注册登记流程图？

**项目训练**

**一、单项选择**

1. 报关企业接受委托应当承担相应的法律责任，下列正确的表述是（　　）。

A. 报关企业以直接代理的形式报关，自己应当承担法律责任

B. 报关企业以间接代理的形式报关，应当承担与被代理人相同的法律责任

C. 报关企业代理的法律责任应当按照直接代理或间接代理报关的责任大小分担

D. 报关企业不管以直接代理的形式还是间接代理的形式报关，其法律责任是相同的

2. 下列关于报关的理解错误的是（　　）。

A. 报关是指进出口货物收发货人或其代理人向海关办理货物进出境手续及相关海关事务的过程

B. 报关与通关既有联系又有区别，一般而言，报检、报验手续应先于报关手续

C. 进出口货物应当在设有海关的地点进出境并办理报关手续

D. 除了进出境货物外，进出境运输工具、进出境物品和进出境人员也需向海关报关

3. 我国“国境”和“关境”的范围比较是（　　）。

A. 国境大于关境　　B. 国境小于关境

C. 国境等于关境　　D. 无法比较

4. 海关的设关原则是（　　）。

A. 行政区划原则　　B. 地域原则

C. 方便合理原则

D. 开放口岸和海关监管业务集中的地点设关

5. 报关单位取得报关资格核心的法定条件是（　　）。

A. 对外贸经营者　　B. 境内法人或其他组织

C. 经海关注册登记　　D. 有一定数量的报关员

6. 我国的关境范围是指（　　）。

A. 中华人民共和国全部领域，包括香港、澳门和台、澎、金、马

B. 享有单独关境地位的地区，包括领水、领陆、领空

C. 除香港、澳门和台、澎、金、马单独关税区以外的我国全部领域

D. 享有国家特殊优惠政策地区以外的我国全部领域

7. 在下列选项中，需要经海关关长批准才能行使的检查权是（　　）。

A. 在海关监管区内检查走私嫌疑人

B. 在海关监管区外检查公民住处

C. 在海关监管区内检查藏匿走私货物的场所

D. 在海关监管区外检查有走私嫌疑的运输工具

8. 海关机构的设置为（　　）。

A. 国务院、海关总署、全国海关三级

B. 海关总署、直属海关和隶属海关三级

C. 海关总署、广东分署、上海和天津特派员办事处和全国海关四级

D. 海关总署、广东分署、上海和天津特派员办事处、直属海关和隶属海关五级

9. 报关企业注册登记许可，应由（　　）做出。

A. 海关总署　　B. 直属海关

C. 隶属海关　　D. 海关总署授权的直属海关或隶属海关

10. 经主管海关批准，可办理异地报关备案的企业是（　　）。

A. 专业报关企业　　B. 代理报关企业

C. 自由报关企业　　D. 以上企业都可以是

11. 自理报关企业应在所在地海关关区各口岸办理报关纳税事宜，经（　　）批准，可以申请办理异报关备案。

A. 所在地海关　　B. 上级主管海关

C. 海关总署　　D. 海关总署和外经贸部

12.《中华人民共和国海关进出口货物收发货人报关注册登记证书》有效期为（　　）年；进出口货物收发货人应当在有效期届满前（　　）日到注册地海关办理换证手续，逾期自动失效。

A. 2，60　　B. 3，30　　C. 3，60　　D. 2，30

13. 海关对报关员的记分管理，积分达到（　　）的报关员，海关中止其报关员的效力，经考核合格后方可重新上岗。

A. 10 分　　B. 20 分　　C. 30 分　　D. 50 分

14. 根据规定，报关企业本部的报关人员不少于（　　）名。

A. 4　　B. 5　　C. 6　　D. 7

15. 成为一名执业报关员，要经过以下（　　）程序。

A. 拿到“报关员证”。

B. 参加报关员资格全国统考。

C. 被一家报关单位录取。

D. 拿到报关员资格证书。

E. 向海关提出申请注册为报关员。

这些程序从前到后的一次顺序应该是(　　)。

A. b e d c a　　B. d c b e a　　C. c b d a e　　D. b d c e a

**二、多选**

1. 海关依法可以注销报关企业注册登记许可的情形有(　　)。

A. 有效期届满未延续的　　B. 报关企业依法终止的

C. 注册登记许可被撤销、撤回的　　D. 被工商行政管理部门吊销营业执照的

2. 报关员在报关活动中应履行(　　)义务。

A. 熟悉所申报货物的基本情况，对申报内容和有关材料的真实性、完整性进行合理审查

B. 提供齐全、正确、有效的单证，准确、清楚、完整填制海关单证，并按有关规定办理进出口货物的报关手续

C. 海关查验进出口货物时，配合海关查验

D. 负责因报关行为而产生的法律和经济责任

3. 有下列哪些情形，海关可以扣留(　　)。

A. 瞒报进口的货物

B. 调查违法货物和与之有关的合同、发票等资料

C. 认定有走私嫌疑的运输工具

D. 在监管区的走私犯罪嫌疑人

4. 按照报关的对象不同，报关可分为(　　)。

A. 运输工具报关　　B. 代理报关

C. 货物报关　　D. 物品报关

5. 海关的基本任务有(　　)。

A. 海关监管　　B. 海关征税

C. 海关缉私　　D. 海关统计

6. 代理报关活动可采用(　　)的形式。

A. 以其委托人的名义　　B. 以第三方中方的名义

C. 以报关企业自己的名义　　D. 以货代的名义

7. 报关企业本地注册应具备的条件有(　　)。

A. 具备境内企业法人资格

B. 企业注册资本不低于 150 万元

C. 具备健全的组织机构和财务管理机构

D. 报关员人数不少于 5 名

8. 下列报关员的行为规则，正确的是（　　）。

A. 不得同时兼任两个或两个以上报关单位的报关工作

B. 报关员不得向海关人员行贿，否则取消其报关从业资格

C. 报关企业的报关员可以自己单独接受他人委托办理报关业务

D. 报关员调往其他单位从事报关工作，不必申请办理重新注册手

9. 下列关于进出口货物收发货人报关的表述，正确的是（　　）。

A. 进出口货物收发货人报关是指海关办理货物进出境手续及相关海关事务的过程

B. 进出口货物收发货人报关只能在进出境地海关办理

C. 进出口货物收发货人可以自行办理报关，也可以委托报关企业代理报关

D. 进出口货物报关应由依法取得报关员从业资格，并在海关注册登记的报关员办理

10. 下列应当按照进出口货物报关的是（　　）。

A. 进出境运输工具载运的货物

B. 进出口技术

C. 进出境旅客携带个人用品超过合理自用数量

D. 通过输油管道进入国内的原油

11. 我国海关法律体系中海关规章及其他规范性文件，应当包括（　　）。

A. 国务院制定和颁布的规范性文件

B. 海关总署单独制定的规范性文件

C. 海关总署会同有关部委制定的规范性文件

D. 直属海关在限定范围内制定的涉及行政管理相对人权利义务的规范性文件

12. 进出口货物纳税义务人在海关依法责令其提供纳税担保，而纳税义务人不能提供纳税担保的，经直属海关关长或其授权的隶属海关关长批准，海关可以采取下列（　　）税收保全措施。

A. 书面通知纳税义务人开户银行或者其他金融机构暂停支付纳税义务人相当于应纳税款的存款

B. 书面通知其开户银行或者其他金融机构从其存款内扣缴税款

C. 扣留纳税义务人价值相当于应纳税款的货物或者其他财产

D. 扣留并依法变卖其价值相当于应纳税款的货物或其他财产，以变卖所得抵缴税款人

13. 海关是行政执法机关，其执法依据有（　　）。

A. 海关总署制定的规章制度

B. 国务院制定的行政法规

C. 全国人大及其常委会制定的法律

D. 地方政府部门制定的法规和规章

14. 报关企业违反海关规定，海关予以警告，责令改正，并可以处人民币 1000～5000 元的罚款的情形有（　　）。

A. 报关企业未按照规定办理变更手续的

B. 擅自启用报关专用章的

C. 超出业务范围进行报关活动的

D. 所属报关员离职未向海关报告的

15. 下列（　　）情形须经直属海关关长或者其授权的隶属海关关长批准方能实施。

A. 查阅进出境人员的证件

B. 在海关监管区和海关附近沿海沿边规定地区，扣留走私犯罪嫌疑人

C. 在海关监管区和海关附近沿海沿边规定地区以外，检查有走私嫌疑的运输工具

D. 在调查走私案件时，查询案件嫌疑人员在金融机构的存款、汇款

**三、判断**

1. 我国海关机构的隶属关系由海关总署根据需要确定，不受行政区划的限制，上下级海关实行垂直领导。（　）

2. 进出口货物收发货人的进出口经营资格由海关进行经营审批。（　）

3.《中华人民共和国海关报关企业关注注册登记证书》有效期为 3 年。（　）

4. 个人经过备案登记可以获得进出口经营资格，报关企业也可由个人申请注册登记。（　）

5. 通过报关员资格全国统一考试的，由海关颁发《报关员证》。（　）

6. 直接代理是指报关企业接受委托人的委托，在报关时以报关企业自身的名义向海关办理报关 。（　）

7. 间接代理报关只适用于经营快件业务的国际货物运输代理企业。（　）

8. 报关企业与进出口货物收发货人报关注册登记证书有效期分别为 2 年和 3 年，并且都应当在有效期届满前 30 日到海关办理换证手续。（　）

9. 报关员遗失报关员证的，应当及时向注册地海关书面说明情况，并在报刊上声明作废，海关应当在收到情况说明和报刊声明证明之日起 20 日内予以补发。（　）

10. 海关对在报关员记分考核中记分达 30 分的报关员，可以处以暂停其 6 个月以内从事报关业务的处罚。（　）

# 项目二　报关相关的法律制度

**学习目标**

1. 了解与报关业务有关的各种法律制度和相关规章制度；

2. 熟悉海关的统计、稽查、行政许可、行政处罚、裁定、复议等制度；

3. 了解各种制度之间的相互关系以及相关制度的历史沿革的变化；

4. 掌握各个制度的主要含义和相关基本概念，从而为今后从事海关相关工作打下基础。

重点：海关统计制度、海关稽查制度

难点：海关事务担保制

**项目引入**

林某发现海关相关的规章制度特别多，如果是一条条都要知晓那可是要花费很多时间和精力，经过同事的点拨，林某知道了活学活用，正对每一个具体的案例来具体分析，同时时刻把握最新的规定和约束，不可以手拿一本规定手册而一成不变，这样势必跟不上形势，因为国家希望根据经济现状时刻调整相关制度以适应最新的国际贸易发展的需要。那么究竟如何把握这些制度的要旨、精髓则是初学者必须掌握和了解的。

**知识链接**

## 任务一　认识海关统计制度

### 一、海关统计的定义

海关统计是指海关对进出关境的对外贸易货物进行编制的统计。它是国家的对外贸易实际进出口统计，是为国家经济和对外贸易服务的重要工具。

### 二、海关统计的作用

海关统计作为国家对外经济贸易货物实际进出口统计，是国民经济统计的一个组成，是唯一代表国家对外公布进出口贸易的权威数据。海关统计是国家制定对外经济贸易方针、政策、计划和检查监督公共秩序情况，进行宏观调控的依据之一，是研究对外经济贸易发展和国际贸易关系的重要资料。

联合国国际贸易统计一直把各个海关的统计作为官方统计。目前，世界贸易组织也以各国海关货物贸易统计数据为依据加工汇总、编制世界货物贸易总额。从 1982 年起，经国家统计局批准，海关统计作为我国对外贸易进出口统计，定期向联合国提供。1992 年起，国务院批准在新的国民经济核算体系中，有关进出口统计数据采用海关统计数据。因此，我国海关统计已成为国务院决定国家对外公布进出口统计数据，向其他国家和地区以及国际组织提供进出口资料的主要来源。

海关统计的重要性是由海关的特殊地位和特定职能作用决定的。海关是国家进出境的监督管理机关，凡是对外开放的口岸，都有海关的监督管理。海关统计的时点又以货物进口或出口放行日期为准，这就决定了只有海关才能全面地、准确地提供进出口货物的实际数据。

**三、海关统计的依据**

海关统计的原始资料是进出口货物报关单及其随附的其他单证。进出口货物的收发货人是提供海关统计原始凭证的义务人。因此，准确无误地填写进出口货物报关单据具有十分重要的意义。海关统计对贸易伙伴分别记录贸易国、原产国、消费国。海关统计的商品目录以《协调制度》目录为基础编制，所有进出口货物均按商品目录归类。无论以何种货币进行进出口货物买卖，或以何种货币填写报关单的，海关统计数据一律以美元为单位进行汇编，以便与其他国家的统计数据具有可比性。各种货币对美元的折算，按照国家外汇管理局公布的外汇牌价，统计金额按海关放行日的上月最后一天的外汇牌价计算。统计金额中美元计算到元为止，元以下四舍五入。

**四、海关统计工作的方针**

海关统计工作的方针为："准确及时、科学完善、国际可比、服务监督"。具体来说是：海关统计必须如实反映进出口贸易情况，以最快的速度把海关统计信息提供给使用单位；建立一套科学、完善的统计指标体系，既适应国内需要，又适应国际交往的需要，有利于国际经贸信息的交流，促进对外贸易的发展；为进出口贸易宏观调控服务，为国内外用户服务。

**五、海关统计的范围**

每一种统计都有它的具体任务和特定的调查对象，通过统计数字来反映某一时间或某一时期内所调查对象的变化情况。制定海关统计范围，就是要确定海关统计的调查对象。正确规定海关统计范围，是海关统计工作做到准确、全面的前提。

统计的范围取决于统计的性质和任务。海关统计的任务是对实际进出关境的货物进行统计和分析，反映我国对外贸易的发展和变化。因此，海关统计作为我国的对外贸易货物实际进出口统计，具有两个特点：

1. 必须是对外贸易货物的统计。

2. 必须是通过关境进出口货物的统计。一般需要同时具备这两个条件，才能列入海关统计。也就是说，对外贸易的货物没有进出关境，或进出关境的非贸易物品，都不包括在海关统计范围内。

（一）列入海关统计范围的货物

1. 对外贸易实际进出口货物；

2. 转口贸易货物；

3. 加工贸易货物；

4. 外贸在华投资企业的进出口货物；

5. 租赁期在1年及1年以上，且租赁期满归承租人所有的租赁进出口货物；

6. 边境小额贸易进出口货物(不包括边民互市贸易)；

7. 国家间、国际组织间以及华侨、港澳同胞、外国人的无偿援助物资和赠送品；

8. 其他进出口货物。

(二)不列入海关统计范围的货物

1. 不通过我关境的对外贸易货物；

2. 暂时进出口的货物，如暂时进出境尚须复运进出口的展览品、租赁期不足1年和租赁期满需复运出境的货物、进出口的维修物品等；

3. 赔偿的进出口货物；

4. 个人邮递和携带进出口的自用物品；

5. 进出境运输工具在国内外添装的燃料物料、垫舱物品、饮食用品和设备以及放弃的废旧物料；

6. 我国驻外国和外国驻华使领馆进出口的公用物品；

7. 海关没收的走私物品和其他充公变卖物品；

8. 非贸易性进出口印刷品；

9. 其他非贸易性进出口物品。

(三)以下几种情况也没有列入我国的海关统计

1. 每张进出口货物报关单的金额在30美元以下的；

2. 通过未设立海关的地点进出口货物，未经海关监管的；

3. 中国台湾向其他国家(地区)进出口的货物。

(四)列入单独统计

我国海关根据实际需要，另建立了下列9种单独统计，其数值不包括在海关统计总额中，它们是：

1. 过境货物统计；

2. 进出口货物退运统计；

3. 进口免税外汇商品和免税品统计；

4. 进料加工成品“以产顶进”统计；

5. 来料加工成品“以产顶进”统计；

6. 进料加工转内销货物统计；

7. 来料加工转内销货物统计；

8.经济特区运往内地货物统计；

9.租赁期在1年及1年以上，租赁期满后货物统计。

**六、海关统计的关别和时间**

海关统计以最后完成货物进出口查验放行手续的海关为统计关别。进出货物和邮运出口货物均以海关放行时间为统计时间；其他出口货物以装运货物运输工具经海关结关的日期为统计时间。出口转关运输货物一律由接受申请的启运地海关为统计关别；以启运地海关办完海关手续的日期为统计日期。出境地海关在最后放行货物时，如发现实际放行货物的统计项目有变动，则应立即通知启运地海关变更。

**七、海关统计的项目**

各地海关通过对进出口货物原始单据的收集、审核、批注代号、录入计算机汇总、完成对进出口货物经营单位、境内目的地、运输方式、贸易方式、国别地区、货物品种、数(重)量、金额等统计数据，上报海关总署，海关总署汇总加工后，在此基础上编制月报、季报、年报等统计报表和刊物，对进出口贸易执行情况进行检查和监督，为中央和地方领导宏观决策服务，并向国外有关组织和机构提供资料。海关统计设立了一系列相互关联的统计指标，形成了一套指标体系。它可以从多方面反映我国对外经济贸易的发展规模、速度、比例和水平。

海关统计指标有:进出口总值、进口总值、出口总值、进出口货物的贸易伙伴、经营单位、贸易方式、收发货人单位所在地、运输方式、进出外汇来源以及海关验放的实物量和价值量。

(一)实物量指标

进出口货物按照1992年开始执行的《海关进出口税则统计商品目录》规定的计量单位统计。该《商品目录》对所有商品均是按照国际惯例来规定其计量单位。对统计实物量意义不大的商品，则不予计量。

按重量统计时一律以净重计算。净重是指除去外层包装后的自然净重或零售时随同货物一齐交付买方的含内包装的重量。海关统计一律以公制计量。确定货物的数(重)量，以海关查验放行时的实际量为准。

(二)价值量指标

海关统计，进口货物一直采用到岸价格，出口货物一直采用离岸价格。到岸价格是指进口货物到达我国国境时的实际价格，包括货价、运抵我国起卸前的运费、保险费和其他一切费用。离岸价格是指出口货物售予国外，离开我国国境时的实际价格，不包括离开我国后的运费、保险费和其他费用。出口成交价格中，如果包括有付给国外的佣金、折扣、广告费等费用，在计算离岸价格时应该扣除。

对进出口的无偿援助物资和捐赠品由申报单位比照同类货物的到岸价格估算填报。在来料加工装配贸易中，对进口的外商免费提供的供加工用的原材料、零配件和元器件按其实际金额计算到岸价格；对出口的加工成品按其进口购件费加上工缴费计算离岸价格。出料加工贸易进出口货物的到岸价格计算原则与来料加工装配贸易相同。对租赁贸易进出口的货物，都按其实际金额统计到岸价格。

（三）经营单位指标

设计本指标的目的在于反映各种经济成分及主要经营单位进出口值在全国贸易总额中的比重，用以观察对外贸易领域中各种所有制企业进出口情况和所占比例。本指标的分组随着对外贸易的发展和变化而调整。自1995年起，为了反映外贸体制改革的成果，以及各方面经营外贸的情况及其发展变化趋势，海关统计经营单位指标的分组逐步改为以下5类：

1. 国有企业，包括中央各部委所局外贸进出口公司及其分、支公司、地方其他经营外贸的单位；

2. 外商投资企业，包括中外合资、合作经营企业、外商独资；

3. 集体企业；

4. 私营企业，包括民营企业；

5. 其他进出口单位。

（四）贸易伙伴指标

海关统计的贸易伙伴指标，指按进出口贸易的“产消国”和“贸易国”分别编制按照国别统计。我国在发表对外贸易统计数字和出版发行海关统计刊物时都以产消国表示，以利于国际经济信息的交流和对比分析。

海关统计的产消国，是指进口货物统计原产国，出口货物统计消费国。它是研究我国和贸易伙伴在进出口商品的生产、消费等方面经济关系的重要资料。结合贸易国指标，还可以揭示我国同这些国家发展直接贸易的可能性。

原产国是指进口货物的生产或制造的国家（地区），若原产国的产品经过其他国家加工复制，则以最后加工的国家为原产国；但仅经过简单整理，如改装、续写标记等并未改变货物的性质、规格的，不做加工论。

消费国是指出口货物实际消费的国家（地区），包括直接使用或加工的国家。如果是不能确定消费国的，则以尽可能预知的最后运往国为消费国。

海关统计的贸易国，是指进口货物统计购自国和出口货物统计售予国。它是研究我国对外政治经济关系的重要资料。确定贸易国，以同我国境内企业成交的境外客商所在国家（地区）为准。

据海关统计，2014年全国进出口总额264 335亿元人民币，比上年增长2.3%。其中，出口143 912亿元人民币，增长4.9%；进口120 423亿元人民币，下降0.6%。进出口相抵，顺差23 489亿元人民币。2014年，中国主要的贸易伙伴分别为欧盟、日本和韩国等国家。

海关统计国别（地区）的分组，自1980年后，统一按各大洲分组，分为亚洲、非洲、欧洲、拉丁美洲、北美洲和大洋洲等六个组，并在洲的范围内列出主要的国家和地区共202个。除欧盟成员外，各洲内国别(地区)按其英文名称的顺序排列。

(五)贸易方式指标

自1980年起，随着我国对外开放政策的实施，对外贸易方式日益灵活，为了反映各种不同贸易方式进出口货物的发展变化情况及其占总贸易的比重，决定由海关统计设立贸易方式指标。同时，为满足各方面使用数字和编制国际收支平衡表统计的需要，贸易方式指标分为16项：一般贸易、补偿贸易、进料加工贸易、外商投资企业进口供加工内销产品的料件、寄售代销贸易、边境地方贸易和小额贸易、租赁贸易、来料加工装配贸易、来料加工装配进口的设备、出料加工贸易、外商投资企业作为投资进口设备及物品、对外承包工程货物、国家间、国际组织无偿援助和赠送的物资、华侨、港澳台同胞、外籍华人捐赠物资、其他免费提供的物资及其他。

在上述16项贸易方式中，又将各种与进、出料件加工装配有关贸易方式作为加工贸易进行整体统计，将我国境内生产加工的产品出口和进口国外生产的产品作为一般贸易方式进行统计。

(六)收发货单位所在地指标

本指标设立于1985年，目的在于反映经济特区、沿海开放城市以及经济技术开发区、计划单列城市、经济开放区以及各省、自治区、直辖市的进出口贸易全貌。除通过经营单位指标观察上述各地区的对外贸易情况外，还可以通过本指标观察进出口货物流向，即各地区进口商品使用和出口商品生产的情况。收发货单位所在地指标的分组，将会随对外开放政策的进一步实施而不断增加。

1. 收货单位所在地

即进口货物最终收货使用单位所在地区。对确定最终收货单位有困难的，以预知运往收货的地区或第一收货单位所在地区为准。

2. 发货单位所在地

即出口货物的始发单位所在地区，也就是其生产单位所在地区。对确定始发单位有困难的，按出口货物启运地为准。而其他项目则按其他方式进行汇总统计。

(七)运输方式指标

本指标于1980年设立，目的是反映进出境货物所采用的不同运输方式，以及各种运输方式占总贸易额的比重。它共分为6组：江海运输、铁路运输、汽车运输、空运、邮运和其他，以货物进出国境时所使用的运输工具确定。

(八)进口外汇来源指标

本指标设立于1980年，目的在于通过反映进口货物使用外汇的来源来分析外汇进口货物的结构，加强外汇管理和调控。外汇来源指标的分组在经过几次修改后，同国家外汇管理局的规定相对应，共分为4组：

1. 中央外汇，指国家统一安排的进口外汇；

2. 地方外汇和地方留成外汇；

3. 中央各部委留成外汇；

4. 其他，如贷款外汇、国外投资、营运外汇等。

综上所述，我国海关现行的统计制度，在统计范围、价格计算及贸易伙伴国等方面，与联合国统计规定基本一致，但也略有差别。而基于国民经济宏观调控的需要，在我国海关统计指标分组上，带有较强的“中国特色”。今后随着我国对外开放的深入，海关统计指标也将随之进行相应的调整和变化，以适应实际情况的需要。

## 任务二　认识海关稽查制度

### 一、海关稽查制度

海关稽查制度是指海关在规定期限内依法对进出口企业及相关单位的会计账簿、凭证、报表及其他资料进行稽核，以审查有关企业、单位有无违反海关法规的一种海关业务制度。

海关稽查制度在国外又称“外部审计”制度，产生于20世纪60年代末，70年代初现代资本主义国家经济高速增长时期，是为适应世界各国贸易急剧增长而产生的。在我国，则是近几年由于改革开放后经济高速增长，外贸数量猛增的情况下，在借鉴国外的经验之后，逐步在海关系统实施的。1994年8月29日海关总署发布了《中华人民共和国海关稽查暂行规定》标志着中国的海关稽查走上了法制化、规范化的道路。

海关稽查是现代海关制度的一个重要组成部分。现代海关制度是适应社会主义市场经济条件下政府与企业的新型关系，适应新型的政府职能和经济管理手段，“以企业为导向”，大胆采用和借鉴符合我国国情的外国海关的先进管理经验，与国际海关制度相协调的、实现维护进出口贸易秩序和促进贸易效率有机结合的、严密规范、统一透明、科学简便的海关制度。建立现代海关制度，要求海关监管的对象，从以货物为监管单元转变为以企业为监管单元；在监管方式上，从单一的口岸监管转变为口岸实物查验和企业账册稽核相结合，在监管目标上，从以随机地确定一定比例的核查转变为以风险分析为基础有针对性的分类管理；从而使海关监督更为科学有效。这些思想既是现代海关制度基本特征，也是海关稽查的根本要求。

### 二、海关稽查的目的

海关建立稽查制度的根本目的是“为了强化海关监督管理职能，保障国家的进出口法律、法规有效实施，维护国家利益”。从宏观上讲，通过稽查制度的建立，为口岸通关制度的改革创造了条件，实现口岸现场与事后管理部门的监督和制约，又通过前后职能的分离向新的专业化分工，从根本上提高海关管理的整体效能和实现改革海关监管模式的最终目标。从微观上讲，稽查是传统的“监管”概念分离出来的一种新的海关管理专业，它的特点是以企业为监管单元,通过稽核企业会计账册、凭证为主要手段,达到查控企业进出口经营、资产管理、守法等基本状况为主要目的。可以说稽查与监管、征税以及调查工作紧密相连,是一种广义上的监督管理的延伸和继续,带有对征免税、放行、核销等的企业经营行为进行深层次的“再管理”,以达到最后认可的含义。稽查工作目的是确认企业在进出口经营中的行为是否真实、合法,具体包括以下几个方面:

1. 进出口许可证、登记证以及其他许可、审批证件;

2. 进出口环节关税和代征税的交纳;

3. 出口退税;

4. 保税货物进口、储存、加工、销售、补税和复出口;

5. 减免税货物的管理。

**三、海关稽查的对象**

稽查的实质,是对企业进出口经营状况的一种整体管理,是以企业为监控单元的。因此,账册——反映企事业单位进出口的整体状况的会计记录,便成为海关稽查的基本目标和主要对象。企事业单位的会计记录、原始凭证和有关资料是海关稽查的基本目标。《规定》第五条规定:“企事业单位应当设置符合国家有关法律、法规的会计账册。”1993 年 7 月,国家正式实施了《企业财务通则》和《企业会计准则》两个法规,这对规范财务制度和完善企业内部管理机制起到了推动作用。同时,也为海关开展稽查工作创造了有利的外部条件。

海关稽查工作是由传统的对实物的直接管理转变为一种以数理逻辑为基本目标的间接管理,是从会计分离出来的一种完全独立的司法形式的经济监督和专门的对进出境经营的监督体系,因此,第五条还规定了:“必要时,应增设符合海关要求的辅助科目。凭合法有效的凭证记账及核算记录有关进出口的库、销售、加工、使用、损耗等情况”。并“按照海关规定向主管地海关及时报送有关资料备核(包括计算机记账软件、程序和使用说明等)”,并按第六条规定的期限,保存有关账册和原始凭证以备海关稽查。这是根据海关稽查的实际需要而设立的对于明确稽核内容,提高工作效率,方便企业配合海关工作以及促进企业加强对进出口货物的经营管理都有积极的作用。

海关稽查有两个重要的特点:一是技术上的严谨性。稽查工作的内容主要是核查企业的账册。账册科目的相互联系、账册科目与记账凭证的关系、账册科目与生产、库存的对应以及账册与报关单据的互相印证等,构成一套互相联系、互相对应的严密逻辑关系,海关稽查在技术上必须与之相适应,而不能违背其规律。二是行动上的主动性。与其他海关业务不同,稽查工作是一种主动行为,没有“等待顾客送货上门”的情况,需要稽查人员根据形势,自行分析资料,进行确定工作计划和工作目标,才能获得预期效果。这就要求海关稽查人员不仅要懂海关业务,而且要有较高的敏感性和责任心。

**四、海关稽查与稽查对象的法律关系**

《规定》作为海关法律体系中的一种法律规范。被稽查人的权利和义务如下所示。

1. 权利

被稽查人在海关稽查法规中所拥有的权利，概括起来讲主要有：

(1)依法经营。依据国家有关规定，有权经营、生产、加工、销售、库存进、出口商品以及进行其他业务，海关不得干预；

(2)守法企业应该拥有进出口通关便利；

(3)对海关稽查结论，有权提出复查要求；

(4)对海关的处罚决定，有权依法提出申诉，甚至向人民法院提出诉讼；

(5)对海关稽查人员的工作，有权进行监督、提出意见；对稽查工作人员违法、违纪行为和其他不正当行为，有权提出控告和诉讼。

2. 义务

被稽查人是非海关一方的当事人，必须承担法律规定的义务和责任。被稽查人的义务为：接受并配合海关稽查，提供稽查员的工作便利；设置符合《会计法》规定的账册并在必要时增设符合海关要求的辅助科目；认真、如实地核算，记录有关科目；按规定期限保存有关资料和原始记账凭证；及时向海关报送有关报表、资料供海关审核；如实缴纳漏征、少征、补税的进出口备税等。这些义务，在《规定》第五、六、八、九条有明确说明。概括起来讲，被稽查人应承担的义务是设立账册、如实报告，合法经营、接受稽查，依法纳税。

权利和义务是一种法律关系，是双方都应遵守的法律规范。在一方当事人为权利时，相对于另一方当事人则必然是义务，反之亦然。因此，权利和义务的一致性，是保证《规定》顺利实施的必要条件。海关在稽查工作中，要正确地认识、运用、履行自己的权利和职责，承担相应的义务，同时，要做好宣传工作，使被稽查人能更好地配合、支持海关的稽查工作。

**五、实施海关稽查制度的必要性与可行性**

(一)海关稽查制度的必要性

现行监管模式已不适应改革开放的要求，在一定意义上影响了“促进为主”方针的全面贯彻。

在一般贸易中，海关的监管模式程序是审单、查验、征税被稽查人在海关稽查法规中所拥有的权利，概括起来讲主要有：

1. 依法经营，依据国家有关规定，有权经营、生产、加工、销售、库存进、出口商品以及进行其他业务，海关不得干预；

2. 守法企业应该拥有进出口通关便利；

3. 对海关稽查结论，有权提出复查要求；

4. 对海关的处罚决定，有权依法提出申诉，甚至向人民法院提出诉讼；

5. 对海关稽查人员的工作，有权进行监督、提出意见；对稽查工作人员违法、违纪行为和其他不正当行为，有权提出控告和诉讼。

(二)海关稽查制度的可行性

对一般贸易进出口货物实行海关稽查制度不仅是必要的,而且也是可行的,这主要体现在如下几个方面:

1.《海关法》《规定》为实行海关稽查提供了基本的法律依据。

2.海关对加工贸易的后续管理为开展稽查积累了经验。

近十年来,无论是沿海,还是内地,加工贸易的发展都十分迅速,在海关对保税货物的后续管理中,实行了前期、中期和后续管理相结合的管理方式,总结出一套比较完整的临管方式。这些做法,特别是中期核查、下厂核销、单证核销等措施与稽查制度的某些做法,有一定的相似之处,这些都对一般贸易进出口货物实行稽查制度奠定了内部基础。

3.海关稽查的特性决定了执行的可行性。

(1)技术上的严谨性。

稽查工作的内容主要是核查企业的账册。账册科目的相互联系,账册科目与记账凭证的关系,账册科目与生产、库存的对立以及账册与报关单据的互相印证等,构成了一套互相联系,互相对应的严密逻辑关系,海关稽查在技术上必须与之相适应。

(2)工作上的主动性。

海关稽查工作是一种主动行为,没有等待顾客送上门的情况,它需要稽查人员根据形势进行分析资料,自行确定工作计划和工作目标,才能获得预期效果。

**六、我国海关稽查制度的产生与发展**

(一)我国海关稽查制度的诞生

海关稽查制度在我国还是个新生事物,从诞生、试点到现在全面推广仅仅几年时间,需要在实践中不断总结经验、不断发展、不断提高。

海关稽查制度(国外又称"外部审计")是适应社会经济发展的客观需要而产生的。第二次世界大战结束后,资本主义世界各国的经济得到恢复和不断发展。20 世纪 60 年代末至 70 年代初,进入资本主义国家经济高速发展的时期。随着世界经济的快速发展和经济实力的增长,世界各国对外贸易往来正处于突飞猛进的发展阶段,贸易额增大,进出口的货物量也急剧增加。这种情况给各国海关带来了极大的压力,造成了发展经济贸易关系与加强海关监督的矛盾。为了适应世界经济贸易迅速增长发展的新形势要求,加快通关速度,各国逐步开始实施外部审计制度(即海关稽查制度)既简化手续。对货物先予放行,然后对企业进行全面审计,加强对企业管理的监管,看其是否符合规定,是否违反海关法规等等。这种制度的施行,有力地促进了各国经济贸易的发展,并在发展过程中不断充实完善。

进入 20 世纪 80 年代以来,随着我国改革开放的步子加快,力度加大,我国的经济取得世人瞩目的发展成就,对外经济交流活动发展迅猛、我国的进出口贸易总额已由 1978 年的 206.4 亿美元增加到 2014 年的 42 634 亿美元。在计划经济体制下和对外开放程序比较低的历史条件下形成的以口岸监管为主的管理模式，以人力、物力过多集中在口岸通行，以对货物直接查验来实现海关监管目的的方式，在进出口货物大量增加的形势下越来越显得不适应，并成为束缚我国对外经济发展和加速贸易的瓶颈制约环节。因此，改变海关旧的监管体制，建立海关稽查制度就被提到议事日程上来，并逐步开展了稽查制度的理论探索和试点工作。

1992年4月，海关总署召开了海关稽查制度的专题讨论会，就建立海关稽查制度的必要性、可行性、稽查制度的基本框架，以及如何逐步实施海关稽查等理论和实践问题进行了深入的探讨。大家认为：改革开放十三年来，我国海关的业务改革和建设已经取得了很大的成就，在"促进为主"方针的指引下，海关较好地发挥了把关服务职能，为我国的社会主义现代化建设做出了巨大贡献。但同时海关监管工作中简化手续、加速验放与堵塞漏洞、严格管理这对基本矛盾还没有从根本上得到解决。一方面，口岸瓶颈堵塞，简化手续，加速验放的呼声日高；另一方面，利用进出口货运、保税及减免税渠道进行的各种违法犯罪活动也日趋严重。随着改革开放力度的加大，特别是外贸体制改革的深化和企业经营机制的转换，这一矛盾还在加剧。几年来的改革实践证明，这个问题的解决，不能仅靠局部的改革和采取临时应急措施，必须从长远着眼，开拓思路，大胆探索新的监管模式，从业务制度上根本解决这一难题。

建立海关稽查制度，可以比较好的解决这一基本矛盾。同时，这一制度的建立，还将带动海关专业分工、组织管理、干部培训、科技应用等方面的改革，对我国海关管理的现代化将产生重大影响。

建立海关稽查制度也是多年来海关业务改革发展的必然要求。我国已经在关税稽查、加工贸易核销、减免税物资核查等工作中实际运用了查账这一稽查工作的重要手段，并积累了一定的经验；在探索形成海关前期管理、现场监管和后续管理相结合，海关监管、企业自管和社会共管相结合的监管模式方面也取得了一定的成绩。这些都为建立和实施海关稽查制度创造了条件。充分利用这些有利条件，大胆地试验，大胆地改革，就可以在业务制度方面走出一条新路来。

1993年年底，经国务院批准，海关总署设立了稽查司，标志着我国海关稽查制度的正式诞生。我国的海关稽查制度从理论探索、试点逐步发展到正式建立稽查机构，从试点准备阶段过渡到了逐步全面实施阶段。

(二)我国海关稽查制度发展阶段

1994年1月，海关总署召开了全国海关关长会议，进一步要求改革监督管理模式，全国推行海关稽查制度，将全国推行稽查制度列为海关业务改革的重点和1994年海关工作的一项重要内容。同年7月4日，海关总署下发了《海关总署关于推行海关稽查制度的实施方案》，提出推行海关稽查制度，是建立现代海关制度的一个重要内容。海关总署要求：(1)各地海关要认真贯彻 1994 年关长会议确定的方针，切实加强领导，精心组织，全心设计，分步实施，不断完善。要结合本关区的实际，按照《实施方案》的有关内容和要求，有计划、有步骤地开展稽查工作。(2)抓紧稽查机构的组建工作。原则上各海关均应设立稽查机构(直属海关设处)。要结合总署"三定"方案的要求，按《实施方案》确定的程序；分期分批抓紧搞好组建机构工作。沿海以及沿边稽查业务且大的海关，要在七月底以前提出组建方案，报总署审批。其他海关，要建立稽查机构筹备小组，以便开展先期调研和准备工作。重视做好信息工作。各海关要注意总结并向总署反映稽查工作的经验，对贯彻《实施方案》的工作方案，工作计划以及工作中出现的问题和其他有关情况(如有关单位对稽查工作的反映、实施稽查工做出现的一些政策性问题等)，要及时上报总署。《实施方案》中，对推行海关稽查制度的基本宗旨、职责范围及法律依据，海关稽查的一般程序做了规定，并对建立稽查机构、组建稽查干部队伍、逐步推开海关稽查工作和积极审慎地开展宣传等项工作进行提出要求。

1994 年 8 月下旬，海关总署在召开的全国关长碰头会上，提出要使海关稽查尽快转入实务操作阶段，并决定在 5 个经济特区海关，以及北京、天津、青岛、大连、上海、广州、黄埔、湛江、南京、江门、福州、南宁海关共 17 个海关，马上筹建稽查处，开展稽查工作。其他海关也要成立稽查筹备组并开展工作。这是海关执行国家宏观调控政策的重大举措，是加强对加工贸易和政策性减免税货物后续管理的有力措施，标志着海关稽查工作已全面开始铺开。1994 年 8 月 29 日，海关总署又发布了《中华人民共和国海关稽查暂行规定》，就海关稽查的目的、对象、法律依据、内容、权利、义务、处罚等做了明确规定，使海关稽查工作有了法律规范和操作的依据。

1994 年 11 月，海关总署举办了全国稽查处长培训班，并把这次培训班作为全国海关稽查制度由准备阶段转入操作阶段的战前动员。这次培训班学习和研究了中国海关稽查制度的基本含义，推行海关稽查制度的意义以及当前的几项工作，就如何贯彻执行《海关稽查暂行规定》《海关对专业报关的管理规定》以及海关的收管和海关对企业账册审核等课题进行了探讨，并开展了稽查工作的情况交流。

1995 年 7 月，第一次全国海关稽查工作会议在青岛召开。全国 43 个海关院校的 98 名代表参加了会议。自 1993 年年底，国务院批准成立稽查司以来，总署克服困难、勇于创新，坚持边组建队伍，边学习业务，边开展工作，使海关稽查工作较快地由试点准备顺利地转向实务操作，在加强海关税收和业务基础建设方面都做出了可喜的成绩。据不完全统计，在一年多的时间内，各地海关稽查部门共查获违规案件 1811 宗，补税、罚款合计 7 亿多元，移交走私案件 252 宗，案值 15 亿元。代表们还讨论了海关稽查工作面临的形势、工作方针、原则和各项任务等，及《海关稽查工作人员守则》等制度规定。

总之，我国金融、财税、外贸、投资、计划等各项改革已经取得重大进展，社会主义市场经济体制正朝着预定的目标稳步推进。我国改革开放的进一步扩大和经济建设的发展，要求海关进行全面的配套改革和建设，建立与社会主义市场经济体制相适应、与对外开放相配套、与国际通行规则相衔接，方便与严密、制约与效能有机统一的有中国特色的社会主义海关管理体系，即社会主义市场经济条件的现代海关制度。海关稽查制度就是适应这一要求而诞生的新事物，虽然，海关稽查制度刚刚开始全面推行，现有人员素质还不适应工作的要求，稽查技术还不现代化，制度也还不完善，但其影响和意义却是深远的，必将进一步促进我国改革开放的进程，促进我国经济和贸易的发展，更好地发挥海关把关服务的职能作用。

## 七、海关稽查的职责范围与稽查程序

### （一）海关稽查的职责范围

海关稽查的职责范围主要是以下三个方面：

一是“企业管理”，包括一切与进出口活动有关的企业的注册登记、企业报关资格的审批、企业资信的评估和分类管理、企业进出口活动的风险分析、企业的档案以及计算机信息数据库的建立和管理等。

二是实施稽查，对一切与进出口活动有关的企业，事业单位进行定期或不定期的稽查，同时还包括对经批准减免税进口的货物和其他海关监管时限内的货物的后续管理，查处偷漏税及其他违反海关法规的行为。

三是案件处理。为使稽查工作顺利进行，稽查部门应有一定的案件处置权。在稽查工作中发现的走私案件，应按规定移交调查部门处理。查获的违规案件，稽查部门提出处理意见并由海关审理委员会审理，并经关长签署确定后，由稽查部门负责将“处罚通知书”送达当事人，并执行处理决定。重大案件要按规定报总署案件审理委员会。鉴于全国有十几万个三资企业，近万个外贸企业，还有数不胜数的加工贸易企业，因此稽查部门的工作应当把业务放在加强企业管理和积极开展稽查方面，引导企业遵守国家法律和海关法规。加工贸易企业的管理问题是一个薄弱环节，稽查部门要注意研究并制定相应的管理规定，以堵塞漏洞。由于稽查工作的特点，需要掌握企业进出口和合同核销等情况，稽查部门还应注意加强与保税、关税和调查部门以及与其他业务部门的联系，制定相应的制度，以及档案资料、企业信息方面共享的办法，提高工作效益，尽可能避免重复作业。

### （二）稽查程序

1. 稽查程序

稽查程序是执行稽查任务的工作步骤，属于一种规范，广义上讲是稽查工作的全部过程，主要包括建立档案、准备稽查、通知被稽查人、实施稽查、编写《稽查报告》、向被稽查人反馈“稽查结论”。

建立档案从企业、事业等单位、部门向海关申请办理注册登记手续开始逐个建立专门档案，记录企业的基本情况。这是开展稽查的基础工作和条件。稽查档案有别于目前的海关注册档案或加档案。它不应是一个毫无关系、相独立的档案，而是一种组合整体。每个档案的情况汇总、信息处理和统计分析，可以及时反映出一个关区每一阶段的整体工作情况，进口、加工、库存及有关动态的普遍现象和需注意的特殊现象，以掌握稽查重点，进行稽查评估，为确定风险所在提供依据。因此，必须对稽查工作档案进一步充实内容，建立内部风险档案，开辟扩大信息来源，规范建档制度，充分开发利用计算机，做好情报传递工作等稽查的基础准备工作。

2. 稽查准备

根据情况和需要确定稽查目标（企事业单位或某商品），制订工作计划，对稽查范围、工作时间、方法、稽查中可能出现的各种情况以及时做出详尽的安排，报主管领导核准。

稽查前的准备工作，一要明确稽查任务。稽查前明确任务，能做到心中有数，有的放矢，使整个稽查活动自始至终围绕主要任务进行，避免顾此失彼或眉毛胡子一把抓。稽查任务包含了弄清稽查目的和稽查任务的内容及要求。如：为了了解一个企业的特定减免税货物有无违反海关规定使用情况，稽查的任务就可以明确为，查清这些货物出售、转让的会计记录，掌握其价款的结算情况和凭证内容，作为有关货物被出售、转让的稽查结论，收集和复制用以证明稽查结论的会计记录和相关凭证资料等。二是初步了解稽查对象的相关情况，做稽查前准备，主要要了解稽查对象的基本情况、业务情况和内部控制情况。内部控制情况是指经营部门及其人员的职责分工、规章制度及贯彻实施情况和经济活动程序的分析和评估。经济活动程序与稽查相关的，一是销货程序：包括销售、发运商品，开具销货单据和收款等。二是购买程序：包括购买、发出订货单接受货物，入库验收，付款等；三是生产程序：包括存储、转移材料、半成品和生产成品，核算和记载材料消耗，结转和计算产品、商品成本等。四是会计程序：包括资金与资产的变动，各种款项收入、付出的执行和记载，债权债务，税费缴纳等。

3. 通知

以固定格式的书面通知单或口头通知被稽查人；对怀疑有可能伪造证据或违法情况确实的，可以不予先通知。

4. 实施稽查

按照确定的范围方法，有目的实施稽查计划。对被稽查人的账册、凭证以及有关进出口、加工、库存、销售等报关单证、报表等进行审核、查对；必要时，查验有关货物及场所，审查有无违法、违规行为。审核账册，检查有关货物时，当事人应在场。复印账册和有关资料，要有企业主管人员签字；查问当事人笔录也应由当事人认可签字。

5. 拟定稽查报告

依据稽查记录和有关资料、凭证编制报告，报主管领导阅核，并持有关稽查信息反馈到有关部门，资料归档并做好安全保密工作。

6. 稽查结论

稽查结束后应当做出结论并以书面形式在30天内反馈给企业。

(三)稽查报告

稽查报告是表述有关稽查内容和结果的文件,有以下几方面的内容:

1.稽查目的

稽查起止时间、稽查范围(指纳税情况、进出货物情况、账册填报情况以及其他经营情况)和参加人员。

2.被稽查对象的基本情况

如企业性质、经营范围、经营方式、隶属关系、投资规模、守法律。

3.稽查情况

写明采用的工作方法、手段、稽查内容(凭证、账册、实物等),对发现的问题分别说明。

4.问题分析及处理意见

对发现的问题要进行必要的分析,提出处理意见。

5.遗留问题

具体列明定性的法律依据,并对情况复杂、一时调查不清或政策界限不明确、无法确定的问题,要在《报告》中写明,留待以后解决。

6.稽查结论

稽查结论是综合上述整体情况,反馈给企业的稽查结果和海关对企业的评价,属于一种判断。因此,结论的正确与否取决于稽查的质量。《稽查结论》应为固定格式,内容简明扼要,包括稽查通过、需要复查和对有关问题进行处理三项内容。如被稽查人对结论有不同意见,要求复议时,海关应予接受。

《稽查报告》编写的目的在于对被稽查人稽查事项做出公正的评价。因此,一要实事求是,凡写入报告的事件,均要有确凿证据;证据不足或未经查明的,不应写入,以免造成工作的被动;二要“查证误弊”,属于一般不明规定或处理不当的问题,如丢失有关单证、凭证,账册未按规定设置和填写等,就在报告中指明,要求其改正,此为“正误”;属于有意识或采取不正当手法违反海关规定、逃逋国家税收的行为,就将其手法、违法金额、性质、法律依据、责任人等情况如实体现,并提出处理意见。有关文字证据应附在《报告》反面,以达“正弊”之目的。三要重视被稽查人的意见,如果被稽查人认为《报告》有不妥之处,并提供有关证据。稽查人员应据实修改报告内容;否则,应将被稽查人的意见及证据附列报告,备复议、复查之用。

**八、法律责任**

(一)被稽查人的法律责任

被稽查人有下列行为之一的,海关应当制发《期限改正通知书》,交给被稽查人,责令其期限改正。逾期不改的,海关处1万元以上3万元以下的罚款;情节严重的,海关取消其报关资格,并对负有直接责任的主管人员和其他直接责任人员处1000元以上5000元以下的罚款：

1. 向海关提供虚假情况或者隐瞒重要事实的；

2. 拒绝、拖延向海关提供账簿、单证等有关资料的；

3. 转移、隐匿、篡改、毁弃账簿及单证等有关资料的。

被稽查人未按照规定设置或者编制账簿、单证等有关资料的，海关应当制发《期限改正通知书》交被稽查人，责令其期限改正。逾期不改的，海关处 1 万元以上 5 万元以下罚款；情节严重的，海关取消其报关资格，并对负有直接责任的主管人员和其他直接责任人员处 1000 元以上 5000 元以下的罚款。

（二）海关工作人员的法律责任

海关工作人员在稽查中玩忽职守，徇私舞弊、滥用职权或者利用职务上的便利，收受、索取被稽查人的财物，构成犯罪的，依法追究刑事责任；不构成犯罪的，由海关依照相关法律法规予以处理，如表 2−1 所示。

**表 2−1 海关稽查时限一览表**

| 稽查项目 | 海关监管时限 | 海关监管时限 |
|---|---|---|
| 一般进出口货物 | 进出口货物自进境之日起至放行结关止 | 自货物放行之日起 3 年内 |
| 保税货物 | 自进境之日起至复出境核销结关止或自进境之日起至内销办结海关手续核销结关止 | 海关监管的时限内 |
| 特定减免税货物 | 机器设备、其他设备、材料等海关监管年限自放行起 5 年 | 海关监管的时限内或其后的 3 年内，稽查时限为 8 年 |
| | 机动车辆（特种车辆），家用电器等海关监管年限自放行之日起 6 年 | 海关监管的时限内或其后的 3 年内，稽查时限为 9 年 |
| | 船舶、飞机、建筑材料（包括钢材、木材、胶合板、人造板及玻璃等）海关监管的时限自放行之日起 8 年 | 海关监管的时限内或其后的 3 年内，稽查时限为 11 年 |

# 任务三 认识海关事务担保制

## 一、海关事务担保

海关事务担保，是指与进出境活动有关的自然人、法人或者其他组织在向海关申请从事特定的进出境经营业务或者办理特定的海关事务时，以向海关提交现金、保函等方式，保证行为的合法性，或保证在一定期限内履行其承诺的义务的法律行为。

## 二、海关事务担保的适用

（一）基本适用

依据《海关法》的规定，在确定货物归类、估价和提供有效报关单证或者办结其他海关手续前，收发货人要求放行货物的，海关应当在其提供与其依法应当履行的法律义务相适应的担保后放行。在通常情况下，下列情形可适用海关事务担保：

1. 海关归类、估价不明确，并因此未能办妥有关进出口手续，收发货人要求先放行货物的；

2. 进出口货物不能在报关时交验有关单证（如发票、合同、装箱单等），而货物已运抵口岸，亟待提取或发运，收发货人要求海关先放行货物，后补充有关单证的；

3. 正在向海关申请办理减免税手续，而货物已运抵口岸，亟待提取或装运，收、发货人要求海关缓办进出口纳税手续的；

4. 应征税货物，收发货人请求援缴税款的；

5. 暂准（时）进出口货物（包括 ATA 单证册项下进出口货物）；

6. 经海关同意，将海关未放行的货物暂时存放于海关监管区之外的场所的；

7. 进口加工贸易保税货物；

8. 除法律、行政法规另有规定外，有违法嫌疑，但依法不予以没收的进出口货物、物品，当事人请求先予放行货物的。

（二）特殊适用

因上述各种原因未办结海关手续，而收发货人要求海关放行货物，应当向海关担保，这是担保制度的一般原则。主要有以下情形：

1. 进出口货物的纳税义务人在规定的纳税期限内有明显的转移、藏匿其应税货物以及其他财产的迹象的；

2. 申请扣留或者放行有侵犯知识产权嫌疑的进出口货物的；

3. 进口经初步裁定倾销、补贴成立，国务院外经贸主管部门公告决定要求提供担保的产品的；

4. 有违法嫌疑，但无法扣留或不便扣留的；

5. 受海关行政处罚的境内没有永久住所的当事人，对海关的处罚决定不服或者在离境前不能缴清罚款、违法所得和依法收缴的货物、物品或运输工具的等值价款的。

（三）免予适用

《海关法》在海关事务担保的有关条款中规定，如其他进出境管理的法律、行政法规根据实践需要规定免除担保的情形，则按照一般的法律适用原则，这种“免除担保”的特别规范优于“凭担保放行”的一般规范。因此，在这种特别规范的适用范围内，因各种原因未办结海关手续的货物，可以免除担保而被收发货人先予提取或装运出境。例如《保证金台账制度》据加工贸易项目的性质和企业的资信级别，对一部分加工贸易项目实行具有免除担保意义“不设银行保证金台账”和“空转”的措施等。

（四）不予适用

国家对进出境货物、物品有限制性规定，应当提供许可证件而不能提供的，以及法律、行政法规规定不得接受担保其他情况，海关不得办理担保放行手续。

**三、担保人的资格及担保责任**

（一）担保人的资格

《海关法》规定，“具有履行海关事务担保义务能力的法人，其他组织或公民，可以成为担保人。法律规定不得为担保人的除外。”具有履行海关担保义务能力是对法人、其他组织和公民作为担保人的基本要求。对于担保人而言，其履行义务的能力主要表现在他（它）应当拥有足以承担担保责任的财产。公民作为担保人还应当具有民事行为能力，无民事行为能力或者限制行为能力的，即使拥有足以承担担保责任的财产，也不能作为担保人。

同样基于担保人应当具有履行能力的基本要求，《海关法》对担保人的资格又做了必要的限制，规定如其他有关法律对担保人资格已做出限制性规定的，则这种法人、其他组织或公民就不能作为担保人。例如《中国人民银行法》规定，鉴于中国人民银行作为中央银行，在国务院的领导下，制定和实施货币政策，对金融业实施监督管理，故不得向任何单位或个人提供担保。

（二）担保人的担保责任

《海关法》规定担保人应当在担保期限内承担担保责任。担保人履行担保责任的，不免除担保人应当办理有关海关手续的义务。

1. 担保人的担保责任

担保人应承担的担保责任，主要是被担保人应当在规定的期限内全面、正确地履行其承诺的海关业务。根据担保个案的不同情况，其责任范围也有区别。例如仅担保税款，或担保税款和利息，或在担保人与海关约定而将担保扩大至税款、利息及罚款。

2. 担保的期限

这是指担保人承担担保责任的起止时间，担保人在规定的担保期间内承担担保责任，逾期，即使被担保人未履行海关义务，担保人也不再承担担保责任。鉴于法律规定可适用担保的范围内所涉及的事项千差万别，不可能对此做一刀切的规定，因而担保期间主要由海关行政法规来制定。

3. 担保责任的解除

被担保人如能在规定的期间内履行了其承诺的义务，如按时补交单证，按时缴纳税款、按时缴纳罚款等，担保人的担保责任则应依法予以解除，由海关及时办理销案手续，退还有关保证金等。

**四、海关事务担保的方式**

（一）人民币、可自由兑换的货币

人民币是我国的法定货币，用于支付我国境内的和私人的债务，任何单位或个人均不能拒收。

可自由兑换货币，指国家外汇管理局公布挂牌的作为国际支付手段的外币现钞，例如美元、欧元、日元和港币等货币。

(二)汇票、本票、支票、债券、存单

汇票是指由出票人签发的委托付款人在见票时或者在指定日期无条件支付确定的金额给收款人或持票人的票据，分为银行承兑汇票和商业承兑汇票。

本票是由出票人签发的，承诺自己在见票时无条件支付确定的金额给收款人或持票人的票据。

支票是指出票人签发的，委托办理支票存款业务的银行或者其他金融机构在见票时无条件支付确定的金额给收款人或者持票人的票据。

债券是指依照法定程序发行的，约定在一定期限还本付息的有价证券，包括国库债券、企业债券、金融债券等。

存单是指储蓄机构发给存款人的证明其债权的单据。

本项可担保的权利包括外币支付凭证、外币有价证券。

(三)银行或者非银行金融机构的保函

保函，即法律上的保证，属于人的担保范畴。保函不是以具体的财产提供担保，而以保证人的信誉和不特定的财产为他人的债务提供担保；保证人必须是第三人；保证人应当具有清偿债务的能力。

中国人民银行作为中央银行，根据《中国人民银行法》不能为任何单位和个人提供担保，故不属担保银行的范畴。对于ATA单证册项下进出口的货物，可由担保协会这一特殊的第三方作为担保人，为展览品等暂准进出口货物提供保函方式的担保。

(四)海关依法认可的其他财产、权利

这是对可以担保的财产或者权利所做的兜底规定，为日后需要扩大担保方式的范围做原则性的规定。

**五、海关事务担保的实施**

(一)保证金的应用

按现行《进出口货物申请担保管理办法》保证金是由担保人向海关以现金担保的方式，其金额相当于货物应纳税费之和，以保证金方式保证其履行海关规定的义务，目前的应用范围主要有三种情况：

1. 担保人必须以缴纳保证金方式申请担保

例如，对要求减免税的进口货物在办结海关手续前，担保人申请担保，要求先放行货物，应支付保证金。

2. 由海关视监管需要，要求担保人以缴纳保证金方式申请担保

对于海关担保制度未明确应采用哪种方式担保的，海关将视进出口货物及其经营单位

的具体情况决定，一般情以采用保证函方式为主，但对信誉较差的企业或者敏感性较强的商品则将要求担保人采用保证金方式提供担保。

3. 担保人自选保证金方式申请担保

对于海关担保制度未明确规定，海关也未要求担保人必须用保证金方式申请担保的，通常担保人都将采用保证函方式申请担保。担保人从自身的实际情况考虑，选择采用保证金方式申请担保的，海关也将允许。

（二）保证函的应用

除上述须用保证金申请担保的外，担保人均可以保证函方式申请担保。

在实施保证函担保时，因担保人所要担保的情况不同，使用时对担保人的身份亦有不同的要求。

（三）担保的手续

1. 担保申请

凡符合申请担保条件的货物，由担保人向办理有关货物进出口手续的海关申请担保，由海关审核并确定担保的方式。

2. 提供担保

以保证金方式申请担保的，由担保人向海关缴纳相当于有关货物进口税费等额的保证金，并获取海关开具的《海关保证金收据》；以保证函方式申请担保的，由担保人按照海关规定的格式填写保证函一式两份，并加盖担保人印章，一份交海关备案，一份留存。

（四）担保的期限

在一般情况下，担保期不得超过 20 天。否则，海关将对有关进出口货物按规定处理。遇有特殊情况时，应在担保期内向海关申请延长担保期限，由海关审核批准展期。暂时进口货物的担保期限按照海关对暂时进口货物监管制度的有关规定执行，一般是在货物进口之日起 6 个月内。

（五）担保的销案

担保人必须于担保期满前凭《保证金收据》或留存的《保证函》向海关办理销案手续。在担保人履行了向海关承诺的义务后，海关将退还担保人已缴纳的保证金，或注销已提交的保证函。至此，担保人的担保义务将解除。

（六）担保人的法律责任

对未能在担保期限内向海关办理销案手续的，担保人将承担相应的法律责任：

1. 将保证金抵作税款，责令报关人按规定补办进口手续，并处以罚款；

2. 责令担保人缴纳税款或通知银行扣缴税款，并处以罚款；

3. 暂停或取消报关人的报关资格。

# 任务四　认识知识产权保护制度

## 一、知识产权概述

### (一)知识产权的含义

知识产权(Intellectual Property)是指人们因其运用自身智力创造出来的成果而依法享有的对该成果的专有权。由于在现实生活中,人们智力创造的形式多种多样,因而知识产权也体现为不同形式,根据我国现行有关法律法规的规定,主要包括著作权、商标专用权、专利权三种。

著作权是指文学、艺术和科学作品的作者对其创作的作品依法享有的权利。著作权涉及的保护对象主要是各类作品,包括文字作品;口述作品;音乐、戏剧、曲艺、舞路、杂技艺术作品;美术、建筑作品;摄影作品;电影作品和以类似摄制电影的方法创作的作品;工程设计图、产品设计图、地图、示意图等图形作品和模型作品;计算机软件;法律、行政法规规定的其他作品等。依法禁止出版、传播的作品,不受本法保护。公民的作品,作者的署名权、修改权、保护作品完整权的保护期不受限制,除署名权、修改权、保护作品完整权外,其他著作权法授予的权利的保护期为作者终生及其死亡后50年,截至作者死亡后第50年的12月31日;如果是合作作品,截至最后死亡的作者死亡后第50年的12月31日。

商标专用权是商标专有人对其注册商品所独有的权利。商标是指能够将一个企业的货物或服务与其他企业的货物或服务区分开的标记或标记组合。商标可以向有关主管部门注册,国家工商行政管理部门商标局主管今日商标注册和管理的工作,经商标局核准注册的商标为注册商标。商标注册人享有商标专用权,受法律保护。注册商标的有效期为10年,自核准注册之日起计算。注册商标有效期满,需要继续使用的,应申请续展注册;每次续展注册的商效期为10年。

专利是政府有关部门根据当事人申请,经过审查,确认并授予创造发明人在一定期限内对某项创造发明的独占权。创造发明一般包括发明、实用新型和外观设计三种形式。发明,是指对产品、方法或者其改进所提出的新的技术方案。实用新型,是指对产品的形状、构造或者其结合所提出的适于实用的新的技术方案。外观设计,是指对产品的形状、图案或者其结合以及色彩与形状、图案的结合所做出的富有美感并适于工业应用的新设计。发明专利权的期限为20年,实用新型专利权和外观设计专利权的期限为10年,均自申请日起计算。

### (二)知识产权海关保护

世界各国对根据法律法规规定获得认可的知识产权都采取不同形式的保护措施。而海关对知识产权的保护是知识产权保护中的一个很重要的环节。作为进出境的监督管理机关,海关对知识产权的保护是基于有关的进出境行为而产生的,对进出境货物、物品当中的侵犯受国内法律法规保护的知识产权的部分,海关应予以制止。另一方面,海关对知识产权的保护是限于进出境环节的，海关不负有授予或确认知识产权的职能，不负责对知识产权权利本身纠纷的处理，只是负责根据国内相关主管部门的规定，对已明确的侵犯知识产权的进出口货物、物品予以查处。

世界贸易组织的 TRIPs（即《与贸易有关的知识产权协议》）将与贸易有关的知识产权的范围界定为：

1. 版权（Copyright）与邻接权；

2. 商标（Trademark）；

3. 原产地标志（Marks of Origin）；

4. 工业品外观设计（Industrial Designs）；

5. 专利（Patent）；

6. 集成电路布图设计（The Layout of Design Integrated Circuit）；

7. 未披露过的信息专有权（Confidential Information）。

1995 年 7 月 5 日，我国发布了《中华人民共和国知识产权海关保护条例》（简称《条例》）。《条例》把我国知识产权海关保护的适用界定为：与进出境货物有关并受中华人民共和国法律、行政法规保护的知识产权，包括商标专有权、著作权利专利权。同时规定，侵犯受法律、行政法规保护的知识产权的货物，禁止进出口。

进口货物的收货人或者出口货物的发货人应当按照海关的要求，向海关如实申报与进出口货物有关的知识产权状况，交验有关单证。知识产权权利人以及他们的代理人要求海关对其与进出境货物有关的知识产权实施保护的，应当将其知识产权向海关备案，并在其认为必要时向海关提出采取保护措施的申请。

根据我国海关现行规定，受海关保护的知识产权权利人是指下列三种人：

1.《中华人民共和国著作权法》第九条所称的著作权人及著作权专有使用许可的被许可人；

2.《中华人民共和国商标法》第三条所称的商标注册人；

3.《中华人民共和国专利法》第六条所称的专利权人。

**二、申请海关保护的程序**

根据《知识产权海关保护条例》的规定，权利人申请知识产权的海关保护主要需履行知识产权海关保护的备案和海关保护措施的申请两项手续。

（一）知识产权海关保护的备案

1. 备案申请人

知识产权海关保护备案的申请须由权利人或其代理人向海关总署提出。权利人在中国境内未设省营业场所或办事机构的，应委托其在境内的代理人提出备案申请。

如共有知识产权的权利人中任何一个权利人已向海关总署提出备案申请后，其他权利人无须再提出申请。

2. 备案申请需递交的文件

申请知识产权海关保护备案的权利人或其代理人应根据其申请备案的知识产权的性质和商品类别的情况分别向海关总署提交相应的《备案申请书》，并交验规定的文件。除规定项目外，权利人或其代理人应用中文填写备案申请书，并应保证交验的申请文件真实、有效。交验的外文文件应附中文译本。权利人或其代理人还应根据海关总署的要求提供载有申请备案的知识产权的实物照片或样本。代理人受权利人委托提出备案申请的，还应交验权利人出具的授权委托书。

上述备案申请书包括下列内容：

(1)知识产权权利人的名称或者姓名、注册地或者国籍、住所、法定代表人、主要营业场所等；

(2)注册商标的注册号码、内容及有效期限，专利授权的号码、内容及有效期限，或者有关著作权的内容；

(3)与知识产权有关的货物的名称及其产地；

(4)被授权或者许可使用知识产权的人；

(5)与知识产权有关的货物的主要进出境海关、进出口商品特征、正常价格等有关情况；

(6)已知的侵权货物的制造商、进出口商、主要进出境海关主要特征、价格等情况；

(7)海关总署认为应当说明的其他情况。

提交书面申请时还应附送下列文件：

(1)知识产权权利人身份证件的复制件或者登记证书的副本或者经登记注册机关认证的复制件；

(2)注册商标的注册证书复制件，商标局核准转让注册商标的公告或者备案的商标使用许可合同复制件；或者专利证书的复制件，经专利局登记和公告的专利转让合同副本，专利实施许可合同副本；或者著作权权利的证明文件或者证据；

(3)海关总署认为需要附送的其他文件。

3. 备案批准及签发证书

海关总署批准的备案申请，将向权利人颁发《知识产权海关保护备案证书》，并根据提出备案申请的其他共有知识产权的权利人的书面要求，向其颁发《知识产权海关保护备案证书》的副本。在权利人提出采取保护措施的申请时，《知识产权海关保护备案证书》的副本与正本具有同等法律效力。

对不接受备案申请的，海关总署将书面通知权利人并申明理由。

备案自海关总署签发《知识产权海关保护备案证书》之日起生效。有效期为7年。凡自备案生效之日起知识产权的法律保护期不足7年的，备案的有效期以知识产权的法律保护期为准。备案有效期满要求续展备案的，应在期满前 6 个月向海关总署申请续展备案。

4. 备案的变更

在备案有效期内，有下列情况之一的，权利人或其代理人应向海关总署办理知识产权备案的变更手续：

(1)权利人的名称或注册地址发生变更的；

(2)知识产权使用许可情况发生变更的；

(3)载有知识产权的产品情况发生变更的；

(4)代理人的情况发生变更的；

(5)需要变更备案的其他情况。

权利人或其代理人申请办理知识产权备案的变更手续，应提交备案变更申请书、《知识产权海关保护备案证书》和其他有关证明文件。凡需经国家有关主管部门批准的，还应交验相应的批准变更的文件。

5. 备案的注销

有下列情况之一时，海关总署将注销备案：

(1)知识产权的法律保护被宣布失效的；

(2)权利人转让其知识产权的；

(3)备案权利人放弃其知识产权海关保护备案的；

(4)因权利人或其代理人备案有误，或未能在规定期限内办理备案变更手续致使海关保护出现重大失误的；

(5)权利人或其代理人未能按照规定缴纳、支付费用的；

(6)应予注销备案的其他情况。

知识产权被转让，其受让人要求海关对其受让的知识产权继续予以保护的，可办理备案变更手续。

(二)知识产权海关保护措施的申请

1. 申请海关保护措施应提交的文件

权利人或其代理人请求海关就即将进出境的侵权嫌疑货物采取保护措施的，应根据《知识产权海关保护条例》的规定向货物的进出境地海关提交书面申请。申请书应当包括下列内容：

(1)申请保护的知识产权名称、海关备案号；

(2)侵权嫌疑人名称、住所、法定代表人、主要营业场所；

(3)侵权嫌疑货物名称、规格等有关情况；

(4)侵权嫌疑货物可能进出境的口岸、时间、运输工具或者发货人等有关情况；

(5)有关侵权的证据；

(6)请求海关采取的措施；

(7)海关认为需要提供的其他内容。

请求海关采取保护措施的申请书应用中文书写。权利人或其代理人提出申请时，除填具申请书外，还应附交有关侵权嫌疑货物的实物、图片或其他证据，并应出示《知识产权海关保护备案证书》和身份证明。代理人代为提出申请时，还应向海关提交权利人出具的授权委托书。

2. 担保金的提交

权利人或代理人应在请求海关采取的保护措施中明确提出请求海关扣留侵权嫌疑货物的要求，并应当向海关提交与进口货物到岸价格或者出口货物离岸价格等值的担保金。

3. 知识产权海关保护的补充备案

事先未在海关总署备案的知识产权的权利人或其代理人向海关申请采取保护措施，应当同时向海关总署办理知识产权海关保护备案。

申请人提出的采取知识产权保护措施的申请不符合有关规定，进出境地海关将不予接受。

4. 保护措施的撤销

备案权利人要求撤回采取知识产权保护措施申请的，应在海关做出扣留侵权嫌疑货物的决定前向海关提交书面申请。

**三、对涉嫌侵犯知识产权货物的处理**

(一)海关对侵权嫌疑货物的扣留

1. 权利人申请扣留

海关应知识产权权利人或其代理人申请，决定扣留侵权嫌疑货物的，将制作海关扣留凭单，送达收货人或者发货人，并书面通知权利人或其代理人。

收货人或者发货人认为其进出口货物未侵犯权利人知识产权的，应当自海关扣留凭单送达之口起 7 日内向海关提出书面说明。未提出异议的，海关经调查，有权将扣留的侵权嫌疑货物按侵权货物处理；提出异议的，应由海关立即通知权利人或其代理人。

权利人或其代理人在书面通知送达之日起 15 日内，有权将侵权争议提请知识产权主管部门处理或者向人民法院提起诉讼。

2. 海关发现侵权而扣留

海关发现进出境货物有侵犯在海关已备案的知识产权嫌疑的，海关有权予以扣留，并应当制作扣留凭单，送达收货人或者发货人，并立即书面通知知识产权权利人。知识产权权利人自通知送达之日起 3 日内提出知识产权保护措施书面申请的，海关将依照上述(1)的规定办理。

(二)收、发货人的反担保

收货人或者发货人认为其进出口货物未侵犯权利人的知识产权的，可向海关提交相当于进口货物到岸价格或者出口货物离岸价格两倍的担保金，以此请求海关放行有关货物。海关在放行货物前，将提取一份样品予以加封并由海关和收发货人在封志上签章或以其他方式予以确认。

有下列情况之一的，海关不接受收发货人提出的放行侵权嫌疑货物的申请：

1.收发货人未按规定对海关扣留货物提出异议的；

2.收发货人未按规定提交担保金的；

3.海关扣留的货物同时具有其他违法性质的；

4.人民法院已做出财产保全裁定的；

5.不符合其他海关放行条件的。

(三)海关调查的开始与终止

海关将在扣留侵权嫌疑货物之日起 15 日内开始对扣留的侵权嫌疑货物及有关情况进行调查。

有下列情况之一的，海关将终止调查：

有关当事人已将侵权争议提请知识产权主管部门处理或者向人民法院提起诉讼的；

海关认为有犯罪嫌疑，应移交有关机关进行调查的。

在调查过程中，权利人或其代理人应根据海关的要求予以必要的协助。

(四)海关处理

1.放行

被扣留的侵权嫌疑货物有下述情况的，海关核准后予以放行：

(1)经海关或者知识产权主管部门调查后排除嫌疑的；

(2)人民法院判决或者裁定排除侵权嫌疑的；

(3)有关当事人未在规定时间内向人民法院提起诉讼，人民法院裁定不予受理，或者人民法院未做出财产保全的裁定的；

(4)知识产权权利人在规定时间内不予回复或者放弃知识产权海关保护的。

海关放行货物，将向权利人或其代理人发出书面通知，并在扣除货物在被扣留期间的仓储、保管费用以及由于申请不当给其他当事人造成损失的赔偿费用后向权利人退还已提交的担保金。与此同时，海关还将向收发货人退还已提交的担保金。

2.没收

被扣留的侵权嫌疑货物，经海关、知识产权主管部门或人民法院确定为侵权货物，将由海关没收，并区别不同情况按下列规定处理：

(1)对侵犯著作权的货物,予以销毁;

(2)对侵犯商标专用权的货物,侵权商标无法消除的,予以销毁;侵权商标能够消除并可以利用有关货物的,消除侵权商标,有关货物只能用于社会公益事业或者依法拍卖给非侵权人自用;

(3)前两项以外的其他侵权货物,依照国务院有关规定处理。

海关在知识产权主管部门决定或者人民法院判决或裁定生效后,对曾在收发货人提交担保金后先予放行的侵权货物,由海关追缴没收。无法追缴没收的,海关将向收发货人追缴与进口货物到岸价格或出口货物离岸价格等值的价款。

海关没收侵权货物后,对收发货人因先放行货物而提交的担保金,应在扣除追缴侵权货物的价款、货物在被扣期间的仓储和保管费用以及侵权货物的处置费用后退还收发货人。

3.罚款

收货人或者发货人,明知或者应知其进口或者出口货物侵犯他人知识产权的,海关将处以进口货物到岸价格或出口货物离岸价格等值以下的罚款。

收货人或者发货人未如实申报与进出口货物有关的知识产权状况,交验有关单证的,海关将处以进口货物到岸价格或者出口货物离岸价格等值以下的罚款。

对处罚不服的可按规定由当事人向海关申请复议,对复议不服的,可向人民法院提起诉讼。侵权货物构成刑事犯罪的,司法部门将依法追究刑事责任。

## 任务五　认识海关行政许可制度

### 一、海关行政许可制度概述

(一)海关行政许可制度

海关行政许可,是海关根据公民、法人或者其他组织(以下简称申请人)的申请,经依法审查,准予其从事与海关进出境监督管理相关的特定活动的行动。

(二)海关行政许的特点

1.海关实施海关行政许可应当遵循公开、公平、公正、便民与监督的原则;

2.海关有关行政许可的规定应当公开。海关行政许可的实施和结果,除涉及国家秘密、商业秘密或者个人隐私外,应当公开。

### 二、海关行政许可制度的内容

(一)范围

1.法律、行政法规设定的海关行政许可项目如表2—2所示。

表 2－2　海关行政许可项目

| 序号 | 项目名称 | 实施机关 | 设定依据 |
|---|---|---|---|
| 1 | 报关企业注册登记 | 海关总署或其授权的直属机关 | 第十一条　进出口货物收发货人、报关企业办理报关手续，必须依法经海关注册登记。报关人员必须依法取得报关从业资格 |
| 2 | 报关员资格核准及注册登记 | 海关总署各直属海关 | 第十一条　进出口货物收发货人、报关企业办理报关手续，必须依法经海关注册登记。报关人员必须依法取得报关从业资格 |
| 3 | 出口监管仓库、保税仓库设立审批 | 海关总署各直属海关 | 第三十二条　经营保税货物的储存、加工、装配、展示、运输、寄售业务和经营免税商店，应当符合海关监管要求，经海关批准，并办理注册手续 |
| 4 | 进出境运输工具改、兼营境内运输审批 | 海关总署各直属海关 | 第二十条　进出境船舶和航空器兼营境内客、货运输，需经海关同意，并应当符合海关监管要求。进出境运输工具改营境内运输，需向海关办理手续 |
| 5 | 海关监管货物仓储审批 | 各直属海关 | 第三十八条　经营海关监管货物仓储业务的企业，应当经海关注册，并按照海关规定，办理收存、交付手续。在海关监管区外存放海关监管货物，应当经海关同意，并接受海关监管 |
| 6 | 免税商店设立审批 | 海关总署 | 第三十二条　经营保税货物的储存、加工、装配、展示、运输、寄售业务和经营免税商店，应当符合海关监管要求，经海关批准，并办理注册手续 |
| 7 | 加工贸易备案（变更）、外发加工、深加工结转、余料结转、核销、放弃核准 | 各直属海关 | 第三十二条第二款　保税货物的转让、转移以及进出保税场所，应当向海关办理有关手续，接受海关监管和查验。第三十三条第一款　企业从事加工贸易，应当持有关批准文件和加工贸易合同向海关备案，加工贸易制成品单位耗料量由海关按照有关规定核定 |
| 8 | 进出口货物免验审批 | 海关总署 | 第二十八条　进出口货物应当接受海关查验。海关查验货物时，进口货物的收货人、出口货物的发货人应当到场，并负责搬移货物，开拆和重封货物的包装。海关认为必要时，可以径行开验、复验或者提取货样。经收发货人申请，海关总署批准，其进出口货物可以免验 |
| 9 | 暂时进出口货物的核准 | 海关总署各直属海关 | 第三十一条　经海关批准暂时进口或者暂时出口的货物，应当在六个月内复运出境或者复运进境；在特殊情况下，经海关同意，可以延期 |
| 10 | 报关单修改、撤销审批 | 各直属海关 | 第二十六条　海关接受申报后，报关单证及其内容不得修改或者撤销；确有正当理由的，经海关同意，方可修改或者撤销 |

2. 海关系统以国务院决定方式公布的行政许可项目目录

（1）海关派员驻厂监管的保税工厂的资格审批；

（2）常驻机构及非居民长期旅客公私用物品进出境核准；

（3）小型船舶往来香港、澳门特别行政区进行货物运输备案；

（4）承运境内海关监管货物的运输企业、车辆注册；

(5)制造、改装、维修集装箱、集装箱式货车车厢工厂的核准；

(6)外国在华常驻机构和常驻人员免税进境机动交通工具出售、转让或移作他用审批；

(7)获准入境定居旅客安家物品审批；

(8)进境货物直接退运核准；

(9)高新技术企业适用海关便捷通关措施审批；

(10)长江驳运船舶转运海关监管的进出口货物审批。

(二)海关行政许可的管理

海关行政许可的归口管理部门是海关法制部门。海关法制部门包括海关总署法制部门和各直属海关法制部门。海关应当在核定权限内，以本海关的名义统一实施海关行政许可。海关内设机构和海关派出机构不得以自己的名义实施海关行政许可。

海关根据法律、行政法规和海关总规章的规定，可以委托其他海关或者其他行政机关实施海关行政许可，委托海关应将受委托海关或者其他行政机关以及受委托实施海关行政许可的内容予以公布。委托海关对委托行为的后果依法承担法律责任。接受委托海关或者其他行政机关不得转委托。需要海关内设的多个机构办理的海关行政许可事项，该海关应当确定一个机构以海关的名义统一受理海关行政许可申请，统一送达海关行政许可决定。

法律、行政法规、海关总署规章规定海关实施行政许可应当听证的，海关应当举行听证；对直接关系公共资源配置、提供公共服务等涉及公共利益的重大行政许可事项，海关认为需要举行听证的，可以举行听证；海关行政许可直接涉及行政许可申请人与他人之间重大利益关系，行政计可申请人、利害关系人依法提出听证申请的，海关应当举行听证会。

海关行政许可的适用范围没有地域限制，申请人取得的海关行政许可在全关境范围内有效；海关行政许可的适用范围有地域限制的，海关做出的准予海关行政许可决定应当注明。

海关行政许可的适用范围有期限限制的，海关在做出准予海关行政许可的决定时，应当注明其有效期限。

(三)海关行政许可的一般程序

海关行政许可的一般程序分为以下三个步骤：

1. 申请与受理

当事人提出海关行政许可的途径有：到海关办公场所提出，以电子通讯方式提出书面申请。海关在接到申请人的申请后进行审核，符合条件的应当受理。

2. 审查与决定

海关受理当事人的行政许可申请后，可当场做出或在一定期限内做出决定。海关对申请人提交的材料进行审查。如申请人提交的申请材料齐全、符合法定情形，受理海关可当场做出书面的行政许可决定，并当场制发决定书，加盖本海关印章，注明日期。

对不能当场做出决定的，海关应当自受理当事人海关行政许可申请之日起 20 日内做出决定。20 日内不能做出决定的，经本海关人负责人批准，可以延长 10 日，并应当制发《延长海关行政许可审查期限通知书》，将延长期限的理由告诉申请人。依法应当先经下级海关审查后报上级海关决定的海关行政许可，下级海关应当根据法定条件和程序进行全面审查，并于受理海关行政许可申请之日起 20 日内审查完毕，将审查意见和全部申请资料直接报送上级海关，上级海关应当自收到下级海关报送的审查意见之日起 20 日内做出决定。

海关做出准予海关行政许可的决定，需要颁发海关行政许可证件的，应当自做出决定之日起 10 日内向申请人颁发加盖海关印章的海关行政许可证件。

海关依法做出不予海关行政许可决定的，应当说明理由，制发相应的决定书，并加盖海关印章，注明日期，并告知申请人有依法复议或者提起行政诉讼的权利。

3.变更与延续

(1)变更

在取得海关行政许可后，因拟从事活动的部分内容超过准予海关行政许可决定或者海关行政许可证件规定的活动范围，或者是发生其他变化需要改变海关行政许可制度的有关内容的，被许可人可以在该行政许可的有效期内，以书面形式向做出准予海关行政许可决定的海关提出变更，海关对申请依法进行审查，对符合法定条件的准予变更，不符合条件的不予变更。

(2)延续

需要延续依法取得的海关行政许可的有效期的，被许可人应当在该行政许可有效期届满 30 日前向做出海关行政许可决定的海关提出书面申请，符合条件的准予延续；对不符合条件的，应当依法做出不予延续的决定。

(四)特别程序

(1)赋予公民从事报关业务或者其他与进出境活动有关的特定活动的资格，应当举行全国统一考试，根据考试成绩和其他法定条件做出海关行政许可决定。

(2)赋予法人或者其他组织从事与进出境活动有关的特定活动的资格、资质的、应当根据对申请人的专业人员构成、技术条件、经营业绩和管理水平等的考核、审查、评定结果，做出海关行政许可决定。

(五)海关行政许可的期限

(1)在海关行政许可程序中，除当场做出海关行政许可决定的外，海关应当自受理海关行政许可申请之日起 20 日内做出决定。特殊情况，经批准可延长 10 日。

(2)依法应当经下级海关审查后报上级海关决定的海关行政许可，下级海关应当根据法定条件和程序进行全面审查，并于受理海关行政许可申请之日起 20 日内审查完毕，将审查意见和全部申请材料直接送达上级海关。上级海关应当自收到下级海关报送的审查意见之日起 20 日内做出决定。

## 任务六　认识海关行政处罚制度

### 一、海关行政处罚制度的概述

海关行政处罚是指海关根据法律授予的行政处罚权力，对公民、法人或者其他组织违反海关法律、行政法规和规章，依法不追究刑事责任的走私行为和违反海关监管规定的行为，以及法律、行政法规规定由海关实施行政处罚的行为所实施的一种行政制裁。

1. 海关行政处罚的性质

海关行政处罚以当事人有违规行为且需要追究其行政法律责任为前提，属行政制裁范畴，是对违法、违规但尚未构成犯罪的行政管理相对人的法律制裁。

2. 海关行政处罚的原则

(1)公正、公开原则；

(2)行政处罚的法定原则(法律赋予、不容怀疑)；

(3)罚教结合原则；

(4)当事人参与权必须保护原则：陈述申辩权、知情听证权、申请复议/政诉讼/行政赔偿权。

### 二、海关行政处罚的基本内容

(一)海关行政处罚范围

海关行政处罚的范围是指凡依法对走私行为不追究刑事责任的和违反海关监督规定行为的，一律给予海关行政处罚。具体内容如下所示：

1. 对走私行为不追究刑事责任的行政处罚

海关依法对凡未经国务院或者国务院授权的机关批准，从未设立海关的地点运输、携带国家禁止或者限制进出境的货物、物品或者依法应当缴纳税款的货物、物品进出境的；对经过设有海关的地点，以藏匿、伪装、瞒报、伪报或者其他方式逃避海关监管，运输、携带、邮寄国家禁止或者限制进出境的货物、物品或者依法应当缴纳税款的货物物品进出境的；对使用伪造、变造的手册、单证、印章、账册、电子数据或者以其他方式逃避海关监管，擅自将海关监管货物、物品、进境的境外运输工具，在境内销售的；对使用伪造、变造的手册、单证、印章、账册、电子数据或者以伪报加工贸易制成品单位耗料量等方式，致使海关监管货物、物品脱离监管的；以藏匿、伪装、瞒报、伪报或者其他方式逃避海关监管，擅自将保税区、出口加工区等海关特殊监管区域内的海关监管货物、物品，运出区外的，一律按走私行为论处。

同时，对于明知是走私进口的货物、物品，还直接走私非法收购；在内海、领海、界河、界湖，船舶及所载人员运输、收购、贩卖国家禁止或者限制进出境的货物、物品，或者运输、收购、贩卖依法应当缴纳税款的货物，没有合法证明的；与走私人同谋，为走私人提供贷款、资金、账号、发票、证明、海关单证的，与走私人通谋为走私人提供走私货物、物品的提取、发运、运输、保管、邮寄或其他方便的，也一律按走私行为论处。

2. 对违反海关监管规定的行政处罚

根据《海关行政处罚实施条例》，对违反国家进出口管理规定，进出口国家禁止进出口货物的；违反国家进出口管理规定，进出口国家限制进出口的货物或属于自动进出口许可管理的货物，进出口货物的收/发货人向海关申报时不能提交许可证件的；进出口货物的品名、税则号列、数量、规格、价格、贸易方式、原产地、起运地、运抵地、最终目的地或者其他应当申报的项目未申报或者申报不实的；擅自处置监管货物，违规存放监管货物，监管货物短少灭失，未按规定办理保税手续，单证不实，过境、转运、通运货物违规，暂时进出口货物违规以及其他货物违规的，海关一律按违反海关监管规定给予行政处罚。

（二）对办案人员的规定

1. 办案时，不得少于 2 人，回避办案人、当事人的近亲属关系，工作人员出示执法证件。

2. 认真听取，如实记录违法嫌疑人、证人的陈述。

3. 不得以暴力、威胁、引诱、欺骗以及其他非法手段获取陈述。

4. 查问违法嫌疑人、询问证人时，应先告知其依法享有的权利和作伪证应当承担的法律责任。

5. 查问违法嫌疑人，可到违法嫌疑人所在单位或者住所进行，也可以要求其到海关或者指定的地点进行，也可个别进行。

6. 对于依法检查大的运输工具和场所，查验的货物、物品，应制作检查、查验记录，并由办案人员、当事人或者其代理人签字或者盖章；对当事人拒不签字或者盖章的，办案人员应当在检查、查验记录上注明，并且由见证人签字或者盖章。

7. 查询案件涉嫌单位和涉嫌人在金融机构、邮政企业的存款、汇款，需经直属海关关长或者其授权的隶属海关关长的批准，方可执行。

8. 对依法当场扣留的货物、物品、运输工具、其他财产及账册、单据等资料，应制作扣留凭单送达当事人，告知其采取扣留的理由、依据及其依法享有的权利。扣留凭单应该记载翔实的内容，如被扣货物、物品、运输工具或者其他财产的品名、规格、数量、重量等，品名、规格、数量、重量当场无法确定的，应当尽可能完整地描述其外在特征。

9. 对海关依法扣留的货物、物品、运输工具、其他财产及账册、单据等资料，可加贴海关封志。

10. 海关扣留货物、物品、运输工具、其他财产以及账册、单据等资料的期限不得超过 1 年。若案件调查需要，经直属海关关长或者其授权的隶属海关关长批准，可以延长，延长期限不得超过 1 年，但是复议、诉讼期间不计算在内。

（三）海关行政处罚的程序

1. 立案和调查取证

(1)立案

海关发现公民、法人或者其他组织有依法应当由海关给予行政处罚行为,应当立案调查,下列情形不予立案:没有违法事实的;违法行为超过法律规定的处罚时效的;其他依法不予立案的情形。

(2)调查取证

海关立案后,应全面、客观、公正、及时地进行调查、收集证据,并依法进行。涉及的隐私或秘密应当保守。

海关在调查取证时可以依法行使下列海关权利。

1)海关依法检查运输工具和场所,检查货物、物品。

2)可以依法扣留下列货物、物品货物运输工具及有关账册、单据等资料:

①有走私嫌疑的货物、物品与运输工具。

②违反《海关法》或者其他有关法律、行政法规的货物、物品及运输工具。

③与违反《海关法》或者其他有关法律、行政法规的货物、物品、运输工具有牵连的账册、单据等资料。

④法律、行政法规规定可以扣留的其他货物、物品运输工具及有关的账册、单据等资料。

⑤对于无法扣留或者不便于扣留的,当事人应当提供等值的担保,海关可以扣留当事人的其他财产。

⑥海关扣留的货物、物品及运输工具,在人民法院或者海关行政处罚做出之前,不得处理;但危险品或者鲜活、易腐、易烂、易失效及易变质等不易长期并存的,经海关关长批准可以先行变卖,变卖所得价款由海关保管,并通知当事人。

3)根据海关有关规定,海关可以查询案件涉嫌单位和涉嫌人员在金融机构、邮电企业的存款、汇款。

4)根据案件调查需要,海关可以对有关货物、物品进行化验、鉴定。

5)海关查问违法嫌疑人或者询问证人时,违法嫌疑人、证人必须如实陈述、提供证据,应当承担法律责任。

6)海关收集的物证、书证应当是原物、原件;收集原物、原件确有困难的,可以拍摄、复制;海关收集电子数据或者录音、录像等视听资料的,应当收集原始载体;收集原始载体确有困难的,可以收集复制件。

7)海关可以依法检查走私嫌疑人的身体。

8)海关可以依法扣留走私犯罪嫌疑人,扣留时间不超过 24 小时,特殊情况下可以延长至 48 小时。

2.告知处罚事实、理由、依据和有关权利

在处罚决定做出前,海关应当告知当事人相关事实、理由和依据等,并发送《行政处罚告知单》给当事人；当事人应在收到告知单的3个工作日内提出书面陈述、申辩和听证申请，逾期视为放弃权利；当事人口头提出陈述、申辩的，海关应当制作出书面记录，并由当事人签字或盖章；当事人放弃陈述、申辩权利的，海关可以直接做出行政处罚决定，并由当事人签字或盖章的放弃权利的书面记载。

3. 听取陈述、申辩或者举行听证

当事人在规定期限内，提出陈述、申辩或听证的，海关在做出行政处罚决定之前，应依法听取当事人陈述或申辩，当事人不要听证的，海关应当组织听证，听证的费用由海关承担。

4. 做出行政决定

海关关长应当根据对行政处罚案件审查的不同结果，依法做出以下决定：

(1)确有违法行为，应当给予行政处罚的，根据其情节和危害后果的轻重，做出行政处罚决定。

(2)依法不予行政处罚的，做出不予行政处罚的决定。

(3)符合撤销案件规定的，予以撤销。

(4)符合《海关行政处罚实施条例》规定的收缴条件的，予以收缴。

(5)违法行为涉嫌犯罪的，移送刑事侦查部门依法办理。

5. 送达处分决定书

行政处罚决定书应当在宣告后当场交付当事人；当事人不在场的，海关应当在7日内将行政处罚决定书送达当事人。

(四)海关行政处罚的决定和执行

1. 从重处罚的情况

有下列情形之一的应当从重处罚：

①因走私被判处刑罚或者被海关行政处罚在2年内又实施走私行为的。

②因违反海关监管规定被海关行政处罚后，在一年内又实施同一违反海关监管规定的行为的。

③有其他依法应当处罚的情形的。

2. 对逾期不履行行政处罚的管理措施

当事人逾期不履行行政处罚决定的，海关可以采取下列措施：

①到期不缴纳罚款的，每日按罚款数额的3%加处罚款。

②根据海关法规定，将扣留的货物、物品、运输工具变价抵缴，或者以当事人提供的担保抵缴。

③申请人民法院强制执行。

3. 对当事人有经济困难的特殊处理

当事人确有经济困难，申请延期或者分期缴纳罚款的，经海关批准，可以暂缓或者分期缴纳罚款。

当事人申请延期或者分期缴纳罚款的，应当以书面形式提出；海关收到申请后，应当在10个工作日内做出决定，并通知申请人；海关同意当事人暂缓或者分期缴纳的，应当及时通知收缴罚款的机构。

人民法院判决没收的走私货物、物品、违法所得、走私运输工具、特制设备，或者海关决定没收、收缴的货物、物品、违法所得、走私运输工具及特制设备，由海关依法统一处理，所得价款和海关收缴的罚款，全部上缴中央国库。

4.行政处罚决定书应当依照有关法律规定送达当事人

依法予以公告送达的，海关应当将行政处罚决定书的正本张贴在海关公告栏内，并在报纸上刊登公告。

## 任务七　认识海关复议制度

### 一、海关复议制度概述

海关行政复议是指公民、法人和其他组织认为海关及其工作人员的具体行政侵犯其合法权益，依法向海关复议机关提出申请，由海关复议机关依照法定程序对该具体行政行为进行审查，并做出决定的活动。

(一)海关行政复议的特征

1.海关行政复议的申请人是公民、法人或者其他组织，即不服海关行政行为的利害关系人。

2.海关行政复议的被申请人是做出具体行政行为的海关机构。

3.行政复议是公民、法人或者其他组织认为海关行政行为侵犯其合法权益提起的。

4.海关行政复议的复议机关是上一级海关机构，对总署不服的，只能向总署申请复议。

(二)海关行政复议的作用和原则

海关行政复议的主要作用体现在：维护和监督海关依法行政职权，防止和纠正违法或者不当的海关具体行政行为；保护公民、法人或者其他组织的合法权益。

海关行政复议的主要原则主要体现在如下几个方面：

1.合法原则：包括复议的主体合法、复议的程序合法、复议的法律依据要正确等。

2.公开原则：全过程公开透明。

3.公正原则：包括用法律依据正确、裁决适当、解决矛盾和争议且不得回避与不作为三个方面。

4.及时原则：及时处理相关复议案件。

5.便民原则：方便当事人进行相关问题的处理。

6.有错必纠原则：发现问题，及时纠正违法或不当的海关行为。

## 二、海关复议制度的内容

（一）使用范围

1. 对海关行政处罚不服

对海关做出的罚款、没收货物、运输工具、追缴无法没收的货物及运输工具的等值价款，没收违法所得，暂停从事有关业务，暂停执业，撤销报关注册登记，取消报关从业资格等行政决定不服的，可以申请复议。

2. 对海关行政强制措施不服

对海关的行政强制措施不服，如对当事人的人身自由的限制、对当事人财产予以查封、扣押、冻结等强制手段不服的，可以申请复议。

3. 对其他行政行为不服

（1）对海关做出的责令退运进出境的货物，收取保证金、保证函、抵押物、质押物，有关资质证、资格证等证书的变更、中止及撤销，关于企业的分类及按该分类进行的管理等行政决定不服的，也可以提起申请复议。

（2）当事人认为违法收取保证金、监管手续费等费用或者违法要求履行其他义务的，可以申请复议。

（3）当事人认为其符合法定条件，向海关依法申请颁发的资质证、资格证等证书，申请依法审批，登记有关事项，或者申请办理报关、查验及放行等海关手续时，海关没有依法办理的，可以向海关申请行政复议。

（4）当事人向海关申请履行保护人身权、财产权的法定职责，海关没有依法履行的，可以向海关申请行政复议。

（5）当事人对海关在完税价格审定、税则归类，原产地认定，税率和汇率的适用、缓征、减征或免征税款，税款的征收、追缴、补税、退税及征收滞纳金，从银行账号划拨税款，拍卖或变卖财产抵缴税款及其他征税行为有异议的，可以提起行政复议。

（6）当事人认为海关的具体行政行为侵犯了其合法权益，也可以提起行政复议。

除以上情况外，当事人认为海关的具体行政行为所依据的规定不合法，在对具体行政行为申请复议时，可以一并向海关的复议机关提出对该规定的审查申请。

（二）复议程序

1. 海关行政复议的申请

复议的申请人是指认为自己的合法权益受到海关具体行政行为的侵犯，依法向海关复议机关申请行政复议的公民、法人或者其他组织。有以下几种特殊情况：

（1）公民死亡——其近亲属申请；

（2）法人或其他组织终止——承受其权利的公民、法人、其他组织可以申请；

（3）法人或其他组织违反海关法后分立、合并、资产重组的——“新设立”机构可以申请

（原机构为处罚对象，该新设立机构为被执行人）。

复议申请的期限即公民、法人或者其他组织认为海关的具体行政行为侵犯其合法权益的，可以自知道该具体行政行为之日起 60 日内，向一个管辖的海关提出行政复议申请。因不可抗力或者其他正当理由耽误法定申请期限的，申请期限自障碍消除之日起继续计算。复议可以以书面或口头的形式申请。

2. 海关行政复议的受理

海关收到申请后应于 5 日内做出决定并书面通知当事人。不予受理的情况包括以下几种：

(1)申请人不是认为海关具体行政行为侵犯其合法权益的公民、法人或者其他组织；

(2)不属于海关行政复议范围的；

(3)超过法定申请复议期限，且无法律、法规规定的其他特殊情形；

(4)已向人民法院提起行政诉讼，人民法院已经依法受理的；

(5)不属于海关管辖的；

(6)已向其他有管辖权的机关申请复议；

(7)申请复议未提交复议申请书。

如海关行政复议机关不予受理的，应当在 5 日内做出决定并制作《行政复议申请不予受理决定书》，送达申请人。申请人对海关做出的不予受理决定或受理后超过行政复议期限不答复的，可以自收到不予受理决定书之日起或者行政复议期满之日起 15 日内，依法向人民法院提起诉讼。

3. 海关行政复议的审理

海关行政复议的审理是指海关行政复议机关受理复议案件后，对复议案件的事实是否清楚，适用依据是否准确，程序是否合法等方面进行全面审查。

4. 海关行政复议的决定

(1)做出复议决定的期限

复议机关应当自受理复议申请之日起 60 日内做出行政复议决定。有下列情形经批准可以延长 30 日：

① 复议案件案情重大、复杂及疑难的；

② 经申请人或者代理人同意的；

③ 有第三人参加复议的；

④ 申请人或其代理人提出新的事实或证据需进一步调查的。

海关行政复议机关延长复议期限，应当制作《延长行政复议审查期限通知书》，并送达申请人、第三人及被申请人。

(2)复议决定的种类

① 决定维持；

② 决定被申请人限期履行法律职责；

③ 责令被申请人在一定期限内重新做出具体行政行为；

④ 其他决定。

(三)注意事项

海关机构的设置为海关总署—直属海关—隶属海关。因此，依据海关的复议规定，当事人向海关申请复议时应该是：当事人对隶属海关的行政行为不服，向直属海关申请复议；当事人对直属海关的行政行为不服，向海关总署申请复议；当事人对海关总署的行政行为不服，向海关总署申请复议。

当事人对海关的行政行为不服，向上一级海关机构申请复议，但是，这并不免除当事人应当按照海关的行政决定履行的海关义务，即当事人应当按照海关的行政决定履行海关义务，然后再申请复议。

当事人对海关行政行为不服，可以进入行政复议程序，对海关的复议决定不服，自知道复议决定之日起15日内向人民法院提起诉讼；也可以不进入行政复议程序，直接向人民法院提起诉讼；但对于涉税案件，应复议前置，即对于涉税案件，当事人应先进入海关复议程序，如对海关复议决定不服，再向人民法院提起诉讼；对于向人民法院提起诉讼，已经受理的案件，不得再向海关申请复议。

## 任务八　认识海关行政裁定制度

### 一、海关行政裁定制度概述

海关行政裁定是通过当事人依据一定的程序，请求海关对有关海关法律的适用问题做出在一定范围内具有普遍约束力的解释，从而保证海关法律制度实施的可预见性、统一性及透明性，以便利对外贸易经营者办理海关手续，方便合法进出口，提高通关效率的海关法律制度。

此制度是进出口前，海关做出的具有普遍约束力的解释，具有预见性和前瞻性。海关行政裁定具有海关规章的同等效力。

### 二、海关行政裁定制度的内容

(一)海关事务行政裁定的范围和作用

1.范围

(1)进出口商品的归类；

(2)进出口货物原产地的确定；

(3)禁止进出口的措施和许可证件的适用；

(4)海关总署决定适用行政裁定的其他海关事务。

2.作用

(1)保证各海关执法的统一性和规范性，避免不同的对外贸易经营者在不同的海关、与不同的时间得到不同的待遇；

(2)促进海关法律规范解释的透明度，促成对外贸易经营者知法、守法经商；

(3)增强海关执法和对外贸易经营者贸易活动的可预知性，加快通关速度，降低贸易成本，提高贸易效率；

(4)通过在法律制度上限制海关的自由裁量权，避免执法腐败。

(二)海关行政裁定的程序

1.申请

(1)申请人

海关行政裁定的申请人应当是在海关注册登记的进出口货物的经营单位。申请海关行政裁定的对象，应为一件具体的海关事务，不是虚拟的或者是假设的进出口行为；申请人可以自行向海关提出申请，也可以委托他人向海关提出。

(2)申请时间

除特殊情况外，海关行政裁定的申请人，应当在货物拟作进口或出口的3个月前，向海关总署或者直属海关提交书面申请。

(3)申请

一份申请只包含一项海关事务，不得就同一项海关事务向两个或两个以上海关提交行政裁定的申请。

(4)申请书

申请人应当按照海关要求填写行政裁定申请书，主要包括下列内容：

① 申请人的基本情况；

② 申请行政裁定的事项；

③ 申请行政裁定的货物的具体情况；

④ 预计进出口日期及进出口口岸；

⑤ 海关认为需要说明的其他情况。

(5)应提交的资料及样品

申请人应当按照海关要求，提供足以说明申请事项的资料，包括进出口合同或意向书的复印件、图片、说明书及分析报告等：

① 申请书所附文件如为外文，申请人应同时提供外文原件及中文译文；

② 申请书应当加盖申请人印章，所提供文件与申请书应当加盖公章；

③ 申请人委托他人申请的，应当提供授权委托书及代理人的身份证明；

④ 海关认为必要时，可要求申请人提供货物样品。

(6)商业秘密的保护

申请人为申请行政裁定向海关提供的资料，如果涉及商业秘密，可以要求海关予以保密。除司法程序要求提供的以外，未经申请人同意，海关不应泄漏。

申请人对所提供资料的保密要求，应当书面向海关提出，并具体列明需要保密的内容。

(7)责任

申请人应对申请内容及所提供材料的真实性、完整性负责。向海关隐瞒真实情况或提供虚假材料的应当承担相应的法律责任。

2. 受理

(1)由海关总署或者海关总署授权的机构受理海关行政裁定申请。

(2)直属海关收到行政裁定申请书，应当对申请及申请资料进行初审。对符合规定的申请，自接受申请之日起 3 个工作日内移送受理机构；对申请资料不符合规定的，应当书面通知申请人在 10 个工作日内补正，逾期不补正的，视为撤回申请。

(3)海关总署或受权机构自收到申请书之日起 15 个工作日内，审核决定受理申请，并书面告之申请人；对不予受理的书面通知申请人，并说明不受理的理由。

(4)海关总署或受权机构自受理申请之日起 60 个工作日内做出行政裁定，书面通知申请人并对外公布。

(5)对于海关接受补充材料的，根据补充的事实和资料为依据重新审查，做出行政裁定的期限，自收到申请人补充材料之日起重新计算。

(6)申请人在规定期限内未能提供有效、完整的资料或样品，影响海关做出行政裁定的，海关可以终止审查。

(7)不予受理情形：

① 超出行政裁定适用范围的。

② 申请不符合形式要求、时间要求及限制规定的。

③ 与实际进出口活动无关的。

④ 就相同海关事务，已有行政裁定做出或其他明确规定的。

3. 审查

当申请人主动提供资料或样品做补充时，应说明原因，由受理机构决定是否采用。

终止审查是指申请人在规定期限内未提交资料，影响裁定做出的情况。

4. 裁定

裁定应在 60 日内做出，如收到补充材料，从补充日重新算起。书面通知申请人，总署统一对外公布。

5. 法律效力

行政裁定与海关规章具有同等效力，但对以往行为无溯及力：

(1)海关做出的行政裁定与海关规章具有同等效力,自公布之日起在中华人民共和国关境内统一使用;

(2)进口或者出口相同情形的货物,应当适用相同的行政裁定;

(3)行政裁定无溯及力,对于行政裁定生效前已经办理完毕的裁定事项有关手续的进出口货物,不适用该行政裁定。

6.申请的撤回与终止审查

撤回应由申请人在做出裁定之前书面申请提出。

7.行政裁定的撤销与失效

海关做出行政裁定所依据的法律、行政法规及规章中的相应规定发生变化,影响行政裁定效力的,原行政裁定自动失效。

有下列情况之一的海关总署撤销原行政裁定:

(1)原行政裁定错误的;

(2)申请人提供的文件不准确或者不全面,造成原行政裁定需要撤销的;

(3)其他需要撤销的情形海关撤销行政裁定的,应当书面通知申请人,并对外公布,撤销行政裁定的决定自公布之日起生效。

8.异议审查

进出口活动的当事人对于海关做出的具体行政行为不服,并对具体行政行为依据的行政裁定持有异议的,可以在对具体的行政行为申请复议的同时一并提出对行政裁定审查申请。复议海关在受理该复议申请后将其中对于行政裁定的审查申请移送海关总署,由海关总署做出审查决定。

## 任务九　进出口货物的陪同查验操作

### 一、陪同查验的含义

陪同查验是指进出口货物的收发货人及其代理人在向海关申报后,根据海关工作的需要,陪同海关实施对所申报进出口货物进行实地检查,配合海关查验工作的开展,并确认最终查验结果的行为和义务。

### 二、陪同查验的时间与地点

陪同查验的时间和地点由海关决定。进口货物陪同查验的时间一般在海关接受进口申报以后提取货物之前,出口货物陪同查验的时间一般在海关接受出口申报之后装运货物之前。陪同查验的地点一般在海关监管区内,在进出境口岸码头、车站、机场、邮局或海关的其他监管场所。

在特殊情况下,进出口货物的收发货人及其代理人可以向海关申请提前或延迟查验或将查验地点放在海关监管区外。如对进出口大宗散货、危险品、鲜活商品、落驳运输的货物、结合布展或收展装卸的进出境展览品等，进出口货物的收发货人及其代理人可以向海关申请，请求海关结合装卸环节在作业现场查验货物。

**三、陪同查验的主要内容**

进出口货物的收发货人及其代理人在接到海关的查验通知或提出的改变查验时间和查验地点的申请得到批准后，要做好陪同查验的准备。海关到达查验现场时，进出口货物的收发货人及其代理人必须到场，并按海关的要求负责搬移有关货物、开拆要查验货物的包装。

海关查验时，进出口货物的收发货人及其代理人应当在场陪同，并按海关要求提供查验货物所需单证，回答海关提出的问题。

根据海关规定，海关查验进出口货物时，要求执行查验任务的海关关员客观公正地将查验情况和查验结果填写在《海关进出口货物查验记录》中。对查验记录，陪同查验的进出口货物的收发货人及其代理人应当认真核对，不管有无不良记录，只要符合实际都要签字确认。海关在查验中如需提取货样进一步组织检验或化验，陪同查验的进出口收发货人及其代理人应当向海关收取《取样清单》，并和海关人员共同对提取的货样进行加封，签字确认。海关查验完毕后，陪同查验的进出口货物的收发货人及其代理人对需要搬移和重封包装的货物负有搬移和重封包装的责任。

**四、查验被海关损坏货物的赔偿**

进出口货物的收发货人及其代理人在陪同查验的过程中发现因为海关人员的责任造成被查验货物损坏，或证实海关在径行查验时因为海关人员的责任造成被查验货物损坏，享有依法请求国家赔偿的权利。

1. 申请赔偿的范围

请求国家赔偿的范围，仅限于在实施查验时由于海关人员的责任造成被查验货物损坏的直接经济损失。直接经济损失的金额，根据被损货物及其部件受损程度或修理费用确定。

以下情况不得提出赔偿请求：

(1)由于收、发货人或其代理人搬移、开拆、重封包装或保管不善造成的损失；

(2)易腐、易失效货物、物品在海关正常工作程序所需要时间内(含扣留或代管期间)所发生的变质或失效；

(3)海关正常检查时产生的不可避免的磨损；

(4)在海关查验之前已发生的损坏和海关查验之后发生的损坏；

(5)进出口货物收发货人及其代理人在提取或装运经海关查验货物未提出异议，以后发现货物有损坏的；

(6)由于不可抗力的原因造成货物、物品的毁坏或损失。

2. 被查货物损坏的认定和赔偿

(1)被查货物损坏的认定

在海关查验、复验或者提取货样的过程中，由于海关人员的责任造成被查货物损坏的，陪同查验的进出口货物收发货人及其代理人应当向海关收取由海关查验人员据实填写的有海关查验人员和陪同查验、复验或者提取货样的进出口货物的收发货人及其代理人签字的《中华人民共和国海关查验货物、物品损坏报告书》一份。海关依法进行查验造成被查货物损坏，而进出口货物的收发货人及其代理人又不在场时，在场的货物存放场所的保管人员或者其他见证人应当与海关查验人员一起，在海关查验人员据实填写的《中华人民共和国海关查验货物、物品损坏报告书》上签字，并及时通知进出口货物的收发货人及其代理人。进出口货物的收发货人及其代理人接到通知后应当向海关收取一份上述《报告书》，《中华人民共和国海关查验货物、物品损坏报告书》是进出口货物的收发货人请求赔偿的主要依据。

(2)被查货物损坏的赔偿

进出口货物的收发货人及其代理人收到《中华人民共和国查验货物、物品损坏报告书》后，可与海关共向协商确定被查货物受损程度，必要时，可凭公证机构出具的鉴定证明来确定。受损程度确定后，以海关审定的完税价格为基数，确定实际的赔偿金额。

赔偿金额如果是以修理费用计算的，则按被损货物的实际修理费用确定为赔偿金额。赔偿金额一律以人民币结算。金额确定后，进出口货物的收发货人应当向海关收取《中华人民共和国海关损坏货物、物品赔偿通知单》，并自收到《海关损坏货物、物品赔偿通知单》之日起3个月内凭以向海关领取赔款，或将银行账户通知海关，由海关直接从银行划拨。逾期则无权要求海关再赔偿。进出口货物的收发货人和海关对赔偿金额有争议时，可向法院起诉，由法院裁定和判决赔偿金额。

3.货物损坏赔偿

(1)海关赔偿范围：查验人员的责任造成查验货物损坏的，赔偿直接经济损失。

(2)不属于海关赔偿的范围：

① 进出口货物的收发货人或代理人搬移、开拆、重封包装或保管不善造成的损失；

② 易腐烂、易失效的货物在海关正常工作程序所需要的时间内(含扣留和代管期)所发生的变质和失效；

③ 海关正常查验所产生的不可避免的磨损；

④ 在海关查验之前或查验之后所发生的损失；

⑤ 由于不可抗力的原因造成货物的损失、损坏。

**能力训练**

**实训项目一**

《中华人民共和国知识产权海关保护条例》规定，只有在海关总署备案的知识产权，才能向海关申请采取保护措施。请问这种说法对吗？为什么？

**实训项目二**

《中华人民共和国海关行政处罚实施条例》规定，不服海关行政处罚的当事人，只能先向上级海关申请复议，只有对复议决定不服时才能向法院起诉。请问这种说法对吗？为什么？

**实训项目三**

收货人或发货人认为其被扣留的进出口货物未侵犯知识产权的，可以向海关提交发行货物的申请和货物等值的担保金后，请求海关放行其货物。请问这种说法对吗？为什么？

**实训项目四**

海关行政裁定的申请人应当是在海关注册的进出口货物经营单位，申请的事项是与拟进口或出口活动有关的海关事务，申请与实际进出口活动无关的，海关不予受理。请辨析对错。

**项目训练**

**一、单选**

1. 我国海关统计价格（　　）。

A. 分别以人民币和美元计算　　B. 以人民币计算

C. 以美元计算　　D. 以人民币或美元计算

2. 被稽查人未履行规定的义务，海关责令改正而逾期不改，开出 1 万元以上 5 万元以下罚款的情形是（　　）。

A. 向海关提供虚假情况或者隐瞒重要事实的

B. 拒绝、拖延向海关提供账簿、单证等有关资料的

C. 转移、隐匿、篡改、毁弃账簿及单证等有关资料的

D. 未按照规定设置或者编制账簿、单证等有关资料的

3. 海关对于担保人未能在担保期限内向海关办理销案手续，海关不能采取的措施为（　　）。

A. 以担保资金担保的，海关应在规定的期限内办理担保资金的扣缴入库手续

B. 按《海关法》第 60 条的规定采取行政强制措施

C. 按《海关法》第 61 条的规定采取税收保全措施

D. 按《行政处罚实施条例》的规定采取相应的行政处罚措施

4. 下列关于知识产权备案有效期的表述错误的是（　　）。

A. 一般情况下，知识产权备案自海关总署核准备案之日起生效，有效期为 10 年

B. 对于自备案生效之日起知识产权有效期不足 10 年的，备案的有效期以知识产权的有效期为准

C. 知识产权海关保护备案有效期届满后，知识产权继续生效的，保护备案自动延期

D. 知识产权每次续展备案的有效期为 10 年

5. 经海关同意,知识产权权利人可以向海关提供总担保,总担保金额不得低于人民币(　　)。

A. 2 万元　　B. 货物价值的 50%

C. 10 万元　　D. 20 万元

6. 海关行政裁定不适用于(　　)。

A. 进出口商品　　B. 进出口货物原产地的确定

C. 禁止进出口措施和许可证件的适用　　D. 海关行政处罚的适用

7. 海关统计是海关依法对(　　)的统计,是国民经济统计的组成部分。

A. 进出口货物贸易　　B. 进出口技术贸易

C. 进出口服务贸易　　D. 以上三者

8. 对以担保资金方式提供担保的,当事人在担保期内履行纳税义务的,海关业务部门应自纳税人履行纳税义务之日起(　　)内书面通知当事人办理退款手续。自退还通知书开出之日起超过(　　)天当事人未来办理退款手续的,海关业务部门负责发布公告。过(　　)当事人仍未来办理退款手续的,海关视当事人放弃资金上缴国库。

A. 7 天,30 天,60 天　　B. 7 天,60 天,90 天

C. 3 个工作日,60 天,90 天　　D. 3 个工作日,60 个工作日,90 工作日

9. 关于知识产权海关保护备案,海关总署应当自收到申请人全部文件之日起(　　)内起做出是否准备备案的决定。

A. 20 天　　B. 30 天

C. 20 个工作日　　D. 30 个工作日

10. 在知识产权有效的前提下,知识产权权利人可以在知识产权海关保护备案有效期届满前(　　),向海关总署申请续展备案,每次续展备案的有效期为(　　)。

A. 30 天,8 年　　B. 60 天,10 年

C. 6 个月内,10 年　　D. 3 个月内,8 年

11. 海关根据知识产权权利人申请扣留的侵权嫌疑货物,自扣留之日起(　　)内未收到人民法院协助执行通知的,海关应放行扣留货物。

A. 5 个工作日　　B. 10 个工作日

C. 20 个工作日　　D. 30 个工作日

12. 海关依职权扣留侵权嫌疑货物的,自扣留之日起(　　)内未收到人民法院协助执行通知的,并且经调查不能认定被扣留的侵权嫌疑货物侵犯知识产权的,海关应当放行被扣留货物。

A. 10 个工作日　　B. 20 个工作日

C. 30 个工作日　　D. 50 个工作日

13. 海关决定组织听证的，应当自收到听证申请之日起(　　)以内举行听证，并在举行听证的(　　)以前将听证通知书送达当事人；决定不予听证的，海关应当在收到听证申请之日起(　　)内制作不予听证通知书并送达申请人。

A. 30 日，7 日，5 日　　B. 20 日，5 日，7 日

C. 15 日，7 日，5 日　　D. 30 日，5 日，7 日

14. 公民、法人或其他组织认为海关的具体行政行为侵犯其合法权益的，可以自知道该具体行政行为之日起(　　)内向有管辖权的海关提出行政复议申请，行政申请机关不予受理的，申请人应当自收到不予受理决定书之日起或者行政复议期满之日起(　　)提起行政诉讼。

A. 30 日，10 日　　B. 60 日，15 日

C. 20 日，5 日　　D. 60 日，7 日

15. 海关对申请人的海关事务应当根据有关事实和材料，依据有关的法律、行政法规、规章进行审查并做出行政裁定. 决定应当自受理申请之口起(　　)内做出

A. 60 日　　B. 30 日　　C. 20 日　　D. 15 日

**二、多选**

1. 下列货物列入我国海关统计的有(　　)。

A. 保税区进出境货物　　B. 进料加工深加工结转货物

C. 退运货物　　D. 边境小额贸易货物

2. 下列关于我国海关统计时间的表述正确的是(　　)。

A. 进口货物按照海关放行的日期进行统计

B. 出口货物按照海关结关的日期进行统计

C. 进口转关运输货物按照指运地海关放行日期进行统计

D. 出口转关运输货物按照出境地海关的结关日期进行统计

3. 海关依法可对下列(　　)与进出口活动直接有关的企业、单位实施稽查。

A. 从事对外贸易的企业、单位　　B. 从事对外加工贸易的企业

C. 使用或经营减免税进口货物的企业、单位

D. 从事报关业务的企业

4. 根据我国《海关法》的规定，下列(　　)情形可适用海关事务担保。

A. 应征税货物，收货人请求援缴税款的

B. 进口保税货物

C. 海关归类、估价不明确，且不能提供许可证件，因此未能办妥有关进出口手续，收发货人要求先放行货物的

D. 有违法嫌疑，但依法不予以没收的进口货物

5. 海关在实施海关事务担保时，目前主要采用担保资金和担保函两种形式。其中担保资金形式主要包括（　　）。

A. 保证金　　B. 风险担保金　　C. 抵押金　　D. 赎金

6. 关于知识产权海关保护备案与申请扣留侵权嫌疑货物两者之间的关系，下列表述错误的是（　　）。

A. 只有办理了知识产权海关保护备案的权利人才有权申请扣留侵权嫌疑货物

B. 没有办理知识产权海关保护备案的权利人申请扣留侵权嫌疑货物，必须补办备案

C. 海关发现侵犯备案知识产权的嫌疑货物，即使权利人不提出申请，海关也应予扣留

D. 没有办理知识产权海关保护备案的权利人，按规定申请扣留嫌疑货物的，只要提供担保，海关应当扣留侵权嫌疑货物

7. 我国知识产权海关保护的范围包括（　　）。

A. 商标专用权　　B. 著作权和与著作权有关的权利

C. 专利权　　D. 信息专有权

8. 海关作为国家进出关境的监督管理机关，对下列（　　）事务具有行政许可权。

A. 企业报关资格的许可

B. 报关员的报关从业许可

C. 企业从事对外贸易经营业务的许可

D. 企业从事海关监管货物仓储业务的许可

9. 目前可以做出海关行政许可决定的机关包括（　　）。

A. 海关总署　　B. 直属海关

C. 隶属海关　　D. 直属海关相关部门

10.《中华人民共和国海关行政处罚实施条例》所称的“货物价值”，应包括（　　）。

A. 进出口货物的完税价格　　B. 进出口货物的关税税额

C. 进口货物的进口环节增值税税额　　D. 进口货物的进口环节消费税税额

11. 下列选项中不列入海关统计的是（　　）。

A. 进出境物品超过自用、合理数量的　　B. 货币及货币用黄金

C. 租赁期 1 年以下的租赁进出口货物　　D. 因残损、短少、品质不良或者规格不符

12. 下列选项中不列入海关统计的是（　　）。

A. 退运货物　　B. 修理物品

C. 暂时进出口货物　　D. 海关特殊监管之间转移的货物

13. 进出口货物的统计项目包括（　　）。

A. 品名及编码、数量、价格、义别、进出口日期

B. 经营单位、贸易方式、运输方式

C. 进口货物的原产国(地区)、启运同(地区)、境内目的地

D. 征免方式、征免、用途

14. 关于海关统计价格，下列说法正确的是(　　)。

A. 进口货物的价格，按照货价、货物运抵中华人民共和国境内输入地点起卸前的运输及其相关费用、保险费之和统计

B. 出口货物的价格，按照货价、货物运抵中华人民共和国境内输出地点装卸前的运输及其相关费用、保险费之和统计，共中包含的出口关税税额，无须扣除

C. 我国海关统计价值的货币，分别以人民币和美元统计

D. 进出口货物的价格以欧元货币计价的，应当分别按照外汇牌价，折算成美元值和人民币值，进行统计

15. 关于海关统计关别，下列说法正确的是(　　)。

A. 海关统计关别由接受申报的海关进行统计

B. 进口转关运输货物，由进境海关进行统计

C. 出口转关运输货物，由出境地海关进行统计

D. 进出海关特殊区域的货物，由特殊区域所在地海关进行统计

**三、判断题**

1. 海关统计的原始资料是经海关确认的进出口货物报关单及其他单证。(　　)

2. 经海关确认的进出口货物报关单，以及其他与进出口业务直接有关的其他资料应当自进出口货物申报之日起保管三年。(　　)

3. 在特殊情况下，经海关关长批准，海关可以不经事先通知进行稽查，径行稽查可以不制发《稽查通知书》。(　　)

4. 海关事务担保当事人不能为自己提供担保。(　　)

5. 在海关总署备案的知识产权权利人申请扣留侵权嫌疑货物的，海关应当扣留侵权嫌疑货物，书面通知知识产权权利人，并将海关扣留凭单送达收货人或者发货人。(　　)

6. 某进出境船舶由于暴风雪而被迫在未设立海关的港口停靠，事先未向海关申报，事后也未向海关报告，海关查问时，该船舶负责人也未能提供正当理由。这种情况，海关可对其处以 5 万元以上的罚款。(　　)

7. 海关统计是国家进出口货物贸易统计，是国民经济统计的组成部分。(　　)

8. 海关做出的行政裁定自公布之日起，在中华人民共和国关境内适用。(　　)

9. 根据《海关行政处罚实施条例》的规定，两个以上海关都有海关行政处罚管辖权的案件，由最先发现违法行为的海关管辖。(　　)

10. 海关扣留的侵犯知识产权嫌疑货物，经知识产权主管部门调查认定侵犯知识产权的，予以没收。(　　)

# 项目三　对外贸易管制

**学习目标**

1. 了解国家对外贸易方针政策；

2. 认识海关监管在对外贸易管制中的作用；

3. 掌握对外贸易管制内容和报关要求。

重点:中国对外贸易管制的内容

难点:对外贸易管制和报关之间的关联

**项目引入**

林某在网上看到这样一篇报道:购买大米出口配额被骗100万元。大致案情如下:

大米出口配额可以转让,上海做大米生意的林先生信以为真,结果被骗走100万元。昨天,骗走林先生钱的骗子被上海警方移交检察机关起诉。

据了解,这起以转让国家大米出口配额为名的合同诈骗案是一种新型合同诈骗案。

提醒:大米煤炭的出口配额由商务部统一归口管理,出口配额的买卖,转让均属于违法行为。企业和市民需提高警惕,遇有此情况要及时向有关部门核实,不要轻易签订合同和支付定金,一旦发现被骗要及时报案。

林某看到这个案例后,就想了解国家对进出口贸易实施管制的目的是什么?具体有哪些管制措施呢?

**知识链接**

## 任务一　认识对外贸易管制

### 一、对外贸易管制

对外贸易管制是指一国政府从国家宏观经济利益、国内外政策需要以及为履行所缔结或加入国际条约的义务出发,对本国的对外贸易活动实施有效管理而实行的各种贸易政策、制度或措施的总称,简称"贸易管制"。它包括以下几种含义。

#### (一)贸易管制是一种对外贸易的国家管制

对外贸易是国家经济的重要组成部分,一个国家既要建立与其他国家之间的经济联系,互通有无、互惠互利,又要通过对外贸易管制的各项措施,防止外国产品冲击本国市场而影响本国独立的经济结构,从而使对外贸易能够最大限度地促进本国经济的良性发展。正是基于这样的目的,国家要制定并及时调整对外贸易政策,并按照国际贸易的相关规则建立对外贸易管理制度。

(二)贸易管制是政府的一种强制性行政管理行为

贸易管制主要是由政府部门根据国家对外经贸政策,严格依据国家法律、行政法规的规定来完成的一种行政管理行为,它体现国家意志并以国家强制力为后盾。贸易管制不仅是各国政府的重要职能,也是国家对外经济政策的具体体现。

(三)贸易管制所涉及的法律制度属于强制性法律范畴

我国对外贸易管制制度是一种综合管理制度,主要由海关监管制度、关税制度、对外贸易经营者的资格管理制度、进出口许可制度、出入境检验检疫制度、进出口货物收付汇管理制度以及贸易救济制度等构成。我国已基本建立并逐步健全以《对外贸易法》为核心的对外贸易管理与管制的法律体系来保证各项制度的有效实施。

目前国际上对对外贸易管制通常有两种分类形式:一种是按照管理目的分为进口贸易管制和出口贸易管制;另一种则是按其管制手段分为关税措施和非关税措施。我国的对外贸易管制则是按管制对象分为货物进出口贸易管制、技术进出口贸易管制和国际服务贸易管制。

## 二、对外贸易管制的目的

对外贸易管制是各国政府为保护和促进国内生产、增加出口、限制进口而采取的鼓励或限制措施,或为政治目的对进出口采取禁止或限制的措施。对外贸易管制已成为各国不可或缺的一项重要政府职能,是一个国家对外经济和外交政策的具体体现。我国贸易管制的目的主要表现为:一方面维护对外贸易秩序,促进与发展对外贸易,保障合法贸易的正当权益;另一方面保护民族工业,保障国家经济安全,促进社会主义市场经济健康发展,从而实现国家对外经贸的战略目标。

## 三、对外贸易管制目标的实现

对外贸易管制是对外贸易的国家管制,任何从事对外贸易活动者都必须无条件予以遵守。国家对外贸易管制的目标是以对外贸易管制法律法规为保障,依靠有效的政府行政管理手段来最终实现的。

(一)海关监管是实现贸易管制的重要手段

我国《对外贸易法》将对外贸易划分为货物进出口、技术进出口和国际服务贸易,而这些贸易,尤其是货物进出口贸易以及以货物为表现形式的技术进出口贸易,最终都是要通过进出境行为来实现的。作为我国进出关境监督管理机关的海关,依据《海关法》所赋予的权力,代表国家在口岸行使进出境监督管理职能,这种特殊的管理职能决定了海关监管是实现贸易管制目标的有效行政管理手段。海关监管也是贸易管制得以实现的一个重要环节。我国《海关法》规定:"中华人民共和国海关是国家的进出关境监督管理机关。海关依照本法和其他有关法律、行政法规,监管进出境的运输工具、货物、行李物品、邮递物品和其他物品,征收关税和其他税费，查缉走私并编制海关统计和办理其他海关业务”。国家贸易管制是通过国家对外贸易主管部门及其他行业主管部门依据国家贸易管制政策发放各类许可证件，最终由海关依据许可证件对实际进出口货物合法性的监督管理来实现的。缺少海关监管这一环节，任何对外贸易管制政策都不可能充分发挥其效力。

贸易管制措施又是海关监管的重要依据。《海关法》第四十条规定："国家对进出境货物、物品有禁止性或限制性规定的，海关依据法律、行政法规、国务院的规定或者国务院有关部门依据法律、行政法规授权做出的规定实施监管。"该条款不仅赋予了海关对进出口货物依法实施监督管理的权力，还明确了国家对外贸易管制政策所涉及的法律法规是海关对进出口货物监管工作的法律依据。根据我国行政管理职责分工与对外贸易管制相关的法律、行政法规、部门规章分别由全国人大、国务院及其所属各部、委(局)负责制定颁发，海关则是贸易管制政策在货物进出口环节的具体执行机关。因此，海关对进出口货物实施监管或制定有关监管程序时，必须以国家贸易管制政策所涉及的法律法规为依据，充分重视这些法律法规与海关实际工作之间的必然联系，以准确贯彻和执行政策作为海关开展各项管理工作的前提和原则，制定合法、高效的海关监督管理程序，充分利用《海关法》赋予的权力，确保国家各项贸易管制目标的实现。

(二)贸易管制目标的实现离不开国家各行政管理部门的通力合作

贸易管制作为一项综合制度，需要建立在国家行政管理部门之间合理分工的基础上，通过各尽其责的通力合作来实现。国家进出口贸易管制政策是通过国家对外贸易主管部门及其他行业主管部门依据国家贸易管制政策发放各类许可证件，最终由海关依据许可证件及其他单证(提单、发票等)对实际进出口货物合法性的监督管理来实现的。综上所述，海关是国家贸易管制政策的执行者，外贸及其他行业主管部门是相关贸易管制的制定者，而报关则是海关确认进出口货物合法性的先决条件。海关监管是通过对"单"、"证"、"货"这三要素来确认货物进出口的合法性的，而这三要素中的"单"和"证"正是通过报关环节中的申报手续向海关递交的。《海关法》第二十四条规定："进口货物的收货人、出口货物的发货人应当向海关如实申报，交验进出口许可证件和有关单证。国家限制进出口的货物，没有进出口许可证件的，不予放行。"

**四、我国贸易管制的主要内容**

我国对外贸易管制制度是一种综合管理制度，主要由海关监管制度、关税制度、对外贸易经营者的资格管理制度、进出口许可制度、出入境检验检疫制度、进出口货物收付汇管理制度以及贸易救济制度等构成。本章主要介绍进出口许可制度、对外贸易经营者的资格管理制度、出入境检验检疫制度、进出货物收付汇管理制度以及贸易救济制度，概括为"证"、"备"、"检"、"核"、"救"五个字。

1."证"——即货物、技术进出口的相关许可证明和文件它主要是指进出口许可证件，即法律、行政法规规定的各种具有许可进出口性质的证明、文件。进出口许可证件是我国实行进出口许可制度中的重要内容。进出口许可制度不仅是我国对外贸易管制的核心管理制度，而且是我国对外贸易管制的主要实现方式之一。进出口许可证是货物或技术进出口的证明文件，既是我国贸易管制的最基本手段，同时又是我国有关行政管理机构执行贸易管制与监督的重要依据。此外，国家有关主管部门对于出口文物，进出口黄金及其制品、进口音像制品、进出口濒危野生动植物、进出口药品药材和进口废物等特殊进出口商品的批准文件或许可文件，同样也是我国有关职能管理机构执行贸易管制的重要依据。

2.“备”——即对外贸易经营组织的备案登记

我国对外贸易经营者在从事或参与对外贸易经营活动以前，需按规定向国务院商务主管部门或者其委托的机构办理备案登记。根据我国《对外贸易法》的相关规定，对外贸易经营者未按照规定办理备案登记的，海关不予办理进出口货物的验放手续。

3.“检”——即商品质量的检验检疫、动植物检疫和国境卫生检疫，简称为“三检”

其基本目的是为了保证进出口商品的质量、保障人民的生命安全健康，我国出入境检验检疫机构依法对进出口的货物实施必要的检验检疫。

4.“核”——即进出口收、付核销

我国在有关进出口货物的收、付汇管理中，对于实际进出口的货物与技术，实行较为严格的收、付汇核销制度，以达到国家对外汇实行管制，防止偷逃、偷套外汇的目的。

5.“救”——即贸易管制的救济措施

我国在对进出口贸易实行管制过程中根据国际公认的规则所采取的贸易补救措施主要包括反倾销、反补贴和保障措施。根据世界贸易组织的有关部门规定，任何一个世界贸易组织成员都可以为维护自身经济贸易利益，防止或阻止产业受到侵害或损害而采取保护性措施。

**五、我国对外贸易管制法律体系**

为保障对外贸易管制各项制度的实施，我国已基本建立并逐步健全以《对外贸易法》为核心的对外贸易管理与管制的法律体系，并依照这些法律、行政法规、部门规章和我国履行国际公约的有关规定，自主实行对外贸易管制。

由于贸易管制是一种国家管制，其法律渊源不包括地方性法规、地方性规章及各民族自治区政府的地方条例和单行条例，贸易管制所涉及的法律渊源只限于宪法、法律、行政法规、部门规章以及相关的国际条约。

（一）法律

法律是指由国家最高权力机关全国人民代表大会或它的常务委员会制定，由国家主席颁布的规范性文件的总称。我国现行的与贸易管制有关的法律主要有：

(1)《中华人民共和国对外贸易法》;

(2)《中华人民共和国海关法》;

(3)《中华人民共和国进出口商品检验法》;

(4)《中华人民共和国进出境动植物检疫法》;

(5)《中华人民共和国固体废物污染环境防治法》;

(6)《中华人民共和国国境卫生检疫法》;

(7)《中华人民共和国野生动物保护法》;

(8)《中华人民共和国药品管理法》;

(9)《中华人民共和国文物保护法》;

(10)《中华人民共和国食品卫生法》等。

(二)行政法规

行政法规是指国务院为了实施宪法和其他相关法律,在自己职权范围内制定的基本行政管理规范性文件的总和。我国现行的与贸易管制有关的行政法规主要有:

(1)《中华人民共和国货物进出口管理条例》;

(2)《中华人民共和国技术进出口管理条例》;

(3)《中华人民共和国进出口关税条例》;

(4)《中华人民共和国知识产权海关保护条例》;

(5)《中华人民共和国核出口管制条例》;

(6)《中华人民共和国野生植物保护条例》;

(7)《中华人民共和国外汇管理条例》;

(8)《中华人民共和国反倾销条例》;

(9)《中华人民共和国反补贴条例》;

(10)《中华人民共和国保障措施条例》等。

(三)行政规章

行政规章是国务院各部门根据法律和国务院的行政法规、决定和命令,在本部门权限范围内发布的规范性文件的总和。我国现行的与贸易管制有关的部门规章很多,例如:

(1)《货物进口许可证管理办法》;

(2)《货物出口许可证管理办法》;

(3)《货物自动进口许可管理办法》;

(4)《出口收汇核销管理办法》;

(5)《中华人民共和国放射性药品管理办法》;

(6)《两用物项和技术进出口许可证管理办法》等。

(四)国际条约

国际条约是指国家及其他国际法主体间所缔结的以国际法为准则,并确定其相互关系中的权利和义务的一种国际书面协议。也是国际法主体间相互交往的一种最普遍的法律形式。

由于各国在通过国内立法实施本国进出口贸易管理和管制的各项措施的同时，必然要与其他国家协调立场，确定相互之间在国际贸易活动中的权利与义务关系，以实现其外交政策和对外贸易政策所确立的目标，因此国际贸易条约与协定便成为各国之间确立国际贸易关系立场的重要的法律形式。

我国目前所签订生效的各类国际条约，虽然不属于我国国内法的范畴，但就其效力而言可将其视为我国的法律渊源之一。

目前我国所加入或缔结的涉及贸易管制的国际条约主要有：

(1)我国加入世界贸易组织(WTO)所签订的有关双边或多边的各类贸易协定；

(2)《京都公约》(《关于简化和协调海关制度的国际公约》)；

(3)《华盛顿公约》(《濒危野生动植物种国际贸易公约》)；

(4)《关于消耗臭氧层物质的蒙特利尔议定书》；

(5)《关于麻醉品和精神药物的国际公约》；

(6)《关于化学品国际贸易资料交流的伦敦准则》；

(7)《关于在国际贸易中对某些危险化学品和农药采用事先知情同意程序的鹿特丹公约》；

(8)《控制危险废物越境转移及其处置的巴塞尔公约》；

(9)《建立世界知识产权组织公约》。

## 任务二　认识我国进出口许可管理制度

### 一、禁止进出口管理

(一)禁止进出口货物管理

对列入国家公布的禁止进出口目录以及其他法律、法规明令禁止或停止进出口的货物技术，任何对外贸易经营者不得经营进出口。

1.禁止进口货物管理

我国政府明令禁止进口的货物包括：列入由国务院商务主管部门或由其会同国务院有关部门制定的《禁止进口货物目录》的商品，国家有关法律、法规明令禁止进口的商品以及因其他各种原因停止进口的商品。禁止进口货物主要包括以下几种：

(1)列入《禁止进口货物目录》的商品(目前共6批)

①《禁止进口货物目录》(第一、六批)是为了保护我国的自然生态环境和生态资源，从我国国情出发，履行我国所缔结或者参加的与保护世界自然生态环境相关的一系列国际条约和协定而发布的。如国家禁止进口属破坏臭氧层物质的四氯化碳、禁止进口属世界濒危

物种管理范畴的犀牛角和虎骨等。

②《禁止进口货物目录》(第二批)均为旧机电产品类,是国家对涉及生产安全(压力容器类)、人身安全(电器、医疗设备类)和环境保护(汽车、工程及车船机械类)的旧机电产品所实施的禁止进口管理。

③《禁止进口货物目录》(第三、四、五批),所涉及的是对环境有污染的固体废物类,包括城市垃圾、医疗废物、含铅汽油淤渣等 13 个类别的废物。

(2)国家有关法律法规明令禁止进口的商品

例如:不符合环保规定的废物以及受放射性污染的废旧金属、来自疫区或不符合我国卫生标准的动物和动物产品等。

(3)其他

① 停止进口以 CFC-12 为制冷工质的汽车及以 CFC-12 为制冷工质的空调压缩机(含汽车空调器);

② 停止进口右置方向盘的汽车;

③ 停止进口旧服装、Ⅷ因子制剂等血液制品、黑人牙膏("DARKLE"、"DARLIE")等;

④ 停止进口国产手表出口复进口。

2. 禁止出口货物管理

我国政府明令禁止出口的货物包括:列入由国务院商务主管部门或由其会同国务院有关部门制定的《禁止出口货物目录》的商品,国家有关法律、法规明令禁止出口的商品以及其他各种原因停止出口的商品。禁止出口货物主要包括以下几种:

(1)列入《禁止出口货物目录》的商品(目前共四批)

①《禁止出口货物目录》(第一、三批)是为了保护我国自然生态环境和生态资源,从我国国情出发,履行我国所缔结或者参加的与保护世界自然生态环境相关的一系列国际条约、协定而发布的禁止出口的货物。如国家禁止出口属破坏臭氧层物质的四氯化碳、禁止出口属世界濒危物种管理范畴的犀牛角和虎骨、禁止出口有防风固沙作用的发菜和麻黄草等。

②《禁止出口货物目录》(第二批)主要是为了保护我国匮乏的森林资源,防止乱砍滥伐而发布的,如禁止出口木炭。

③《禁止出口货物目录》(第四批)主要包括硅砂及石英砂。

(2)国家有关法律法规明令禁止出口的商品

例如:依据《中华人民共和国野生植物保护条例》,禁止出口未定名的或者新发现并有重要价值的野生植物。

(3)其他

如禁止出口劳改产品等。

(二)禁止进出口技术管理

1. 禁止进口技术管理

根据《对外贸易法》《技术进出口管理条例》以及《禁止进口、限制进口技术管理办法》的有关规定，国务院商务主管部门会同国务院有关部门，制定、调整并公布了禁止进口的技术目录。属于禁止进口的技术不得进口。

目前《中国禁止进口、限制进口技术目录》（第一批）所列明的禁止进口的技术涉及钢铁冶金技术、有色金属冶金技术、化工技术、石油炼制技术、石油化工技术、消防技术、电工技术、轻工技术、印刷技术、医药技术、建筑材料生产技术等 11 个技术领域的 26 项技术。

2. 禁止出口技术管理

根据《外贸法》《技术进出口管理条例》以及《禁止出口、限制出口技术管理办法》的有关规定，国务院商务主管部门会同国务院有关部门，制定、调整并公布了禁止出口的技术目录。属于禁止出口技术的，不得出口。

目前列入《中国禁止出口、限制出口技术目录》禁止出口部分的技术涉及核技术、测绘技术、地质技术、药品生产技术、农业技术等 25 个技术领域的 31 项技术。

**二、限制进出口管理**

为维护国家安全和社会公共利益，保护人民的生命健康，履行中华人民共和国所缔结或者参加的国际条约和协定，国务院商务主管部门会同国务院有关部门，依照《对外贸易法》的规定，制定、调整并公布了各类限制进出口货物、技术目录。海关依据国家相关法律法规对限制进出口目录货物、技术实施监督管理。

（一）限制进出口货物管理

国家实行限制进出口管理的货物，必须依照国家有关规定取得国务院商务主管部门或者由其会同国务院有关部门许可，方可进出口。根据 2004 年新修订的《对外贸易法》第十六条的规定，下列情况下，限制有关货物的进出口行为：

（1）为维护国家安全、社会公共利益或者公共道德，需要限制进口或者出口的；

（2）为保护人的健康或者安全，保护动物、植物的生命或者健康，保护环境，需要限制进口的；

（3）为实施与黄金或者白银进出口有关的措施，需要限制进口或者出口的；

（4）国内供应短缺或者为有效保护可能用竭的自然资源，需要限制进口或者出口的；

（5）输往国家或者地区的市场容量有限，需要限制出口的；

（6）出口经营秩序出现严重混乱，需要限制出口的；

（7）为发展或者加快发展国内特定产业，需要限制进口的；

（8）对任何形式的农业、牧业、渔业产品有必要限制进口的；

（9）为保障国家国际金融地位和国际收支平衡，需要限制进口的；

（10）依照法律、行政法规、部门规章的规定，其他需要限制进口或者出口的；

（11）根据我国缔结或者参加的国际条约、协定的规定，其他需要限制进口或者出口的。

1.限制进口货物管理

根据我国《货物进出口管理条例》的规定，对国家已经规定了数量限制的货物实行配额管理。配额管理是国家对限制进出口的商品采取的一种直接数量控制的办法，即对某种商品规定具体的进口或出口数量，超过规定数量则不允许进口或出口。

自2005年起，根据我国加入世界贸易组织时的降税承诺及其具体安排，国家已经取消了对于进口产品的纯粹数量限制规定。目前，我国限制进口货物管理按照其限制方式划分为许可证件管理和关税配额管理。

(1)许可证件管理

许可证件管理系指在一定时期内根据国内政治、工业、农业、商业、军事、技术、卫生、环保、资源保护等领域需要，以及为履行我国所加入或缔结的有关国际条约规定，以经国家各主管部门签发许可证件的方式来实现各类限制的进口措施。

许可证件不仅包括进出口许可证，而且包括《对外贸易法》《进出口货物管理条例》以及其他法律、行政法规规定的各种具有许可性质的证明、文件。如濒危物种进口、可利用废物进口、进口药品、进口音像制品、黄金及其制品进口等许可证件。

国务院商务主管部门或者国务院有关部门在各自的职责范围内，根据国家有关法律法规及国际公约的有关规定签发上述各项管理所涉及的各类许可证件。

① 进出口许可证管理含义。进出口许可证管理是指商务部或者会同国务院其他有关部门，依法制定并调整进出口许可证管理目录，以签发进出口许可证的形式对该目录商品实行的行政许可管理。

② 进出口许可证主管部门及办理程序。进出口许可证管理属于国家限制进出口管理范畴，分为进口许可证管理和出口许可证管理。商务部是全国进出口许可证的归口管理部门，负责制定进出口许可证管理办法及规章制度，监督、检查进出口许可证管理办法的执行情况，处罚违规行为。商务部会同海关总署制定、调整和发布年度《进口许可证管理货物目录》及《出口许可证管理货物目录》。

商务部授权配额许可证事务局(以下简称许可证局)统一管理、指导全国各发证机构的进出口许可证签发工作，许可证局对商务部负责。许可证局及商务部驻各地特派员办事处和各省、自治区、直辖市、计划单列市以及商务部授权的其他省会城市商务厅(局)、外经贸委(厅、局)为进出口许可证的发证机构，在许可证局统一管理下，负责授权范围内签发“中华人民共和国进口许可证”或“中华人民共和国出口许可证”。

③ 进出口许可证是国家管理货物进出口的凭证，不得买卖、转让、涂改、伪造和变造。凡属于进出口许可证管理的货物，除国家另有规定外，对外贸易经营者应当在进口或出口前按规定向指定的发证机构申领进出口许可证，海关凭进出口许可证接受申报或验放。

④ 进口许可证是我国进出口许可证管理制度中具有法律效力，用来证明对外贸易经营

者经营，列入国家进口许可证管理目录商品合法进口的证明文件，是海关验放该类货物的重要依据。

(2)进口许可证的管理

1)有效期

① 进口许可证的有效期为一年，进口许可证应在进口管理部门批准文件规定的有效期内签发。

② 进口许可证当年有效。特殊情况需跨年度使用时，有效期最长不得超过次年 3 月 31 日。

③ 进口许可证应在有效期内使用，逾期自行失效，海关不予放行。

④ 进口许可证可以办理延期，但只能延期一次，延期最长不超过三个月。进口许可证因故在有效期内未使用，进口企业应在进口许可证有效期内向原发证机构提出延期申请；进口许可证因故在有日期内未使用完，进口企业应在进口许可证有效期内向原发证机构提出未使用部分的延期申请。

2)使用范围

进口许可证管理实行“一关一证”管理。一般情况下，进口许可证为“一批一证”，如要实行非“一批一证”，须同时在进口许可证备控栏内打印“非一批一证”字样。“一关一证”指进口许可证只能在一个海关报关；“一批一证”指进口许可证在有效期内一次报关使用；“非一批一证”指进口许可证在有效期内可多次在报关使用，但最多不超过十二次，由海关在许可证背面“海关验放签注栏”内注明签注核减进口数量。

3)进口许可证不得买卖、转让、伪造和变造

对伪造、变造或者买卖进口许可证的，依照刑法关于非法经营罪或者伪造、变造、买卖国家机关公文、证件、印章罪的规定，依法追究刑事责任；尚不够刑事处罚的，依照海关法的有关规定处罚；外经贸部并可以撤销其对外贸易经营许可。

2.限制出口货物管理

(1)出口配额限制

出口配额限制系指在一定时期内为建立公平竞争机制、增强我国商品在国际市场的竞争力、保障最大限度地收汇，保护我国产品的国际市场利益，国家对部分商品的出口数量直接加以限制的措施。在我国出口配额限制有两种管理形式，即出口配额许可证管理和出口配额招标管理。

① 出口配额许可证管理

出口配额许可证管理是国家对部分商品的出口，在一定时期内(一般是 1 年)规定数量总额，经国家批准获得配额的允许出口，否则不准出口的配额管理措施。出口配额许可证管理是国家通过行政管理手段对一些重要商品以规定绝对数量的方式来实现限制出口的

目的。

出口配额许可证管理是通过直接分配的方式，由国务院商务主管部门或者国务院有关部门在各自的职责范围内根据申请者需求结合其进出口实绩、能力等条件，按照效益、公正、公开和公平竞争的原则进行分配的。国家各配额主管部门对经申请有资格获得配额的申请者发放各类配额证明。申请者取得配额证明后，到国务院商务主管部门及其授权发证机关，凭配额证明申领出口许可证。

② 出口配额招标管理

配额招标管理是国家对部分商品的出口，在一定时期内（一般是 1 年）规定数量总额，采取招标分配的原则，经招标获得配额的允许出口，否则不准出口的配额管理措施。出口配额招标管理也是国家通过行政管理手段对一些重要商品以规定绝对数量的方式来实现限制出口的目的。国家各配额主管部门对中标者发放各类配额证明，中标者取得配额证明后，到国务院商务主管部门及其授权发证机关，凭配额证明申领出口许可证，海关凭许可证验放。

(2)出口非配额限制

出口非配额限制系指在一定时期内根据国内政治、军事、技术、卫生、环保、资源保护等领域需要，以及为履行我国所加入或缔结的有关国际条约的规定，以经国家各主管部门签发许可证件的方式来实现的各类限制出口措施。目前，我国非配额限制管理主要包括出口许可证、濒危物种、敏感物项出口以及军品出口等许可管理。出口许可证是我国进出口许可证管理制度中具有法律效力，用来证明对外贸易经营者经营列入国家出口许可证管理目录商品合法出口的证明文件，是海关验放该类货物的重要依据。

(二)限制进出口技术管理

1. 限制进口技术管理

限制进口技术实行目录管理。根据《对外贸易法》《技术进出口管理条例》以及《禁止进口、限制进口技术管理办法》的有关规定，国务院商务主管部门会同国务院有关部门，制定、调整并公布限制进口的技术目录。属于目录范围的限制进口的技术，实行许可证管理，未经国家许可，不得进口。进口属于限制进口的技术，应当向国务院商务主管部门提出技术进口申请。国务院商务主管部门收到技术进口申请后，应当会同国务院有关部门对申请进行审查。技术进口申请经批准的，由国务院商务主管部门发给《中华人民共和国技术进口许可意向书》，进口经营者取得技术进口许可意向书后，可以对外签订技术进口合同。进口经营者签订技术进口合同后，应当向国务院商务主管部门申请技术进口许可证。经审核符合发证条件的，由国务院商务主管部门颁发“中华人民共和国技术进口许可证”，凭以向海关办理进口通关手续。

目前，列入《中国禁止进口限制进口技术目录》（第一批）中属限制进口的技术包括生物技术、化工技术、石油炼制技术、石油化工技术、生物化工技术和造币技术等 6 个技术领域的

16项技术。

经营限制进口技术的经营者在向海关申报进口手续时必须主动递交技术进口许可证，否则经营者将承担为此而造成的一切法律责任。

2.限制出口技术管理

根据《对外贸易法》《技术进出口管理条例》《中华人民共和国生物两用品及相关设备和技术出口管制条例》《中华人民共和国核两用品及相关技术出口管制条例》《中华人民共和国导弹及相关物项和技术出口管制条例》《中华人民共和国核出口管制条例》以及《禁止出口、限制出口技术管理办法》等有关规定，限制出口技术实行目录管理，国务院商务主管部门会同国务院有关部门，制定、调整并公布限制出口的技术目录。属于目录范围的限制出口的技术，实行许可证管理；未经国家许可，不得出口。

我国目前限制出口技术目录主要有《两用物项和技术出口许可证管理目录》以及《中国禁止出口限制出口技术目录》等。

出口属于上述限制出口的技术，应当向国务院商务主管部门提出技术出口申请，国务院商务主管部门经审核批准向申请者发放各类技术出口许可证件，凭以向海关办理出口通关手续。

经营限制出口技术的经营者在向海关申报出口手续时必须主动递交相关技术出口许可证件，否则经营者将承担为此而造成的一切法律责任。

**三、自由进出口管理**

除上述国家禁止、限制进出口货物、技术外的其他货物，均属于自由进出口范围。自由进出口货物、技术的进出口不受限制。但基于监测进出口情况的需要，国家对部分属于自由进出口的货物实行自动进出口许可管理，对自由进出口的技术实行技术进出口合同登记管理。

（一）货物自动进出口许可管理

1.自动进口许可管理

自动进口许可管理是在任何情况下对进口申请一律予以批准的进口许可制度。这种进口许可实际上是一种在进口前的自动登记性质的许可制度，通常用于国家对这类货物的统计和监督目的，是我国进出口许可管理制度中的重要组成部分，也是目前被各国普遍使用的一种进口管理制度。自动进口许可制度是一种事前统计，与海关的统计相比，具有预知和预警功能。进口属于自动进口许可管理的货物，进口经营者应当在办理海关报关手续前，向国务院商务主管部门或者国务院有关经济管理部门提交自动进口许可申请；进口经营者凭国务院商务主管部门或者国务院有关经济管理部门发放的自动进口许可证明，向海关办理报关手续。商务部授权配额许可证事务局，商务部驻各地特派员办事处，各省、自治区、直辖市、计划单列市商务（外经贸）主管部门以及地方机电产品进出口机构负责自动进口许可货物管理和自动进口许可证的签发工作。目前涉及的管理目录是商务部公布的《自动许可管理货物目录》,对应的许可证件为“中华人民共和国自动进口许可证”(以下简称自动进口许可证)。

自动进口许可证是我国自动进口制度中具有法律效力,用来证明对外贸易经营者经营某些商品合法进口的证明文件,是海关验放该类货物的重要依据。

2.自动出口许可管理

商务部是自动出口许可的管理机关,根据监测货物出口情况的需要,对部分自由出口货物实行自动出口许可管理。

《货物自动出口许可目录》由商务部根据有关商品出口情况、出口管理的需要和相关行业的申请确定并调整,在实施前21天以公告形式对外发布;商务部委托配额许可证事务局管理、指导全国各发证机构的《货物自动出口许可证》发证工作,配额许可证事务局对商务部负责。

出口属于《货物自动出口许可目录》的商品,出口经营者(包括自营和代理)在办理海关报关手续前,应向商务部委托的发证提交货物自动出口许可申请,并取得《货物自动出口许可证》。海关凭加盖自动出口许可证专用章的《货物自动出口许可证》进行货物验放。

(二)纺织品出口自动许可管理

我国实行纺织品出口自动许可管理的目的:为加强对纺织品出口的统计分析和监测,及时向出口经营者发布纺织品出口预警信息,为政府提供决策的依据,以避免企业被反倾销纺织品出口自动许可管理的对象。根据商务部、海关总署2005年第7号公告和商务部、海关总署2005年第11号公告,对目录所列商品(共有210个商品编码)自2005年3月1日起向美国、欧盟(25个成员方)等的出口,实施纺织品出口自动许可,企业、外商投资企业均可申请。

1.适用范围

① 列入商务部、海关总署颁布的《纺织品出口自动许可目录》的纺织品,目录涉及《进出口税则》第六十一章、第六十二章纺织品制品10位商品编号共210项纺织品;

② 出口至美国、欧盟(25个成员方)等的;

③ 纺织品出口自动许可管理适用所有贸易方式下对全球或者重点国家、地区。具体海关监管方式为一般贸易、易货贸易、来料加工、补偿贸易、进料加工、保税工厂、边境小额贸易和其他贸易。

2.报关规范

① 纺织品出口自动许可证在公历年度内有效,有效期为3个月,逾期作废。

② 纺织品出口自动许可证实行“一批一证”和“一证一关”管理。

③ 纺织品出口自动许可证不得买卖、转让、涂改、伪造和变卖。

④ 向海关交验的纺织品出口自动许可证应加盖已向海关备案的出口自动许可专用章。

纺织品出口自动许可证适用的贸易方式：根据商务部令 2005 年第 3 号纺织品出口自动许可暂行办法第十四条，具体监管方法共计 9 种：一般贸易、易货贸易、来料加工、补偿贸易、进料对口、进料非对口、保税工厂、边境小额、其他贸易。

“一证一批”是指《纺织品出口自动许可证》在有效期内一次报关使用，即一份许可证对应一份出口合同，报关一次后许可证自动失效，许可证证面数量若有剩余，则企业应到原发证机构办理退证手续；“一证一关”是指《纺织品出口自动许可证》只能填报一个海关，并只能在这一个海关报关。

（三）技术进出口合同登记管理

进出口属于自由进出口的技术，应当向国务院商务主管部门或者其委托的机构办理合同备案登记。国务院商务主管部门应当自收到规定的文件之日起 3 个工作日内，对技术进出口合同进行登记，颁发技术进、出口合同登记证，申请人凭技术进、出口合同登记证，办理外汇、银行、税务、海关等相关手续。

## 任务三　认识其他贸易管制制度

### 一、对外贸易经营资格管理制度

（一）基本原则：实行备案登记制

1. 备案登记机关：商务部

商务部是全国对外贸易经营者备案登记工作的主管部门。商务部对外贸易经营者备案登记管理工作实行全国联网和属地化管理。商务部委托符合条件的地方对外商务部委托符合条件的地方对外贸易主管部门（即备案登记机关）负责办理本地区对外贸易经营者备案登记手续，受理委托的备案登记机关不得自行委托其他机构进行备案登记。

2. 备案登记的变更与撤销

《登记表》上的任何登记事项发生变更时，对外贸易经营者应在 30 日内办理《登记表》的变更手续，逾期未办理变更手续的，其《登记表》自动失效。备案登记机关收到对外贸易经营者提交的书面材料后，应当即时予以办理变更手续。对外贸易经营者已在工商部门办理注销手续或被吊销营业执照的，自营业执照注销或被吊销之日起，《登记表》自动失效。

根据《外贸法》的相关规定，商务部决定禁止有关对外贸易经营者在一年以上三年以下的期限内从事有关货物或者技术的进出口经营活动的，备案登记机关应当撤销其《登记表》。处罚期满后，对外贸易经营者可依据本办法重新办理备案登记。

备案登记机关应当在对外贸易经营者撤销备案登记后将有关情况及时通报海关、检验检疫、外汇、税务等部门。对外贸易经营者不得伪造、变造、涂改、出租、出借、转让和出卖《登记表》。对外贸易经营者如超出原核准经营范围从事进出口经营活动，仍需按照《对外贸易经营者备案登记办法》办理备案登记。

(二)核心内容:进出口经营权和进出口范围

国务院对外贸易主管部门也可以对部分进出口商品实施国有贸易管理,或者在一定期限内对部分进出口商品实施国有贸易管理。

为了对关系国计民生的重要进出口商品实行有效的宏观管理,国家可以对部分货物的进出口实行国有贸易管理。实行国有贸易管理货物的进出口业务,只能由经过授权的企业经营。但是,国家允许部分数量的国有贸易管理货物的进出口业务由非授权企业经营的除外。

实行国有贸易管理的货物和经授权经营企业的目录,由国务院对外贸易主管部门会同国务院其他有关部门确定、调整并公布。国有贸易企业应当根据正常的商业条件从事经营活动,不得以非商业因素选择供应商,不得以非商业因素拒绝其他企业。对未经批准,擅自进出口实行国有贸易管理货物的,海关不予放行。

(三)对外贸易经营者:从事对外贸易经营活动的法人、其他组织或个人

1.对外贸易经营资格

对外贸易经营资格,即对外贸易经营权,是国家赋予企业从事对外贸易,自行对外签订合同,进口或出口各类国家允许进出口的货物与技术。只有获得对外贸易经营资格,经营者开展的对外贸易活动的利益才会受到法律的保护。

2.对外贸易经营者

对外贸易经营者是指依法办理工商登记或者其他执业手续,依照《对外贸易法》及其相关法律、行政法规、部门规章从事对外贸易经营活动的法人、其他组织或者个人。

根据《中华人民共和国对外贸易法》的有关规定,从事货物进出口与技术进出口的对外贸易经营者,必须具备下列条件,并经国务院对外经济贸易主管部门许可:

(1)有自己的名称和组织机构;

(2)有明确的对外贸易经营范围;

(3)具有其经营的对外贸易业务所必需的场所、资金和专业人员;

(4)委托他人办理进出口业务达到规定的实绩或者具有必需的进出口货源;

(5)法律、行政法规规定的其他条件。

根据2004年7月1日开始实施的《对外贸易经营者备案登记办法》的规定,从事货物进出口或者技术进出口的对外贸易经营者,应当向中华人民共和国商务部或商务部委托的机构办理备案登记;但是,法律、行政法规和商务部规定不需要备案登记的除外。对外贸易经营者未按照本办法办理备案登记的,海关不予办理进出口的报关验放手续。

从事货物进出口或者技术进出口的对外贸易经营者,应当向国务院对外贸易主管部门或者其委托的机构办理备案登记;但是,法律、行政法规和国务院对外贸易主管部门规定不

需要备案登记的除外。

对外贸易经营者未按照规定办理备案登记的，海关不予办理进出口货物的报关验放手续。对外贸易经营者可以接受他人的委托，在经营范围内代为办理对外贸易业务。

(四)指定经营和国有贸易

为了维护国家对外贸易利益，保证进出口商品的进出口秩序，国家规定对部分商品实行指定经营和国有贸易。通过指定经营和国有贸易，规定特定的商品必须由指定单位或特定类型的企业经营、国家可以保证部分商品的进出口活动符合国家国民经济管理的需要，促进相关产业的发展。

1.指定经营

指定经营是指国家对于特定商品，指定专门企业进行经营的办法。实行指定经营管理的货物，由外经贸部指定的企业(简称"指定经营企业")从事进出口经营业务，非指定经营企业不得从事该类货物的进出口经营业务。

指定经营企业名录由外经贸部公布，外经贸部按照公正、公开、公平原则确定指定经营企业，确定指定经营企业每年集中办理一次，指定经营企业的数量逐年增加。外经贸部于每年9月确定各省、自治区、直辖市、计划单列市新增指定经营企业的数量，由有关企业向相关对外经货主管部门提出申请，外经贸部于每年12月15日前确定并公布新增指定经营企业名单。

申请指定经营企业，应当具备以下条件：

(1)具有企业法人资格，注册资本不低于1000万元人民币(经济特区、中西部地区的企业不低于500万元人民币)；

(2)具有相应的采购和销售渠道，了解国内外市场情况；

(3)具有进出口经营资格已满两年，并且两年内无违法违规经营记录；

(4)外经贸部规定的其他条件。

取得指定经营资格的企业，应按规定办理《中华人民共和国进出口企业经营资格证书》或《外商投资企业批准证书》的经营范围变更事项，并到工商、海关等部门办理相应的手续。

2.国有贸易

国有贸易是指国家对于特定商品，规定由国有贸易企业开展经营的办法。我国将国内有关国计民生的重要商品或国内需要重点保护行业的商品的进出口由国有贸易企业进行，一方面可以保护国内生产同类商品的相关产业，另一方面可以限制国内稀缺商品的出口，保护稀缺资源的有效、合理利用。

实行国有贸易的商品主要由国有贸易企业经营，有关国有贸易的企业和商品目录由外经贸部和国家经贸委共同管理。实行国有贸易的商品，国家允许非国有的贸易企业经营小部分数量的进出口。有关的国有贸易企业应当定期向外经贸主管部门提供实行国有贸易管理的货物的购买价格、销售价格的相关信息。

## 二、出入境检验检疫制度

### (一)出入境检验检疫制度的定义

出入境检验检疫制度是指由国家出入境检验检疫部门,依据我国有关法律和行政法规及我国政府所缔结或者参加的国际条约、协定,对出入境的货物、物品及其包装物、交通运输工具、运输设备和出入境人员,实施检验检疫监督管理的法律依据和行政手段的总和。

出入境检验检疫的国家主管部门是国家质量监督检验检疫总局。

### (二)出入境检验检疫职责范围

我国出入境检验检疫制度实行目录管理,即国家质量监督检验检疫总局根据对外贸易需要,公布并调整《出入境检验检疫机构实施检验检疫的进出境商品目录》(简称《法检目录》)。该目录所列明的商品称为法定检验商品,即国家规定实施强制性检验的进出境商品。

1.进出口商品检验检疫的一般范围

根据我国现行规定,下列情况货物可以作为进出境检验检疫的对象:

(1)国家法律法规规定必须由检验检疫机构检验检疫的;

(2)输入国家或地区规定必须凭检验检疫机构出具的证书方准入境的;

(3)有关国际条约规定须经检验检疫的;

(4)申请签发普惠制原产地证或一般原产地证的;

(5)对外贸易关系人申请的鉴定业务和委托检验;

(6)对外贸易合同、信用证规定由检验检疫机构或官方机构出具证书的;

(7)未列入《检验检疫商品目录》的入境货物,经收、用货单位验收发现质量不合格或残损、短缺,需检验检疫局出证索赔的;

(8)涉及出入境检验检疫内容的司法和行政机关委托的鉴定业务。

对于《法检目录》以外的进出境商品是否需要检验,由对外贸易当事人决定。对外贸易合同约定或者进出口商品的收发货人申请检验检疫时,检验检疫机构可以接受委托实施检验检疫并制发证书。此外,检验检疫机构对法检以外的进出口商品,可以抽查的方式予以监督管理。

2.进出口商品的法定检验

法定检验是指商检机构根据国家法律法规,对规定的进出口商品或有关的检验检疫项目实施强制性的检验或检疫。根据《中华人民共和国进出口商品检验法》规定,法定检验只能由出入境检验检疫机构实施。属于法定检验的出口商品,未经检验合格的,不准出口;属于法定检验的进口商品,未经检验的,不准销售、使用。

法定检验检疫的范围:

(1)出入境动植物检疫:进境、出境、过境的动植物、动植物产品和其他检疫物;装载动植物及其产品和其他检疫物的装载容器、包装物、铺垫材料；来自动植物疫区的运输工具；进境拆解的废旧船舶；有关法律、行政法规、国际条约规定或者贸易合同约定应当实施进出境动植物检疫的其他货物。

(2)出入境的人员、交通工具、运输设备以及可能传播检疫传染病的行李、货物、邮包等物品的卫生检疫。

(3)列入《出入境检验检疫机构实施检验检疫的进出境商品目录》(以下简称《检验检疫目录》)的出入境货物的检验检疫。

(4)对出口危险货物的包装容器实施性能鉴定和使用鉴定。

(5)对装运出口易腐烂变质食品、冷冻品的船舱、集装箱等运载工具的适载检验。

(6)对有关国际条约或双边协议规定须经检验检疫的出入境货物的检验检疫。

(7)外商在中国境内合作、合资举办企业时，作为投资进口的机器设备等的财产鉴定。

(8)进境废物原料的检验检疫。

(9)其他法律、法规规定须经检验检疫的出入境货物的检验检疫。

3. 国家禁止下列各物进境

(1)动植物病原体(包括菌种、毒种等)、害虫及其他有害生物。

(2)动植物疫情流行的国家和地区的有关动植物、动植物产品和其他检疫物。

(3)动物尸体。

(4)土壤。

### (三)出入境检验检疫制度的组成

我国出入境检验检疫制度的内容包括进出口商品检验制度、进出境动植物检疫制度及国境卫生监督制度。

1. 进出口商品检验制度

(1)检验制度。进出口商品检验制度是根据《中华人民共和国进出口商品检验法》及其实施条例的规定，国家质量监督检验检疫总局及其口岸出入境检验检疫机构，对进出口商品所进行的品质、质量检验和监督管理的制度。

(2)检验目的。我国实行进出口商品检验制度是为了保证进出口商品的质量，维护对外贸易有关各方的合法权益，促进对外经济贸易关系的顺利发展。

(3)检验内容。商品检验机构实施进出口商品检验的内容，包括商品的质量、规格、数量、重量、包装及是否符合安全、卫生的要求。

(4)检验种类。我国商品检验的种类分为 4 种，即法定检验、合同检验、公正鉴定和委托检验。

(5)检验标准。对法律、行政法规、部门规章规定有强制性标准或者其他必须执行的检验标准的进出口商品，依照法律、行政法规、部门规章规定的检验标准检验；法律、行政法规未规定有强制性标准或其他必须执行的检验标准,依对外贸易合同约定的检验标准检验。

2.进出境动植物检疫制度

(1)检疫制度。进出境动植物检疫制度是根据《中华人民共和国进出境动植物检疫法》(以下简称《进出境动植物检疫法》)及其实施条例的规定,国家质量监督检验检疫总局及其口岸出入境检验检疫机构对进出境动植物、动植物产品的生产、加工、存放过程,实行动植物检疫的进出境监督管理制度。

(2)检疫目的。我国实行进出境检验检疫制度的目的,是为了防止动物传染病、寄生虫病和植物危险病、虫、杂草及其他有害生物传入、传出国境,保护农、林、牧、渔业生产和人体健康,促进对外经济贸易的发展。

(3)检疫方式。口岸出入境检验检疫机构实施动植物检疫监督管理的方式有实行注册登记、疫情调查、检测和防疫指导等。

(4)检疫管理。其管理主要包括:进境检疫、出境检疫、过境检疫、进出境携带和邮寄物检疫以及出入境运输工具检疫等。

3.国境卫生监督制度

(1)监督制度。国境卫生监督制度是指出入境检验检疫机构根据《中华人民共和国国境卫生检疫法》及其实施细则,以及国家其他的卫生法律、法规和卫生标准,在进出口岸对出入境的交通工具、货物、运输容器及口岸辖区的公共场所、环境、生活设施、生产设备所进行的卫生检查、鉴定、评价和采样检验的制度。

(2)监督目的。我国实行国境卫生监督制度是为了防止传染病由国外传入或者由国内传出,实施国境卫生检疫,保护人体健康。

(3)监督职能。监督职能主要包括进出境检疫、国境传染病检测、进出境卫生监督等。

(四)我国现行的进出境商品报检制度

1.报检制度

报检是指进出口商品的外贸关系人包括生产单位、经营单位、进出口商品的收发货人和接运单位,按《中华人民共和国进出口商品检验法》《中华人民共和国进出境动植物检疫法》《中华人民共和国国境卫生检疫法》和《中华人民共和国食品卫生法》的规定,对法定检验检疫的进出境货物,向检验检疫机构申请办理检验、检疫、认定和鉴定的手续。

根据《出入境检验检疫报检规定》,报检单位首次报检时须持本单位营业执照和政府批文办理登记备案手续,取得报检单位代码,其报检人员参加报检员资格全国统一考试,获得《报检员资格证》,经检验检疫机构审核合格予以注册,取得《报检员证》后,方可从事报检业务。按照国家质检总局的有关要求,自 2006 年 7 月 1 日起,全国检验检疫部门将对报检企业的报检员严格执行凭证报检制度。检验检疫机构不受理没有新《报检员证》的报检人员申请办理的检验检疫业务。

2.报检时间

(1)入境报检

入境货物、运输工具、人员:入境前或入境时报检。

入境货物需对外索赔出证的,应在索赔有效期前不少于20天内向到货口岸或到达地检验检疫机构报检。

(2)出境报检

出境货物:最迟于报关或装运前7天报检。

出境运输工具、人员:出境前报检。

3.报检应提供的单据

入境时应填报《入境货物报检单》并提供合同、发票、提单、装箱单以及入境货物通知单等单证。实施安全质量许可、卫生检疫注册的应提交有关证明文件复印件,在报检单上注明文件号。

出境时应填写《出境货物报检单》,并提供外贸合同(销售确认书)、信用证、生产单位的厂检结果单原件、检验检疫机构签发的《出境货物运输包装性能检验结果单》正本等资料。

4.出入境货物通关单

从2000年1月1日起,对实施进出口检疫的货物启用“入境货物通关单”和“出境货物通关单”,并在通关单上加盖检验检疫专用章,对列入《出入境检验检疫机构实施检验检疫的进出口商品目录》范围内的进出口货物(包括转关运输货物),海关一律凭货物报关地出入境检验检疫局签发的“入境货物通关单”或“出境货物通关单”验放。

**三、进出口货物的收付汇管理制度**

对外贸易经营者在对外贸易经营活动中,应当依照国家有关规定结汇、用汇。这里所提的国家有关规定就是我国外汇管理制度,即国家外汇管理局、中国人民银行及国务院其他有关部门,依据国务院《外汇管理条例》及其他有关规定,对包括经营项目外汇业务、资本项目外汇业务、金融机构外汇业务、人民币汇率的生成机制和外汇市场等领域实施的监督管理。进出口货物收付汇管理是我国实施外汇管理的主要手段,也是我国外汇管理制度的重要组成部分。

(一)出口货物收汇管理

我国对出口收汇管理采取的是外汇核销形式。

为了防止出口单位将外汇截留境外,提高收汇率,国家外汇管理局先后颁布了《出口收汇核销管理办法》和《出口收汇核销管理办法实施细则》,规定了出口外汇核销单管理的方式,对出口货物实施直接收汇控制。

《出口外汇核销单》是跟踪、监督出口单位出口后收汇核销和出口单位办理货物出口手续的重要凭证之一。该控制方式的具体内容是国家外汇管理局制发出口外汇核销单,由货物的发货人或其代理人填写，外汇管理部门凭海关签注的《出口外汇核销单》和《出口货物报关单出口收汇核销联》收汇核销。

（二）进口货物付汇管理

进口货物付汇管理与出口货物收汇管理，均采取外汇核销形式。

国家为了防止发生汇出外汇而实际不进口商品的逃汇行为，通过海关对进口货物的实际监管来监督进口付汇情况。

其具体程序为：进口企业在进口付汇前，需向付汇银行申请国家外汇管理局统一制发的《贸易进口付汇核销单》，凭以办理付汇。货物进口后，进口单位或其代理人凭海关出具的《进口货物报关单付汇证明联》向国家外汇管理局指定银行办理付汇核销。

付汇是指经批准经营外汇业务的金融机构，审核用汇单位和个人提供的规定的有效凭证和商业单据后，从其外汇账户中或将其购买的外汇向境外支付的行为。

（三）出口收汇核销制度

国家为了保障银行结汇、售汇制度的执行，保证充足的外汇来源，打击逃、套汇行为，满足用汇需要，在货物的进出口过程中，实行较为严格的进出口收付汇核销制度。

1. 出口收汇核销制度

境内出口单位向境外出口货物，均应当办理出口收汇核销手续。办理出口收汇核销的主要单证是出口收汇核销单。出口收汇核销是指由外汇管理局制发、出口单位凭以向海关出口报关、向外汇指定银行办理出口收汇、向外汇管理局办理出口收汇核销、向税务机关办理出口退税申报的有统一编号的凭证。出口收汇核销工作中实行出门收汇核销员制度，出口单位领取出口收汇核销单、办理出门收汇核销手续，应当由本单位的核销员负责办理。

2. 出口收汇核销的程序

国家外汇管理局是出口收汇的主管部门，出口企业应在报关前向当地外汇管理局领取《出口收汇核销单》，按照有关规范填写并在报关时向海关交验“核销单”。办理海关手续后，海关将盖有“放行章”的报关单及“核销单”退还出口企业；出口企业将有关单据和“核销单”交银行收汇，并将该“核销单”存根联和报关单送原签发外汇管理局，由其核对有关单据后，核销该笔收汇。

为了简化手续，对于经外汇管理部门批准自寄单据（指不通过银行交单索汇）项下的出口，向银行结汇时不必提交“核销单”；信用证、托收方式出口，可以不凭“核销单”向银行交单议付，但须多提供一联注有核销单编号的发票。外商投资企业的出口货物，每月定期办理收汇核销手续。

3. 出口收汇核销单的使用

（1）申领出口收汇核销单

企业在到外汇局领取新版纸质核销单之前，需上网向外汇局申请所需领用核销单份数。

企业在网上申请后，不需等待外汇局的网上审批，即可凭本企业操作员 IC 卡到外汇局领取新版纸质核销单。外汇局根据企业网上申请的新版核销单份数以及本地出口收汇核销系统确认的企业可领单数量，向企业发放纸质新版核销单，同时将所发新版核销单电子底账数据联网存放到公共数据中心。出口单位在核销单正式使用前，应当加盖单位名称及组织机构代码条形章，在骑缝处加盖单位公章。

(2)核销单的备案

企业到海关报关出口前，必须上网向报关地海关进行新版核销单使用的报关前备案。一张核销单只能对应用于一张出口报关单。未进行报关前备案的新版核销单不能用于出口报关。

(3)出口后的交单

企业在货物出口后不需再到外汇局进行交单，可以上网将已用于出口报关的核销单向外汇局交单。即期出口项下，企业应当在出口收汇后凭核销单、报关单、出口收汇核销专用联到外汇局办理出口收汇核销手续；远期出口项下，企业应当在合同规定收汇日收汇后持上述材料到外汇局办理出口收汇核销手续，企业可按月集中到外汇局办理核销。

(4)出口收汇核销的时限

出口单位出口货物后，应当在不迟于预计收汇日期起 30 天内，持核销单、报关单、核销专用联及其他规定的核销凭证集中或逐笔向外汇局进行出口收汇核销报告。实行自动核销的出口单位，除特殊情况外，无须向外汇局进行核销报告。即期收汇项下应当在货物报关出口后 180 天内收汇，对预计收汇日期超过报关日期 180 天以上(含 180 天)的远期收汇，出口单位应当在货物出口报关后 60 天内凭远期备案书面申请、远期收汇出口合同或协议、核销单、报关单及其他相关材料向外汇局办理远期收汇备案，并应在远期备案的收汇期限内收汇。

(四)贸易进口付汇核销制度

根据《贸易进口付汇核销监管办法》，经营进口业务的企业(包括外商投资企业)、事业单位通过银行以售汇或从外汇账户支付方式向境外支付的有关进口商品的各有关款项等，均应当向银行办理核销手续。

“贸易进口付汇核销单”指由国家外汇管理局制定格式单位填写、外汇指定银行审核并凭以办理进口付汇的凭证。一份销单只可凭以办理一次付汇。

进口单位办理付汇时应当按规定如实填写核销单(一式 3 联)，属于货到汇款的还应当填写有关“进口货物报关单”编号和报关币种金额，将核销单连同其他付汇单证一并送外汇指定银行审核。

进口单位应当按月将核销表及所附核销单证报外汇局审查；应当在有关货物进口报关后一个月内向外汇局办理核销报审手续。在办理核销报审时，对已到货的，进口单位应当将正本进口货物报关单等核销单证附在相应核销单后(凭备案表付汇的还应当将备案表附在有关核销单后),并如实填写《贸易进口付汇到货核销表》;对未到货的,填写"贸易进口付汇未到货核销表"。

1.进口付汇核销的主要方式

进口付汇核销主要有两种方式:一是货到付款项下的进口付汇由外汇指定银行在凭正本进口货物报关单(核销专用联)办理进口付汇的同时视为办妥核销手续,即同步核销,后进口单位凭进口付汇核销单、进口到货核销表到外汇同核销报审;二是其他结算方式项下的进口付汇由进口单位凭核销单、备案表、正本进口货物报关单(转口贸易项下的进口付汇凭转口所得的结汇水单)直接向外汇局办理核销报审手续。

2.需要办理进口付汇核销的进口付汇

除保税区内的进口单位外,境内其他进口单位以通过银行购汇或从现汇账户支付的方式,向境外支付有关进口商品货款、预付款、尾款等,均应办理进口付汇核销。

3.下列进口不需要办理核销

(1)无形贸易进口项下的资料费、技术费、信息费等服务项下付汇以及贸易项下单独付款的运费、保险费、佣金等从属费用的付汇;

(2)图书贸易进口项下的对外付汇;

(3)无须付汇而到货的;

(4)保税区内进口单位的付汇。

**四、对外贸易救济**

我国于2001年年底正式成为WTO世界贸易组织成员方,WTO允许成员方在进口产品倾销、补贴和过激增长等给其国内产业造成损害的情况下,使用反倾销、反补贴和保障措施手段,以保护国内产业不受损害。

反补贴、反倾销和保障措施都属于贸易救济措施。反补贴和反倾销措施针对的是价格歧视这种不公平贸易行为,保障措施针对的则是进口产品激增的情况,如表3—1所示。

为充分利用WTO规则,维护国内市场的国内外商品的自由贸易和公平竞争秩序,我国依据WTO的《反倾销协议》《补贴与反补贴措施协议》《保障措施协议》及我国《对外贸易法》的有关规定,制定颁布了《中华人民共和国反补贴条例》《中华人民共和国反倾销条例》及有关针对保障措施的有关规定。

(一)倾销的概念

倾销属于国际贸易中的一种不正当竞争行为,其后果不仅破坏了国际贸易的正当竞争秩序,而且会给被倾销国家的产业造成损害。倾销一般由以下几个条件构成:

1.来自外国的进口产品的出口价低于正常价值在中国销售;

2.倾销对国内产业造成损害;

3.倾销与损害之间存在因果关系。

表 3－1　反倾销、反补贴和保障措施的区别

| | 实施的条件不同 | 适应对象不同 | 实施形式不同 | 实施期限不同 |
|---|---|---|---|---|
| 反倾销措施 | 以低价倾销，对进口国造成了实质性的伤害 | 不公平贸易或不公平竞争 | 现金保证金、价格承诺、保函以及最终加征相应的赋税 | 不超过 4 个月，特殊期限可延迟至 9 个月 |
| 反补贴措施 | 不超过 4 个月，特殊期限可延迟至 9 个月 | 不公平贸易或不公平竞争 | 现金保证金、价格承诺、保函以及最终加征相应的赋税 | 不超过 4 个月 |
| 保障措施 | 进口产品数量激增而挤占进口国的市场份额，并对进口国造成了实质性的伤害 | 公平条件下数量猛增 | 加增关税，实施配额数量限制或者最终加征关税或实行关税配额 | 临时保障措施不超过 200 天，一般不超过 4 年，最长可延迟至 10 年 |

(二)价格承诺

倾销进口产品的出口经营者在反倾销调查期间，可以向商务部做出改变价格或者停止以倾销价格出口的价格承诺。

出口经营者不做出价格承诺或者不接受价格承诺建议的，不妨碍对反倾销案件的调查和确定。出口经营者继续倾销进口产品的，商务部有权确定损失威胁更有可能出现。

商务部认为出口经营者做出的价格承诺能接受并符合公共利益的，可以决定中止或终止反倾销调查，不采取临时反倾销措施或者征收反倾销税。中止或者终止反倾销调查的决定由商务部予以公告。商务部不接受价格承诺的，应当向有关出口经营者说明理由。

出口经营者违反价格承诺的，商务部依照《反倾销条例》的规定，可以立即决定恢复反倾销调查；根据可获得的最佳信息，可以决定采取临时反倾销措施，并可以对实施临时反倾销措施前 90 天内进口的产品追溯征收反倾销税，但违反价格承诺前进口的产品除外。

(三)反倾销税

终裁决定确立倾销成立，并由此对国内产业造成损害的以征收反倾销税。反倾销税的纳税人为倾销进口产品的进口经营者。

终裁决定确定的反倾销税，高于已付或者应付的临时反倾销税或者为担保目的而估计的金额的，差额部分不予收取；低于已付或者应付的临时反倾销税或者为担保目的而估计的金额的，差额部分应当根据具体情况予以退还或者重新计算税额。

(四)反倾销税和价格承诺的期限与复审

反倾销税的征收期限和价格承诺的履行期限不超过 5 年。但是，经复审确定终止征收反倾销税有可能导致倾销和损害的继续或者再度发生的，反倾销税的征收期限可以适当延长。

反倾销税和价格承诺生效后，商务部可以在有正当理由的情况下，决定对继续征收反倾销税和继续履行价格承诺的必要性进行复审；也可以在经过一段合理时间，应利害关系方的请求并对利害关系方提供的相应证据进行审查后，决定对继续征收反倾销税和继续履行价格承诺的必要性进行复审。

复审期限自决定复审开始之日起，不超过12个月。在复审期间，复审程序不妨碍反倾销措施的实施。

（五）反倾销措施

我国依据WTO关于《反倾销协议》及《中华人民共和国反倾销条例》，实施反倾销措施。反倾销措施包括：临时反倾销措施和最终反倾销措施。

1.临时反倾销措施

临时反倾销措施是指进口方主管机构经过调查，初步认定被指控产品存在倾销，并对国内同类产业造成损害，据此可以依据WTO所规定的程序进行调查，在全部调查结束之前，采取临时性的反倾销措施，以防止在调查期间国内产业继续受到损害。

临时反倾销措施有两种形式：征收临时反倾销税和要求提供现金保证金、保函或者其他形式的担保。征收临时反倾销税，由商务部提出建议，国务院关税税则委员会根据其建议做出决定，由商务部予以公告。要求提供现金保证金、保函或者其他形式的担保，由商务部做出决定并予以公告。海关自公告规定实施之日起执行。临时反倾销措施实施的期限，自临时反倾销措施决定公告规定实施之日起，不超过4个月。在特殊情形下，可以延长至9个月。

2.最终反倾销措施

对终裁决定确定倾销成立并由此对国内产业造成损害的，可以在正常海关税费之外，征收反倾销税。

征收反倾销税时由商务部提出建议，国务院关税税则委员会根据其建议做出决定，由商务部予以公告并自公告规定实施之日起执行。

（六）反补贴措施

补贴是指一国政府以各种形式的价格支持或收入支持，以直接或间接增加某种产品的出口或者减少某种产品进口的政府性措施。补贴作为公共经济政策的重要组成部分，为各国广泛采用。世界贸易组织并不否定补贴的作用，但补贴措施如使用不当，也会导致不公平竞争，对进口方或第三方的相关产业或其他合法利益造成损害，扭曲贸易和影响资源的合理配置。反补贴措施是指进口成员方针对出口成员方对其出口产品进行法律不允许的补贴而对该产品征收反补贴税的措施。反补贴措施与反倾销措施基本相似，也分为临时反补贴措施和最终反补贴措施。

1.临时反补贴措施

初裁决定确定补贴成立并由此对国内产业造成损害的，可以采取临时反补贴措施。

临时反补贴措施采取以担保(现金保证金、保函)或征收临时反补贴税的形式。

采取临时反补贴措施，由商务部提出建议，国务院关税税则委员会根据其建议做出决定，由商务部予以公告。海关自公告规定实施之日起执行。临时反补贴措施实施的期限，自临时反补贴措施决定公告规定实施之日起，不超过4个月，特殊情况可以延长至9个月。

2. 最终反补贴措施

在为完成磋商的努力没有取得效果的情况下，终裁决定确定补贴成立并由此对国内产业造成损害的，征收反补贴税。

征收反补贴税时由商务部提出建议，国务院关税税则委员会根据其建议做出决定，由商务部予以公示并自公告规定实施之日起执行。

3. 反补贴税

反补贴税的纳税人为补贴进口产品的进口经营者。

终裁决定确定的反补贴税，高于保证金或者保函所担保的金额的，差额部分不予收取；低于保证金或者保函所担保的金额的，差额部分应予以退还。

(七)保障措施

根据WTO《保障措施协议》的有关规定，保障措施是指进口产品数量增加，并对生产同类产品或者直接竞争产品的国内产业造成严重损害或者严重损害威胁时采取的贸易救济措施。一般分为临时保障措施和最终保障措施两种。保障措施针对的是公平贸易条件下的进口产品，反倾销和反补贴措施针对的是不公平贸易或不公平竞争。

1. 临时保障措施

临时保障措施是指在紧急情况下，如果延迟会造成难以弥补的损失，进口国与成员国之间可以不经磋商而采取临时性保障措施。临时保障措施的实施期限，不得超过200天，并且此期限计入保障措施总期限。

临时保障措施应采取增加关税的形式。如果事后调查，不能证实进口激增对国内有关产业已经造成损害或损害威胁的，则增收的关税应立即退还。

2. 最终保障措施

最终保障措施可以采取提高关税、纯粹的数量限制和关税配额形式，但保障措施应仅在防止或救济严重损害的必要限度内实施。

保障措施的实施期限一般不超过4年，如果仍需以保障措施防止损害或救济损害的产业，或有证据表明该产业正在进行调整，则可延长实施期限，但保障措施全部实施期限(包括临时保障措施期限)不得超过8年。反倾销、反补贴和保障措施的区别如表3-1所示。

# 任务四　我国贸易管制及报关规范

## 一、进出口许可证管理

### (一)进出口许可证管理及报关实务

进出口许可证管理是指由商务部或者由商务部会同国务院其他有关部门,依法制定并调整进出口许可证管理目录,以签发进出口许可证的方式对进出口许可证管理目录中的商品实行的行政许可管理,属于国家限制进出口管理范畴。全国进出口许可证的归口管理,由商务部领导,并会同海关总署制定、调整和发布年度进口许可证管理货物目录及出口许可证管理货物目录,负责制定进出口许可证管理办法及规章制度,监督、检查进出口许可证管理办法的执行情况,处罚违规行为,统一管理、指导全国各发证机构的进出口许可证签发工作。进出口许可证的发证机构是商务部配额许可证事务局、商务部驻各地特派员办事处、各省、自治区、直辖市、计划单列市以及商务部授权的其他省会城市商务厅(局),并由这些机构负责在授权范围内签发"中华人民共和国进口许可证"(以下简称"进口许可证")或"中华人民共和国出口许可证"(以下简称"出口许可证")。

### (二)适用范围

进出口许可证是我国进出口许可证管理制度中具有法律效力,用来证明对外贸易经营者经营列入国家进出口许可证管理目录商品合法进出口的证明文件,也是海关验放该类货物的重要依据。具体适用范围如下:

1.出口许可证管理

2015年实行出口许可证管理的货物共48种,由商务部配额许可证事务局(以下简称许可证局)、商务部驻各地特派员办事处(以下简称特办)及商务部授权的地方商务主管部门发证机构(以下简称地方发证机构)负责签发相应货物的出口许可证。

(1)许可证局负责签发以下6种货物的出口许可证:玉米、小麦、棉花、煤炭、原油、成品油。

(2)特办负责签发以下22种货物的出口许可证:大米、玉米粉、小麦粉、大米粉、锯材、活牛、活猪、活鸡、稀土、锑及锑制品、钨及钨制品、锡及锡制品、白银、铟及铟制品、钼、磷矿石、蔺草及蔺草制品、滑石块(粉)、镁砂、甘草及甘草制品、铂金(以加工贸易方式出口)、天然砂(含标准砂)。

(3)地方发证机构负责签发以下20种货物的出口许可证:冰鲜牛肉、冻牛肉、冰鲜猪肉、冻猪肉、冰鲜鸡肉、冻鸡肉、矾土、焦炭、石蜡、碳化硅、消耗臭氧层物质、部分金属及制品、钼制品、柠檬酸、青霉素工业盐、维生素C、硫酸二钠、氟石、摩托车(含全地形车)及其发动机和车架、汽车(包括成套散件)及其底盘。

(4)在京中央企业的出口许可证由许可证局签发。

(5)为维护正常的经营秩序，对部分出口货物实行指定发证机构发证或指定口岸报关出口。企业出口此类货物，须向指定发证机构申领出口许可证，并在指定口岸报关出口；发证机构须按指定口岸签发出口许可证。

(6)锑及锑制品指定黄埔海关、北海海关、天津海关为报关口岸。

(7)镁砂项下产品“按重量计含氧化镁70%以上的混合物”(HS编码为3824909200)的出口许可证由各特办签发，不再指定报关口岸；镁砂项下其他产品的出口许可证由大连特办签发，指定大连(大窑湾、营口、鲅鱼圈、丹东、大东港)、青岛(莱州海关)、天津(东港、新港)、长春(图们)、满洲里为报关口岸。

(8)甘草的报关口岸限定为天津海关、上海海关、大连海关；甘草制品的报关口岸限定为天津海关、上海海关。

(9)稀土的报关口岸限定为天津海关、上海海关、青岛海关、黄埔海关、呼和浩特海关、南昌海关、宁波海关、南京海关和厦门海关。

(10)以陆运方式对港澳地区活牛、活猪、活鸡的出口许可证由广州特办、深圳特办签发。

(11)广州特办、海南特办负责签发本省企业对台港澳地区天然砂出口许可证，福州特办负责签发本省企业对台天然砂出口许可证，报关口岸限定于企业所在省的海关；福州特办负责签发标准砂出口许可证。

(12)消耗臭氧层物质的出口许可证实行“一批一证”制。

(13)发证机构应严格按商务部公布的《货物出口许可证管理办法》《2015年出口许可证管理货物目录》和《出口许可证签发工作规范》(商配发〔2008〕398号)等有关规定签发出口许可证。

本目录自2015年1月1日起执行。《2014年出口许可证管理货物分级发证目录》同时废止。

2.进口许可证管理

2015年实行进口许可证管理的货物共2种，由商务部配额许可证事务局(以下简称许可证局)和商务部授权的地方商务主管部门发证机构(以下简称地方发证机构)负责签发相应货物的进口许可证。

(1)许可证局负责签发重点旧机电产品的进口许可证。

(2)地方发证机构负责签发消耗臭氧层物质的进口许可证。

(3)在京中央企业的进口许可证由许可证局签发。

(4)消耗臭氧层物质的进口许可证实行“一批一证”制。

(5)发证机构应严格按照《货物进口许可证管理办法》《重点旧机电产品进口管理办法》《2015年进口许可证管理货物目录》和《进口许可证签发工作规范》(商配发〔2007〕360号)等有关规定签发进口许可证。

本目录自2015年1月1日起执行。《2014年进口许可证管理货物分级发证目录》同时废止。

（二）办理程序

（1）进口消耗臭氧层物质及实行出口许可证管理的商品。货物进出口前，经营者向主管部门申领。方式如下：

①网上提出申请，领证时提交规定材料；

②书面提出申请，同时提交规定材料。发证机构自收到申请之日起3个工作日，最多不超过10个工作日。

（2）进口重点旧机电产品。首先，进口之前经营者应通过网上和书面的方式向主管部门申领进出口许可证，要求如下：

① 申领时，应由旧机电产品进口的最终用户提出申请，并提交规定材料；

② 从事翻新业务的单位，国家规定有物质要求的须提供物质证明文件；

③ 旧船舶申请进口单位，须提供“旧船舶进口技术评定书”或“旧船舶进口技术评定书”。

商务部受理后认为材料不符合要求，应当在收到申请材料后的5个工作日内一次性告知进口单位，正式受理后20日内决定是否批准申请，最迟在35日内决定是否批准申请。

（三）报关规范

（1）根据规定，进口许可证的有效期一般为1年，当年有效。如因特殊情况需要跨年度使用的，可延长有效期最长至次年的3月31日，逾期作废。

（2）出口许可证的有效期最长时间为6个月，且有效期截止时间不得超过当年度的12月31日。出口许可证应当在有效期内使用，逾期作废。如因特殊情况需调整某些货物出口许可证的有效期，由商务部公布。

（3）进出口许可证的证面内容在签发后，不得擅自更改。如需更改，经营者应当在许可证有效期内提出更改申请，并将更改前的许可证交回原发证机构，由原发证机构重新换发许可证。

（4）进出口许可证只能在一个海关申报，即“一证一关”。一般情况下，进出口许可证在有效期内只能一次申报使用，即“一批一证”。但也实行“非一批一证”（指进出口许可证在有效期内可多次申报使用）。如要实行“非一批一证”，应当同时在进出口许可证备注栏内打印“非一批一证”字样，但循环使用最多不得超过12次，以海关在许可证背面“海关验放签注栏”内逐批签注核减的进出口数量为准。

（5）对实行“一批一证”出口许可证管理的大宗、散装货物，可以有溢短装。其中原油、成品油溢装数量在货物总量3%可以免证，其他货物溢装数量在货物总量5%以内的予以免证；对实行“非一批一证”制的大宗、散装货物，在每批货物出口时，按其实际出口数量进行许可证证面数量核扣，在最后一批货物出口时，应按该许可证实际剩余数量溢装上限，即5%（原油、成品油在溢装上限3%）以内计算免证数额。

(6)凡列入禁止出口、出口配额许可证、出口许可证管理货物目录的商品，因添加、混合其他成分，或仅简单加工导致商品编号改变的，按原海关商品编号的管理方式进行。

(7)凡申报出口的商品成分中含有（添加或混合）在禁止出口、出口配额许可证、出口许可证管理的商品（贵金属超过2%，其他超过10%）的，须按含有禁止出口、出口配额许可证、出口许可证管理商品的管理方式进行管理。

(8)为维护正常的经营秩序，国家对部分出口货物实行指定出口报关口岸管理。出口此类货物，均须到指定的口岸报关出口。

## 二、自动进口许可证管理

### （一）自动进口许可证管理及报关实务

商务部根据监测货物进口情况的需要，对部分自由进口货物实行自动许可管理。商务部配额许可证事务局，商务部驻各地特派员办事处和各省、自治区、直辖市、计划单列市商务主管部门以及地方机电产品进出口机构，负责自动进口许可货物管理和自动进口许可证的签发工作。目前涉及的管理目录是商务部公布的《自动进口许可管理货物目录》，对应的许可证件为“中华人民共和国自动进口许可证”（以下简称自动进口许可证）。

### （二）适用范围

1.自动进口许可证管理的商品范围

2009年实施自动进口许可管理的商品分为三个管理目录，包括一般商品、机电产品（包括旧机电产品）和重要工业品。

目录一的内容为一般商品，包括：肉鸡、植物油、烟草、矿、煤、废纸、废钠、废铅、铜等10类，113个10位商品编号。

目录二的内容为机电产品，主要包括：

(1)商务部自2009年1月1日起，下放至地方机电办发证的机电产品有光盘生产设备、金属加工机床、烟草机械、移动通信产品、卫星广播电视设备及关键部件、汽车产品、飞机、船舶、游戏机等，共232个10位商品编号。

(2)由地方或部门机电产品进出口办公室发证的机电产品有：锅炉（非第八十七章车辆用）、汽轮机、发动机及其关键部件，水轮机及其他动力装置，化工装置，食品机械、工程机械、造纸及印刷机械、纺织机械、金属冶炼及加工设备，金属加工机床、电气设备、铁路机车、汽车产品、飞机、船舶、医疗设备等，共254个10位商品编号。

(3)商务部发证的旧机电产品，如旧胶印机等，共8个10位商品编号。

目录三的内容共涉及8类，95个10位商品编号，包括：重要工业品，铁矿石、铝土矿、原油、成品油、天然气、氧化铝、化肥、钢材等。

根据《中华人民共和国对外贸易法》《中华人民共和国货物进出口条例》《货物自动进口许可管理办法》和《机电产品进口自动许可实施办法》，有关部门现决定调整《2014 年自动进口许可管理货物目录》，取消部分货物自动进口许可管理(详见表 3-2)，自 2014 年 7 月 1 日起执行。

**表 3-2　取消自动进口许可管理的货物目录**

| 类别 | 海关商品编号 | 商品名称 | 备注 | 计量单位 |
|---|---|---|---|---|
| 光盘生产设备 | 8477101010 | 用于光盘生产的精密注塑机 | 加工塑料的 | 台 |
| | 8479899910 | 用于光盘生产的金属母盘生产设备 | 具有独立功能的 | 台 |
| | 8479899920 | 用于光盘生产的黏合机 | 具有独立功能的 | 台 |
| | 8479899930 | 用于光盘生产的真空金属溅镀机 | 具有独立功能的 | 台 |
| | 8479899940 | 保护胶涂覆机及染料层旋涂机 | 光盘生产用，具有独立功能的 | 台 |
| | 8480719010 | 用于光盘生产的专用模具 | 注模或压膜 | 套/千克 |
| | 8521909010 | 用于光盘生产的金属母盘生产设备 | 不论是否装有高频调谐放大器 | 台 |
| | 9031499010 | 光盘质量在线检测仪—离线检测仪 | | 台 |
| 工程机械 | 8426193000 | 龙门式起重机 | | 台 |
| | 8426194200 | 集装箱装卸桥 | | 台 |
| | 8426300000 | 门座式起重机及座式旋臂起重机 | | 台 |
| | 8429111000 | 功率>235.36 千瓦的履带式推土机 | 包括侧铲推土机，发动机输出功率 235.36 千瓦=320 马力 | 台 |
| | 8429119000 | 功率≤235.36 千瓦的履带式推土机 | 包括侧铲推土机，发动机输出功率 235.36 千瓦=320 马力 | 台 |
| | 8429209000 | 其他筑路机及平地机 | 发动机输出功率≤235.36 千瓦的 | 台 |
| | 8429409000 | 其他未列名捣固机械及压路机 | | 台 |
| 纺织机械 | 8445111100 | 棉纤维型精梳联合机 | | 台 |
| | 8445111200 | 棉纤维型自动抓棉机 | | 台 |
| | 8445111900 | 其他棉纤维型梳理机 | | 台 |
| | 8445112000 | 毛纤维型梳理机 | | 台 |
| | 8445122000 | 毛精梳机 | | 台 |
| | 8446309000 | 织物宽>30 厘米的其他无梭织机 | | |
| 金属加工机床 | 8456100010 | 辐照元件激光切割机 | 切割燃料包壳以使辐照核材料能溶解，含遥控设备 | 台 |
| | 8456100090 | 其他用激光或其他光或光子束处理的机床 | | 台 |
| | 8456901000 | 等离子切割机 | | 台 |

续表

| 类别 | 海关商品编号 | 商品名称 | 备注 | 计量单位 |
|---|---|---|---|---|
| | 8456909000 | 其他方法处理材料的加工机床 | 包括电化学法、电子束，离子束等的加工机床 | 台 |
| | 8462101000 | 加工金属的数控锻造或冲压机床 | 包括锻锤，模锻 | 台 |
| | 8462219000 | 加工金属的数控弯曲、折叠或矫平机床 | | 台 |
| | 8462311000 | 加工金属的数控板带纵剪机 | 冲剪两用机除外 | 台 |
| | 8462312000 | 加工金属的数控板带横剪机 | 冲剪两用机除外 | 台 |
| | 8462319000 | 加工金属的其他数控剪切机床 | 冲剪两用机除外 | 台 |
| | 8462411900 | 其他数控冲床 | 包括冲剪两用机 | 台 |
| | 8462911000 | 金属型材挤压机 | | 台 |
| | 8462991000 | 机械压力机 | | 台 |
| 汽车产品 | 8701200000 | 半挂车用的公路牵引车 | | 辆 |
| | 8703236902 | 2.5升<排量≤3升装点燃往复式活塞内燃发动机的非4轮驱动越野车 | | 辆 |
| | 8703236991 | 2.5升<排量≤3升装点燃往复式活塞内燃发动机的非4轮驱动越野车成套散件 | | 辆 |
| | 8703241902 | 3升<排量≤4升装点燃往复式活塞内燃发动机的非4轮驱动越野车 | | 辆 |
| | 8703241991 | 3升<排量≤4升装点燃往复式活塞内燃发动机的非4轮驱动越野车成套散件 | | 辆 |
| | 8703242902 | 排量>4升装点燃往复式活塞内燃发动机的非4轮驱动越野车 | | 辆 |
| | 8703242991 | 排量>4升装点燃往复式活塞内燃发动机的非4轮驱动越野车成套散件 | | 辆 |
| | 8703331902 | 2.5升<排量≤3升装压燃往复式活塞内燃发动机的非4轮驱动越野车 | | 辆 |
| | 8703331991 | 2.5升<排量≤3升装压燃往复式活塞内燃发动机的非4轮驱动越野车成套散件 | | 辆 |
| | 8703332902 | 3升<排量≤4升装压燃往复式活塞内燃发动机的非4轮驱动越野车 | | 辆 |
| | 8703332991 | 3升<排量≤4升装压燃往复式活塞内燃发动机的非4轮驱动越野车成套散件 | | 辆 |
| | 8703336902 | 排量>4升装压燃往复式活塞内燃发动机非4轮驱动越野车 | | 辆 |
| | 8703336991 | 排量>4升装压燃往复式活塞内燃发动机非4轮驱动越野车成套散件 | | 辆 |
| | 8703900014 | 其他型2.5升<排气量≤3升的小轿车、越野车 | | 辆 |
| | 8703900015 | 其他型3升<排气量≤4升的小轿车、越野车 | | 辆 |
| | 8703900016 | 其他型排气量>4升的小轿车、越野车 | | 辆 |

续表

| 类别 | 海关商品编号 | 商品名称 | 备注 | 计量单位 |
| --- | --- | --- | --- | --- |
| | 8703900091 | 其他型排气量>2.5升<br>小轿车、越野车成套散件 | | 辆 |
| | 8704103000 | 非公路用电动轮货运自卸车 | | 辆 |
| | 8704109000 | 其他非公路用货运自卸车 | | 辆 |
| | 8704210000 | 柴油型其他小型货车 | 装有压燃式活塞内燃发动机,小型指车辆总重量≤5吨 | 辆 |
| | 8704223000 | 柴油型其他中型货车 | 装有压燃式活塞内燃发动机,中型指5吨<车辆总重量<14吨 | 辆 |
| | 8704224000 | 柴油型其他重型货车 | 装有压燃式活塞内燃发动机,重型指14吨≤车辆总重≤20吨 | 辆 |
| | 8704310000 | 总重量≤5吨的其他货车 | 汽油型,装有点燃式活塞内燃发动机 | 辆 |
| | 8704323000 | 5吨<总重量≤8吨的其他货车 | 汽油型,装有点燃式活塞内燃发动机 | 辆 |
| | 8704324000 | 总重量>8吨的其他货车 | 汽油型,装有点燃式活塞内燃发动机 | 辆 |
| | 8704900000 | 装有其他发动机的货车 | | 辆 |
| | 8705102100 | 起重重量≤50吨全路面起重车 | | 辆 |
| | 8705102200 | 50吨<起重重量≤100吨全路面起重车 | | 辆 |
| | 8705102300 | 起重量>100吨全路面起重车 | | 辆 |
| | 8705109100 | 起重重量≤50吨其他机动起重车 | | 辆 |
| | 8705109200 | 50吨<起重重量≤100吨其他起重车 | | 辆 |
| | 8705109300 | 起重重量>100吨其他机动起重车 | | 辆 |
| | 8705200000 | 机动钻探车 | | 辆 |
| | 8705301000 | 装有云梯的机动救火车 | | 辆 |
| | 8705309000 | 其他机动救火车 | | 辆 |
| | 8705400000 | 机动混凝土搅拌车 | | 辆 |
| | 8705901000 | 无线电通信车 | | 辆 |
| | 8705902000 | 机动放射线检查车 | | 辆 |
| | 8705903000 | 机动环境监测车 | | 辆 |
| | 8705904000 | 机动医疗车 | | 辆 |
| | 8705905100 | 航空电源车(频率为400赫兹) | | 辆 |
| | 8705905900 | 其他机动电源车 | 频率为400赫兹航空电源车除外 | 辆 |
| | 8705906000 | 飞机加油车,调温车,除冰车 | | 辆 |
| | 8705907000 | 道路(包括跑道)扫雪车 | | 辆 |
| | 8705908000 | 石油测井车,压裂车,混沙车 | | 辆 |
| | 8705909100 | 混凝土泵车 | | 辆/千克 |
| | 8705909901 | 跑道除冰车 | | 辆/千克 |
| | 8705909990 | 其他特殊用途的机动车辆 | 主要用于载人或运货的车辆除外 | 辆/千克 |

2. 自动进口许可证免交的情形

进口列入《自动进口许可管理货物目录》的商品，在办理报关手续时须向海关提交自动进口许可证，但在下列情况下可免于交验：

(1)加工贸易项下除原油、成品油外，其他加工贸易货物的进口并复出口的；

(2)除旧机电产品外，外商投资企业作为投资进口或者投资额内生产自用的；

(3)进出口交易中的货样广告品、实验品，每批次价值不超过5000元的可免予交验；

(4)海关监管的暂时进口货物；

(5)属于自动进口许可管理的进入保税区、出口加工区等海关特殊监管区域及进入保税仓库、保税物流中心的货物；

(6)国家法律、法规规定其他免领自动进口许可证的货物。

(二)办理程序

进口货物的收货人(包括进口商和进口用户)进口属于自动进口许可管理的货物，在办理海关报关手续前，应先向所在地或相应的发证机构提交自动进口许可证申请，并同时提交其从事货物进出口的资格证书、备案登记文件或者外商投资企业批准证书(以上证书、文件仅限公历年度内初次申领者提交)、自动进口许可证申请表、货物进口合同(属于委托代理进口的，应当提交委托代理进口协议正本)及商务部规定的其他应当提交的材料。其中属于法律、法规规定政府招标采购的，收货人还应当依法招标。收货人申请自动进口许可证，对进口货物用途或者最终用户法律、法规有特定规定的，应当提交进口货物用途或者最终用户符合国家规定的证明材料、针对不同商品在管理目录中列明的应当提交的材料。同时收货人应当对所提交材料的真实性负责，并保证其有关经营活动符合国家法律规定。

收货人可直接通过网上或书面申请向发证机构书面申领自动进口许可证。如书面申请，收货人首先到发证机构领取或者从相关网站下载自动进口许可证申请表(可复印)等有关材料，按要求如实填写，并采用快递、邮寄或者其他适当方式，与其他相关材料一并递交发证机构。如采取网上申请，收货人应先到发证机构申领用于企业身份认证的电子钥匙。申请时，登录相关网站，进入相关申领系统，按要求如实在线填写自动进口许可证申请表等资料，同时向发证机构提交有关材料。申请内容正确且形式完备的，发证机构收到后应最多不超过

10个工作日，予以签发自动进口许可证。如收货人未使用已申领的自动进口许对证，应当在有效期内交回原发证机构，并说明原因。发证机构对收货人交回的自动进口许可证予以撤销。自动进口许可证如有遗失，收货人应当立即向原发证机构以及自动进口许可证证面注明的进口口岸地海关书面报告挂失。原发证机构收到挂失报告后。经核实无不良后果的，予以重新补发。对于自动进口许可证自签发之日起1个月后未领证的，发证机构可以收回并撤销。

(三)报关规范

(1)自动进口许可证仅限在公历年度内使用,有效期为6个月;

(2)自动进口许可证项下货物原则上实行"一批一证"管理,部分货物也可实行"非一批一证"管理。实行"非一批一证"管理的,在有效期内可以分批次累计报关使用6次。每次报关时,海关在自动进口许可证原件"海关验放签注栏"内批注后,留存复印件,最后一次使用完,海关留存正本。同一进口合同项下,收货人可以申请并领取多份自动进口许可证。

**三、纺织品出口临时管理**

(一)适用范围

对出口至欧盟、美国的纺织品,需申领"纺织品临时出口许可证"。

(二)报关规范

(1)有效期6个月,不能跨年度使用,这个年度是按照公历的时间来计算;

(2)实行"一批一证"、"一关一证"管理;

(3)出口样品的,对于每批商品数量不超过50件的,可免领纺织品临时出口许可证。

**四、进口废物管理**

(一)适用范围

在促进社会主义现代化建设的进程中,为了防止固体废物污染环境,保障人体健康,国务院环境保护行政主管部门根据《中华人民共和国固体废物污染环境防治法》和《废物进口环境保护管理暂行规定》等法律、法规,对进口废物实施禁止、限制以及自动许可管理。废物是指在生产建设、日常生活和其他活动中产生的污染环境的废弃物质,包括工业固体废物(指在工业、交通等生产活动中产生的固体废物)、城市生活垃圾(指在城市日常生活中或者为城市日常生活提供服务的活动中产生的固体废物以及法律、行政法规规定视为城市生活垃圾的固体废物)、危险废物(指列入国家危险废物名录或者根据国家规定的危险废物鉴别标准和鉴别方法认定的具有危险特性的废物)以及液态废物和置于容器中的气态废物。这些都属于《中华人民共和国固体废物污染环境防治法》管理范围内的废物。对不能用做原料的固体废物,国家禁止进口,对可以用做原料的固体废物实行限制以及自动许可管理。进口废物的国家主管部门是国家环境保护总局。国务院商务主管部门会同有关部门制定、调整并公布《限制进口类可用做原料的废物目录》及《自动进口许可管理类可用做原料的废物目录》,对未列入上述两目录的固体废物禁止进口。

(二)办理程序

对未列入《限制进门类可用做原料的废物目录》及《自动进口许可管理类可用做原料的废物目录》或虽列入上述目录但未取得有效废物进口许可证的废物一律不得进口或存入保税仓库。

对列入《限制进口类可用做原料的废物目录》及《自动进口许可管理类可用做原料的废

物目录》,废物进口单位或者废物利用单位经国家环境保护部审查批准后,直接向环境保护部提出废物进口申请,在取得环境保护部门签发的"中华人民共和国自动许可进口类可用做原料的固体废物进口许可证"或"中华人民共和国限制进口类可用做原料的固体废物进口许可证"(以下统称为废物进口许可证)后才可组织进口。进口废物抵达口岸后,口岸检验检疫机构凭环境保护部签发的废物进口许可证及其他必要单证受理报验,经审核未发现不符合环境保护要求的,向报验人出具入境货物通关单,海关凭有效废物进口许可证及入境货物通关单办理通关手续。经审核发现不符合环境保护要求的,向报验人出具检验证书并及时以检验证书副本通知口岸海关和当地环保部门,海关会同地方环保部门依法对废物进行处理。

(三)报关规范

(1)进口单位进口列入《限制进口类可用做原料的废物目录》的废物,应主动向海关申报,并提交有效的废物进口许可证、口岸检验检疫机构出具的入境货物通关单及其他有关单据。

(2)进口单位进口列入《自动进口许可管理类可用做原料的废物目录》的废物,应主动向海关申报,并提交有效的废物进口许可证、口岸检验检疫机构出具的入境货物通关单及其他有关单据。

(3)海关对废物进口实行"非一批一证"的许可证管理制度。

(4)进口的废物只有废纸可进行转关运输,其他废物的进口一律不得进行转关运输,因此只能在口岸海关办理申报进境手续。

**五、濒危物种进出口管理**

(一)适用范围

野生动植物是人类的宝贵自然财富。我国是《濒危野生动植物种国际贸易公约》的成员国,因此,我国进出口管理的濒危物种包括《濒危野生动植物种国际贸易公约》成员国(地区)应履行保护义务的物种以及为保护我国珍稀物种自主保护的物种。同时我国颁布了《中华人民共和国森林法》《中华人民共和国野生动物保护法》以及《中华人民共和国野生植物保护条例》等相关法律、法规,并发布了我国物种自主保护目录。

濒危物种进出口管理是指国家濒危物种进出口管理办公室(以下简称"濒管办")会同国家其他部门,依法制定或调整《进出口野生动植物种商品目录》并签发"濒危野生动植物种国际贸易公约允许进出口证明书"(以下简称"公约证明")、"中华人民共和国濒危物种进出口管理办公室野生动植物允许进出口证明书"(以下简称"非公约证明")或"非《进出口野生动植物种商品目录》物种证明"(以下简称"物种证明"),凡目录内列明的依法受保护的珍贵、濒危野生动植物及其产品凭"公约证明"、"非公约证明"及"物种证明"进行进出口限制管理。

(二)报关规范

凡进出口列入《进出口野生动植物种商品目录》的野生动植物或其产品,必须严格按照有关法律、行政法规的程序进行申报和审批(如表 3－3 所示)，并在进出口报关前取得国家濒危物种进出口管理办公室或其授权的办事处签发的“公约证明”、“非公约证明”或“物种证明”后，向海关办理进出口手续。

**表 3－3 野生动植物进出口管理及报关规范**

| 证件名称 | | 主管部门 | 发证部门 | 适用范围 | 报关规范 |
|---|---|---|---|---|---|
| 野生动植物进出口管理 | 非公约证明 | 濒管办 | 濒管办或其授权的办事处 | 不论以何种方式进出口列入《进出口野生动植物种商品目录》中属于我国自主规定管理的野生动植物及其产品 | (1)提交“非公约证明”<br>(2) 实行“一批一证” |
| | 公约证明 | 濒管办 | 濒管办或其授权的办事处 | 不论以何种方式进出口列入《进出口野生动植物种商品目录》中属于《濒危的野生动植物及其产品》 | (1)提交“公约证明”<br>(2) 实行“一批一证” |
| | | 濒管办 | 濒管办指定机构认定或出具 | 对于进出口列入《进出口野生动植物种商品目录》中除适用“非公约证明”、“公约证明”物种以外的其他野生动植物及相关货物或货品和含野生动植物成分的纺织品 | 物种证明不得转让或倒卖、证明不得涂改、伪造<br>(1) 分“一次使用”和“多次使用”二种，一次性使用的物种证明，有效期自签发之日起不得超过 6 个月<br>(2) 多次使用的“物种证明”只适用于同一物种、同一货物类型、在同一报关口岸多次进出口野生动植物，有效期截至发证当年 12 月 31 日、持证者于 1 月 31 日前将上一年度使用多次“物种证明”进出口野生动植物标本的情况汇总上报<br>(3) 按照规定口岸、方式、时限、物种、数量和货物类进出口，超过该范围海关不予受理<br>(4) 海关对经营列入该《目录》商品提出质疑的，应出具上述相应的许可证方能通关<br>(5) 对进出境货物或物品包装和说明中标注含有《商品目录》所列野生动植物成分的，经营者应主动、如实申报。并按含有该野生动植物的商品进行监管 |

## 六、进出口药品管理

### (一)含义

进出口药品管理是指为加强对药品的监督管理，保证药品质量，保障人体用药安全，维护人民身体健康和用药合法权益，国家食品药品监督管理局依照《中华人民共和国药品管理法》、有关国际公约以及国家其他法规，对进出口药品实施监督管理的行政行为。

### (二)主管部门及管理形式

我国对进出口药品管理是我国进出口许可管理制度的重要组成部分，属于国家限制进出口管理范畴，实行分类和目录管理。从管理角度可将进出口药品分为进出口麻醉药品、进出口精神药品以及进口一般药品。国家食品药品监督管理局会同国务院商务主管部门对上述药品依法制定并调整管理目录，以签发许可证件的形式对其进出口加以管制。目前我国公布的药品进出口管理目录有：《进口药品目录》《生物制品目录》《精神药品管制品种目录》和《麻醉药品管制品种目录》。

（三）进出口药品报关规范

(1)进出口列入《精神药品管制品种目录》的药品向海关报关时，需提交《精神药品进(出)口准许证》。《精神药品进(出)口准许证》是进出口精神药品的管理批件，实行“一批一证”制。

(2)进出口列入《麻醉药品管制品种目录》的药品向海关报关时，需提交《麻醉药品进(出)口准许证》。《麻醉药品进(出)口准许证》是进出口麻醉药品的管理批件，实行“一批一证”制。

(3)进口一般药品，即除上述特殊用途药品外的其他药品向海关报关时，需提交《进口药品通关单》。《进口药品通关单》是一般药品的进口管理批件，同时实行“一批一证”制，仅在该单注明的指定口岸海关使用才有效。一般药品的出口，目前暂时没有特殊的管理要求。

**七、黄金及其制品进出口管理**

黄金及其制品包括黄金条、块、锭、粉，黄金铸币，黄金制品，黄金及合金制品，含黄金化工产品，含黄金废渣、废液、废料，包金制品，镶嵌金制品等。

中国人民银行总行是黄金及其制品进出口管理机关，具体规定为：出口黄金及其制品，出口企业应事先向中国人民银行申领《黄金产品出口准许证》；进口黄金及其制品，应事先向中国人民银行申领《中国人民银行授权书》。

（一）含义

进出口黄金管理是指中国人民银行、商务部依据《中华人民共和国金银管理条例》等有关规定，对进出口黄金及其制品实施监督管理的行政行为。

（二）主管部门及管理方式

黄金及其制品进出口管理属于我国进出口许可管理制度中限制进出口管理范畴，中国人民银行总行为黄金及其制品进出口的管理机关，具体规定为：

(1)出口黄金及其制品，出口企业应事先向中国人民银行申领“黄金产品出口准许证”(加工贸易除外)。

(2)进口黄金及其制品，进口企业应事先向中国人民银行申领批件，即“中国人民银行授权书”(加工贸易除外)。

（三）适用范围及报关规范

1. 黄金产品出口准许证

黄金产品出口准许证是我国进出口许可管理制度中具有法律效力，用来证明对外贸易经营者经营黄金及其制品合法出口的证明文件，是海关验放该类货物的重要依据。

(1)适用范围

实施进口管理的黄金，包括黄金条、块、锭、粉，黄金铸币，黄金制品，黄金合金制品，含黄金化工产品，含黄金废渣、废液、废料，包金制品，镶嵌金制品等。

(2)报关规范

① 向海关申报进口上述范围的黄金及其制品，报关单位应主动向海关提交有效的中国人民银行授权书；

② 中国人民银行授权书当年有效，跨年度作废。

2. 中国人民银行授权书

中国人民银行授权书是我国进出口许可管理制度中具有法律效力，用来证明对外贸易经营者经营黄金及其制品合法进口的证明文件，是海关验放该类货物的重要依据。

**八、其他货物进出口管理**

1. 音像制品进口管理

(1)音像制品进口管理的内涵

为了增进国际的文化交流，同时防止对我国政治、文化、道德造成危害的精神产品流入我国，国家对音像制品的进口实行进口许可制度。文化部负责对全国音像制品进口的管理，各省、自治区、直辖市人民政府音像制品行政管理部门，负责管理本行政区域内的音像制品进口工作。音像制品进口时，海关根据有关规定凭有关证明放行。

(2)音像制品进口管理的范围

国家实行进口管理的音像制品是指录有内容的录音带、录像带及其他已录制磁带、照片、激光唱盘、视盘及其他已录制光盘，以及其他已录制媒体等。但是，个人携带和邮寄用于非经营目的的音像制品进出境，在自用合理数量内，而且其内容不违反有关规定的，海关予以放行。

2. 化学品首次进境及有毒化学品管理

(1)概述

“化学品”是指人工制造的或者是从自然界取得的化学物质，包括化学物质本身、化学混合物或者化学配制物中的一部分，以及作为工业化学品和农药使用的物质。

“有毒化学品”是指进入环境后通过环境蓄积、生物累积、生物转化或化学反应等方式损害健康和环境，或者通过接触对人体具有严重危害和具有潜在危险的化学品。

“化学品首次进口”是指外商或其代理人向中国出口其未曾在中国登记过的化学品，即使同种化学品已有其他外商或其代理人在中国进行了登记，仍被视为化学品首次进口。

(2)有毒化学品进出口环境管理放行通知单

有毒化学品进出口环境管理放行通知单是我国进出口许可管理制度中具有法律效力，用来证明对外贸易经营者经营列入《中国禁止或严格限制的有毒化学品名录》的化学品合法进出口的证明文件，是海关验放该类货物的重要依据。

(3)化学品进口环境管理登记证

化学品进口环境管理登记证是用来证明对外贸易经营者经营属首次进口的化学品(不包括食品添加剂、医药、兽药、化妆品、放射性物质)已接受国家登记管理的证明文件，是海关验放该类货物的重要依据。

3.进出口农药登记证明管理

进出口农药登记证明是国家农业主管部门依据《中华人民共和国农药管理条例》，对进出口用于预防、消灭或者控制危害农业、林业的病、虫、草和其他有害生物以及有目的地调节植物、昆虫生长的化学合成或者来源于生物、其他天然物质的一种物质或者几种物质的混合物及其制剂实施管理的进出口许可证件，其国家主管部门是农业部。

我国对进出口农药实行目录管理，由农业部会同海关总署依据《中华人民共和国农药管理条例》和《在国际贸易中对某些危险化学品和农药实行事先知情同意程序国际公约》(PIC)，制定《中华人民共和国进出口农药登记证明管理名录》(以下简称《农药名录》)。进出口列入上述目录的农药，应事先向农业部农药检定所申领进出口农药登记证明，凭以向海关办理进出口报关手续。

4.兽药进口管理

(1)概述

兽药进口管理是指国家农业部依据《进口兽药管理办法》，对进口兽药实施的监督管理。受管理的兽药是指用于预防、治疗、诊断畜禽等动物疾病，有目的地调节其生理机能并规定作用、用途、用法、用量的物质。

(2)有关规定

1)申报进口兽药、人畜共用的兽药，报关单位凭农业部指定的口岸兽药监察所在进口货物报关单上加盖的“已接受报验”的印章办理有关验放手续。

2)对进口的兽药，因企业申报不实或伪报用途所产生的后果，企业应承担相应的法律责任。

5.进出境现钞管理

属于银行经营外汇业务，收付外币现钞需调出境外或从境外调入的外币现钞，由国家外汇管理局管理，需调运进出境的人民币现钞由中国人民银行管理。

银行办理外币现钞的进出口业务时，报关单位凭银行填制的、外汇管理局核发的“银行调运外币现钞进出境许可证”向海关办理通关手续。外币现钞进出境仅限在北京、上海、福州、广州、深圳口岸报关，人民币现钞进出境则需要中国人民银行货币金银局的批件。

## 九、两用物项和技术进出口许可证管理

1.含义

两用物项和技术是指《中华人民共和国核出口管制条例》《中华人民共和国核两用品及相关技术出口管制条例》《中华人民共和国导弹及相关物项和技术出口管制条例》《中华人民共和国生物两用品及相关设备和技术出口管制条例》《中华人民共和国监控化学品管理条例》《中华人民共和国易制毒化学品管理条例》及《有关化学品及相关设备和技术出口管制办法》所规定的相关物项和技术。商务部是全国两用物项和技术进出口许可证的归口管理部门，商务部会同海关总署依据上述法规颁布了《两用物项和技术进出口许可证管理办法》，并联合发布了《两用物项和技术进出口许可证管理目录》(以下简称《管理目录》)，规定对列入目录的物项和技术的进出口统一实行两用物项和技术进出口许可证管理。商务部是全国两用物项和技术进出口许可证的归口管理部门，负责制定两用物项和技术进出口许可证管理办法及规章制度。商务部委托商务部配额许可证事务局(以下简称许可证局)统一管理、指导全国各发证机构的两用物项和技术进出口许可证发证工作，许可证局对商务部负责。

2.报关规范

(1)对以任何方式进口或出口，以及过境、转运、通运《管理目录》中的两用物项和技术，均应申领两用物项和技术进口或出口许可证。两用物项和技术在境外与保税区、出口加工区等海关特殊监管区域、保税场所之间进出的，适用前述规定。两用物项和技术在境内与保税区、出口加工区等海关特殊监管区域、保税场所之间进出的或者在上述海关监管区域、保税场所之间进出的，无须办理两用物项和技术进出口许可证。

(2)海关有权对进出口经营者进口或者出口的商品是否属于两用物项和技术提出质疑，进出口经营者应按规定向相关行政主管部门申请进口或者出口许可，或者向商务主管部门申请办理不属于管制范围的相关证明。省级商务主管部门受理其申请，提出处理意见后报商务部审定。对进出口经营者未能出具两用物项和技术进口或者出口许可证或者商务部相关证明的，海关不予办理有关手续。

(3)两用物项和技术进口许可证实行"非一批一证"制和"一证一关"制，同时在两用物项和技术进口许可证备注栏内打印"非一批一证"字样。两用物项和技术出口许可证实行"一批一证"制和"一证一关"制。同一合同项下的同一商品如需分批办理出口许可证，出口经营者应在申领时提供相关行政主管部门签发的相应份数的两用物项和技术出口批准文件。同一次申领分批量最多不超过12批。

(4)两用物项和技术进出口许可证有效期一般不超过一年。跨年度使用时，在有效期内只能使用到次年3月31日，逾期发证机构将根据原许可证有效期换发许可证。

(5)两用物项和技术进出口许可证仅限于申领许可证的进出口经营者使用，不得买卖、转让、涂改、伪造和变造；两用物项和技术进出口许可证应在批准的有效期内使用，逾期自动

失效,海关不予验放。

(6)两用物项和技术进出口许可证一经签发,任何单位和个人不得更改证面内容。如需对证面内容进行更改,进出口经营者应当在许可证有效期内向相关行政主管部门重新申请进出口许可,并凭原许可证和新的批准文件向发证机构申领两用物项和技术进出口许可证。

**案例分析**

**案例 1**

2015 年 3 月 6 日,昆山某电子材料有限公司(中美合资企业,投资总额 2500 万美元)进口一批设备,委托昆山菲×国际货运代理有限公司办理进口报验、报关。报验时提供的单据和信息均为新设备,而昆山出入境检验检疫局检验人员检验时发现引进设备均为二手设备。

问题:

(1)昆山某电子材料有限公司和昆山菲×国际货运代理有限公司是否都应当承担法律责任?

(2)根据我国对外贸易管理制度,国家对该批货物应当实行什么管理措施?

**案例 2**

2015 年 5 月,苏州同安×医药进出口有限公司欲从意大利进口一批去氧麻黄碱药品,通过查询得知该药品被列入《精神药品管制品种目录》。

问题:该公司在办理进口报关手续前应向哪些部门取得哪些特殊单证才能顺利报关?

**能力训练**

**实训项目一**

上海远×进出口公司向德国某公司出口一批厚板材(商品编号 44079990××),合同号为 08−H−26−099,规格为 20mm×30mm×300mm,厚度大于 6mm,总数量为 15$m^3$,单价是每立方米 USD300.00,FOB 上海港,10 月份装运,采用不可撤销即期信用证付款。根据上述条件完成下列任务:

任务一:向发证机关申领上述出口许可证时,应提交哪些材料?

任务二:发证机关在确认材料无误的前提下,需要多少工作日才发证?

**项目训练**

**一、单项选择题**

1. 下列(　　)选项应不属于我国贸易管制的法律体系范围。

A. 由国家权力机关制定的法律规范

B. 由国务院制定的行政法律规范

C. 由省、自治区、直辖市制定的地方性行政法律规范

D. 由国务院有关部委制定的行政规章

2. 我国对外贸易管制是一种综合管理制度，下列（　　）项应不在其构成范围内。

A. 海关监管制度　　B. 关税制度

C. 贸易救济制度　　D. 进出口报关制度

3. 下列（　　）选项不在我国政府禁止进口的范围。

A. 四氯化碳　　B. 右置方向盘的汽车

C. 来自疫区的动物和动物产品

D. 列入《国家限制进口的可用作原料的废物目录》的固体废物

4. 下列对关税配额管理表述错误的是（　　）。

A. 关税配额是对进口商品制定关税配额税率并规定该商品进口数量总额

B. 在关税配额限额内按照关税税额征税

C. 在关税配额限额外按照配额外税率征税

D. 关税配额与许可证实现限制的目的相比是一种相对数量的限制

5. 国家对限制进口货物管理，下列表述不正确的是（　　）。

A. 按照其限制方式划分许可证管理和关税配额管理

B. 国务院商务主管部门或国务院有关部门在各自的职责范围内签发各类许可证件

C. 实行配额或者非配额限制的进口货物，采用配额许可证管理

D. 关税配额内进口的货物，按照配额内税率缴纳关税

6. 对进口或者出口技术的限制管理，下列表述不正确的是（　　）。

A. 限制进口技术实行技术进口许可证管理

B. 限制进口技术实行技术进口合同登记管理

C. 限制出口技术实行技术出口许可证管理

D. 限制进口或者出口技术实行目录管理

7. 基于监测进出口情况的需要，国家对部分属于自由进口的货物实行（　　）。

A. 自动进口许可管理　　B. 进口合同登记管理

C. 进口许可证管理　　D. 自由进口管理

8. 我国对对外贸易经营者的管理实行（　　）。

A. 国有贸易管理　　B. 备案登记管理

C. 行政审批管理　　D. 行政许可管理

9. 国家质量监督检验检疫总局根据对外贸易需要，公布并调整《出入境检验检疫的进出境商品目录》。该目录所列明的商品称为（　　）。

A. 法定检验　　B. 合同检验

C. 公正鉴定　　D. 委托检验

10. 下列（　　）单证是跟踪、监督出口单位出口收汇核销和办理出口手续的重要凭证。

A. 出口许可证　　　　B. 出境货物通关单

C. 出口外汇核销单　　　　D. 中国人民银行授权书

11. 列入 2008 年《进口许可证管理货物目录》的是(　　)。

A. 监控化学品　　　　B. 易制毒化学品

C. 消耗臭氧层物质　　　　D. 光盘生产线

12.《出口货物许可证》的有效期和准予延长的期限:(　　)。

A. 有效期为 6 个月,但仅在公历年度内有效,不得延期

B. 有效期不得超过 6 个月,需要跨年度使用时,有效期截止日期不得超过次年 2 月底

C. 有效期 1 年,当年有效,需要跨年度使用时,有效期最长不得超过次年 3 月底

D. 有效期 1 年,在公历年度内有效,不能延期

13. 实行"非一批一证"管理的自动进口许可证,其使用次数最多不超过(　　)。

A. 3 次　　B. 6 次　　C. 9 次　　D. 12 次

14. 下列进出口许可证件实行"非一批一证"管理的是(　　)。

A. 入境货物通关单　　　　B. 进口药品通关单

C. 废物进口许可证　　　　D. 纺织品临时出口许可证

15.《入境货物通关单》不适用的范围:(　　)。

A. 列入《法检目录》属于入境管理的商品

B. 进口可再利用的废物原料

C. 美国、日本、韩国、欧盟输入的货物

D. 其他未列入《法检目录》的商品

16. 下列关于进口废物管理的表述,错误的是(　　)。

A. 包括废纸在内的进口废物可以办理转关

B. 存入保税仓库的废物必须取得有效废物进口许可证

C. 对未列入《限制进口类可用做原料的废物目录》的废物一律不得进口

D. 向海关申报允许进口的废物,应主动向海关提交废物进口许可证、入境货物通关单及其他有关单据.

17. 下列不属于禁止出口货物的是(　　)。

A. 破坏臭氧层的"四氯化碳"　　　　B. 濒危物种"犀牛角"、"虎骨"

C. 化肥　　　　D. 石英砂

18.《中华人民共和国货物进出口管理条例》规定,国家规定有数量限制的进口货物,实行下列(　　)管理。

A. 进口许可证　　　　B. 自动进口许可证

C. 配额招标管理　　　　D. 关税配额管理

19. 下列关于外汇管理的表述不正确的是(　　)。

A. 国家外汇管理局以《出口外汇核销单》的方式，跟踪、监督出口单位出口货物后收汇

B. 国家外汇管理局以《贸易进口付汇核销单》方式，监督付汇进口情况

C. 海关凭《进口付汇核销单》接受进口单位报关

D. 进口付汇核销工作由国家外汇管理局指定银行办理核销付汇

20.《进口许可证》原则实行"一批一证"制度，非"一批一证"的商品发证机关在签发进口许可证时必须在"备案"栏注明"非一批一证"字样，该证在有效期内最多可使用(　　)。

A. 12 次　　B. 8 次　　C. 6 次　　D. 4 次

21. 自动进出口许可证的发证机关是(　　)。

A. 海关总署　　B. 国务院

C. 外经贸部

D. 商务部和国务院有关经济管理部门及其授权机关

22. 进口货物许可证的有效期一般是(　　)。

A. 6 个月　　B. 一年　　C. 一个月　　D. 9 个月

23. 出口货物许可证的有效期一般是(　　)。

A. 6 个月　　B. 一年　　C. 3 个月　　D. 9 个月

24. 金银及其制品报关出口时，凭(　　)部门出具的《金银制品出口准许证》报关。

A. 中国人民银行及其授权机关　　B. 中国银行及其授权机关

C. 国家外汇管理局及其授权机关　　D. 外经贸部

25. 无线电器材、通信设备进口需凭(　　)单证向海关报关。

A.《进口许可证》　　B.《进口准许证》

C.《无线电设备入关通知单》　　D.《放行单》

26. 我国出入境检验检疫的主管部门是(　　)。

A. 国家质量监督检验检疫总局　　B. 海关

C. 工商局　　D. 税务局

27. (　　)是由中华人民共和国质量监督检验检疫总局制定的，对其中所列的商品，中华人民共和国质量监督检验检疫总局要根据对外贸易发展的需要和进出口商品的实际情况随时调整，并实施法定检验、检疫。

A.《出入境检验检疫机构实施检验检疫的进出境商品目录》

B.《中华人民共和国食品卫生法》

C.《中华人民共和国进出境动植物检疫条例》

D.《商检法》

28. 属于自由进口的技术应当向国务院外经贸主管部门办理登记，国务院外经贸主管部

门应当受到规定的文件之日起(　　)个工作日内对技术进口合同进行登记,颁发技术进口合同登记证。

A. 2　　B. 3　　C. 5　　D. 7

29. 临时反倾销措施实施的期限,自临时反倾销措施决定公告规定实施之日起,不超过(　　)个月,特殊情况,可以延长至(　　)个月。

A. 6,12　　B. 5,8　　C. 4,9　　D. 3,6

30. 反补贴、反倾销针对(　　)不公平贸易而采取的措施。

A. 进口产品激增的情况　　B. 价格歧视

C. 国别歧视　　D. 数量

31. 进口许可证有效期为(　　),特殊情况需要跨年度使用的,有效期最长不得超过次年(　　)。

A. 1 年;3 月 31 日　　B. 6 个月;2 月底

C. 3 个月;1 月 31 日　　D. 9 个月;3 月 31 日

32. 出口许可证有效期为(　　),特殊情况需要跨年度使用的,有效期最长不得超过次年(　　)。

A. 1 年;3 月 31 日　　B. 6 个月;2 月底

C. 3 个月;1 月 31 日　　D. 9 个月;3 月 31 日

33. 对进出口实行许可证管理的大宗散装货物,溢装数量不得超过许可证所列进出口数量的(　　)。

A. 1%　　B. 2%　　C. 3%　　D. 5%

34. 纺织品出口自动许可证在公历年度内有效,有效期为(　　),逾期作废。

A. 3 个月　　B. 6 个月　　C. 8 个月　　D. 1 年

35. 无论以何种方式进口列入《进出口野生动植物商品目录》的野生动植物及其产品,均应申领(　　)。

A. 公约证明　　B. 非公约证明

C. 非物种证明　　D. 进口许可证

36. 向海关申报出口列入《法检目录》属出境管理的商品,报关单位应主动向海关提交有效的(　　)及有关单据。

A. 进境货物通关单　　B. 出境货物通关单

C. 出口许可证　　D. 进口许可证

37. (　　)负责全国音像制品的进口管理,省、自治区、直辖市人民政府音像制品行政管理部门负责管理本行政区域内的音像制品进口工作。

A. 商务部　　B. 中宣部

C. 出入境检验检疫局　　D. 文化部

38. 进出口农药登记证明实行"一批一证"制，证明内容不得更改，如需更改，需由（　　）换发新证。

A. 商务部　　B. 林业局农药检定所

C. 农业部农药检定所　　D. 出入境检验检疫局

39. 对银行办理外币现钞进出境时，应凭（　　）核发的"银行调运外币现钞进出境许可证"向海关办理通关手续。

A. 外汇管理局　　B. 中国人民银行

C. 商务部　　D. 农业部

40. 对人民币现钞进出境的，报关单位凭（　　）的批件办理通关手续。

A. 外汇管理局　　B. 中国人民银行货币金银局

C. 商务部　　D. 国家出入境检验检疫局

41. 某省粮油进出口公司计划进口泰国大米 500 吨，该公司在申领进口许可证之前必须取得的文件是（　　）。

A. 特定商品进口登记证明　　B. 进口配额证明

C. 国家计委证明　　D. 国家粮食主管部门证明

42. 下列关于反倾销的表述错误的是（　　）。

A. 保障措施针对的是公平贸易条件下的进口产品

B. 保障措施分为临时保障措施和最终保障措施

C. 临时保障措施不超过 4 个月，并计入保障措施总期限

D. 最终保障措施一般不超过 4 年，仍需延长实施期限，不得超过 8 年

43.《中华人民共和国货物进出口管理条例》规定，国家规定有数量限制的进口货物，实行下列（　　）种管理。

A. 国家实行对限制进口管理的货物，必须依照国家有关规定取得国务院外经贸主管部门或国务院有关部门许可，方可进口

B. 进口货物取消配额限制，即取消了限制进口管理

C. 关税配额内进口的货物，按照配额内税率缴纳关税

D. 关税配额外进口的货物，按照配额外税率缴纳关税

44. 对进口列入《限制进口类可用作原料废物》及《自动进口许可管理类做原料的废物目录》的废物，报关单位向海关申报是应当提交《进口废物批准证书》；对进口未列入上述目录内的废物，国家规定（　　）。

A. 仍需申领批准证书

B. 不需申领批准证书，但需交验《入境货物通关单》

C. 禁止进口

D. 不须批件，自由进口

45. 由海关申报出口列入《进出口野生动植物种商品目录》中属于《濒危野生动植物种国际贸易公约》成员国应履行保护义务的物种时，报关单位应向海关提交的证明为(　　)。

A.《公约证明》　　B.《非公约证明》

C.《非物种证明》　　D.《入境货物通关单》

46.《敏感物项技术出口许可证》的有关规定是(　　)。

A. 在有效期内每证只能在一个海关报关使用，每证只能使用 1 次

B. 在有效期内每证只能在一个海关报关使用，每证最多使用 12 次

C. 在有效期内每证可在多个海关报关使用，每证最多使用 12 次

D. 原则上不能更改证面内容，如需更改，出口经营者需向商务不提出申请在更改处加盖印章

47. 入境废物须由(　　)审批。

A. 国家质检总局　　B. 国家环保总局

C. 农业部　　D. 卫生部

48. 下列关于国家对限制进口货物管理的表述错误的是(　　)。

A. 国家实行限制进口管理的货物，必须依照国家有关规定，取得国务院对外贸易主管部门或者由其会同国务院有关规定许可，方可进口

B. 实行配额或者非配额限制的进口货物，采用配额许可证管理

C. 关税配额内进口的货物，按照配额内税率缴纳关税

D. 关税配额外进口的货物，按照配额外税率缴纳关税

49. 在我国对外贸易管制的法律体系中，《货物自动进口许可证可管理办法》属于(　)。

A. 法律　　B. 行政法规　　C. 部门规章　　D. 国际条约

50. 金银及其制品报关出口时，必须事先到(　　)及其授权机构办理《金银制品出口准许证》，海关凭以办理出口报关手续。

A. 商务部　　B. 文化部　　C. 财务部　　D. 中国人民银行

**二、多项选择题**

1. 我国的对外贸易管制按管制对象分类有(　　)。

A. 货物进出口贸易管制　　B. 技术进出口贸易管制

C. 国际服务贸易管制　　D. 知识产权进出境贸易管制

2. 国际上对对外贸易管制通常的分类形式有(　　)。

A. 按照管制目的分为进口贸易管制和出口贸易管制

B. 按照管制对象分为禁止进出口和限制进出口

C. 按照管制手段分为关税措施和非关税措施

D. 按照限制手段分为配额管理和许可证管理

3. 货物、技术进出口许可管理制度是我国进出口许可管理制度的主体，其管理范围包括(　　)。

A. 禁止进出口的货物和技术　　B. 限制进出口的货物和技术

C. 自由进出口的技术

D. 自由进出口中部分实行自动许可管理的货物

4. 列入国家公布禁止出口目录的商品有(　　)。

A. 犀牛角和虎骨　　B. 发菜和麻黄草

C. 石英砂和天然砂　　D. 汽车和汽车底盘

5. 国家限制进出口货物采取的主要手段是(　　)。

A. 进口关税配额管理　　B. 出口配额限制管理

C. 进出口许可证管理　　D. 自由进出口管理

6. 我国出入境检验检疫制度包括(　　)。

A. 进出口商品检验　　B. 进出境动植物检疫

C. 质量技术监督　　D. 国境卫生监督

7. 反补贴、反倾销和保障措施都属于我国对外贸易救济措施，下列实施期限正确的是(　　)。

A. 临时反倾销措施实施的期限，自临时反倾销措施决定公告规定实施之日起，不超过 4 个月，在特殊情况下，可以延长至 9 个月

B. 对终裁决定倾销成立，可以征收反倾销税，海关自公告规定实施之日起执行

C. 临时反补贴措施实施的期限，自临时反补贴措施决定公告规定实施之日起，不超过 4 个月

D. 最终保障措施期限一般不超过 4 年，如延长实施期限的，其全部实施期限不得超过 10 年

8. 可以签发进出口许可证的机构是(　　)。

A. 配额许可证事务局　　B. 驻各地特派员办事处

C. 省商务主管部门　　D. 授权的计划单列市商务主管部门

9. 列入《自动进口许可管理货物目录》的货物，但可以免交自动进口许可证的是(　　)。

A. 加工贸易项下进口并复出口的成品油

B. 外商投资企业作为投资进口的机电产品

C. 每批次价值不超过5000元人民币的货样广告品

D. 参加在国内马戏团演出进口后须复出口的运输工具

10. 下列进出口许可证件实行"一证一关"管理的有(　　)。

A. 进出口许可证　　B. 自动进口许可证

C. 纺织品临时出口许可证　　D. 两用物项和技术进口许可证

11. 下列对《两用物项和技术进出口许可证》的使用,表述正确的是(　　)。

A. 进口实行"非一批一证"制和"一证一关"制

B. 出口实行"一批一证"制和"一证一关"制

C. 有效期一般不超过一年,跨年度使用时在有效期内使用到次年3月31日

D. 仅限于申领许可证的进出口经营者使用,不得买卖、转让、涂改、伪造和变造

12. 两用物项和技术进出口许可证发放和授权发放的部门有(　　)。

A. 计划单列市　　B. 配额许可证事务局

C. 省级商务主管部门　　D. 各地特派员办事处

13. 对下列(　　)实行自动进口许可管理的大宗散装货物,溢短装数量在货物总量正负3%以内的予以免证验放。

A. 原油　　B. 成品油　　C. 化肥　　D. 钢材

14. 下列属于禁止进口的货物是(　　)。

A. 破坏臭氧层的"四氯化碳"　　B. 濒危物种"犀牛角"、"虎骨"

C. 旧机电产品、二手右置方向盘的汽车　　D. 医疗废物

15. 关于自由进出口货物,下列表述正确的是(　　)。

A. 凡属于自由进出口货物,均无须实行许可证管理

B. 部分自由进口货物,需要实行自动进口许可管理

C. 自动进口许可管理的货物,进口经营者应向国务院外经贸主管部门、经济管理部门提交自动进口许可申请

D. 凭发放的自动进口证明办理海关报关手续

16. 目前我国具有进出口经营权的主要有(　　)。

A. 专业外贸公司

B. 有权自营进出口的生产企业,包括外商投资企业和内资生产企业

C. 对外经营科技产品的科研院所和大专院校

D. 从事国际承包工程和劳务合作的国际合作公司

17. 下列关于贸易救济措施表述正确的有(　　)。

A. 临时反倾销措施不超过4个月;特殊情况下,可以延长至9个月

B. 最终反补贴措施征收反补贴税

C. 临时反倾销措施和临时反补贴措施可采取征收临时税的形式

D. 临时保障措施要求提供现金保证金、保函或者其他形式担保

18. 下列商品中，不属于 2005 年度进口许可证管理范围的是(　　)。

A. 汽车及其关键件　　B. 光盘生产设备

C. 监控化学品

D. 商务部颁布的《自动进口许可货物管理目录》中所列进口旧机电产品

19. 下列属于自动进出口许可证管理免证范围的有(　　)。

A. 来料加工、进料加工合同项下的进口料件

B. 外商投资企业进口的旧设备

C. 货样广告品

D. 暂准进境货物

20. 濒危物种进出口管理办公室有权签发的通关证件名称是(　　)。

A.《公约证明》　　B.《非公约证明》

C.《物种证明》　　D.《非物种证明》

21. 下列(　　)向海关申报进口须交验《入境货物通关单》。

A. 列入《法检目录》属于进境管理的商品

B. 美国、日本、韩国输入的货物

C. 对外商投资企业进口的投资设备的价值进行鉴定

D. 入境货物运输设备

22. 下列属于对外贸易管制目的的是(　　)。

A. 为了保护本国经济利益　　B. 推行本国的外交政策

C. 为了实现其国家职能　　D. 为了发展本国经济

23. 下列属于贸易管制所涉及的法律渊源的是(　　)。

A. 宪法　　B. 法律

C. 行政法规　　D. 部门规章

E. 相关的国际条约

24. 下列属于禁止进口技术管理的技术领域是(　　)。

A. 钢铁冶金技术　　B. 有色金属冶金技术

C. 化工技术　　D. 石油炼制技术

25. 我国限制进口货物管理按照其限制方式划分为(　　)。

A. 许可证件管理　　B. 关税配额管理

C. 绝对配额管理　　D. 货物自动进口许可管理

26. 我国出入境检验检疫制度内容包括(　　)。

A. 进出口商品检验制度　　　　B. 进出境动植物检疫制度

C. 国境卫生检疫制度　　　　D. 法定检验商品

27. 我国商品检验制度的种类有（　　）。

A. 法定检验　　　　B. 合同检验

C. 公证鉴定　　　　D. 委托检验

28. 对外贸易救济措施包括（　　）。

A. 反倾销措施　　　　B. 反补贴措施

C. 救济措施　　　　D. 保障措施

29.《中华人民共和国货物进出口管理条例》根据不同需要，把进出口货物分为（　　）。

A. 禁止进出口货物　　　　B. 限制进出口货物

C. 鼓励进出口货物　　　　D. 自由进出口货物

30. 2006年不再实行进口许可证管理的货物包括（　　）。

A. 监控化学品　　　　B. 易制毒化学品

C. 消耗臭氧层物质　　　　D. 纺织品

31. 进口列入《自动进口许可管理货物目录》的商品，在下列情形免交自动进口许可证（　　）。

A. 肉鸡

B. 加工贸易项下进口并复出口的（除原油与成品油外）

C. 暂时进口的海关监管货物

D. 每批价值不超过5000元人民币的货样广告品、实验品进口

32. 列入《中国禁止进口、限制进口技术目录》中属于禁止进口技术的，不包括（　　）。

A. 生物技术　　　　B. 消防技术

C. 印刷技术　　　　D. 造币技术

**三、判断题**

1. 对外贸易管制是政府的一种强制性管理行为，它所涉及的法律、行政法规、部门规章是强制性的法律文件，不得随意改变。（　　）

2. 对外贸易管制已成为各国不可或缺的一项重要政府职能，也是一个国家对外经济和外交政策的具体体现。（　　）

3. 对外贸易管制能有效地保护本国国内市场和本国的经济利益，但在一定程度上也会发展世界各国经济交流，促进国际贸易的发展。（　　）

4. 货物、技术进出口许可管理制度是我国进出口许可管理制度的主体，是国家对外贸

易管制中极其重要的管理制度。（　）

5. 对列入国家公布的禁止进口目录以及其他法律、法规明令禁止或停止进口的货物、技术，必须取得国家商务主管部门的许可才能经营进口。（　）

6. 除了国家禁止的、限制的进出口货物以外的其他货物，均属于自动进出口许可管理的货物范围。（　）

7. 无论是出口配额许可证管理还是出口配额招标管理，出口经营者都要取得出口配额证明，凭配额证明办理通关手续。（　）

8. 商品检验机构实施进出口商品检验的种类分为：法定检验、合同检验、公正鉴定和委托检验。（　）

9. 对关系国计民生的重要进出口商品，国家可以对部分货物实行国有贸易管理。实行国有贸易管理的货物，国家允许非国有贸易企业从事部分数量的进出口。（　）

10. 我国实行进出口商品检验制度的目的是为了保证进出口商品的质量，维护对外贸易有关各方的合法权益，促进对外贸易关系的顺利发展。（　）

11. 反倾销和反补贴措施针对的是进口产品激增的情况，保障措施针对的则是价格歧视这种不公平贸易行为。（　）

12. 对于出口到欧盟的纺织品样品，其每批商品数量不超过50件的，可以免领纺织品临时出口许可证，但欧盟国家要求凭许可证放行的，经营者还应当申领纺织品临时出口许可证。

（　）

13. 对列入国家限制进口类可用作原料的废物目录和自动进口许可管理类可用作原料的废物目录的废物，但未取得废物进口许可证的禁止进口。（　）

14. 出口黄金及其制品，出口企业应当事先向中国人民银行申领"中国人民银行授权书"。（　）

15. 向海关申报进口列入进口药品目录中的药品，报关单位应主动向海关提交有效的进口药品通关单及其他有关单据，进口药品通关单实行"一批一证"制度，在该单指定口岸海关使用。（　）

16. 海关是国家的进出境监督管理机关。监督主要是对国家贸易管制的货物、物品有无进出口许可证证件的验证工作。（　）

17. 配额限制进出口货物采用许可证的管制方式，先申领许可证，凭证通关。（　）

18. 进口属于限制进口的技术，经外经贸主管部门审批同意后，发给《中华人民共和国技术进口意向书》，凭此向海关办理进口通关手续。（　）

19. 对外贸易经营者只能在备案登记的经营范围内经营。超出经营范围进出口限制进出口的商品将不能领到进出口许可证件。（　）

20. 废纸的进口只能在进口口岸海关办理。（　）

21. 黄金制品进出口管理中，出口企业申领的是《中国人民银行授权书》，凭此办理通关手续。（　）

22. 海关对进出境货物管理重要贯彻执行的主要进出境管制制度有：关税制度、进出口许可制度、出入境检验检疫制度、进出口货物收付汇管理以及贸易救济制度等。（　）

23. 我国现行法律、行政法规、行政规章和我国履行的国际公约是外贸管制的法律渊源。（　）

24. 实行自动进口许可证管理的货物，虽属于自由进出的货物，但仍是国家贸易管制范围内的货物，所以海关凭证验收。（　）

25. 进口属于列入《中国禁止进口、限制进口技术目录》的技术，须经外经贸主管审批同意后，发给《中华人民共和国技术进口意向书》，凭此向海关办理进口通关手续。（　）

26. 为防止出口产品而不把外汇结给国家指定的银行的逃汇行为，海关对一切贸易性出口的商品都凭《出口外汇核销单》才接受报关。（　）

27. 进口企业在货物进口后，进口单位或者代理人凭海关出具的进口货物报关单（付汇证明联）向外汇管理局指定的银行（原付汇银行）办理付汇核销。（　）

28. 倾销一般是指一国产品以低于其正常价值的价格，将产品出口到另一国市场的行为，最终反倾销措施可以在正常海关税费之外征收反倾销税。（　）

29. 补贴是指政府或任何公共机构对企业提供财政捐助以及政府对其收入或价格的支持，特别是出口补贴。临时反倾销补贴措施不超过 4 个月，补贴和倾销一样，也是一种不公平竞争行为。（　）

30. 某公司进口了一批铜废碎料，根据国家现行规定，该公司在办理报关手续时，必须向海关递交由国家环保总局签发的进口废料批准书。（　）

31. 开展黄金制品进料加工企业，由于在合同登记备案时已向海关递交了中国人民银行总行或其授权的批件，加工后的黄金制品可以径行出口。（　）

32. 音像制成品进口业务由文化部指定的音像制品单位经营。未经文化部指定，任何单位和个人不得从事音像制品的进口业务，但上述规定不包括图书馆、音像资料馆、科研机构、学校等单位进口供研究、教学参考的音像制成品。（　）

# 项目四　商品归类《协调制度》

**学习目标**

1. 了解我国海关进出口商品分类目录的基本结构；
2. 熟悉协调制度归类总规则的含义；
3. 能够初步运用归类总规则，对各类进出口商品进行正确归类；
4. 了解《商品名称及编码协调制度》的基本结构和主要优点；
5. 掌握《商品名称及编码协调制度》六条归类总规则的内涵。

重点：商品归类《协调制度》的归类规则

难点：能正确进行不同商品的归类

**项目引入**

林某通过报关行向海关申报一辆长途客运车辆(50座，柴油发动机)安装了防抱死制动系统(ABS)，他查询《商品名称及编码协调制度》后发现此商品归入以“制动器、助力制动器及其零件”列明的一杠子目 8708.3 并进而归入 8708.39 后，他认为应当归入以“防抱死制动系统(ABS)”列名的子目 8708.3991，但是他师傅却说不对。林某感觉很纳闷，你们知道为什么吗?

**知识链接**

进出口商品归类是海关监管、海关征税及海关统计的基础，归类的正确与否直接影响到进出口货物的顺利通关，与报关人的切身利益也密切相关，进出口商品归类知识是报关员必须掌握的基本技能之一。

## 任务一　认识商品名称及编码协调制度

《商品名称及编码的协调制度》(Harmonized Commodity Description and Coding System，简称 H. S)(以下简称《协调制度》)是指原海关合作理事会(1995 年更名为世界海关组织)在《海关合作理事会商品分类目录》(CCCN)和联合国的《国际贸易标准分类》(SITC)的基础上，参照国际上主要国家的税则、统计、运输等分类目录而制定的一个多用途的国际贸易商品分类目录。经国务院批准，我国海关自 1992 年 1 月 1 日起开始采用《协调制度》对进出口商品进行归类。

进出口货物商品归类，是进出口商品名称与编码分类的逆运用，是依据商品归类原则，将进出口商品正确地归入进出口商品名称与编码中某一商品编码的操作。协调制度商品分类目录将国际贸易商品分为21个类、97个章(第77章是空章)、1221个品目(2007年版)、5052个6位数级商品编码(2007年版)。整个分类体系法律效力文本由归类总规则、注释(类注、章注、子目注释)和商品名称及编码表三部分组成,各组成部分的构成、地位、特点、作用及相互关系分述如下所示。

1. 商品名称及编码表

商品名称及编码表由协调制度编码(简称商品编码)和货品名称(亦称品目条文和子目条文)组成,是协调制度商品分类目录的主体,从属于21个类,分布在97个章中(第77章是空章,保留为协调制度将来所用)。商品编码栏居左,货品名称栏居右,依次构成一横行。

2. 协调制度采用的分类原则

协调制度对绝大多数商品分类时遵循科学的分类原理和规则,采用常见的商品分类标志进行分类,使商品归类有章可循。协调制度基本上以商品所属的生产行业为类的划分依据。通常以商品的自然属性(原材料及其制成品)或所具有的原理、功能及用途(制成品)为设章原则,类次及同类内的章次多依照先动物商品,再植物商品,后矿物商品的顺序排列,同章内商品编码基本上依商品加工程度,由低向高递增。依此原则,同章内原材料商品在前,半制成品居中,制成品居后。此外,对同类商品通常按具体列明、一般列明和未列明的顺序排列。对同一商品一般整机在前,专用零件或配件在后。协调制度分类时对难于按常用的分类标志进行分类的大宗进出口商品则从照顾商业习惯和实际操作的可行性入手,专列类、章和品目,使商品归类简单易行。

**一、《协调制度》主要优点**

《协调制度》综合了国际上多种商品分类目录的长处,成为国际贸易商品分类的一种"标准语言",从而方便了国际贸易,避免了各工作环节的重新分类和重新编号。其主要优点是:

(一)完整

《协调制度》目录将迄今世界上国际贸易的主要商品全部分类列出,同时,为了适应各国征税、统计等商品分类的要求和将来技术发展的需要,还在各类章列有"其他"目录,使国际贸易中的任何商品,包括目前还无法预计到的新产品都能在目录的体系中归入合适的位置,任何种商品都不会被排斥在该目录范围之外。

例如,第六类化学产品税(品)目号为"3824",就包括了其他税(品)目号未列明的化学工业及其相关工业的产品,这样,凡在其他地方找不到合适税(品)目号的化工产品就可放在该项中。加之规则四"最相类似"原则的综合运用,这就保证了目录对所有货品无所不包的特点。

(二)系统

《协调制度》的分类原则遵循了一定的相学原理和规则,将商品按人们所了解的自然属性、生产部类和不同用途来分类排列,同时,还照顾了商业习惯和实际操作的可能,从而便于归类、查找、记忆。

（三）通用

该目录在国际上影响很大，目前已为180多个国家（地区）所采用，并且还有许多国家正积极准备，以期尽快采用。由于采用同一分类目录的国家的进出口商品相互之间具有可比性，同时，该目录既适合于做海关税则目录，又适合于做对外贸易统计目录，还可适用于作国际运输、保险、生产、贸易等部门的商品分类目录。因此，《协调制度》目录的通用性超过以往任何一个商品分类目录，加之作为《协调制度》主体的《协调制度国际公约》规定了缔约方的权利和义务，这就保证了该目录的有效统一实施。

（四）准确

《协调制度》目录所列税（品）月的概念准确，内涵和外延明了，不重复。为保证做到这点，除了目录的税（品）目条文有非常清楚的表述外，还有作为归类总纲的归类总规则以及类注、章注、子目注释加以具体说明，各条税（品）目的范围都非常清楚。如税（品）目号0405110的条文为"黄油及其他从乳中提取的脂和油"，但第四章的子目注释二又特地注明了脱水黄油及印度酥油不归入该税（品）目号之下，这样就把税（品）目号0405110所包括的范围规定得十分清楚了。

此外，《协调制度》目录作为《协调制度国际公约》的一个附件，在国际上有专门的机构和人员对其进行维护和管理，各国还可通过对《协调制度》目录提出修正意见，以维护本国的经济利益，统一疑难商品的归类。这些都是国际上采用的其他商品分类目录无法比拟的，其准确性也是前所未有的。

**二、商品编码表及编码结构**

《协调制度》是由具有法律效力的归类总规则，由类注、章注、子目注释和商品编码表三部分组成，并且它将国际贸易中涉及的各种商品按照自然属性、功能、用途等分为21类97章，章中分有四位数级商品编码和八位数级商品编码。

基本结构：《协调制度》是一部科学系统的国际贸易商品分类体系。其总体结构包括归类总规则，注释，商品编码表三大部分。它采用的是结构式商品编码，在协调制度中商品编码的数字有六位，而《海关统计商品目录》及《海关税则》的商品编码数字是8位，其中后两位主要是根据我国国情而增设的。商品编码表由商品编码和商品名称组成，是商品分类目录的主体，从属于21类商品，分布在97章中。《协调制度》将国际贸易涉及的各种商品按照生产部类、自然属性和不同功能用途等分为21类、97章（第77章是空章）。从总体结构上讲，《协调制度》目录与《海关合作理事会商品分类目录》基本一致，主要是由税（品）目和子目构成[税（品）目号中前4位称为税（品）目，第5位开始称为子目]。为了避免各税（品）目和子目所列商品发生交叉归类，在许多类、章下加有类注、章注和子目注释，设在类、章之首，是解释税（品）目、子目的文字说明，同时设有归类总规则，作为指导整个《协调制度》商品归类的总原则。《协调制度》是一部系统的国际贸易商品分类表，所列商品名称的分类和编排是有一定规律的。从类来看，基本上是按社会生产的分工(或称生产部类)分类的，将属于同一生产部类的产品归在同一类里，如第一类、第二类的农业产品；第六类的化学工业产品等。

从本章来看，基本上是按商品的自然属性或用途(功能)来划分的。第一章至第八十三章(第六十四章至第六十六章除外)基本上是按商品的自然属性来分章，而每章的前后顺序是按照动、植、矿物质和先天然后人造的顺序排列的，如第一章至第五章是活动物和动物产品；第六章至第十四章是活植物和植物产品；第二十五章至第二十七章是矿产品。又如第十一类纺织品包括了动、植物和化学纤维的纺织原料及其产品，第五十章和第五十一章是动物纤维；第五十二章和第五十三章是植物纤维；第五十四章和第五十五章为化学纤维。

《协调制度》的主要内容是品目和子目，即代表各种各样商品名称及其规格的列目，2007年版 HS 的分布于 21 类、97 章(其中 77 章是空章)中、为使各个品目和子目之间界限分明，不会发生交叉归类的情况，它在许多类、章下加有注释，有的注释是专门针对某个子目的，叫子目注释。对于涉及整个《协调制度》各类、章商品分类的一些规则，《协调制度》将其单独列出，称为归类总规则。总规则共有 6 条，作为指导整个《协调制度》商品分类的总原则。

《协调制度》是一部系统的国际贸易商品分类目录，所列商品名称的分类和编排是有一定规律的。从类来看，它基本上是按社会生产的分工(或称生产部类)分类的，它将属于同一生产部类的产品归在同一类里，如农业在第一、二类；化学工业在第六类；纺织工业在第十一类；冶金工业在第十五类；机电制造业在第十六类等。从章来看，基本上按商品的属性或用途来分类。第 1 至 83 章(第 64 章～66 章除外)基本上是按商品的自然属性来分章，而每章的前后顺序则是按照动、植、矿物质来先后排列。如第 1 章～5 章是活动物和动物产品；第 6 章～14 章是活植物和植物产品；第 50 章和 51 章是蚕丝、羊毛及其他动物毛；第 52 章和 53 章是棉花、其他植物纺织纤维和纸纱线；第 54 章和 55 章为化学纤维。商品之所以按自然属性分类是因为其种类、成分或原料比较容易区分，同时也因为商品价值的高低往往取决于构成商品本身的原材料。第 64 章～66 章和第 84 章～97 章是按货物的用途或功能来分章的，如第 64 章是鞋、第 65 章是帽、第 84 章是机械设备、第 85 章是电气设备、第 87 章是汽车、第 89 章是船舶等。这样分类的原因：一是因为这些物品由各种材料或多种材料构成，难以将这些物品作为哪一种材料制成的物品来分类。如鞋、帽，有可能是皮的，也可能是布的或塑料的，有些还可能由几种材料构成的。例如运动鞋，其外底是橡胶的，鞋内底是泡沫塑料的，鞋面底是泡沫塑料的，鞋面是帆布的等。二是因为商品的价值主要体现在生产该物品的社会必要劳动时间上。如一台机器，其价值一般主要看生产这台机器所耗费的社会必要劳动时间，而不是看机器用了多少金属等。从目的排列看，一般也是按动、植、矿物质顺序排列，而且更为明显的是原材料先于产品，加工程度低的产品先于加工程度高的产品，列明具体的品种先于列明一般的品种。如在第 44 章内，品目 4403 是原木；4404～4408 是经简单加工的木材；4409～4413 是木的半成品；4414～4421 是木的制成品。

商品编码表由编码和商协名称组成，其编码结构如下：

| | | | | | |
|---|---|---|---|---|---|
| 3 3 | 0 1. | 1 | 2 | 0 | 0 |
| ‖ | ‖ | 5 | 6 | 7 | 8 |
| 表示章 | 表示品目 | 位数级子目 | 位数级子目 | 位数级子目 | 位数级子目 |

**三、注释**

注释是为了限定《协调制度》中各类、章、品目和子目所属商品的准确范围，简化品目条文文字，避免商品分类的重复，保证商品归类的正确而设立。《协调制度》下的注释可分为类注、章注和子目注释三种。位于类标题下的注释为类注；位于章标题下的注释为章注；位于类注、章注或章注标题下的注释为子目注释。

注释具有法律效力，是商品分类的依据，一般只限于使用在相应的类、章、品目及子目中，运用注释解决商品归类问题。子目注释在解决问题时处于最优先地位，其次是章注，最后才是类注，也就是说子目注释的法律效力大于章注的法律效力，章注的法律效力大于类注的法律效力。

## 任务二　进出口商品归类的行政管理

**一、我国进出口商品归类依据**

根据我国《海关法》《关税条例》和其他相关规定，我国进出口商品归类的法律依据具体包括：我国《进出口税则》中的归类总规则、类注、章注、子目注释以及品目条文、子目条文；《进出口税则商品及品目注释》；《中华人民共和国进出口税则本国子目注释》；海关总署下发的有关商品归类的规定，包括总署文件、归类问答书、预归类决定、归类技术委员会决议及总署转发的 WCO（世界海关组织）归类决定等。

此外，《海关法》第四十二条和《关税条例》第二十二条都明确规定，海关可以要求纳税义务人提供确定商品归类所需的有关资料。必要时，海关可以组织化验、检验，并将海关认定的化验、检验结果作为商品归类的依据。

**二、归类的申报要求**

进出口货物的商品归类应当遵循客观、准确、统一的原则。

进出口货物的商品归类应当按照收/发货人或者其代理人向海关申报时货物的实际状态确定。以提前申报方式进出口的货物，商品归类应当按照货物运抵海关监管场所时的实际状态确定。法律、行政法规和海关总署规章另有规定的，按照有关规定办理。

海关在审核收/发货人或者其代理人申报的商品归类事项时，在查验（化验）样品、查阅、复制有关申报单证、资料时，可要求收/发货人或者其代理人提供确定商品归类所需的资料，必要时可以要求收/发货人或者其代理人补充申报。对收/发货人或者其代理人隐瞒有关情况，或者拖延、拒绝提供有关单证、资料的，海关可以依照《海关法》和《关税条例》的有关规定，重新正确审核确定进出口货物的商品归类。

**三、预归类制度**

为加速货物通关，提高归类的准确性，便利报关人办理海关手续、方便合法进出口，我国海关除在通关环节进行商品归类外，亦参照国际通行做法对进出口商品实行约束性预归类制度。

（一）约束性预归类的含义：

是指一般进出口货物在实际进出口前，申报人以海关规定的书面形式向海关提出申请，并提供归类所需的材料，必要时提供样品，海关依法做出具有法律效力的商品归类决定的行为。预归类决定仅对该决定的申请人和做出决定的海关具有约束力，对该决定书所述货物的海关商品归类在其有效期内具有约束力。

预归类申请申请人应是在海关注册的进出口货物的经营单位及其代理人应当填写并一式两份提交《中华人民共和国海关商品预归类申请表》见表4—1。

**表4—1　中华人民共和国海关商品预归类申请表**

<table>
<tr><td colspan="2">申请人：</td></tr>
<tr><td colspan="2">企业代码：</td></tr>
<tr><td colspan="2">通讯地址：</td></tr>
<tr><td colspan="2">联系电话：</td></tr>
<tr><td colspan="2">商品名称（中、英文）：</td></tr>
<tr><td colspan="2">其他名称：</td></tr>
<tr><td colspan="2">商品描述：</td></tr>
<tr><td colspan="2">进出口计划：</td></tr>
<tr><td colspan="2">随附资料清单：</td></tr>
<tr><td colspan="2">此前如就相同商品持有海关商品预归类决定书的，请注明决定书编号：</td></tr>
<tr><td>申请人<br><br>年 月 日</td><td>海关：<br>签收人：<br>接受日期：　　年 月 日</td></tr>
</table>

（二）预归类申请人的权责

（1）预归类申请人应对其所提供资料的真实性负责，不得向海关隐瞒或向海关提供影响预归类准确性的倾向性资料。

（2）如实际进出口货物与《决定书》所述及的商品不相符，申请人应承担法律责任。

(3)申请人可向海关申请对其进出口货物所涉及的商业秘密进行保密。

(4)在预归类决定书的有效期内,申请人对归类决定持有异议,可向做出决定的海关提出复核。

(5)申请人可在海关做出预归类决定前向海关提供新资料并对原提供资料进行说明。

(三)归类决定书的时效及使用

(1)直属海关做出的预归类决定在本关区范围内有效;

(2)海关总署做出的预归类决定在全国范围内有效;

(3)《决定书》自海关签发之日起一年内有效。

(4)使用。申请人在制发预归类决定书的直属海关所辖关区进出口预归类决定书所述商品时,应当主动向海关提交预归类决定书(如表4-2所示)。

**表4-2 预归类决定书**

| | |
|---|---|
| 申请人: | |
| 企业代码: | |
| 通讯地址: | |
| 联系电话: | |
| 商品名称(中、英文): | |
| 其他名称; | |
| 申请表编号:(　　)关预归类申请——号<br>受理日期: 年 月 日 | |
| 此前如就相同商品持有海关商品预归类决定书的,请注明决定书编号: | |
| 商品描述: | |
| 商品归类编码: | 海关:<br>年 月 日 |

(四)商品归类的海关行政裁定的申请

(1)申请海关做出行政裁定的申请人应当是在海关注册登记的进出口货物的经营单位,申请人可以委托他人向海关提出申请;

(2)申请商品归类行政裁定应当在货物拟作进口或出口的3个月前向海关总署或其授权的海关提交书面申请;

(3)申请人不得就同一项海关事务向两个或者两个以上海关提出行政裁定申请;

(4)申请人应提交行政裁定申请书以及提供足以说明申请情况的文件,如进出口合同(或意向书)复印件、照片、说明书、分析报告等。海关认为必要时,还应提供样品;

(5)申请人应对其所提供的资料的真实性、完整性负责,不得隐瞒和提供虚假材料。

(五)商品归类的海关行政裁定的受理和做出

《海关法》第四十三条规定:"海关可以依据对外贸易经营着提出的书面申请,对作进口或者出口的货物预先做出商品归类等行政裁定。进口或者出口相同的货物，应当适用相同的商品归类行政裁定。海关对做出的商品归类等行政裁定，应当予以公布。”

由海关总署或总署授权机构做出的裁定，由海关总署统一对外公布，行政裁定具有海关规章的同等效力。

(1)海关不受理行政裁定申请的，会书面通知申请人，并说明不受理理由；

(2)海关在受理申请之日起 60 日内做出商品归类行政裁定并通知申请人和对外公布；

(3)海关接受补充材料的，根据补充的事实和材料为依据重新审查，做出行政裁定的期限可以顺延；

(4)海关做出的行政裁定自公布之日起在中华人民共和国关境内具有法定效力；

(5)进口或出口相同情形的货物，适用相同的裁定。

(六)商品归类的海关行政裁定的失效

海关做出行政裁定所依据的法律、行政法规及规章中的相关规定发生变化，影响行政裁定效力的．原行政裁定自动失效。

预归类决定书的废止

预归类决定书内容存在错误的，做出预归类决定书的直属海关，应当立即制发中华人民共和国海关商品预归类决定书撤销通知单通知申请人停止使用预归类决定书。因法规等变化导致预归类决定书不再适用的，做出预归类决定书的直属海关，应当制发中华人民共和国海关商品预归类决定书撤销通知单或者发布公告，通知申请人停止使用(如表 4-3 所示)。

**表 4-3　预归类决定书撤销通知单**

| |
|---|
| 中华人民共和国海关商品预归类决定书撤销通知单<br>________单位(公司)：<br>根据《中华人民共和国海关进出口货物商品归类管理规定》的规定，现通知你单位(公司)，由于________调整的原因，________商品预归类决定书撤销。你单位(公司)应当停止使用上述预归类决定书进行申报，并且可以依照《中华人民共和国海关进出口货物商品归类管理规定》的规定，到相关海关另行申请预归类。<br>海关<br>年　月　日 |

## 四、商品归类争议的处理

(一)商品归类争议的解决方式

报关人与海关的归类争议可通过磋商或行政复议的方式解决。

1. 通过磋商途径解决归类争议的情况

(1)已向海关申报，货物尚未放行的；

(2)应税货物未缴纳税款的；

(3)证件管理部门的归类与海关归类不一致的；

(4)海关的预归类决定。

2. 通过复议途径解决归类争议的情况

(1)应税货物已缴纳税款的;

(2)经磋商途径仍无法解决的;

(3)海关已做结关处理的。

(二)归类争议的处理程序

(1)归类争议由报关人以书面形式向货物进出口地海关提出。

(2)进出口地海关接到报关人提出的归类争议后,应复核原始资料并做出明确的归类处理意见。

(3)报关人不服该处理意见的,进出口地海关应将争议的材料报直属海关归类职能部门处理。

(4)直属海关归类职能部门对报送的争议材料核实后,能够明确归类的,直接做出处理决定,对归类不明确的,填写《归类问答书》报总署;报关人对直属海关或总署的归类争议处理结果仍不服的,可循归类复议的途径,即按行政复议程序办理。

(三)因商品归类引起的退、补税等管理

1. 依法退税,追、补税款

因商品归类引起退税或者补征、追征税款以及征收滞纳金的,海关应按照有关法律、行政法规以及海关总署规章的规定办理。

2. 依法追究刑事责任

违反预归类管理规定,构成走私行为、违反海关监管规定行为或者其他违反海关法行为的,由海关依照《海关法和海关行政处罚实施条例》的有关规定予以处理,构成犯罪的,依法追究刑事责任。

## 任务三　认识《协调制度》归类总规则

《协调制度》将国际贸易中种类繁多的商品,根据其性质、用途、功能等和在国际贸易中所占的比重和地位,分成若干类、章、分章和商品组。为使人们在对各种商品进行归类时有所遵循,并使各类商品能准确无误地归入《协调制度》的恰当税(品)目号项下,不发生交叉、重复或归类的不一致,《协调制度》将商品分类的普遍规律加以归纳总结,作为规则列出,并使之成为《协调制度》的基本组成部分,这就是《协调制度》的归类总规则,所有进出口货物在《协调制度》中的归类都必须遵循这些原则。

《协调制度》的归类总规则共有六条,现逐条介绍如下:

### 一、规则一

(一)规则原文

类、章及分章的标题,仅为查找方便而设。具有法律效力的归类,应按税(品)目条文和有关类注或章注确定,如税(品)目、类注或章注无其他规定,按以下规则确定。

(二)规则解析

规则一有三层含义:首先,它指出"类、章及分章的标题,仅为查找方便而设"。《协调制度》系统地列出了国际贸易的货品,将这些货名分为类、章及分章,每类、章或分章都有标题,尽可能确切地列明所包括货品种类的范围。但是要将数以千万计的商品分别归入目录几千个子目中实非易事,为了便于寻找适当的税(品)目号,便将一类或一章商品加以概括,列出该类或该章的标题。但在许多情况下,归入某类或某章的货品种类繁多,类、章及分章的标题不可能将其一一列出和全部包括进去。因此,类、章及分章的标题,仅为查找方便而设,不是进行归类的法律依据。

其次,该规则说明:"具有法律效力的归类,应按税(品)目条文和有关类注或章注确定。"这里有两层意思:第一,只有按税(品)目条文、类注或章注确定的归类,才是具有法律效力的商品归类;第二,许多货品可直接按目录条文规定进行归类,而类注、章注的作用在于限定类、章和税(品)目的商品范围。例如,牛尾毛,查阅类、章名称应归入第五章"其他动物产品",但税目 0511 中未提及牛尾毛;查阅第五章章注释,了解到"马毛"包括牛尾巴毛,所以归入 0503。

再次,规则一说明了税(品)目、类注和章注与其他归类原则的关系,即明确在商品归类时,税(品)目条文及任何相关的类、章注释是最重要的,是首先必须遵循的规定。因此,这些税(品)目号就不能够根据总规则二(二)扩大为包括该章注释规定不包括的货品,只有在税(品)目和类、章注释无其他规定的条件下,方可根据总规则二、三、四及五的规定办理。

**二、规则二**

(一)规则原文

1. 税(品)目所列货品,应视为包括该项货品的不完整品或未制成品,只要在进口或出口时该项不完整品或未制成品具有完整品或制成品的基本特征;还应视为包括该项货品的完整品或制成品(或按本款可作为完整品或制成品归类的货品)在进口或出口时的未组装件或拆散件。

2. 税(品)目中所列材料或物质,应视为包括该种材料或物质与其他材料或物质混合或组合的物品,税(品)目所列某种材料或物质构成的货品,应视为包括全部或部分由该种材料或物质构成的货品,由一种以上材料或物质构成的货品,应按规则三归类。

(二)规则解析

规则二旨在扩大货品税(品)目条文适用的范围。

规则二(一)的第一部分将制成的某一些物品的税(品)目适用范围扩大为不仅包括完整的物品,而且还包括该物品的不完整品或未制成品,只要报验时它们具有完整品或制成品的基本特征。例如,缺少键盘的便携式计算机,虽是未制成品,但已具备制成品的基本特征应按照制成品归类即按便携式计算机整机归入 8471.3000。

规则二(一)的第二部分规定,完整品或制成品的未组装件或拆散件应归入已组装物品的同一税(品)目号。例如,做手套用已剪成型的针织棉布,查类、章名称:针织棉布应归入第 52 章,手套应归入 61 章,但是按本规则,未制成品如已具备制成品的基本特征应按制成品归类即按手套归入 6116.9200。

规则二(二)是关于混合及组合的材料或物质,以及由两种或多种材料或物质构成的货品的归类。这部内容有两方面的含义,一是指税(品)目中所列某种材料或物质,既包括单纯的该种材料或物质,也包括以该种材料或物质为主,与其他材料或物质混合成组合而成的货品;二是指税(品)目中所列某种材料或物质构成的货品,既包括单纯由该种材料或物质构成的货品,还包括以这种材料或物质为主,兼有混有其他材料或物质的货品。例如,多功位组合机床,查阅类、章名称应归人第 84 章物品,按本规则查阅后归入 8457.30,本规则最后规定,混合及组合的材料或物质,以及由一种以上材料或物质构成的货品,如果看起来可归入两个或两个以上税(品)目号的,则必须按规则三的原则进行归类。

**三、规则三**

(一)规则原文

当货品按规则二(二)或由于其他任何原因看起来可归入两个或两个以上税(品)目时,应按以下规则归类:

1. 列明比较具体的税(品)目,优先于列明一般的税(品)目。但是,如果两个或两个以上税(品)目都仅述及混合或组合货品所含的某部分材料或物质,或零售的成套货品中的某些货品,即使其中某个税(品)目对该货品描述得更为全面、详细,这些货品在有关税(品)目的列明应视为同样具体。

2. 混合物、不同材料构成或不同部件组成的组合物以及零售的成套货品,如果不能按照规则三(一)归类时,在本款可适用的条件下,应按构成货品基本特征的材料或部件归类。

3. 货品不能按照规则三(一)或(二)归类时,应按号列顺序归入其可归入的最末一个税(品)目。

(二)规则解析

对于根据规则二(二)或出于其他原因看起来可归入两个或两个以上税(品)目的货品,本规则规定了三条归类办法。这三条办法应按照其在本规则的先后顺序加以运用,据此,只有在不能按照规则三(一)和规则三(二)两款归类时,才能运用规则三(三)。因此,其优先权的次序为:(1)具体列明;(2)基本特征;(3)从后归类。同样,只有在税(品)目条文和类、章注释无其他规定的条件下,才能运用本规则。

规则三(一)款是指当一种商品似乎在两个或更多的税(品)目中都涉及的情况下,应该比较以下哪个税(品)目的描述更为详细、具体,更为接近要归类的商品。例如,汽车用电动刮雨器，它可能归入两个税号即8708的汽车零件和85章的电动工具，按本规则汽车摩托车电动刮雨器，比汽车零件更为具体所以归入8512.4000。

规则三(二)款是指对不能按以上规则归类的混合物、组合货品以及零售的成套货品，如能确定构成其主要特征的材料和部件，则应按这种材料或部件归类。例如，放在皮盒内出售的含有电动理发推子、剪子、梳子、刷子、毛巾的成套理发用具，查阅类、章注释，并无提到这类成套货品归类号，按规则三(二)其中具有主要特征的货品是电动理发推子所以应按电动理发推子归入8510.20。

如果不能按规则三(一)或规则三(二)归类的上述货品，则应按规则三(三)办理，这是一条“从后归类”的原则，即将某个商品可以归入的所有税(品)目号加以比较，并按排列在最后的税(品)目号归类。例如，本色梭织布，含50%棉50%聚酰胺且重量相等，查阅类、章标题名称，棉属于52章、人造纤维属于55章，查阅第11类和52、55章注释，并无提到该合成制品的归类，所以规则三(一)、(二)不适用，应按规则三(二)从后归类即按棉应归5211，按聚酰胺应归5514，所以该合成制品应按聚酰胺归入5514。

**四、规则四**

(一)规则原文

根据上述规则无法归类的货品，应归入与其最相类似的税(品)目。

(二)规则解析

当一个新产品出现时，《协调制度》所列的商品不一定已经将其明确地包括进去，为了增强《协调制度》的适应能力，有利于解决这类归类问题。本规则规定了产品按最相类似的货品归入有关税(品)目。例如，手推购物车，查阅类、章标题名称可归入87章车辆，出于此章注释并无相关解释，所以查阅子目标题可归入8716非机械驱动车辆，此目录中又没有具体列明，所以归入8716.8000其他车辆。

**五、规则五**

(一)规则原文

除上述规则外，本规则适用于下列货品的归类：

(1)制成特殊形状仅适用于盛装某个或某套物品并适合长期使用的，如照相机套、乐器盒、枪套、绘图仪器盒、项链盒及类似容器，如果与所装物品同时进口或出口，并通常与所装物品一同出售的，应与所装物品一并归类。但本款不适用于能将其本身特征赋予整体的容器。

(2)除规则五(一)规定的以外，与所装货品同时进口或出口的包装材料或包装容器，如果通常是用来包装这类货品的，应与所装货品一并归类。但明显可重复使用的包装材料和包装容器不受本款限制。

(二)规则解析

规则五(一)仅适用于同时符合以下规定的容器：

(1)制成特定形状或形式,专门盛装某一物品或某套物品的,即专门按所要盛装的物品进行设计的,有些容器还制成所装物品的特殊形状。

(2)适合长期使用的,即容器的使用期限与所盛装的物品相比是相称的。在物品不使用期间(例如,运输或储藏期间),这些容器还起到保护物品的作用。

(3)与所装物品一同报验的、不论其是否为了运输方便而与所装物品分开包装,单独报验的容器则应归入其所应归入的税(品)目号。

(4)通常与所装物品一同出售的。

(5)本身并不构成货品基本特征的,容器本身只是物品的包装物,无论是从价值或是从作用看,它都是从属于物品。

但本款规则不适用于本身构成了物品基本特征的容器,如装有糖果的成套装饰性瓷碗应按照瓷碗归类而不是按照糖果归类。

规则五(二)实际上是对规则五(一)规定的补充,它适用于明显不能重复使用的包装材料和容器。这些材料和容器都是货物的一次性包装物,向海关报验时,它们必须是包装着货物的,当货物开拆后,包装材料和容器一般不能再按原用途使用。

例如,用以装液化气体的液化气罐。

**六、规则六**

(一)规则原文

货品在某税(协)目项下各子目的法定归类,应按子目条文或有关的子目注释以及以上各条规则来确定,但子目的比较只能在同一数级上进行。除《协调制度》条文另有规定的以外,有关的类注、章注也适用于本规则。

(二)规则解析

规则六是专门为商品在《协调制度》子目中的归类而制定的,它有以下几种含义:

(1)以上规则一至规则五在必要地加以修改后,也可适用于同一税(品)目项下的各级子目。

(2)规则六中所称“同一数级”子目,是指 5 位数级子目或 6 位数级子目。据此,当按照规则三(一)规定考虑某一物品在同一税(品)目项下的两个及两个以上 5 位数级子目的归类时,只能依据有关 5 位数级子目所列名称进行比较。只有确定了哪个 5 位数级子目列明更为具体后,而且该子目项下又再细分出 6 位数级子目,才能根据有关 6 位数级子目条文考虑物品应归入这些 6 位数级子目中的某个子目。本规则所称“除条文另有规定的以外”,是指类、章注释与子目条文或子目注释不相一致的情况。

(3)6 位数级子目的货品范围不得超出其所属的 5 位数级子目的范围;同样,5 位数级子目的范围也不得超出其所属的税(品)目范围,因此,只有在货品归入适当的 4 位数级税(品)目后方可考虑将其归入合适的 5 位数级或 6 位数级子目,并且在任何情况下,应优先考虑 5

位数级、再考虑 6 位数级子目范围或子目注释。

**案例分析**

2015 年 1 月，某海关发现一家苏州贸易公司（以下简称 A 公司）向海关申报进口一般贸易的集成电路 16 万余件，申报商品编码 85423900（该编码关税税率为 0）。经查，实际货物是储存卡片，该储存卡片是用于数码相机的储存卡片，是一种未录制媒体。

问题：(1) 请问该储存卡片的商品编码究竟应该是几？

(2) 按照该商品编码的储存卡片是否应该交税？

(3) 如果这样搞错商品编码并不交关税的行为海关应该如何处罚？

**能力训练**

**实训项目一**

巧记商品编码

自然世界动植矿，一二五类在取样；三类四类口中物，矿产物料翻翻五；
化工原料挺复杂，打开六类查一查；塑料制品放第七，橡胶聚合脂烷烯；
八类生皮合成革，箱包容套皮毛造；九类木秸草制品，框板柳条样样行；
十类木浆纤维素，报刊书籍纸品做；十一税则是大类，纺织原料服装堆；
鞋帽伞杖属十二，人发羽毛大半归；水泥石料写十三，玻璃石棉云母粘；
贵金珠宝十四见，硬币珍珠同类现；十五查找贱金属，金属陶瓷工具物；
电子设备不含表，机器电器十六找；光学仪器十八类，手表乐器别忘了；
武器弹药特别类，单记十九少劳累；杂项制品口袋装，家具文具灯具亮；
玩具游戏活动房，体育器械二十讲；二十一类物品贵，艺术收藏古董类；
余下运输工具栏，放在十七谈一谈；商品归类有点难，记住大类第一环。

**项目训练**

**一、单选题**

1. 关于海关行政裁定，下列理解错误的是（　　）。

A. 海关行政裁定无溯及力

B. 海关总署有权纠正按错误的行政裁定执行的行政行为

C. 海关做出的行政裁定所依据的法律、行政法规及规章中相关规定发生变化，影响行政裁定效力的，原行政裁定自动失效

D. 海关做出的行政裁定与海关规章具有同等效力，在一定范围内具有普遍约束力

2. 海关行政裁定的适用范围不包括（　　）。

A. 进出口商品的归类　　　　B. 进出口货物原产地的确定

C. 海关事务担保　　　　D. 禁止进出口措施和许可证件的适用

3. 公司进口一辆缺少发动机的汽车，在进行该商品海关税则归类时，应按(　　)归类。

A. 汽车的零部件　　B. 汽车整身

C. 汽车车身　　D. 汽车底盘

4. 解决商品归类具有法律效力有归类总则、类注、章注及子目注释。它们的优先顺序是(　　)。

A. 子目注释—章注—类注—归类总则　　B. 归类总则—类注—章注—子目注释

C. 类注—章注—子目注释—归类总则　　D. 章注—子目注释—类注—归类总则

**二、多选题**

1. 根据海关法律规定，海关行政复议的复议机关应当是(　　)。

A. 做出具体行政行为的海关　　B. 做出具体行政行为的海关的上一级海关

C. 做出具体行政行为的海关的上一级海关，最低应为直属海关

D. 如果对海关总署做出的具体行政行为不服的，复议机关是海关总署

2. 商品编码“010319110”说明(　　)。

A. 该商品在第1章

B. 该编码包括的货品范围是重量在10公斤以下的活猪

C. 商品编码中的第5位“9”表示子目010319是未列明子目

D. 商品编码中的第8位“0”表示在3级子目下未设4级子目

3. 我国对进出口商品进行归类的依据有(　　)。

A.《中华人民共和国海关进出口税则》

B.《海关进出口税则—统计目录商品及品目注释》

C. 本国子目注

D. 海关总署下发的关于商品归类的有关规定

4. 下列(　　)情形可通过磋商解决。

A. 有关证件部门的归类与海关归类不一致的

B. 应税货物已交纳税款的

C. 应税货物尚未缴纳税款的

D. 对海关的预归类决定有异议的

**三、判断题**

1. 海关行政处罚的简易程序是指对于违法事实确凿并有法定依据，对当事人罚款1000元以下或者警告的当场处罚程序。　　(　　)

2. 海关行政复议的对象是海关做出的具体行政行为，因此虽然在提请行政复议的同时当事人可以就海关做出的具体行政行为的法律法规依据一并提出审查申请，但是这种审查申请不属于行政复议的范围。　　(　　)

3. 从类来看，协调制度基本上是按照社会生产的分工分类的；从章来看，协调制度基本上是按照自然属性或用途功能来分类的。（　　）

4. 品目条文及子目条文是具有法律效力的归类依据，在品目归类时应优先使用。（　　）

5. 进出口相同货物，应当使用相同的商品归类决定。（　　）

6. 根据总归则一的规定，章和类的标题并不具有法律约束力，仅具有参考作用，所以标题仅对货品范围做了简要的描述。（　　）

7. 尚未具有制成品基本行状的半制成品，如常见的杆、盘、管，应作为“毛坯”对待。（　　）

8. 列明比较一般的税目，优先于列明具体的税目。（　　）

9. 任何商品只有在协调制度的四位数级品目中适当归类之后，才能考虑其子目归类问题。品目下面子目的归类，必须符合在细节上已做必要修正的四位数级品目归类的原则，子目条文和子目注释应优先考虑。（　　）

10.《协调制度公约》规定，缔约各国海关在制度本国海关税则时，应全部采用《协调制度》商品目录六位数级编码，不能增加或减少任何编码。（　　）

11. 归类总原则五适用于本身构成整个货品基本特征的容器。（　　）

12. 归类总原则四起初是为在 HS 中无对应品目的商品而设置的，但实际上很少使用。因为，绝大多数章节都没有一个子目，该子目将它未列明的商品包括在内。（　　）

**四、归类题**

1. 牙线（人造纤维制；清洁牙缝用；零售包装）：（　　　　）。

2. 铝合金制的把手（小轿车专用）：（　　　　）。

3. 盒饭，按重量计含有 10％的牛肉、含有 10％的鹅肉（混合的）、含有 12％的虾肉、含有 20％的蔬菜、40％的米饭，其余为配料：（　　　　）。

4. 耗散功率小于 1 瓦的晶体管（非光敏晶体管）：（　　　　）。

5. 未改性的 ABS（苯乙烯—丙烯腈—丁二烯共聚物）树脂，按重量计丙烯腈单体单元为 30％，丁二烯单体单元为 30％，苯乙烯单体单元为 40％（初级形状）：（　　　　）。

6. 用于制喷丝头的未锻造的金属合金锭，按重量计含铂 2％；含金 2％；含铜 16％；含铁 80％：（　　　　）。

7. 挤奶设备，由软管或管道将独立部件（真空泵、脉动器、奶头吸杯及奶桶等）连接而成（　　　　）。

8. 19 世纪使用过的法国邮票（　　　　）。

9. 车轮（压制钢车轮），装有轮胎（小轿车用）（　　　　）。

10. 结织机织栽绒地毯，按重量计栽绒层含羊毛 55％、粘胶短纤维 25％、涤纶短纤维 20％（　　　　）。

# 项目五　一般进出口货物报关程序

**学习目标**

1. 掌握一般进出口货物的含义、特征及范围;

2. 掌握一般进出口货物报关的基本程序;

3. 理解一般进出口货物的监管特征,并能够为一般进出口货物报关进行流程设计。

重点:一般进出口货物的报关流程

难点:一般进出口货物的海关监管

**项目引入**

林某在大连东盈报关行经常同经理一起接单、录单、跑海关进行进出口货物申报。在申报过程中,林某了解到再进出口货物报关中,不同类型的货物海关监管的制度不同,一般进出口货物只是其中一种。那么,什么是一般进出口货物?一般进出口货物与一般贸易货物一样吗?一般进出口货物的报关程序如何?

**知识链接**

## 任务一　认识一般进出口货物

### 一、一般进出口货物概述

一般进出口货物,是指在进出口环节缴纳了应征的进出口税费并办理了所有必要的海关手续,海关放行后不再进行监管,可以直接进入生产和消费领域流通的进出口货物。一般进出口货物分为一般进口货物和一般出口货物。必须注意,一般进出口货物和一般贸易货物是有区别的,具体区别如下:

(1)一般贸易是进出口交易方式的一种,是指中国境内有进出口经营权的企业单边进口或单边出口的贸易,凡按此种交易方式进出口的货物即为一般贸易货物。

(2)一般进出口货物,是指按照海关一般进出口监管制度监管的进出口货物。如果一般贸易货物在进出口时是按一般进出口临管制度办理海关手续的,那它就是一般进出口货物。

(3)凡货物在进出口时,可以按符合的条件享受特定减免税优惠,按特定减免税监管制度办理海关手续,那它就是特定减免税货物。

(4)凡货物在进出口时,经海关批准后难以保税,也可以按保税监管制度办理海关手续,那它就是保税货物。

## 二、一般进出口货物的特征

1. 缴纳税费

一般进出口货物的收、发货人应当按照《海关法》和其他有关法律、行政法规的规定，在货物进出关境时向海关缴纳应当缴纳的进出口税费。

2. 进出口时提交相关的许可证件

进出口货物收、发货人或其代理人对应受国家法律、行政法规管制的进出口货物，在货物进出关境时应向海关提交相关的进出口许可证件。

3. 放行即为结关

当海关对进出口货物收、发货人或其代理人审核了有关应提交的进出口许可证件，并在必要时对货物进行实际交验（或做出不予查验的决定），并征收一般进出口货物全额的税费后，即按规定签章放行。这时，进出口货物收、发货人或其代理人就能办理提取进口货物或者装运出口货物的手续。

对一般进出口货物收、发货人或其代理人来说，海关放行就意味着结关，海关对进入国内生产和消费领域流通的一般进出口货物不再进行监管。

## 三、一般进出口货物的范围

实际进出口的货物，除特定减免税货物外，都属于一般进出口货物的范围，主要包括以下 10 种货物：

(1)一般贸易进口货物；

(2)一般贸易出口货物；

(3)转为实际进口的保税货物、暂准进境货物或转为实际出口的暂准出境货物；

(4)易货贸易、补偿贸易进出口货物；

(5)批准保税的寄售代销贸易货物；

(6)承包上程项目实际进出口货物；

(7)外国驻华商业机构进出口陈列用的样品；

(8)外国旅游者小批量订货出口的商品；

(9)随展览品进境的小卖品；

(10)免费提供的进口货物，如：

①在对外经济贸易活动中，外商赠送的进口货物；

②在对外经济贸易活动中，外商免费提供的试车材料等；

③在境外设立的我国企业、机构向国内单位赠送的进口货物。

# 任务二 一般进出口货物的报关

一般进出口货物报关程序由进出口申报、配合查验、缴纳税费、提取或装运货物四个环节构成。

**一、申报**

1. 概述

(1)申报的含义。申报是指进出口货物的收发货人、受委托的报关企业,依照《中华人民共和国海关法》以及有关法律、行政法规的要求,在规定的期限、地点,采用电子数据报关单和纸质报关单形式,向海关报告实际进出口货物的情况,并接受海关审核的行为。

(2)申报的地点。进口货物应当由收货人或其代理人在货物的进境地海关申报;出口货物应当由发货人或其代理人在货物的出境地海关申报。

经收发货人申请,海关同意,进口转关运输的货物可以在设有海关的货物转运地申报;出口转关运输的货物可以在设有海关的货物启运地申报。以保税、特定减免税和暂准进境方式申报的货物,因故改变使用目的从而改变货物性质转为一般进口时,进口货物的收货人或其代理人应当在货物所在地主管海关申报。

(3)申报的期限。进口货物的申报期限为自装载货物的运输工具申报进境之日起 14 日内。申报期限的最后一天是法定节假日或休息日的,顺延至法定节假日或休息日后的第一个工作日。

出口货物的申报期限为货物运抵海关监管区后、装货的 24 小时以前。

经海关批准准予集中申报的进口货物,自装载货物的运输工具申报进境之日起 1 个月内办理申报手续。

经电缆、管道或其他特殊方式进出境的货物,进出口货物收发货人或其代理人应当按照海关的规定定期申报。

进口货物自装载货物的运输工具申报进境之日起超过 3 个月仍未向海关申报的,货物由海关提取依法变卖处理。对属于不宜长期保存的货物,海关可以根据实际情况提前处理。所得价款在扣除运输、装卸、储存等费用和税款后,尚有余款的,自货物依法变卖之日起 1 年内,经收货人申请,予以发还;其中属于国家限制管制货物的,还应当提交许可证件,不能提供的,不予发还。

(4)申报的日期。申报日期是指申报数据被海关接受的日期。

进出口货物收发货人或其代理人的申报数据自被海关接受之日起,其申报的数据就产生法律效力,即进出口货物收发货人或其代理人应当向海关承担"如实申报"、"按期申报"等法律责任。

以电子报关方式申报的,申报日期为海关计算机系统接受申报数据时记录的日期。电子数据报关单经过海关计算机系统检查被退回的,视为海关不接受申报,进出口货物收发货人或其代理人应当按照要求修改后重新申报,申报日期为海关接受重新申报的日期。

在采用先电子数据报关单申报,后提交纸质报关单的方式下,海关以接受电子数据报关单申报的日期为准。

在不使用电子数据报关单只提供纸质报关单申报的情况下，海关关员在报关单上做登记处理的日期为“海关接受申报”的日期。

(5)滞报金。进口货物的收货人或其代理人未按规定期限向海关申报产生滞报的，海关将依法征收滞报金。

滞报金的起征日期为自运输工具申报进境之日起第15日开始，截止日为海关接受申报之日(即申报日期)。起始日和截止日均计入滞报期间。(滞报天数从运输工具申报日的第二天开始计算，即运输工具申报日不计入。)

进口货物收货人在向海关传送报关单电子数据申报后，未在规定期限或核准的期限内递交纸质报关单，海关予以撤销电子数据报关单处理、进口货物收货人重新向海关申报产生滞报的，滞报金的征收，以自运输工具申报进境之日起第15日为起征日，以海关重新接受申报之日为截止日。

进口货物收货人申报并经海关依法审核，必须撤销原电子数据报关单并且重新申报从而产生滞报的，经进口货物收货人申请并经海关审核同意，滞报金的征收，以撤销原电子数据报关单之日起第15日为起征日，以海关重新接受申报之日为截止日。

进口货物因收货人在运输工具申报进境之日起超过三个月未向海关申报，被海关提取作变卖处理后，收货人申请发还余款的，滞报金的征收，以自运输工具申报进境之日起第15日为起征日，以该3个月期限的最后一日为截止日。

滞报金按日征收，日征收额为进口货物完税价格的0.15‰，滞报金的起征点为50元。滞报金以人民币“元”计收，不足人民币1元的部分免收。

征收滞报金公式：滞报金金额=进口货物完税价格×0.15‰×滞报天数

滞报金的计征起始日如遇法定节假日，则顺延至其后第一个工作日。

**资料卡：滞报金的减免**

有下列情形之一的，海关不予征收滞报金：

1. 收货人在运输工具申报进境之日起超过三个月未向海关申报，进口货物被依法变卖处理，余款按《海关法》第三十条规定上缴国库的；

2. 进口货物收货人在申报期限内，根据《海关法》有关规定向海关提供担保，并在担保期限内办理有关进口手续的；

3. 进口货物收货人申报并经海关依法审核，必须撤销原电子数据报关单重新申报，因删单重报产生滞报的；

4. 进口货物经海关批准直接退运的；

5. 进口货物应征收滞报金金额不满人民币50元的。

2. 步骤

(1)准备申报的单证。

准备申报的单证是报关员开始进行申报工作的第一步，是整个报关工作能否顺利进行的关键一步。申报单证可以分为主要单证、随附单证两大类，主要单证就是报关单（证），随附单证包括基本单证、特殊单证和预备单证。

基本单证是指进出口货物的货运单据和商业单据，主要有进口提货单据、出口装货单据、商业发票、装箱单等。

特殊单证是指涉及各类国家管制的进出口货物以及适用不同报关程序项下的货物在进出境环节必须向海关出具的单证。主要包括进出口许可证件、加工贸易货物的《登记手册》（包括电子账册和纸质手册）、特定减免税货物的《征免税证明》、作为特殊货物进出境证明的原进出口货物报关单证、出口收汇核销单、原产地证明书等。

预备单证主要是指贸易合同、工商营业执照以及企业的其他有关证明文件等。这些单证，海关在审单、征税时可能需要调阅或者收取备案。

(2)申报前看货取样。

进口货物的收货人，向海关申报前，为了确定货物的品名、规格、型号等，可以向海关提出查看货物或者提取货样的书面申请。海关审核同意的，派员到场监管。

提取货样的货物如涉及动植物及其产品以及其他须依法提供检疫证明的，应当按照国家的有关法律规定，在取得主管部门签发的书面批准证明后提取。提取货样后，到场监管的海关关员与进口货物的收货人在取样记录和取样清单上签字确认。收货人如经确认发现货物系境外错发错运，可终止申报程序，向主管海关办理直接退运手续。

(3)正式申报。

正式申报需经过如下程序：

①电子数据申报。

按规定报关单位除特殊情况外，应当以电子数据报关单形式向海关申报，并在规定时间内将纸质报关单及相关的随附单证向海关递交。

进出口货物收发货人或其代理人可以选择终端申报方式、委托 EDI 方式、自行 EDI 方式、网上申报方式等四种电子申报方式中适用的一种，将报关内容录入海关电子计算机系统，生成电子数据报关单。一旦接收到海关发送的“接受申报”报文和“现场交单”或“放行交单”通知，即表示电子申报成功。

如果接收到海关发送的“不接受申报”报文后，表示海关不接受申报。报关员应当根据报文提示修改报关单内容后重新发送申报。

海关接到电子数据后，对电子单据进行集中电子审单。通过计算机系统对报关企业及报关员进行资格认证后，开始进入计算机自动审核程序。报关单电子数据通过规范性审核的，计算机自动接受申报。报关单电子数据经通道判别，交由现场海关进行接单审核、征收税费处理，以及经专业化审核通过后，系统自动完成计征税费程序处理。

②提交纸质报关单及随附单证。

进出口货物收发货人或其代理人应自接到海关“现场交单”或“放行交单”通知之日起10日内，持打印的纸质报关单，备齐规定的随附单证并签名盖章，到海关提交书面单证并办理相关海关手续。

未在规定期限或核准的期限内递交纸质报关单证的，海关删除电子数据报关单。报关企业应当重新申报。

海关接受进出口货物申报后，电子数据和纸质的进出口货物报关单不得修改或者撤销；确有正当理由的，经海关审核批准，可以修改或者撤销。进出口货物报关单修改或者撤销后，纸质报关单和电子数据报关单应当一致。

③报关单的修改和撤销。

进出口货物收发货人或者其代理人确有如下正当理由的，可以向原接受申报的海关申请修改或者撤销进出口货物报关单：

——由于报关人员操作或者书写失误造成所申报的报关单内容有误，并且未发现有走私违规或者其他违法嫌疑的；

——出口货物放行后，由于装运、配载等原因造成原申报货物部分或者全部退关、变更运输工具的；

——进出口货物在装载、运输、存储过程中因溢短装、不可抗力的灭失、短损等原因造成原申报数据与实际货物不符的；

——根据贸易惯例先行采用暂时价格成交、实际结算时按商检品质认定或者国际市场实际价格付款方式需要修改申报内容的；

——由于计算机、网络系统等方面的原因导致电子数据申报错误的；

——其他特殊情况经海关核准同意的。

海关已经决定布控、查验的以及涉案的进出口货物的报关单在办结前不得修改或者撤销。进出口货物收发货人或者其代理人申请修改或者撤销进出口货物报关单的，应当提交“进出口货物报关单修改/撤销申请表”，并相应提交下列有关单证：

——可以证明进出口实际情况的合同、发票、装箱单等相关单证；

——外汇管理、国税、检验检疫、银行等有关部门出具的单证；

——应税货物的海关专用缴款书、用于办理收付汇和出口退税的进出口货物报关单证明联等海关出具的相关单证。

海关发现进出口货物报关单需要进行修改或者撤销，但进出口货物收发货人或者其代理人未提出申请的，海关应当通知进出口货物的收发货人或者其代理人。进出口货物收发货人或者其代理人应当填写“进出口货物报关单修改/撤销确认书”，对进出口货物报关单修改或者撤销的内容进行确认，确认后海关完成对进出口货物报关单的修改或者撤销。

因修改或者撤销进出口货物报关单导致需要变更、补办进出口许可证件的，进出口货物收发货人或者其代理人应当向海关提交相应的进出口许可证件。

## 二、配合查验

海关查验是指为确定进出境货物的归类、价格、数量、原产地等真实状况是否与报关单上已申报的内容相符，对货物进行实际核查的行政执法行为。

海关通过查验，核实有无伪报、瞒报、申报不实等走私、违规行为，同时也为海关征税、统计、后续管理提供可靠的资料。

海关有权对所有进出口货物实施查验，但为方便合法进出，对大量正常货物不予查验。这样既能保证海关执法任务的完成，又能实现进出口货物方便快捷的通关。

根据《中华人民共和国海关法》的规定，经收发货人申请，海关总署批准，某些进出口货物可以免验。如享有外交特权和豁免的外国机构或人员的公务用品或者自用物品。

1. 查验时间

当海关决定查验时，即将查验的决定以书面通知的形式通知进出口货物收发货人或其代理人，约定查验的时间。查验时间一般约定在海关正常工作时间内。但是在一些进出口业务繁忙的口岸，海关也可能应进出口货物收发货人或其代理人的请求，在海关正常工作时间以外安排查验作业。对进出口鲜活商品、危险品、易腐或易变质货物，及其他因特殊事由需要紧急验放的货物、物品，经进出口货物收发货人、物品所有人或其代理人申请，海关可优先安排查验。

2. 查验地点

查验应当在海关监管区内进行。

因货物易受温度、静电、粉尘等自然因素影响，不宜在海关监管区内实施查验，或者因其他特殊原因，需要在海关监管区外查验的，经进出口货物收发货人或者其代理人书面申请，海关可以派员到海关监管区外实施查验。

3. 查验方法

海关可以实施人工查验和设备查验。

人工查验包括外形查验、开箱查验。外形查验是指对外部特征直观、易于判断基本属性的货物的包装、运输标志和外观等状况进行验核；开箱查验是指将货物从集装箱、货柜车箱等箱体中取出并拆除外包装后对货物实际状况进行验核。设备查验是指利用技术检查设备为主对货物实际状况进行验核。

海关实施查验可以彻底查验，也可以抽查。必要时，海关可以复验和径行开验。

复验，即第二次查验。海关复验时，进出口货物收发货人或其代理人仍然应当到场。

径行开验，是指海关有权在进出口货物收发货人或其代理人不在场的情况下，对进出口货物进行开拆包装查验。

有下列情况之一的，海关可以径行开验：

(1)进出口货物有违法嫌疑的；

(2)经海关通知查验，进出口货物收发货人或者其代理人届时未到场的。

海关径行开验时，存放货物的海关监管场所经营人、运输工具负责人应当到场协助，并在查验记录上签名确认。

4. 配合查验

海关查验时，进出口货物的收发货人或其代理人应当到场，陪同海关对申报进出口货物进行实地检查，配合海关查验工作的开展，并签字确认最终查验结果。配合查验的工作如下：

(1)负责搬移货物，开拆和重封货物的包装；

(2)了解和熟悉所申报的货物的情况，回答查验人员的询问，提供必要的资料；

(3)协助海关提取需要作进一步检验、化验或鉴定的货样，收取海关出具的取样清单；

(4)查验结束后，认真阅读核对查验人员填写的"海关进出境货物查验记录单"。

查验记录准确清楚的，应当由在场的进出口货物收发货人或者其代理人签名确认。进出口货物收发货人或者其代理人拒不签名的，查验人员应当在查验记录中予以注明，并由货物所在监管场所的经营人签名证明。查验记录作为报关单的随附单证由海关保存。

实施查验时需要提取货样、化验，以进一步确定或者鉴别进出口货物的品名、规格等属性的，应及时报告并交由海关的化验中心或委托的检验机构进行鉴定，配合查验的进出口收发货物人及其代理人应当向海关收取《取样清单》，并和海关人员共同对提取的货样进行加封，签字确认。

5. 货物损坏赔偿

因进出口货物所具有的特殊属性，容易因开启、搬运不当等原因导致货物损毁，需要查验人员在查验过程中予以特别注意的，进出口货物收发货人或者其代理人应当在海关实施查验前申明。

在查验过程中或者证实在径行开验中，因为查验人员的责任造成被查验货物损坏的，进出口货物的收发货人或其代理人可以要求海关赔偿。海关赔偿的范围仅限于在实施查验过程中，由于查验人员的责任造成被查验货物损坏的直接经济损失。直接经济损失的金额根据被损坏货物及其部件的受损程度确定，或者根据修理费确定。

以下情况造成的损失不属于海关赔偿范围：

(1)进出口货物的收发货人或其代理人搬移、开拆、封装货物或者保管不善造成的损失；

(2)易腐、易失效货物在海关正常工作程序所需时间内(含扣留或代管期间)所发生的变质或失效；

(3)海关正常查验时产生的不可避免的磨损；

(4)在海关查验之前已发生的损坏和海关查验之后发生的损坏;

(5)由于不可抗拒的原因造成的货物的损坏、损失。

进出口货物收发货人或其代理人在海关查验时对货物是否受损坏未提出异议,事后发现货物有损坏的,海关不负赔偿的责任。

**资料卡:查验赔偿**

当事人应自收到《海关损坏货物、物品赔偿通知单》之日起三个月内凭该通知单向海关领取赔款,或将银行账号通知海关划拨。无正当理由逾期的,不再赔偿。

当事人对赔偿有异议的,可以在收到《海关损坏货物、物品赔偿通知单》之日起六十日内向上一级海关申请复议,对复议决定不服的,可在收到复议决定之日起十五日内或在收到《海关损坏货物、物品赔偿通知单》之日起三个月内向人民法院起诉。

**三、缴纳税费**

《海关法》第二十九条规定:"除海关特准的外,进出口货物收发货人缴清税款或者提供担保后,由海关签印放行。"

进出口货物收发货人或其代理人将报关单及随附单证提交给货物进出境地指定海关,海关对报关单进行审核,对需要查验的货物先由海关查验,然后核对计算机系统计算的税费,开具税款缴款书和收费票据。进出口货物收发货人或其代理人在规定时间内,持缴款书或收费票据向指定银行办理税费缴付手续。在试行中国电子口岸网上缴税和付费的海关,进出口货物收发货人或其代理人可以通过电子口岸接收海关发出的税款缴款书和收费票据,在网上向指定银行进行电子支付税费。一旦收到银行缴款成功的信息,即可报请海关办理货物放行手续。

**四、提取或装运货物**

1. 海关进出境现场放行

海关进出境现场放行是指海关结束对进出口货物的现场监管,允许进出口货物离开海关监管现场的工作环节。

海关进出境现场放行一般由海关在进口货物提货凭证或者出口货物装货凭证上签盖"海关放行章"。进出口货物收发货人或其代理人签收进口提货凭证或者出口装货凭证,凭以提取进口货物或将出口货物装运到运输工具上离境。

在实行"无纸通关"申报方式的海关,海关做出现场放行决定时,通过计算机系统将"海关放行"报文发送给进出口货物收发货人或其代理人和海关监管货物保管人。进出口货物收发货人或其代理人在计算机上自行打印海关通知放行的凭证,凭以提取进口货物或将出口货物装运到运输工具上离境。

2. 提取货物或装运货物

进口货物收货人或其代理人签收海关加盖"海关放行章"戳记的进口提货凭证(提单、运单、提货单等)，凭以到货物进境地的港区、机场、车站、邮局等地的海关监管仓库提取进口货物。

出口货物发货人或其代理人签收海关加盖"海关放行章"戳记的出口装货凭证(运单、装货单、场站收据等)，凭以到货物出境地的港区、机场、车站、邮局等地的海关监管仓库办理将货物装上运输工具运离关境的手续。

3. 申请签发报关单证明联

进出口货物收发货人或其代理人在办理完提取进口货物或者装运出口货物的手续以后，如需要海关签发有关的货物进口、出口证明联的，可向海关提出申请。

常见的证明主要有以下几种：

(1)进口付汇证明。对需要到银行或外汇管理部门办理进口付汇核销的进口货物，报关员应向海关申请签发"进口货物报关单"付汇证明联。海关在"进口货物报关单"上签名、加盖海关验讫章，同时通过电子口岸执法系统向银行和外汇管理部门发送报关单进口付汇证明联电子数据。

(2)出口收汇证明。对需要到银行或外汇管理部门办理出口收汇核销的出口货物，报关员应向海关申请签发"出口货物报关单"付汇证明联。海关在"出口货物报关单"上签名、加盖海关验讫章，同时通过电子口岸执法系统向银行和外汇管理部门发送报关单证明联电子数据。

(3)出口收汇核销单。对需要办理出口收汇核销的出口货物，报关员应当在申报时向海关提交由国家外汇管理部门核发的"出口收汇核销单"。海关放行货物后，在出口收汇核销单上签字、加盖海关单证章。出口货物发货人凭"出口货物报关单"收汇证明联和"出口收汇核销单"办理出口收汇核销手续。

(4)出口退税证明。出口退税证明即报关单出口退税证明联。对需要在国家税务机构办理出口退税的出口货物，报关员应当向海关申请签发"出口货物报关单"出口退税证明联。海关经审核，对符合条件的，予以签发并在证明联上签名、加盖海关"验讫章"，交给报关员。同时，通过电子口岸执法系统向国家税务机构发送证明联电子数据。

(5)进口货物证明书。对进口汽车、摩托车等，报关员应当向海关申请签发"进口货物证明书"，进口货物收货人凭以向国家交通管理部门办理汽车、摩托车的牌照申领手续。海关放行汽车、摩托车后，向报关员签发"进口货物证明书"。同时，将"进口货物证明书"上的内容通过计算机系统发送给海关总署，再传输给国家交通管理部门。

**资料卡:放行与结关**

"办结海关手续"简称结关，对货物而言，是指报关单位已经在海关办结进出口货物所有报关手续，完全履行了法律规定的与进出口有关的义务，包括纳税、提交许可证件及其他单证等，进口货物可以进入国内市场自由流通，出口货物可以运出境外。按照这一概念，一般进出口货物放行即结关；暂准进出境货物、保税货物、特定减免税货物，经审单、查验、放行后仍处于未办结海关手续的状态，即后续管理阶段，依然属于海关监管货物。海关监管货物是指进境尚未办结海关手续的进口货物和已向海关申报尚未出境的出口货物。可见，海关监管上的货物结关与货物放行是不同的概念。

**案例分析**

**案例** 1

某中外合资企业为生产内销产品，从德国购进生产设备一批，在海关依法查验该批设备时，陪同查验人员开拆包装不慎，将其中一台设备的某一部件损坏。

问题：该损坏部件海关是否予以赔偿？为什么？

**案例** 2

小林认为“一般进出口货物”就是“一般贸易货物”，小芳认为不对。请帮助小芳说明理由。

**案例** 3

某报关公司安排小孙向报关员老吴学习报关知识，第一次进海关报关厅的小孙面对各个窗口上的标识牌说：“老吴，海关对进出口货物的监管是否分为预录入、申报、查验、征税、退税 5 个基本环节？”老吴说：“5 个环节你只讲对 3 个。”

问题：你能指出小孙哪两个错了吗？为什么？

**案例** 4

海关查验已报关的进出口货物时，收发货人或其代理人必须到场，并按海关的要求负责办理搬运、拆装箱等工作，海关不能在未经收发货人或其代理人同意的情况下自行开箱验货或提取货样。

问题：这种说法对吗？为什么？

**能力训练**

**实训项目一**

北京××贸易进出口总公司(北京)与日本三×株式会社于 2014 年 7 月 10 日在大连以 FOB 大连签订了出售数控技术的外贸合同，货物最迟装运期为 2014 年 9 月 8 日。该批货物委托大连东盈报关行办理报关手续。

任务一：林某接受公司任务，负责办理这批货物的报关手续。林某需要做好哪些准备？

任务二：如果订舱的装船时间是 2014 年 9 月 8 日上午 10 点，那么林某最迟应在何时何地报关完毕？

任务三：如果林某在 8 月 20 日以电子数据报关单向海关申报，8 月 22 日收到“放行交单”通知，那么林某应不迟于哪一天持纸质报关单，备齐哪些单证到货物所在地海关提交书面单证并办理相关海关手续？

**实训项目二**

大连市金州新区××有限公司，进口一批机电产品（锅炉），准备在国内市场销售，委托大连东盈报关行办理进口手续。林某接受任务，载运该批货物的运输工具于 2015 年 4 月 5 日在大连海关申报进境。

任务一：林某最迟应在何时何地报关完毕？

任务二：在办理报关业务过程中，应向海关提交哪些单证？

任务三：货物在海关放行后，发现在海关查验过程中造成了部分损失，对损失部分，海关是否应予以赔偿？

**项目训练**

**一、单项选择题**

1. 下列（　　）选项不是一般进出口货物的海关监管特征。

A. 报关单位向海关申报时，应提交相应的进出口许可证件

B. 报关单位在向海关办理进出口手续时，应按照海关规定缴纳进出口税

C. 进口货物海关放行后即结束海关监管

D. 出口货物海关签印放行后即结束海关监管

2. 下列（　　）选项的货物，报关单位向海关报关时，按照一般进口货物报关程序办理报关手续。

A. 特定减免税货物

B. 保税物流园区货物出区用于保税加工货物

C. 保税物流中心货物出区用于在境内消费的货物

D. 进入保税仓库储存货物

3. 下列是关于进出口货物申报时限的表述，（　　）选项是正确的。

A. 进口货物的申报时限为自装载货物的运输工具申报进境之日起 14 日内（最后一天是法定节假日顺延至节假日后的第一个工作日）

B. 出口货物的申报时限为货物运抵海关监管区后装货的 24 小时内

C. 经海关批准准予集中申报的进口货物，自装载货物的运输工具申报进境之日起一个月后办理申报手续

D. 经电缆、管道或其他特殊运输方式进出境的货物，报关单位应在货物进出境时向海关办理报关手续

4. 按照海关规定，报关单位应当自接到海关“现场交单”或“放行交单”通知之日起（　　），向海关提交纸质报关单证办理海关手续。

A. 3 日内　　B. 7 日内　　C. 10 日内　　D. 14 日内

5. 下列（　　）选项属于海关赔偿范围。

A. 在海关查验货物的过程中，由于报关单位陪同查验人员搬移货物时造成货物的损坏

B. 易腐、易失效货物在海关工作程序所需时间内发生货物变质或失效

C. 海关查验后，货物在入库时收货人发现被查验货物损坏

D. 海关查验人员在查验货物过程中造成的货物损坏，并在查验记录上签注

6. 下列（　　）选项的货物海关进出境监管现场放行就是结关。

A. 一般进出口货物　　B. 保税货物

C. 特定减免税进口货物　　D. 暂时进出口货物

7. 出口货物的发货人或其代理人应在装载出口货物的运输工具办结海关手续之日起（　　）内，向海关申请签发黄色出口退税专用《出口货物报关单》退税证明联，出口企业凭以办理退税手续。

A. 7 日　　B. 10 日　　C. 14 日　　D. 15 日

8. 出料加工合同到期或最后一批成品复运进境后（　　）内向海关申请核销和撤销担保。

A. 1 个月　　B. 3 个月　　C. 6 个月　　D. 12 个月

9. 通运货物由（　　）向海关办理报关手续。

A. 进口人　　B. 出口人

C. 运输工具负责人　　D. 企业报关员

10. 保税仓进口货物从保税仓库所在地以外其他门岸入境时，应向海关申请办理以下手续。

A. 向仓库所在地主管海关办理进口申报；B. 货物入仓；

C. 进境地口岸海关办理转关监管手续；　D. 向仓库所在地主管海关提出转关申请。

正确的顺序为（　　）。

A. ABCD　　B. CABD

C. DCAB　　D. ADCB

11. 某外贸公司以一般贸易方式从境外订购一批进口货物，在如实申报、接受查验、缴纳进口税费后由海关放行，该公司应凭下列（　　）单据到海关监管仓库提取货物。

A. 海关签发的"进（出）口货物证明书"　　B. 由海关加盖了"放行章"的货运单据

C. 由海关签发的"税款缴纳证"　　D. 由海关签发的进口收汇核销专用报关单

12. c类加工贸易企业向主管海关备案进料加工生产合同，按规定，须办理的手续包括：A. 持有关批件向主管海关办理合同登记备案；B. 向主管海关申请核发登记手册；C. 向外经贸主管部门申请加工贸易合同审批；D. 在指定银行开设加工贸易银行保证金台账。正确的程序为（　　）。

A. CBAD　　B. ADCB

C. CADB　　D. BADC

13. 根据《海关法》规定，进口业务的收货人向海关申报的时限是(　　)。

A. 自运输工具申报进境之日起 7 日内　　B. 自运输工具申报进境之日起 10 日内

C. 自运输工具申报进境之日起 14 日内　　D. 自运输工具申报进境之日起 15 日内

14. 出口货物的发货人或者其代理人除海关特准外，根据规定应当在货物抵达海关监管区后，(　　)向海关申报。

A. 装货前 24 小时　　B. 装货的 24 小时以前

C. 货物抵达口岸的 48 小时　　D. 承载的运输工具起运的 24 小时前

15. 进口货物的收货人自运输工具申报进境之日起，超过(　　)未向海关申报的，其进口货物由海关依法提取变卖处理。

A. 1 个月　　B. 3 个月　　C. 6 个月　　D. 1 年

16. 不适用于海关后续管理的货物是下列(　　)选项。

A. 外商在经贸活动中赠送的进口货物

B. 进料加工进口料件

C. 进境展览品

D. 香港影视公司摄制电影电视用的暂时进口的摄制仪器

17. 报关员小王于 10 月 17 日以 EDI 方式为本企业进口的货物向海关申报，当日收到海关“不接受申报的报文”，他修改报关单内容后于次日再次以 EDI 方式申报，并在当日收到海关“接受申报”和“现场交单通知”。小王于 10 月 20 日到海关递交打印的纸质报关单和其他单证。该批货物的申报日期为(　　)。

A. 10 月 17 日　　B. 10 月 18 日　　C. 10 月 19 日　　D. 10 月 20 日

18. 载运某批进口货物的船舶于 4 月 17 日(星期五)向海关申报进境，而货物至 5 月 8 日(5 月 1 日到 5 月 7 日为节假日)报关，收货人(　　)。

A. 滞报 5 天　　B. 滞报 4 天

C. 滞报 3 天　　D. 滞报 0 天

19. 某批易腐进口货物通关时，因涉嫌走私被海关扣留，在此期间货物发生变质，对此损失应以下列(　　)方式处理。

A. 因货物发生变质与收货人或其代理人涉嫌走私有关，故该损失由其承担 50%，海关赔偿 50%

B. 因其变质与海关扣留货物有关，故该损失应由海关承担

C. 因其变质是在海关正常工作程序所需时间内发生，海关不予以赔偿

D. 构成走私，损失由收货人或其代理人自负；未构成走私，损失由海关负责赔偿

20. 某批货物由列车载运进境，经海关批准，收货人(内地某外贸公司)在列车上申报进

境21天后委托专业报关公司向进境地海关办理转关运输手续，并于货物运抵指运地后第8天向该企业所在地海关正式申报。因下列(　　)原因，申报人必须缴付滞报金。

A. 未在规定期限向货物指运地海关正式报关

B. 未在规定期限向进境地海关办理转关运输手续

C. 未在规定期限向进境地海关正式报关

D. 既未在规定期限办理转关运输手续，又未在规定期间正式报关

21. 货物进出境阶段，进出口货物收发货人或其代理人应当按照(　　)步骤完成报关工作。

A. 进出口的申报—配合查验—缴纳税费—提取或装运货物

B. 提取或装运货物—进出口的申报—配合查验—缴纳税费

C. 进出口的申报—配合查验—提取或装运货物—缴纳税费

D. 提取或装运货物—配合查验—进出口的申报—缴纳税费

**二、多项选择题**

1. 一般进出口货物的特征下列(　　)选项是正确的。

A. 报关单位向海关申报时应提交相应的进出口许可证件

B. 报关单位在向海关办理进出口手续时应按照海关规定缴纳进出口税款

C. 进口货物海关签印放行后即结束海关监管

D. 出口货物在出口货物装货单上由海关签印放行后即结束海关监管

2. 下列(　　)选项属于一般进出口货物。

A. 保税货物转内销货物　　　　B. 特定减免税货物

C. 易货贸易货物　　　　D. 保税物流中心从境外进口货物

3. 下列是关于进出口货物申报时限的表述，(　　)选项是正确的。

A. 进口货物的申报时限为自装载货物的运输工具申报进境之日起14日内(最后一天是法定节假日顺延至节假日后的第一个工作日)

B. 出口货物的申报时限为货物运抵海关监管区后装货的24小时内

C. 经海关批准准予集中申报的进口货物，自装载货物的运输工具申报进境之日起一个月内办理申报手续

D. 经电缆、管道或其他特殊运输方式进出境的货物，报关单位应在货物进出境时向海关办理报关手续

4. 中国石油化工进出口公司从委内瑞拉进口原油20万吨，由一艘船舶装运进口，在进口报关时除应向海关提交《进口货物报关单》外，还应向海关提交下列(　　)报关单证。

A. 发票、装箱单、提货单　　　　B. 合同

C.《自动进口许可证》　　　　D. 进口许可证

5. 按照规定,海关接受进出口货物申报后,电子数据和纸质的进出口货物报关单不得修改或者撤销;确有正当理由的,经海关审核批准,可以修改或撤销。下列(　　)选项可以属于正当理由,向原接受申报的海关申请修改或者撤销原进出口货物报关单。

A. 由于计算机、网络系统的原因导致电子数据错误的

B. 由于报关员操作失误,海关发现有违规走私嫌疑的

C. 出口货物海关放行后由于配载原因未装运申请退关的

D. 进口货物超出合同溢、短装幅度的

6. 报关单位在办结提取进口货物或出口货物装运出境的手续后,应向海关申请签发(　　)选项的单证。

A. 进口付汇核销单

B. 进口货物报关单进口付汇证明联

C. 出口收汇核销单、出口货物报关单收汇证明联

D. 出口货物报关单出口退税证明联

7. 关于申报地点,以下表述正确的是(　　)。

A. 进口货物应当在进境地海关申报

B. 出口货物应当在出境地海关申报

C. 保税货物转为一般进口时应当在货物原进境地海关申报

D. 经收货人申请,海关同意,进口货物可以在设有海关的指运地申报

8. 海关可以对已查验货物进行复验,以下属于海关可以复验的情形是(　　)。

A. 经初次查验未能查明货物的真实属性,需要对已查验货物的某些性状做进一步确认的

B. 货物涉嫌走私违规,需要重新查验的

C. 进出口货物收发货人对海关查验结论有异议,提出复验要求并经海关同意的

D. 海关查验后,检验检疫部门提出复验要求的

9. 进出口货物收发货人或其代理人配合海关查验的工作主要包括(　　)。

A. 负责搬移货物,开拆和重封货物的包装

B. 回答查验关员的询问

C. 负责提取海关需要作进一步检验、化验或鉴定的货样

D. 签字确认查验记录

10. 下列进口货物中,适用一般进出口货物通关程序的选项是(　　)。

A. 外商承包我国境内高速公路工程项目进口的施工机械

B. 履行加工贸易合同中,国内企业进口的由外商提供的货样

C. 进口由我国飞机制造公司进行维修的国外飞机发动机

D. 进口的俄国歌唱家在北京举行演唱会时出售的纪念品

11. 某外商投资企业在投资额度内进口自用免税设备一批，必须向进境地海关提供的单证包括（　　）。

A.《外商投资企业备案登记手册》　　B.《进口货物征免税证明》

C. 进口货物报关单　　D. 营业执照

12. 企业对加工贸易项下的边角余料，经海关同意后，可按以下（　　）方式处理。

A. 结转到下一个加工贸易合同　　B. 退运出境

C. 征税　　D. 放弃

13. 某外商投资企业进料加工合同项下出口属国家出口许可证管理目录内的成品，在向出境地海关报关时，必须提供的单证包括（　　）。

A. 主管海关核发的登记手册　　B. 外商投资企业的货物专用报关单

C. 外管部门批准证件　　D. 出口货物许可证

14. 加工贸易企业到主管海关申请办理合同备案时，必须提供外经贸主管部门签字确认的（　　）。

A.《加工贸易外商免费提供设备表》　　B.《加工贸易合同批准证书》

C.《合同基本情况表》　　D.《加工生产企业加工生产能力状况表》

15. 进出口货物收发货人或其代理人在办理完毕提取进口货物或装运出口货物的手续后，如有需要，可以向海关申请签发有关货物的进口、出口证明。海关签发的常见证明主要有（　　）。

A. 进口货物报关单（付汇证明联）和出口货物报关单（收汇证明联）

B. 出口货物报关单（出口退税证明联）

C. 进口货物报关单（进口货物证明联）

D. 进口货物证明书

16. 以下（　　）情况经海关核准可予以办理退税手续。

A. 已征出口税的货物，因故未装运出口，申请退关，经海关查验属实

B. 因海关误征，纳税人多缴税款的部分

C. 进口货物纳税放行后，竟索赔退货，货物不再复进口的

D. 依国家政策准予特定减免税货物，因故在进出口时已予以征税，从交纳税款之日 3 个月内补交“减免税证明”的

17. 根据海关有关管理规定，目前可以向海关办理报关注册手续的企业有（　　）。

A. 专门从事报关服务的企业　　B. 有进出口经营权的企业

C. 经常接受境外捐赠的儿童福利机构　　D. 国际货运代理接受委托报关的企业

**三、判断题**

1. 一般进出口货物是指一般贸易货物。（　　）

2. 进口货物自装载货物的运输工具申报进境之日起超过3个月仍未向海关申报的，货物由海关提取依法变卖处理。对于不宜长期保存的货物，海关可以根据实际情况提前处理。 （　）

3. 申报日期是指申报数据被海关接受的日期。如报关单位采用电子数据报关和纸质报关两种方式报关，是指报关单位向海关提交纸质报关单证被海关接受的日期。 （　）

4. 海关在查验货物时，报关单位应派人配合海关对进出口货物进行查验。海关还可以对进出口货物进行复验和径行开验，但必须在报关单位陪同下进行。 （　）

5. 列入2007年《进口许可证管理货物目录》的有监控化学品、易制毒化学品和消耗臭氧层物质3类。 （　）

6. 一般进出口货物也称为一般贸易货物，是指在进出境环节缴纳了应征的进出口税费并办结了所有必要的海关手续，海关放行后不再进行监管，可以直接进入生产和流通领域的进出口货物。 （　）

7. 除特殊情况外，进出境运输工具、进出境物品的报关一般不在进出境环节办理。 （　）

8. 暂时进出口货物只需通过向口岸海关办理进出境程序即可完成全部报关活动。 （　）

9. 租赁贸易按照基本报关程序办理进出口报关手续。 （　）

10. 寄售贸易进出口货物要分别经过前期、进出境和后续报关程序。 （　）

11. 无代价抵偿货物应在原进出口合同规定的索赔期内(最长不得超过5年)，超出索赔期限的，不能做无代价抵偿货物报关。 （　）

12. 无代价抵偿进出口货物免纳进出口税费，但不能免领进出口许可证件。 （　）

13. 国际航行船舷到港时，船舶负责人或其代理人如果不能及时提供齐全的载货清单，可以先行卸货。 （　）

14. 出口加工区进区或出区货物，除能够制造化学武器的化工品、易制毒化学品和出口被动配额管理商品外，无须交验进出口许可证件。 （　）

15. 报关单位收到海关发送的“接受申报”的报文和“现场交单”或“放行交单”通知，表示电子申报成功。 （　）

16. 国家对进口废物的管制是必须有国家环境保护总局签发的《进口废物批准证书》，这就表示因实施了这种管制，而可以减少或解除其他种管制。 （　）

17. 专业报关企业是经海关批准，在海关办理了注册登记的境内法人，因此可以从事进出口业务。 （　）

18. 一般报关人在进出境货物向海关申报后，还必须配合海关查验、缴纳税费后才被海关放行，放行后就等于结关。 （　）

19. 海关在对进口货物查验时，如果收货人或其代理人没有按照海关规定到场，这时，海关不能在未经收货人或其代理人同意的情况下自行开箱查验货物或者提取货样。（　）

20. 办理进出口货物的海关申报手续，应当采用纸质报关单和电子数据报关单的形式。（　）

## 四、问答题

1. 简述一般进出口货物的适用范围。
2. 简述一般进出口货物的报关步骤。
3. 简要说明申报时应提交的单证以及收发货人向海关申请签发的常见证明。
4. 简述海关接受申报后报关单内容的修改或撤销。
5. 简述申报前看货取样(仅对于进口货物而言)的目的、方法、申报方式。

# 项目六 保税进出口货物的报关

**学习目标**

1. 掌握保税价格货物的含义及特征；

2. 熟悉不同情形下的货物所适应的不同报关制度；

3. 掌握这些制度之间的不同点、基本流程和海关监管的基本要求；

4. 熟悉不同情形下的货物所适用的不同报关制度，包括这些制度之间的不同点、基本流程和海关监管的基本要求。

重点：完税价格

难点：保税货物的报关流程

**项目引入**

林某在大连东盈报关行经常同经理一起进行货物进出口申报。在一次申报的过程中，林某遇到这样一批货物：大连××服装厂从韩国进口混纺面料30000米加工成夹克衫返销韩国，同时从韩国进口20000米尼龙面料加工成羽绒服在国内市场销售。林某填了一张报关单就到海关进行申报，结果没有通过。林某为什么会在申报中碰壁呢？原来，林某申报的两种货物在报关手续上是不一样的：进口尼龙面料加工成羽绒服在国内市场销售是一般贸易货物，按一般进出口货物报关程序报关；而进口混纺面料加工的夹克衫返销韩国市场，是加工贸易货物，应该按保税加工贸易货物报关程序报关。那么，保税加工货物与一般进出口货物在报关程序上有什么区别呢？保税加工货物的报关是怎样的呢？

林某在报关行工作了一段时间后，接触到各类不同货物的报关业务。大连一家外商独资企业，主要是进口料件进行加工再以深加工的货物方式卖给客户，这是正常情况下的操作方式。现在该企业想把成品先出口到监管仓库或者保税区，客户再到上述区域购买。该企业向林某咨询，以上操作是否可行？如果可行，监管仓、保税仓和物流园中哪种比较合适？

**知识链接**

## 任务一 认识保税加工货物

### 一、保税加工货物概述

加工贸易是我国企业以及外商投资企业对开展来料加工和进料加工业务的总称。是指企业全部或部分进口境外原材料、零部件以及成品或半成品，经加工增值后再出口境外的一种贸易方式。保税加工货物就是专为加工、装配出口产品而从国外进口且海关准予保税的原材料、零部件、元器件、包装物料、辅助材料(简称料件)以及用上述料件生产的成品、半成品,主要包括来料加工和进料加工。

来料加工是指由关境外企业提供料件,经营企业不需要付汇进口,按照境外企业的要求进行加工或装配,只收取加工费,制成品由境外企业销售的经营活动。

进料加工是指经营企业用外汇购买料件进口,制成成品后外销出口的经营活动。

来料加工和进料加工的共同点都是“两头在外”,即原料来自国外,成品又销往国外。区别在于:

1. 来料加工在加工过程中未发生所有权的转移,原料运进和成品运出属于同一笔交易,原料供应者即是成品接受者,是以商品为载体的劳务出口;而在进料加工中,原料进口和成品出口是两笔不同的交易,均发生了所有权的转移,原料供应者和成品购买者之间也没有必然的联系。

2. 在来料加工中,我方不承担销售风险,不负盈亏,只收取工缴费;而在进料加工中,我方是赚取从原料到成品的附加价值,要自筹资金、自寻销路、自担风险、自负盈亏。

保税工厂是指由海关批准的专门从事保税加工的工厂或企业。

保税集团是指经海关批准,由一个具有进出口经营权的企业牵头,在同一关区内,同行业若干个加工企业联合对进口料件进行多层次、多工序连续加工,直至最终产品出口的企业联合体。

**二、海关对保税加工货物的监管模式**

海关对保税加工货物的监管模式有两大类:一类是非物理围网监管模式(采用纸质手册管理或计算机联网监管);另一类是物理围网的监管模式(出口加工区和跨境工业园区,采用电子账册管理)。

## 任务二　纸质手册管理下的保税加工货物的报关

**一、纸质手册管理下保税加工货物及其报关**

纸质手册管理模式到目前为止还是常规监管模式,这种监管模式的主要特征是以合同为单元进行监管。这种监管模式适用于来料加工、进料加工、外商投资企业履行产品出口合同、保税工厂、保税集团等形式下进出口的保税加工货物,上述合同都要按“加工贸易银行保证金台账”制度的规定办理。

(一)加工贸易银行保证金台账制度

1. 概述

加工贸易银行保证金台账制度,是指保税贸易的经营企业在签订了加工贸易合同后,向海关办理合同备案手续前,持有关核准单证和文件,向指定的中国银行申请设立保证金台账,成品全部按规定出口或按最终流向办结海关手续并由海关核销后,再由银行核销保证金台账的管理制度。

改革开放以来，加工贸易在引进国外先进生产设备、技术和管理经验，促进对外贸易，提高产品档次，解决劳动就业方面都发挥了较大作用。但是，也有一些不法企业利用加工贸易名义或倒卖进口料件，或擅自内销加工成品，或“飞料”走私，逃避国家税收，冲击国内工业发展，严重扰乱了正常的生产经营秩序，损害了守法经营者的正当权益。实行加工贸易进口料件银行保证金台账制度目的就是充分发挥海关、银行等部门的监督作用，加强综合管理，堵塞管理漏洞，制止和打击加工贸易渠道的走私违法活动，保证国家税收，促进加工贸易的健康发展。

2. 银行保证金台账的分类管理

银行保证金台账制度根据不同加工企业、不同加工货物实行分类管理，分为“不转”、“空转”、“实转”三种情况。

(1)加工贸易的企业分类

为了鼓励企业守法经营、打击少数企业违法走私行为，海关对加工贸易企业实施分类管理，根据企业资信情况，对企业实行 A,B,C,D 四个类别的管理。

①适用 A 类企业管理的，是指在海关注册登记两年以上，无不良记录，信誉良好并且符合下列 7 条标准的企业：

A. 在半年内无走私违规行为记录，连续两年无拖欠海关税收情事，连续两年加工贸易合同按期核销，签订进口海关必检商品免验协议后两年内无申报不实记录；

B. 向海关提供的单据、证件真实、齐全、有效；

C. 有正常的进出口业务(年进出口额在 100 万美元以上)；

D. 会计制度完善，财务账册健全，科目设置合理，业务记录真实可信；

E. 指定专人负责海关事务；

F. 连续两年报关单差错率在 5%以下；

G. 设有海关监管仓库的企业，其仓库管理制度健全，仓库明细账目清楚。入库单、出库单据(包括领料单)等实行专门管理，做到单货相符、账单相符。

②适用 B 类企业管理的，是指依法开展加工贸易、无走私违规行为的企业。

③适用 C 类企业管理的，是指依据商务部、海关总署有关批文，经海关认定一年内有两次以上违规行为，及有其他信誉不良记录的企业。企业有下列情形之一者，海关实施 C 类管理：

A. 1 年内出现两次违规行为，或逃税人民币 5 万元以上 50 万元以下的；

B. 拖欠海关税款 100 万元人民币以下的；

C. 账册管理混乱，账簿、资料不能真实、有效地反映进出口业务情况的；

D. 遗失重要业务单证或拒绝提供有关账簿、资料，致使海关无法监管的；

E. 不按规定办理加工贸易合同核销手续的；

F. 1年内报关单差错率在10%以上的；

G. 出借企业名义，供他人办理进出口货物报关纳税等事宜的；

H. 在进出口经营活动中被商务主管部门给予通报批评或警告等行政处罚的。

④适用D类企业管理的，是指有走私违法行为以及2年内逃税50万元人民币以上，或者拖欠海关税款100万元人民币以上的企业。企业有下列情形之一者，海关实施D类管理：

A. 2年内有走私逃税50万元人民币以上的(多次走私应累计)；

B. 伪造、涂改进出口许可证件的；

C. 走私国家禁止进出口物品的；

D. 拖欠海关税款100万元人民币以上的；

E. 利用假手册、假报关单、假许可证件骗取加工贸易税收优惠的；

F. 在承运监管货物的运输工具上私设夹层、暗格的；

G. 被商务主管部门暂停或撤销对外经营许可的；

H. 已构成走私罪并经司法机关依法追究刑事责任的。

(2)加工贸易的商品分类

商品分为禁止类、限制类、允许类三类。

①加工贸易禁止类商品是指现行的《2014年加工贸易禁止类商品目录》(详见商务部网站)。《中华人民共和国对外贸易法》规定禁止进口的商品，以及海关无法实行保税监管的商品。

②加工贸易限制类商品是指进口料件属国内外差价大且海关不易监管的敏感商品。

③允许类商品是指除禁止类和限制类以外的其他商品。

(3)加工贸易银行保证金台账分类管理

①不受银行保证金台账制度管理(不转)，主要有：

A. 适用A类管理，又是从事飞机、船舶等特殊行业加工贸易的企业；

B. 适用A类管理，年进出口总额3000万美元(自营生产企业出口额1000万美元)及以上，或年加工出口额1000万美元以上的企业(俗称"AA类企业")，经申请由海关批准。这些企业经海关批准，可以不设台账，不受银行保证金台账制度管理(俗称"不转")。

②保证金台账的"空转"。

所谓保证金台账的"空转"，是指企业在指定银行开设保证金台账，但并不须向银行交付保证金。

A类企业上述"不转"的情况外，无论限制类还是允许类商品都实行保证金台账的"空转"。

B类企业加工允许类商品也实行保证金台账的"空转"。

③保证金台账的“实转”。

所谓保证金台账的“实转”，是指企业在指定银行开设保证金台账后，还须将一定保证金(保证金数额相当于料件进口应缴税费金额)存入海关在中国银行设立的指定账户。企业在规定的期限内加工出口并办理核销后，中国银行凭海关开具的台账核销通知单办理保证金退还手续，并按活期存款利率支付利息，对在合同规定的加工期限内未能出口或经批准转内销的，海关应及时通知中国银行将保证金及利息转为税款和缓税利息。

B类企业加工限制类商品，缴纳进口料件应征税款的50%作为保证金(俗称“半实转”)。C类企业无论加工限制类还是允许类商品都要按进口料件应征税款付保证金。

④适用D类管理的企业不得开展加工贸易。

⑤任何企业都不得开展禁止类商品的加工贸易。

为了简化手续，国家还规定对列明的拉链、纽扣、鞋扣、扣绊、摁扣、垫肩、胶袋、花边等78种客供服装辅料，即一般出口合同中订明的由境外厂商提供的辅料以及其他零星进口料件金额在1万美元及以下的，适用A，B类管理的加工贸易企业可以不设台账，因此也不必向银行交付保证金。适用A，B类管理加工贸易企业进口金额在5000美元及以下的列明的78种客供服装辅料不仅可以不设台账，还可以免申领登记手册，但必须凭出口合同向主管海关备案。

“加工贸易银行保证金台账”分类管理可见表6-1。

**表6-1　“加工贸易银行保证金台账”分类管理**

<table>
<tr><th rowspan="2">台账分类管理</th><th colspan="2">禁止类商品</th><th colspan="2">限制类商品</th><th colspan="2">允许类商品</th></tr>
<tr><th>东部</th><th>中西部</th><th>东部</th><th>中西部</th><th>东部</th><th>中西部</th></tr>
<tr><td>AA类企业</td><td colspan="2" rowspan="5">不准开展加工贸易</td><td colspan="2" rowspan="2">空转</td><td colspan="2">不转</td></tr>
<tr><td>A类企业</td><td colspan="2">空转</td></tr>
<tr><td>B类企业</td><td>半实转</td><td colspan="3">空转</td></tr>
<tr><td>C类企业</td><td colspan="4">实转</td></tr>
<tr><td>特殊监管区域企业</td><td colspan="4">不转</td></tr>
<tr><td>D类企业</td><td colspan="6">不准开展加工贸易</td></tr>
</table>

(4)加工贸易进口料件银行保证金台账运作程序

凡是需要开设台账的合同，由受理备案的海关开出有台账金额和保证金金额内容的“银行保证金台账开设联系单”，企业凭以到银行开设台账，实转的还要交付保证金。

设立台账的流程如下：

企业合同备案—海关签发“台账开设联系单”—企业到指定中国银行设立台账—领取手册—加工生产、货物出口—核销手册—海关签发“台账核销联系单”—企业到银行核销台账—手册结案。

（二）保税加工货物的报关程序

保税加工货物常规监管模式下（使用纸质手册情况下）的报关程序大致有三个阶段：前期报关阶段即合同备案——货物实际进出境报关阶段——后期报核结关阶段。

保税加工货物（使用纸质手册情况下）的报关程序如图6－1所示。

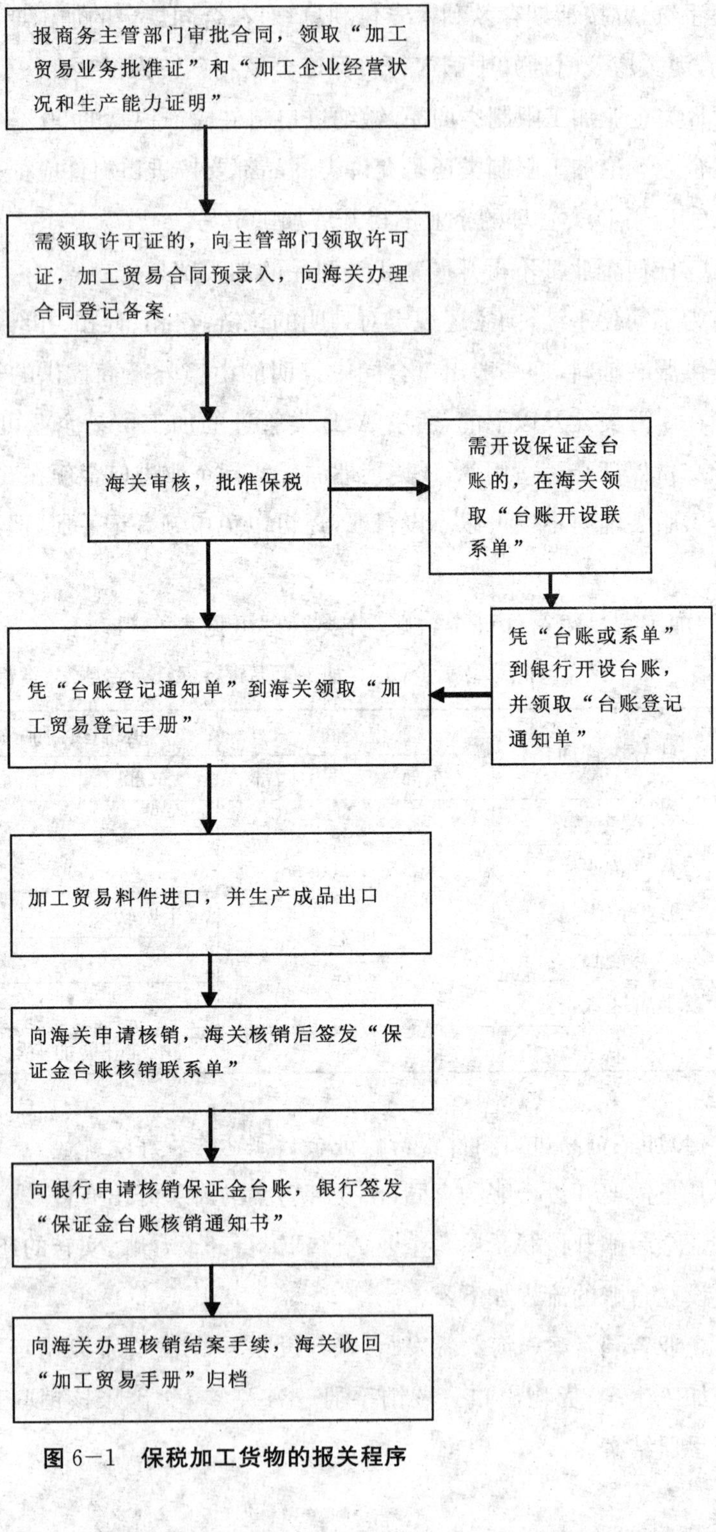


**图6－1　保税加工货物的报关程序**

1. 前期报关阶段即合同备案阶段

(1)加工贸易合同备案的含义

加工贸易合同备案，是指加工贸易企业持合法的加工贸易合同到主管海关备案，申请保税并领取“加工贸易登记手册”或其他准予备案凭证的行为。

海关受理合同备案，是指海关根据国家规定，在接受加工贸易企业合同备案后，批准合同约定的进口料件保税，并把合同内容转化为登记手册内容或做必要的登记，然后核发登记手册。海关受理备案的加工贸易合同必须合法有效。加工贸易合同是否合法有效的标志主要是外经贸主管部门合同审批是否通过，以及合同所涉及的加工贸易进出口国家管制商品是否获得许可。对首次开展加工贸易业务的，海关还应验核加工贸易企业提交的外经贸主管部门出具的加工贸易企业生产能力证明。

对符合规定的加工贸易合同，海关应当在规定的期限内予以备案，并核发“加工贸易登记手册”或其他准予备案的凭证。对不予备案的合同，海关应当书面告知经营企业。

企业凭“登记手册”或其他准予备案的凭证在备案的范围内进出口货物，海关根据合同和相应的登记数据对企业的加工贸易建立底账，记录进出口情况，并实施监管直至最后核销。具体内容如表6-2所示。

表6-2 合同备案的内容

| 单证 | 备案商品 | 保税额度 | 台账制度 |
|---|---|---|---|
| 1)《加工贸易业务批准证》和《加工贸易加工企业生产能力证明》<br>2)加工贸易合同或合同的副本<br>3)加工合同备案申请表及企业合同备案申请表<br>4)属于加工贸易国家管制商品的需交验主管部门的许可证<br>5)确定单耗和损耗率的相关资料<br>6)其他所需要的单证 | 1)禁止类商品不得备案<br>2)须提供进出口许可证的商品<br>易制毒化学品、消耗臭氧层物资、监控化学品<br>3)提供其他许可证件的商品：音像制品、印刷品；地图产品、工业再生废料 | 全额保税：准予备案的商品<br>不保税：不予备案的商品试车材料，未列名的消耗性物料 | 1)信誉好的企业进口零星料件，不转<br>进口料件金额在1万美元及以下的，适用AA、A、B类管理的加工贸易企业可以不设台账，不必交保证金<br>2)信誉好的企业进口5000美元及以下的客供服装辅料，免册，凭合同备案<br>适用AA、A、B类管理的加工贸易企业进口金额5000美元及以下的客供服装辅料(拉链、纽扣、鞋扣、扣绊、摁扣、垫肩、胶袋、花边等78种)免领手册，但必须凭出口合同向主管海关备案 |

合同备案的企业可分为两类，一类是经营企业，包括负责对外签订加工贸易进出口合同的各类进出口企业和外商投资企业，或者是各类经批准获得来料加工经营许可的对外加工装配服务公司；另一类是加工企业，包括受经营企业的委托，负责对进口料件进行加工组装，具有法人资格的企业以及虽不具有法人资格，但是实行相对独立核算，并已经办理工商营业执照的工厂。

(2)加工贸易合同备案的步骤

①合同审批。企业对外签订加工合同后,报商务主管部门审批合同,对符合规定并确实具有加工复出口能力的经营企业,商务主管部门签发"加工贸易业务批准证"和"加工企业经营状况和生产能力证明"。需要领取其他许可证件的,还须向有关主管部门领取许可证件。

②合同备案。经营企业持"加工贸易业务批准证"和"加工企业经营状况和生产能力证明"和加工贸易合同以及其他所需许可证件向加工生产企业所在地主管海关办理合同备案手续。

加工企业应将"合同基本情况表"、"进口料件表"、"出口成品表"、"单耗表"、"加工贸易外商免费提供设备表"等相关内容预录入与主管海关联网的计算机。主管海关对合同及上述单证表格进行审核后,根据企业状况和合同情况审核确定是否准予备案,准予备案的,还要由海关确定是否需要开设"加工贸易银行保证金台账"。不需要开设台账的,直接向海关领取"加工贸易登记手册"或其他备案凭证。需要开设台账的,还应去办理银行保证金台账手续。加工贸易合同项下海关准予备案的料件,全额保税。加工贸易合同项下海关不予备案的料件,以及试车材料、未列明消耗性物料不予保税,进口时按照一般进口办理。

● **资料卡:单耗**

单耗是指加工贸易企业在正常加工条件下加工单位成品所耗用的料件量,单耗包括净耗和工艺损耗。加工贸易企业应当在加工贸易备案环节向海关进行单耗备案。单耗管理应当遵循如实申报、据实核销的原则。

单耗标准是指供通用或者重复使用的加工贸易单位成品耗料量的准则。单耗标准设定最高上限值,其中出口应税成品单耗标准增设最低下限值。单耗标准适用于海关特殊监管区域、保税监管场所外的加工贸易企业,海关特殊监管区域、保税监管场所内的加工贸易企业不适用单耗标准。海关特殊监管区域、保税监管场所外的加工贸易企业申报的单耗在单耗标准内的,海关按照申报的单耗对保税料件进行核销;申报的单耗超出单耗标准的,海关按照单耗标准的最高上限值或者最低下限值对保税料件进行核销。

单耗核定前,加工贸易企业缴纳保证金或者提供银行担保,并经海关同意的,可以先行办理加工贸易料件和成品的进出口、深加工结转或者内销等海关手续;加工贸易企业实行银行保证金台账实转,且台账实转金额不低于应缴税款金额的,可以免予提供担保。

③台账开设。需要开设台账的企业,凭海关签发的"台账开设联系单"到指定的中国银行开设台账,(须台账"实转"的还要缴纳一定保证金),领取"台账登记通知单",海关凭"台账登记通知单"核发"加工贸易登记手册"。不需要开设台账的,直接向海关领取"加工贸易登记手册"或其他备案凭证。

④手册核发。"加工贸易登记手册"分为三种,一种是"加工装配进出口货物登记手册",适用于经营加工装配业务;一种是"进料加工登记手册",适用于经营进料加工业务;一种是

“中华人民共和国海关对外商投资企业履行产品出口合同所需进口料件加工复出口登记手册”，适用于外商投资企业经营加工贸易业务。

为了简化手续，对为生产出口产品而进口的属于国家规定的78种列明服装辅料金额不超过5000美元的合同，除适用C类管理加工贸易企业外可以免申领登记手册，直接凭出口合同备案准予保税后，凭海关在备案出口合同上的签章和编号直接进入进出口报关阶段。

● **知识窗:“加工贸易登记手册”分册**

“加工贸易登记手册”分册，是指海关在企业多口岸报关周转困难或异地深加工结转需要的情况下，由企业申请并经主管海关核准，在“加工贸易登记手册”(总册)的基础上，将“总册”的部分内容重新登记备案，载有该部分内容、有独立编号的另一本登记手册。“加工贸易登记手册”分册进出口报关时可以与原手册分开使用，但必须同时报核。

(3)加工贸易合同备案后的变更

已向海关登记备案的加工贸易合同，其品名、规格、金额、数量、加工期限、单损耗、商品编码等发生变化的，须向主管海关办理合同备案变更手续，开设台账的合同还须变更台账。

合同变更应在合同有效期内报商务原审批部门批准。为简化合同变更手续，对贸易性质不变、商品品种不变，变更金额小于1万美元(含1万美元)和延长不超过3个月的合同，企业可直接到海关和银行办理变更手续，不需再经商务主管部门重新审批。

原1万美元及以下备案合同，变更后进口金额超1万美元的，A.B类管理企业，需重新开设台账，其中适用B类管理的企业合同金额变更后，进口料件如果涉及限制类商品的，由银行加收相应的保证金。

因企业管理类别调整，合同从“空转”转为“实转”的，应对原备案合同交付台账保证金，经海关批准，可只对原合同未履行出口部分收取台账保证金。

管理类别调整为D类的企业，已备案合同，经海关批准，允许交付全额台账保证金后继续执行，但合同不得再变更和延期。

对允许类商品转为限制类商品的，已备案的合同不再交付台账保证金。对原限制类或允许类商品转为禁止类的，已备案合同，按国家即时发布的规定办理。

2. 加工贸易货物的实际进出境报关

(1)保税加工货物的进出境报关

包括料件进口报关和成品出口报关。报关环节同前面一般进出口货物，也包含单证申报、陪同查验、缴纳税费(暂免)、放行货物后提取或装运货物四个环节。加工贸易企业在主管海关备案的情况在计算机系统中已生成电子底账，有关电子数据通过网络传输到相应的口岸海关，因此企业在口岸海关报关时提供的有关单证内容必须与电子底账数据相一致。也就是说，报关数据必须与备案数据完全一致，一种商品报关的商品编码号、品名、规格、计量单位、数量、币制等必须与备案数据无论在字面上还是计算机格式上都完全一致。只要在某一方面不一致，报关就不能通过。要做到完全一致，首先必须做到报关数据的输入十分准确。

加工贸易保税货物进出境由加工贸易经营单位或其代理人申报。加工贸易保税货物进出境申报必须持有“加工贸易登记手册”或其他准予合同备案的凭证。

加工贸易保税货物进出境报关的许可证件管理和税收征管要求如表6－3所示。

**表6－3　保税加工货物的报关**

| 货物类型 | 许可证 | 税收 |
| --- | --- | --- |
| 进口料件 | (1)一般免交<br>(2)例外：易制毒及监控化学品、消耗臭氧层物质、原油、成品油不能免 | 免交(暂缓纳税) |
| 出口成品 | 若国家规定需要交的，不能免 | (1)全部用进口料加工的，免交<br>(2)有国产料的，涉及出口关税则须交<br>(3)“未锻铝”从价征关税（不论是否含国产料） |

①关于进出口许可证件的管理规定。进口料件，除易制毒化学品、监控化学品、消耗臭氧层物质、原油、成品油等个别规定商品外，均可以免予交验进口许可证件。出口成品，属于国家规定应交验出口许可证的，在出口报关时必须交验出口许可证。

②关于进出口税收征管的规定。准予保税的加工贸易料件进口，暂缓纳税。加工贸易项下出口应税商品，如系全部使用进口料件加工生产的产(成)品，不征收出口关税。加工贸易项下出口应税商品，如系部分使用进口料件部分使用国产料件加工的产(成)品，则按海关核定的比例征收出口关税。

加工贸易货物出口关税的计算公式如下：

出口关税＝出口货物完税价格×出口关税税率×出口产(成)品中使用的国产料件和全部料件的价值比例

● **资料卡：加工贸易中的“串料”问题**

所谓串料，是指加工贸易生产过程中不同手册保税料件之间和保税料件与非保税料件之间的串换使用。按照海关规定，虽然允许特殊紧急情况下的料件串换，但对于串料的审批有着严格的条件限制并且有严格的审批程序。

经营企业如因特殊情况申请“料件串换”的，需提交书面申请并符合下列条件：

①保税进口料件和保税进口料件之间以及保税进口料件和征税进口料件之间的串换，必须符合同品种、同规格、同数量的条件；

②保税进口料件和国产料件(不含深加工结转料件)之间的串换必须符合同品种、同规格、同数量、关税税率为零，且商品不涉及进出口许可证件管理的条件。

经海关批准的保税进口料件和征税进口料件之间以及保税进口料件和国产料件之间发生串换，串换下来的同等数量的保税进口料件，由企业自行处置。

(2)其他保税加工货物的报关

其他保税加工货物是指履行加工贸易合同过程中产生的剩余料件、边角料、残次品、副产品和受灾保税货物。

剩余料件,是指加工贸易企业在从事加工复出口业务过程中剩余的可以继续用于加工制成品的加工贸易进口料件。

边角料,是指加工贸易企业从事加工复出口业务,在海关核定的单耗标准内,加工过程中产生的,无法再用于加工该合同项下出口制成品的数量合理的废、碎料及下脚料。

残次品,是指加工贸易企业从事加工复出口业务,在生产过程中产生的有严重缺陷或者达不到出口合同标准,无法复出口的制成品(包括完成品和未完成品)。

副产品,是指加工贸易企业从事加工复出口业务,在加工生产出口合同规定的制成品(主产品)过程中同时产生的,且出口合同未规定应当复出口的一个或一个以上的其他产品。

受灾保税货物,是指加工贸易企业从事加工出口业务中,因不可抗力原因或其他经海关审核认可的正当理由造成损毁、灭失、短少等导致无法复出口的保税进口料件和加工制成品。

对于履行加工贸易合同中产生的上述剩余料件、边角料、残次品、副产品、受灾保税货物,企业必须在手册有效期内处理完毕。处理的方式有内销、结转、退运、放弃、销毁等。除销毁处理外,其他处理方式都必须填制报关单报关。有关报关单是企业报核的必要单证。具体要求如表 6－4 所示。

**表 6－4　其他保税加工货物报关**

<table>
<tr><th>货物类型</th><th>征税数量</th><th>完税价</th><th>缓税利息</th></tr>
<tr><td>剩余进口料件</td><td>按申报数量计征</td><td rowspan="3">以进料加工方式进口的,以料件的原进口成交价为基础,若原进口成交价不能确定,以接受内销时同时或大约同时进口的相同(类似)货物进口成交价格为参考;<br>以来料加工方式进口的,以接受内销时同时或大约同时进口的相同(类似)货物进口成交价格为参考审核确定.</td><td rowspan="4">内销时,要征税的,须加征缓税利息;<br>计息期限为:<br>该合同记录首次料件进口之日起至<br>海关填发税款缴纳书之日止</td></tr>
<tr><td>制成品</td><td>按耗用掉的保税进口料件数量计征</td></tr>
<tr><td>残次品</td><td>按耗用掉的保税进口料件数量计征</td></tr>
<tr><td>副产品</td><td>申报时实际状态的数量计征</td><td>内销价</td></tr>
<tr><td>边角料</td><td>按申报数量计征</td><td>内销价</td><td>免缓税利息</td></tr>
</table>

①内销报关。保税加工货物转内销应经商务主管部门审批,加工贸易企业凭“加工贸易保税进口料件内销批准证”办理内销料件正式进口报关手续,缴纳进口税和缓税利息。经批准允许转内销的加工贸易保税货物属进口许可证件管理的,企业还应按规定向海关补交进口许可证件;申请内销的剩余料件,如果金额占该加工贸易合同项下实际进口料件总额的

3%及以下且总值在人民币1万元(含1万元)以下的,免审批,免交许可证件。

剩余料件、制成品、残次品、副产品内销均应交付缓税利息,边角料内销免交付缓税利息。

**资料卡:关于内销料件或成品的征税**

剩余料件和边角料内销,直接按申报数量计征进口税;制成品和残次品根据单耗关系折算耗用掉的保税进口料件数量计征进口税;副产品内销,按报验状态的数量计征进口税。

进料加工进口料件或者其制成品(包括残次品)内销时,根据料件的原进口成交价格为基础确定完税价格。料件的原进口成交价格不能确定的,以接受内销申报的同时或者大约同时进口的与料件相同或者类似的货物的进口成交价格为基础确定完税价格。

来料加工进口料件或者其制成品(包括残次品)内销时,以接受内销申报的同时或者大约同时进口的与料件相同或者类似的货物的进口成交价格为基础确定完税价格。加工企业内销加工过程中产生的副产品或者边角料,以内销价格作为完税价格。经批准正常的转内销征税,适用海关接受申报办理纳税手续之日实施的税率。

②结转报关。加工贸易企业可以向海关申请将剩余料件结转至另一个加工贸易合同生产出口,但必须在同一经营单位、同一加工厂、同样的进口料件和同一加工贸易方式的情况下结转。

加工贸易企业申请办理剩余料件结转时应当向海关提供以下单证:

A. 企业申请剩余料件结转的书面材料;

B. 企业拟结转的剩余料件清单;

C. 海关按规定需收取的其他单证和材料。

海关依法对企业结转申请予以审核,对不符合规定的应当做出不予结转决定,并告知企业按照规定将不予结转的料件退出境外、征税内销、放弃或者销毁;对符合规定的应当做出准予结转剩余料件的决定,并对准予结转企业将剩余料件结转到另一加工厂的,收取相当于拟结转料件应缴税款金额的保证金或银行保函(对海关收取担保后备案的手册或者已实行银行保证金台账实转的手册,担保金额或者台账实转金额不低于拟结转保税料件应缴税款金额的,可免收取保证金或银行保函),向企业签发加工贸易剩余料件结转联系单,由企业在转出手册的主管海关办理出口报关手续,在转入手册的主管海关办理进口报关手续。

加工贸易企业因合同变更、外商毁约等原因无法履行原出口合同,申请将尚未加工的剩余保税料件结转到另一个加工贸易合同项下加工复出口的,可以比照上述剩余料件结转的办法办理报关手续。

③退运报关。加工贸易企业因故申请将剩余料件、边角料、残次品、副产品等保税加工货物退运出境的,应持登记手册等有关单证向口岸海关报关,办理出口手续,留存有关报关单证,准备报核。

④放弃报关

1)放弃的含义

企业放弃剩余料件、边角料、残次品、副产品等，交由海关处理，需申请。准予放弃，企业以在规定的时间内将放弃的货物运至指定的仓库，并办理货物的报关手续，留存有关报关单证以备报核。

2)下列情形不准放弃：

A. 申请放弃的货物属于国家禁止或限制进口；

B. 申请放弃的货物属于对环境造成污染的；

C. 法律、行政法规、规章规定不予放弃的其他情形。

企业进口保税料件不属于国家禁止或限制进口的废物，在国内加工过程中产生的边角料、残次品、副产品属国家禁止或限制进口的废物，海关应当依企业申请做出准予放弃的决定。

主管海关凭接受放弃货物的部门签章的加工贸易企业放弃加工贸易货物交接单以及其他有关单证核销企业的放弃货物。

⑤销毁。被海关做出不予结转决定或不予放弃决定的加工贸易货物或涉及知识产权等原因企业要求销毁的加工贸易货物，企业可以向海关提出销毁申请，海关经核实同意销毁的，由企业按规定销毁，必要时海关可以派员监督。货物销毁后，企业应当收取有关部门出具的销毁证明材料，准备报核。

⑥受灾保税加工货物的报关。对于受灾保税加工货物，加工贸易企业应在灾后 7 日内向主管海关书面报告，并提供如下证明材料，海关可视情况派员核查取证：

A. 商务主管部门的签注意见；

B. 有关主管部门出具的证明文件；

C. 保险公司出具的保险赔款通知书或检验检疫部门出具的有关检验检疫证明文件。

不可抗力受灾保税加工货物灭失，或者已完全失去使用价值无法再利用的，可由海关审定，并予以免税。不可抗力受灾货物需销毁处理的，同其他加工贸易保税货物的销毁处理一样。

不可抗力受灾保税加工货物虽失去原使用价值但可再利用的，应按海关审定的受灾保税货物价格，按对应的进口料件适用的税率，缴纳进口税和缓税利息。其对应进口料件属于实行关税配额管理的，按照关税配额税率计征税款。

对非不可抗力因素造成的受灾保税加工货物，海关应当按照原进口货物成交价格审定完税价格照章征税，属于实行关税配额管理的，无关税配额证，应当按关税配额外适用的税率计征税款。

因不可抗力造成的受灾保税货物对应的原进口料件，如属进口许可证件管理的，免交许可证件，反之，应当交验进口许可证件。

3. 加工贸易合同的核销

(1)报核和核销的含义

加工贸易合同报核，是指加工贸易企业在加工贸易合同履行完毕或终止合同并按规定对未出口部分货物进行处理后，按照规定的期限和规定的程序，向加工贸易主管海关申请核销要求结案的行为。加工贸易合同核销，是指加工贸易经营企业加工复出口并对未出口部分货物办妥有关海关手续后，凭规定单证向海关申请解除监管，海关经审查、核查属实且符合有关法律、行政法规的规定，予以办理解除监管手续的海关行政许可事项。

(2)报核的时间

经营企业应当在规定的期限内将进口料件加工复出口，并自加工贸易手册项下最后一批成品出口或者加工贸易手册到期之日起 30 日内向海关报核。

经营企业对外签订的合同因故提前终止的，应当自合同终止之日起 30 日内向海关报核。

(3)报核的单证

加工企业在向海关报核时，应提供以下单证：

①企业合同核销申请表；

②“加工贸易登记手册”；

③进出口报关单；

④核销核算表；

⑤其他海关需要的资料。

(4)报核的步骤

企业报核的步骤如下：

①合同履约后，及时将登记手册和进出口报关单进行收集、整理、核对；

②根据有关账册记录、仓库记录、生产工艺资料等查清此合同加工生产的“实际单耗”，并据以填写核销核算表(产品的实际单耗如与合同备案单耗不一致的，应在最后一批成品出口前进行单耗的变更)；

③填写核销预录入申请单，办理“报核预录入”手续；

④携带有关报核需要的单证，到主管海关报核，并填写报核签收“回联单”。

(5)特殊情况下的报核

特殊情况下的报核如表 6-5 所示。

表 6-5 特殊情况下的报核

| 特殊情况 | 提交单证 |
| --- | --- |
| 遗失登记手册<br>应及时向海关报告。主管海关及时移交缉私部门处理后,企业持如右单证向主管海关报核。 | A. 经营企业关于加工贸易手册遗失的书面报告<br>B. 经营企业申请核销的书面材料<br>C. 加工贸易进出口报关单<br>D. 海关缉私部门出具的《行政处罚决定书》<br>E. 海关按规定需要收取的其他单证和材料 |
| 遗失进出口报关单 | 报关单复印件向原报关地海关申请加盖海关印章后报核 |
| 撤销合同<br>无须申领手册的5000美元及以下的服装辅料 | 报商务主管部门审批,企业凭审批件和手册报核企业直接持进出口报关单、合同、核销核算表报核。报关单应当是注明备案编号的一般贸易出口报关单 |
| 违规走私行为 | 没收了加工贸易保税货物,凭相关证明材料报核;若没有没收加工贸易保税货物,则不免除加工贸易企业办理海关手续的义务 |

**资料卡:海关受理报核和核销**

海关自受理企业报核之日起 20 个工作日内核销完毕,特殊情况下,可由直属海关的关长批准或由直属海关关长授权的隶属海关关长批准延长 10 个工作日。

对未开设台账的,海关签发"核销结案通知书";对开设台账的,签发"银行保证金台账核销联系单"到银行销台账,其中"实转"的台账,企业领回保证金和应得的利息或撤销保函,并领取"银行保证金台账核销通知单",凭以向海关领取核销结案通知书。

(三)加工贸易跨关区的异地加工和其他事宜

1. 异地加工的含义

异地加工贸易,是指一个直属海关的关区内加工贸易经营企业,将进口料件委托另一个直属海关的关区内加工生产企业加工,成品回收后,再组织出口的加工贸易。

2. 开展异地加工贸易的有关规定

(1)经营单位(一般限于对外签约的外贸公司)和加工企业须签订符合规定的"委托加工合同"。

(2)开展异地加工贸易应在加工企业所在地设立台账,由加工贸易经营企业向加工企业所在地主管海关办理合同备案手续。

(3)海关对开展异地加工贸易的经营企业和加工企业实行分类管理,如果两者的管理类别不相同,按其中较低类别管理。如需实行保证金台账"实转"的,应按规定由经营单位缴纳货物税款的保证金。经营单位不得委托 D 类企业开展加工贸易。

(4)异地加工贸易合同执行过程中,如发生走私违规行为或无法正常核销结案的,加工企业主管海关应负责将保证金转税或转罚款。有内销行为的应按规定予以补税及补征缓税利息。

3. 办理异地加工贸易的步骤

(1)经营企业凭所在地商务主管部门核发的"加工贸易业务批准证"和加工企业所在地县级以上商务主管部门出具的"加工贸易加工企业经营状况和生产能力证明",填制"异地加工贸易申请表",向经营企业所在地主管海关提出异地加工贸易申请,经海关审核后,领取经营企业所在地主管海关的"关封"。

(2)经营企业持"关封"和合同备案的必要单证,到加工企业所在地主管海关办理合同备案手续。由加工企业向海关办理合同备案手续的,应持有经营单位出具的委托书。

(3)加工企业主管海关要加强对备案合同的后续监管,合同核销结案后一个月内,将合同执行情况填写"回执",一联留存,另一联反馈给经营单位主管海关。发现合同执行过程中有异常情况的,应于发现之日起7个工作日填写"回执",反馈给经营单位主管海关。

(4)加工贸易跨关区深加工结转的报关

加工贸易保税货物深加工结转,是指加工贸易企业将保税进口料件加工的产品转至另一海关关区内的加工贸易企业进一步加工后复出口的经营活动。其程序分为计划备案、收发货登记、结转报关三个环节。

1)计划备案

加工贸易企业开展深加工结转,转入、转出企业应当向各自主管海关提交加工贸易保税货物深加工结转申请表,申报结转计划:

①转出企业在申请表(一式四联)中填写本企业的转出计划并签章,凭申请表向转出地海关备案。

②转出地海关备案后,留存申请表第一联,其余三联退转出企业和交转入企业。

③转入企业自转出地海关备案之日起20日内,持申请表其余三联,填制本企业的相关内容后,向转入地海关办理报备手续并签章。转入企业在20日内未递交申请表,或者虽向海关递交但因申请表的内容不符合海关规定而未获准的,该份申请表作废。转出、转入企业应当重新填报和办理备案手续。

④转入地海关审核后,将申请表第二联留存,第三、第四联交转入、转出企业凭此办理结转收发货登记及报关手续。

2)收发货登记

转出、转入企业办理结转计划申报手续后,应当按照经双方海关核准后的申请表进行实际收发货。转入、转出企业的每批次收发货记录应当在保税货物实际结转情况登记表上进行如实登记,并加盖企业结转专用名章。

结转货物退货的,转入、转出企业应当将实际退货情况在登记表中进行登记,同时注明

“退货”字样，并各自加盖企业结转专用名章。

3）结转报关

转出、转入企业实际收发货后，应当按照下述流程的规定办理结转报关手续：

①转出、转入企业分别在转出地、转入地海关办理结转报关手续。转出、转入企业可以凭一份申请表分批或者集中办理报关手续。转出（入）企业每批实际发（收）货后，在90日内办结该批货物的报关手续。

②转入企业凭申请表、登记表等单证向转入地海关办理结转进口报关手续，并在结转进口报关后的第二个工作日内将报关情况通知转出企业。

③转出企业自接到转入企业通知之日起10日内，凭申请表、登记表等单证向转出地海关办理结转出口报关手续。

④结转进口、出口报关的申报价格为结转货物的实际成交价格。

⑤一份结转进口报关单对应一份结转出口报关单，两份报关单之间对应的申报序号、商品编号、数量、价格和手册号应当一致。

⑥结转货物分批报关的，企业应当同时提供申请表和登记表的原件及复印件。

● **资料卡：外发加工**

外发加工，是指加工贸易企业因受自身生产工序限制，经海关批准并办理有关手续，委托承揽企业对加工贸易货物的某道工序进行加工，在规定期限内将加工后的产品运回本企业并最终复出口的行为。

经营企业申请时应提交的文件：

(1)“加工贸易货物外发加工申请审批表”；

(2)加工贸易登记手册；

(3)经营单位与承揽企业签订的加工合同或协议；

(4)承揽企业的营业执照复印件；

(5)经营企业签章确认的承揽企业生产能力状况；

(6)海关认为需要的其他单证。

海关根据规定审核企业的承揽合同、加工贸易手册和各项资料是否符合国家和海关的有关规定。海关在“加工贸易货物外发加工申请审批表”上签注意见，企业凭以开展加工贸易外发加工业务。外发加工完毕，加工贸易货物应当运回经营企业，并如实填写“加工贸易外发加工货物运回清单”。

# 任务三 电子账册管理下的保税加工货物的报关

## 一、电子账册管理简介

(一)联网监管的含义

海关对加工贸易企业实施联网监管:是指加工贸易企业通过数据交换平台或者其他计算机网络方式向海关报送能满足海关监管需要的物流、生产经营等数据,海关对数据进行核对、核算,并结合实物进行核查的一种海关保税加工监管方式。

(二)特点

电子账册模式联网监管的基本管理原则是:“一次审批、分段备案、滚动核销、控制周转、联网核查”,主要有以下特点:

(1)对经营资格、经营范围、加工生产能力一次性审批。不再对加工贸易合同进行逐票审批。

(2)采取分段备案,先备案进口料件,在生产成品出口前再备案成品以及申报实际的单耗情况。

(3)建立以企业为单元的电子账册,实行滚动核销制度,取代以合同为单元的纸质手册。

(4)对进出口保税货物的总价值(或数量)按照企业生产能力进行周转量控制,取消对进出口保税货物备案数量控制。

(5)企业通过计算机网络向商务部门和海关申请办理审批、备案及变更等手续。

(6)同样实行银行保证金台账制度。

(7)纳入电子账册的加工贸易货物全额保税。

(8)凭电子身份认证卡实现全国口岸的通关。

(三)电子账册的建立

1. 第一个步骤:联网监管的申请和审批

应当具备如下的条件:

(1)在中国境内具有独立法人资格,具备加工贸易资格,在海关注册,以出口生产为主;

(2)守法,实行全程计算机管理;

(3)按照海关的要求提供真实、准确、完整并具有被核查功能的数据;

(4)有足够的资产或资本为本企业实行联网监管应承担的经济责任提供总担保;

(5)企业在向海关申请联网监管前,应当先向企业所在地商务主管部门办理前置审批手续,由商务主管部门对加工贸易经营范围依法进行审批;

(6)经商务主管部门审批同意后,加工贸易企业向所在地直属海关提出书面申请,经审核符合联网监管条件的,主管海关制发“海关实施加工贸易联网监管通知书”。

2. 第二个步骤:加工贸易业务的申请和审批

向商务主管部门提出，商务主管部门总审定联网企业的加工贸易资格、业务范围和加工生产能力，符合条件的商务主管部门签发“联网监管企业加工贸易业务批准证”。

3. 第三个步骤：建立商品归并关系和电子账册

(1)向所在地主管海关申请建立电子账册，取代纸质手册。

(2)电子账册包括：“经营范围电子账册”(IT 账册)和“便捷通关电子账册”(E 账册)。“经营范围电子账册”不能直接报关，主要是用来检查控制“便捷通关电子账册”进出口商品的范围。“便捷通关电子账册”用于加工贸易货物的备案、通关和核销。

(3)电子账册是在商品归并关系确立的基础上建立起来的，没有商品归并关系就不能建立电子账册。

商品归并关系是指：海关与联网企业根据监管的需要按照中文品名、HS 编码、价格、贸易管制等条件，将联网企业内部管理的“料号级”商品与电子账册备案的“项号级”商品归并或拆分，建立一对多或多对一的对应关系。

“料号级”商品指：企业进出口的保税料件和成品。

“项号级”是办理“便捷通关电子账册”时备案的内容。

应该同时满足以下条件，才可以归入同一个联网监管商品项号：

(1)10 位 HS 编码相同的；

(2)商品名称相同的；

(3)申报计量单位相同的；

(4)规格型号虽不同但单价相差不大的。

根据归并原则基础产生的“企业物料表”及归并关系数据，据此生成电子账册。

**二、报关程序**

(一)备案

1.“经营范围电子账册”备案内容

(1)经营单位名称和代码

(2)加工单位名称和代码

(3)批准证件编号

(4)加工生产能力

(5)加工贸易进口料件和成品范围(商品编码前 4 位)

2.“便捷通关电子账册”备案的内容

企业可通过网络向海关办理“便捷通关电子账册”备案手续。“便捷通关电子账册”的备案包括以下内容：

(1)企业基本情况表，包括经营单位及代码、加工企业及代码、批准证编号、经营范围账册号、加工生产能力等；

(2)料件、成品部分,包括归并后的料件、成品名称、规格、商品编码、备案计量单位、币制、征免方式等;

(3)单耗关系:包括成品版本号,对应料件的净耗、耗损率等。

※其他部分(例如成品和单耗关系)可以同时备案也可以分阶段申请备案,但是料件的备案必须在相关料件进口前备案。成品和单耗关系最迟在相关成品出口前备案。

※海关可根据企业的加工能力设定电子账册最大周转金额;并可对部分高风险或需要重点监管的料件设定最大周转数量。

※进口料件的金额、数量加上电子账册剩余料件的金额、数量不得超过最大周转金额和最大周转数量。

"便捷通关电子账册"的基本情况表内容、料件、成品发生变化的,包括料件、成品品种、单损耗关系的增加等,只要未超出经营范围和加工能力,企业不必报商务主管部门审批,可通过网络直接向海关申请变更。

海关可根据企业的加工能力设定电子账册最大周转金额,并可对部分高风险或需要重点监管的料件设定最大周转数量。电子账册进口料件的金额、数量加上电子账册剩余料件的金额、数量不得超过最大周转金额和最大周转数量。

每一个企业一般只能申请建立一份"便捷通关电子账册",但是如果企业设有无法人资格独立核算的分厂,料件、成品单独管理的,经海关批准,可另建立电子账册。

企业需在异地口岸办理进出口报关或异地深加工结转报关手续的,可以向海关申请办理"便捷通关电子账册"异地报关分册。海关审核后核发"纸质分册",企业凭"纸质分册"向异地口岸报关。

一本"便捷通关电子账册"异地报关分册只能备案一个进出口口岸,分册的有效期不得超过"便捷通关电子账册"本期核销期限,分册的允许进出口数量不得超过"便捷通关电子账册"该项下料件的最大周转量。

电子账册备案不设立"银行保证金台账"。准予备案的进口料件一律保税。

3. 备案变更

(1)"经营范围电子账册"变更

企业的经营范围、加工能力发生变更时,经商务主管部门批准后,通过网络向海关办理申请变更,海关予以审核通过,并收取商务主管部门出具的"联网监管企业加工贸易业务批准证变更证明"。

(2)"便捷通关电子账册"变更

"便捷通关电子账册"的最大周转金额、核销期限等需要变更时,企业应向海关提交申请,海关批准后直接变更。基本情况表内容易发生改变,只要未超出经营范围和加工能力,不必报商务主管部门审批,可以通过网络直接向海关申请变更。

(二)货物报关

1. 进出境报关

(1)报关清单的生成

从企业系统导出料号级数据生成归并前的报关清单,通过网络发送到电子口岸。

(2)报关单的生成

使用企业内部计算机,采用计算机原始数据形成报关清单,报送中国电子口岸。电子口岸将企业报送的报关清单根据归并原则进行归并,并拆分成报关单后发送回企业,由企业填报完整的报关单内容,通过网络向海关正式申报。

(3)报关单的修改、撤销

1)不涉及报关清单的报关单内容可直接进行修改,涉及报关清单的报关单内容必须先修改报关清单,再重新进行归并。

2)报关单经海关审核通过后,一律不得修改,必须进行撤销重报,待报关清单的报关单撤销后,报关清单一并撤销,不得重复使用。

3)报关单放行前修改,内容不涉及报关单表具体内容的,企业经海关同意可直接修改报关单。涉及报关单具体内容的,企业必须撤销报关单重新申报。

(4)填制报关单的要求

1)申报数据与备案数据应当一致。

2)企业按照实际进出口的货号(料件号和成品号)填报报关单,并按照加工贸易货物的实际性质填报监管方式。

3)进口货物报关单的总金额不得超过电子账册最大周转金额的剩余值,如果电子账册对某项下料件的数量进行限制,那么报关单上该项商品的申报数量不得超过其最大周转量的剩余值。

(5)申报方式选择

联网企业可根据需要和海关规定分别选择有纸报关或无纸报关方式申报。

2.“深加工结转报关”(参照纸质手册的内容)

电子化手册加工贸易深加工结转货物报关与纸质手册管理下的加工贸易深加工结转货物报关一样。

3.“其他保税加工货物的报关”(参照纸质手册的内容)

(1)经主管海关批准,企业可按月度集中办理内销征税手续。

(2)按月度集中办理内销征税手续的联网企业,在每个核销周期结束前,必须办结本期所有的内销征税手续。

(3)联网企业以内销、结转、退运、放弃、销毁等方式处理的报关手续,参照纸质手册管理。后续缴纳税款时,缓税利息计息日为电子账册上期核销之日的(未核销过的为“便捷通关电子账册”记录首次进口料件之日)次日至海关开具税款缴纳证之日。

(三)报核和核销

对电子账册实行滚动核销的方式,180 天为一个报核周期,180 天后的 30 天内报核,特殊情况可以延期,但延长期限不得超过 60 天。

1. 企业报核

(1)预报核

企业在向海关正式申请核销前,在电子账册本次核销周期到期之日起 30 天内,将本核销期限内所有的电子账册进出口报关数据按海关要求的内容以电子报文形式向海关申请报核。企业预报核,海关的计算机反馈“同意报核”的,企业应递交提交的单据。

(2)正式报核

指企业预报通过海关审核后,以预报核海关核准的报关数据为基础,填报本期保税进口料件应当留存数量、实际留存数量等内容,以电子报文形式向海关正式申请报核。

2. 海关核销

海关对书面数据进行核算,确定是否平衡,另外还会根据实际情况盘库。

(1)报核数据与海关底账数据及盘点数据相符的,海关通过正式审核。海关将本期的结余数作为下一期期初数。

(2)企业实际库存多于电子底账核算结果的,海关按实际库存量调整电子底账的当期结余数量。

企业实际库存少于电子底账核算结果且可以提供正当理由的,按内销处理。不能提供正当理由的,对短缺部分,移交缉私部门处理。

## 任务四　电子手册管理下的保税加工货物的报关

### 一、电子化手册管理

(一)电子化手册管理简介

电子化手册管理是以企业的单个加工贸易合同为单元实施对保税加工货物的监管。

计算机联网监管包括:电子账册管理和电子手册管理。

一个加工贸易合同建立一个电子化手册。电子化手册管理仍然以企业的单个加工贸易合同为单元实施对保税加工货物的监管,但不再使用纸质手册。

1. 电子化手册管理的特点

(1)以合同为单元进行管理

(2)可分段备案也可非分段备案

将电子手册的内容分为合同备案和通关备案。非分段备案,不需要进行合同备案,直接进行通关备案表头、表体数据的审批即可。

(3)网络审批和备案

通过网络向商务主管部门和海关申请办理合同审批和合同备案、变更等手续。

(4)实行银行保证金台账制度

纳入加工贸易银行保证金台账制度管理，A类企业除外。

(5)全额保税

(6)全国口岸报关

无须调度手册，凭身份认证卡实现全国口岸的报关。

2. 电子化手册建立(经过三个步骤)

(1)联网监管申请和审批；

(2)加工贸易业务的申请和审批；

(3)建立商品归并关系和电子化手册。

**二、报关程序**

1. 备案

(1)非分段式备案

非分段式备案模式有四部分内容：

①表头数据

②料件表

③成品表

④单损耗表

(2)分段式备案

分段备案分合同备案环节和通关备案环节。合同备案环节的备案内容有三部分，即表头数据、料件表和成品表。

(3)备案审核与控制

在进行电子化手册备案时海关会审核企业的备案申请内容与商务部门出具的“加工贸易业务批准证”是否相符，备案申请数量是否超出了商务部门确定的加工生产能力，企业的相关申请是否符合法律、行政法规的规定。电子化手册审核通过后，系统自动生成手册编号。电子化手册的编号规则与纸质手册一致，只是其顺序号全部是50000以上。非分段式电子化手册的备案直接利用H2000电子化手册系统的通关备案手册审核功能进行审核，而分段式电子化手册在合同备案手册产生时会直接生成通关备案的表头数据，因此分段式合同备案手册进行通关备案时不需利用通关备案手册审核功能，而是直接使用手册通关变更审核功能进行审核。

(4)备案中的银行保证金台账

与纸质手册一致，其中有以下两点区别：

①建立电子手册的A类管理企业可以不设台账；

②5000美元及以下78种列明客供服装辅料合同，即使是AA类、A类、B类管理的企业，也要建立电子手册并备案。

电子手册管理一律建册，电子手册的银行保证金台账实行分类管理。

(5)备案变更

企业办理合同备案即变更手续应当通过电子口岸向主管海关发送合同备案变更数据并提供企业的变更申请与商务部门出具的"加工贸易业务批准证变更证明"以及相关单证材料。

①合同变更

应通过电子口岸向主管海关发送合同备案变更数据并提供企业的变更申请与商务部门出具的"加工贸易业务批准变更证明"。

②通关备案变更

分段式备案模式下，合同变更通过后，系统将对通关备案的数据自动进行变更。

非分段模式下，通关备案的变更与分段式备案模式下的合同备案变更相同。如果通关备案已通过，则合同备案变更通过后，系统将对通关备案的数据自动进行变更。

2. 货物报关

(1)进出境报关

(2)深加工结转报关

(3)其他保税加工货物的报关

3. 报核和核销

(1)报核

(2)核销

(3)结案

## 任务五　出口加工区加工贸易货物的报关

### 一、出口加工区货物的报关

1. 出口加工区概述

(1)出口加工区的含义

出口加工区是指由省、自治区、直辖市人民政府报国务院批准在中华人民共和国境内设立的，由海关对保税加工贸易进出口货物进行封闭式监管的特定区域。

(2)出口加工区的功能

出口加工区的主要功能是加工贸易及为区内加工贸易服务的储运业务。区内不得经营商业零售、一般贸易、转口贸易及其他与加工区无关的业务，不得建立营业性的生活消费设施。除安全人员和企业值班人员外,其他人员不得在加工区内居住。

(3)出口加工区的海关监管规定

加工区是海关监管的特定区域。加工区与境内其他地区之间设置符合海关监管要求的隔离设施及闭路电视监控系统,在进出口通道设立卡口。

海关在加工区内设立机构,并对进出加工区的货物及区内相关场所实行24小时监管。区内企业应与海关实行电子计算机联网。

从境外运入出口加工区的加工贸易货物全额保税。出口加工区内企业从境外进口的自用的生产、管理所需设备、物资,除交通车辆和生活用品外,予以免税,属于特定减免税货物。

2. 报关程序

出口加工区内企业在进出口货物前,应向出口加工区主管海关申请建立电子账册。出口加工区企业电子账册包括"加工贸易电子账册"和"企业设备电子账册"。出口加工区进出境货物和进出区货物通过电子账册办理报关手续。

(1)出口加工区与境外地区进出货物的报关

出口加工区企业从境外运进货物或运出货物到境外,由收发货人或其代理人填写进、出境货物备案清单,向出口加工区海关报关。

对于跨越关区进出境的出口加工区货物,可以按"转关运输"中的直转转关方式办理转关。程序如下:

①境外货物运入出口加工区

货物到港后,收货人或其代理人向口岸海关录入转关申报数据,并持"进口转关货物申报单"、"汽车载货登记簿"向口岸海关物流监控部门办理转关手续。口岸海关审核同意企业转关申请后,向出口加工区海关发送转关申报电子数据,并对运输车辆进行加封。

货物运抵出口加工区后,收货人或其代理人向出口加工区海关办理转关核销手续,出口加工区海关物流监控部门核销"汽车载货登记簿",并向口岸海关发送转关核销电子回执。同时收货人或其代理人录入"出口加工区进境货物备案清单",向出口加工区海关提交运单、发票、装箱单、电子账册编号、相应的许可证件等单证办理进境报关手续。出口加工区海关审核有关报关单证,确定是否查验,对不需查验的货物予以放行。对须查验的货物,由海关实施查验后,再办理放行手续,签发有关备案清单证明联。

②出口加工区货物运出境外

发货人或其代理人录入"出口加工区出境货物备案清单",向出口加工区海关提交运单、发票、装箱单、电子账册编号等单证办理出口报关手续。同时向出口加工区海关录入转关申报数据,并持"出口加工区出境货物备案清单"、"汽车载货登记簿"向出口加工区海关物流监控部门办理出口转关手续。出口加工区海关审核同意企业转关申请后,向口岸海关发送转关电子数据,并对运输车辆进行加封。

货物运抵出境地海关后，发货人或其代理人向出境地海关办理转关核销手续，出境地海关核销“汽车载货登记簿”，并向出口加工区海关发送转关核销电子回执。货物实际离境后，出境地海关核销清洁载货清单并反馈出口加工区海关，出口加工区海关凭以签发有关备案清单证明联。

(2)出口加工区与境内区外其他地区之间货物的报关

①出口加工区货物运往境内区外

出口加工区运往境内区外的货物，由区外企业向出口加工区海关办理进口报关手续。进口报关结束后，区内企业出口加工区海关办理出区报关手续。

出口加工区海关放行货物后，向区外企业签发“进口货物报关单”付汇证明联，向区内企业签发“出口加工区出境货物备案清单”收汇证明联。

②境内区外货物运入出口加工区

境内区外运入出口加工区的货物，由区外企业向出口加工区海关办理出口报关手续。出口报关结束后，区内企业向出口加工区海关办理进区报关手续。

出口加工区海关查验、放行货物后，向区外企业签发“出口货物报关单”收汇证明联，向区内企业签发“出口加工区进境货物备案清单”付汇证明联。

③出口加工区货物出区深加工结转报关

出口加工区货物出区深加工结转是指区内加工贸易企业(以下简称“转出企业”)将本企业生产的产品直接转入其他出口加工区等海关特殊监管区域内或区外加工贸易企业(以下简称“转入企业”)进一步加工后复出口的经营活动。未经实质性加工的保税料件，不得进行出口加工区货物出区深加工结转。

转出企业在开展出口加工区货物出区深加工结转前，应事先将结转料件等情况报管委会，管委会审核后为企业出具“出口加工区深加工结转业务批准证”和清单，海关凭加盖管委会印章的“出口加工区深加工结转业务批准证”为转出企业办理货物出区深加工结转备案手续。

转入企业在其他出口加工区等海关特殊监管区域的，开展深加工结转转入业务之前，需按上述规定凭加盖所在区管委会印章的“出口加工区深加工结转业务批准证”在海关办理结转手续。

3. 监管和报关要点

(1)加工区与境外之间进、出的货物，除易制毒化学品、监控化学品、消耗臭氧层物质外，不实行进出口许可证件管理。国家禁止进、出口的货物，不得进、出加工区。

(2)对加工区运往境内区外的货物，按进口货物报关，属许可证件管理的，出具有效的进口许可证件，缴纳进口关税、增值税、消费税，免交付缓税利息。

出口加工区内加工企业内销的制成品(包括残次品)，以接受申报内销的同时或大约同时进口的相同货物或者类似货物的进口成交价格为基础审查确定完税价格。出口加工区内的加工企业内销加工过程中产生的边角料或者副产品，以内销价格作为完税价格。

(3)出口加工区区内企业开展加工贸易业务不实行"加工贸易银行保证金台账"制度，但适用电子账册管理，实行备案电子账册的滚动累加、扣减，每6个月核销一次。

(4)区内企业在需要时，可将有关模具、半成品等运往区外进行加工，经加工区主管海关的关长批准，由接受委托的区外企业，向加工区主管海关缴纳货物应征关税和进口环节增值税等值的保证金或银行保函后方可办理出区手续。加工完毕后，加工产品应按期(一般6个月)运回加工区。区内企业向加工区主管海关提交出区时填写的"委托区外加工申请书"及有关单证，办理验放核销手续。加工区主管海关在核销后应及时退还保证金或撤销保函。

(5)从区外进入加工区供区内企业使用的国产机器、设备、原材料、零部件、元器件、包装物料以及建造基础设施、加工企业和行政管理部门生产、办公用房所需合理数量的基建物资等，海关按照对出口货物的有关规定办理报关手续，并签发出口退税报关单。区外企业凭报关单出口退税联向税务部门申请办理出口退(免)税手续。

(6)区内企业经主管海关批准，可在区外进行产品的测试、检验和展示活动。测试、检验和展示的产品，应比照海关对暂时进口货物的管理规定办理出区手续。

区内使用的机器、设备、模具和办公用品等，须运往区外进行维修、测试或检验时，区内企业或管理机构应填写"出口加工区货物运往区外维修查验联系单"，向主管海关提出申请，并经主管海关核准、登记、查验后，方可将机器、设备、模具和办公用品等运往区外维修、测试或检验。

区内企业将模具运往区外维修、测试或检验时，应留存模具所生产产品的样品，以备海关对运回区内的模具进行核查。

(7)运往区外维修、测试或检验的机器、设备、模具和办公用品等，不得用于区外加工生产和使用，并且自运出之日起2个月内运回加工区。因特殊情况不能如期运回的，区内企业应于期限届满前7天内，向主管海关说明情况，并申请延期。申请延期以1次为限，延长期限不得超过1个月。

运往区外维修的机器、设备、模具和办公用品等，运回区内时，要以海关能辨认其为原物或同一规格的新零件、配件或附件为限，且更换新零件、配件或附件的，原零件、配件或附件应一并运回区内。

**案例分析**

**案例**1

天津商业保税仓库存放一批冷压薄板，2015年4月5日已经存放满1年，仍未转为进出口或退运出口，企业要求延长该批保税货物的存放期限。

问题：海关批准延长期最长不能超过哪一天？

**案例** 2

某某家纺织品加工贸易企业，从境外进口纺织用棉花，储存于本企业的保税仓库中。2014 年 9 月，因棉花自燃引起火灾烧毁仓库的保税货物一批，且火灾原因已经由公安部认定。

问题：

1. 加工货物企业应当如何办理该批货物的海关手续？该批棉花的加工货物手册是否可以办理免税核销手续？

2. 棉花自燃能否构成不可抗力？如果不构成不可抗力，什么条件可免税核销？

**实训项目二**

大连开发区某企业进口一批料件，准备将其存放在某保税仓库内。

任务一：该批料件进仓怎样办理手续？

任务二：该批料件在保税仓库内的储存期限为多长时间？

任务三：该批料件如果从保税仓库运往境内其他地方，应怎样办理？

**案例** 3

注册于上海的某加工贸易经营企业（属于海关 A 类管理企业）与韩国一电子企业鉴定了一份来料加工合同。委托苏州某加工企业（属于 B 类管理企业）进行加工。在料件进口前，该企业已向海关办理加工贸易合同登记备案手续。2015 年 3 月 6 日企业的购进料件（限制类）从上海海关申报进境。进境后运到加工企业进行加工。一个月以后由于国际市场需求变化，该企业的进口料件生产的部分半成品在经过批准后内销到国内市场，企业持相关批文于 2015 年 4 月 19 日向海关办理了内销申报手续。剩余的加工成品，企业于 2015 年 5 月 5 日返销出口，企业的成品出口后向海关核销结案。

根据上述案例，选择正确答案。

1. 该加工企业应（　　）。

A. 设保证金台账，实转　　　　B. 不设保证金台账

C. 设保证金台账，空转

D. 设保证金台账，付应征税款的 50% 为保证金

2. 海关在该项跨关区异地加工贸易合同进行分类管理时，应该按理（　　）进行管理。

A. A 类　　B. B 类　　C. C 类　　D. D 类

3. 按例中申报内销的货物应适用于（　　）的税率。

A. 2015 年 3 月 6 日　　　　B. 2015 年 4 月 9 日

C. 2015 年 5 月 5 日　　　　D. 以上都不对

4. 该来料加工合同应该向（　　）办理加工贸易合同登记备案。

A. 上海海关　　　　B. 苏州海关

C. 海关总署　　D. 三者都要办理

5. 企业合同报核时应提交的单证为(　　)。

A. 企业合同核销申请表　　B. 加工贸易保税进口料件内销批准

C. 加工贸易登记手册　　D. 进出口报关单

**案例4**

江西南昌出口加工区某企业履行进料加工合同。料件从上海口岸进口，同时从境外与境内区外各购进加工设备一台。加工中因工艺原因，需将加工生成的半成品运往区外进行加工，产品运回加工区返销境外，余料与边角料内销。

根据上述案例，选择正确答案。

1. 对于跨关区进出进境的出口加工区货物，符合海关要求的操作是(　　)。

A. 按直通方式报关　　B. 按直转转关方式报关

C. 按转关运输中提前式报关　　D. 按中转转关方式报关

2. 从境外与境内区外进区的加工设备，符合海关税收政策的是(　　)。

A. 前者免税，后者征税　　B. 前者征税，后者免税

C. 两者均免税　　D. 两者均征税

3. 出口加工区内企业需要将有关半制成品运往区外外发加工，其正确程序是(　　)。

A. 由区外企业向加工区主管海关申报进口，缴纳进口关税。区内企业在加工区海关备案

B. 由区外企业向加工区主管海关缴纳与进口税费等值的保证金或银行保函，办理出区手续

C. 由区外企业向加工区主管海关办理加工贸易合同登记备案，按保税货物进口办理相关手续

D. 由出口加工企业向接受委托的区外主管海关办理转关手续

4. 区内企业在加工中生产的边角料的处理，正确的做法是(　　)。

A. 应当复运出境

B. 经海关核准内销的，按内销时状态确定归类并征税

C. 经海关核准内销的，可免予进口许可证件

D. 经海关核准内销的，可免予缴纳进口关税，但不豁免进口许可证件

**案例5**

M是R海关所管辖的一家B类加工贸易经营单位(位于东部地区)，N是Q海关所管辖的一家A类生产企业。2015年年初，M将一批进口料件委托N企业进行加工，该产品属于国家限制类商品，那么，中国银行在给其办理保证金台账业务时，是否应对其实行“空转”？为什么？

**案例 6**

大连新××进出口有限公司(A类管理企业,采用纸质手册管理)向大连机场海关申报进口未缝制500张羊皮(限制类商品,单价为18美元/张),以履行羊皮大衣的出口合同。货物进口后,交由南京××服饰有限公司(B类管理企业,采用纸质手册管理)加工,合同执行期间,因加工企业生产规模有限,经与境外订货商协商后更改出口合同,故羊皮耗用数量减为300张。经批准,剩余的200张羊皮中的185张转至另一加工贸易合同项下;15张售予沈阳××服装有限公司(C类管理企业)用以生产加工内销产品。(外汇牌价:1美元=6元人民币)

根据上述案例,选择正确的答案。

1. 该批货物进口后,交由南京××服饰有限公司加工,在海关管理中,称为(　　)。

A. 跨关区异地加工　　B. 跨关区深加工结转

C. 跨关区委托加工　　D. 跨关区外发加工

2. 根据加工贸易银行保证金台账制度的规定,500张进口羊皮应(　　)。

A. 不转;领登记手册　　B. 不转免领登记手册

C. 半实转,领登记手册　　D. 空转;领登记手册

3. 185张羊皮结转至另一加工合同项下,须符合规定有(　　)。

A. 由同一经营单位经营　　B. 由同一加工企业加工

C. 是同一贸易方式　　D. 生产同一商品

4. 15张羊皮纸转为内销,须符合以下的规定有(　　)。

A. 应经对外贸易主管部门批准

B. 如属进口许可证件管理的,应该规定向海关补交进口许可证件

C. 除应缴纳进口税外,还须交付缓税利息

D. 应由国内购买单位办理内销料件的正式进口手续

5. 在加工过程中产生的边角料,下列说法正确的是(　　)。

A. 交由海关处理的,应当提交书面申请

B. 内销,以内销价格作为完税价格

C. 内销的税率适用向海关申报内销手续时实施的税率

D. 内销时,除应征税款外,还应加征缓税利息

6. 货物进出境阶段,进出口货物收发货人或其他代理人完成报关工作的步骤是(　　)。

A. 进出口的申报—配合查验—缴纳税费—提取或装运货物

B. 提取或装运货物—进出口的申报—配合查验—缴纳税费

C. 进出口的申报—配合查验—提取或装运货物—缴纳税费

D. 提取或装运货物—配合查验—进出口的申报—缴纳税费

能力训练

**实训项目一**

中国××设备进出口总公司(北京)(China National Complete Plant Import & Export-Corp.)与法国L××公司与2014年7月8日在广州签订了出售外家具(outdoor furniture)的外贸合同,货名为花园椅(garden chair,铸铁底座的木椅,按规定出口时需要有动植物检验检疫证明),型号TG503,价格USD 58.00/PCFOB Guangzhou,数量950把,毛重20KGS/PC,净重18KGS/PC,包装1PC/CTN,集装箱1×20。生产厂家广东海××家具厂,最迟装船日期2014年9月8日,起运港广州港,目的港马赛,支付方式不可撤销信用证。

任务一:根据以上资料整理一份销售合同/销售确认书。

任务二:如果委托广州××报关行报关,是否要办理异地报关手续?如果需要,应如何办理?

任务三:如果订舱的装船时间是2014年9月8日上午10点,那么,报关员最迟应在何时何地报关完毕?

任务四:如果报关员在8月20日以电子数据报关单向海关申报,8月22日收到海关"放行交单"的通知,报关员应不迟于哪一天打印纸质报关单?备齐哪些单证到货物所在地海关提交书面单证并办理相关的海关手续?

任务五:应缴纳哪些海关规定的税费?

任务六:为该批出口货物进行出货的流程设计。

**实训项目二**

上海某专营进料加工集成电路块出口的外商投资企业A公司是适用海关B类管理的企业。该企业于2015年3月对外签订了主料硅片(非限制类商品)等原材料的进口合同,合同规定30%加工成品内销,70%加工成品外销,原料4月底交货。6月该企业于境外商人订立了集成电路块出口合同,交货期为10月底,9月底产品全部出运。作为报关员,要完成这个进料加工报关业务,需进行的工作任务如下。

任务一:外销部分需申领登记手册,应如何申领?

任务二:如何办理主料进口报关?(涉及内外销)

任务三:如何办理成品出口手续?

任务四:如何办理合同核销手续?

**实训项目三**

大连某企业位于出口加工区,从国外进口一台企业自用设备,同时,进口一批料件用于企业产品生产。企业进口的设备入境后,将设备运入区外进行检测,产品生产后一部分直接运到日本市场销售,另一部分在国内市场销售。

任务一:设备和料件在进口前,需要办理什么手续?

任务二:设备和料件进境,如何办理手续?

任务三:设备出区检测,如何办理手续?在区外可以停留多长时间?

任务四:产品出境如何办理手续?

**实训项目四**

大连开发区某企业进口一批料件,准备将其存放在某保税仓库内。

任务一:该批料件进仓时怎样办理手续?

任务二:该批料件在保税仓库内的存储期限为多长时间?

任务三:该批料件如果从保税仓库运往境内其他地方,应怎样办理?

**实训项目五**

大连某企业位于大连经济技术开发区,要设立出口监管仓库,需要进行的工作如下。

任务一:出口监管仓库有哪些类型?

任务二:出口监管仓库的功能是什么?

任务三:要设立出口监管仓库,自查是否具备设立的基本条件。

任务四:怎样可以营运?

**实训项目六**

项目三的出口监管仓库设立后,大连三×制冷有限公司将生产的产品存入出口监管仓库。准备出口,需要进行的工作任务如下。

任务一:大连三×制冷有限公司将产品存入出口监管仓库时,需要办理的手续是什么?

任务二:这批货物在出口监管仓库存放的期限为多长?

任务三:三×制冷有限公司,将货物存入出口监管仓库3个月后,一部分货物出口国外市场,一部分货物转到国内市场销售,怎样办理手续?

**实训项目七**

大连某企业准备建立公用型保税仓库,需要进行的工作任务如下。

任务:企业自查,看是否符合规定的条件。

**项目训练(一)**

**一、单选题**

1. 根据《海关法》规定,进口业务的收货人向海关申报的时限是(　　)。

A. 自运输工具申报进境之日起7日内

B. 自运输工具申报进境之日起10日内

C. 自运输工具申报进境之日起14日内

D. 自运输工具申报进境之日起15日内

2. 出口货物的发货人或者其代理人除海关特准外,根据规定应当在货物运抵海关监管区后,(　　)向海关申报。

A. 装货前24小时　　B. 装货的24小时以前

C. 货物抵达口岸的48小时　　D. 承载的运输工具起运的24小时前

3. 进口货物的收货人自运输工具申报出境之日起，超过(　　)未向海关申报的，其进口货物由海关依法提取变卖处理。

A. 1个月　　B. 3个月　　C. 6个月　　D. 1年

4. 关于加工贸易进口货物的税收征管措施，符合现行规定的是(　　)。

A. 进料加工非对口合同备案数额内的进口料件，至于保税工厂加工，全额保税

B. 外商投资企业为履行出口合同而进口的料件，定额保税

C. 进料加工合同备案数额内的进口料件，如在出口合同中订明有外商提供部分料件条款，先征后退

D. 因开展加工装配业务所需，由外商作价提供进口的加工设备，暂予免税

5. 某实行海关B类管理的企业对外签订进口3000美元棉花(加工贸易限制类商品)生产出口服装垫肩的加工贸易合同，合同备案的手续应当是(　　)。

A. 不设台账，申领《登记手册》　　B. 不设台账，不申领《登记手册》

C. 设台账，实转，申领《登记手册》　　D. 设台账，空转，申领《登记手册》

6. 大连某国际物流有限公司受大连新××进出口有限公司(A类管理企业)的委托，凭"C"字头备案号的登记手册向大连机场海关申报进口以揉未缝制蓝狐皮1000张及辅料一批，以履行蓝狐皮大衣的出口合同。货物进口后，交由大连××服饰有限公司(B类管理企业)加工。合同执行期间，因加工企业生产规模有限，经与境外订货商协商后更改出口合同，故蓝狐皮耗用数量减为600张。经批准，剩余的400张蓝狐皮中的300张结转至另一加工贸易合同项下，100张售予沈阳××服装有限公司(C类管理企业)用以生产内销产品。根据加工贸易银行保证金台账制度的规定，1000张进口蓝狐皮应(　　)。

A. 设台账，但无须缴付保证金

B. 设台账，按进口料件应征税款的50%缴付保证金

C. 设台账，按进口料件应征税款全额缴付保证金

D. 不设台账，亦无须缴付保证金

7. 保证金台账制度的实施与加工贸易项目(商品)的类别及加工贸易企业的类别有密切的联系，按照现行规定，下列(　　)项情况应采用保证金台账空转方式运作。

A. 金额在10000美元及以下的加工贸易合同，由A类企业或B类企业经营

B. 按加工贸易企业分类标准已被评定为A类的企业，加工限制类商品

C. 按加工贸易企业分类标准已被评定为C类的企业，加工允许类商品

D. 从事飞机、船舶等特殊行业加工贸易的企业经营的加工贸易项目

8. 北京加工贸易企业A进口料件生产半成品后转给南京加工贸易企业B继续深加工，

最终产品由B企业出口。下列结转申报手续正确的是(　　)。

A. 先由A企业报进口,后由B企业报出口

B. 先由A企业报出口,后由B企业报进口

C. 先由B企业报进口,后由A企业报出口

D. 先由B企业报出口,后由A企业报进口

9. 报税业务中,进料加工和来料加工的相同之处是(　　)。

A. 料件都需要进口,加工成品都需要出口

B. 料件进口时都全额报税

C. 成品出口时属国家许可证管理的商品都免领出口许可证

D. 加工期限都应在进口之日起一年内加工成品复出口

10. 保税仓库货物储存期限为(　　)。

A. 半年　　B. 一年　　C. 两年　　D. 三个月

**二、多项选择题**

1. 以下是关于保税集团的几种叙述,请指出其中叙述错误的选项(　　)。

A. 保税集团是指经海关批准,由一个具有进出口经营权的公司牵头,同行业若干个加工企业联合对进口料件进行多层次、多工序连续加工,直至最终产品出口的企业联合体

B. 保税集团的成员企业可以在不同一城市内,但必须是生产同一最终产品的加工企业

C. 保税集团开展进料加工业务所需料件进口时,应由各成员企业分别持《登记手册》向进境地海关申报进口

D. 保税集团进口的料件,如在某一成员企业加工工过程中发生非不可抗力原因的短少或灭失,则应由该成员企业承担向海关缴纳短少或灭失部分的料件税款的责任

2. 根据海关法对保税货物的定义,下列不属于保税货物的有(　　)。

A. 来料加工合同项下进口的料件和加工成品

B. 为保证来料加工合同的顺利进行,外商提供以工缴费偿还价款的专用设备

C. 来料加工合同项下进口包装物料

D. 临时进口货样

3. 加工贸易联网监管是海关对加工贸易保税货物实施监管的一项创新举措,实现加工贸易联网监管的加工贸易保税货物的海关手续具有(　　)。

A. 建立电子账册,取代加工贸易纸质登记手册

B. 根据实际需要办理进出口货物的备案手续,取代货物进出口报关单的填制和申报

C. 不实行银行保证金台账制度

D. 电子账册备案的料件全额保税

4. 天津某服装进出口公司与韩国某株式会社签订50000件男上衣加工合同,合同规定

外商无偿提供含涤35%、含毛65%的混纺面料及全部辅料，中方按外方要求组织生产，在最后一批原辅料运抵天津后6个月内交付成品，外商以信用证方式支付中方加工费用，此合同在向海关办理登记备案时企业需向海关递交的文件有(　　)。

A. 加工单位或专业外贸公司的营业执照和税务机关签发的税务登记证

B. 外经贸主管部门签发的来料加工批准书和对外签订的正式来料加工合同副本

C. 需申领进口许可证商品的进口许可证件

D. 海关认为必要的其他单证(如保证函等)

5. 加工贸易保证金台账管理制度对不同类别企业和不同类别的商品分别实行保证金台账的“空转”和“实转”，请指出下面正确的选项(　　)。

A. 实行A类管理的企业，实行保证金台账“空转”

B. 实行C类管理的企业，实行保证金台账“实转”

C. 加工限制类商品的B类企业，实行保证金台账“实转”

D. 加工允许类商品的B类企业，实行保证金台账“空转”

6. 在加工贸易活动中，下列情况中必须纳入保证金台账管理的是(　　)。

A. 海关按企业分类管理制度确定的B类企业

B. 出口企业为加工出口产品而由外商提供并随主料同时进口的辅助材料

C. 保税区内开展加工贸易进口料件

D. 金额为2万美元的加工贸易合同项下进口料件

7. 关于进料加工叙述正确的是(　　)。

A. 是一笔交易　　　　B. 我方自负盈亏

C. 属于加工贸易　　　　D. 我方挣的是工缴费

8. 实行不转的有(　　)。

A. A类企业　　B. 保税区　　C. 保税工厂　　D. 出口加工区

**三、判断题**

1. 所谓“异地加工贸易”是指加工贸易企业将保税料件加工的产品结转至另一直属海关关区的加工贸易企业深加工后复出口的经营活动。(　　)

2. 外商与我国某加工企业签订来料加工装配合同后，须在我国境内购买供加工成品用的部分原料。根据有关规定，凡属出口货物许可证管理的商品，均应申请出口许可证。

(　　)

3. 企业设立保税仓库应向仓库所在地主管海关提交书面申请，主管海关报直属海关审批，直属海关批准设立保税仓库后报海关总署备案。(　　)

4. 从非保税区运入保税区的供加工生产产品用的货物，属于应税出口商品的，应缴纳出口关税。(　　)

5. 对于保税货物办理银行台账A类企业，D类企业，保税工厂，保税仓库，保税区，出口加工区均不转，B类企业空转，C类企业实转。（　）

6. 进料加工货物的流向是双向的，来料加工货物的流向是单向的。（　）

7. 来料加工企业可自定生产，自主销售，自负盈亏。（　）

8. 保税仓库和保税区一样，都是货物流向不定。（　）

9. 保税货物可分为自用型，公用型，专用型3类。（　）

10. 未办结完海关手续的一般贸易货物不可以存放于保税仓库，只能存放于海关指定的其他处所。（　）

11. 保税区和出口加工区都实行封闭式管理，都要求用专用电子账册。（　）

12. 出口加工区的功能单一，只有加工贸易一种。（　）

13. 保税区内保税货物的流向比出口加工区内货物的流向要复杂得多。（　）

**项目训练(二)**

**一、单项选择题**

1. 保税加工货物内销，海关按规定免征缓税利息的是（　）。

A. 副产品　　B. 残次品

C. 边角料　　D. 不可抗力受灾保税货物

2. 下列（　）选项不属于海关非物理围网监管模式的监管。

A. 来料加工企业和进料加工企业　　B. 保税工厂

C. 保税集团　　D. 出口加工区

3. 银行根据海关签发的（　）选项文件，对加工贸易企业设立“银行保证金台账”。

A. 银行保证金台账通知书　　B. 设立银行保证金台账联系单

C. 银行保证金台账核销联系单　　D. 银行保证金台账变更联系单

4. 下列（　）选项商品在加工贸易企业向海关备案时应提交进口许可证。

A. 毛豆油　　B. 消耗臭氧层物质

C. 蒸馏酒　　D. 钢材

5. 加工贸易经营单位委托异地生产企业加工产品出口，应当向（　）选项海关办理合同备案手续。

A. 加工企业所在地主管海关　　B. 经营单位所在地主管海关

C. 海关总署　　D. 进口料件进境地海关

6. 某C类管理的企业，与外商签订进口1000美元的服装拉链（属于列明的78种辅料）加工贸易合同，用于加工产品出口，应（　）。

A. 设台账、实转、发手册　　B. 设台账、实转、免手册

C. 不设台账、发手册　　D. 不设台账、免手册

7. 加工贸易企业转内销货物，下列（　　）选项不正确。

A. 经商务主管部门批准，取得商务主管部门的“加工贸易保税进口料件内销批准征”，凭以向海关办理进口手续

B. 经批准内销的加工贸易保税货物属于许可证件管理的，应向海关提交进口许可证件

C. 经批准内销的加工贸易保税货物，应向海关缴纳进口税和免交缓税利息

D. 申请内销的剩余料件，如果金额占该加工贸易合同项下实际进口料件总额3%及以下且总值不超过人民币10 000元，免予审批，免交许可证件

8. 从境外进入出口加工区的货物，下列（　　）选项不正确。

A. 进口自用的生产设备、物资免税　　B. 进口加工贸易货物全额保税

C. 转口货物保税　　D. 进口自用交通工具、生活物资征税

9. A，B类管理的企业履行产品出口合同而由外商免费或有价提供的列明78种辅料，每批合同金额在不超过（　　）美元既可以不设银行保证金台账，又可以不申领加工贸易手册，仅凭出口合同向海关备案。

A. 10 000美元　　B. 5000美元

C. 8000美元　　D. 20 000美元

10. 根据海关规定，应由下列（　　）选项，向海关办理加工贸易合同备案手续。

A. 进口料件的卖方　　B. 出口成品的买方

C. 加工贸易经营单位　　D. 承接加工料件的加工企业

11. 下列（　　）情况适用保证金台账的“实转”。

A. A类企业加工限制类商品

B. B类企业加工允许类商品

C. C类企业加工允许类商品

D. B类企业的进料加工对口合同由外商提供的10 000美元以下的辅料

12. 天津某加工贸易经营企业（B类管理企业）进口12 590美元的涤纶长丝，委托河北廊坊某加工企业（A类管理企业）加工袜子后返销出口。该异地加工贸易的银行保证金台账应当（　　）。

A. 由经营企业到所在地银行设台账，半实转

B. 由加工企业到所在地银行设台账，空转

C. 由经营企业到加工企业所在地银行设台账，半实转

D. 由加工企业到经营企业所在地银行设台账，空转

13. 按照国家规定，保税货物在境内不得从事下列（　　）项业务。

A. 储存　　B. 加工　　C. 销售　　D. 装配

14. 保税加工进口料件一般在境内的流转过程主要包括以下（　　）环节。

A. 储存—直接加工—国内销售　　B. 料件进口—直接加工—成品出口

C. 料件进口—储存—国内销售　　D. 料件进口—直接加工—国内销售

15. 下列表述不正确的选项是(　　)。

A. 来料加工和进料加工进口料件除特殊商品外一般都免领进口许可证

B. 来料加工和进料加工出口成品都免领出口许可证

C. 保税仓库不得存放出口货物

D. 准予进入保税仓库的保税货物除易制毒化学品和能够制造化学武器的监控化学品外免领许可证件

16. 关于保税加工进口料件转内销,除金额较小等另有规定的以外,不正确的表述是(　　)。

A. 由商务主管部门审批,签发《加工贸易料件内销批准证》

B. 内销涉及许可证件的商品,应申领许可证件

C. 海关补税,并按最后一批料件进口之日起计征缓税利息

D. 批准内销无证罚款,擅自内销按走私行为或走私罪论处

17. 某中资企业进口电视机散件组装电视机出口,在海关办理加工贸易备案时尚未订立出口合同,海关准予备案,进口料件的保税额度是(　　)。

A. 85%　　B. 95%

C. 100%　　D. 企业合同或章程规定的外销比例

18. 加工贸易剩余料件结转至另一加工贸易合同出口时,必须符合规定的条件。下列不符合海关规定条件的选项是(　　)。

A. 同一经营单位　　B. 同一加工厂

C. 同样的进口料件　　D. 同样的产品

19. 从出口加工区运往境内区外的货物,应当办理的海关手续过程是(　　)。

A. 区外企业向出口加工区海关办理出口报关手续,区内企业填写进境备案清单向出口加工区海关办理进区报关手续

B. 区外企业向出口加工区海关办理进口报关手续,并提交相应的许可证件,区内企业填写出境备案清单向出口加工区海关办理出区报关手续

C. 区外企业向出口加工区海关办理出口报关手续,并提交相应的许可证件,区内企业填写进境备案清单向出口加工区海关办理进口报关手续

D. 区外企业向出口加工区海关办理进口报关手续,免交许可证件,区内企业填写出境备案清单向出口加工区海关办理出区报关手续

20. 某A类管理的企业与外商签订进口4000美元棉坯布生产出口服装辅料的加工贸易合同,该企业向海关办理加工贸易合同备案时,应按照下列(　　)选项办理。

A. 台账、实转、申领手册　　　B. 台账、空转、申领手册

C. 不设台账、不申领手册　　　D. 不设台账、申领手册

21. 对于履行加工贸易合同中产生的剩余料件、边角料、残次品、副产品等，在海关规定的下列处理方式中不需要填制报关单向海关申报的是(　　)。

A. 销毁　　B. 结转　　C. 退运　　D. 放弃

**二、多项选择题**

1. 海关对实行计算机联网管理的企业，实行定期或者周期性报核制度。下列选项表述正确的是(　　)。

A. 报核周期是180天(6个月)　　　B. 一年

C. 首次报核期限，从电子账册建立之日起180天(6个月)后的30天内

D. 首次报核以后，报核期限，从上次报核之日起180天(6个月)后的30天内

2. 加工贸易保税期限表述正确的是下列(　　)选项。

A. 实行纸质手册管理的料件保税期限，原则上不超过1年，经批准可以申请延长，延长最长期限原则上也是一年

B. 实行电子账册管理的料件保税期限，从企业电子账册记录第一批料件进口之日起到该电子账册撤销止

C. 实行电子手册管理的料件，原则上不超过1年，经批准可以申请延长，延长最长期限原则上也是一年

D. 出口加工区保税加工的保税期限，原则上是从加工贸易料件进区到加工贸易成品出区办结海关手续止

3. 下列是关于加工贸易企业设立银行保证金的表述，(　　)选项是正确的。

A. 适用B类管理的企业经营允许类的商品，银行保证金台账“空转”，经营限制类的商品按照料件应缴税款50%付银行保证金

B. 适用C类管理的企业，经营加工贸易允许类和限制类商品，实行保证金台账“实转”

C. 适用A.B类管理的企业，在出口合同中，由外商提供的78种列明辅料金额不超过10 000美元，不设银行保证金台账

D. 适用C类企业在出口合同中，由外商免费提供的78种列明辅料金额不超过5000美元，不设银行保证金台账

4. 加工贸易保税货物进出口许可证件管理，表述正确的选项是(　　)。

A. 消耗臭氧层物质进口时，应提交“进口许可证”

B. 易制毒化学品、监控化学品进口时，应提交“两用物项进口许可证”

C. 原油、成品油进口时，应提交“自动进口许可证”

D. 出口成品属于国家规定应交验出口许可的，应提交“出口许可证”

5. 加工贸易企业转内销货物，加工贸易企业应该(　　)。

A. 经商务主管部门批准，取得商务主管部门的"加工贸易保税进口料件内销批准证"，凭以向海关办理进口手续

B. 经批准内销的加工贸易保税货物属于许可证件管理的，应向海关提交进口许可证件

C. 经批准内销的加工贸易保税货物，应向海关缴纳进口税和免交缓税利息

D. 申请内销的剩余料件，如果金额占该加工贸易合同项下实际进口料件总额 3%及以下且总值不超过人民币 10 000 元，免予审批，免交许可证件

6. 加工贸易企业向海关申请报核的单证是(　　)。

A. 企业合同核销申请表　　B. 加工贸易手册

C. 进出口报关单　　D. 核销核算表

7. 从境外进入出口加工区的货物，应该(　　)。

A. 进口自用的生产设备、物资免税　　B. 进口加工贸易货物全额保税

C. 转口货物保税　　D. 自用交通工具、生活物资征税

8. 采用纸质手册管理的加工贸易企业向海关申请将剩余料件结转至另一个加工贸易合同生产出口时，如不收取保证金、银行保函或采取其他相应的税收保全措施，应符合下列(　　)条件。

A. 同一经营单位　　B. 同一加工厂

C. 同样进口料件　　D. 同一加工贸易方式

9. 下列(　　)选项属于加工贸易禁止类商品。

A. 国家列明的禁止进出口的商品　　B. 易制毒化学品

C. 监控化学品　　D. 烧制木炭的木材

10. 在保税加工贸易业务中，来料加工与进料加工的相同之处是(　　)。

A. 料件都需进口，加工成品都需出口　　B. 备案的进口料件都全额保税

C. 料件进口和成品出口都免领许可证

D. 加工期限一般都是自料件进口之日起 1 年内加工成品出口

11. 海关规定，下列(　　)选项不设银行保证金台账。

A. 保税区企业和出口加工区企业开展的加工贸易

B. 对 A 类企业加工允许类商品而进口的料件

C. 对 B 类企业为履行出口产品合同，由外商提供的不超过 10 000 美元的 78 种列明辅料及其他料件

D. 保税集团开展的加工贸易

12. 我国海关对加工贸易保税货物深加工结转实施严格的管理，其主要监管程序是(　　)。

A. 加工贸易保税货物深加工结转报关应当先报关后发货

B. 加工贸易保税货物深加工结转报关应当先发货后报关

C. 加工贸易保税货物深加工结转报关应由转出单位先报出口，然后由转入单位再报进口

D. 加工贸易保税货物深加工结转报关应先由转入单位报进口，然后由转出单位再报出口

13. 向海关办理加工贸易合同备案时，应向海关提交下列（　　）选项的单证。

A. 商务主管部门签发的"加工贸易批准证"、"加工贸易企业经营状况和生产能力证明"

B. 加工贸易合同或合同副本

C. 加工合同备案申请表及企业加工合同备案呈报表；为确定单耗和损耗所需的资料

D. 属于加工贸易国家管制的商品，须提交主管部门签发的许可证件

14. 境内区外货物进入出口加工区，应该办理的海关手续是（　　）。

A. 区外企业向出口加工区海关办理出口报关手续，区内企业填写备案清单向出口加工区海关办理进区报关手续

B. 区外企业向出口加工区海关办理出口报关手续时，属于出口许可证管理商品，免于向海关提交许可证

C. 区外企业向出口加工区海关办理出口报关手续时，属于出口许可证管理商品，应向海关提交许可证

D. 区外企业向出口加工区海关办理出口报关手续时，属于出口退税的商品，海关在办理出口报关手续时，立即签发出口货物报关单出口退税证明联

**三、判断题**

1. 加工贸易企业电子账册是以企业为单元进行管理的，不实行"银行保证金台账"制度；加工贸易电子手册是以合同为单元进行管理的，加工贸易电子手册与纸质加工贸易手册一样，实行"银行保证金台账"制度。（　　）

2. 保税加工进口料件在进口报关时，暂缓纳税，加工成品出口报关时再征税。（　　）

3. 实行电子账册管理的企业不设立"银行保证金台账"。（　　）

4. 联网企业进行无纸报关的，海关凭同时盖有申报单位和其代理企业的提货专用章的提货通知书办理"实货放行"手续；凭同时盖有经营单位、报关单位及报关员印章的纸质单证由报关单位办理"事后交单"事宜。（　　）

5. 凡是海关准予备案的加工贸易料件一律可以不办理纳税手续，保税进口。（　　）

6. 对为生产出口产品属于列明 78 种辅料金额不超过 5000 美元的合同，可以免领加工贸易手册，直接凭出口合同备案准予保税。（　　）

7. 海关对加工贸易企业的分类管理实施动态管理。企业的管理类别进行调整后，如银

行保证金台账从“空转”转为“实转”的，应对原备案合同未履行出口部分交付保证金。

（ ）

8. 海关对开展异地加工贸易经营企业和加工企业实施分类管理，如果两者的管理类别不相同，按照其中类别高的设立银行保证金台账。（ ）

9. 经营加工贸易的企业因加工出口产品急需，经海关批准在本企业内部进行“料件串换”，则串换下来的同等数量的保税进口料件，应由海关照章征税。（ ）

10. 加工贸易经批准转内销除边角料内销外，均应缴付缓税利息，计息期限以“加工贸易手册”记录最后一次进口料件之日为征税起征之日。（ ）

11. 加工贸易企业向海关申请报核的时限是：自加工贸易手册项下最后一批成品出口之日或者加工贸易手册到期之日起 30 日内向海关报核。（ ）

12. 加工贸易经营企业申请内销的剩余料件，如果金额占该加工贸易合同项下实际进口料件总额 5%以内（含 5%）且总值在人民币 1 万元以下（含 1 万元），商务主管部门免予审批，属于进口许可证件管理范围的，企业免交许可证件。（ ）

# 项目七 其他进出口货物的报关程序

## 学习目标

1. 掌握享受特定减免税的特定地区、特定企业和特定用途的货物进出口通关程序;

2. 了解暂准货物的范围,掌握暂准进出境货物的报关程序,可以进行规范操作,能进行进出口报关流程的设计;

3. 掌握 ATA 单证册的使用;

4. 掌握转关运输货物报关的操作流程;

5. 熟悉过境、转运、通运货物报关的操作流程。

重点:特定减免税货物的报关

难点:暂准进出口货物的报关

## 项目引入

1. 大连大洋××制衣有限责任公司是 1994 年成立的一家外商合资企业,也是东×报关行的老客户,一天,林某在整理当月为大连××公司所申报的单证时,发现这样一票业务。

2015 年 4 月 5 日,大洋公司进口 2 台生产设备。货物在进境时并未缴纳进口关税及进口环节海关代征税。林某就向公司的经理请教,经理告诉林某,这批货物属于特定减免税货物,特定减免税货物在报关时应该注意哪些问题?具体的报关程序如何?什么货物享受减免税的优惠待遇呢?

2. 2015 年 5 月 1 日到 10 月 31 日,举世瞩目的上海世博会,吸引了 200 多个国家和国际组织参展。在世博会期间,各国大量的展览品在我国展出,其中包括塞舌尔国宝亚达伯拉象龟、新西兰银厥、日本新概念车、俄罗斯月球车等特殊展品,丹麦小美人鱼铜像、西班牙仿古船、墨西哥玛雅柱等国宝级展品,在展会结束后还要复运出境。林某想了解对这些货物海关在管理上有哪些规定?它们可以在我国境内停留多长时间?海关在通关上给予什么便利?

3. 沈阳××制衣有限公司是一家中外合资经营企业,是大连东×报关行的老客户,最近林某接受了该公司的几个任务。

(1)2015 年 4 月 7 日,一批进口的面料从大连进境,转关到沈阳加工;

(2)2015 年 6 月 5 日,一批面料不合格退运出境;

(3)2015 年 7 月 10 日,一批面料到日本染色已获准放行,但因故未装上运输工具,公司决定不再出口这批面料,退运出海关监管区域。对这几批货物,该这样办理报关手续呢?

4. 大连东×报关行接到一笔委托报关业务,近期将有一批货物从我国境内通过陆路运输系统运往加拿大。这笔业务将由报关员林某具体负责。林某怎样才能把这笔业务做好?

知识链接

# 任务一　特定减免税货物的报关

## 一、特定减免税货物概述

(一)特定减免税货物的含义

特定减免税货物是指海关根据国家政策的规定准予减免税进口,在规定的时间里使用于特定地区、特定企业、特定用途的货物。

特定地区是指我国关境内由行政法规规定的某一特别限定区域,享受减免税优惠的进口货物只能在这一特别限定的区域内使用。

特定企业是指由国务院制定的行政法规专门规定的企业,享受减免税优惠的进口货物只能在这些专门规定的企业使用。

特定用途是指国家规定可以享受减免税优惠的进口货物只能用于行政法规专门规定的用途。

(二)特定减免税货物的特征

1. 特定条件下特定减免关税

为了优先发展特定地区的经济,鼓励外商在我国的境内投资,促进国有大小型企业和科学、教育、文化、卫生事业的发展,我国特制定减免关税的优惠政策,无偿向符合条件的进口货物的使用企业提供关税优惠待遇。它是我国关税优惠政策的重要组成部分,这种关税优惠具有鲜明的特定性,只能在国家行政法规规定的特定条件下使用。

2. 进口时必须提交有关许可证件

按照国家有关进出境管理的法律、法规,凡进口属于特定减免税货物的,进口时收货人或其代理人都应当向海关汇报,并提交进口许可证件。

(三)特定减免税货物的适用范围及监管期限

凡进口货物享受特定减免税的,必须符合特定的期限、特定的地区、特定的用途这三个条件。海关监管期限自货物进口之日起计算,以下是特定减免税货物的海关监管期限:

(1)船舶、飞机,8 年;

(2)机动车辆,6 年;

(3)其他货物,5 年。

(四)海关对特定减免税货物的管理

1. 办理有关业务手续

首先是进口货物减免税申请人或其代理人自行办理或委托在海关办理注册登记,并且取得报关注册登记证书的报关企业代理办理有关减免税备案、审批、税费担保和后续管理业务等相关手续。

进口货物减免税申请人，是指根据有关进口税收优惠政策和有关法律、法规的规定，可以享受进口税收优惠，并依法向海关申请办理减免税相关手续的具有独立法人资格的企事业单位、社会团体、国家机关；符合规定的非法人分支机构；经海关总署审查确认的其他组织。

2. 申请担保

减免税申请人面临下列情形时实行放行手续：

(1)主管海关按照规定已经受理减免税备案或者审批申请，尚未办理完毕的；

(2)有关进口税收优惠政策已经由国务院批准，具体实施措施尚未明确，海关总署已确认减免税申请人届时享受该政策范围的；

(3)其他经海关总署核准的情况。

国家对进出口货物有限制性规定，应当提供许可证件而不能提供的，以及法律、行政法规规定不得担保的其他情形，不得办理减免税货物凭税款担保放行手续。

减免税申请人在货物申报进口前向主管海关提出申请，主管海关准予担保的，出具“中华人民共和国海关准予办理减免税货物税款担保证明”。进口地海关凭主管海关出具的准予担保证明，办理货物的税款担保和验放手续。

税款担保期限不超过 6 个月，经直属海关关长或者其授权人批准可以予以延期，延期时间自税款担保期限届满之日起算，延长期限不超过 6 个月。特殊情况仍需要延期的，应当经海关总署批准。海关按规定延长减免税备案、审批手续办理期限的，减免税货物税款担保时限可以相应延长，主管海关应及时通知减免税申请人向海关申请办理减免税货物税款担保延期的手续。

3. 在海关监管年限内接受稽查

在海关监管年限内，减免税申请人应当自进口减免税货物放行之日起，在每年的第一季度向主管海关递交上一年度减免税货物使用状况报告书，报告减免税货物使用状况。在海关监管年限及其后 3 年内，海关依照《海关法》和《中华人民共和国海关稽查条例》的有关规定对减免税申请人进口和使用减免税货物情况实施稽查。

4. 关于减免税货物的转让

减免税货物转让给进口同一货物享受同等减免税优惠待遇的其他单位的，不予恢复减免税货物转出申请人的减免税额度。减免税货物转入申请人的减免税额度按照海关审定的货物结转时的价格、数量或者应缴税款予以扣减。减免税货物因品质或者规格原因原状退运出境，减免税申请人以无代价抵偿方式进口同一类型货物的，不予恢复其减免税额度；未以无代价抵偿方式进口同一类型货物的，减免税申请人在原减免税货物自运出境之日起 3 个月内向海关提出申请，经海关批准，可以恢复其减免税额度。对于其他提前解除监管的情形，不予恢复减免税额度。

## 二、特定减免税货物报关程序

### (一)减免税备案和审批

减免税申请人应向所在地海关提交申请办理减免税备案的审批手续。

减免税备案和审批阶段包括减免税备案和减免税证明申领两个环节。首先,减免税申请人到主管海关办理减免税备案的审批手续,海关对申请享受减免税优惠政策的减免税申请人进行资格确认,对项目是否符合减免税政策要求进行审核,确定项目的减免税额度等事项。海关审批后,对减免税货物予以备案。备案后、货物进口前,减免税申请人应当持以下单证向主管海关申领减免税证明:

(1)进出口货物征免税申请表;

(2)企业营业执照或者事业单位法人证书、国家机关设立文件、社团登记证书、民办非企事业单位登记证书、基金会登记证书等证明材料;

(3)进出口合同、发票及相关货物的装载情况资料;

(4)相关政策规定的享受进出口税收优惠政策资格的证明材料;

(5)海关认为需要提供的其他材料。

主管海关进行审核,确定其所申请货物的免税方式,依据其是否符合减免税政策要求决定签发"进出口货物征免税证明",有效期一般为6个月,持证人应当在海关签发征免税证明的有效期内进口特定减免税货物。如情况特殊,可以向海关申请延长,延长的最长期限为6个月。"进出口货物征免税证明"实行一份证明只能验放一批货物的原则,即一份征免税证明上的货物只能在一个进口口岸一次性进口。如果一批特定减免税货物需要分两个或两个以上口岸进口,或者分两次或两次以上进口的,应当事先分别申领征免税证明。

### (二)特定减免税货物的进口报关

特定减免税货物进口报关程序与一般进出口货物的报关程序中的有关内容在办理具体手续上有所不同。具体如下:

1. 提交"进口货物征免税证明"

进口货物收货人或其代理人在向海关申报特定减免税货物进口时,除了向海关提交报关单及随附单证以外,还应当向海关提交"进口货物征免税证明"。海关在审单时从计算机查阅征免税证明的电子数据,核对纸质的"进口货物征免税证明"。

2. 提交有关进口许可证件

办理特定减免税货物的进口,一律需提交有关进口许可证件。但是对外资企业及华侨等的投资企业进口本企业自用的机器设备,可免予交验进口许可证件。外商投资企业在投资总额内进口涉及机电产品自动进口许可可管理的,也可免予交验有关许可证件。

3. 在报关单"备案号"栏目上填写"进口货物征免税证明"编号

特定减免税货物进口,填制报关单时,报关员应当特别注意报关单上"备案号"栏目的填写。"备案号"栏内填写"进口货物征免税证明"上的12位编号,12位编号写错将不能通过海关计算机逻辑审核,或者在提交纸质报关单证时无法顺利通过海关审单。

(三)特定减免税货物的后续处置

1. 在海关监管年限内变更使用地点

在海关监管年限内,减免税货物应当在主管海关核准的地点使用。需要变更使用地点的,减免税申请人应当向主管海关提出申请,说明理由,经海关批准后方可变更使用地点。减免税货物需要移出主管海关管辖地使用的,减免税申请人应当事先持有关单证及需要异地使用的说明材料向主管海关申请办理异地监管手续。经主管海关审核同意并通知转入地海关后,减免税申请人可以将减免税货物转入地海关管辖地,转入地海关确认减免税货物情况后进行异地监管。

减免税货物在异地使用结束后,减免税申请人应当及时向转入地海关申请办结异地监管手续,经转入地海关审核同意并通知主管海关后,减免税申请人应当将减免税货物运回主管海关管辖地。

2. 在海关监管年限内结转进口

在海关监管年限内,减免税申请人将进口减免税货物转让给进口同一货物享受同等减免税优惠待遇的其他单位的,应当按照下列规定办理减免税货物结转手续。

(1)减免税货物的转出申请人持有关单证向转出地主管海关提出申请,转出地主管海关审核同意后,通知转入地主管海关减免税货物的转入申请人向转人地主管海关申请办理减免税审批手续。转入地主管海关审核无误后签发征免税证明。

(2)转出、转入减免税货物的申请人应当分别向各自的主管海关申请办理减免税货物的出口、进口报关手续。

(3)转出地主管海关办理转出减免税货物的解除监管手续,结转减免税货物的监管年限应当连续计算,转入地主管海关在剩余监管年限内对结转减免税货物继续实施后续监管。

3. 在海关监管年限内转让特定减免税货物

在海关监管年限内,减免税申请人将进口减免税货物转让给不享受进口税收优惠政策或者进口同一货物不享受同等减免税优惠待遇的其他单位的,应当事先向原减免税申请人的主管海关申请办理减免税货物补缴税款和解除监管手续。

4. 在海关监管年限内将特定减免税货物移作他用

在海关监管年限内,减免税申请人需要将减免税货物移作他用的,应当事先向主管海关提出申请。经海关批准,减免税申请人可以不按照海关批准的使用地区、用途,企业将减免税货物移作他用。

移作他用包括以下情形:①将减免税货物交给减免税申请人以外的其他单位使用;②未按照原定用途、地区使用减免税货物;③未按照特定地区、特定企业或者特定用途使用减免税货物的其他情形。

将减免税货物移作他用,减免税申请人应当按照移作他用的时间补缴相应税款;移作他用时间不能确定的,应当提交相应的税款担保,税款担保不得低于剩余监管年限应补缴税款的总额。

5. 关于特定减免税货物申请人的变更、终止

(1)变更

在海关监督年限内,减免税申请人发生分立、合并、股东变更、改制等变更情形的,权利义务承受人应当自营业执照颁发之日起 30 日内,向原减免税申请人的主管海关报告主体变更情况及原减免税申请人进口减免税货物的情况,经海关审核要补征税款的,承受人应当向原减免税申请人主管海关办理补税手续;可以继续享受减免税待遇的,承受人应当按照规定申请办理减免税备案变更或者减免税货物结转手续。

(2)终止

在海关监管年限内,若产权改制或者其他情形导致减免税申请人终止,没有承受人的,原减免税申请人或者其他依法应当承担关税及进出口环节海关代征税缴纳义务的主体应当自资产清算之日起 30 日向主管海关申请办理减免税货物的补缴税款和解除监管手续。

6. 关于特定减免税货物的退运、出口

在海关监管年限内,减免税申请人要求将进口减免税货物退运出境或者出口的,应当报主管海关核准。减免税货物退运出境或者出口后,减免税申请人应当持出口报关单向主管海关办理原进口减免税货物的解除监管手续。减免税货物退运出境或者出口的,海关不再对退运出境或者出口的减免税货物补征相关税款。

7. 关于特定减免税货物贷款抵押

在海关监管年限内,减免税申请人要求以减免税货物向金融机构办理贷款抵押的,应当向主管海关提出书面申请。经审核符合有关规定的,主管海关可以批准其办理贷款抵押手续。减免税申请人不得以减免税货物向金融机构以外的公民、法人或者其他组织办理贷款抵押。免税申请人以减免税货物向境内金融机构办理贷款抵押的,应当向海关提供下列形式的担保:

(1)与货物应缴税款等值的保证金;

(2)境内金融机构提供的相当于货物应缴税款的保函;

(3)减免税申请人、境内金融机构共同向海关提交"进口减免税货物贷款抵押承诺保证书",书面承诺当减免税申请人抵押贷款无法清偿需要以抵押物抵偿时．抵押人或者抵押权人先补缴海关税款,或者从抵押物的折(变)价款中优先偿付海关税款。

减免税申请人以减免税货物向境外金融机构办理贷款抵押的,应当向海关提交与货物应缴税款等值的保证金或者境内金融机构提供的相当于货物应缴税款的保函。

（四）关于解除特定减免税货物的监管

1. 届满解除监管

减免税申请人在特定减免税进口货物监管期限届满时，减免税申请人需要“减免税进口货物解除监管证明”的，可以自监管年限届满之日起1年内，持有关单证向海关申请领取“减免税进口货物解除监管证明”。海关应当自接到特定减免税申请人的申请之日起20日内核实情况，并填发“减免税进口货物解除监管证明”。

如果不需要向海关申领“减免税进口货物解除监管证明”的，海关自特定减免税进口货物监管期届满时，对有关减免税货物自动解除监管，减免税申请人可以自行处置货物。

2. 期内申请解除监管

特定减免税货物在海关监管期限以内，因特殊原因出售、转让、放弃，或者企业破产清算的，原“进出口货物征免税证明”的申请人在办理有关进口货物的结关手续后，应当向原签发征免税证明的海关提出解除监管申请，主管海关经审核批准后，签发“减免税进口物解除监管证明”。

## 任务二 暂准进出口货物的报关

### 一、暂准进出境货物的概念

（一）含义

暂准进出境货物是暂准进境货物和暂准出境货物的合称。暂准进境货物是指为了特定的目的经海关批准暂时进境并在规定的期限内原状复运出境的货物；暂准出境货物是指为了特定的目的经海关批准暂时出境并在规定的期限内原状复运进境的货物。

（二）暂准进出境货物的海关监管特征

(1)有条件暂时免予缴纳税费；

(2)除另有规定外，免予提交进出口许可证件；

(3)规定期限内按原状复运进出境；

(4)按货物实际使用情况办结海关手续。

### 二、使用ATA单证册的暂准进出境货物的报关程序

暂准进出境货物的报关程序大致包括三个阶段：前期报关阶段（进境前的担保手续）——进出境报关阶段——后期核销阶段（担保销案）。

（一）ATA单证册概述

(1)ATA单证册的含义

ATA单证册（即ATACARNET），即暂准进口单证册，是指根据世界海关组织有关协议规定，适用于暂准进口货物的，用以替代进出口货物报关单及相关担保的国际性通关单证，又称货物通关护照。

(2)ATA 单证册的适用范围

ATA 单证册在我国目前仅限于展览会、交易会、会议及类似活动项下的货物。除此以外的货物,我国海关不接受持 ATA 单证册办理进出口申报手续。

(3)ATA 单证册的格式和印刷文字

一份 ATA 单证册由若干页 ATA 单证组成,单证的具体数目依其经过的国家数目而定。一般由以下 8 页组成:一页绿色封面单证、一页黄色出口单证、一页白色进口单证、一页白色复出口单证、两页蓝色过境单证、一页黄色复进口单证、一页绿色封底。ATA 单证册必须用英语或法语,如果需要的话,也可以同时用第三种语言印刷。我国的 ATA 单证册是用英文和中文印刷的。

(二)ATA 单证册的使用

ATA 单证册的担保协会和出证协会一般是由国际商会国际局和各国海关批准的各国国际商会。中国国际商会是我国 ATA 单证册的担保协会和出证协会。

使用 ATA 单证册,首先要向出证协会提出申请,缴纳一定的手续费,并按出证协会的规定提供担保,出证协会审核后签发 ATA 单证册。持证人凭 ATA 单证册将货物在出境国(地区)暂时出境,又暂时进境到进境国(地区),进境国(地区)海关查验后签章放行。货物完成暂时进境的特定使用目的后,复运出境,又复运进境到原出境国(地区)。持证人将使用过的、经各海关签注的 ATA 单证册交还给原出证协会。ATA 单证册的整个使用过程到此结束。

**三、暂时进出口货物的报关**

除了使用 ATA 单证册报关的暂准进出口货物外,其他暂准进出口货物,诸如不使用 ATA 单证册报关的展览品、集装箱、暂时进出口货物等在报关程序上也有所不同,但大致可分为两个阶段:进出境阶段和后续阶段。这里我们以暂时进出口货物的报关程序来说明我国目前该类货物的报关程序。

暂时进出口货物应当自进境或出境之日起 6 个月内复运出境或进境,如申请延期,延长期最长不超过 6 个月。

(一)进出境申报

1. 暂时进口货物进境申报

暂时进口货物进境时,收货人或其代理人应当向海关提交主管部门允许货物为特定目的而暂时进境的批准文件、进口货物报关单、商业及货运单据等,向主管海关办理暂时进境申报手续。

暂时进口货物不必提交进口货物许可证件,但对国家规定需要实施检验检疫的,或者为公共安全、卫生等实施管制措施的,仍应提交有关的许可证件。

暂时进口货物在进境时,进口货物的收货人或代理人免于缴纳进口税,但必须向海关提供担保。

2. 暂时出口货物出境申报

暂时出口货物出境时，发货人或其代理人应当向海关提交主管部门允许货物为特定目的而暂时出境的批准文件、出口货物报关单、商业及货运单据等，向主管海关办理暂时出境申报手续。

暂时出口货物不必提交出口货物许可证件，但易制毒化学品、监控化学品、消耗臭氧层物质、有关核出口、“核两用品”及相关技术的出口管制条例管制的商品及其他国际公约管制的商品，仍应提交有关的许可证件。

(二)核销结关

1. 复运进出境。暂时进出口货物的复运出境、进境，进出口货物的收发货人或其代理人必须留存由海关签章的复运进出境的报关单，准备报核。

2. 转为正式进口。暂时进口货物因特殊原因，改变特定的暂时进口目的转为正式进口，进口货物的收货人或其代理人要向海关提出申请，提交许可证件，办理货物正式进口的报关纳税手续。

3. 放弃。暂时进口货物在境内完成暂时进口的特定目的后，如货物所有人不准备将货物复运出境的，可以向海关声明将货物放弃，海关按放弃货物的有关规定处理。

4. 核销结关。暂时进出口货物复运出境，或者转为正式进口和放弃后，货物的收发货人应当持经海关签注的进口货物报关单、出口货物报关单或有关处理放弃货物的收据以及其他相关单证，向海关申报核销和结关。海关审核后，将退还保证金或办理其他担保的销案手续，予以结关。

## 任务三　转关运输货物的报关

### 一、转关运输概述

转关运输是指进出口货物在海关监管下，从一个海关运至另一个海关办理某项海关手续的行为，包括货物由进境地入境，向海关申请转关、运往另一设关地点进口报关；货物在启运地出口报关后运往出境地，由出境地海关监管出境；海关监管货物从境内一个设关地点运往境内另一个设关地点报关。

(一)申请转关运输的条件

1. 申请转关运输应符合的条件

(1)转关的指运地和启运地必须设有海关；

(2)转关的指运地和启运地应当设有经海关批准的监管场所；

(3)转关承运人应当在海关注册登记，承运车辆符合海关监管要求，并承诺按海关对转关路线范围和途中运输时间所做的限定将货物运往指定的场所。

2. 不得申请转关运输的货物

(1)动物废料、冶炼渣、木制品废料、纺织品废物、贱金属及其制成品的废料、各种废旧五金、电机电器产品等、废运输设备、特殊需进口的废物、废塑料和碎料及下脚料。

(2)易制毒化学品、监控化学品、消耗臭氧层物质、氯化钠。

(3)汽车类,包括成套散件和二类底盘。

(二)转关运输的方式

转关运输有提前报关转关、直转转关和中转转关 3 种方式。

1. 提前报关转关方式是指进口货物在指运地先申报,再到进境地办理进口转关手续;出口货物在货物未运抵启运地监管场所前先申报,货物运抵监管场所后再办理出口转关手续的方式。

2. 直接转关包括进口直转转关和出口直转转关。进口直转转关是指收货人及其代理人在进境地海关办理转关手续,货物运抵指运地再在指运地海关办理报关手续的进口转关。出口直转转关是指发货人及其代理人在货物运抵启运地海关监管场所后报关,在启运地海关办理出口转关手续的出口转关。

3. 中转方式是指在收发货人或其代理人向指运地或启运地海关办理进出口报关手续后,由境内承运人或其代理人统一向进境地或启运地海关办理进口或出口转关手续。具有全程提运单,须换装境内运输工具的进出口中转货物适用中转方式转关运输。

(三)报关要点

1. 转关运输的期限

(1)直转方式转关的期限

直转方式转关的进口货物应当自运输工具申报进境之日起 14 日内向进境地海关办理转关手续,在海关限定期限内运抵指运地之日起 14 日内,向指运地海关办理报关手续。逾期按规定征收滞报金。

(2)提前报关方式转关和中转方式转关的期限

①进口转关货物应在电子数据申报之日起 5 日内,向进境地海关办理转关手续,超过期限仍未到进境地海关办理转关手续的,指运地海关撤销提前报关的电子数据。

②出口转关货物应于电子数据申报之日起 5 日内,运抵启运地海关监管场所,办理转关和验放等手续,超过期限的,启运地海关撤销提前报关的电子数据。

2. 转关运输申报单证的法律效力

转关货物申报的电子数据与书面单证具有同等的法律效力,对确实因为填报或传输错误的数据,有正当的理由并经海关同意后,可做适当修改或者撤销。对海关已决定查验的转关货物,则不再允许修改或撤销申报内容。

## 二、转关运输的报关程序

### (一)进口货物的转关

1. 提前报关转关

进口货物的收货人或其代理人在进境地海关办理进口货物转关手续前,向指运地海关录入进口货物报关单电子数据。指运地海关提前受理电子申报,同时由计算机自动生成进口转关货物申报单,并传输至进境地海关。

提前报关的转关货物收货人或其代理人应向进境地海关提供进口转关货物申报单编号,并提交下列单证办理转关运输手续:

(1)进口转关货物申报单(广东省内公路运输的,提交进境汽车载货清单)。

(2)汽车载货登记簿或船舶监管簿。

(3)提货单。

提前报关的进口转关货物,进境地海关因故无法调阅进口转关数据时,可以按直转方式办理转关手续。

2. 直转转关

货物的收货人或其代理人在进境地录入转关申报数据,持下列单证直接办理转关手续:

(1)进口转关货物申报单(广东省内公路运输的,提交进境汽车载货清单)。

(2)汽车载货登记簿或船舶监管簿。

3. 中转转关

中转方式的进口转关也是提前报关的转关。

具有全程提运单、需换装境内运输工具的中转转关货物的收货人或其代理人向指运地海关办理进口报关手续后,由境内承运人或其代理人持“进口转关货物申报单”、“进口货物中转通知书”按指运地目的港分列的纸质舱单(空运方式提交联程运单)等单证向进境地海关办理货物转关手续。

### (二)出口货物的转关

1. 提前报关转关

由货物的发货人或其代理人在货物未运抵启运地海关监管场所前,先向启运地海关录入出口货物报关单电子数据,由启运地海关提前受理电子申报,生成出口转关货物申报单数据,传输至出境地海关。

货物应于电子数据申报之日起5日内,运抵启运地海关监管场所,并持下列单证向启运地海关办理出口转关手续:

(1)出口货物报关单。

(2)“汽车载货登记簿”或“船舶监管簿”。

(3)广东省内公路运输的“出境汽车载货清单”。

超过期限的，将被启运地海关撤销提前报关的电子数据。货物到达出境地后，发货人或其代理人应持下列单证向出境地海关办理转关货物出境手续：

(1)启运地海关签发的出口货物报关单。

(2)“出口转关货物申报单”或“出境汽车载货清单”。

(3)“汽车载货登记簿”或“船舶监管簿”。

2. 直转转关

由发货人或其代理人在货物运抵启运地海关监管场所后，向启运地海关录入出口货物报关单电子数据，启运地海关受理电子申报，生成出口转关货物申报单数据，传输至出境地海关。

发货人或其代理人应持下列单证在启运地海关办理出口转关手续：

(1)出口货物报关单。

(2)“汽车载货登记簿”或“船舶监管簿”。

(3)广东省内运输的“出境汽车载货清单”。

直转的出口转关货物到达出境地后，发货人或其代理人应持下列单证向出境地海关办理转关货物的出境手续：

(1)启运地海关签发的“出口货物报关单”。

(2)“出口转关货物申报单”或“出境汽车载货清单”。

(3)“汽车载货登记簿”或“船舶监管簿”。

3. 中转转关

具有全程提运单、需换装境内运输工具的出口中转转关货物，货物的发货人或其代理人向启运地海关办理出口报关手续后，由承运人或其代理人向启运地海关录入并提交出口转关货物申报单、凭出境运输工具分列的电子或纸质舱单、汽车载货登记簿或船舶监管簿等单证向启运地海关办理货物出口转关手续。

经启运地海关核准后，签发出口货物中转通知书，承运人或其代理人凭以办理中转货物的出境手续。

(三)海关监管货物的转关

海关监管货物的转关运输，除加工贸易深加工结转按有关规定办理外，均应按进口转关方式办理。

1. 提前报关转关

提前报关的，由转入地(相当于指运地)货物收货人及其代理人，在转出地(相当于进境地)海关办理监管货物转关手续前，向转入地海关录入进口货物报关单电子数据报关；由转入地海关提前受理电子申报，并生成进口转关货物申报单，传输至转出地海关。转入地货物收货人或其代理人应持“进口转关货物核放单”和“汽车载货登记簿”或“船舶监管簿”，并提供进口转关货物申报单编号,向转出地海关办理转关手续。

2. 直接转关

直转转关,由转入地货物收货人或其代理人在转出地录入转关申报数据,持"进口转关货物申报单"和"汽车载货登记簿"或"船舶监管簿",直接向转出地海关办理转关手续。

货物运抵转入地后,海关监管货物的转入地收货人或其代理人向转入地海关办理货物的报关手续。

## 任务四　特殊通关货物的报关

### 一、过境、转运、通运货物

(一)过境货物

1. 过境货物简介

过境货物是指从境外起运,在我国境内不论是否换装运输工具,通过陆路运输继续运往境外的货物。海关对过境货物监管的目的是为了防止过境货物在我国境内运输过程中滞留在国内,或将我国货物混入过境货物随运出境;防止禁止过境货物从我国过境。

我国《海关法》明确规定:凡与我国签有过境货物协定的国家的过境货物,在同我国签有铁路联运协定的国家收、发货的过境货物;未与我国签有过境货物协定但经国家商务、运输主管部门批准,并向入境地海关备案后准予过境的货物。

对于来自或运往我国停止或禁止贸易的国家和地区的货物,各种武器、弹药、爆炸品及军需品(通过军事途径运输的除外),各种烈性毒药、麻醉品和鸦片、吗啡、海洛因、可卡因等毒品,我国法律、法规禁止过境的其他货物、物品,禁止过境。

过境货物的经营人,应当遵守下列规定:

(1)过境货物经营人应当持主管部门的批准文件和工商行政管理部门颁发的营业执照,向海关主管部门申请办理注册登记手续;

(2)装载过境货物的运输工具,应当具有海关认可的加封条件或装置,海关认为必要时,可以对过境货物及其装载装置进行加封;

(3)运输部门和过境货物经营人应当负责保护海关封志的完整,任何人不得擅自开启或损毁;

(4)民用爆炸品、医用麻醉品等的过境运输,应经海关总署商议有关部门批准后,方可过境;

(5)有伪报货名和国别,借以运输我国禁止过境货物的,以及其他违反我国法律、行政法规情形的,海关可依法将货物扣留处理;

(6)海关可以对过境货物实施查验,海关在查验过境货物时,经营人或承运人应当到场,负责搬移货物,开拆、封装货物;

(7)过境货物在境内发生损毁或者灭失的(除不可抗力原因造成的外),经营人应当负责向出境地海关补办进口纳税手续。

2. 过境货物的报关程序

(1)过境货物进境报关

过境货物进境时,过境货物经营人或报关企业应当向海关递交“过境货物报关单”和运单、转载清单、载货清单,以及发票、装箱清单等,办理过境手续。过境货物经进境地海关审核无误后,进境地海关在提运单上加盖“海关监管货物”戳记,并将过境货物报关单和过境货物清单制作“关封”后加盖“海关监管货物”专用章,连同上述提运单一并交经营人或报关企业。

(2)过境货物出境报关

过境货物出境时,过境货物经营人或报关企业应当及时向出境地海关申报,并递交进境地海关签发的“关封”和其他单证。出境地海关审核有关单证、关封和货物,确认无误后,加盖放行章,监管货物出境。

3. 过境期限的规定

过境货物的过境期限为6个月,因特殊原因,可以向海关申请延期,经海关同意后,最长可延期3个月。过境货物超过规定期限3个月仍未过境的,海关按规定依法提取变卖,变卖后的货款按有关规定处理。

4. 在境内暂存和运输

关于过境货物在境内暂存和运输有以下规定:

(1)过境货物进境后因换装运输工具等原因需卸地储存时,应当经海关批准并在海关监管下存入海关指定或同意的仓库或场所;

(2)过境货物在进境以后、出境以前,应当按照运输主管部门规定的路线运输,运输部门没有规定的,由海关指定;

(3)海关可根据情况派员押运过境货物。

(二)转运货物

1. 转运货物的含义

转运货物也叫转口货物,是指由境外启运,通过我国境内设立海关的地点换装运输工具,而不通过境内陆路运输,继续运往境外的货物。

2. 转运货物的条件

进境运输工具载运的货物必须具备下列条件之一的,才可办理转运手续:

(1)持有转运或联运提货单的;

(2)进口载货清单上注明是转运货物的;

(3)持有普通提货单,但在起卸前向海关声明转运的;

(4)误卸的进口货物,经运输工具经理人提供确实证件的;

(5)因特殊原因申请转运,经海关批准的。

3. 转运货物的报关程序

(1)载有转运货物的运输工具进境后,承运人应当在进口载货清单上列明转运货物的名称、数量、起运地和到达地,并向主管海关申报进境;

(2)申报经海关同意后,在海关指定的地点换装运输工具;

(3)在规定时间内运送出境。

4. 海关对转运货物的监管要点

(1)海关对转运货物实施监管的主要目的在于防止货物在口岸换装过程中混卸进口或混装出口;

(2)外国转运货物在中国口岸存放期间,不得开拆、换包装或进行加工;

(3)转运货物必须在3个月内办理海关有关手续并转运出境,超过规定期限3个月仍未转运出境或办理其他海关手续的,海关将提取依法变卖处理;

(4)海关对转运的外国货物有权进行查验。

(三)通运货物

通运货物是指由境外启运,由船舶、航空器载运进境并由原运输工具载运出境的货物。

通运货物需办理以下报关手续:

(1)运输工具进境时,运输工具的负责人应凭注明通运货物名称和数量的船舶进口报告书或国际民航机使用的进口载货舱单向进境地海关申报;

(2)进境地海关在接受申报后,在运输工具抵、离境时对申报的货物予以核查,并监管货物实际离境。

运输工具因装卸货物需搬运或倒装货物时,应向海关申请并在海关的监管下进行。

(四)进境展品、过境货物、转运货物、通运货物的区别与联系

它们具有以下相同点(如表7−1所示):

(1)都是原物复出口;

(2)除通运货物外,都需要仓储,只能存放于保税区或保税仓库;

(3)通关程序都与保税货物类似,但都不收手续费,与保税货物比起来手续上有3处简化了:

①与保税货物报关的第一步——审批相一致,过境、转运和通运货物也是去外贸主管部门审批;

②在它们的通关程序中,将保税货物的第二步——海关和银行备案与后面的进口报关中的申报步骤合一,保证金(或展品使用的ATA账册)直接交到海关;

③将保税货物的出口报关与核销合一。

表 7—1 进境展品、过境货物、转运货物、通运货物的区别与联系

| 货物类别 | 图示 | 是否仓储 | 是否换装 | 是否内陆运输 | 时限 | 可否用ATA单证册 |
|---|---|---|---|---|---|---|
| 进境展品 | 进口<br>甲国 → 我国某地展示储存<br>出口 | 是 | 是 | 不一定 | 6个月 | 是 |
| 过境货物 | 进口　转关运输　出口<br>甲国 → 我国进境地 → 出境地 → 乙国<br>换或不换装 | 不一定 | 不一定 | 是 | 6个月 | 否 |
| 转运货物 | 进口　出口<br>甲国 → 我国某口岸 → 乙国<br>仓储、换装 | 是 | 是 | 否 | 3个月 | 否 |
| 通运货物 | 进口　出口<br>甲国 → 我国某口岸稍停 → 乙国<br>不仓储、换装 | 否 | 否 | 否 | 运输工具停留时间 | 否 |

## 二、进出境快件

### (一)进出境快件简介

进出境快件是指进出境快件运营人,以向客户承诺的快速商业运作方式承揽、承运的进出境的货物、物品。

进出境快件运营人(以下简称运营人)是指在中华人民共和国境内依法注册、在海关登记备案的从事进出境快件运营业务的国际货物运输代理企业。

进出境快件分为文件类、个人物品类和货物类三类。

(1)文件类进出境快件,是指法律、行政法规规定予以免税且无商业价值的文件、单证、单据及资料。

(2)个人物品类进出境快件,是指海关法规规定自用、合理数量范围内的进出境的旅客分离运输行李物品、亲友间相互馈赠物品和其他个人物品。

(3)货物类进出境快件,是指文件类、个人物品类进出境快件以外的进出境快件。

### (二)进出境快件的申报

1. 申报方式

运营人应当按照海关的要求采用纸质文件方式或电子数据交换方式向海关办理进出境快件的报关手续。

2. 申报期限

进境快件应当自运输工具申报进境之日起 14 日内向海关申报,出境快件在运输工具离境 3 小时之前向海关申报。

3. 申报单证

不同的进出境快件申报时需要提供不同的单证。

## 三、无代价抵偿货物

### (一)无代价抵偿货物的概念

无代价抵偿进口货物，是指进口货物在征税或免税放行之后，发现货物残损、短少或品质不良，而由境外承运人、发货人或保险公司免费补偿或更换的同类货物。

### (二)无代价抵偿货物的特征

1. 是执行合同的过程中发生的损害赔偿

即买卖双方在执行交易合同中，进口方根据货物损害的事实状态向供应商请求偿付，而由供货商根据合同有关规定及国际惯例进行的赔偿。对于违反进口管理规定而索赔进口的，不能按无代价抵偿进口货物办理。

2. 海关对原申报进口的货物已经放行

被抵偿进口的原有货物已办理了进口手续，并已按规定交纳了关税或者享受减免税的优惠，经海关放行之后，发现损害而索赔进口的。

3. 仅抵偿直接损失部分

根据国际惯例，除合同另有规定者外，抵偿一般只限于在成交商品所发生的直接损失方面(即残损、短少、品质不良等)以及合同规定的有关方面(如对迟交货物罚款等)。对于所发生的间接损失(如因设备问题所发生的延误投产所造成的损失)，一般不包括在抵偿的范围内。

4. 抵偿形式

常见的抵偿进口形式有：

(1)补缺，即补足短少部分；

(2)更换错发货物，即退运错发货物，换进应发货物；

(3)更换品质不良货物，即退运品质不良货物，换进口质量合格的货物；

(4)贬值，即因品质不良而削价补偿；

(5)补偿备价，即对残损的补偿，由我方自行修理；

(6)修理，即因残损，原货退运境外修理后再进口。

5. 认定无代价抵偿进口货物的资料依据

无代价抵偿货物的确认必须具备一个前提条件，就是涉及货物性质的有关鉴别材料、凭据必须齐全。主要有以下几种：

(1)原进口货物报关单，即被抵偿货物进口时向海关填报的进口货物报关单，它是鉴别是否为抵偿进口货物的主要依据，是反映被抵偿货物进口情况的原始资料。

(2)商检证明或买卖双方会签的记录，商检证明书是由商检机构验收、用货单位检验申请，在复验后出具的证明材料；双方会签记录是货物放行进口后，经境外来人与我方共同开箱检验或在指导安装，负责调试时发现问题，而由双方现场代表会签的记录。这两种凭证是鉴别抵偿进口商品原因的必备条件。

(3)买卖双方签订的抵偿协议，抵偿协议是买方向卖方提出偿还请求，卖方接受以相当价值货物赔偿或补偿的书面协议。

以上 3 种资料凭证，它们之间是互相联系相互依存的，海关在认定无代价抵偿进口货物的性质时原则上必须同时收取 3 种资料进行审查。

(三)无代价抵偿进口货物的征、免税界限

1. 征免税规定

(1)如原进口货物短少，其短少部分已经征税或者原进口货物因质量原因已退运境外或已放弃交由海关处理，原征税款又未退还的，所进口的无代价抵偿货物可以免税。

(2)如原进口货物不退运境外，又未放弃交由海关处理，则应分别按以下办法处理：

①对于机器、仪器或其零部件，如因残损或品质不良，需进口同类货物来更换，所进口的无代价抵偿货物可以免税；

②对于因残损或品质不良，境外同意削价并补偿部分机器、仪器及其他货物，只要所补偿进口的货物与原货品名、规格相同，价格也不超过削价金额的，所进口的无代价抵偿货物也可以免税；

③对于车辆、家用电器、办公室用机器和其他耐用消费品及其零部件的无代价抵偿货物，也可以免税，但其留在国内的原货应视其残损程度估价纳税。

(四)无代价抵偿货物的通关规则

无代价抵偿货物进口时，收货人应在进口货物报关单上的贸易性质栏内填明为“无代价抵偿货物”，并附上原进口货物报关单、税款缴纳证和商检证书或与境外发货人签订的索赔协议书。对原货已退运境外的，还应附有经海关签章的出口货物报关单。如无代价抵偿货物进口时不向海关报明，或虽报明但所附单证不齐，不足以证明为无代价抵偿货物的，按一般进口货物办理海关手续。无代价抵偿进口货物属于国家限制进口商品的，如与原进口的货物在品名、数量、价值及贸易性质等方面完全一致，可以在原进口货物退运出口的条件下免予另办许可证。但如原货不退运出口的，则应补办许可证。

**四、溢卸、误卸货物，放弃货物，超期未报货物**

(一)溢卸、误卸货物

1. 溢卸、误卸货物的含义

进口溢卸货物，是指未列入进口载货清单、运单的货物，或者多于进口载货清单、提单或运单所列数量的货物。

进口误卸货物，是指将运往境外港口、车站或境内其他港口、车站而在本港(站)卸下的货物。

2. 误卸、溢卸货物的处理

进口误卸、溢卸货物，经海关审定确实的，由载运该货物的原运输工具负责人，自该运输工具卸货之日起3个月内，向海关申请办理退运出境手续；或者由该货物的收发货人，自该运输工具卸货之日起3个月内，向海关申请办理退运或者申报进口手续。

经载运该货物的原运输工具负责人，或者该货物的收发货人申请，海关批准，可以延期3个月办理退运出境或者申报进口手续。超出上述规定的期限，未向海关办理退运或者申报进口手续的，由海关提取依法变卖处理。

(二)放弃货物的处理规则

1. 放弃进口货物的含义

放弃进口货物是指进口货物的收货人或其所有人声明放弃，由海关提取依法变卖处理。

2. 放弃货物的范围

放弃货物的范围包括：

(1)没有办结海关手续的一般进口货物；

(2)保税货物；

(3)在监管期限内的特定减免税货物；

(4)暂准进境货物；

(5)其他没有办结海关手续的进境货物；

(6)国家禁止或限制进口的废物、对环境造成污染的货物不得声明放弃。

3. 放弃货物的处理

放弃的进口货物由海关提取依法变卖处理的放弃进口货物的所得价款，在优先拨付变卖处理实际支出的费用后，再扣除运输、装卸、储存等费用。所得价款不足以支付上述运输、装卸、储存等费用的，按比例支付。尚有余款的，上缴国库。

(三)超期未报关货物的处理规则

1. 超期未报关货物的含义

超期未报关货物是指收货人自运输工具申报进境之日起，超过3个月未向海关申报的进口货物。

2. 超期未报的处理

超过14日内未向海关申报的，由海关按规定征收滞报金；超过3个月未向海关申报的按下列规定处理：

(1)进口货物由海关提取变卖处理；

(2)所得价款在优先拨付变卖处理实际支出的费用后，按下列顺序扣除相关费用和税款：

①运输、装卸、储存等费用；

②进口关税；

③进口环节海关代征税；

④滞报金。

进口超期未报货物如属于危险品或者鲜活、易腐、易烂、易失效、易变质、易贬值等不宜长期保存的货物，由海关根据实际情况，提前变卖处理。

按照规定扣除费用和税款后，尚有余款的，自货物依法变卖之日起1年内，经进口货物收货人申请，予以发还。其中属于国家限制进口的，应当提交许可证件，而不能提供的，不予发还。不符合进口货物收货人资格、不能证明对进口货物享有权利的，申请不予受理。逾期无进口货物收货人申请、申请不予受理或者不予发还的，余款上缴国库。

申请人申请发还余款的，应当提供证明其为该进口货物收货人的相关资料。经海关审核同意后，申请人应当按照海关对进口货物的申报规定，补办进口申报手续，并提交有关进口许可证件和其他有关单证。不能提交有效进口许可证件的，由海关按照《中华人民共和国海关法行政处罚实施细则》按"无证进口"的规定处理。

3. 其他未报货物的处理

保税货物、暂时进口货物超过规定的期限3个月，未向海关办理复运出境或者其他海关手续的，以及过境、转运、通运货物超过规定的期限3个月，未运输出境的，比照超期未报货物处理。上述超期未报关进口货物、误卸或者溢卸的进境货物和放弃进口货物属于《出入境检验检疫机构实施检验检疫的进出境商品目录》范围的，由海关在变卖前提请出入境检验检疫机构进行检验、检疫，检验、检疫的费用与其他变卖处理实际支出的费用从变卖款中支付。

**五、退运货物和退关货物**

（一）退运进出口货物的定义

退运进出口货物是指货物因质量不良或交货时间延误等原因，被国外买方拒收造成退运，或因错发、错运、溢装、漏卸造成退运的货物。

（二）退运进出口货物的通关手续

1. 退运进口通关手续

原出口货物退运进境时，原发货人或其代理人应填写进口货物报关单向进境地海关申报，并提供原货物出口时的出口报关单，以及保险公司证明、承运人溢装、漏卸的证明等有关资料。原出口货物海关已出具出口退税报关单的，应交回原出口退税报关单或提供主管出口退税的税务机关出具的《出口商品退运已补税证明》，海关核实无误后，验放有关货物进境。因品质或者规格原因，出口货物自出口之日起1年内原状退货复运进境的，经海关核实后不予征收进口税，原出口时已征收的出口税，只要重新缴纳因出口而退还的国内环节税的，自缴纳出口税款之日起1年内准予退还。

2. 退运出口通关手续

因故退运出口的境外进口货物,原收货人或其代理人应填写出口货物报关单申报出境,并提供原货物进口时的进口报关单,以及保险公司、承运人溢装、漏卸的证明等有关资料,经海关核实无误后,验放有关货物出境。因品质或者规格原因,进口货物自进口之日起原状退货复运出境的,经海关核实后可以免征出口税,已征收的进口关税,自缴纳进口税款1年内准予退还。退运进出口货物与直接退运货物、出口退关货物的区别与联系如表7-2所示。

除符合国家规定,并办理申报进口手续,准予进口的外,由海关责令货物的收货人或其所有人、载运该货物进境的运输工具负责人退运出境;无法退运的,由海关责令其在海关和有关主管部门监督下予以销毁或者进行其他妥善处理,销毁和处理的费用由收货人承担。收货人无法确认的,由相关运输工具负责人及承运人承担。违反国家有关法律法规的,由海关依法予以处罚,构成犯罪的,依法追究刑事责任。

表7-2　退运进出口货物与直接退运货物、出口退关货物的区别与联系

| 序号 | 项目 | 退运进出口货物 | 直接退运货物 | 出口退关货物 |
|---|---|---|---|---|
| 1 | 是否已放行 | 是 | 否 | 是 |
| 2 | 是否已运离 | 是 | 否 | 否 |
| 3 | 属于哪个环节 | 进出口 | 进口 | 出口 |
| 4 | 是否退所缴关税 | | 否 | 是 |
| 5 | 申请时限 | 不确定 | 放行前依不同情况有所区别 | 得知未装上船并决定不再出口3日内 |
| 6 | 申请退关税时限 | 缴纳关税之日起1年内 | —— | 缴纳关税之日起1年内 |
| 7 | 原因 | (1)错发、错运、溢装、误卸<br>(2)买方拒收,因为货物品质不良或交货时间延误等原因 | (1)海关责令<br>(2)无法审批<br>(3)货物所有权转移<br>(4)错发、误卸 | 未及时装上运输工具 |
| 8 | 报关要求 | (1)向进境地海关提出书面申请<br>(2)两次报关:一出一进 | (1)全部未装上:先全部退关,取回货物不再出口,或递交《出口货物报关单更改申请》后重新报关<br>(2)部分未装上:先全部退关,之后,已装运部分货物补报,未装上部分货物可取回或确定运输工具后重报 | (1)国外买方拒收,报退运进口,并出示原出口报关单及退运理由证明材料,已退的国内税补交上<br>(2)我方拒收,报退运出口,并出示原进口报关单及退货理由证明材料 |

**案例分析**

**案例** 1

1. 参加莱比锡比博览会的出口展览品；

2. 来华参加国际科技展览会而运进需要展览或示范用的货物，物品；

3. 俄罗斯大马戏团来华表演运进器材，服装，车辆等；

4. 香港特别行政区某影视公司来大陆拍摄电影而运进的摄影器材。

问题：哪些货物可以按暂准进出口通关制度办理海关手续？

**案例** 2

某企业参加在国内举办的国际糖酒博览会，在展览期间免费散发的纪念品，在展览会期间使用的烟酒及布置展台所使用的壁纸。

问题：哪些货物可以免税，哪些不免税？

**案例** 3

经批准某地举行国际商品博览会。展品及与参出活动的有关的其他物品由集装箱装载进境，经黄埔海关验放，由主办单位向展出地海关申报进口。展出期间，部分展品由境内单位购买。展出结束后，上述展览品，除复运出境及已被留购的以外，因修建，布置展台等进口的一次性廉价物品被展览品所有人放弃；部分展览被展览品所有人赠送给境内与其有经贸往来的单位。

根据上述案例，选正确确答案。

1. 下列物品可按展览品申报进境的有(　　)。

A. 参展商免费提供并在展出中散发的与展出活动有关的宣传印刷品，说明书，价目表等

B. 为配合展出，将在展览会上出售的小卖品

C. 为展出的机器或器具进行操作示范，并在示范过程中被消耗的物品

D. 展览会期间招待使用的含酒精饮料

2. 进境展览品在办理进境海关手续时，主办单位应(　　)。

A. 使用 ATA 单证册作为报关单据

B. 在展览品进口前，向海关提出暂准进境申请

C. 向海关提供担保

D. 在展出地海关申报进境

3. 关于展览品和展览用品的进境许可证件管理，下列表述正确的是：(　　)。

A. 因不属实际进口，免予提交进出口许可证件

B. 属于国家实行许可证明管理的，应当向海关交验相关证明，办理进口手续

C. 展览品，除另有规定外，免予提交出口许可证件，展览用品，属于国家实行许可证件

管理的,应当向海关交验相关证件

D. 海关派员进驻展览场所实行监管的进境展览品、展览用品,免予提交出口许可证件,否则应当向海关交验相关证件

4. 下列展品中,在海关核定的合理范围内的,免征进出口关税和进口环节税的(　　)。

A. 在展览活动中的小件样品,包括原装进出口的或者在展览期间用进出口的散装原料制成的活动食品或者相关样品

B. 为展览的机器或者器件进行操作示范被消耗或者损坏的货物

C. 布置,装饰临时展台消耗的低值货物

D. 展览用品中的酒精饮料,烟草及染料

**能力训练**

**实训项目一**

长春市B公司与俄罗斯C公司签署协议,进口光学玻璃材料,进口该产品是为了完成国家的863科技项目,所以B公司可以享受减免税的优惠,货物从俄罗斯的莫斯科直接空运至北京,作为B公司的报关代理,如何对这批货物进行操作?

任务一:如何申请办理免税证明?

任务二:办理转关运输。

任务三:正式报关,提取货物。

任务四:办理后续手续。

**实训项目二**

上海新××外贸有限公司从国外进口一批货物,从大连入境,其委托方正报关公司为其办理转关手续。请问具体的报关业务人员应如何操作?

**实训项目三**

报关员小徐所在的上海某大型半导体公司,常年需要进口半导体原材料,量很大,很频繁,都是同一品名,同一税号,同样的单价,如果一一申报,造成重复劳动,而且海关随机查验的概率也高。所以该公司就与海关签下集中申报协议,一段时间后,把最近一段时间内该类货物并入同一张报关单进行一次申报。那么小徐如何进行集中申报工作呢?

小徐的工作任务如下:

任务一:运载货物的运输工具申报进境

任务二:填制“集中申报清单”向海关申报(不是报关单)

任务三:填制“集中申报清单”的次月10日前集中填制上个月所有集中申报货物的报关单向海关报关。

**实训项目四**

武汉泰×公司(420123××××)在投资总额内委托武汉机×进出口公司(420191××

×)于2014年5月与韩国某公司签约进口一套自用设备，该设备属于鼓励类进口项目。设备于2014年6月3日从上海吴淞海关进境，该合资企业委托上海华×货代公司于2014年6月4日向上海海关办理转关申请手续，后由“长江号”轮船于2014年6月7日(周一)运抵武汉，并于2014年6月22日向武汉海关办理进口报关手续，货物经海关查验后放行。

任务一：上述货物报关，属于哪种转关方式？

任务二：在向海关递交的进口货物报关单“运输工具名称”一栏应如何让填报？

任务三：该企业应缴纳多少天的滞报金？

任务四：在向上海海关办理转关手续时，应提交哪些单证？

**实训项目五**

上海市公安局邀请境外一家无线电设备生产厂商到上海展览馆展出100万美元的无线电设备，并委托上海某展览报关行A办理一切手续。上海展出后厂商决定把其中价值40万美元的设备运到杭州展出，设备从杭州返回后，上海公安局决定购买其中的20万美元设备。境外厂商为了感谢上海公安局，赠送了5万美元的设备给上海公安局，其余设备退运境外。作为A公司的保关人员需要进行的工作任务如下。

任务一：办理上海展出手续

任务二：办理杭州展出手续。

任务三：办理展出闭馆出境前的仓储手续。

任务四：办理留购和赠送手续。

任务五：办理销案手续。

**实训项目六**

林某想用手册委托人办理货样进口报关手续，她应该怎么申报？报关单上的贸易方式应该如何填写？

**实训项目七**

小赵负责为华夏进出口贸易公司办理一年以上进出口租赁货物报关手续。可小赵以前这类业务接触较少，为了办理好此次报关手续，他向有多年报关经验的小吕请教。假如你是小吕，你会怎样告知小赵？

**实训项目八**

小关以前主要负责加工贸易公司手续的办理。现在报关公司接到东方进出口有限公司委托办理一单出料加工货物的报关工作。小关该如何做好合同备案手续？

**项目训练**

**一、单选**

1. 享受特定减免税优惠进口的钢材，必须按照规定用途使用，未经海关批准不得擅自出售、转让、移作他用，按照现行规定，海关对其的监管年限为(　　)。

A. 8 年　　B. 6 年　　C. 5 年　　D. 3 年

2. 根据现行海关规定，下列进口货物不属于海关减免税优惠范围的是(　　)。

A. 保税区内自用的生产设备　　B. 残疾人组织和单位进口的货物

C. 边民互市和边境小额贸易进口货物、物品

D. 沿海经济开放地区基建项目所需进口机器设备

3. 武汉某中外合资企业专营玻璃加工生产，该公司于 2014 年 6 月与韩国某公司签约购买平板玻璃加工设备一套，该设备属于《外商投资产业指导项目》中的鼓励类进口项目。设备于 2015 年 2 月 1 日由华阳运输公司的“HUADONGVOY502”轮载运进口后合资企业委托上海某报关行于 2015 年 2 月 2 日向上海海关办理转关申请手续，后由“长江号”轮船于 2015 年 2 月 5 日运抵武汉，并于 2015 年 2 月 20 日向武汉海关办理进口报关手续，货物经海关查验后放行。这种情况该企业应(　　)。

A. 在设备抵达上海后，由企业持《外商投资企业征免税手册》和免税申请表向上海海关申请办理《进口货物征免税证明》

B. 在设备抵达上海前，由企业持《外商投资企业征免税手册》和免税申请表向上海海关申请办理《进口货物征免税证明》

C. 在设备抵达武汉后，由企业持《外商投资企业征免税手册》和免税申请表向武汉海关申请办理《进口货物征免税证明》

D. 在设备抵达上海前，由企业持《外商投资企业征免税手册》和免税申请表向武汉海关申请办理《进口货物征免税证明》

4. 特定减免中，“特定企业”指的是(　　)。

A. 国有企业　　B. 乡镇企业

C. 外商投资企业　　D. 中西部地区企业

5. 我国政府已于 1992 年 5 月加入《ATA 公约》和《伊斯坦布尔公约》，并于 1993 年 11 月 27 日正式生效。下列(　　)是为履行公约而确定的担保单位。

A. 中国国际贸易促进会　　B. 中国国际商会

C. 中国人民保险公司　　D. 中国太平洋保险公司

6. 下列(　　)项货物或物品不适合用暂准进出口通关制度。

A. 进口待转口输出的转口贸易货物

B. 在展览会中展示或示范用的进口货物、物品

C. 承装一般进出口货物进境的外国集装箱

D. 来华进行文艺演出而暂时运进的器材、道具、服装等。

7. 我国政府已经部分加入《ATA 公约》和《货物暂准进口公约》，目前 ATA 单证册在我国仅适用于部分货物，按照现行规定，下列不属于单证册适用范围的货物是(　　)。

A. 昆明世界博览会上的进口展览品

B. 广州商品交易会上的暂准进口货物

C. 财富论坛年会暂准进口的陈列品

D. 美国政府代表团访华人员随身携带的物品

8. 关于无代价抵偿货物的税、证管理规定中，下列表述错误的是(　　)。

A. 如属国家限制进口商品，与原货、品名、数量、价值、贸易方式一样，无论货物是否退还境外，均免予另办许可证件

B. 对外商同意因残损而削价并补偿进口的同名品、同规格货物，如价格未超过削价金额的，可免税

C. 对于车辆、家电的无代价抵偿货物，进口时可免税，但其留在国内的原货物应视其残损程度估价纳税

D. 抵偿货物进口申报时，除进口货物报关单外，应随附原进口货物报关单、税款缴纳证、商检证书或索赔协议书

9. 完税进口一批驳船，使用不久后发现大部分驳船油漆剥落，提出索赔，供应商同意减价 60 万美元，并应进口方的要求以等值的驳船用润滑油补偿。该批润滑油进口时应当办理的海关手续是(　　)。

A. 按一般贸易进口报关，缴纳进口税

B. 按一般贸易进口报关，免纳进口税

C. 按无代价抵偿货物报关，缴纳进口税

D. 按无代价抵偿货物报关，免纳进口税

10. 进口误卸、溢卸、放弃及超期未报货物，海关均可依法变卖处理，但前提条件各不一样。下列表述错误的是(　　)。

A. 误卸、溢卸货物经海关审定确定，当事人又未在规定的期限内向海关申报办理进口或退运手续的，由海关变卖处理

B. 因可能对环境造成污染，收货人申明放弃的货物由海关变卖处理

C. 进口货物自运输工具申报进境之日起超过三个月未向海关申报，即为超期未报货物，由海关变卖处理

D. 保税货物超过规定的期限 3 个月未向海关申请办理复运出境或其他海关手续的，由海关变卖处理

11. 某批进口货物，自载运货物的运输工具申报进境之日起，已超过三个月，收货人或其代理人仍未向海关申报。海关应(　　)。

A. 将货物提取变卖，价款扣除各项费税后，余款保存一年，经收货人申请可以发还，逾期无人申请的上缴国库

B. 将货物扣留，待收货人或其代理人报关时罚款处理

C. 将货物没收，全部变价上缴国库

D. 将货物扣留，待收货人或其代理人报关时，除按日征收滞报金外，加处罚款

12. 经海关确认的溢卸、误卸货物从(　　)三个月内，可由原装载船舶负责人或货物所有人向海关办理退运或进口手续。

A. 运输工具进境之日起　　B. 卸货之日起

C. 卸完货之日起　　D. 向海关申报之日起

13. 一批转口的货物于2013年6月1日进入某保税仓库储存，到2014年5月底因故没有出库，经海关批准延期三个月，但到期仍未出库。按规定海关对该批货物可以提取依法变卖处理的时间为(　　)。

A. 2014年8月底以后　　B. 2014年11月底以后

C. 2015年5月底以后　　D. 2015年8月底以后

14. 货物在变卖所得价款在优先拨付变卖处理实际支出的费用后，其他费用和税款的扣除顺序是(　　)。

A. 运输、装卸、存储等费用—进口关税—进口环节税—滞报金

B. 进口关税—进口环节税—滞报金—运输、装卸、存储等费用

C. 滞报金—进口关税—进口环节税—运输、装卸、存储等费用

D. 运输、装卸、存储等费用—滞报金—进口关税—进口环节税

15. 申请出口货物退关的，应当在退关之日起(　　)内向海关申请。

A. 24小时　　B. 3天　　C. 14天　　D. 3个月

16. 某企业在郑州海关办理出口手续，经天津海关复核放行后装船运往美国。此项加工成品复出口业务，除了按规定办理出口手续外，还需要办理(　　)。

A. 境内转关运输手续　　B. 货物过境手续

C. 货物登记备案手续　　D. 出口转关运输手续

17. 长春市某进口公司A，购买韩国新闻纸一批，货物进口时由大连口岸转关至长春海关办理该批货物的报关纳税手续，承担该批货物境内转关运输的是大连某运输公司B，在运输途中，因汽车驾驶员王某吸烟，不慎引发火灾，致使该批新闻纸全部灭失。在这种情况下，关于该批货物的纳税义务，下列表述正确的是(　　)。

A. 新闻纸虽已灭失，但A公司是该批货物的收货人，故应由A公司承担纳税义务

B. 因火灾是由王某个人造成的，故应由王某承担纳税义务

C. 因货物的转关运输是由B公司负责的，且该批货物的灭失发生在运输途中，故应由B公司承担纳税义务

D. 因货物已灭失，不会对国内经济造成任何冲击，故该批货物无须缴纳任何税费

18. 提前报关的进口转关货物应在电子数据申报之日起(　　)日内，向进境地海关办理转关手续。

A. 3　　B. 4　　C. 5　　D. 6

**二、多选题**

1. 特定减免税通关制度具有显著的管理特征，主要体现在(　　)。

A. 脱离特定使用范围，应按实际去向办理相应的报关和纳税手续

B. 在特定条件和规定范围内使用可减免进口税费

C. 原则上免予交验进出口许可证件

D. 货物进口验放后仍需受海关监督

2. 下列关于特定减免税货物管理的表述正确的是(　　)。

A. 特定减免税的申请，首先是减免税的资格确认，然后是《进出口货物征免税证明》的申领

B. 国内投资项目和利用外资项目的免税资格确认的依据是由国务院有关部门或省市人民政府签发的《国家鼓励发展的内外资项目确认书》

C. 民政部门或中国残疾人联合会所属单位专用品专用仪器专用生产设备的减免税，海关凭民政部门或中国残疾人联合会的批准文件签发《进出口货物征免税证明》

D.《进出口货物征免税证明》的有效期为6个月。

3. 外商投资企业终止合同或破产时，海关对清算企业在监管年限内的减免税进出口物资应该(　　)。

A. 免税留给合营中方继续使用

B. 转让给同类外商投资企业使用，并办理结转手续

C. 经海关核准，原物退运出境

D. 无偿赠送境内其他企业

4. 有后续管理的是(　　)。

A. 一般贸易货物　　B. 减税货物

C. 免税货物　　D. 保税货物

5. 下列关于海关对进出境货物监管期限的表述正确的是(　　)。

A.《ATA单证册》项下的展览品自货物进境之日起6个月内应当复运出境，但经海关批准后可以延期，延长的期限最长不得超过三个月

B. 境外集装箱箱体暂准进境，应当于进境之日起6个月内复运出境，但经海关批准后可以延期，延长的期限最长不得超过三个月

C. 过境货物的过境期限为6个月，但经海关批准后可以延期，延长的期限最长不得超过三个月

D. 出料加工货物自出境之日起 6 个月内应当复运进境，但经海关批准后可以延期，延长的期限最长不得超过三个月

6. 下列暂准进出境货物应当按暂时进出口货物申报的是（　　）。

A. 马戏团展出用动物　　B. 展出中安装设备时使用的工具

C. 集装箱箱体　　D. 国际车展展台用照明器具

7. 江苏某港口机械制造股份有限公司向韩国飞×船务有限公司出口 40 集装箱半挂车 5 辆，总价 608000。经海关批准，该批货物运抵启运地海关监管现场前，先向该海关录入出口货物报关单电子数据。货物运至海关监管现场后，转关至上海吴淞口岸出境。上述货物出口后，其中一辆因质量不良被韩国飞×船务有限公司拒收而退运进口，整批货物因此未能收汇。根据上述案例，关于退运进口的集装箱半挂车，下列表述符合海关规定的是（　　）。

A. 向进境地海关申报

B. 提供原货物出口报关单，外汇核销单证，报关单退税联的单证

C. 需向海关提供担保

D. 一年内原状退运进口，经海关核实不予征税

8. 转关运输的要求正确的有（　　）。

A. 指运地或启运地要设有海关　　B. 运输工具要求能密封

C. 在海关注册过的运输企业　　D. 只能货主亲自办理

9. 转关运输的方式有（　　）。

A. 集中　　B. 直转

C. 提前　　D. 中转

10. 转关运输的报关地在（　　）。

A. 进境地　　B. 出境地

C. 指运地　　D. 启运地

E. 企业所在地

**三、判断**

1. 某经济特区内的一家外商投资企业以企业自用的名义进口了一辆旅行车，进口后便无偿捐献给当地一个社会福利院，半年后被海关发现，因该企业从事公益事业，海关不得对此进行处罚。（　　）

2.《进出口货物征免税证明》的有效期为 6 个月，且实行“一批一证”的原则，即一份征免税证明上的货物只能在一个进口口岸一次性进口。（　　）

3. 外商投资企业享受特定减免税优惠进口的机器设备自进口之日起超过 5 年的，可向海关申请解除监管。（　　）

4. 加工贸易不作价设备的海关监管期限为 5 年，监管期满应当复运出境，如需留用则即使监管期满，也要补办进口手续，补缴进口税。（　　）

5. 保税货物的进口目的是储存和加工，而减免税货物的进口目的是使用或消费。

（　　）

6. 保税货物和减免税货物一样都是进口报关时不交税，只按规定缴纳手续费，之后不用再缴任何税费。（　　）

7. 保税货物可暂缓缴纳两种税，减免税可以减免 3 种税。（　　）

8. 保税货物实行核销管理，减免税货物实行时效管理。（　　）

9. 对于外商企业，从事一般贸易可以享受减免税优惠，从事加工贸易可以享受保税的优惠。（　　）

10. 经海关批准暂时进口或者暂时出口的货物，在货物收发货人向海关缴纳相当于税款的保证金或者提供担保后，准予暂时免纳关税。（　　）

11. 暂时进出口货物都必须是原物复出口，可以存放于保税仓库或保税区以外的地区。

（　　）

12. 过境货物自入境时至出境时止属于海关监管货物，未经海关许可不得开拆、提取、交付、发送、调换、转让、更换标记或是移作他用，但允许在海关监管下在边境换装运输工具。

（　　）

13. 以船舶或航空器装载从一国境外启运，经过设立海关地点，不换装运输工具，继续运往其他国家的货物，称为转运货物。（　　）

14. 转关运输的要求比一般国内运输高，运输费用也相对较高。（　　）

15. 从事转关运输的企业可以是国内的任何运输企业。（　　）

16. 中转方式转关是由货主及其代理人办理的，只是中间多了一次运输工具。（　　）

17. 只要货物需要在内地和港口之间运输，就必须办理转关运输手续。（　　）

# 项目八　进出口税费

**学习目标**

1. 掌握进出口关税、进口环节的海关代征税的含义、种类、税费的征收范围、征收标准及其计算；

2. 了解船舶吨税的定义、征收范围、征收标准及其计算；

3. 掌握进出口货物完税价格的审定原则、估价方法，理解进出口货物的原产地的确定；

4. 掌握关税税率适用原则和时间规定；

5. 熟悉进出口货物减免税的种类和范围，并能够掌握进出口货物税费的缴纳和退补。

重点：进出口关税、进口环节的海关代征税的征收标准及计算

难点：进出口货物完税价格的估价方法和进出口货物税费的缴纳和退补

**项目引入**

大连东盈报关行最近接到一票货物需要报关，这批货物是大连汽车进出口有限公司从国外进口一批高级小轿车。对于这批汽车除了要缴纳进口关税外，是否还需要缴纳其他的税费？需要缴纳哪些税费？应该向税务机关缴纳还是可以直接向海关缴纳？如果这批货物的船运公司是租用的外国籍船舶从事国际航运，是否需要缴纳船舶吨税呢？林某接受这个业务，应该怎样完成呢？

**知识链接**

## 任务一　认识进出口税费

### 一、关税

关税是由海关代表国家，按照国家制定的关税政策和公布实施的税法和进出口税则，对准许进出关境的货物和物品向纳税义务人征收的一种流转税。

关税是国家税收的重要组成部分，是国家保护国内经济、实施财政政策、调整产业结构、发展进出口贸易的重要手段，也是世界贸易组织允许各缔约方保护其境内经济的一种手段。

关税纳税义务人是指依法负有直接向国家缴纳关税义务的单位或个人，亦称为关税纳税人或关税纳税主体。

纳税义务人：进出口货物的收发货人和进出境物品的所有人。

征税主体：国家及代表国家的海关。

征税的对象：进出关境的货物和物品。

关税除具有一般税收的共性之外，作为一个单独的税种，又具有不同于其他税收的不同特点：

1. 关税是一种间接税。它与以纳税人的收入和财产作为征税对象的直接税不同，关税是以进出口商品为征税对象，属于商品流通过程中征税，纳税人可以将关税额作为成本的一部分加到商品价格上，最后转嫁给消费者。

2. 关税是对外政策的手段。关税的最大特点在于它的涉外性，与世界各国的利益关系密切。因此，主权国家常以关税为手段来体现其对外政策，把它作为进行国际经济、政治斗争的手段。

从报关业务的角度来看，关税分为：进口关税，出口关税。

（一）进口关税

进口关税是指一国海关以进境货物和物品为课税对象所征收的关税，在国际贸易中，它一直被各国公认为是一种重要的经济保护手段。

1. 按征收依据分类

进口关税按照征收依据可分为从价税、从量税和复合税。

（1）从价税

从价税以货物、物品的价格作为计税标准。这是世界上包括中国在内的大多数国家所使用的主要计税标准。

从价计征的进口关税应征税额＝进口货物的完税价格×进口从价关税税率

（2）从量税

从量税以货物的计量单位作为计税标准（例如重量、数量、容量等）。

从量计征的进口关税应征税额＝进口货物数量×单位税额

目前采用此税率的货物有：石油原油、啤酒、胶卷、冻鸡等。

（3）复合税

一个税目中的商品同时使用从价、从量两种，按两种税率合并计征。

进口复合关税应征税额＝从价部分的关税税额＋从量部分的关税税额

＝进口货物的完税价格×进口从价关税税率＋进口货物数量×单位税额

采用此税率的货物有：录/摄像机、放像机、非家用摄录一体机、部分数码相机等。

（4）选择税（Alternative Duties）

在海关税则中，一个税目中的商品同时订有从价税和从量税两种税率，海关在征税时选择其税额较高的一种征税。2007 年，我国对进口天然橡胶实行选择税，即在 20％从价税和 2600 元/吨从量税两者中，从低计征关税。

（5）滑准税（Sliding Scale Duties/Tariff）

滑准税又称滑动税，是指在海关税则中，预先按产品的价格高低分档制定若干不同的税率，然后根据进口商品价格的变动而增减进口税率的一种关税。当商品价格上涨时采用较低税率，当商品价格下跌时则采用较高税率，其目的是使该种商品的国内市场价格保持相对稳定，不受国际市场价格波动的影响。

**资料卡：滑准税在我国的征收状况**

我国从 1997 年 10 月 1 日起对新闻纸实行滑准税，新闻纸的进口关税税率随一定范围内的进口价格的高低在 3%～45%之间成反比浮动，进口价格越高，关税税率越低，反之则越高，用关税来抵消国内和国际两个市场之间的差价，达到保护国产新闻纸的目的，目前已取消。

2007 年我国对关税配额外进口一定数量的棉花（税号 52010000），实行 6%～40%的滑准税，其中，加工贸易正在执行的手册在 2007 年办理内销手续的，适用滑准税税率。具体方式是：

1. 当进口棉花完税价格高于或等于 11397 元/吨时，按 570 元/吨计征从量税；

2. 当进口棉花完税价格低于 11397 元/吨时，暂定关税税率按公式计算：

$R_i = \mathrm{INT}\{[(\mathrm{PT}/(P_i \times E)) + a \times P_i \times E - 1] \times 1000 + 015\}/1000 (R_i \leqslant 40\%)$

关税税款 $= R_i \times P_i \times E$

其中，

$R_i$——暂定关税税率，当 $R_i$ 按上式计算值高于 40%时，取值 40%；

$P_t$——常数，为 8.8 元/千克；

$P_i$——关税完税价格，CIF 价格，单位为"美元/千克"；

$E$——美元汇率；

$A$——常数，为 2.526%；

INT——取整函数（即小数点后面的数一律舍去）。

2. 按征税的主次分类

按征税的主次程度，进口关税可分为：进口正税和进口附加税。

进口正税是按海关税则中的法定进口税率征收的进口税。

进口附加税是对进口货物除征收正税之外另外征收的进口税，一般具有临时性的特点。进口附加税包括反倾销税、反补贴税及特别关税（报复性关税）等。WTO 不准其成员在一般情况下随意征收进口附加税，只有符合世界贸易组织反倾销、反补贴条例规定的反倾销税、反补贴税才可以征收。我国于 1997 年 3 月 25 日颁布实施了第一个反倾销、反补贴法规——《反倾销和反补贴条例》。我国目前征收的进口附加税主要是反倾销税。

反倾销税的计算公式：

反倾销税税额＝完税价格×适用的反倾销税税率

此外，为应对他国对我国出口产品实施的歧视性关税或待遇，我国还相应对其产品征收特别关税。特别关税是为抵制外国对本国出口产品的歧视而对原产于该国的进口货物特别征收的一种报复性关税。《关税条例》规定：任何国家或者地区违反与中华人民共和国签订或者共同参加的贸易协定及相关协定，对中华人民共和国在贸易方面采取禁止、限制、加征关税或者其他影响正常贸易的措施的，对原产于该国家或者地区的进口货物可以征收报复性关税，适用报复性关税税率。征收报复性关税的货物、适用国别、税率、期限和征收办法，由国务院关税税则委员会决定并公布。

（二）出口关税

出口关税是一国海关以出境货物和物品为征税对象所征收的关税。为鼓励出口，世界各国一般不征收出口关税或仅对少数商品征收出口关税。征收出口关税的主要目的是限制、调控某些商品的过度、无序出口，特别是防止本国一些重要自然资源和原材料的出口。

为进一步限制高能耗、高污染产品出口，2011 年我国继续以暂定税率的形式对煤炭、原油、化肥、有色金属等“两高一资”产品征收出口关税。为规范稀土出口和缓解化肥价格上涨趋势，提高了个别稀土产品的出口关税，适当调整了化肥出口季节关税淡旺季税率适用时段和淡季出口关税基准价格。

我国目前征收的出口关税有从价税和从量税。

从价税的应征出口关税税额＝出口货物完税价格×出口关税税率

出口货物完税价格＝FOB÷（1＋出口关税税率）

即出口货物是以 FOB 价成交的，应以该价格扣除出口关税后作为完税价格；如果以其他价格成交的，应换算成 FOB 价后再按上述公式计算。

从量税的应征出口关税税额＝货物数量×单位税额

**二、进口环节海关代征税**

进口货物和物品在办理海关手续放行后，进入国内流通领域，与国内货物同等对待，所以应缴纳应征的国内税。进口货物和物品的一些国内税依法由海关在进口环节征收。目前，由海关征收的国内税费主要有增值税、消费税两种。按规定，船舶吨税也由海关征收。

（一）增值税

增值税是以商品的生产、流通和劳务服务各个环节所创造的新增价值为课税对象的一种流转税。

增值税在进口环节由海关代征，其他环节由税务机关代征，低于 50 元的免征。

增值税的基本税率为 17％。部分货物适用 13％增值税率，这些货物包括以下几种。

（1）粮食、食用植物油。

（2）自来水、热水、暖气、冷气、煤气、石油液化气、天然气、沼气及居民用煤炭制品。

（3）图书、报纸及杂志。

（4）饲料、化肥，农药、农机及农膜。

(5)国务院规定的其他货物。

增值税的计算公式如下：

增值税组成价格=进口关税完税价格+进口关税税额+消费税税额

应纳增值税税额=增值税组成价格×增值税税率

组成价格=关税完税价格+关税税额+消费税税额

(二)消费税

消费税是以消费品或消费行为的流转额作为课税对象而征收的一种流转税。

消费税采用价内税(含消费税本身的税额)，起征点为50元，进口环节的消费税由海关征收。

1. 征收范围

消费税的征税范围主要是根据我国经济社会发展现状和现行消费政策、人民群众的消费结构以及财政需要，并借鉴国外的通行做法确定的。

自2006年4月1日起，我国对进口环节的消费税税目、税率进行了调整：

(1)新增对高尔夫球及球具、高档手表、游艇、木制一次性筷子、实木地板、石脑油、溶剂油、润滑油、燃料油及航空煤油征收消费税。

(2)停止对护肤护发品征收消费税。

(3)调整汽车、摩托车、汽车轮胎及白酒的消费税税率；石脑油、溶剂油、润滑油及燃料油按应纳消费税税额的30%征收；航空煤油暂缓征收消费税；子午线轮胎免征消费税。其中，对进口白酒类征收复合消费税时，应按20%的税率计征从价消费税，同时按1元/千克的单位税额计征从量消费税；对进口卷烟按规定的计税方法计征复合消费税。

调整后征收进口环节消费税的商品共14类。征税的消费品大体可分为以下4种类型：

(1)一些过度消费会对人的身体健康、社会秩序及生态环境等方面造成危害的特殊消费品(烟、酒、酒精、鞭炮、焰火等)；

(2)奢侈品等非生活必需品(贵重首饰、珠宝玉石、化妆品及护肤品)；

(3)高能耗的高档消费品(小轿车、摩托车、汽车轮胎等)；

(4)不可再生和替代的资源类消费品(汽油、柴油)。

从2002年1月1日起，进口钻石及钻石饰品的消费税由税务管部门在零售环节征收，进口环节不再征收。其报关手续一律在上海钻石交易所办理，其他口岸均不得进出口钻石，钻石加工贸易仍在海关报关。

2. 计算公式

按从价定率征收，这种方式以组成价格为计税价格，计算公式如下：

应纳税额=组成交税价格×消费税税率

组成计税价格=(关税完税价格+关税税额)÷(1−消费税税率)

按从量定额增收，计算公式如下：

应纳税额＝应征消费税消费品数量×单位税额

按从价从量定律、定额征收，计算公式如下：

应纳税额＝应征消费税消费品数量×单位税额＋组成计税价格×消费税税率

（三）船舶吨税

船舶吨税是由海关代为在设关口岸对进出、停靠我国港口的国际航行船舶征收的一种使用税。属于使用税，征收的目的是用于航道设施的建设。

根据《船舶吨税暂行办法》规定，国际航行船舶在我国港口行驶，使用了我国的港口和助航设备，应缴纳一定的税费。船舶吨税是一种使用性质的税。凡征收了船舶吨税的船舶不再征收车船税；对已征收车船使用税的船舶，不再征收船舶吨税。船舶吨税分为优惠税率和普通税率两种：凡与我国签订有互惠协议的国家或地区使用船舶吨税优惠税率；未签订的适用普通税率；中国香港、澳门的船舶适用船舶吨税优惠税率。

1. 征收范围、免收范围

(1)征收范围

①在我国港口行使的外国籍船舶。

②外商租用（程租除外）的中国籍船舶。

③中外合营海运企业自有或租用的中、外国籍船舶。

④我国租用的外国籍国际航行船舶（包括专在港内行驶的上项船舶）。

根据规定，中国香港、澳门特别行政区为单独关税区，对在中国香港、澳门登记注册的船舶按规定征收船舶吨税。此外，对于在中国香港、澳门已征收船舶吨税的外国籍船舶，进入内地仍应照章征收船舶吨税。

(2)免收范围

①我国企业经营的从事国际航运的中国籍船舶。

②外国以程租方式租用的中国籍船舶。

③台湾省公私企业的船舶。

④我国租用专营国内沿海运输的船舶。

2. 吨税的计算公式

(1)船舶吨税的计算

国际上丈量吨位有大、小吨位之分，装货多时用大吨位，装货少时用小吨位。根据我国规定，凡同时持有大小两种吨位证书的船舶，不论实际装货情况，一律按大吨位计征吨税；吨税按净吨位计算，从申报进境日起征。

净吨位＝船舶的有效容积×单位吨数（$t/m^3$）

舶净吨位的尾数，按四舍五入原则，半吨以下的免征尾数；半吨以上的按一吨计算。不及一吨的小型船舶，除经海关总署特准免征者外，应一律按一吨计征。

(2)船舶吨税的征收和退补

船舶吨税起征日为船舶直达抵口之日，即进口船舶应自申报进口之日起征，如进境后驶达锚地的，以船舶抵达锚地之日起计算；进境后直接靠泊的以靠泊之日起计算。

船舶抵港之日，船舶负责人或其代理人应向海关出具船舶停留时仍然有效的"船舶吨税执照"。如所领执照满期后尚未离开中国，则应自期满之次日起续征；如未能出具执照者，应按规定向海关申报，缴纳船舶吨税，并领取执照。

船舶吨税的征收方法分为 90 天期和 30 天期缴纳两种，税率不同，税额不同；缴税期限由纳税人自行选择。

应纳船舶吨税税额=注册净吨位×船舶吨税税率(元/净吨)

凡具有下列情况之一的，海关凭有效证明文件，在一年内办理船舶吨税的退补手续费：

(1)船舶负责人因不明规定而造成重复缴纳船舶吨税的。

(2)其他原因造成错征、漏征的。

船舶吨税缴款期限为：自海关填发缴款书之日起 15 日内(期末如是法定节假日可顺延)缴纳，逾期按日征收税款额 0.5‰的滞纳金。

(四)税款滞纳金

按照规定，关税、进口环节增值税和消费税、船舶吨税的纳税人或其代理人未在规定时间内缴纳税款构成滞纳的，应照章缴纳滞纳金。

1. 征收范围

《海关法》规定：进出口货物的纳税义务人，应当自海关填发税款缴款书之日起 15 天内向指定银行缴纳税款，逾期缴纳的，海关依法在原应纳税款的基础上，按日加收滞纳税款 0.5‰的滞纳金。

在实际计算纳税期限时，应从海关填发税款缴款书之日的第二天起计算，当天不计入。缴纳期限的最后一日是星期六、星期天或法定节假日，则关税缴纳期限顺延至周末或法定节假日过后的第一个工作日；如果税款缴纳期限内含有的星期六、星期天或法定节假日不予扣除。滞纳天数按照实际滞纳天数计算，其中的星期六、星期天或法定节假日一并计算。

根据规定，对逾期缴纳税款应征收滞纳金的，还有以下几种情况：

(1)进口货物放行后，海关发现因纳税义务人违反规定造成少征或漏征而货物又放行的，可以自缴纳税款或货物放行之日起 3 年内追征税款，并从缴纳税款或货物放行之日起至海关发现之日止，按日加收少征或漏征税款 0.5‰的滞纳金。

(2)因纳税义务人违反规定造成海关监管货物少征或漏征货物税款的，海关应当自纳税义务人应缴纳税款之日起 3 年内追征税款，并自应缴纳税款之日起至海关发现违规行为之日止，按日加收少征或漏征税款 0.5‰的滞纳金。

(3)租赁进口货物,分期支付租金的,纳税义务人应当在每次支付租金后的15日内向海关申报办理纳税手续。逾期办理申报手续的,海关除了征收税款外,还应当自申报办理纳税手续期限届满之日起至纳税义务人申报纳税之日止,按日加收应缴纳税款0.5‰的滞纳金。

租赁进口货物自租期届满之日起30日内,应向海关申请办理结关手续。逾期办理手续的,海关按照审定进口货物完税价格的有关规定和租期届满后第30日该货物适用的计征汇率、税率,审核确定其完税价格、计征应缴纳的税款外,还应当自租期届满后30日起至纳税义务人申报纳税之日止按日加收应缴税款0.5‰的滞纳金。

(4)暂时进出境货物未按规定期限内复运进出境,且纳税义务人未在规定期限届满前向海关申报办理进出口及纳税手续的,海关除按规定征收应缴纳的税款外,还应自规定期限届满之日起至纳税义务人申报纳税之日止按日加收应纳税款0.5‰的滞纳金。

对于未在规定的15天期限内缴纳滞纳金的,不必对滞纳的滞纳金再征收滞纳金。

2. 征收标准

滞纳金起征额为50元,50元以下免征。

关税滞纳金金额=滞纳的关税税额×0.5‰×滞纳天数。

进口环节税滞纳金金额=滞纳的进口环节税税额×0.5‰×滞纳天数。

## 任务二　确定进出口货物的完税价格

### 一、我国海关审价的法律依据

进出口货物完税价格是海关对进出口货物征收从价税时审查估定的应税价格,是凭以计征进出口货物关税及进口环节税税额的基础。目前,我国海关审价的法律依据可分为三个层次。第一个层次是《海关法》,第55条规定"进出口货物的完税价格,由海关以该货物的成交价格为基础审查确定。成交价格不能确定时,完税价格由海关估定。"第二个层次是《关税条例》,具体规定了海关承认进口货物成交价格的条件,及不承认成交价格时应如何估定完税价格。第三个层次是相关的部门规章,如海关总署颁布施行的《中华人民共和国海关审定进出口货物完税价格办法》(以下简称《审价办法》)、《中华人民共和国海关进出口货物征税管理办法》(以下简称《征管办法》)等。

### 二、进口货物完税价格的审定

进口货物完税价格的审定包括一般进口货物完税价格的审定和特殊进口货物完税价格的审定两方面的内容。

(一)一般进口货物完税价格的审定

进口货物完税价格的审定包括一般进口货物成交价格法、相同货物成交价格法、类似货物成交价格法、倒扣价格法、计算价格法、合理方法等六种估价方法。上述估价方法应当依次采用,但如果进口货物纳税义务人提出要求,并提供相关资料,经海关同意可以选择倒扣价格方法和计算价格方法的适用次序。

1. 进口货物成交价格法

进口货物成交价格方法是《关税条例》及《审价办法》规定的第一种估价方法，进口货物的完税价格应尽可能采用该货物的成交价格。但若申报的成交价格不真实或不准确，海关有权不接受。

(1)完税价格

《审价办法》规定，进口货物的完税价格，由海关以该货物的成交价格为基础审查确定，并应包括货物运抵中华人民共和国境内输入地点起卸前的运输及相关费用、保险费。“相关费用”主要是指与运输有关的费用，如装卸费、搬运费等属于广义的运费范围内的费用。成交价格需满足一定的条件才能被海关所接受。

(2)成交价格(Transaction Value)

进口货物的成交价格，是指卖方向中华人民共和国境内销售该货物时，买方为进口该货物向卖方实付、应付的，并按有关规定调整后的价款总额，包括直接支付的价款和间接支付的价款。此处的“实付或应付”是指必须由买方支付，支付的目的是为了获得进口货物，支付的对象既包括卖方也包括与卖方有联系的第三方，且包括已经支付和将要支付两者的总额。此外，成交价格不完全等同于贸易中实际发生的发票价格，需要按有关规定进行调整。

(3)在确定进口货物的完税价格时，下列费用或价值应计入

①除购货佣金以外的佣金和经纪费。佣金通常可分为购货佣金和销售佣金。购货佣金指买方向其采购代理人支付的佣金，按照规定购货佣金不应该计入进口货物的完税价格中。销售佣金指卖方向其销售代理人支付的佣金，但上述佣金如果由买方直接付给卖方的代理人，按照规定应该计入完税价格中。经纪费指委托人向自己的经纪人支付的劳务费用，根据规定应计入完税价格中。

②与进口货物作为一个整体的容器费。与有关货物归入同一个税号的容器可以理解为与有关货物作为一个整体，比如说香水瓶与香水构成一个不可分割的整体，两者归入同一税号，如果没有包括在香水的完税价格中，则应该计入。

③包装费，这里应注意包装费既包括材料费，也包括劳务费。

④协助的价值。在国际贸易中，买方以免费或以低于成本价的方式向卖方提供了一些货物或者服务，这些货物或者服务的价值被称为协助的价值。

协助价值计入进口货物完税价格中应满足以下四个条件：

A. 由买方以免费或低于成本价的方式直接或间接提供；

B. 未包括在进口货物的实付或应付价格之中；

C. 与进口货物的生产和向中华人民共和国境内销售有关；

D. 可按适当比例分摊。

下列四项协助费用应计入：

A. 进口货物所包含的材料、部件、零件和类似货物的价值；

B. 在生产进口货物过程中使用的工具、模具和类似货物的价值；

C. 在生产进口货物过程中消耗的材料的价值；

D. 在境外完成的为生产该货物所需的工程设计、技术研发、工艺及制图等工作的价值。

⑤特许权使用费。特许权使用费是指进口货物的买方为取得知识产权权利人及权利人有效权人关于专利权、商标权、专有技术、著作权、分销权或者销售权的许可或者转让而支付的费用。以成交价格为基础审查确定进口货物的完税价格时，未包括在该货物实付、应付价中的特许权使用费需计入完税价格。

⑥卖方直接或间接从买方对该货物进口后的转售、处置或使用的所得中获得的收益。上述费用或价值计入完税价格中，必须同时满足三个条件：由买方负担；未包括在进口货物的实付或应付价格中；有客观量化的数据资料。如果纳税义务人不能提供客观量化的数据资料，海关与纳税义务人进行价格磋商后，完税价格由海关依次采用其他估价方法估定。

(4)下列费用如果单独计价，不得计入完税价格

①厂房、机械或者设备等货物进口后发生的建设、安装、装配、维修或者技术援助费用，但是保修费用除外；

②货物运抵境内输入地点起卸后发生的运输及其相关费用、保险费；

③进口关税、进口环节税及其他国内税；

④为在境内复制进口货物而支付的费用；

⑤境内外技术培训及境外考察费用。

(5)成交价格本身须满足的条件

成交价格必须满足以下四个条件才能被海关所接受，否则不能适用成交价格方法：

①买方对进口货物的处置和使用不受限制；

②货物的出口销售或价格不应受到某些条件或因素的影响，由于这些条件或因素，导致该货物的价格无法确定；

③卖方不得直接或间接从买方获得因转售、处置或使用进口货物而产生的任何收益，除非上述收益能够被合理确定；

④买卖双方之间的特殊关系不影响价格。

**资料卡　买卖双方的特殊关系**

A. 买卖双方为同一家族成员；

B. 买卖双方互为商业上的高级职员或董事；

C. 一方直接或间接地受另一方控制；

D. 买卖双方都直接或间接地受第三方控制；

E. 买卖双方共同直接或间接地控制第三方；

F. 一方直接或间接地拥有、控制或持有对方5%以上(含5%)公开发行的有表决权的股票或股份；

G. 一方是另一方的雇员、高级职员或董事；

H. 买卖双方是同一合伙的成员。

此外，买卖双方在经营上相互有联系，一方是另一方的独家代理、经销或受让人，若与以上规定相符，也应当视为有特殊关系。

买卖双方有特殊关系这个事实本身并不能构成海关拒绝成交价格的理由，买卖双方之间存在特殊关系如对成交价格产生影响的，海关将拒绝承认成交价格。

2. 相同及类似货物成交价格法(Transaction Value of Identical Goods & Transaction Value of Similar Goods)

成交价格法是海关估价中使用最多的一种估价方法，但是如果货物的进口非因销售引起或销售不能符合成交价格须满足的条件，就不能采用成交价格法，而应该依次采用相同及类似进口货物成交价格法，即依次采用与被估货物同时或大约同时向某一进口国境内销售的相同货物及类似货物的成交价格作为被估货物完税价格的依据。

(1)“相同货物”，指与进口货物在同一国家或者地区生产的，在物理性质、质量和信誉等所有方面都相同的货物，但是表面的微小差异允许存在；“类似货物”，指与进口货物在同一国家或者地区生产的，虽然不是在所有方面都相同，但是却具有类似的原理和结构、类似的特征、类似的组成材料、相同的功能，并且在商业中可以互换的货物。

(2)时间要素是指相同或类似货物必须与进口货物同时或大约同时进口，其中的“同时或大约同时”指在进口货物接受申报之日的前后各45天以内。

(3)上述两种估价方法在运用时，应当注意以下问题：

首先应使用和进口货物处于相同商业水平、大致相同数量的相同或类似货物的成交价格，只有在上述条件不满足时，才可采用以不同商业水平和不同数量销售的相同或类似进口货物的价格，但不能将上述价格直接作为进口货物的价格，还须对由此而产生的价格方面的差异做出调整。

此外，对进口货物与相同或类似货物之间由于运输距离和运输方式不同而在成本和其他费用方面产生的差异应进行调整。

上述调整都必须建立在客观量化的数据资料的基础上。

同时还应注意，在采用相同或类似货物成交价格法确定进口货物完税价格时，首先应使用同一生产商生产的相同或类似货物的成交价格，只有在没有同一生产商生产的相同或类似货物的成交价格的情况下，才可以使用同一生产国或地区不同生产商生产的相同或类似货物的成交价格。如果有多个相同或类似货物的成交价格，应当以最低的成交价格为基础估定进口货物的完税价格。

3. 倒扣价格法(Deductive Value)

倒扣价格方法即以进口货物、相同或类似进口货物在境内第一环节的销售价格为基础，扣除境内发生的有关费用来估定完税价格。"第一环节"是指有关货物进口后进行的第一次转售，且转售者与境内买方之间不能有特殊关系。

(1)用以倒扣的上述销售价格应同时符合以下条件：

①在被估货物进口时或大约同时，将该货物、相同或类似进口货物在境内销售的价格；

②按照该货物进口时的状态销售的价格；

③在境内第一环节销售的价格；

④向境内无特殊关系方销售的价格；

⑤按照该价格销售的货物合计销售总量最大。

(2)运用倒扣价格方法的要点

①按进口时的状态销售。

②时间要素。必须是在被估货物进口时或大约同时转售给国内无特殊关系方的价格，其中"进口时或大约同时"为在进口货物接受申报之日的前后各45天以内。如果进口货物、相同或者类似货物没有在海关接受进口货物申报之日前后45天内在境内销售，可以将在境内销售的时间延长至接受货物申报之日前后90天内。

③合计的货物销售总量最大。

(3)倒扣价格方法的倒扣项目

在使用倒扣价格法时，下列费用应扣除：

①该货物的同级或同种类货物在境内第一环节销售时通常支付的佣金或利润和一般费用；

②货物运抵境内输入地点之后的运输及其相关费用、保险费；

③进口关税、进口环节税及其他国内税；

④加工增值额，如果以货物经过加工后在境内转售的价格作为倒扣价格的基础，则必须扣除加工增值部分。

4. 计算价格方法(Computed Value)

计算价格方法既不是以成交价格，也不是以在境内的转售价格作为基础，它是以发生在生产国或地区的生产成本作为基础的价格。

(1)使用计算价格时，应当以下列各项的总和估定进口货物的完税价格

①生产该货物所使用的原材料价值和进行装配或其他加工的费用；

②向境内销售同等级或者同种类货物通常的利润和一般费用；

③货物运抵中华人民共和国境内输入地点起卸前的运输及其相关费用、保险费。

(2)运用计算价格方法的注意事项

计算价格方法按顺序为第五种估价方法，但如果进口货物纳税义务人提出要求，并经海关同意，可以与倒扣法颠倒顺序使用。

5. 合理方法(Reasonable Means)

合理方法，是指当海关不能根据上述几种方法确定完税价格时，根据公平、统一、客观的估价原则，以客观量化的数据资料为基础审查确定进口货物完税价格的估价方法。

在运用合理方法估价时，禁止使用以下六种价格：

(1)境内生产的货物在境内销售的价格；

(2)在两种价格中选择高的价格；

(3)在出口地市场的销售价格；

(4)以计算价格法规定之外的价值或者费用计算的相同或者类似货物的价格；

(5)依据出口到第三国或地区货物的销售价格；

(6)依据最低限价或武断、虚构的价格。

(二)特殊进口货物完税价格的审定

1. 加工贸易进口料件或者其制成品一般估价方法

部分加工贸易进口料件或者其制成品经海关批准转为内销，需依法对其实施估价后征收进口税款。对加工贸易进口货物估价的核心问题有两个：一是按制成品征税还是按料件征税，二是征税的环节是在进口环节还是在内销环节。具体有以下四种情况：

(1)进口时需征税的进料加工进口料件，以该料件申报进口时的成交价格为基础审查确定完税价格。进口时需征税的进料加工进口料件，主要是指不予保税部分的进料加工进口料件。一般来讲，进料加工进口料件在进口环节都有成交价格，因此以该料件申报进口时的价格确定。

(2)进料加工进口料件或者其制成品(包括残次品)内销时，以料件原进口成交价格为基础审查确定完税价格。制成品因故转为内销时，以制成品所含料件原进口成交价格为基础审查确定完税价格。料件原进口成交价格不能确定的，海关以接受内销申报的同时或者大约同时进口的与料件相同或者类似的货物的进口成交价格为基础审查确定完税价格。

(3)来料加工进口料件或者其制成品(包括残次品)内销时，以接受内销申报的同时或者大约同时进口的与料件相同或者类似的货物的进口成交价格为基础审查确定完税价格。来料加工在料件原进口时没有成交价格，所以以其进口料件申报内销时的进口成交价格为基础审查确定完税价格。

(4)加工企业内销加工过程中产生的边角料或者副产品，以海关审查确定的内销价格作为完税价格。

加工贸易内销货物的完税价格按照上述规定仍然不能确定的，由海关按照合理的方法审查确定。

2. 出口加工区内加工企业内销制成品估价办法

出口加工区内的加工企业内销的制成品(包括残次品),海关以接受内销申报的同时或者大约同时进口的相同或者类似货物的进口成交价格为基础审查确定完税价格。

出口加工区内的加工企业内销加工过程中产生的边角料或者副产品,以海关审查确定的内销价格作为完税价格。

出口加工区内的加工企业内销制成品(包括残次品)、边角料或者副产品的完税价格按照上述规定不能确定的,由海关按照合理的方法审查确定。

3. 保税区内加工企业内销进口料件或者其制成品估价办法

保税区内的加工企业内销的进口料件或者其制成品(包括残次品),海关以接受内销申报的同时或者大约同时进口的相同或者类似货物的进口成交价格为基础审查确定完税价格。

保税区内的加工企业内销的进料加工制成品中,如果含有从境内采购的料件,海关以制成品所含从境外购入的料件原进口成交价格为基础审查确定完税价格。料件原进口成交价格不能确定的,海关以接受内销申报的同时或者大约同时进口的与料件相同或者类似货物的进口成交价格为基础审查确定完税价格。

保税区内的加工企业内销的来料加工制成品中,如果含有从境内采购的料件,海关以接受内销申报的同时或者大约同时进口的与制成品所含从境外购入的料件相同或者类似货物的进口成交价格为基础审查确定完税价格。

保税区内的加工企业内销加工过程中产生的边角料或者副产品,以海关审查确定的内销价格作为完税价格。

保税区内的加工企业内销制成品(包括残次品)、边角料或者副产品的完税价格按照上述规定不能确定的,由海关按照合理的方法审查确定。

4. 从保税区、出口加工区、保税物流园区、保税物流中心等区域、场所进入境内需要征税的货物的估价方法

从保税区、出口加工区、保税物流园区、保税物流中心等区域、场所进入境内,需要征税的货物,海关参照本节一般进口货物完税价格审定的有关规定,以从上述区域、场所进入境内的销售价格为基础审查确定完税价格,加工贸易进口料件及其制成品除外。如果前款所述的销售价格中未包括上述区域、场所发生的仓储、运输及其他相关费用的,按照客观量化的数据资料予以计入。

5. 出境修理复运进境货物的估价方法的,按照客观量化的数据资料予以计入

运往境外修理的机械器具、运输工具或者其他货物,出境时已向海关报明,并在海关规定的期限内复运进境的,海关以境外修理费和料件费审查确定完税价格。出境修理货物复

运进境超过海关规定期限的，由海关按照本节一般进口货物完税价格审定的规定审查确定完税价格。

6. 出境加工复运进境货物的估价方法

运往境外加工的货物，出境时已向海关报明，并在海关规定期限内复运进境的，海关以境外加工费和料件费以及该货物复运进境的运输及其相关费用、保险费审查确定完税价格。出境加工货物复运进境超过海关规定期限的，由海关按照本节一般进口货物完税价格审定的规定审查确定完税价格。

7. 暂时进境货物的估价方法

经海关批准的暂时进境货物，应当缴纳税款的，由海关按照本节一般进口货物完税价格审定的规定审查确定完税价格。经海关批准留购的暂时进境货物，以海关审查确定的留购价格作为完税价格。

8. 租赁进口货物的估价方法

(1)以租金方式对外支付的租赁货物，在租赁期间以海关审定的该货物的租金作为完税价格，利息予以计入。

(2)留购的租赁货物以海关审定的留购价格作为完税价格。

(3)纳税义务人申请一次性缴纳税款的，可以选择申请按照规定估价方法确定完税价格，或者按照海关审查确定的租金总额作为完税价格。

9. 减免税货物的估价方法

特定减免税货物在监管年限内不能擅自出售、转让、移作他用，如果有特殊情况，经海关批准可以出售、转让、移作他用，须办理补税手续。减税或免税进口的货物需予补税时，海关以审定的该货物原进口时的价格，扣除折旧部分价值作为完税价格，其计算公式如下：

完税价格=海关审定的该货物原进口时的价格完税价格×[1－征、补税实际已进口的月数/监管年限×12]

上述计算公式中“补税时实际已进口的时间”按月计算，不足1个月但超过15日的，按照1个月计算；不超过15日的，不予计算。

10. 无成交价格货物的估价方法

以易货贸易、寄售、捐赠、赠送等不存在成交价格的进口货物，海关与纳税义务人进行价格磋商后，依照《审价办法》第6条列明的相同货物成交价格估价方法、类似货物成交价格估价方法、倒扣价格估价方法、计算价格估价方法及合理方法审查确定完税价格。

11. 软件介质的估价方法

进口载有专供数据处理设备用软件的介质，具有下列情形之一的，以介质本身的价值或者成本为基础审查确定完税价格：

(1)介质本身的价值或者成本与所载软件的价值分列；

(2)介质本身的价值或者成本与所载软件的价值虽未分列,但是纳税义务人能够提供介质本身的价值或者成本的证明文件,或者能提供所载软件价值的证明文件。

含有美术、摄影、声音、录像、影视、游戏、电子出版物的介质不适用上述规定。

(三)进口货物完税价格中的运输及其相关费用、保险费的计算

1. 运费的计算标准

进口货物的运费,按照实际支付的费用计算。如果进口货物的运费无法确定的,海关按照该货物的实际运输成本或者该货物进口同期运输行业公布的运费率(额)计算运费。运输工具作为进口货物,利用自身动力进境的,海关在审查确定完税价格时,不再另行计入运费。

2. 保险费的计算标准

进口货物的保险费,按照实际支付的费用计算。如果进口货物的保险费无法确定或者未实际发生,海关按照"货价加运费"两者总额的3‰计算保险费。

3. 邮运货物运费的计算标准

邮运进口的货物,以邮费作为运输及其相关费用、保险费。

4. 边境口岸运费的计算标准

以境外边境口岸价格条件成交的铁路或者公路运输进口货物,海关应当按照境外边境口岸价格的1%计算运输及其相关费用、保险费。

**三、出口货物完税价格的审定**

(一)出口货物的完税价格

出口货物的完税价格由海关以该货物的成交价格为基础审查确定,包括货物运至中华人民共和国境内输出地点装载前的运输及其相关费用、保险费。

(二)出口货物的成交价格

出口货物的成交价格,是指该货物出口销售时,卖方为出口该货物向买方直接收取和间接收取的价款总额。不计入出口货物完税价格的税收、费用有:出口关税;在货物价款中单独列明的货物运至中华人民共和国境内输出地点装载后的运费及其相关费用、保险费;在货物价款中单独列明由卖方承担的佣金。

(三)出口货物其他估价方法

出口货物的成交价格不能确定的,依次以下列价格审查确定该货物的完税价格:

1. 同时或者大约同时向同一国家或者地区出口的相同货物的成交价格;

2. 同时或者大约同时向同一国家或者地区出口的类似货物的成交价格;

3. 根据境内生产相同或者类似货物的成本、利润和一般费用、境内发生的运输及其相关费用、保险费计算所得的价格;

4. 按照合理方法估定的价格。

出口货物完税价格=FOB(中国境内口岸)-出口关税=FOB(中国境内口岸)/(1+出口

关税税率)

**四、纳税义务人在海关审定完税价格时的权利和义务**

(一)纳税义务人的权利

1. 要求具保放行货物的权利,即在海关审查确定进出口货物的完税价格期间,纳税义务人可以在依法向海关提供担保后,先行提取货物。

2. 估价方法的选择权,即如果纳税义务人向海关提供有关资料后,可以提出申请,颠倒倒扣价格估价方法和计算价格估价方法的适用次序。

3. 对海关如何确定进出口货物完税价格的知情权,即纳税义务人可以提出书面申请,要求海关就如何确定其进出口货物的完税价格做出书面说明。

4. 对海关估价决定的申诉权,即依法向上一级海关申请行政复议,对复议决定不服的,可以依法向人民法院提起行政诉讼的权利。

(二)纳税义务人的义务

1. 如实提供单证及其他相关资料的义务,即纳税义务人向海关申报时,应当按照《审价办法》的有关规定,向海关如实提供发票、合同、提单、装箱清单等单证。根据海关要求,纳税义务人还应当如实提供与货物买卖有关的支付凭证以及证明申报价格真实、准确的其他商业单证、书面资料和电子数据。

2. 如实申报及举证的义务,即货物买卖中发生《审价办法》规定中所列的价格调整项目的,纳税义务人应当如实向海关申报。价格调整项目如果需要分摊计算的,纳税义务人应当根据客观量化的标准进行分摊,并同时向海关提供分摊的依据。

3. 举证证明特殊关系未对进口货物的成交价格产生影响的义务,即买卖双方之间虽然存在特殊关系,但是纳税义务人认为特殊关系未对进口货物的成交价格产生影响时,应提供相关资料,以证明其成交价格符合《审价办法》的规定。

**资料卡:海关估价中的价格质疑程序和价格磋商程序**

(一)价格质疑程序

在确定完税价格过程中,海关对申报价格的真实性或准确性有疑问,或有理由认为买卖双方的特殊关系可能影响到成交价格时,向纳税义务人或者其代理人制发"中华人民共和国海关价格质疑通知书",将质疑的理由书面告知纳税义务人或者其代理人。纳税义务人或者其代理人应自收到价格质疑通知书之日起5个工作日内,以书面形式提供相关资料或者其他证据,证明其申报价格真实、准确或者双方之间的特殊关系未影响成交价格。纳税义务人或者其代理人确有正当理由无法在规定时间内提供前款资料的,可以在规定期限届满前以书面形式向海关申请延期。除特殊情况外,延期不得超过10个工作日。

对于进出口货物没有成交价格,或申报价格明显不符合成交价格条件的情况,海关无须履行价格质疑程序,可直接进入价格磋商程序。

(二)价格磋商程序

价格磋商是指海关在使用除成交价格以外的估价方法时,在保守商业秘密的基础上,与纳税义务人交换彼此掌握的用于确定完税价格的数据资料的行为。海关按照《审价办法》规定通知纳税义务人进行价格磋商时,纳税义务人需自收到“中华人民共和国海关价格磋商通知书”之日起5个工作日内与海关进行价格磋商。纳税义务人未在规定的时限内与海关进行磋商的,视为其放弃价格磋商的权利,海关可以直接按照《审价办法》规定的方法审查确定进出口货物的完税价格。海关与纳税义务人进行价格磋商时,应当制作“中华人民共和国海关价格磋商记录表”。进出口货物的纳税义务人应重视价格磋商环节,积极配合海关履行价格磋商程序,如实填报进出口货物有关情况并提供相关的信息资料。

对符合下列情形之一的,经纳税义务人书面申请,海关可以不进行价格质疑以及价格磋商,依法审查确定进出口货物的完税价格:

(1)同一合同项下分批进出口的货物,海关对其中一批货物已经实施估价的;

(2)进出口货物的完税价格在人民币10万元以下或者关税及进口环节税总额在人民币2万元以下的;

(3)进出口货物属于危险品、鲜活品、易腐品、易失效品、废品、旧品等的。

## 任务三　确定进出口货物的原产地与税率

### 一、进口货物原产地的确定

(一)原产地规则(Rules of Origin)的起因

为了适应国际贸易的需要,推进国际贸易自由化进程、做好贸易统计、执行本国关税及非关税方面的国别歧视性贸易措施,必须对进出口商品的原产地进行认定。而随着国际合作的深化,各国生产分工越来越细,生产程序很多,许多产品的生产制造并不是从原料到制成品都在一个国家内进行的,产品的制成需要经过两个甚至多个国家才能完成。一方面,产品在各国的生产加工程度不同,有的仅简单改变了产品的形状、包装或进行了其他简单加工,有的则是把外国原料或零件制成与原来产品完全不同的新产品。另一方面,加工中使用外国原材料或零件的比例也可能不同,有的多,有的少。因此,需要订出确定原产地的标准。

(二)原产地规则的含义

《WTO原产地规则协议》将原产地规则定义为:一国(地区)为确定货物的原产地而实施的普遍适用的法律、法规和行政决定。各国以本国立法形式制定出其鉴别货物“国籍”的标准,这就是原产地规则。我国自2005年1月1日起实施新的《中华人民共和国进出口货物原产地条例》。

(三)原产地规则的类别

从适用目的的角度划分,我国现行的原产地规则分为优惠原产地规则和非优惠原产地规则。

1. 优惠原产地规则

优惠原产地规则是指一国为了实施国别优惠政策而制定的原产地规则，优惠范围以原产地为受惠国的进口产品为限。由于这些原产地认定标准是给惠国和受惠国之间通过多边或双边协定形式制定的，所以又称为“协定原产地规则”。

至2007年3月为止，我国先后签订了《亚洲及太平洋经济和社会理事会发展中国家成员国关于贸易谈判的第一协定》（又称《亚太贸易协定》）、《中华人民共和国与东南亚国家联盟全面经济合作框架协议》（又称《框架协议》）、《内地与香港更紧密经贸关系优惠关税安排》（又称CEPA香港）、《内地与澳门更紧密经贸关系优惠关税安排》（又称CEPA澳门）、《中华人民共和国政府与巴基斯坦伊斯兰共和国政府关于自由贸易协定早期收获计划的协议》（以下简称《早期收获协议》）、《中国向柬埔寨提供特殊优惠关税待遇的换文》《中国向缅甸提供特殊优惠关税待遇的换文》和《中国向老挝提供特殊优惠关税待遇的换文》（以下简称“三个《换文》”）、中国—智利自由贸易区协定等区域贸易协定。上述协定框架下所达成的优惠贸易协定，均适用相应的优惠原产地规则。

2. 非优惠原产地规则

非优惠原产地规则是指一国根据实施其海关税则和其他贸易措施的需要，由本国立法自主制定的原产地规则，也称为“自主原产地规则”。其实施必须遵守最惠国待遇原则，即必须普遍地、无差别地适用于所有原产地为最惠国的进口货物。非优惠原产地规则是为实施最惠国待遇、反倾销和反补贴、保障措施、原产地标记管理、国别数量限制、关税配额等非优惠性贸易措施，以及进行政府采购、贸易统计等活动而认定进出口货物原产地的标准。

（四）原产地认定标准（Origin Criterion）

在认定货物原产地时，会出现以下两种情况：一种是货物完全是在一个国家（地区）获得或生产制造，即只有一个国家（地区）介入；另一种是货物的生产或制造有两个及以上国家（地区）介入。

1. 优惠原产地认定标准

优惠原产地认定标准主要有“完全在一个国家（地区）生产的标准（即完全获得标准）”、“实质性改变标准（即增值标准）”、“直接运输标准”。

(1)完全获得标准（Wholly Produced Criterion）

①在该国（地区）的领土或从领海开采的矿产品；

②在该国（地区）领土或领海收获或采集的植物产品；

③在该国（地区）领土出生和饲养的活动物及从其所得产品；

④在该国（地区）领土或领海狩猎或捕捞所得的产品；

⑤由一国（地区）船只在公海捕捞的水产品和其他海洋产品；

⑥在该国(地区)加工船加工的前述第⑤项所列物品所得的产品；

⑦在该国(地区)收集仅适用于原材料回收的废旧物品；

⑧在该国(地区)加工制造过程中产生的废碎料；

⑨在该国(地区)利用上述①～⑧项所列产品加工所得的产品。

(2)增值标准

对于非完全在某一受惠国获得或生产的货物，满足以下条件时，应以进行最后加工制造的受惠国视为有关货物的原产国(地区)：

①货物的最后加工制造工序在受惠国完成；

②用于加工制造的非原产于受惠国及产地不明的原材料、零部件等成分的价值占进口货物FOB的比例，在上述不同的协定框架下，增值标准各有不同。

《亚太贸易协定》项下的原产地规则要求增值部分不超过50%，原产于最不发达受惠国(即孟加拉国)的产品的以上比例不超过60%。

《框架协议》项下的《中国—东盟自由贸易区原产地规则》的增值标准为原产于任一东盟国家的中国—东盟自由贸易区(以下简称“自由贸易区”)的产物的成分不少于40%的，原产于非自由贸易区的材料、零件或者产物的总价值不超过所生产或者获得产品FOB的60%，并且最后生产工序在东盟国家境内完成。

CEPA项下的原产地规则要求港澳产品的增值标准为30%。

中国—巴基斯坦自由贸易区原产地规则要求，如果货物中巴基斯坦原产成分的比例不小于40%，该货物应当视为原产于巴基斯坦，除另有规定外，符合未完全获得的货物在巴基斯坦境内用作生产享受《早期收获协议》协定税率的制成品的材料时，如果该制成品中原产中国、巴基斯坦的成分累计不低于40%，则该货物应当视为原产于巴基斯坦。

中国给予非洲最不发达国家特别优惠关税待遇的货物原产地规则的“从价百分比”标准是指非一个受惠国原产的材料、零件或产物的总价值小于所生产或者获得产品FOB的60%，且最后生产工序在该受惠国境内完成的，视为进行了实质性加工。

(3)直接运输标准(Direct Transport Rule)

直接运输标准是指原产国要将出口产品直接运到进口国，进口国才能作为该国原产的货物给予相应的待遇。不同协定框架下的优惠原产地规则中的直接运输标准各有不同。

①《亚太贸易协定》项下的原产地规则的“直接运输”是指：

A. 货物运输未经非受惠国关境；

B. 货物虽经一个或多个非受惠国关境，但其有充分理由证明过境运输完全出于地理原因或商业运输的要求，并能证明货物在运输过程中未在非受惠国关境内使用、交易或消费，以及除装卸和为保持货物良好状态而接受的简单处理外，未经任何其他处理。经非受惠国运输进口的货物适用亚太贸易协定税率时，应符合进口地海关要求，进口货物收货人应提交过境海关签发的对上述事项的证明或其他证明材料。对于非直接运输进境的货物,不能适用亚太贸易协定税率,海关依法确定进口货物的原产地,并据以确定适用税率。

②《框架协议》项下的原产地规则的"直接运输"是指《框架协议》项下的进口货物从某一东盟国家直接运输至我国境内,或者从某一东盟国家经过其他自由贸易区成员国(地区)境内运输至我国,但途中没有经过任何非自由贸易区成员国(地区)境内。进口货物运输途中经过非自由贸易区成员国(地区)境内(包括转换运输工具或者作临时储存)运输至我国,并且同时符合下列条件的,视为从东盟国家直接运输:仅是由于地理原因或者运输需要;产品经过上述国家时未进行贸易或者消费;除装卸或者为保持产品良好状态而进行的加工外,产品在上述国家未经过任何其他加工。

③CEPA 香港项下的进口货物应当从中国香港直接运输至内地口岸;CEPA 澳门项下的进口货物不能从中国香港以外的地方转运。

④中国—巴基斯坦自由贸易区原产地规则的"直接运输规则":一是货物未经过任何中国和巴基斯坦之外的国家或者地区境内运输;二是货物运输途中经过一个或者多个中国和巴基斯坦之外的国家或者地区,不论是否在这些国家或者地区转换运输工具或者作临时储存,应同时符合以下条件:仅是由于地理原因或者运输需要;货物未在这些国家或者地区进入贸易或者消费领域;除装卸或者其他为使货物保持良好状态的处理外,货物在这些国家或者地区未经任何其他加工。

⑤中国给予非洲最不发达国家特别优惠关税待遇的货物原产地规则要求享受特别优惠关税待遇的货物,应当符合的直接运输规则:一是货物直接从一个受惠国运输至中国关境口岸;二是货物经过第三国(地区)运输,但仅是由于地理原因或者运输需要,未进入该第三国(地区)进行贸易或者消费,以及除装卸和为保持货物处于良好状态所需的工作外,在该第三国(地区)未进行任何其他加工。

2. 非优惠原产地认定标准

非优惠原产地认定标准主要有"完全在一个国家(地区)生产的标准(即完全获得标准)"和"实质性改变标准"。

(1)完全获得标准

完全在一个国家(地区)获得或生产制造的货物,以该国(地区)为原产地。以下产品视为在一国(地区)"完全获得":

1)在一国(地区)出生并饲养的活的动物;

2)在一国(地区)野外捕捉、捕捞、搜集的动物;

3)从一国(地区)的活的动物获得的未经加工的物品;

4)在一国(地区)收获的植物和植物产品;

5)在一国(地区)采掘的矿物;

6)在一国(地区)获得的除上述①～⑤项范围之外的其他天然生成的物品；

7)在一国(地区)生产过程中产生的只能弃置或者回收用作材料的废碎料；

8)在一国(地区)收集的不能修复或者修理的物品,或者从该物品中回收的零件或者材料；

9)由合法悬挂该国旗帜的船舶从其领海以外海域获得的海洋捕捞物和其他物品；

10)在合法悬挂该国旗帜的加工船上加工上述第⑨项所列物品获得的产品；

11)从一国领海以外享有专有开采权的海床或者海床底土获得的物品；

12)在一国(地区)完全从上述1)～11)项所列物品中生产的产品。

在确定货物是否在一个国家(地区)完全获得时,为运输、贮存期间保存货物而作的加工或者处理,为货物便于装卸而作的加工或者处理,为货物销售而作的包装等加工或者处理等,不予考虑。

(2)实质性改变的确定标准

两个及两个以上国家(地区)参与生产或制造的货物,以最后完成实质性改变的国家(地区)为原产地。以税则归类改变为基本标准,税则归类改变不能反映实质性改变的,以从价百分比、制造或者加工工序等为补充标准。

①税则归类改变,是指在某一国家(地区)对非该国(地区)原产材料进行制造、加工后所得货物在《中华人民共和国进出口税则》中的四位数税号一级的税则归类发生改变。

②制造或者加工工序,是指在某一国家(地区)进行的赋予制造、加工后所得货物基本特征的主要工序。

③从价百分比,是指在某一国家(地区)对非该国(地区)原产材料进行制造、加工后的增值部分,超过所得货物价值的30%。用公式表示如下：

[工厂交货价－非该国(地区)原产材料价值]/工厂交货价×100%≥30%

(五)申报要求

1.《亚太贸易协定》规则

除了按照其进口货物所需提交的单证之外,纳税义务人还应当向海关提交受惠国政府指定机构签发的原产地证书正本作为报关单随附单证。

如果货物经过其他非受惠国关境的,除了上述单证之外,纳税义务人还应当向海关交验货物所经过的该过境国家(地区)有关部门出具的未再加工证明文件以及自受惠国启运后换装运输工具至我国的全程提(运)单等。如果货物是经过中国香港、澳门的,应分别由中国检验(香港)有限公司、中国检验认证集团澳门有限公司签发未再加工证明文件,如果货物是经过其他国家(地区)的,由过境地海关签发未再加工证明文件。

2.《框架协议》规则

纳税义务人应当主动向申报地海关申明该货物适用中国—东盟协定税率。除按照其进口货物所需提交的单证之外，纳税义务人还应当向海关提交由东盟出口国指定政府机构签发的原产地证书(包括正本和第三联)作为报关单随附单证。

如果是货物经过非东盟自由贸易区成员国(地区)关境的，除了上述单证之外，纳税义务人还应当向海关交验在东盟出口国签发的联运提单、货物所经过的该过境国家(地区)海关出具的未再加工证明文件〔中国香港、澳门分别由中国检验(香港)有限公司、中国检验认证集团(澳门)有限公司签发，其他国家(地区)由过境地海关签发〕。

3. CEPA 香港规则和 CEPA 澳门规则

纳税义务人应当主动向申报地海关申明该货物适用零关税税率。除了按照其进口货物所需提交的单证之外，纳税义务人还应当向海关提交符合 CEPA 项下规定的有效原产地证书作为报关单随附单证。

如果是 CEPA 香港项下原产于中国香港的受惠商品，应当从中国香港直接运输至内地口岸，除了上述单证之外，纳税义务人还可以提交承运人提供的中国香港海关查验报告以适用绿色关锁制度。

如果是 CEPA 澳门项下原产于中国澳门的受惠商品，且是经过中国香港转运至内地口岸的，除了上述单证之外，纳税义务人还应当向海关交验在中国澳门签发的联运提单、中国检验(香港)有限公司出具的未再加工证明文件等。

4. 中国—巴基斯坦自由贸易区原产地规则

进口货物收货人应当在向海关申报货物进口时，主动向海关申明适用《早期收获协议》协定税率，并在有关货物进境报关时向海关提交巴基斯坦指定的政府机构签发的原产地证书。进口货物经过一个或者多个中国和巴基斯坦之外的国家或者地区运输的，进口货物收货人应当向海关提供下列单证：在巴基斯坦签发的联运提单；巴基斯坦有关政府机构签发的原产地证书；货物的原始商业发票副本等。

5. 中国给予非洲最不发达国家特别优惠关税待遇的货物原产地规则

有关货物在进口报关时，进口货物收货人应当主动向进境地海关申明有关货物享受特别优惠关税，并提交由出口国指定的政府机构签发的原产地证书。各受惠国原产地证书签发机构签发的原产地证书有效期为自签发之日起 180 天。对经过第三国(地区)运输的进口货物，应当向申报地海关提供的单证除出口国发证机构签发的原产地证书之外，还应包括：在出口国签发的联运提单；货物的原厂商发票；符合直接运输规则有关条件的证明文件。

**资料卡：原产地证明书**

原产地证明书是证明产品原产于某地的书面文件。它是受惠国的原产品出口到给惠国时享受关税优惠的凭证，同时也是进口货物是否适用反倾销、反补贴税率、保障措施等贸易政策的参考凭证。

我国海关并不要求每一票货物都必须提供原产地证书，报关时一般只需如实填写货物原产地即可，但对于中性包装、裸装和散装的货物例外。此外，对于某些难以确定原产国的货物，必要时海关可以要求申报人交验有关外国（地区）发证机关签发的“原产地证明书”。凡不能提供的，海关按普通税率计征关税。

对于按照进口实施“协定关税税率”的进口货物及我国实行特别关税税率和涉及实行保障措施的进口货物，进口申报应当按照规定向海关提交原产地证书。

为保证企业在享受该项优惠政策，快速顺利通关，企业向海关申报时应注意：原产地证书的发证机构名称、发证机构的签章是否与备案一致；原产地证书所列进出口商名称、地址、运输方式、货物名称、规格型号、重量、发票号及日期应与进口报关人提供的进口货物的合同、发票、装箱单等一致。一个原产地证书只适用于一批进口货物，不可多次使用。原产地证书应为正本，复印件无效，经涂改、字迹不清的原产地证书应予退回更换。

**二、税率适用**

（一）税率适用原则

2015 年我国将对部分进口商品实施低于最惠国税率的进口暂定税率。其中，首次实施进口暂定税率和进一步降低税率的产品包括光通信用激光器、全自动铜丝焊接机等先进制造业所需的设备、零部件；电动汽车用电子控制制动器等有利于节能减排的环保设备；乙烯、镍铁等国内生产所需的能源资源性产品；降脂原料药、夏威夷果、相机镜头等药品和日用消费品。同时，统筹考虑产业、技术发展和市场情况，对制冷压缩机、汽车收音机、喷墨印刷机等商品不再实施进口暂定税率，适当提高天然橡胶等商品的暂定税率水平。

2015 年继续对小麦等 7 种农产品和尿素等 3 种化肥的进口实施关税配额管理，并对尿素等 3 种化肥实施 1%的暂定配额税率。对关税配额外进口一定数量的棉花继续实施滑准税，税率不变。

2015 年我国继续以暂定税率的形式对煤炭、原油、化肥、铁合金等产品征收出口关税。根据国内化肥、煤炭供需情况的变化，适当调整化肥出口关税，对氮肥、磷肥实施全年统一的出口关税税率，适当降低煤炭产品出口关税税率。

在内地与香港、澳门特别行政区更紧密经贸关系安排框架下，对原产于港澳地区且已制定优惠原产地标准的产品实施零关税。

财政部表示，为适应科学技术进步，产业结构调整，贸易结构优化，加强进出口管理的需要，2015 年对进出口税则中部分税目进行调整。调整后，2015 年我国税则税目总数将由 8277 个增加到 8285 个。

1. 进口税率适用原则

对于同时适用多种税率的进口货物，在选择适用的税率时，基本的原则是“从低计征”，特殊情况除外：

（1）原产于共同适用最惠国待遇条款的世界贸易组织成员的进口货物，原产于与中华人民共和国签订含有相互给予最惠国待遇条款的双边贸易协定的国家或者地区的进口货物，以及原产于中华人民共和国境内的进口货物，适用最惠国税率。原产于与中华人民共和国签订含有关税优惠条款的区域性贸易协定的国家或者地区的进口货物，适用协定税率。原产于与中华人民共和国签订含有特殊关税优惠条款的贸易协定的国家或者地区的进口货物，适用特惠税率。上述之外的国家或者地区的进口货物，以及原产地不明的进口货物，适用普通税率。

(2)适用最惠国税率的进口货物有暂定税率的，应当适用暂定税率；适用协定税率、特惠税率的进口货物有暂定税率的，应当从低适用税率；适用普通税率的进口货物，不适用暂定税率。对于无法确定原产国(地区)的进口货物，按普通税率征税。

(3)按照国家规定实行关税配额管理的进口货物，关税配额内的适用关税配额税率；关税配额外的，其税率的适用按其所适用的其他相关规定执行。

(4)按照有关法律、行政法规的规定对进口货物采取反倾销、反补贴、保障措施的，其税率的适用按照《反倾销条例》《反补贴条例》和《中华人民共和国保障措施条例》的有关规定执行。

(5)任何国家或者地区违反与中华人民共和国签订或者共同参加的贸易协定及相关协定，对中华人民共和国在贸易方面采取禁止、限制、加征关税或者其他影响正常贸易的措施的，对原产于该国家或者地区的进口货物可以征收报复性关税，适用报复性关税税率。征收报复性关税的货物，适用国别、税率、期限和征收办法，由国务院关税税则委员会决定并公布。

2. 出口税率适用原则

对于出口货物，在计算出口关税时，出口暂定税率优先于出口税率执行。

(二)税率适用时间

《关税条例》规定，进出口货物应当适用海关接受该货物申报进口或者出口之日实施的税率。

在实际运用时应区分以下不同情况：

1. 进口货物到达前，经海关核准先行申报的，应当适用装载该货物的运输工具申报进境之日实施的税率。

2. 进口转关运输货物，应当适用指运地海关接受该货物申报进口之日实施的税率；货物运抵指运地前，经海关核准先行申报的，应当适用装载该货物的运输工具抵达指运地之日实施的税率。

3. 出口转关运输货物，应当适用启运地海关接受该货物申报出口之日实施的税率。

4. 经海关批准，实行集中申报的进出口货物，应当适用每次货物进出口时海关接受该货物申报之日实施的税率。

5. 因超过规定期限未申报而由海关依法变卖的进口货物,其税款计征应当适用装载该货物的运输工具申报进境之日实施的税率。

6. 因纳税义务人违反规定需要追征税款的进出口货物,应当适用违反规定的行为发生之日实施的税率;行为发生之日不能确定的,适用海关发现该行为之日实施的税率。

7. 已申报进境并放行的保税货物、减免税货物、租赁货物或者已申报进出境并放行的暂时进出境货物,有下列情形之一需缴纳税款的,应当适用海关接受纳税义务人再次填写报关单申报办理纳税及有关手续之日实施的税率:

(1)保税货物经批准不复运出境的;

(2)保税仓储货物转入国内市场销售的;

(3)减免税货物经批准转让或者移作他用的;

(4)可暂不缴纳税款的暂时进出境货物,经批准不复运出境或者进境的;

(5)租赁进口货物,分期缴纳税款的。

进出口货物关税的补征和退还,按照上述规定确定适用的税率。

## 任务四　计算进出口税费

依法征收进出口税费是海关的基本任务之一,对于进出境货物的收发货人及其代理人,依法缴纳税费是其基本义务。进出口税费是指海关在进出口环节中依法征收的关税、增值税、消费税、船舶吨税、滞纳金等税费。进出口税费征纳的法律依据主要是《海关法》《关税条例》以及其他有关法律、行政法规。

海关征收的关税,进口环节税及滞纳金等一律以人民币计征。进口货物的成交价格及有关费用如以人民币以外的外币计算的,计算税款前海关按照该货物适用税率之日所适用的计征税率折合为人民币计算完税价格。完税价格,税额采用四舍五入法计算至分,分以下四舍五入,关税,进口环节增值税及滞纳金等税费的起征点为人民币 50 元,目前我国海关接受申报,计征税费等工作已经实现自动化,无须人工计算,但从报关业务的角度出发,报关员必须掌握有关进出口税费的基本计算公式及方法。

### 一、进出口关税计算

#### (一)进口关税税款的计算

目前,我国对进口关税采用的计征标准主要有:从价关税、从量关税、复合关税和反倾销税等,自 2006 年 1 月 1 日起,对配额外进口一定数量的棉花实行 5%～40%的滑准税(含加工贸易正在执行的手册在 2006 年办理内销征收手续)。

1. 从价关税

从价关税是以进口货物的完税价格作为计税依据,以应征税额占货物完税价格的百分比作为税率,货物进口时,以此税率和实际完税价格相乘计算应征税额。

计算公式为：

正常征收的进口关税税额=完税价格×法定进口关税税率

减税征收的进口关税税额=完税价格×减按进口关税税率

进口货物的成交价格，因有不同的成交条件而有不同的价格形势，常用的价格条款有CIF. FOB. CFR三种。因此，完税价格可能是：

完税价格=CIF价格

完税价格=(FOB价格+运费)/(1-保险费率)

完税价格=CFR价格/(1-保险费率)

从价关税计算程序如下：

(1)按照归类规则确定税则归类，将应税货物归入合适的税号；

(2)根据原产地规则，确定应税货物所适用的税率；

(3)根据完税价格审定办法、有关规定，确定应税货物的完税价格；

(4)根据汇率使用有关规定，将外币折算成人民币；

(5)按照计算公式正确计算应征税款。

【例8.1】某公司从香港进口德国原产奔驰豪华小轿车1辆(排气量超3000毫升)，其成交价格为每辆CIF天津新港30000美元，已知海关填发税款缴款书日的外汇牌价适用中国银行的外汇折算价为1美元=人民币7.0元，计算应征进口关税。

计算方法如下：

(1)根据税则归类，排气量超3000mL的小轿车应归入税目8703.2430。

(2)德国原产货物的优惠税率为50.7%。

(3)审核申报价格，符合“成交价格”条件。

(4)根据填发税款缴款书日的外汇牌价，将货价折算成人民币。

完税价格：30000美元×7.0=210000元

(5)应征进口关税税额=完税价格×法定进口关税税度

=210000.00×50.7%

=106470.00(元)

2. 从量关税

从量关税是以进口商品的数量、体积及重量等计量单位计征关税的方法。计算时以货物的数量乘以每单位应纳税金额即可得出该货物的关税税额。

计算公式为：

应征进口关税税额=货物数量×单位税额

从量征税的计算程序如下：

(1)按照归类原则确定税则归类，将应税货物归入恰当的税目税号；

(2)根据原产地规则和税率使用原则,确定应税货物所适用的税率;

(3)确定其实际进口量;

(4)根据完税价格审定办法和规定,确定应税货物的完税价格(计征增值税时需要);

(5)根据汇率使用原则,将外币价格折算成人民币价格;

(6)按照计算公式正确计算应征税款。

【例 8.2】内地某公司从香港特别行政区购进柯达彩色胶卷 30000 卷(宽度 35mm,长度不超 2m),成交价格合计为 CIF 天津新港 10.00 港币/卷,已知适用中国银行的外汇折算价为 1 港币=人民币 0.9 元,计算应征进口关税。

计算方法如下:

(1)确定税则归类,彩色胶卷归入税目税号 3702.5410。

(2)原产地香港特别行政区的优惠税率为 30 元/平方米。

(3)确定其实际进口量 30000 卷×0.05775 平方米/卷(以规定单位换算表折算,规格"135/36"1 卷=0.05775$m^2$)=1732.5$m^2$。

(4)审定完税价格为 300000 港币。

(5)将外币总价格折算成人民币为 270000.00 元(计征进口环节增值税时需要)。

(6)应征进口关税税额=货物数量×单位税额

=1732.5×30

=51975.00(元)

3. 复合关税

复合关税是对某种进口商品,混合使用从价税和从量税计征关税。

计算公式为:

应征进口关税税额=进口货物数量×适用单位税额+完税价格×适用进口关税税率

复合关税计算程序如下:

(1)按照归类原则确定税则归类,将应税货物归入恰当的税目税号;

(2)根据原产地规则和税率使用原则,确定应税货物所适用的税率;

(3)确定其实际进口量;

(4)根据完税价格审定办法和规定,确定应税货物的完税价格;

(5)根据汇率使用原则,将外币价格折算成人民币价格;

(6)按照计算公式正确计算应征税款。

【例 8.3】国内某进出口公司,从日本购进广播级电视摄像机 10 台,成交价格为 CIF 境内某口岸 6000 美元/台,已知适用中国银行的外汇折算价为 1 美元=人民币 7.0 元,计算应征进口关税。

计算方法如下:

(1)确定税则归类，该批摄像机归入税目税号 8525.3091；

(2)原产国日本关税税率适用最惠国税率，经查关税税率为：完税价格低于 5000 美元/台的，关税税率为单一从价税 35%；完税价格高于 5000 美元/台以上的，关税税率为 12960 元从量税再加 3%的从价关税。

(3)确定成交价格合计为 60000 美元。

(4)将外币价格折算成人民币为 420000 元。

(5)应纳进口关税税额为：

应纳进口关税税额为=(420000×3%+10×12960)=142200(元)

4. 滑准关税

自 2006 年 1 月 1 日起，对配额外进口一定数量的棉花(税号 5201.0000)，实行 5%～40%的滑准税。当配额外进口棉花完税价格高于或等于 10746 元/吨时，暂定关税优惠税率为 5%，当配额外进口棉花完税价格低于 10746 元/吨时，暂定关税优惠税率如下。

按下述公式计算

$R_i=\text{INT}\{[P_t/(P_i\times E)-1]\times 1000+0.5\}/1000(R_i\leqslant 40\%)$

其中，$R_i$ 为暂定关税税率，当 $R_i$ 按上式计算值高于 40%时，取值 40%；

$E$ 为美元汇率；

$P_i$ 为关税完税价格(美元)；

$P_t$ 为常数，为 11283；

INT 为取整函数(即小数点后面的数一律舍去)。

应征税款计算公式：

应征进口关税税额=完税价格×关税税率

滑准关税的计算程序如下：

(1)按照归类原则确定税则归类，将应税货物归入恰当的税目税号；

(2)根据原产地规则和税率使用原则，确定应税货物所适用的税率；

(3)根据完税价格审定办法和规定，确定应税货物的完税价格；

(4)根据关税税率计算公式计算关税税率；

(5)根据汇率使用有关规定，将外币折算成人民币；

(6)正确计算应征税款。

【例 8.4】国内某公司购进配额外未梳棉花 1 吨，原产地为美国，成交价格为 CIF 天津新港 1000.00 美元。已知其适用中国银行的外汇折算价为 1 美元=人民币 7.0 元，计算应征进口关税税款。

计算方法如下：

(1)确定税则归类：未梳棉花归入税目税号 5201.0000.90；

(2)确定关税税率;原产国适用最惠国税率,经查当进口棉花完税价格高于或等于10746元/吨时,暂定关税优惠税率为5%;当进口棉花完税价格低于10746元/吨时,暂定关税优惠率为≤40%(滑准关税税率),即当计算的关税税率小于40%时,按照计算的关税税率计征关税,若计算的关税税率大于40%,则按照40%的关税税率计征关税;

(3)审定完税价格:1000美元×7.0=7000元,低于10746元/吨,按照滑准关税税率计征关税;

(4)根据进口暂定关税税率(滑准关税税率)公式计算其暂定关税税率为:

该批棉花暂定关税税率=INT{[11283/7000−1]×1000+0.5}/1000=61.2%

(5)该滑准关税税率计算后为61.2%,大于40%,按照40%的关税税率计征关税;

(6)应征进口关税税额=暂定关税税率×完税价格(美元)×汇率=40%×1000×7.0=2800.00(元)

5. 反倾销税

反倾销税是为抵制外国商品倾销进口,保护国内生产而征收的一种进口附加税,即在倾销商品进口时除征收进口关税外,再征收反倾销税。

反倾销税的计算公式为:

反倾销税税额=完税价格×反倾销税税率

反倾销税的计算程序如下:

(1)按照归类原则确定税则归类,将应税货物归入恰当的税目税号;

(2)根据反倾销税有关规定,确定应税货物所适用的反倾销税税率;

(3)根据完税价格审定办法、规定,确定应税货物的完税价格;

(4)根据汇率使用原则,将外币价格折算成人民币价格;

(5)正确计算应征的反倾销税税款。

【例8.5】国内某五金矿产进出口公司,从韩国购进厚度为0.7mm的冷轧板卷300t,成交价格为CIF境内某口岸500美元/吨,生产厂商为韩国某制钢株式会社,已知适用中国银行的外汇折算价为1美元=人民币7.0元,现计算应征的反倾销税税款。

计算方法如下:

(1)确定税则归类,厚度为0.7mm的冷轧卷板归入税目税号7209.1790;

(2)根据有关规定,进口韩国厂商韩国某制钢株式会社生产的冷轧卷板反倾销税税率为14%;

(3)审定完税价格为150000美元;

(4)将外币价格折算成人民币为1050000.00元。

反倾销税税额=完税价格×反倾销税税率

　　　　　　=1050000×14%

$=147000.00$(元)

(二)出口关税税款的计算

目前,我国仅对一小部分关系到国计民生的重要出口商品征收出口关税。我国出口关税有从价和从量征收两种计征标准。

1. 实行从价计征标准的出口关税

1)计算公式

应征出口关税税额=完税价格×出口关税税率

完税价格=成交价格(FOB)÷(1+出口关税税率)

2)计算程序

(1)按照归类原则确定税则归类,将应税货物归入恰当的税目税号;

(2)根据完税价格审定办法、规定,确定应税货物的成交价格;

(3)根据汇率使用原则,将外币价格折算成人民币价格;

(4)正确计算应征出口关税税款。

【例 8.6】国内某五金矿产进出口公司从天津出口一批合金生铁,申报出口量 100 吨,每吨成交价格为 100 美元。其适用中国银行的外汇折算价为 1 美元=人民币 7.0 元,要求计算出口关税。

计算方法如下:

(1)确定税则归类,该批合金生铁归入税目税号 7201.5000,税率为 20%;

(2)审定 FOB 为 10000 美元;

(3)将外币价格折算成人民币为 70000.00 元;

(4)正确计算应征出口关税税款:

应征出口关税税额=成交价格(FOB)÷(1+出口关税税率)×出口关税税率

$=70000\div(1+20\%)\times 20\%$

$=11666.67$(元)

2. 实行从量计征标准的出口关税

1)计算公式

应征出口关税税额=货品数量×单位税额

2)计算程序

(1)按照归类原则确定税则归类,将应税货物归入恰当的税目税号;

(2)根据原产地规则和税率使用原则,确定应税货物所适用的税率;

(3)确定其实际出口量;

(4)正确计算应征出口关税税款。

【例 8.7】国内某纺织品进出口集团公司从天津出口棉质女式大衣 1000 件、毛制男式长裤1000条，成交总价(FOB)分别为3000.00美元、3500.00美元。计算应征出口关税。

计算方法如下：

确定税则归类，棉质女式大衣归入税目税号6202.1290，税率为4.00元/件；毛制男式长裤归入税目税号6203.4100，税率为3.00元/条。

应征从量出口关税税额＝货物数量×单位税额

＝1000×4.00＋1000×3.00

＝4000.00＋3000.00

＝7000.00(元)

**二、进口环节海关代征税的计算**

进口环节税分为进口环节消费税和进口环节增值税两种。

(一)消费税税款的计算

由于我国进口环节消费税的征税标准包含从价标准、从量标准和复合标准，所以具体计算公式也有所不同。

1. 计算公式

(1)实行从价征收的消费税是按照组成的计税价格计算。其计算公式为：

应纳消费税税额＝消费税组成计税价格×消费税从价税率

消费税组成计税价格＝(进口货物关税完税价格＋进口关税税额)÷(1－消费税税率)

(2)实行从量征收的消费税的计算公式为：

应纳消费税税额＝应征消费税消费品数量×单位税额

(3)实行从量、从价征收的消费税是上述两种征税方法之和。其计算公式为：

应纳消费税税额＝应征消费税消费品数量×单位税额＋组成计税价格×消费税税率

2. 计算程序

(1)按照归类原则确定税则归类，将应税货物归入恰当的税目税号；

(2)根据有关规定，确定应税货物所适用的消费税税率；

(3)确定进口货物数量。

(4)根据完税价格审定办法、规定，确定应税货物的完税价格(CIF)。

(5)根据汇率使用原则，将外币折成人民币；

(6)正确计算消费税税款。

3. 计算实例

【例8.8】某公司进口某批货物，到岸价(CIF)折合人民币1万元，已知该货物关税税率为30%，消费税税率为10%，求应征消费税税额。

计算方法如下：

(1)首先求出应征关税税款：

应纳关税税额＝10000 元×30％＝3000 元

(2)计算应征消费税税款：

应纳消费税税额＝(10000＋3000)÷(1－10％)×10％＝1444.44(元)

【例 8.9】国内某国际运输集团公司从德国进口奔驰豪华小轿车 1 辆(排气量超过 3000mL)，其成交价格为每辆天津新港 30000 美元，求海关应征消费税。

计算方法如下：

(1)假设豪华小轿车进口关税税率为 100％；

(2)外汇折算价为 1 美元＝人民币 7.0 元；

(3)关税完税价格＝210000 元；

(4)应纳关税税额＝210000 元；

(5)排气量超 3000 毫升的小轿车的消费税税率为 8％，

消费税的组成计税价格和消费税额为：

组成计税价格＝(210000＋210000)÷(1－8％)＝456521.74(元)

应纳消费税税额＝456521.74×8％＝36521.74(元)

【例 8.10】某进出口公司进口 100 箱啤酒，每箱 24 听，每听净含量 335mL，价格为 CIF 上海 USD10 000，其适用中国银行的外汇折算价为 1 美元＝人民币 7.0 元，关税税率为 7.0 元/升，消费税税率为 200 元/吨。求海关应征消费税税额(啤酒 1t＝988L)。

计算方法如下：

(1)进口啤酒数量＝335×100×24÷1000＝804(L)＝0.81377(t)

(2)关税税额＝7.0×804＝5628(元)

(3)消费税税额＝200×0.81377＝162.75(元)

(二)增值税税款的计算

1. 计算公式

进口环节的增值税以组成价格作为计税价格，征税时不抵扣任何税额。现行增值税的组成价和应纳税额计算公式为：

组成计税价格＝关税完税价格＋关税税额＋消费税税额

应纳增值税税额＝组成计税价格×增值税税率

2. 计算程序

(1)按照归类原则确定税则归类，将应税货物归入恰当的税目税号；

(2)根据有关规定，确定应税货物所适用的消费税税率；

(3)根据有关规定，确定应税货物所适用增值税税率；

(4)确定进口量；

(5)根据完税价格审定办法、规定，确定应税货物的确定完税价格；

(6)根据汇率使用原则,将外币折成人民币;

(7)正确计算增值税税款。

3. 计算实例

【例 8.11】某进出口公司进口货物一批,经海关审核其成交价格为 2000.00 美元,其适用中国银行的外汇折算价为 1 美元=人民币 7.0 元。已知该批货物的关税税率为 12%,消费税税率为 10%,增值税税率为 17%。现计算应征增值税税额。

计算方法如下:

(1)首先计算关税税额,然后计算消费税税额,最后再计算增值税税额。

(2)计算关税税额。

成交价格折算成人民币为:2000.00×7.0=14000.00(元)

应征关税税额=完税价格×关税税率

=14000.00×12%

=1680.00(元)

(3)计算消费税税额。

应征消费税税额=[(关税完税价格+关税税额)/(1-消费税税率)]×消费税税率

=[(14000.00+1680)/(1-10%)]×10%

=1742.22(元)

(4)计算增值税税额。

应征增值税税额=(关税完税价格+关税税额+消费税税额)×增值税税率

=(14000.00+1680.00+1742.22)×17%

=17422.22×17%

=2961.78(元)

**三、滞纳金的计算**

按照规定,关税、进口环节增值税和消费税、船舶吨税的纳税人或其代理人逾期缴纳税款的,应缴纳税款滞纳金。其计算公式为:

关税滞纳金金额=滞纳关税税额×0.5‰×滞纳天数

进口环节税滞纳金金额=滞纳进口环节税税额×0.5‰×滞纳天数

滞纳金的起征额为人民币 50 元,不足人民币 50 元的免予征收。

【例 8.12】进口环节消费税为人民币 72860.70 元,进口环节增值税税额为人民币 247726.38 元,海关于 2004 的 10 月 14 日填发《海关专用缴款书》,该公司于 2004 年 11 月 9 日交纳税款,请计算应征的滞纳金。

计算方法如下:

(1)首先确定滞纳天数,然后再计算应交纳的关税,进口环节消费税和增值税的滞纳金。

(2)税款缴款期限为2004年10月29日星期五,10月30日到11月9日为滞纳期,共滞纳11天。

(3)按照计算公式计算进口关税,进口环节消费税和增值税的滞纳金额为:

(352793.52+72860.70+247726.38)×0.5‰×11=3703.59元

## 任务五　关税与进口环节税的减免

根据《海关法》第五十六条、五十七条和五十八条的规定,关税的减免分成三大类,即法定减免、特定减免和临时减免。

### 一、法定减免税

法定减免是指按照《海关法》《进出口关税条例》和其他法律、行政法规的规定对进出口货物、物品实施减免关税的优惠。

下列进出口货物、进出境物品,减征或免征关税:

(1)应征关税税额在人民币50元以下的一票货物;

(2)没有商业价值的广告品或货样;

(3)国际组织、外国政府无偿赠送的物资;

(4)在海关放行前遭受损坏或者损失的货物;

(5)进出境运输工具装载的途中必需的燃料、物料和饮食用品;

(6)暂时进出境货物暂不征税;

(7)退回货物不征税,即因品质或者规格原因,进口货物或出口货物自进出口放行之日起1年内原状复运出境或进境的,不予征收进口关税和进口环节海关代征税;

(8)补偿或更换相同货物不征税,即因残损、短少、品质不良或者规格不符原因,由进出口货物的发货人、承运人或保险公司免费补偿或更换的相同货物,进出口时不征收关税;但是,被免费更换的原进口货物不退运出境或者原出口货物不退运进境的,应对原进出口货物重新按照规定征收关税;

(9)中华人民共和国缔结或者参加的国际条约规定减征、免征关税的货物、物品;

(10)法律规定减征、免征关税的其他货物、物品。

需要注意的是,法定免征进口关税的货物,也免征进口环节增值税和消费税。

### 二、特定减免税

特定减免税是指海关根据国家规定,对特定地区、特定企业或者有特定用途的进出口货物给予减免关税的优惠,也称政策性减免税。

目前,我国实施特定减免税的货物、物品主要有:

(1)科教用品;

(2)残疾人专用品;

(3)境外非官方组织或个人捐赠的救灾物资;

(4)进口的抗艾滋病药品;

(5)外商投资企业进口物资,属于国家鼓励发展产业的外商投资项目,在投资额内进口的自用设备、除《外商投资项目不予免税的进口商品目录》所列商品外,可免征进口关税和进口环节增值税;按照合同随设备进口的技术及配套件、备件,免征进口关税和进口环节增值税;属于国家鼓励发展产业的外商投资企业、外商研究开发中心、先进技术型、产品出口型的外商投资企业,在企业投资额以外的自有资金(指企业储备基金、发展基金、折旧和税后利润)内,对原有设备更新(不包括成套设备和生产线)或维修进口国内不能生产或性能不能满足需要的设备,以及上述设备配套的技术、配件、备件(除《外商投资项目不予免税的进口商品目录》所列商品外),可以免征进口关税和进口环节增值税;

(6)国内投资项目进口设备,属国家重点鼓励发展产业的国内投资项目,在投资总额内进口的自用设备,除《国内投资项目不予免税的进口商品目录》所列商品外,以及按照合同随设备配套进口的技术、配套件、备件,可以免征关税和进口环节增值税;

(7)特定区域物资,保税区、出口加工区等特定区域进口的区内生产性基础设施项目所需的机器、设备和基建物资可以免税;区内企业生产进口企业自用的生产、管理设备和自用合理数量的办公用品及其所需的维修零配件,生产用燃料,建设生产厂房、仓储设施所需的物资、设备可以免税;行政管理机构自用合理数量的管理设备和办公用品及其所需的维修零配件,可以免税。

**三、临时减免税**

临时减免指的是法定减免税和特定减免税以外的其他减免税。是由国务院根据某个单位、某类商品、某段时期或某批进出口货物的特殊情况,按规定给予特别的临时性的减免税优惠。临时减免实行一案一批,专文下达,通知口岸海关办理减免税手续。

## 任务六　进出口税费的缴纳与退补

**一、税款缴纳**

(一)缴纳方式

目前,我国纳税义务人向海关缴纳税款的方式主要在进出口地纳税和属地纳税两种方式。而具体缴纳方式也有有两种:一种是持缴款书向指定银行办理税费交付手续;另一种是向签有协议的银行办理电子交付税费(即“网上支付”)的手续。

(二)缴纳凭证

1. 进出口关税和进口环节税的缴纳凭证

海关征收进出口关税和进口环节税时,应向纳税义务人或其代理人填发“海关专用缴款书”(含关税、进口环节税)。纳税义务人或其代理人持凭“海关专用缴款书”向银行缴纳税款。进口货物收货人或其代理人缴纳税款后,应将"海关专用缴款书"第一联送签发海关验核,海关凭予办理有关手续。

2. 滞纳金的缴纳凭证

海关征收进口货物的关税、进口环节增值税、消费税、船舶吨税等的滞纳金时,应向纳税义务人或其代理人填发"海关专用缴款书"。纳税义务人或其代理人应持凭"海关专用缴款书"向银行缴纳滞纳金。

**二、税款退还**

(一)退税的范围

以下情况经海关核准可予以办理退税手续:

(1)已缴纳进口关税和进口环节税税款的进口货物,因品质或者规格原因原状退货复运出境的;

(2)已缴纳出口关税的出口货物,因品质或者规格原因原状退货复运进境,并已重新缴纳因出口而退还的国内环节有关税收的;

(3)已缴纳出口关税的货物,因故未装运出口申报退关的;

(4)散装进出口货物发生短卸、短装并已征税放行的,如果该货物的发货人、承运人的保险公司已对短卸、短装部分退还或者赔偿相应货款的,纳税义务人可以向海关申请退还进口或者出口短卸、短装部分的相应税款;

(5)进出口货物因残损、品质不良、规格不符的原因,由进出口货物的发货人、承运人或者保险公司赔偿相应货款的,纳税义务人可以向海关申请退还赔偿货款部分的相应税款;

(6)因海关误征,致使纳税义务人多缴税款的。

(二)退税的期限及要求

(1)海关若发现多征税款的,应当立即通知纳税义务人办理退还手续。纳税义务人应当自收到海关通知之日起3个月内办理有关退税手续。

(2)纳税义务人发现多缴税款的,自缴纳税款之日起1年内,可以以书面形式要求海关退还多缴的税款并加算银行同期活期存款利息。所退利息按照海关填发收入退还书之日中国人民银行规定的活期储蓄存款利息计算,计算所退利息的期限自纳税义务人缴纳税款之日起至海关填发收入退还书之日止。

(3)进口环节增值税已予抵缴的除国家另有规定外不予退还,已征收的滞纳金不予退还。

(4)海关应当自受理退税申请之日起30日内查实并通知纳税义务人办理退还手续。纳税义务人应当自收到通知之日起3个月内办理有关退税手续。

(5)退税必须在原征税海关办理。办理退税时,纳税义务人应填写"退税申请表"并持原进口或出口报关单、原盖有银行收款章的税款缴纳收据正本及其他必要单证(合同、发票、协议、商检机构证明等)送海关审核。海关同意后,应按原征税或者补税之日所实施的税率计算退税额。

(三)退税凭证

海关退还已征收的关税和进口环节税时,应填发“收入退还书”(海关专用),同时通知原纳税义务人或其代理人,海关将“收入退还书”(海关专用)送交指定银行划拨款。

**三、税款追征和补征**

(一)追征和补征税款的范围

(1)进出口货物放行后,海关发现少征或者漏征税款的;

(2)因纳税义务人违反规定造成少征或者漏征税款的;

(3)海关监管货物在海关监管期内因故改变用途,按照规定需要补征税款的。

(二)追征、补征税款的期限和要求

(1)进出口货物放行后,海关发现少征或者漏征税款的,应当自缴纳税款或者货物放行之日起1年内,向纳税义务人补征税款。

(2)因纳税义务人违反规定造成少征或者漏征税款的,海关可以自缴纳税款或者货物放行之日起3年内追征税款,并从缴纳税款或者货物放行之日起至海关发现违规行为之日止按日加收少征或者漏征税款0.5‰的滞纳金。

(3)海关发现海关监管货物因纳税义务人违反规定造成少征或者漏征税款的,应当自纳税义务人应缴纳税款之日起3年内追征,并从应缴纳税款之日起至海关发现违规行为之日止按日加收少征或者漏征税款0.5‰的滞纳金。

(4)因纳税义务人违反规定需在征收税款的同时加收滞纳金的,如果纳税义务人未在规定的15天缴款期限内缴纳税款,另行加收自缴款期限届满次日起至缴清税款之日止滞纳税款的0.5‰滞纳金。

(三)追征、补征税款凭证

海关追征或补征进出口货物关税和进口环节税时,应当向纳税义务人填发“海关专用缴款书”(含关税、进口环节税)。纳税义务人持凭“海关专用缴款书”向指定银行或开户银行缴纳税款。进口货物收货人或其代理人缴纳税款后,应将盖有“收讫”章的“海关专用缴款书”第一联送签发海关验核,海关凭予办理有关手续。

**案例分析**

**案例**1

(1)在青岛港口行驶的日本籍邮轮;

(2)在大连港口行驶的中国籍邮轮;

(3)航驶于大连港口被日本商人以期租方式租用的中国籍船舶;

(4)航驶于国外兼营国内沿海贸易的被中国商人租用的韩国籍船舶。

问:哪一种船舶应征船舶吨税?为什么?

**案例** 2

某工厂从日本某企业购买一批机械设备,成交条件为 CIF 大连,该批货物的发票列示如下,机械设备 USD500000,运保费 USD5000,卖方佣金 USD25000,培训费 USD2000,设备调试费 USD2000,问:该批进口货物的完税价格是多少?

**案例** 3

世界贸易组织成员方 A 从非成员方 B(假设 B 与我国未签订任何贸易协定)进口可可豆并加工成可可粉向我国出口,含糖可可粉税号为 1806,进口关税最惠国为 10%,普通税率为 50%。若 A 出口我国的货物含糖可可粉能确定原产于 A,则我国海关按最惠国 10%征收进口关税。

问题:我国进口的含糖可可粉是否可以按最惠国 10%征收进口关税?为什么?

**案例** 4

我国从 A(假设 A 与我国未签订任何贸易协定)进口某货物,该货物在 A 的工厂交货价(A 生产厂商的交货价)为每单位 100 美元,该生产厂商制造该单位该产品使用了从他国进口的原辅材料 70 美元。

问题:该产品的原产地是否为 A?为什么?

**案例** 5

我国从 A 进口的去壳去皮的腰果实际上是 A 从 B 输入的带壳带皮的腰果,但 A 对其进行了“去壳去皮”加工。

问题:该批腰果的原产地是 A 还是 B?为什么?

## 能力训练

**实训项目一**

大连市三×制冷有限公司(简称三×公司)是外商独资企业,三×公司向该公司企业境外的分公司订购进口设备 200 套(经查属于自动许可管理,法定检验的商品),该企业向海关出具的发票价格为 CIF50000 美元/台。但在该货物进口的同期,海关掌握的相同货物的进口成交价为 60000 美元/台。另外,货物进口后该企业在境内将设备售出,并将其所得价款的 10%(8000 美元/台)返还给境外的分公司。经查该设备适应的税率为复合税,其中 CIF 50000美元/台一下(含 50000 美元/台),的关税税率为单一从价税,CIF50000 美元/台以上的关税税率为 124200 元/台再加 50%的从价税,且当期汇率为 USD1=CNY7.58。

三×公司委托大连东盈报关行来完成这批进口业务报关,请东盈报关行预先算出海关应征的税款,以便三×公司有所准备。公司经理将这项任务交给林某处理。

林某的工作如下:

任务一:判断该设备是否需要征税?是否属一般进口货物?

任务二:确定该进口设备的完税价格。

任务三:计算出该企业报关时应向海关缴纳的税款数额。

**实训项目二**

大连宏×汽配有限公司(简称宏×公司)是美国顿××公司在大连建设的控股外资企业,长期从其美国总公司进口叉车配件。宏×公司于2014年10月委托大连东盈报关行向海关申报进口,申报单价分别为轴承USD300/件、门架USD1500/件和电位器USD26270/件,宏×公司向海关提供了合同、提单、发票和箱单等单证。海关审价人员根据申报时国际行情,认为宏×公司进口的商品除了电位器外,轴承和门架申报的价格偏低,即向宏×公司发出“价格质疑通知书”。宏×公司的这批叉车配件因此滞留在港口,无法及时报关送货。宏×公司向报关行咨询应怎么办,林某参与其中。

林某的任务如下:

任务一:宏×公司进口货物的成交价格是否有低报的嫌疑?

任务二:特殊关系是不是一定就会影响成交价格?

任务三:海关将怎样对其价格进行重新估算?向宏×公司提供合理性建议。

**实训项目三**

广东天×贸易有限公司(简称天×公司)从新加坡进口一批“SONY”牌彩色数字电视机,该产品采用日本牌号和商标,其中显像管为新加坡生产,集成电路板为香港生产,机壳由马来西亚生产,最后在新加坡组成整机。经查《海关进口税则》获知,该产品最惠国税率为130%。

假如你是天×公司的报关员,工作任务如下。

任务一:向海关申报时,该彩色数字电视机的原产地应填报为哪个国家(地区)?

任务二:该进口货物在申报时,应适用哪个税率?

任务三:应如何向海关进行申报?

**项目训练**

**一、单项选择题**

1. 进口一辆缺少发动机的汽车,在进行该商品的海关税则归类时,应按(　　)归类。

A. 汽车的零部件　　B. 汽车整车

C. 汽车车身　　D. 汽车底盘

2. 下列叙述中正确的叙述是(　　)。

A. 在进行商品税则归类时,列明比较具体的税目优先于一般的税目

B. 在进行商品税则归类时,混合物可以按照其中的一种成分进行税则归类

C. 在进行商品税则归类时,商品的包装容器应该单独进行税则归类

D. 从后归类的原则是商品税则归类的普遍使用的原则

3. 请指出下列叙述中错误的句子(　　)。

A.《中华人民共和国海关进出口税则》的类、章及分章的标题,仅仅是为了方便查找有关商品而设立的

B. 对商品进行税则归类,应按税目条文和有关类注和章注

C. 当税目条文、类注和章注没有专门规定,而商品归类不能确定时,按归类总规则的其他规定归类

D. 当税目条文、类注和章注没有专门规定,而商品归类不能确定时,按与该商品最相类似的商品归类

4. 根据《中华人民共和国进出口关税条例》的规定,货物进口或出口时,海关按照(　　)实施税则税率计征关税。

A. 进出口货物的收、发货人或其代理人办结海关手续之日

B. 装载货物的运输工具进境之日

C. 进出口货物的收、发货人或其代理人申报货物进口或者出口之日

D. 进出口货物的收、发货人或其代理人向海关指定银行缴纳税款之日

5. 某进出口公司出口某种货物 100 件,每件重 250 千克,成交价为 CFR 香港 50000 元人民币。已申报运费为每吨 350 元,出口税率为 15%,海关应征出口税为(　　)。

A. 6187 元　　B. 7500 元　　C. 5380 元　　D. 4820 元

6. 某单位进口皇冠豪华轿车一辆,关税税率为 100%,经海关审定,其成交价格为每辆 CIF 天津新港 25 000 美元。已知海关填发税款缴纳书之日外汇牌价:100 美元=868.82 人民币(买入价),100 美元=873.18 人民币(卖出价)。求海关应征消费税〔单位为人民币元,此车消费税率 8%〕(　　)。

A. 217750　　B. 435500　　C. 37870　　D. 17420

7. 请指出下列(　　)是以企业和个人从车工业制造、商品经营或提供劳务等生产劳动的增值额为征税对象的一种税。

A. 消费税　　B. 产品税　　C. 增值税　　D. 关税

8. 下列减免税或保税货物,免予征收监管手续费的是(　　)。

A. 国有企业为技术改造而进口的减税或免税的机器设备

B. 在国内保存、寄售的进口减免税货物

C. 展览会的进口货物 58,国内单位留购并享受减免税优惠的

D. 向国外索赔的准予减免关税的进口货物

9. 关于补税的范围及适用税率叙述不正确的是(　　)。

A. 属于保税性质的来料加工、进料加工的进口料件,如经批准转为内销的,应按向海关申报转内销当天的税率补税

B. 暂进口货物转为正式进口需补税时，应按其转为正式进口日期所实施的税则税率征税

C. 海关查获的走私进口货物需补税时，应按走私日所实施的税则税率补税

D. 由于税则归类的改变，完税价格的审定或其他工作差错而需补征税款的，应按原征税日期实施的税则税率补税

10. 下列进口货物中，属于法定免税进口的货物是（　　）。

A. 某三资企业以保税方式进口的生产原材料

B. 某大学进口用于科研实验用动物

C. 某化妆品公司用于广告宣传而进口的免费赠送的试用化妆品

D. 进口的残疾人专用轮椅

11. 海关征收的关税，进口环节税以人民币计征，如进出口货物的成交价格是以外币计价的，应当采用（　　）的外汇牌价折合成人民币计征。

A. 进出口货物的收、发货人向海关申报进口或出口之日

B. 海关接受申报进口或出口之日

C. 海关开出税款缴款书之日

D. 按该货物适用税率之日所适用的计征汇率折合成人民币计算

12. 某公司从韩国进口“现代”中档小轿车 4 辆，其成交价格为 CFR 青岛USD15000/辆，实际支付运费为人民币 4 万元，保险费为 0.5%，已知该轿车的关税税率为 25%，1 美元=人民币 7.80 元，其进口关税应为（　　）。

A. 127638.19　　B. 1276380　　C. 117587.94　　D. 117587.75

13. 某企业从大连出口铁合金 135 吨，每吨售价为 CFR 神户 USD87，支付运费为人民币 3 万元，已知该铁合金的出口关税率为 5%，1 美元=人民币 7.80 元，其出口关税应为（　　）。

A. 2933.86　　B. 4219.55　　C. 4663.74　　D. 4663.70

14. 纳税义务人发现多缴税款的，1 年内可以以书面形式要求海关退税并加算银行利息。海关应当自受理之日（　　）内查实并通知纳税义务人，纳税义务人应自收到通知之日起（　　）内办理。

A. 10 日，3 个月　　B. 10 日，1 年

C. 30 日，3 个月　　D. 30 日，1 年

15. 纳税义务人、担保人超过规定期限未缴纳税款的，海关可以依法采取强制扣缴措施。其规定期限是（　　）。

A. 15 天　　B. 1 个月　　C. 3 个月　　D. 6 个月

**二、多选题**

1. 关税的正税包括（　　）。

A. 进口税　　B. 出口税　　C. 过境税　　D. 特别关税

2. 下面是有关运用《中华人民共和国海关进出口税则》规定征收关税的表述，其中错误的叙述是(　　)。

A. 准予进出口的货物，除国家另有规定外，海关依照《中华人民共和国海关进出口税则》征收进口关税或出口关税

B. 从境外采购进口的原产于中国境内的货物，海关按照《中华人民共和国海关进出口税则》征收进口关税

C.《中华人民共和国海关进出口税则》的进口税率设普通税率和优惠税率。对原产于与我国未签订有关税互惠的国家和地区进口的货物，一律按照普通税率计征

D.《中华人民共和国海关进出口税则》以课征对象的价格或价值作为计税标准计征关税

3. 税则归类总规则中的规则三所指的"零售的成套货品"是指必须符合下列(　　)条件的货品。

A. 至少由两种看起来可归入不同税号的物品构成的

B. 其中一项至少占整机价格的51%以上

C. 用途上是互相补足、配合使用的

D. 其包装形式是零售包装

4."整件生产标准"是确定货物原产地的重要标准。根据这一标准，完全在一个国家生产或制造的进口货物包括(　　)。

A. 从该国领土上或领海内开采的矿产品

B. 从该国收集的只适用于作加工制造的废碎料和旧物品

C. 从该领土或领海上开采的石油

D. 从该国的船只上卸下的海洋捕捞物，以及由该国船只在海上取得的其他产品

5. 在下列的叙述中，符合原产地规则中"实质性改变"标准的是(　　)。

A. 货物经过加工后，在《中华人民共和国海关进出口税则》的四位数税号一级的税则归类已经有了改变

B. 货物经过加工后，增值部分占新产品总值的比例已经达到30%及以上的

C. 经重新包装整理后的货物

D. 经过重新筛选并重新包装的货物

6. 以下选项是关于海关估定完税价格的几种叙述，其中正确的选项是(　　)。

A. 进口货物以海关审定的成交价格为基础的到岸价格作为完税价格

B. 进口货物的到岸价格不能确定时，可以该项进口货物同一出口国(或地区)购进的相同货物的成交价格为基础估定完税价格

C. 进口货物的到岸价格不能确定时，可以该项进口货物的相同或类似货物在国际市场

上的成交价格为基础估定完税价格

D. 进口货物在国内市场上的零售价格减去进口关税、进口环节其他税费以及进口后的运输、储存、加工资用并扣除其利润后的价格为基础估定完税价格

7. 下列叙述中(　　)项的费用不应计入进口货物的完税价格。

A. 图纸的设计费　　B. 设备的技术指导费

C. 装船的搬运费　　D. 技术转让费

8. 下列费用,如已包括在进口货物成交价格中,且可分列,可以从完税价格中扣除的是(　　)。

A. 确因质量问题,卖方向买方支付的赔偿金

B. 运输货物所需的劳务费

C. 升降机进口后的安装费

D. 经海关审查后正常的卖方付给买方的10%回扣

9. 关于海关估价方法,下列(　　)叙述是错误的。

A. 海关在审定进出口货物完税价格时,应首先审查进出口货物的实际成交价格

B. 当进口货物的成交价格经海关审查未能确定时,才能依次使用其他估价方法

C. 在使用其他估价方法时,海关可优先使用合理方法

D. 相同货物的估价方法,是指在所有方面部相同的货物,即使包装上也不能有任何微小差别

10. 凡是完全符合(　　)法律法规规定可予减免税的货物,进出口人或其代理人无须事先向海关提出申请。海关征税人员在进口环节可按规定直接办理减免税。

A.《中华人民共和国海关法》

B.《中华人民共和国海关进出口关税条例》

C.《中华人民共和国海关进出口税则》

D.《保护条例》

11. 下列(　　)货物属于法定减免税范围。

A. 无商业价值的货样、广告品

B. 华侨、港澳台同胞无偿赠送的物资

C. 进出境运输工具装载的途中必需的燃料、物料和饮食用品

D. 为支持残疾人的康复,由中国残联进口的医疗器械

12. 以下(　　)情况经海关核准可以办理退税。

A. 已征进口关税的货物,因品质规格原因,原状退货复运出境的

B. 已征出口关税的货物,因品质规格原因,原状退货复运进境,并已重新缴纳出口已退税款

C. 已缴纳出口关税的货物，因故未装运出口申报退关的

D. 按政策规定可予减免税的货物，因手续不齐，在货物进口时已予征税的

13. 在计算进出口税费时，下列计算公式表示正确的是(　　)。

A. 从价计征的进口关税额＝完税价格×进口关税税率

B. 从量计征的进口关税额＝进口数量×单位税额×外汇折合率

C. 复合税的进口关税额＝完税价格×进口关税税率＋货物数量×单位税额

D. 从价计征的出口关税额＝完税价格×出口关税税率

14. 在不同的成交方式条件下，计算进口从价计征的关税时，下列完税价格表示的公式正确的有(　　)。

A. 完税价格＝CFR/(1－保险费率)

B. 完税价格＝CIP＋运费/(1－保险费率)

C. 完税价格＝(FOB＋运费)/(1－保险费率)

D. 完税价格＝CIF

15. 进出口税款追征或补征的范围正确的选项是(　　)。

A. 进出口货物放行后，海关发现少征或漏征税款的

B. 纳税义务人违反规定造成少征或漏征税款的

C. 海关监管货物在海关监管期内改变用途按规定需要补征税款的

D. 特定减免税货物监管期满，申请解除监管，需从价计征的进口关税额＝完税价格×进口量关税税率

**三、判断题**

1. 滑准税是根据进口商品价格的变化设置不同税率计征税款的一种关税。从1997年10月1日起，我国海关对进口的新闻纸实行滑准税。(　　)

2. 我国《中华人民共和国海关进出口税则》的商品编码采用6位数编码，即从左向右为：第一、第二位数为“章”的编号，第三、四位数为“税目”的编号，第五、第六位数为“子目”编号。(　　)

3. 在商品归类时，要严格按照税目和类法、章注的规定办理。(　　)

4. 某汽车进出口公司进口50辆德国产小轿车，每辆车上附带一套法国生产的维修工具。进口报关时，维修工具的原产国应按小轿车填报为“德国”。(　　)

5. 某来料加工企业1997年3月26日向海关申请将加工合同项下保税进口原材料转内销，以所得款项抵偿外商拖欠的工缴费。海关在4月2日下厂核查，发现该批原材料未经海关批准已于2月28日出售给另一企业。海关对此进行了处理，除罚款外，还应按2月28日所实行的关税税率补征税款(注：从1997年4月1日起，该类原材料关税税率已由30%降至15%)。(　　)

6. 运往境外加工的货物，离岸价格和加工后进境时的到岸价格都无法得到时，可用该出境货物在境外加工时支付的工缴费加上运抵中国关境输入地点起卸前的包装费、运费、保险费和其他劳力费用作为完税价格。（　　）

7. 对运往境外加工后复运进境货物完税价格的审定，应以加工后的货物进境时的到岸价格与原出境货物在进境地时的到岸价格之间的差额确定完税价格。（　　）

8. 完税价格和税费额外计算到元为止，元以下四舍五入。（　　）

9. 根据规定，进口减免税货物和保税货物的收货人是海关监管手续费的纳费人，代理人不可以代缴纳。（　　）

10. 纳税义务人伪报货名，因而海关发现少征税款，海关可以自纳税义务人缴纳税款之日起 3 年内追征税款，并从缴纳税款之日起按日加收少征税款万分之五的滞纳金。（　　）

11. 法定减免税是海关按照法律的规定给予的减免税，所以在办理减免税之前，均需办理手续，并进行后续管理。（　　）

12. 延期缴纳税款的期限，自货物放行之日起最长不超过 6 个月。（　　）

13. 加工贸易保税货物在规定的有效期限内未能出口，并经批准转为内销，除应按规定补征税款外，还应征收缓税利息。违规内销的，除补征税款和缓税利息外，还应加征滞纳金。（　　）

14. 纳税义务人对海关征收关税环节中的商品分类或海关估价产生异议，应先缴纳税款，并可以向上级海关申请复议，或依法向人民法院提起诉讼。（　　）

**四、计算题：**

1. 上海某公司从德国购进一批轿车，成交价格共 FOB100000.00 美元，另付港商佣金 FOB3%（非买方佣金）运费 6000.00 美元，保险费率 3‰，经查该汽车的税则号列明归 8703.2314，适用税率为 50%。要求计算进口关税（外汇中间价折合率 1 美元=人民币 7.0 元）

2. 某进出口公司从日本进口硫酸镁 1000 吨，进口申报价格 FOB 横滨 USD500000，运费总价为 USD10000，保险费率 3‰，当时的外汇牌价为 $ 100=￥700。经查，硫酸镁的税则号列为 2833.2100，税率为 10%。计算应纳关税额。

3. 某单位委托上海某公司从英国进口柚木木材，运费计人民币 44200 元，保险费率 3‰，佣金（非购货佣金）为到岸价格（上海）的 3%，进口申报价格为：到岸价格上海为 USD580000，当时的外汇牌价为 US $ 100 = ￥700。经查，柚木木材的税则号列为 4407.2910，税率为 9%，计算应纳关税额。

4. 某进口货物成交价格为每千克 FOB 首尔 100 美元，总运费为 5500 美元，净重 1000kg，保险费率为 3‰，汇率为 1 美元=7.00 人民币元，关税税率为 15%。分别计算关税完税价格和关税税额。

# 项目九　进出口货物报关单的填制

**学习目标**

1. 熟悉进出口货物报关单的含义、种类、关联的用途，以及其法律效力和填制的一般要求；

2. 掌握进出口货物报关单的填制规范，进出口货物报关单各栏目的基本要求及重要的注意事项；

3. 能够独立地完成进出口货物报关单的填制工作。

**项目引入**

大连某公司进口一批货物须向大连大窑湾海关申报进境，该公司委托大连东盈报关行办理，东盈报关行必须持相关单据向海关申报。林某作为东盈报关行的报关员接受了该项任务，应如何填写报关单？该注意哪些委托？填制过程中哪些栏目是容易出错的呢？

**知识链接**

进出口货物报关单是报关员代表报关单位向海关办理货物进出境手续的主要单证。按照《中华人民共和国海关进出口货物申报管理规定》（以下简称《货物申报管理规定》）和《中华人民共和国海关进出口货物报关单填制规范》（以下简称《填制规范》）的要求，完整、准确、有效地填制进出口货物报关单是报关员从业应必备的基本技能。报关单填制的正确与否，关系着报关质量，维系着通关效率，同时也影响着外汇管理和出口退税等外贸相关环节的顺利进行。本章主要介绍进出口货物报关单各栏目填制规范以及填好报关单的有关注意事项。

## 任务一　认识进出口货物报关单

### 一、进出口货物报关单概述

（一）含义

进出口货物报关单指进出口货物的收发货人或其代理人，按照海关规定的格式对进出口货物的实际情况做出书面申明，以此要求海关对其货物按适用的海关制度办理通关手续的法律文书。

（二）类别

1. 按进出口状态分：

(1)进口货物报关单；

(2)出口货物报关单。

2. 按表现形式分：

(1)纸质报关单；

(2)电子数据报关单。

3. 按海关监管方式分：

(1)进料加工进出口货物报关单(粉红色)；

(2)来料加工及补偿贸易进出口货物报关单(浅绿色)；

(3)一般贸易及其他贸易进出口货物报关单(浅蓝色)。

4. 按用途分：

(1)报关单录入凭单：指申报单位按海关规定的格式填写的凭单，用作报关单预录入的依据(可将现行报关单放大后使用)。

(2)预录入报关单：指预录入公司录入、打印，并联网将录入数据传送到海关，由申报单位向海关申报的报关单。

(3)电子数据报关单：指申报单位通过电子计算机系统，按照《填制规范》的要求，向海关申报的电子报文形式的报关单及事后打印、补交备核的纸质报关单。

(4)报关单证明联：指海关在核实货物实际入、出境后按报关单格式提供的证明，用作企业向税务、外汇管理部门办结有关手续的证明文件。包括：

①出口货物报关单出口退税证明联(浅黄色)；

②进口货物报关单付汇证明联；

③出口货物报关单收汇证明联。

(三)进出口货物报关单各联的用途

纸质进口货物报关单一式五联，分别是：海关作业联、海关留存联、企业留存联、海关核销联、进口付汇证明联；纸质出口货物报关单一式六联，分别是：海关作业联、海关留存联、企业留存联、海关核销联、出口收汇证明联、出口退税证明联。

1. 进出口货物报关单海关作业联和海关留存联

进出口货物报关单海关作业联和海关留存联是报关员配合海关查验、缴纳税费、提取和装运货物的重要单据，也是海关查验货物、征收税费、编制海关统计以及处理其他海关事务的重要凭证。

2. 进出口货物报关单收、付汇证明联

出口货物报关单出口收汇证明联是海关对已实际出境的货物所签发的证明文件，是银行和国家外汇管理部门办理收汇和核销的重要依据之一。对需办理进口付汇核销或出口收汇核销的货物，进出口货物的收发货人或其代理人应当在海关放行货物或结关以后，向海关申领进口货物报关单进口付汇证明联或出口货物报关单出口收汇证明联。

3. 进出口货物报关单加工贸易核销联

进出口货物报关单海关核销联是指口岸海关对已实际申报进口或出口的货物所签发的证明文件，是海关办理加工贸易合同核销、结案手续的重要凭证。加工贸易的货物进出口后，申报人应向海关领取进出口货物报关单海关核销联，并凭以向主管海关办理加工贸易合同核销手续。

4. 出口货物报关单出口退税证明联

出口货物报关单出口退税证明联是海关对已实际申报出口并已装运离境的货物所签发的证明文件，是企业凭以向国家税务管理部门证实货物实际出口并申请出口退税的重要凭证。海关对出口退税报关单的签发，须待装载出口货物的运输工具实际离境，海关收到载货清单(俗称“清洁舱单”)并结关后，才予以签发的原则。

### 二、进出口货物报关单的法律效力

《海关法》规定：“进口货物的收货人、出口货物的发货人应当向海关如实申报，交验进出口许可证件和有关单证。”进出口货物报关单及其他进出境报关单(证)在对外经济贸易活动中具有十分重要的法律效力，它是货物的收发货人向海关报告其进出口货物实际情况及适用海关业务制度，申请海关审查并放行货物的必备法律文书。它既是海关对进出口货物进行监管、征税、统计以及开展稽查、调查的重要依据，又是出口退税和外汇管理的重要凭证，也是海关处理进出口货物走私、违规案件及税务、外汇管理部门查处骗税、逃套汇犯罪活动的重要书证。因此，申报人对所填报的进出口货物报关单的真实性和准确性应承担法律责任。

电子数据报关单与纸质报关单具有同等法律效力。

### 三、现行的报关单申报作业流程

现行报关单申报作业流程一般分为三个阶段：

1. 报关员根据原始单据的信息手工填制报关单录入凭单各栏目内容(准备阶段)；

2. 通过电子口岸系统自行或委托预录入，将形成的报关单电子数据传送至海关(正式申报电子数据报关单阶段)；

3. 将通过集中审核的电子数据报关单根据海关规定的统一格式打印并提交现场海关审核(现场书面交单阶段)。

## 任务二　进出口货物报关单的填制

### 一、海关对进出口货物报关单填制的一般要求

进出境货物的收发货人或代理人向海关申报时，必须填写并向海关递交进出口货物报关单。申报人在填制报关单时，应当依法如实向海关申报，对申报内容的真实性、准确性、完整性和规范性承担相应的法律责任。

1. 报关人必须按照《海关法》《货物申报管理规定》和《填制规范》的有关规定和要求，如实向海关申报。

2. 报关单的填报必须真实，做到两个相符：一是单证相符，即报关单与合同、发票、装箱单、提单以及批文等随附单据相符；二是单货相符，即报关单中所填报内容与实际进出口货物情况相符。特别是货物的品名、规格、数量、价格等内容应注意按规范申报，不得出现差错，更不能伪报、瞒报、虚报。

3. 报关单的填报要准确、齐全、完整、清楚，报关单各栏目要逐项详细填写，字迹要清楚、整洁、端正，不得用铅笔或红色复写纸填报；若有更改，必须在更改项目上加盖校对章。

4. 不同批文或不同合同的货物、同一批货物中不同贸易方式的货物、不同备案号的货物、不同提运单的货物、不同征免性质的货物、不同运输方式或同一运输方式但航次不同的货物等，均应分单填报；一份原产地证书只能对应一份报关单，同一份报关单上的商品不能同时享受协定税率和减免税，在同一批货物中，对于实行原产地证书联网监管的，如涉及多份原产地证书或含非原产地证书商品的，也应分单填报。

5. 商品编号不同、商品名称不同、原产国(地区)、最终目的国(地区)不同的情况，应分项填报。

6. 已向海关申报的进出口货物报关单，如原填报内容与实际进出口货物不一致而有正当理由的，申报人应向海关递交书面更正申请，填写报关单更正单，经海关核准后，对原填报内容进行更改或撤销。

**二、进出口货物报关单的填制**

报关员无论是采用电子报关单，还是纸质报关单向海关申报，都应当按照《中华人民共和国海关今年港口货物申报管理规定》和《中华人民共和国海关进出口货物报关单填制规范》的要求，完整、准确及有效地填制进出口货物报关单。

我国的海关报关单见表 9−1。

(一)预录入编号

预录入编号(Pre−entry Number)指预录入单位预录入报关单的编号，用于申报单位与海关之间引用其申报后尚未接受申报的报关单。预录入编号由接受申报的海关决定编号规则，由计算机自动打印。

(二)海关编号

海关编号(Customs Codes)指海关接受申报时给予报关单的编号，应标识在报关单的每一联上。报关单海关编号为 18 位数字，其中第 1~4 位为接受申报海关的编号(《关区代码表》中相应海关代码)，第 5~8 位为海关接受申报的公历年份，第 9 位为进出口标志(“1”为进口，“0”为出口)，后 9 位为顺序编号。

示例：某报关行 2015 年 5 月 18 日向上海吴淞海关申报出口货物，海关编号为：

| 2202 | 2015 | 0 | ×××××××××× |
|---|---|---|---|
| 海关代码 | 年份 | 进出口标志 | 报关单顺序编号 |

**表 9-1　出口货物报单**

预录入编号：　　　　　　　　　　　　　　　　　　　海关编号：

<table>
<tr><td colspan="2">出口口岸</td><td>备案号</td><td>出口日期</td><td>申报日期</td></tr>
<tr><td colspan="2">经营单位</td><td>运输方式</td><td>运输工具名称</td><td>提运单号</td></tr>
<tr><td colspan="2">发货单位</td><td>贸易方式</td><td>征免性质</td><td>结汇方式</td></tr>
<tr><td colspan="2">许可证号</td><td>运抵国(地区)</td><td>指运港</td><td>境内货源地</td></tr>
<tr><td>批准文号</td><td>成交方式</td><td>运费</td><td>保费</td><td>杂费</td></tr>
<tr><td>合同协议号</td><td>件数</td><td>包装种类</td><td>毛重(千克)</td><td>净重(千克)</td></tr>
<tr><td>集装箱号</td><td colspan="3">随附单据</td><td>生产厂家</td></tr>
<tr><td colspan="5">标记唛码及备注</td></tr>
<tr><td colspan="5">项号 商品编码 商品名称、规格型号 数量及单位 最终目的国(地区)单价 总价 币制 征免</td></tr>
<tr><td colspan="5"></td></tr>
<tr><td colspan="5"></td></tr>
<tr><td colspan="5"></td></tr>
<tr><td colspan="5">税费征收情况</td></tr>
<tr><td colspan="5"></td></tr>
<tr><td>录入员<br>录入单位</td><td colspan="3">兹声明以上申报无讹并承担法律责任</td><td>海关审单批注及放行日期(签章)<br>审单　　审价</td></tr>
<tr><td colspan="4" rowspan="2">报关员<br>申报单位　　　　　　申报单位(签章)<br>邮编　　　电话　　　填制日期</td><td>征税　　统计</td></tr>
<tr><td>查验　　放行</td></tr>
</table>

(三)进口口岸/出口口岸

进口口岸(Import Port)/出口口岸(Export Ports)指货物实际进出我国关境口岸海关的名称。本栏目应根据货物实际进出关境的口岸海关填报《关区代码表》中相应的口岸海关名称及代码(四位码)。

具体填报要求如下：

1.《关区代码表》中只有直属海关关别和代码的，可以填报直属海关名称和代码。如：在太原海关办理货物进出口报关手续，本栏目可填报“太原海关”，代码“0500”；如果有隶属海关关别和代码时，必须填报隶属海关关别和代码。如：在上海浦江海关办理货物进出口报关手续，本栏目不得填报“上海海关”，代码“2200”，必须填报“上海浦江海关”+代码“2201”。

2. 加工贸易货物，填报“加工贸易手册”限定或指定进出口岸的口岸海关名称及代码。限定或指定口岸与货物实际进出境口岸不符的，应向合同备案主管海关办理变更手续后填报。

3. 进口转关运输货物应填报货物进境地海关名称及代码，出口转关运输货物应填报货物出境地海关名称及代码。按转关运输方式监管的跨关区深加工结转货物，出口报关单填报转出地海关名称及代码，进口报关单填报转入地海关名称及代码。

4. 在不同出口加工区之间转让的货物，填报对方出口加工区海关名称及代码。

5. 其他无实际进出境的货物，填报接受申报的海关名称及代码。

示例1：济南某单位从俄罗斯陆运进口汽车一批，在满洲里海关报关后，火车经哈尔滨、北京运至济南。其进口口岸应申报为"满洲里关"+代码"0600"。

示例2：秦皇岛造船厂进口一批油漆，装载货物的运输工具向天津新港海关(0202)申报进境。填制范例：进口口岸填报：新港海关(0202)

示例3：北京平谷某服装加工贸易企业，在北京海关朝阳办事处(关区代码0118)申报海运转关出口日本服装一批，由天津新港(关区代码0202)装船出境。

填制范例：该题所及货物，是在北京平谷海关办理报关手续后，转关至天津新港海关出境的，因此，出口口岸应填报为：新港海关0202。

(四)备案号

备案号(Internet Content Provider ICP)指进出口企业在海关办理加工贸易合同备案或征、减、免税审批备案等手续时，由海关给予"中华人民共和国海关加工贸易手册"、"中华人民共和国海关加工贸易登记手册"、电子账册及其分册，"中华人民共和国海关进出口货物征免税证明"或其他有关备案审批文件的编号。

一份报关单只允许填报一个备案号。备案号栏目为12位字符，其中第一位是标记代码(如表9－2所示)。备案号的标记代码必须与"贸易方式"及"征免性质"栏目相协调。

无备案审批文件的报关单，本栏目免予填报。具体填报要求如下：

1. 加工贸易合同项下货物，除少量低价值辅料按规定不使用《加工贸易手册》的外，填报《加工贸易手册》编号。

2. 涉及征、减、免税备案审批的报关单，填报《征免税证明》编号。

3. 出入出口加工区的保税货物，应填报标记代码为"H"的电子账册备案号；出入出口加工区的征免税货物、物品，应填报标记代码为"H"、第六位为"D"的电子账册备案号。

4. 使用异地直接报关分册和异地深加工结转出口分册在异地口岸报关的，本栏目应填报分册号；本地直接报关分册和本地深加工结转分册限制在本地报关，本栏目应填报总册号。

5. 加工贸易货物凭《征免税证明》转为享受减免税或需审批备案后办理形式进口货物的，进口报关单填报《征免税证明》编号，出口报关单填报《加工贸易手册》编号。

6. 对减免税设备及加工贸易设备之间的结转，转入和转出企业分别填制进、出口报关单，本栏目分别填报《加工贸易手册》编号、《征免税证明》编号或免予填报。

7. 优惠贸易协定项下实行原产地证书联网管理的香港、澳门CEPA项下进口的货物，应填报原产地证书代码“Y”和原产地证书编号；未实行原产地证书联网管理的货物，本栏目免予填报。

**表9－2　备案号标记码**

| 标记码 | 含义 |
|---|---|
| A | 备料 |
| B | 来料加工登记手册 |
| C | 进料加工登记手册 |
| D | 外商免费提供的加工贸易不作价设备登记手册 |
| F | 加工贸易异地进出口手册 |
| G | 加工贸易深加工结转分册 |
| H | 出口加工区进口货物 |
| Y | 原产地证书 |
| Z | 征免税证明 |

**资料卡：备案号的常用标记码**

B：表示使用《来料加工登记手册》进口的料件和出口加工产品。

C：表示使用《进料加工登记手册》进口的料件出口加工产品。

Z：表示使用《征免税证明》进口的享受特定减免税的设备物品。

D：表示使用《加工贸易不作价设备登记手册》进口的外商免费提供的用于加工贸易的不作价设备。

Y：原产地证书代码，仅表示联网管理的使用香港、澳门原产地证书适用CEPA的进口货物。

示例1：深圳某企业来料加工贸易生产的电子分色机，被北京某合资企业购买为投资设备（符合特定减免政策）。来料加工手册编号为：B10200305211，《征免税证明》编号为：

Z01008B01038，北京某合资企业的进口报关单备案号应填报为：“Z01008B01038”。

示例2：中山某企业报关员持编号为C57205711700的加工贸易手册自行向中山海关（5720）报关。填制规范：C57205711700。

（五）进口日期/出口日期

1. 进口日期（Date of Import）指运载所申报货物的运输工具申报进境的日期。本栏目填报的日期必须与相应的运输工具实际申报进境日期一致。

进口货物收货人或其代理人在进口申报时无法确知相应的运输工具的实际进境日期时，本栏目允许为空。进口货物收货人或其代理人未申报进口日期，或申报的进口日期与运输工具负责人或其代理人向海关申报的进境日期不符的，应以运输工具申报进境的日期为准。

2. 出口日期（Date of Export）指运载所申报货物的运输工具办结出境手续的日期。本栏目供海关打印报关单证明联用，在申报时免予填报。

3. 本栏目为8位数字，顺序为年(4位)、月(2位)、日(2位)。对于无实际进出境的货物，报关单“进(出)口日期”栏应填报向海关办理申报手续的日期，以海关接受申报的日期为准。

示例1：山东某企业申报海运进口设备一批，该船2015年7月20日向青岛海关申报进境，在H2000通关系统中填报进口日期应是2015年07月20日。

示例2：秦皇岛造船厂进口一批油漆，装载货物的运输工具于2015年3月26日申报进境，则进口日期填报为：2015.03.26

(六)申报日期

申报日期(The Reporting Date)指海关接受进出口货物的收发货人或受其委托的报关企业向海关申报的日期。以电子数据报关单方式申报的，申报日期为海关计算机系统接受申报数据时记录的日期。以纸质报关单方式申报的，申报日期为海关接受纸质报关单并对报关单进行登记处理的日期。

本栏目为8位数字，顺序为年(4位)、月(2位)、日(2位)。

除特殊情况外，进口货物申报日期不得早于进口日期；出口货物申报日期不得晚于出口日期。

示例：上海某公司于2015年7月19日通过电子申报方式向上海浦江海关申报料件一批，因为错填报关单，海关告知删改单，7月21日浦江海关接受其电子申报。则其申报日期为2015年07月21日。

(七)经营单位

经营单位(Business Units)指对外签订并执行进出口贸易合同的中国境内企业、单位或个体工商户。本栏目应填报经营单位中文名称及经营单位编码。经营单位编码是经营单位在海关办理注册登记手续时，海关给予的注册登记10位编码(如表9-3所示)。

**表9-3 经营单位编码结构**

<table>
<tr><td colspan="3">经营单位编码(企业十位海关注册登记编码)</td></tr>
<tr><td>第1、2位</td><td colspan="2">省(自治区、中央直辖市)代码</td></tr>
<tr><td>第3、4位</td><td colspan="2">省辖市(地区、省直辖行政单位)代码</td></tr>
<tr><td rowspan="7">第5位</td><td rowspan="7">经济区划代码</td><td>1 经济特区</td></tr>
<tr><td>2 经济技术开发区和上海浦东新区、海南洋浦经济开发区</td></tr>
<tr><td>3 高新技术产业开发区</td></tr>
<tr><td>4 保税区</td></tr>
<tr><td>5 出口加工区</td></tr>
<tr><td>7 物流园区</td></tr>
<tr><td>9 其他</td></tr>
</table>

续表

| 经营单位编码（企业十位海关注册登记编码） | | |
|---|---|---|
| 第 6 位 | 企业性质代码 | 1 国有企业 |
| | | 2 中外合作企业 |
| | | 3 中外合资企业 |
| | | 4 外商独资企业 |
| | | 5 有进出口经营权的集体企业 |
| | | 6 有进出口经营权的私营企业 |
| | | 7 有进出口经营权的个体工商户 |
| | | 8 有报关权而没有进出口经营权的企业 |
| | | 其他，包括外国驻华企事业机构、外国驻华使领馆和临时有进出口经营权的单 9 位等 |
| 第 7～10 位 | 顺序代码（临时报关代码为 0000 或 9999） | |

第 1～4 位为行政区域代码，例如：广东省广州市为“4401”；广东省珠海市为“4404”；广东省其他未列明地区为“4490”。

第 5 位表示市内经济区域，例如：广州经济技术开发区为“44012”；中山市高新技术开发区为“44203”、中山市其他地区为“44209”。

第 6 位表示企业性质，例如：五矿（南京）国际贸易有限公司为“32019129××”，厦门双×制衣有限公司（外资）为“35021416××”。

特殊情况下确定经营单位原则如下：

1. 援助、赠送、捐赠的货物，本栏目填报直接接收货物的单位的中文名称及编码。例如：北京市残联接受日本政府赠送的残疾人轮椅一批，由北京通达报关行代为申报进口。经营单位应填报“北京市残联”+“11009310××（临时经营单位代码）”。

2. 进出口企业之间相互代理进出口的，或没有进出口经营权的企业委托有进出口经营权的企业代理进出口的，本栏目填报代理方的中文名称及编码。例如：某省种畜进出口公司委托该省机械进出口公司进口设备一批，经营单位填报为省机械进出口公司及代码。

3. 外商投资企业委托进出口企业进口投资设备、物品的，本栏目填报外商投资企业的

中文名称及编码，并在“标记唛码及备注”栏注明“委托××公司进口”。例如：北京宇都商贸有限公司是外商投资企业，委托大连化工进出口公司与韩国签约，经营单位应填报为北京宇都商贸有限公司及其代码，并在“标记唛码及备注”栏注明“委托　大连化工进出口公司进口”。

4. 经营单位编码第六位数为“8”的单位是只有报关权而没有进出口经营权的企业，不得作为经营单位填报。

5. 境外企业不得作为经营单位填报。

6. 合同的签订者和执行者不是同一企业的，经营单位应按执行合同的企业填报。例

如，中国化工进出口总公司对外统一签约，而由辽宁省化工进出口公司负责合同的具体执行，则经营单位应为辽宁省化工进出口公司。

示例1：北京某服装进出口公司承接一笔来料加工业务，委托北京顺义服装厂生产加工，其经营单位应为北京某服装进出口公司及其单位编码。

示例2：北京中美合资电子有限公司（经营单位编码11083394××），委托北京机械进出口企业公司（经营单位编码11019100××），代为进口投资设备一批，由北京大宇报关行申报进口。

填制规范：外商投资企业委托进出口企业投资设备的，“经营单位”填报外商投资企业名称及编码，该题所及货物，是外商投资企业委托进出口企业进口的投资设备，因此，经营单位应填报：北京中美合资电子有限公司11083394××。

（八）运输方式（Mode of Transport）

指载运货物进出关境所使用的运输工具的分类。本栏目应根据实际运输方式按海关规定的《运输方式代码表》选择填报相应的运输方式。

特殊情况下运输方式的填报原则如下：

①非邮政方式进出口的快递货物，按实际运输方式填报；

②进出境旅客随身携带的货物，按旅客所乘运输工具填报；

③进口转关运输货物根据载运货物抵达进境地的运输工具填报，出口转关运输货物根据载运货物驶离出境地的运输工具填报；

④无实际进出口的，根据实际情况选择填报《运输方式代码表》；

⑤出口加工区与区外之间进出的货物，填报“Z”；同一出口加工区内或不同出口加工区的企业之间相互结转（调拨）的货物，填报“9”，（其他运输）。

填制规范：水路运输或2

运输工具名称（Means of Conveyance）

1. 含义解析

运输工具名称指载运货物进出境的运输工具的名称或运输工具编号。

在纸质报关单中，“运输工具名称”栏根据不同的运输方式有不同的填报要求，一般需填报运输工具名称及航次号。填报内容应与运输部门向海关申报的载货清单所列内容一致。一份报关单只允许填报一个运输工具名称。本栏目的设置是出于海关监管的需要，所以，该栏目填报的内容必须与运输工具向海关申报的一致，以便海关核对。

2. 填报要求

（1）一份报关单只允许填报一个运输工具名称。

（2）直接在进出境地办理报关手续的报关单具体填报要求如下：

运输方式　填报要求，填报在运输工具名称栏　正确地填写格式举例

江海运输 2　船舶英文名称/航次号　DANUBHUM/913S

或船舶编号/航次号　或 5101550125/013S

航空运输 5　航班号 NH0133

汽车运输 4　在国内形式的车牌号/B03456/20060512

进出境日期粤

铁路运输 3　车厢编号或交接单号/进出境日期

(1)提单中“VESSEL”表示船名,其后面跟的就是船名。

(2)提单中通常使用“VOYAGENO.”表示航次号。

(3)有些提单中将船名和航次写在一起。

注:此栏目填写的运输工具名称和航班号是装载货物进境的运输工具的名称和航次号。

填制规范:报关单中运输工具名称栏目应填写为“East Express28ED09”。

(十)提运单号(Lifting Odd Numbers)

指进出口货物提单或运单的编号。本栏目填报的内容应与运输部门向海关申报的载货清单所列相应内容一致。一份报关单只允许填报一个提运单号,一票货物对应多个提运单时,应分单填报。具体填报要求如下:

1. 直接在进出境地办理报关手续的报关单

(1)江海运输:填报进出口提运单号。如有分提运单的,填报进出口提运单号+“3”+分提运单号。

(2)汽车运输:免予填报。

(3)铁路运输:填报运单号。

(4)航空运输:填报总运单号+“_”(下划线)+分运单号,无分运单的填报总运单号。

(5)邮政运输免于填报。

(6)无实际进出境的,本栏目免予填报。

2. 转关运输货物报关单

(1)进口

1)江海运输:直转、中转填报提单号,提前报关免予填报。

2)铁路运输:直转、中转填报铁路运单号,提前报关免予填报。

3)航空运输:直转、中转货物填报总运单号+“_”+分运单号,提前报关免予填报。

4)其他运输方式,本栏目为空。

5)以上各种运输方式进境货物,在广东省内用公路运输转关的,填报车牌号。

(2)出口

1)江海运输:中转货物填报运单号;非中转免予填报;广东省内提前报关的转关货物填报车牌号。

2)其他运输方式:广东省内提前报关的转关货物填报车牌号;其他地区免予填报。

示例:北京××保健品进出口公司,于2005年2月10日,采用H2000通关系统,直接向首都国际机场海关,申报空运进口药品检验试剂一批。该批货物的总运单号为CAB05026231,分运单号为:CAC052198。其进口货物报关单上的"提运单号"应填报为:CAB05026231_CAC052198。

例:提单右上角有"B/LNO: MISC200000537",则提运单号栏目应填写MISC200000537。

填制规范:MISC200000537。

(十一)收货单位/发货单位(Receiving Unit/Delivery Unit)

收货单位指进口货物在境内的最终消费、使用单位,包括:

1. 自行从境外进口货物的单位;

2. 委托有外贸进出口经营权的企业进口货物的单位。

本栏目应填报收、发货单位的中文名称及其海关注册编码,无海关注册编码的,填报该企业的国家标准标识码。加工贸易中,报关单的收发货单位应与《登记手册》的"货主单位"一致。

例:秦皇岛造船厂(海关注册编号1303911021)进口一批油漆。

填制规范:秦皇岛造船厂 1303911021

(十二)贸易方式 (Modes of Trade)

1. 含义解析

贸易方式主要理解为,海关为了对进出口货物进行监督管理的综合需要而对进出口货物流通的做法和渠道设定的管理方式,也称监管方式。也可以理解为,海关为综合管理的需要而对进出口货物的分类。所谓综合管理的需要包括海关监管的需要、征税的需要、统计的需要,为了满足不同的需要设定有不同的贸易方式,这样就可以方便海关的监管、征税和统计。海关根据报关单上填写的贸易方式(监管方式)就能够确定进出口货物的性质,明确监管要求。

海关发布有《监管方式代码表》,里面设定有现行的贸易方式共87个,每个贸易方式都有对应的代码。这87个贸易方式中绝大多数都是日常不经常用到的,而需要特别学习的是标上"*"号的8个贸易方式。这8个贸易方式占我国进出口贸易量的绝大部分,在报关员资格考试中,报关单部分所考内容也基本上是在这8个贸易方式范围内。因此,应该把学习的重点放在这几个贸易方式上。

重点的贸易方式介绍如下,要记住这些贸易方式的简称和代码。

(1)一般贸易 0110

一般贸易0110是指我国境内有进出口经营权的企业单边进口或单边出口的贸易,但海关另外设定贸易方式的单边进出口货物除外。

所谓单边进出口就是逐笔售定,即逐笔成交,买卖双方在付款和交货完成后不再有任何的关联。与之相对应的有代理、寄售、加工贸易、对销贸易、易货贸易、租赁贸易,等等。在海关管理中对许多的单边进出口贸易,海关出于监管、征税、统计的需要另外规定有贸易方式,他们就不属于一般贸易了。比如,享受国家特定减免税政策的外商投资企业进口的投资设备物品,虽然也是单边进口,但因为需要特别办理海关审批手续,享受减免税待遇,因此,海关另外设定有贸易方式。在87个贸易方式中,多数的监管方式都是针对特殊的进出口货物,海关对它们有特别的监管或统计的需要。这些特殊的货物有的需要特别批准,有的是保税、减免税,等等。而多数没有特别监管需求的货物,也不享受保税、特定减免税(有特例情况)的货物都是属于一般贸易。除特殊情况外,一般贸易的货物都是照章征税的,在报关员资格考试的题目中尤其是这样,以往历年的考试中贸易方式是一般贸易的货物,对应征税形式都是照章征税,但也应该掌握几种特殊情形。

特别解释:

第一,一般情形

符合一般贸易定义按一般进出口货物监管的进出口货物。这类货物无须办理进出境前的海关备案手续,进口时照章征税,进口放行后立即结关,也无须海关后续的监管。对于一般情形下贸易方式为一般贸易的,海关都是照章征税,其对应的征免性质为一般征税,征免方式为照章征税。征免性质和征免方式都是报关单要填制的栏目,其含义后文中会讲到。

第二,易混淆的情形

①外商投资企业进口供加工内销产品的进口料件。进口的料件是供加工内销产品的,不属于加工贸易,不是保税料件。不是投资总额内进口的设备物品,不享受特定减免税待遇,没有前期备案手续,也无须后续监管,所以贸易方式是一般贸易。外商投资企业这种情形下进口的料件贸易方式为一般贸易,而对应的征免性质为一般征税,征免方式为照章征税。

②外商投资企业用国产原材料加工产品出口或经批准自行收购国内产品出口的货物。

这是指外商投资企业非加工贸易下出口的产品,因此贸易方式属于一般贸易。其对应的征免性质要看企业的经济类型,根据企业类型对应有中外合资企业、中外合作企业、外资企业。而征免方式都是照章征税。

第三,特殊情形

某些特定减免税货物,符合海关设定的贸易方式一般贸易的定义(单边进口),而且海关并没有为这些特定减免税货物设定专门的贸易方式,因此,他们的贸易方式仍然是“一般贸易”。但因为是特定减免税货物,所以需要有进口前的前期备案手续和进口后的后续管理。这些特定减免税货物主要包括:

①科教用品:科研机构、学校进口为促进科学研究和教育事业的发展,按照有关征减免税政策进口国内不能生产的、直接用于科研或教学的货物。属于按特定减免税进口的科教用品必须是经过事先批准在海关备案并取得《征免税证明》的。其对应的征免性质是"科教用品",征免方式是"全免"。

②鼓励项目(内资企业适用):符合《当前国家重点鼓励发展的产业、产品和技术目录》的国内投资(包括利用国外商业贷款,但不是外投资企业)的基建或技改项目,在投资总额内进口的自用设备和随设备进口的技术及配套件、备件。必须是经过事先批准在海关备案并取得《征免税证明》的。其对应的征免性质是"鼓励项目",征免方式是"全免"。

③自有资金:外商投资企业、外商投资研究开发中心、先进技术型和产品出口型外商投资企业,以及符合中西部省、自治区、直辖市利用外资优势产业和优势项目目录的项目,利用投资总额以外的自有资金(具体上指企业储备基金、发展基金、折旧和税后利润),在原批准的生产经营范围内,对设备进行更新维修,进口国内不能生产或性能不能满足需要的自用设备及其配套的技术、配件、备件。

上述三种情形下进口的货物,都必须事先经过国家有关部门的批准并向海关备案取得《进出口货物征免税证明》,进口报关时报关单备案号栏目要填写标记代码为Z的《征免税》编号,免税贸易方式栏填写"一般贸易"。除了上述三种情形外还有残疾人用品、企业技术改造进口货物、国家重大项目进口货物等都属类似情形。

(2)来料加工 0214

来料加工 0214 全称是来料加工装配贸易进口料件及加工出口货物。是针对经海关批准并核发手册的一种加工贸易形式下进口的料件和出口的产品而设定的贸易方式。这种加工贸易方式的特点是加工所使用料件由境外企业免费提供,我国经营此加工贸易的单位不需向外方付进口料件的费用。经营单位只收取加工费,加工的产品出口交外方处置。海关对这样加工贸易形式发放标记码为B的《加工贸易手册》,料件进口和成品出口时都是免税的。报关时报关单上的贸易方式栏填写"来料加工"或"0214"。其对应的征免性质为"进料加工",征免方式为"全免",备案号栏目要填写加工贸易手册的编号(编号第一位标记码是B)。

(3)进料对口 0615

进料对口 0615 是为另一种形式的加工贸易而设定的监管方式。进料对口和来料加工不同的是,加工贸易经营单位自主从国外购买料件,加工后的产品自行销售给国外。海关对这样加工贸易形式发放标记码为C的手册,料件进口和成品出口时都是免税的,报关单上的贸易方式栏填写"进料对口"或"0615"。

在以前的海关管理中,进料加工分成进料对口和进料非对口管理,但现在已不再实施进料非对口管理,因此,进料非对口的贸易方式已不再使用。凡是经海关批准进料加工的加工贸易，海关一律以进料对口管理，进口料件全额保税，报关单贸易方式栏目都填写“进料对口”或“0615”。其对应的征免性质为“进料加工”，征免方式为“全免”。

(4)进料深加工 0654

进料深加工 0654 就是进料深加工结转货物，有关概念和含义请看一下教材报关程序的内容。进料深加工没有对应的征免性质，也就是征免性质栏免填。

(5)不作价设备 0320

不作价设备 0320 专用于加工贸易的设备，由外方免费提供。由于是外方免费提供，经海关批准享受特定减免税待遇，但使用手册管理。海关发放标记代码为 D 的《加工贸易不作价设备登记手册》，进口报关时免税。报关单上的贸易方式栏填写“不作价设备”或“0320”。而备案号栏目需填写《加工贸易不作价设备登记手册》编号，征免性质填“加工设备”，征免方式填“全免”。

(6)合资合作设备 2025

合资合作设备 2025 中外合资企业、中外合作企业在投资总额内(属于投资的)进口的机器设备、零部件和其他物料。对于属于减免税的货物，海关发放标记代码为 Z 的《征免税证明》，进口时免税，报关单上的贸易方式栏填写“合资合作设备”或“2025”。报关时要提供征免税证明，报关单备案号栏目填写征免税证明的编号，征免性质是“中外合资”或“中外合作”(和企业的经济类型相对应)。

相关概念：

中外合资企业：是外国的公司、企业和其他经济组织或个人经中国政府批准在中国境内同中国的公司、企业或其他经济组织共同举办合营企业。形式为有限责任公司。合营各方按注册资本的比例分享利润，分担风险和亏损。

中外合作企业：是外国的企业、经济组织或者个人同中国的企业或者经济组织在中国境内举办中外合作经营企业。中外合作企业在合同中约定投资或者合作条件、收益或者产品的分配、风险和亏损的分担、经营管理方式和企业终止时财产的归属等事项。

中外合资企业与中外合作企业的主要区别是，前者按投入资本的比例来分享利润、分担风险和亏损，而后者是根据合同确定。

外资企业：是在中国境内设立的全部资本由外国投资者投资的企业。也就是外商独资企业。

投资总额：是指经我国政府批准的开办企业所需资金总额，即按企业生产规模需要投入的基本建设资金和生产流动资金的总和。中外合资企业、中外合作企业和外资企业统称为外商投资企业。在我国设立外商投资企业需要经过我国相关管理部门的批准。其项目的确认、可行性以及投资总额都要经过审批。

(7)外资设备物品 2225

外资设备物品2225含义同上面的合资合作设备，只是进口的企业是外商独资企业。因为外商独资企业特定减免税下进口的设备物品是免许可证的，因此，单独设置了贸易方式。对于此类减免税海关发放标记代码为Z的《征免税证明》，进口时免税，报关单上的贸易方式栏填写“外资设备物品”或“2225”。报关时要提供征免税证明，报关单备案号栏目填写征免税证明的编号，征免性质是“外资企业”。

需要说明的是，相关的法律法规中使用的“外商投资企业”概念包括中外合资企业、中外合作企业及外商独资企业，而概念“外资企业”是专指外商独资企业，需要根据资料提供的经营单位编码的第6位来确定贸易方式的填写。在提供首位是Z的《征免税证明》编号的情况下，如果是在投资总额内进口投资设备物品，经营单位编码第6位是“2”或“3”的，则贸易方式应该填“合资合作设备”，如果第6位是“4”，则贸易方式应该填“外资设备物品”。

(8)货样广告品A3010

货样广告品A3010有经营权单位就是指在海关注册的进出口货物收发货人(不包括临时取得的)。除了符合法定减免税的情形(见教材进出口税内容中的法定减免税)外，教材中并没有货样广告品的报关程序和征税的内容，所以只需掌握这个贸易方式是怎么回事及其代码即可。

(9)无代价抵偿3100

无代价抵偿3100是指进口货物经海关征税或免税放行后，发现货物残损、缺少或品质不良，而由国外承运人、发货人或保险公司免费补偿或更换的同类货物。无代价抵偿货物的概念应该结合教材上报关程序部分中无代价抵偿进出口货物的内容学习。贸易方式为“无代价抵偿”的进出口货物属于法定减免税(见《进出口关税条例》第44条)，进出口时免税，征免性质对应其他法定，征免方式为“全免”。

2. 填报要求

(1)本栏目应根据实际情况，并按海关规定的《贸易方式代码表》选择填报相应的贸易方式简称或代码。因为只填代码也是正确的，所以，一定要记住标有“*”号的贸易方式代码。重点是0110、0214、0615、2025、2225。

(2)一份报关单只允许填报一种贸易方式。如果一票货物中一部分货物适用一种贸易方式，另一部门适用另外的贸易方式，则应该分别填制报关单申报。

(3)加工贸易特殊情况填报要求如下：

①少量低值辅料(即5000美元以下，78种以内的低值辅料)按规定不使用《加工贸易手册》的，辅料进口报关单填报“低值辅料”。使用《加工贸易手册》的，按《加工贸易手册》上的贸易方式填报。使用加工贸易手册是指已在加工贸易手册中备案的，如果是进料加工贸易手册，则贸易方式应该填“进料对口”。如果使用的是来料加工贸易手册，则贸易方式填写“来料加工”。

②外商投资企业为加工内销产品而进口的料件，进口报关单填报“一般贸易”。外商投资企业为加工出口产品全部使用国内料件的出口合同，成品出口的报关单填报“一般贸易”。有关这两种情况在含义解析中对一般贸易的解释已有过说明。

③加工贸易料件转内销货物（及按料件补办进口手续的转内销成品、半成品、残次品）应填制进口报关单，本栏目填报“来料料件内销(0245)”或“进料料件内销(0644)”，相关联的还有“来料边角料内销(0845)”，“进料边角料内销(0844)”。加工贸易成品凭《征免税证明》转为享受减免税进口货物的（其含义在备案号栏目中讲过），应分别填制进、出口报关单。出口报关单本栏目填报“来料成品减免(0345)”或“进料成品减免(0744)”。加工贸易出口成品因故退运进口的，分别按不同贸易方式填报“来料成品退运”(4400)或“进料成品退运”(4600)。

3. 信息的查找与确定

贸易方式栏目的填写需要分析判断，判断的依据就是各种贸易方式的定义。在定义的基础上，某些贸易方式可以根据备案文件和企业类型来判断。另外，贸易方式栏目和备案号、征免性质、征免方式、用途栏目有对应的关系。在征免性质栏目的内容中会给出这几个栏目内容的逻辑关系表，考生要多加熟悉与掌握。在考试中判断贸易方式依据的信息主要是考试题目中的文字说明资料。

(1)如果备案号以“B”开头，则贸易方式为“来料加工”。例如，“所申报商品位列B52084400153号加工贸易手册……”则贸易方式应该填“来料加工”或“0214”。

(2)如果备案号以“C”开头，则贸易方式为“进料对口”。例如，“万威微型电机大连有限公司持C09033401543加工贸易手册进口第一项塑料垫圈”，备案号首位字母C表示的是进料加工，因此贸易方式栏应填“进料对口”或“0615”。

(3)如果备案号以“Z”开头，则需仔细看资料中描述的是否是投资总额内进口的设备。若是，再根据经营单位编码的第6位判断企业性质。编码第6位是“2”或“3”，则贸易方式应该填“合资合作设备”，如果第6位是“4”，则贸易方式应该填“外资设备物品”。

例如，“天津华×勘测服务有限公司(129722××××)在投资总额内进口泥浆泵，向海关申请取得Z02024A50706号征免税证明。泥浆泵随其他设备同批进口，单独向海关做出申报”。

(4)如果备案号以“D”开头，则贸易方式为“不作价设备”。

4. 文字说明资料中没有备案号信息或者不能根据备案号判断的情形

(1)资料中没有备案号的信息，就需要仔细研读对进出口情况的说明。根据描述来确定符合哪一个贸易方式的定义。

例1：1995年的报关单填制题：“中国矿×钢铁有限责任公司进口一批热拔合金无缝钢管（属法定检验检疫、自动进口许可管理商品），委托辽宁抚顺锅×厂有限责任公司制造出口锅炉。辽宁龙×国际货运公司持经营单位登记手册和相关单证向大连大窑海关申报进口”。

虽然题目中没有给出备案号，但说明中提到“订购……制造出口……”并特别有提到“持经营单位登记手册和相关单证向大连大窑海关申报进口”，经营单位登记手册只有加工贸易情况下才有。因此，可以确定申报的商品是加工贸易进口的料件，而根据“订购”可以排除是来料加工，因此，它是进料加工，那么，贸易方式栏应该填“进料对口”或“9615”。

需要说明的是，从 1995 年开始，所有的加工贸易手册的名称统一使用“加工贸易手册”，不再有过去的“登记”字样。

例 2：2004 年报关员资格考试的考题，“中外合资沈阳贝×钢帘有限公司（210123××××）使用自有资金，委托上海新×五矿贸易公司（310591××××）进口镀黄铜钢丝”。

题目中没有给出备案号，也没有提到加工贸易应有的情形，并且使用的是自有资金而不是在投资总额内进口。因此，可以确定该商品报关单贸易方式栏目应该填“一般贸易”或“0110”。

即使该进口货物是经批准享受特定减税的货物，但因为是使用自有资金进口，贸易方式也应该为一般贸易。

（2）如果题目中给出的备案号以“Y”开头，只能说明该进口货物是享受 CEPA 香港或澳门优惠政策的进口货物，只是在税率上享受相关的税率，不足以确定其贸易方式。贸易方式的确定仍然要根据各种贸易方式的定义来判断。一般使用原产地证书享受 CEPA 香港或澳门优惠政策的进口货物不会是加工贸易货物也不会是特定减免税货物。多数情况下的贸易方式是一般贸易。

①报关单贸易方式栏的主要掌握针对教材第三章报关程序中的三种监管方式：一般进出口货物：一般贸易 0110。

②加工贸易货物：进料对口 0615；来料加工 0214。

③特定减免税货物：合资合作设备 2025；外资设备物品 2225。

④注意：贸易方式是一般贸易而货物属于特定减免税货物的情形，就是介绍一般贸易含义中的几种特殊情况，分别是属于科教用品、自有资金、内资鼓励项目的情形。

例：中外合资沈阳沈×市有限公司（210123××××）使用自有资金，委托上海新元五矿贸易公司（310591××××）进口黄钢钢丝。

填制规范：题目中没有给出备案号，也没有提到加工贸易应有的情形，并且使用的是自有资金而不是在投资总额内进口，因此，可以确定该商品报关单贸易方式栏目应该填“一般贸易”或“0110”。

（十三）征免性质（From Nature）

1. 含义解析

征免性质指海关根据《海关法》《关税条例》及国家有关政策对进出口货物实施征、减、免税管理的性质类别。

本栏目应按照海关核发的《征免税证明》中批注的征免性质填报，或根据实际情况按海关规定的《征免性质代码表》选择填报相应的征免性质简称或代码。加工贸易货物栏目应按照海关核发的“加工贸易手册”中批注的征免性质填报相应的征免性质简称或代码。一份报关单只允许填报一种征免性质。征免性质代码由三位数组成，第一位数表示类别，第二、三位数表示该类别减免税项目的顺序号。

征免性质分为法定征税、法定减免税、特定减免税、其他减免税和暂定税率五部分。其中特定减免税又分为按地区和用途、贸易性质、企业性质和资金来源实施的税收政策四类。

《征免性质代码表》中以代码首位作为标记将征免性质分为如下几大类：

(1)法定征税

代码首位是“1”，具体的征免性质名称是一般进出口货物，简称一般征税，代码 101。法定征税指海关依照《中华人民共和国海关法》《中华人民共和国进出口关税条例》《中华人民共和国进出口税则》及其他法律、法规所规定的税率征收关税、增值税和其他税费的进出口货物。

(2)法定减免税

代码首位是“2”，具体的征免性质主要有其他法定减免税进出口货物，简称其他法定，代码 299。法定减免税是指海关依照《中华人民共和国海关法》《中华人民共和国进出口关税条例》，对除无偿援助进出口物资外的其他实行法定减免税的进出口货物，以及根据有关规定非按全额货值征税的部分进出口货物。适用范围：

1)无代价抵偿进出口货物；(除个别照章征税的外，适用贸易方式“无代价抵偿”的进出口货物，其对应的征免性质是“其他法定”)

2)无商业价值的广告品和货样；(如果适用贸易方式“货样广告品 A”的货物符合无商业价值的条件，其征免性质就是“其他法定”)

3)进出境运输工具装载的途中必需的燃料、物料和饮食用品；

4)因故退还的境外进口货物；

5)因故退还的我国出口货物；

6)在境外运输途中或者在起卸时，遭受损坏或损失的货物；

7)起卸后海关放行前，因不可抗力遭受损坏或者损失的货物；

8)海关查验时已经破漏、损坏或者腐烂，经证明不是保管不慎造成的货物；

9)中华人民共和国缔结或者参加的国际条约规定减征、免征关税的货物、物品；

10)暂时进出口货物；

11)出料加工项下的出口料件及复进口的成品；

12)进出境的修理物品；

13)租赁期不满一年的进出口货物；

14)边民互市进出境货物；

15)非按全额货值征税的进口货物(如按租金、修理费征税的进口货物)。

属于法定减免税的还有无偿援助进出口物资，简称无偿援助，代码201。

(3)特定减免税

特定区域，代码首位是“3”，具体有：特定地区301，保税区307，其他地区300。

特定用途，代码首位是“4”，主要有：科教用品401，残疾人413，还有技术改造、重大项目、基础设施、远洋渔业、国产化。

特定的贸易性质，代码首位是“5”，具体有：加工设备501，来料加工502，进料加工503，边境小额。在进料加工和来料加工中按海关管理属于保税货物，但在填写报关单时暂按免税对待(不在报关的环节缴纳税款)。

特定企业，代码首位是“6”或“7”，主要有：中外合资601，中外合作602，外资企业603，鼓励项目789，自有资金799，其他还有海上石油、陆地石油、贷款项目、贷款中标。

(4)其他减免税

代码首位是“8”的救灾捐赠801，以及国批减免898，代码首位是“0”包括内部暂定008，例外减免999。

2. 填报要求

(1)一份报关单只允许填报一种征免性质。

(2)本栏目应按照海关核发的《征免税证明》中批注的征免性质填报，或根据实际情况按海关规定的《征免性质代码表》选择填报相应的征免性质简称或代码。仅填代码也正确，所以教材中标注“*”号的代码要背下来。

(3)加工贸易报关单本栏目应按照海关核发的《登记手册》中批注的征免性质填报相应的征免性质简称或代码。

进口报关单主要贸易方式、备案号与征免性质的逻辑关系对应表见9-4。

**表9-4 进口报关单主要贸易方式、备案号与征免性质的逻辑关系对应表**

| 贸易方式 | 有无备案文件及备案号首位 | 征免性质 | |
|---|---|---|---|
| | | 一般征税101 | 按一般进出口货物监管的进口货物，包括外商投资企业进口供加工内销产品的料件 |
| 一般贸易0110 | | 科教用品401 | 科教单位凭征免税证明进口的直接用于科研和教学的货物 |

续表

| 贸易方式 | 有无备案文件及备案号首位 | 征免性质 | |
|---|---|---|---|
| | 有(Z) | 鼓励项目 789<br>（内资企业适用） | 国内投资项目，进口报关时提交征免性质栏批注为“鼓励项目”的征免税证明 |
| | | 自有资金 799 | 适用于使用投资总额外自有资金凭征免税证明进口的设备 |
| 来料加工 0214 | 有(B) | 来料加工 502 | 来料加工项下凭加工贸易手册进口的来料料件 |
| 进料对口 0615 | 有(C) | 进料加工 503 | 进料加工项下凭加工贸易手册进口的进料料件 |
| 进料深加工 0654 | | （无对应征免性质） | |
| | | 中外合资 601 | |
| 合资合作设备 2025 | 有(Z) | 中外合作 602 | |
| | 有(Z) | 鼓励项目 789<br>一般征税 101<br>外资企业 603 | 见注 |
| 外资设备物品 2225 | 有(Z) | 鼓励项目 789 | |
| 不作价设备 | 有(D) | 一般征税 101<br>加工设备 501 | 见注 |
| 无代价抵偿 3100 | | 其他法定 299 | |

注：国家公布有外商投资项目不予免税的进口商品目录，该目录下的商品即使是在合资合作设备、外资设备物品的贸易方式下进口也不予免税，而是一般征税。

对于外商投资企业以一般贸易方式出口货物征免性质还是要使用，见表 9－5，仍然要掌握。

**表 9－5　出口报关单主要贸易方式、备案号与征免性质的逻辑关系对应表**

| 贸易方式 | 代码 | 备案号 | 征免性质 | 代码 | 说明 |
|---|---|---|---|---|---|
| 一般贸易 | 0110 | | 一般征税 | 101 | 外资企业使用国产料件加工的产品出口 |
| | | | 中外合资 | 601 | |
| | | | 中外合作 | 602 | |
| | | | 外资企业 | 603 | |
| 602 来料加工 | 0214 | 有(B) | 来料加工 | 502 | 来料加工的成品出口 |
| 进料对口 | 0615 | 有(C) | 进料加工 | 503 | 进料加工的成品出口 |
| 无代价抵偿 | 3100 | | 其他法定 | 299 | 无代价抵偿出口货物 |

上述两个逻辑关系表格中个别的贸易方式与征免性质不是必然的对应关系,会有特例。但特例的情况几乎不会在考试中出现,所以在这里忽略它。

(4)根据所确定的贸易方式结合上面的两个表格确定征免性质。比如试题中一批进口料件根据题目的描述可以确定其贸易方式是“进料对口”,则可以确定该批货物报关单上的征免性质应该填“进料加工”或“503”。因为贸易方式进料对口对应的征免性质只有进料加工。

同样有一一对应关系的还有:来料加工—来料加工;不作价设备—加工设备;无代价抵偿—其他法定。贸易方式是“合资合作设备”的进口货物,其征免性质一般情况下就是“鼓励项目”,实际工作很少用到,还有征免性质是“中外合资”、“中外合作”、“一般征税”的情形。贸易方式是“外资设备物品”的进口货物,其征免性质一般情况下也是“鼓励项目”,是“外资企业”和“一般征税”的情况也很少。

(5)无论进出口,都可以根据所给文字说明资料中备案文件首位字母判断。手册是C字头的,贸易方式为进料对口0615的货物,征免性质就应填“进料加工503”。即使题目中没有明确给出备案文件,只要能够确定贸易方式是进料对口,征免性质就是进料加工。手册是B字头的,贸易方式为来料加工0214的货物,征免性质就应该填“来料加工502”。同样即使题目中没有明确给出备案文件,只要能够确定贸易方式是来料加工,征免性质就是来料加工。

(6)如果资料所给备案文件是B字头的《征免税证明》的编号,则需进一步根据对进口货物的描述,判断是合资合作设备、外资设备物品还是一般贸易(要根据征免税证明中的征免性质判断或者根据“投资总额内”字样及经营单位编码判断)。

(7)出口货物不使用手册的情况下,贸易方式多为一般贸易。再根据经营单位编码确定是否是外商投资企业使用国产料件生产的产品出口。此情况下不同类型的外商投资企业填报的征免性质不同。

经营单位编码第6位是“2”:征免性质填“中外合作”;

经营单位编码第6位是“3”:征免性质填“中外合资”;

经营单位编码第6位是“4”:征免性质填“外资企业”。

(十四)征税比例/结汇方式(Tax Rate/Foreign Exchange)

1. 征税比例

仅用于原“非对口合同进料加工”(代码0715)贸易方式下进口料件的进口报关单,填报海关规定的实际应征税比率,现该栏目不需填报。

2. 结汇方式

(1)含义解析

出口报关单应填报结汇方式,即出口货物的发货人或其代理人收结外汇的方式。本栏目应按海关规定的《结汇方式代码表》选择填报相应的结汇方式名称或代码或英文缩写。

(2)填报要求

结汇方式栏目应按海关规定的《结汇方式代码表》选择填报相应的结汇方式名称或缩写或代码。

(3)信息的查找与确定

结汇方式通常体现在发票或装箱单中,如:

1)"PAYMENT:"、"PAYMENTTERM:"、"PAIDBY:"后面跟有结汇方式名称或者缩写。

2)还有的在备注栏中表明,如,REMARKS:T/T(表示电汇)。

3)有信用证号(L/CNO.:)的都说明结汇方式是信用证。

4)还有的用文字叙述,例如,"L/CNO.:DOCUMENTS AGAINST ACCEPTANCE"(D/A 表示承兑交单)。

表 9-6 结汇方式代码表

| 代码 | 结汇方式名称 | 缩写 | 英文名称 |
|---|---|---|---|
| 1 | 信汇 | M/T | Mail Transfer |
| 2 | 电汇 | T/T | Telegraphic Transfer |
| 3 | 票汇 | D/D | Remittance by Banker's Demand Draft |
| 4 | 付款交单 | D/P | Documents against Payment |
| 5 | 承兑交单 | D/A | Documents against Acceptance |
| 6 | 信用证 | L/C | Letter of Credit |

(十五)许可证号(License Number)

(1)含义解析

应申领进(出)口许可证的货物,必须在此栏目填报外经贸部及其授权发证机关签发的(出)口货物许可证的编号,不得为空。一份报关单只允许填报一个许可证号。指商务主管部门及其授权发证机关签发的进、出口货物许可证的编号。许可证号的编号格式是:××-××-××××××。第一、二位代表年份,第三、四代表发证机关(AA 代表商务部许可证事务局发的证,ABAC 代表许可证事务局驻各地特派员办事处发证,0102 代表地方发证),后六位为顺序号。

(2)填报要求

将许可证号照抄填写在许可证号栏。应申领进(出)口许可证的货物:此栏目填报不得为空,不需要许可证的商品免填(可为空)。例如:"该批货物已申领监管证件代码为编号为06-AA",则根据代码为 4 可判断为许可证,许可证专栏填存如:"××公司持 06-AB-100256 号出口许可证报关"则许可证专栏填:06-AB-100256 请注意这里填报的是"许可证"而非"许可证件"的编号,《监管证件代码表》中的代码为 1、4. x、M、y 的许可证。《监管证件代码表》中除代码为1、4. x、u、y的监管证件都属于其他“许可证件”，其代码和编号应填在“随附单据”栏，不能填在许可证号栏。尤其要特别提出注意的是“自动进口许可证”应填在随附单据栏。

例：许可证编号为06－AA－101888　填制规范：06－AA－101888

（十六）起运国（地区）（Country of Origin）

（1）含义解析

起运国（地区）是指进口货物直接运抵或者在运输中转国（地区）未发生任何商业性交易的情况下，运抵我国的起始发出的国家（地区）。

通过含义可知道，如果是直接运输的进口货物就以起始装运发出的国家（地区）为起运国（地区）。对于中转运输货物，如果我国与发生中转地所在的国家（地区）发生的交易，则中转地所在的国家（地区）为起运国（地区）。在没有发生中转的情况下，不管与哪个国家（地区）发生的交易，货物起始装运发出的国家（地区）为起运国（地区）。没有发生中转的货物可称为“直接运抵货物”。

例如：我国某公司向新加坡某公司购买的货物在新加坡装船运到我国上海港。则起运地为新加坡。

再如：我国某公司向瑞士某公司购买的货物在新加坡装船运到我国上海港。则起运地为新加坡。

第二个例子中的情形在国际贸易中是很常见的，也就是一个国家（地区）的商家向另一个国家（地区）的商家购买的货物很可能运自第三个国家（地区）。

①当货物发生中转时，如果我国是向中转地国家（地区）的商家买进的货物（即与中转地所在的国家（地区）发生交易），则中转地所在的国家（地区）为起运国（地区）。

例如：我国某公司向韩国公司购买的货物，在新加坡装船运到韩国后卸下又换另外一条船装运送抵上海。则起运地为韩国。

说明：这种运输情形的货物被称为“中转货物”，换装运输工具的港口称为“中转地”（或中转港）。而因为我国的公司是与中转地国家（地区）的商家发生的商业交易，因此按规定中转地所在的国家（地区）就是起运国（地区）。

再如：我国某公司向新加坡某公司购买的货物，在新加坡装船运到香港后却下又换另外一条船装运运抵上海。这时起运地为新加坡。因为货物是我国向新加坡的商家购买的，并不是向中转地的商家购买的。

②中转：是指货物由运输工具从一个地方装运发出后没有直接运往目的地而是中途卸下，再换装另外的运输工具运到目的地。

③发生商业交易或者发生商业行为：通常是指发生了买卖关系，也包括租赁、赠送等。开出发票的商家就可以被认为是与我国发生该货物商业行为的商家。比如：进口货物的发

票是韩国一家公司开出的，就可认为我们是与韩国这家公司发生的商业行为。如果货物是从第三国（地区）起运在韩国发生中转，就可以认定韩国是起运地区。

(2)填报要求

根据实际发生按海关的《国别地区代码表》（如表 9—7 所示）中的国别（地区）的中文名称或代码填写。《国别（地区）代码表》中的代码和《币制代码表》中的代码基本一致。

表 9—7　国别(地区)代码表

| | 中文名(简称) | 国别(地区)代码 | 中文名简称 |
|---|---|---|---|
| 110 | 中国香港 | 303 | 英国 |
| 116 | 日本 | 304 | 德国 |
| 133 | 韩国国别(地区)代码 | 502 | 美国 |
| 142 | 中国 | 701 | 国别不详 |
| 143 | 台澎金马关税区 | | |

特别注意应该严格按《国别（地区）代码表》中的名称填写，例如：起运地区是台湾的话要填写“台澎金马关税区”，不能填写“台湾”或“中国台湾”。

(3)信息的确定与查找

①起运目的信息一般出现在提单中及其他单证。无提单的情形需多留意发票。

②直接运输的货物，提单中的“P1ace of Receipt”后面跟的是起运地，根据起运地判断起运国（地区）。

对于多式联运，发货地或收货地的国家（地区）为起运国（地区），如：我国购自瑞士产品，由瑞士苏黎世运至德国汉堡装船再运往上海，此时，“Porto Loading HUMBURG”仅是装船港口（装货港），而“P1ace of Receipt：ZURICH”所指的收货地苏黎世才是货物起始发出的地点，所以瑞士为起运国（在不是与德国发生交易的情况下）。对于非多式联运单据，提单中的收货地所在的国家（地区）可能还不够确定为起运国（地区），还需要根据其他单证中的信息进一步的查找。

例如，提单上显示：P1ace of Receipt ANTWER－CY，Port of Loading ANTWER。收货地和装货港都是安特卫普（比利时港）。但在发票中确有“Dispatch Station Duseldorf，Germany”，这表明发货地是德国的杜塞尔多夫。如果发票开出的公司是在德国杜塞尔多夫的一家公司而不是比利时的公司，那么该报关单上的起运国（地区）应该填德国或 304。由于经常需要根据港口名称判断起运国（地区），所以也需要记住名称及其所属国家（地区）。

3)中转货物：首先要判断是否发生中转，其次判断是否与中转地所在的国家发生了商业行为。

①中转判断：所给单证中有 VIA. Port of Transhipment、Trans－ship、In Transit To 字样都表示发生了中转。如果 VIA 出现在发票、装箱单货、原产地证中，. VIA 后面的港口就

是中转港。

例如：单证中有如下描述“SHIPPED: From TOKYO to SHANGHAI Via HONGKONG”则说明货物在中国香港发生了中转。

提单中的卸货港如果是外国港口而不是我国港口则说明该提单是头程提单，货物发生了中转。见“运输工具名称”栏目中给出的例子，其提单有“Port of Discharge BUSAN”表示在釜山卸货，并在货名栏给出了二程船的信息“$2^{N}$DVESSEL: M/VCOSCOBUSAN/028N,”，这充分说明了是在韩国发生了中转。

②商业行为发生的判断：哪个国家（地区）的公司开出的发票就是与哪个国家（地区）发生的商业行为。发票的出票人或者签发人一般就是出口人（与我国发生买卖关系的商家）。在发票中一般有两方显示出票人的信息，一是发票的正上方或者右上方，二是最下方出票人签章的地方。通常上方不但有出票人的名称还会有地址信息。而发票下方一般只有出票人的名称，但有时也会出现大致的地址信息，如发票下方 Signed by ABC(Korea)Ltd. 说明是与韩国 ABC 公司发生的交易，因货物在韩国发生中转，因此起运为韩国。

另外多数情况下发票的出票人（与我国商家发生交易的商家）也是货物的发货人，而发货人的地址信息都会在提单中的 Shipper 或 CONSIGNOR 栏中体现。如果发票中出票人的名称提单上发货人（shipper）名称一致，则可根据提单中发货人的地址确定其所在的国家（地区）。

（十七）运抵国（地区）(Destination Country)

运抵国（地区）指出口货物离开我国关境直接运抵或者在运输中转国（地区）未发生任何商业性交易的情况下最后运抵国家（地区）。对发生运输中转的货物，如中转地未发生任何商业性交易，则运抵国（地区）不变，如中转地发生商业性交易，则以中转地作为运抵国（地区）填报。其含义的理解与起运国类似，只是一个是进口，一个是出口，一个是起运发出货物的国家（地区），一个是运抵发往的国家（地区）。

本栏目应按海关规定的《国别（地区）代码表》选择填报相应的运抵国（地区）中文名称或代码。本栏目的填报要求和起运国（地区）相同，请参照学习。

上述起运国（地区）栏目的确定，多数情况是在有提单的情况下，少数情况是在没有提单的情况下来确定的。

(1)直接运抵的货物发票或装箱单使用：shipped: From×××To×××，或者 From×××To×××，via 后面的港口或地点所在的国家（地区）为运抵国（地区）。个别有用 Port of Discharge、Port of Delivery、Port of Destination 对应的港口或地点所在的国家（地区）为运抵国（地区）。

(2)中转货物在发票或装箱单中如果有 SHIPPED: From×××Via×××To×××，Via 后面的港口为中转港。

例如:北京吉普汽车有限公司,经日本(国别代码116)转机,从美国(国别代码502)空运进口汽车零件一批。

填制规范:由于该批货物只在日本中转,没有发生商业买卖关系,所以起运国为美国或502。

例如:厦门某进口公司与韩国某公司签约进口200台日本产本田轿车,从东京起运经韩国中转运抵厦门。

填制规范:虽然该货物在日本起运,但在中转地韩国发生了商业关系,所以起运地区为韩国或133。

例如:厦门某进口贸易公司,出售给日本(国别代码116)某公司仪器一批。后来得知该公司又将这批仪器转卖给美国(国别代码502)某公司。

填制规范:该题所涉及出口货物是直接由中国输往日本的。日本收货人收货后,又将该批货物卖给其他国家的行为,与本国贸易合同无任何关系。因此运抵国应填报日本或116。

(十八)装货港(Port of Loading)

装货港指进口货物在运抵我国关境前的最后一个境外装运港。直接运抵货物起始装运的港口就是装货港。而中转的情形实际就是在中转港再次装上运输工具驶入我国,因此发生中转时中转港是装货港。本栏目应填报装货港的中文名称。

(1)直接运输的货物,实际装货的港口就是运抵我国关境前的最后一个境外装运港,也即应填报的装货港。

(2)货物在运输途中只要换装了运输工具(无论是否发生商业行为,装运港都发生了改变),中转港(换装运输工具的港口)应确定为装运港。装运港与发生中转有关,而与是否发生商业行为没有关系。

(3)无实际进出境的,本栏目填报"中国境内(代码0142)"。此处填写不能少"境内"两字。

直接运抵或货物装货港在提单中通常出现在Port of Loading栏目内,或者Shipped:From×××To×××,From×××To×××,From后面跟的地点为装货港。或者Port of Shipment,Air Port of Departure(空运单上)后面跟的地点也为装货港。

发生中转时,中转港就是装货港。

如在"运输工具名称"栏目中的"信息的查找与确定"下给出的例子,其提单有"Port of DischargeHONGKONG"表示在香港卸货,并在货名栏给出了二程船的信息"2nd VESSEIM/VCOSCOHONGKONGV.028N"。这充分说明了是在香港发生了中转。因此这份报关单的装货港栏目应填:中国香港。

判断是否发生中转以及确定中转港的方法请看前面"起运国(地区)"的相关内容。起运国和装货港之间有着一定的逻辑关系,弄清楚直接运输和中转状况下起运国和装货港之间的逻辑关系对于掌握如何填写这两个栏目会有很大的帮助。

（十九）指运港（Port of Destination）

指运港指出口货物运往境外的最终目的港；指运港不受中转影响。填报指运港的中文名称，最终目的港不可预知的，可按尽可能预知的目的港填报。

(1)对于直接运抵货物，货物直接运抵的港口为指运港。

(2)对于中转货物，指运港仍然是最后运抵的港口，不受中转的影响。

(3)无实际进出境的，本栏目填报"中国境内(代码 0142)"此处填写不能少"境内"两字。

指运港的信息在发票与装箱单中的用词和表示方式与运抵国一致，请参照运抵国中的例子学习，但必须注意指运港不受中转影响，按尽可能预知的目的港填报。最主要的就是指运港的填报不受中转的影响。即使发生中转，指运港仍然要填写最终运抵的港口。

例：北京某合资企业经海关同意，将原从日本横滨港（港口航线代码 1354）海运进口的投资设备，转为内销。

填制规范：以上所及货物，是加工贸易企业转内销的投资设备，在补办进口手续时，该投资设备并没有实际进境。因此装货港应填报：中国境内或 142。

（二十）境内目的地/境内货源地（Domestic Destination/Domestic Supply）

1. 含义解析

境内目的地指已知的进口货物在国内的消费（仅在进口报关单中填写），境内目的地和境内货源地栏目设置的主要目的是为了国家统计需要，国家要掌握进出口货物在国内的最终消费使用地以及出口货物在国内的产地或初始发货地。

2. 填报要求

(1)本栏目应根据进口货物的收货单位、出口货物生产厂家或发货单位所属国内地区，并按海关规定的《国内地区代码表》选择填报相应的国内地区名称或代码，代码的含义与经营单位代码前 5 位相同。由于境内目的地和境内货源地多为收货单位或发货单位所在地，这样就可以根据收货单位或发货单位的海关编码前 5 位来确认或填报该栏目。

(2)境内目的地和境内货源地要填报具体的行政区域。因为地区名称可以用代码替代，而经营单位代码前 5 位的含义表达到行政区域的经济区划，所以行政区域也要表达到这一级。

例如：境内目的地及收货单位为"中外合资沈阳贝×钢帘有限公司(210123××××)"所在地。境内目的地要填报的具体的行政区域也就是沈阳贝×钢帘有限公司海关编码前 5 位表达的含义，而编码前 5 位 21012 含义是前 2 位"21"表示辽宁，3，4 位"01"表示沈阳，第 5 位"2"表示经济技术开发区。因此境内目的地应填写：沈阳经济技术开发区，而不能仅填写辽宁沈阳或沈阳（不够具体）。

境内目的地的填写主要有以下几种情况：

①委托有外贸进出口经营权的企业进口货物的单位所在地；

一般情况下委托单位也就是报关单上的收货单位或最终消费使用的单位，故其所在地为境内目的地。

②自行从境外进口货物的单位所在地，自行从境外进口货物的单位并不是受委托进口的，因此它本身就是货物的最终消费使用的单位。故其所在地为境内目的地。

③如难以确定进口货物的消费、使用单位，应以预知的进口货物最终运抵地区为准。

境内目的地和境内货源地的填写要根据文字说明资料判断。

(1)自行进出口的情形：自行进出口的企业本身就是最终的使用单位或者是生产单位，因此自行进出口的单位所在地就是境内目的地和境内货源地。而且在自行进出口的情形下，进出口的企业就是经营单位，它们都有海关的编码，因此可以根据编码的前5位填写或者判断出填写地区名称。

例如：

“大连机×设备进出口公司(2102910×××)”进口一批电视机零件，其中发票第1项商品对应手册第23项料件，法定计量单位为千克；发票第2～4项为一般贸易进口货物。装载货物的运输工具于2003年8月12日申报进境。

材料中没有提到任何其他的单位，属于自行进出口。进口单位大连机×设备进出口公司根据其名称可以确定企业是在大连，而根据其经营单位编码前5位21029中的第5位“9”的含义是其他地区，可以确定境内目的地栏目应该填写：“辽宁大连其他”。仅填写“辽宁大连”是错误的。

例如：

“上海××丝袜有限公司(311093××)采用国产原料生产袜品凭319403360号外汇核销单出出。”

题目清楚地表达了上海××丝袜有限公司是生产单位也是出口单位，也就是自行出口的情形。因此出口报关单境内货源地应填写上海××丝袜有限公司所在地区的名称或代码，因为报关员无法仅根据编码前5位31109确定地区名称(资料不足，实际工作可以查询《国内地区代码表》来确定)，所以境内货源地可填写：31109，因为允许仅填写代码。

(2)委托进出口的情形：委托进出口通常委托单位就是最终消费使用的单位或者生产单位，因此在没有更明确的最终使用地、消费地或者生产地的情况下，委托单位所在地就是境内目的地和境内货源地。

例如：

“广州轻工机×进出口公司(440191××××)受广州粤×服装有限公司(440123××××)委托在投资总额内进口服装加工设备。货物于××××年×月×日运抵口岸，次日委托广州鸿发报关公司持编号为z×××××××××××的征免税证明向海关报关”。

题目中的广州粤×服装有限公司(440123××××)是委托方,并且进D的是享受特定减免税的设备,因此该委托单位就是该进口设备最终使用单位,因此境内目的地应填该委托单位的所在地区的名称。从该单位名称中可知该单位位于广州市,而其经营单位编码第5位的含义是经济技术开发区,因此境内目的地栏目应填:“广州经济技术开发区”,或者直接填写:44012。

(二十一)批准文号(Approval Number)

批准文号是指出口收汇核销单编号(进口报关单此栏目不填),批准文号栏专门用于填写外汇核销单编号,是为实施国家外汇管理,保证海关有效监管而设置的栏目。涉及出口收汇的贸易(监管)方式向海关报关时必须提供外汇核销单,以便海关签注监管。出口报关单直接填写出口收汇核销单编号。不涉及出口收汇,此栏目可以不填。

例如:“出口收汇核销单”编号No.21/0000732,则批准文号填报21/0000732。

(二十二)成交方式(Transaction Mode)

成交方式就是国际贸易中的贸易术语,可以理解为买卖双方就成交的商品在价格构成、责任、费用风险的分担,交货方式上的约定。海关规定的《成交方式代码表》中有6种成交方式,但除了下表中的3个外其余的极少使用,故只需记住下表的成交方式及其代码,应根据实际成交价格条款按海关规定的《成交方式代码表》选择填报相应的成交方式名称或代码。

由于海关规定的《成交方式代码表》只有3种成交方式可供选择填报,所以这3个贸易方式不完全等同于国际贸易中术语的概念,它适用于所有的运输方式,比如FAS在国际贸易中只适用于江海运输,而空运要使用FCA。但在报关单填制时,实际成交使用的贸易术语也要填写FOB。对于国际贸易中使用的实际成交方式是:CIP、CPT、FCA的应转换成《成交方式代码表》中的成交方式后填报,转换的对应关系如表9-8所示(按价格构成因素来对应,即以是否包括运保费来对应)。

**表9-8 成交方式代码表1**

| 实际成交方式 | 应转化成的填报方式 | 成交方式代码 |
|---|---|---|
| CIP | CIF | 1 |
| CPT CADF | CFR/C&F | 2 |
| FCA | FOB | 3 |

成交方式是报关单填制的一个重要栏目,而且它还和运费、保费栏目的填制有关联。因此一定要在所给的单证中清楚地确定成交方式是什么。一般成交方式出现在发票中,也有个别的在装箱单中给出。成交方式多数出现在发票的价格条款中,多以“CIF”、“FOB”、“CFR”、“C&F”或“CANDF”、“CIP”、“CPT”、“FCA”字样后面跟地点出现。例如:出现在总价栏内,在AMOUNT下写有“CIFSHANGHAI”或“CIPBEHING”,这2种情况成交方式栏都应该填写:CIF或1。

再如:也有可能出现在发票的单价栏内,在“UNITPRICE”下写有“FOBLOSANGELES”或“CFRDALIAN”。在某些发票中成交方式会出现在货物名称栏中。如在“Description of Merchandise”栏内写有“Price Terms:CFRSHANGGHAICHINA”(价格术语或条款:CFR 中国上海),或者“ATUSD459/DRUMFOBDALIAN”(每桶 459 美元 FOB 大连)。则成交方式应填:CFR 或 2。也有出现在发票的首文部分的,如在“Price Condition”后面写有“CIF Dalian,P. R. China”表示价格条件是 CIF 中国大连。成交方式栏应该填:CIF 或 1。

从上面几个例子中可以看出,不管成交方式出现在什么位置上熟悉贸易术语就很容易能够找到它。

报关员应做到:

(1)在英文单证中查找成交方式并正确填写。

(2)将成交方式代码表中没有的实际成交方式转换成对应代码表中的成交方式。(给出的实际成交方式代码表中没有,需要填写代码表中与之对应的成交方式,因此报关员应该熟悉前面给出的对应表格)。

(3)对成交方式的代码熟练掌握(报关员应熟记三种成交方式及对应的代码,如表 9-9 所示)。

**表 9-9　成交方式代码表 2**

| 成交方式代码 | 成交方式名称 | 成交方式代码 | 成交方式名称 |
| --- | --- | --- | --- |
| 1 | CIF | 4 | C&I |
| 2 | CFR/C&F | 5 | 市场价 |
| 3 | FOB | 6 | 垫仓 |

(二十三)运费(Freight)

运费是指进出口货物从始发地至目的地的国际运输所付的各种费用。

该栏目的设置与填写主要是为了海关确定计算完税价之用。海关在审定完税价格的时候,进口货完税价格要计入运抵我国港口前的国际段的运费,而出口货物的完税价格不包括国际段的运费。而进出口双方实际成交的价格中可能包含也可能不包含运费,因此就需要根据海关审价办法计入或者扣除相关费用,因此该栏目填写的运费就是为了海关计算完税价格时扣除或者计入之用。上述各种费用是指这里填写的运费是针对广义上的运费,它包括已计入运费的搬运费、装卸费等相关费用,也包括运保费合并计算时的保险费。

(1)进口货物:本栏目填报成交价格中不包含国际段的运费。

进口货物的完税价格应该记入国际段的运保费,如果成交价格没有包括运费就应该在本栏目另外填写,以便海关计入。而如果成交价格已包含了国际段的运费,此栏目不必再填写运费。成交价格中是否包含国际段的运费从成交方式中可以判断,因此可以根据成交方式确定本栏目是否需要填写。给出成交方式与运费填写与否的对应表格如表 9-10 所示。

表 9-10　成交方式与运费对应表 1

| | 成交方式 | 运费 | 说明 |
|---|---|---|---|
| 进口 | CIF | 不填 | 包含运保费 |
| 进口 | CFR | 不填 | 包含运费 |
| 进口 | FOB | 填 | 不包含运费 |

(2)出口货物:本栏目填报成交价格中已包含的国际段的运费。出口货物的完税价格应该扣除国际段的运保费,如果成交价格包括运费就应该在本栏目另外填写,以便海关扣除。而如果成交价格不包含国际段的运费此栏目不必再填写运费。同样给出表 9-11。

运费标记"1"表示运费率,"2"表示每吨货物的运费单价,"3"表示运费总价。

例如:5%的运费率填报为 5,24 美元的运费单价为 502/24/2,7000 美元的运费总价填报为 502/7000/3

表 9-10　成交方式与运费对应表 1

| | 成交方式 | 运费 | 说明 |
|---|---|---|---|
| 进口 | CIF | 不填 | 包含运保费 |
| 进口 | CFR | 不填 | 包含运费 |
| 进口 | FOB | 填 | 不包含运费 |

(二十四)保费(Premium)

保费是指被保险人向保险人向(保险公司)支付的进出口货物在国际运输过程中的保险费。

进口货物:本栏目填报成交价格中不包含的国际运输过程中的保险费。

进口货物的完税价格应该记入保险费,如果成交价格没有包括保险费就应该在本栏目另外填写,以便海关计人。而如果成交价格已包含了保险费此栏目不必再填写。成交价格中是否包含国际运输过程中的保险费从成交方式中可以判断,因此可以根据成交方式确定本栏目是否需要填写。给出成交方式与保险费填写与否的对应表格如下:

出口货物:本栏目填报成交价格中已包含的国际运输过程中的保险费。出口货物的完税价格应该扣除国际运输过程中的保险费,如果成交价格包括保险费就应该在本栏目中另外填写,以便海关扣除,而如果成交价格不包含保险费此栏目不必再填写。

填写形式:本栏目可按保险费总价和保险费率两种方式之一填报(保险费没有按单价计费的),同时注明保险费标记,并按海关规定的《货币代码表》选择填报相应的币种代码。保险费标记"l"表示保险费率,"3"表示保险费总价。填报的形式与运费的填报类似,请参考学习。

例如:3‰的保险费率填报为 0.3,运费率的标记不体现,免填 10 000 港元保险费,总价填报为 110/10000/3。运保费合并计算的,运保费填报在运费栏目中,不填在保险费栏。

(1)首先要查看成交方式,再根据是进口和出口来判断是否需要填写运费。判断的依据就是填报要求中的2个表格。

(2)确定应该填写后再在题目中查找运费的信息。运费的信息一般在文字说明资料中给出或者在英文单证中给出。

比如,在说明资料中写有"保险费:USD200"这表明保险费的总价是200美元,则保险费栏应该填写:502/900/3。再如,在说明资料中写有"保险费率:2.7%"。报关单上的杂费栏目,专为海关征税而设立。所以,此处杂费特指成交价格以外的,应计入完税价格中征税的,或包含在成交价格中,但计算完税价格时应扣除的不予征税费用。

例如:3‰的保险费填报0.3,10000港元保险费总价填报为110/10000/3

(二十五)杂费

就是海关审定完税价格时需要考虑的调整因素。设置和填报此栏就是为了海关在确定完税价格时在成交价格中加上或者扣除相关费用。

应计入完税价格的杂费填报为正值或正率,应从完税价格中扣除的杂费填报为负值或负率。

(1)指成交价格以外的、应计入完税价格或应从完税价格中扣除的费用如手续费、佣金、回扣等。

(2)填报形式:可按杂费总价或杂费率两种方式之一填报,同时注明杂费标记,并按海关规定的《货币代码表》选择填报相应的币种代码。杂费标记"1"表示杂费率,"3"表示杂费总价。例如:应计入完税价格的1.5%的杂费率,填报为1.5;运费率的标记不体现,免税。应从完税价格中扣除的1%的杂费率,填报为"-1"。

(3)杂费总价:填报杂费币值代码+"/"+杂费总价的数值+"/"+杂费总价标记,如:应计入完税价格的500英镑杂费总价填报为"303/500/3"。

此外,"THC费",英文全称为"Terminal Handling Charge",即"港口操作费用",是2002年1月15日由国际航运协会统一制订的用于补偿承运人且独立于运保费之外,强制性地向收发货人征收的一种运输附加费。"THC费"实质上是一种海上运输附加费,应当计入进出口货物的价格中,在本栏填报。

无杂费时,本栏免予填报。

例:应计入完税价格的1.5%的杂费率填报为1.5;应从完税价格中扣除的1%的回扣率填报为-1;应计入完税价格的500英镑杂费总价填报为303/500/3。

(二十六)合同协议号(Contract Number)

合同协议号就是买卖双方就买卖的商品所签订的合同或者协议的编号。应注意不是发票的编号,合同、协议号一般在发票、装箱单、提单中以英文表示"Contract NO"、"Order NO"、"Confirmation NO"、"Sale Confirmation NO"、"S/C NO(Sale Contract)Purchase OrderNOP/ONO"等表示。

例如:Contract NO:00XFFG－7801KR,则栏目写成:00XFFG－7801KR

Contract NO:ABS－1005,填制规范:ABS－1005

(二十七)件数(Number)

件数是指按包装种类计数货物的数量。对该含义的理解应该结合包装种类。

这里的数量不同于买卖双方成交的数量,而是指货物运输包装下的数量,比如某公司以每双10美元的价格出口皮鞋640双,每双鞋都装入一个纸盒中,而每16双鞋装入一个大纸箱中,共计装有40个纸箱。然后装入集装箱发运。则640双是买卖双方成交的数量,作为计算成交数量和价格的单位。大纸箱是为了运输方便而使用的包装,它的数量是40个纸箱,那么40就是件数。

本栏目填报有外包装货物的实际件数。

本栏目应填报有外包装的进(出)口货物的实际件数。特殊情况下填报要求如下:

(1)舱单件数(舱单中记录的件数)为集装箱的,填报集装箱个数(这种情况一般是指装入集装箱内的货物没有其他明显的包装)。

(2)舱单件数为托盘(Pallet)的,填报托盘数。舱单为运输工具的代理人向海关申报的运输工具所载货物情况单证,其所申报的内容包括集装箱信息(数量、规格等)、提单的数量、收发货人的信息等,以及每份提单的编号、起运国、装货港、包装种类、件数、毛净重等等。海关将对运输工具申报信息(舱单)与收发货人或其代理人申报的信息(报关单)相核对,如果核对不上就不能放行货物和运输工具,因此这里提示报关单的件数需要和舱单申报的一致。

(3)本栏目不得填报为零,不能为空,散、棵装货物填报为1。

包装种类和件数的描述经常在一起,多体现在装箱单和提单中(有时发票中也有体现),经常出现包装种类和件数栏,或者在货名栏目(包装和数量、货物名称及数量、重量、单价总价栏目)中或其下方,栏目常使用:①“Numbers&Kind of Packages(或No&Kind of Packing)”、“No. of PKGS”。②“Description(或Description of Goods或Quantitiesand Description”)。③“Markand number of PKGs”等,可能会有各种变化但使用的单词基本都是上面提到的那些。不管在哪个栏目下,除了直接给出件数及包装种类情况外,多数使用Packages或Packing或PACKED来表示包装。

例如:在装箱单中的“No. ofPKGS,7栏”,如后跟“Total2Case:2个木箱”,包装种类填“木箱”,件数填“2”。

还有如:有“CARTONNO. 1－22或C/N. 1－22;22个纸箱”,包装种类填“纸箱”,件数填“22”。

如果原始单据上只列示“2Units4Cartons”而未说明总的件数,则件数应合计为6(因是件货,且其包装不能仅按一种填报则包装种类应该填“其他”)。虽有其他的包装但置于托盘之上时,如果包装的描述(Packing;或No. of PKGS:)对应的是托盘则件数填托盘的数量,如:PACKING:20PALLETS(80DRUMA),件数填20,包装种类填“托盘”而不填“桶”和它的数量(通常提单上这样表示说明舱单记录的是托盘的数量)。

在有些栏目中可能会直接写明数量和包装如:

6PKGS(6件,件数为6,包装种类应为件)

2CASES(2木箱)

TTL260 CTNS(即TOTAI:260Cartons填纸箱)

TOTAI:99C/T(共99个纸箱)

20PALLETs(80DRWs)(80桶装于20个托盘,包装种类应填托盘)等。

在这些栏目下用描述表明件数和包装种类如:

12×20 CONTAINER SAID TO CONTAIN:234CRATES(12个20集装箱包含有234个柳条箱,则件数填234,包装种类填柳条箱)

TOTAL PACKED IN 117 CARTONS ONLY(共装入117个纸箱,件数填117,包装种类填“纸箱”)

SAY TOTALL:FOURTEEN(14) PACKAGES ONLY(共14件,件数填14,包装种类填“件”)

FIVE HUNDRED ONE MASTER CARTONS ONLY(共501纸箱,件数填501,包装种类填“纸箱”)个别情况下有在“Mark And NUMBER Of PKG”栏目下只写了“5”,表明件数为5,而在货名(Quantities and Description)栏最下方写有“5PALLET/50CTNS”是对件数和包装种类的进一步的说明,它说明了5是指托盘的数,因此包装种类填“托盘”,件数为“5”。

特别提示:很可能只要求填写发票中的几项商品中的一项商品,那么报关单的件数栏应该和要求填写的这项商品的件数对应上。

例如:INVOICE中下部分就曾经出现过,原文是这样的“DELIVERY OF CIF DALIAN CHINA OF 3UNIT & 6P”KGS。那么件数栏目该填9,种类则填“其他”

(二十八)包装种类(Packing Kinds)

包装种类指运输过程中货物外表所呈现的状态,也就是运输外包装的种类。

裸装:(Nude)主要是指一些自然成件能抵抗外在影响,不必要用包装的货物,在存储和运输过程中可以保持原有状态,如圆钢、钢板、木材等。包装种类栏目填写“裸装”。

散装:(Bulk)主要是指一些大宗的、廉价的、成粉、粒、块状的货物,以及不必要包装、不值得包装的货物疏散地装载在运输工具内,如煤炭、矿砂、粮食、石油等。包装种类栏目填写“散装”。

件货:指有包装或无包装的成件货物(包括捆扎成件的货物)的统称,都是可以计数的。件货进出口时应填报件货的运输包装的种类及其制作材料。件货又分单件运输包装和集合运输包装。

单件运输包装的有箱(Cases)、桶(Drums、Casks)、袋(Bags)、包(Bales)、捆(Bundles)填报时应说明包装物的材料如木箱(Wooden Cases)、纸箱(Carton)、木桶(Wooden Casks)、铁桶(Iron Drums)、塑料桶(Plastic Casks)、麻袋(Gunny Bags)、纸袋(Paper Bags)、塑料袋(Plastic Bags)、卷(Rolls)等。集合运输包装的有集装袋、集装包(Flexible Container)、托盘(Pallet)、集装箱(Container)。应熟悉掌握表 9−12 包装种类的英文。

表 9−12　包装种类代码表

| 中文名称 | 英文名称 | 中文名称 | 英文名称 |
|---|---|---|---|
| 木箱 | (wooden)case | 裸装 | Bulk |
| 纸箱 | Carton CTNS=Carton | 托盘 | Pallet |
| 桶装 | Drum/Barrel | 包 | Bale BLS=bale |
| 散装 | Bulk | | |

例如:某进出口公司想某国出口 500 吨散装小麦。该批小麦分装在一条船的 3 个船舱内填制规范;该例中货物为散装,所以包装种类应填"散装"。

(二十九)毛重(Gross)

毛重指货物及其包装材料的重量之和。计算运费通常使用毛重。

例:Gross Weight:30 600.67kg　填制规范;30 600.67

(三十)净重(Net Weight)

净重是指毛重减去外包装材料后的重量。通常计算价格使用净重,通常等于法定重量。

填报要求:

本栏目填报进(出)口货物实际毛重,计量单位应为千克,不足 1 千克的填报为 1.1 千克以上,其小数点后保留 4 位。如单证中是"GROSS WEIGHT1.5MT",则此栏应填"1500",如单证中是"GROSS WEIGHT0.4kg"则应填"1",如单证中是"GROSS WEIGHT98.2222kg"则应填"98.2222";

如单证中是"G.WT234.5kg"则应填"234.5",有多少位就填多少位,不必刻意用 0 补齐。

毛重、净重应该在装箱单中查找,一般都很明确:

毛重:GRDSS WEIGHT 有时简写成 G.WT 或 G/WEIGHT 或 GROSS 或 G.W 或 Gross。

净重:NET WEIGHT 有时简写成 N.WT 或 N/WEIGHT 或 NET 或 N.W.或 NET。若给出的数量是重量且没有毛净(GROSS NET 以毛重作为净重)之分则毛净重填写相同。注意件数栏的特别提示只填报发票中的一种商品时,毛净重是对应所填商品的毛、净重;并且在 H2000 系统下,如毛重栏目填制数量大于海关舱单信息中的毛重数量,系统将提示退单。

例:Net Weight:8500.43kg 填制规范:8500.43

(三十一)集装箱号(Container Number)

集装箱号是在每个集装箱箱体两侧标示的全球唯一的编号。其组成规则:箱主代号(3位字母)+设备识别号"U"+顺序号(6位数字)+校验码(1位数字),如:TPHU8290658。

本栏目用于填报和打印集装箱编号及数量,集装箱数量四舍五入填报整数,非集装箱货物填报为"0"。

在填制纸质报关单时,本栏目以"集装箱号"+"/"+"规格"+"/"+"自重"的方式填报。多个集装箱的,第一个集装箱号填报在"集装箱号"栏,其他依次按相同的格式填在"标记唛码及备注"栏中。

示例:SIZE/TYPE/CONTAINER#/TAREWGHT/GROSSWGHT/SEALNUMBER/STAT/STAT

20/DRY/TPHU8290658/2300/100/0464/FCL/FCL

20/DRY/MISU2369721/2300/100/00977/FCL/FCL

"集装箱号"栏应填:TPHU8290658/20/2300;

"标记唛码及备注"栏填:MISU2369721/20/2300。

(三十二)随附单据(Accompanying Documents)

随附单据指随进(出)口货物报关单一并向海关递交的单证或文件。合同、发票、装箱单、进出口许可证等必备的随附单证不在本栏目填报。

1. 本栏目分为随附单据代码和随附单据编号两项,其中代码栏应按海关规定的《监管证件名称代码表》(如表9-13所示)选择填报相应证件的代码填报,编号栏应填报监管证件编号;在填报纸质报关单时,本栏目填报监管证件的代码及编号,格式为:监管证件的代码+":"+监管证件编号。所申报的货物涉及多个监管证件的,第一个监管证件代码和编号填报在"随附单据"栏,其余监管证件和编号填报在"标记唛码及备注"栏中。

表9-13 监管证件名称代码表

| 代码 | 监管证件名称 | 代码 | 监管证件名称 |
| --- | --- | --- | --- |
| 1 | 进口许可证 | T | 关税配额证明 |
| 4 | 出口许可证 | 5 | 纺织品出口自动许可证 |
| A | 入境货物通关单 | 7 | 自动进口许可证 |
| F | 濒危物种进口许可证 | B | 出境货物通关单 |
| P | 进口废物批准证书 | E | 濒危物种出口许可证 |
| Y | 原产地证明 | | |

2. 优惠贸易协定项下进出口货物分以下几种情况

(1)实行原产地证书联网管理的,原产地证书编号填报在备案号栏,格式为"Y"+原产地证书编号。在本栏随附单证代码项下填写“Y”,在随附单证编号项下的“<>”内填写优惠贸易协定代码。例如香港 CEPA 项下进口商品,应填报为:“Y:<03>”。

(2)未实行原产地证书联网管理的,在报关单“随附单据”栏随附单证代码项下填写“Y”,

在随附单证编号项下“<>”内填写优惠贸易协定代码+“:”+需证商品序号。例如:“亚太贸易协定”项下进口报关单中第1－3项和第5项为优惠贸易协定项下商品,应填报为:“Y:<01:1~3,5>”。

3. 一份原产地证书只能对应一份报关单,同一份报关单上的商品不能同时享受协定税率和减免税。

在一票进口货物中,对于实行原产地证书联网监管的,如涉及多份原产地证书或含非原产地证书商品,应分单填报。报关单上申报商品的计量单位必须与原产地证书上对应商品的计量单位一致。进口货物优惠贸易协定代码表如表9－14所示。

**表9－14　进口货物优惠贸易协定代码表**

| 代码 | 优惠贸易协定 |
|---|---|
| 01 | 属于《亚太贸易协定》项下的进口货物 |
| 02 | 属于“中国－东盟自贸区”项下的进口货物 |
| 03 | 属于《内地与香港紧密经贸关系安排》(香港 CEPA)项下的进口货物 |
| 04 | 属于《内地与澳门紧密经贸关系安排》(澳门 CEPA)项下的进口货物 |
| 05 | 属于“对非洲特惠待遇”项下的进口货物 |
| 06 | 属于“台湾水果零关税措施”项下的进口货物 |
| 07 | 属于“中巴自贸区”项下的进口货物 |
| 08 | 属于“中智自贸区”项下的进口货物 |

(三十三)用途/生产厂家(USE/Manufacturer)

进口货物填报用途,应根据进口货物的实际用途按海关规定的《用途代码表》选择填报相应的用途名称或代码,如“企业自用”填报“04”。

生产厂家指出口货物的境内生产企业。本栏目供必要时手工填写。

常见用途分类代码及说明如表9－15所示。

1. 外贸自营内销(01):指有外贸进出口经营权的企业,在其经营范围内以正常方式成交的进口货物。

2. 特区内销(02):指特区内有外贸进出口经营权的企业在其经营范围内进口在特区内销售的货物。

3. 其他内销(03):指进料加工转内销部分、来料加工转内销货物及外商投资企业进口供加工内销产品的料件。

4. 企业自用(04):进口供本单位(企业)自用的货物,如外商投资企业以及特殊区域内的企业、事业和机关单位进口自用的机器设备等。

5. 加工返销(05):指来料加工、进料加工、补偿贸易和外商投资企业为履行产品出口合同从国外进口料件,用于在国内加工后返销到境外。

6. 借用(06):指从境外租借进口,在规定的使用期满后退运出境外的进口货物。

7. 收保证金(07):指由担保人向海关缴纳现金的一种担保形式。

8. 免费提供(08):指免费提供的进口货物,如无偿援助、捐赠、礼品等进口货物。

9. 作价提供(09):指我方与外商签订合同协议,规定由外商作价提供进口的货物,事后由我方支付或从我方出口货物款中或出口加工成品的加工费中扣除,如来料加工贸易进口设备等。

10. 货样、广告品(10):指进口专供订货参考的货物样品以及用以宣传有关商品内容的广告宣传品。

11. 以产顶进(13):指列明钢铁生产企业的国产钢材销售给加工出口企业用于生产出口产品。

**表 9-15　用途代码表**

| 代码 | 名称 | 代码 | 名称 | 代码 | 名称 |
| --- | --- | --- | --- | --- | --- |
| 01 3 | 外贸自营内销 3 | 02 | 特区内销 | 03 | 其他内销 |
| 04 3 | 企业自用 3 | 05 3 | 加工返销 3 | 06 | 借用 |
| 07 | 收保证金 | 08 | 免费提供 | 09 | 作价提供 |
| 10 | 货样,广告品 | 11 | 其他 | 13 | 以产顶进 |

示例:

(1)上海某合资企业海运进口自用设备一批,总价 30 万美元,用途申报为:04。

(2)某服装加工企业将原来料加工转为内销,用途申报为:03。

(三十四)标记唛码及备注(Mark yards and Remarks)

标记唛码是运输标志的俗称,进出口货物报关单上标记唛码专指货物的运输标志即 Shipping Marks。备注是指填制报关单时需要备注的事项,包括关联备案号、关联报关单号等。

本栏目具体填报要求如下:

1. 标记唛码中除图形以外的所有文字和数字。

2. 接受外商投资企业委托代理其进口投资设备、物品的进出口企业名称,格式为:“委托××公司进口”。

3. 关联备案号。关联备案号是指与本报关单有关联关系的,同时在海关业务管理规范方面又要求填报的备案号,如加工贸易结转货物及凭《征免税证明》转内销货物,其对应的备案号应填报在此栏，格式为："转至(自)××××××××××××手册"。

4. 关联报关单号。关联报关单号是指与本报关单有关联关系的，同时在海关业务管理规范方面又要求填报的报关单的海关编号，应填报在此栏。

5. 所申报货物涉及多个监管证件的，除了第一个监管证件以外的其余监管证件和代码。格式为：监管证件代码+"："+监管证件编号。一份报关单多个监管证件的，连续填写。

6. 所申报货物涉及多个集装箱的，除了第一个集装箱号以外的其余的集装箱号。格式为："集装箱号"+"/"+"规格"+"/"+"自重"。

7. 其他申报时必须说明的事项。

示例：

某合资企业海运进口自用投资设备一批，提单指示为：MARK：☆X. J. P. 3209/001，则标记唛码应填报为：X. J. P. 3209/001。

(三十五)项号 NO.

项号是指申报货物在报关单中的商品排列序号。一张纸质报关单最多可打印 5 项商品，四张纸质报关单合计一份纸质报关单(即一个报关单编号)；一张电子报关单(对应一份纸质报关单)共有 20 项商品，超过 20 项商品时必须填报另一份纸质报关单。本栏目分两行填报及打印。第一行打印报关单中的商品排列序号。第二行专用于加工贸易和实行原产地证书联网管理等已备案的货物，填报该项货物在《加工贸易手册》中的项号或对应的原产地证书上的商品项号。加工贸易合同项下进出口货物，必须填报与《加工贸易手册》一致的商品项号，所填报项号用于核销对应项号下的料件或成品数量。如一张加工贸易料件进口报关单上某项商品的项号第一行为"01"，第二行为"05"，说明该商品列此报关单申报商品的第一项，且对应加工贸易手册备案料件第五项。

特殊情况填报要求如下：

1. 深加工结转货物，分别按照《加工贸易手册》中的进口料件项号和出口成品项号填报。

2. 料件结转货物(包括料件、成品和半成品折料)，出口报关单按照转出《加工贸易手册》中进口料件的项号填报；进口报关单按照转进《加工贸易手册》中进口料件的号填报。

3. 料件复出货物(包括料件、边角料、来料加工半成品折料)，按照《加工贸易手册》中进口料件的项号填报；料件退换货物(包括料件、不包括半成品)，出口报关单按照《加工贸易手册》中进口料件的项号填报。

4. 成品退运货物，退运进境报关单和复运出境报关单按照《加工贸易手册》原出口成品的项号填报。

5. 加工贸易料件转内销货物(及按料件补办进口手续的转内销成品、半成品、残次品)应填制进口报关单，本栏目填报《加工贸易手册》进口料件的项号。加工贸易边角料、副产品内销，本栏目填报《加工贸易手册》中对应的料件项号。当边角料或副产品对应一个以上料件项号时，填报主要料件项号。

6. 加工贸易成品凭《征免税证明》转为享受减免税进口货物的，应先办理进口报关手续。进口报关单本栏目填报《征免税证明》中的项号，出口报关单本栏目填报《加工贸易手册》原出口成品项号。

7. 加工贸易料件、成品放弃，本栏目应填报《加工贸易手册》中的项号。半成品放弃的应按单耗折回料件，以料件放弃申报，本栏目填报《加工贸易手册》中对应的料件项号。

8. 加工贸易副产品退运出口、结转出口或放弃，本栏目应填报《加工贸易手册》中新增的变更副产品的出口项号。

9. 经海关批准实行加工贸易联网监管的企业，对按海关联网监管要求企业申报报关清单的，应在向海关申报货物进出口（包括形式进出口）报关单前，向海关申报“清单”。一份报关清单对应一份报关单，报关单商品由报关清单归并而得。加工贸易电子账册报关单中项号、品名、规格等栏目的填制规范比照《加工贸易手册》。

示例：

发票载明四项商品分别是：

男式腰带 1000 条　3 美元/条　3000 美元

男羽绒短上衣 1000 件　10 美元/件　10000 美元（位列手册第三项）

女羽绒短上衣 1000 件　8 美元/件　8000 美元（位列手册第二项）

女式腰带 1000 条　3 美元/条　3000 美元

则使用手册的报关单“项号”栏填报如表 9-16 所示（不使用手册的商品应另外填写一份报关单）。

**表 9-16　使用手册的报关单“项号”栏**

| 项号 | 商品编码 | 商品名称，规格型号 | 数量及单位 | 最终目的国 |
|---|---|---|---|---|
| 01<br>03 | （←商品排列序号）男羽绒短上衣<br>（← 表示男羽绒短上衣列在手册中的第三项） | | | |
| 02<br>02 | （←商品排列序号）女羽绒短上衣<br>（← 表示女羽绒短上衣列在手册中的第二项） | | | |

例如：一张加工贸易料件进口报关单上某项商品的项号是“01”、加工贸易手册备案料件“10”，说明在报关单项号栏第一行填报“01”，第二行填报第 10 项。

（三十六）商品编号（Product Number）

指按商品分类编码规则确定的进出口货物的商品编号。此栏目分为商品编号和附加编号两栏，其中商品编号栏应填报《中华人民共和国海关进出口税则》8 位税则号列，附加编栏应填报商品编号附加的第九、十位附加编号。《加工贸易手册》中商品编号与实际商品编号不符的，应按实际商品编号填报。

例如：H. S. ：48101300. 10。

填制规范：填 8 位数，前 4 位和后 4 位用“. ”隔开，如 4810. 1300。

（三十七）商品名称、规格型号（Trade Name/Specifications Model）

本栏目分两行填报。第一行填报进出口货物规范的中文商品名称，如果发票中的商品名称为非中文名称，则需要翻译成规范的中文名称填报，仅在必要时可加注原文；第二行填报规格型号，如表 9－17 所示。

具体填报要求如下：

1. 商品名称及规格型号应据实填报，并与所提供的商业发票相符。

2. 商品名称应当规范，规格型号应当足够详细，以能满足海关归类、审价及许可证件

管理要求为准。根据商品属性，本栏目填报内容包括：品名、牌名、规格、型号、成分、含量、等级、用途、功能等。

3. 加工贸易等已备案的货物，本栏目填报的内容必须与备案登记中同项号下货物的名称与规格型号一致。

4. 对需要海关签发“货物进口证明书”的车辆，本栏应填报“车辆品牌＋排气量（注明 cc）＋车型（如越野车、小轿车等）”。规格型号栏可填报“汽油型”等。

5. 加工贸易边角料和副产品内销，边角料复出口，本栏目填报其报验状态的名称和规格型号。属边角料、副产品、残次品、受灾保税货物且按规定需加以说明的，应在本栏目中填注规定的字样。

6. 一份报关单最多允许填报 20 项商品。

**表 9－17　商品名称、规格型号填制范例**

| 商品名称、规格型号 |
| --- |
| 化纤女背心 WOMEN SVESTS（第一行，规范的中文名称＋原文）<br>100％POLYESTER（第二行，规格型号） |

例如：棕榈仁油 H2100G，氢化，碘值 0. 12，游离脂肪酸 0. 014％。

填制规范：第一行棕榈仁油 H2100G，第二行氢化，碘值 0. 12，游离脂肪酸 0. 014％。

（三十八）数量及单位（Quantity and Unit）

指进出口商品的实际数量及计量单位。

本栏目分三行填报。具体填报要求如下：

1. 法定第一计量单位及数量应填报在本栏目第一行。

2. 凡列明法定第二计量单位的，必须报明该商品第二计量单位及数量，填报在本栏目第二行。无法定第二计量单位的，本栏目第二行为空。

3. 以成交计量单位申报的，须填报与海关法定计量单位转换后的数量，同时还需将成交计量单位及数量填报在本栏目第三行。如成交计量单位与海关法定计量单位一致时，本

栏目第三行为空。

4. 法定计量单位为“千克”的数量填报，特殊情况下填报要求如下：

(1)装入可重复使用的包装容器的货物，按货物的净重填报，如罐装同位素、罐装氧气及类似品等，应扣除其包装容器的重量。

(2)使用不可分割包装材料和包装容器的货物，按货物的净重填报(即包括内层直接包装的净重重量)，如采用供零售包装的酒、罐头、化妆品及类似品等。

(3)按照商业惯例以公量重计价的商品，应按公量重填报，如未脱脂羊毛、羊毛条等。

(4)采用以毛重作为净重计价的货物，可按毛重填报，如粮食、饲料等价格较低的农副产品。

(5)成套设备、减免税货物如需分批进口，货物实际进口时，应按照实际报验状态确定数量。

(6)根据 HS 归类规则，零部件按整机归类的，法定第一数量填报“011”，有法定第二数量的，按照货物实际净重申报。

(7)具有完整品或制成品基本特征的不完整品、未制成品，按照 HS 归类规则应按完整品归类的，申报数量按照构成完整品的实际数量申报。

5. 加工贸易等已备案的货物，成交计量单位必须与备案登记中同项号下货物的计量单位一致，不一致时必须修改备案或转换一致后填报，如表 9-18 所示。

**表 9-18　报关单数量及单位填制范例**

| 商品名称、规格型号　　　数量及单位 |
|---|
| 化纤女背心 LADIES VESTS17340100 件( ← 第一行，法定第一计量单位及数量)<br>100%POLYESTER2200100 千克(←第二行，法定第二计量单位及数量)<br>1445 打( ← 第三行，成交计量单位及数量) |

例如：全棉男士内裤

122640 件(第一行，法定第一计量单位及数量)；

1042 千克(第二行，法定第二计量单位及数量)；

10220 打(第三行，成交计量单位及数量)。

(三十九)原产国(地区)/最终目的国(地区)(Country of Origin/Final Destination)

原产国(地区)指进口货物的生产、开采或加工制造国家(地区)。

最终目的国(地区)指已知的出口货物的最终实际消费、使用或进一步加工制造国家(地区)。

本栏目应按海关规定的《国别(地区)代码表》选择填报相应的国家(地区)名称或代码。

加工贸易特殊情况填报要求如下：

1. 料件结转货物，原产国(地区)填报为原进口料件生产国(地区)，最终目的国(地区)填报“中国”。

2. 深加工结转货物和以产顶进货物,原产国(地区)和最终目的国(地区)都填报“中国”。

3. 料件复运出境货物,填报实际最终目的国(地区);加工出口成品因故退运境内的,原产国(地区)填报“中国”,复运出境时填报实际最终目的国(地区)。

4. 出口加工区运往区外的货物,原产国(地区)按实际填报,即对于未经加工的进口货物,填报货物原进口时的原产国(地区);对于经过加工的成品或半成品,按现行原产地规则确定原产国(地区);区外运入出口加工区的货物,最终目的国为中国。此外,进口货物的原产国(地区)无法确定时,报关单“原产国(地区)”栏应填报为“国别不详”或“701”。

一份原产地证书只能对应一份报关单。在一票进口货物中,对于实行原产地联网如涉及多份原产地证书或含非原产地证书商品,应分单填报。

示例:

(1)南京某公司进口由日本加工的原产于加拿大的红松木地板一批。原产国为:日本。

(2)青岛某服装加工企业,将原韩国进口的料件结转给宁波某服装加工企业。原产国填报为:韩国。

(3)山东某纺织厂运输一批准备加工出口去韩国的服装面料进入青岛出口加工区,最终目的国(地区)填报为:中国。

例如:北京五矿进出口公司,向香港特别行政区[国别(地区)代码 110]某公司出口铁矿粉一批。得知该公司又将本批货物卖给日本(国别代码 116)某公司。

填制规范:该题所及出口货物,在出售时,卖方已经知道了其最终消费使用国家是日本某公司,而不是香港特别行政区某公司。因此,最终目的国(地区)应填报:日本或 116。

(四十)单价(Unit Price)

本栏目应填报同一项号下进出口货物实际成交的商品单位价格金额。单价如非整数,其小数点后保留 4 位,第五位及以后应略去。如:某商品单价 2.45638,本栏填报为:2.4563。海关估价时,应在 H2000 通关系统“海关单价”栏修改。无实际成交价格的,本栏目填报货值。

再如:商业发票上 UNIT PRICE:USD5000.00　填制规范:5000.00

(四十一)总价(Total Price)

本栏目应填报同一项号下进出口货物实际成交的商品总价。总价如非整数,其小数点后保留 4 位,第五位及以后应略去。海关估价时,应在 H2000 通关系统“海关总价”栏修改。无实际成交价格的,本栏目填报货值。

例如:商业发票上 AMOUNT:USD15000.00　填制规范:15000

(四十二)币制(Currency System)

币制指进出口货物实际成交价格的币种。

本栏目应根据实际成交情况按海关规定的“币制代码表”选择填报相应的货币名称或代码(如表 9-19 所示),如“币制代码表”中无实际成交币种,需转换后填报。

表 9—19　常用币制代码表

| 代码 | 符号 | 币制名称 | 代码 | 符号 | 币制名称 |
|---|---|---|---|---|---|
| 110 3 | HKD 3 | 港币 3 | 3 30 | SEK | 瑞典克朗 |
| 116 3 | JPY 3 | 日元 3 | 3 31 | CHF | 瑞士法郎 |
| 132 | SGD | 新加坡元 | 3 44 | SUR | 俄罗斯卢布 |
| 133 | KRW | 韩国元 | 501 | CAD | 加拿大 元 |
| 142 3 | CNY 3 | 人民币 3 | 502 3 | USD 3 | 美元 3 |
| 300 3 | EUR 3 | 欧元 3 | 601 | AUD | 澳大利亚 元 |
| 302 | DKK | 丹麦克朗 | 609 | NZD | 新西兰 元 |
| 303 3 | GBP 3 | 英镑 3 | | | |

（四十三）征免(Exemption)

指海关依照《海关法》《关税条例》及其他法律、行政法规，对进出口货物进行征税、减税、免税或特案处理的实际操作方式。

本栏目应按照海关核发的《征免税证明》或有关政策规定，对报关单所列每项商品选择填报海关规定的《征减免税方式代码表》中相应的征减免税方式。

同一份报关单上可以有不同的征减免税方式。

加工贸易报关单应根据《加工贸易手册》中备案的征免规定填报。《加工贸易手册》中备案的征免规定为“保金”或“保函”的，不能按备案的征免规定填报，而应填报“全免”。

主要“征减免税方式”分类代码及说明：

1. 照章征税：指对进出口货物依照法定税率计征各类税、费。

2. 折半征税：指依照主管海关签发的《征免税证明》或海关总署的通知，对进出口货物依照法定税率折半计征关税和增值税，但照章征收消费税。

3. 全免：指依照主管海关签发的《征免税证明》或海关总署的通知，对进出口货物免征关税和增值税，但消费税不予免征。

4. 特案减免：指依照主管海关签发的《征免税证明》或海关总署通知规定的税率计征各类税、费。

5. 随征免性质：指对某些监管方式下进出口货物按照征免性质规定的特殊计税公式或税率计征税、费。

6. 保证金：指经海关批准具保放行的货物，由担保人向海关缴纳现金的一种担保形式。

7. 保证函：指担保人根据海关的要求，向海关提交的订有明确权利义务的一种担保文书。

表 9-20 征免方式代码表

| 代码 | 名称 | 代码 | 名称 |
|---|---|---|---|
| 1 3 | 照章征税 3 | 6 | 保证金 |
| 2 | 折半征税 | 7 | 保函 |
| 3 3 | 全免 3 | 8 | 折半补税 |
| 4 | 特案 | 9 | 全额退税 |
| 5 | 随征免性质 | | |

(四十四)税费征收情况(Tax Collection)

本栏目供海关批注进(出)口货物税费征收及减免情况。

(四十五)录入员(Data Entry Clerk)

本栏目用于预录入和ED报关单,打印录入人员的姓名。

(四十六)录入单位(Input Unit)

本栏目用于预录入和EDI报关单,打印录入单位名称。

(四十七)申报单位(Reporting Unit)

本栏目指报关单左下方用于填报申报单位有关情况的总栏目。

申报单位指对申报内容的真实性直接向海关负责的企业或单位。自理报关的,应填报进(出)口货物的经营单位名称及代码;委托代理报关时,应填报经海关批注的专业或代理报关企业名称及代码。

本栏目还包括报关单位地址、邮编和电话等分项目。由申报单位的报关员填报。

(四十八)填报日期(Date Date)

填制日期是指报关单的填制日期,预录入和EDI报关单由计算机自动打印。本栏目为8位数,顺序为"年(四位)月(两位)日(两位)"。

(四十九)海关审单批注(Customs Document Annotation)

本栏目指供海关内部作业时签注的总栏目,由海关关员手工填写在预录入报关单上。其中,"放行"栏应填写海关对接受申报的进出口货物做出的放行决定的日期。

**三、进出口报关单填制中常见差错**

(一)报关单指标项目填制不齐全

报关单所列各栏目未按规定的内容和要求填报,是进出口货物报关单填制差错中最常见的。根据海关统计,经常出现漏填的栏目有备案号、合同号、许可证号、批文、进(出)口日期、征免性质、毛重及成交总价等十余项,影响了货物的正常通关,给海关的监管工作带来了不便。

(二)报关单指标项目填制不准确

(1)经营单位填制不准确。如经常出现将外商投资企业委托外贸企业进出口货物的经营单位填为委托单位;对代理报关的企业作为经营单位填报;委托进出口货物,经营单位填制为被委托单位。

(2)商品归类不准确。如将石棉制安全帽(帽内衬有纯棉机织物制衬里)按第六十五章的章标题《帽类及其零件》将商品归入第六十五章,进而归入以安全帽列明的子目6506.1000。

(3)贸易方式填制错误。如三资企业凭手册从保税仓库取出货物,其贸易方式应按货物种类分别填为“合作合资设备”或“外资设备物品”,但常错填制为“其他”。

(4)征免性质填制错误。如将“科教用品”征免性质错填为“其他法定”,货样广告品的征免性质错填为“一般征税”等。

(5)运费、保险费填制错误。如将运费、保险费单价错按总价处理,将总价错按单价处理。

(6)成交单价、总价错误:

①将总价错按单价填制,或将单价错填为总价。

②计算货物价格的货币类别填写错误。

③随意填制单价。对于无代价抵偿货物、暂时进出口货物、展览品不需统计和征税的货物,企业不按规定申报货值,随意填制单价。

(三)是否正确填写隶属海关的名称及代码

通常在找错题目中该栏目填写直属海关的名称及代码来判断。应该注意的是,即使是在所给的资料中找不到正确的隶属海关的名称及代码,填直属海关的名称及代码也是错误的。

(四)是否已填写代码

该栏目填报要求既要填写口岸海关的名称也要填写其代码。找错题目中会给出的填制可能只有一个口岸海关的名称而没有代码,或者仅填写了代码而没有名称。这两种情形都是错误的填写。如果所给的资料没有给出口岸海关的代码,则在所给的备选答案中给出“××××”表示填写了正确的代码。

如:“大连机场××××”。表示没有忘记代码的填写,用××××表示填写了正确的代码,该项填写没有错。错填为港口的名称或者接受申报海关的名称及代码而非货物实际进出境的口岸海关名称及代码等。

**能力训练**

**实训项目一**

A公司为一外商投资企业,其委托国内的一家有进出口经营权的进口公司B进口服装加工设备三套,由C公司负责设备的运输,D报关行负责向海关报关进口。作为D公司的报关员,你填写报关单时,“经营单位”应该怎样填?

**实训项目二**

某外资企业出口一批女士全羊毛套装,该套装用95%的进口加工料件和5%的国产原料加工而成。请问该企业向海关办理套装的出口手续时应填写哪种报关单?

**实训项目三**

北京煤炭进出口总公司对巴基斯坦签约出口“水洗炼焦煤”10万吨，由唐山煤炭分公司执行合同，组织货源，并安排出口。在这一情况下报关单“经营单位”栏目填为“北京煤炭进出口总公司11091××××××(北京煤炭进出口总公司的编号)”。该填报是否正确？

**项目训练**

**一、报关单填制练习：**

根据以下资料填制报关单：

资料1

ABC广州有限公司位于广州经济技术开发区，海关注册编号为440124××××，所申报商品位列B52084400153号登记手册备案料件第13项，法定计量单位为公斤，货物于2011年7月16日运抵口岸，当日向黄埔海关新港办(关区代码为5202)办理进口申报手续。保险费率为0.27%。入境货物通关单编号为442100104064457。

资料2

ABC(GUANGZHOU)CO，LTD

NO. XX FENGHUAROAD，GUANGZHOU，CHINA

COMMERCIAL INVOICE

CONSIGNEE：

ABC(GUANGZHOU)CO，LTD

NO. XX FENGHUAROAD，GUANGZHOU，CHINA

INVOICENO.：BL04060643

CONTRACTNO.：ABC-1001

SHIPPER：

ABC(HONGKONG)LTD.

ROOMXXX，SHATINGALLERIA

MEISTREET，FOTAN，N. T，HONGKONG

DATE：11/0704

REFERENCENO.：HB184004

SHIPMENTFROM KUNSAN，KOREATOHUANGPUCHINA VIAHONGKONG

| SHIPPING MARKS | DESCRIPTION | QTY | UNIT PRICE | AMOUNT |
|---|---|---|---|---|
| N/M | “HI-QBRAND”<br>ART PAPER 039-44 | 16314KG<br>16ROLLS | 0.8040 | CFR HUANGPU<br>US$13116.45 |
| TOTAL： | | 16314KG<br>16ROLLS | | US$13116.45 |

资料 3

ABC(GUANGZHOU)CO,LTD

NO. XX FENGHUAROAD,GUANGZHOU,CHINA

PACKINGLIST

DATE:11/0704

TO:HUANGPU,CHINA

SHIPMENTFROM KUNSAN,KOREATOHUANGPUCHINA VIAHONGKONG

VESSELANDVOAGE　NO.:穗德航 30/4Y0708

B/LNO.:SG40746

| DESCRIPTION | QTY | WEIGHT | NETWEIGHT | MEASUREMENT |
|---|---|---|---|---|
| "HI-QBRAND"ART PAPER 039-44 H.S:48101300.10 | 16314KG 16ROLLS | 16362 | 16314 | |
| | | 16362 | 16314 | |

1×20'CONTAINER

TEXU2263978 TAREWGT 2280KG

**中华人民共和国进口货物报关单**

预录入编号:　　　　　　　　　　　海关编号:

<table>
<tr><td colspan="2">进口口岸</td><td>备案号</td><td>进口日期</td><td>申报日期</td></tr>
<tr><td colspan="2">经营单位</td><td>运输方式</td><td>运输工具名称</td><td>提运单号</td></tr>
<tr><td colspan="2">收货单位</td><td>贸易方式</td><td>征免性质</td><td>征税比例</td></tr>
<tr><td colspan="2">许可证号</td><td>起运国(地区)</td><td>装货港</td><td>境内目的地</td></tr>
<tr><td>批准文号</td><td>成交方式</td><td>运费</td><td>保费</td><td>杂费</td></tr>
<tr><td>合同协议号</td><td>件数</td><td>包装种类</td><td>毛重(公斤)</td><td>净重(公斤)</td></tr>
<tr><td>集装箱号</td><td colspan="3">随附单据　提单　发票　箱单　合同</td><td>用途</td></tr>
<tr><td colspan="5">标记麦码及备注</td></tr>
<tr><td colspan="5">项号　商品编号　商品名称、规格型号　数量及单位　原产国(地区)　单价　总价　币值　征免</td></tr>
<tr><td colspan="5"></td></tr>
<tr><td colspan="5">税费征收情况</td></tr>
<tr><td colspan="2">录入员　录入单位</td><td colspan="2">兹证明以上申报无讹并承担法律责任</td><td rowspan="2">海关审单批注及放行日期(签章)<br>审单　审价</td></tr>
<tr><td colspan="4">报关员</td></tr>
<tr><td colspan="2">单位地址</td><td colspan="2">申报单位(签章)</td><td>征税　统计</td></tr>
<tr><td colspan="2">邮编　电话</td><td colspan="2">填制日期</td><td>查验　放行</td></tr>
</table>

**二、报关单练习题** 2

根据下列材料填写进口报关单

DNBCOMPANY

NO158GLODENSTREET

LONDONBRITAIN

INVOICE

TO:BEIJING GUANGFA IM/EX TRADECORP(北京广发进出口公司进口)

| | | |
|---|---|---|
| FROM MARSETLIE TO BEIJING CHINA PAYMENT:L/C<br>SHIPPED PER:WEWOVSES VOYAGE:B34X | | |
| MARKS:<br>UTQ－507GV<br>NO1－1533<br>MADE IN BRITAIN | QUAN。&DESC<br>MENS100PCT COTTON<br>WOVEN TROUSES<br>100DOZS USD21.07/DOZ<br>CONTRACTNO. UTQ－507GV<br>HSCODE62034290<br>该货物进境后,2003.6.19<br>有北京大×报关有限责任公司向北京朝阳海关申报<br>海关法定计量单位:KG 经营单位编码 1116921390<br>北京宏×集团委托北京广发进出口公司进口一批男式全棉针织裤子 | AMOUT:<br>USD210,70000<br>FOB LONDON |

PAKINGLIST

INVOICENO:ZY18083284

DATE:19TH TURE2003

| | | | |
|---|---|---|---|
| MARKS: | SIZEASSORTMENT | G.W | N.W |
| UTQ－507GV | MEN'S 100PCT COTTON | 1394KGS | 1020KGS |
| NO1－1533 | WOVEN TROUSES | | |
| MADE IN BRITAIN | TOTAL CTNS :1500CTNS | | |
| CONSIGNEE: | B/L NO:DNB3695IBN | | |
| BEIJING HONGFA GROUP 102<br>CHAOYABG DISTRICT<br>BEIJING CHINA | | | |
| NOTIFY PARTY: SAME AS CONSIGNEE | DNB COMPANY<br>NO 158 GLODEN STREET<br>LONDON BRITAIN<br>TELEX 512778 | | |
| I: 0.3% | TELEFEX 02.40.41.06 | | |

1.“申报”日期栏应填(　　)。

A. 2003.06.12　　B. 2003.06.19

C. 2003.06.22　　D. 2003.06.28

2.“进口口岸”栏应填(　　)。

A. 深圳海关　　B. 黄埔海关

C. 上海海关 2200　　D. 北京朝阳海关 0118

3.“运输方式”栏应填(　　)。

A. 江海运输　　B. 汽车运输

C. 铁路运输　　D. 其他运输

4.“经营单位”栏应填(　　)。

A. 北京服装厂(1246710423)　　B. 北京广发国际贸易公司(1116921390)

C. 北京大方报关有限公司　　D. 中远集团运输公司

5.“提运单号”栏应填(　　)。

A. DNB3695IBM　　B. 3022011891

C. 91982130　　D. 2Y18083284

6.“贸易方式”栏应填(　　)。

A. 进料加工　　B. 一般贸易

C. FOB　　D. CIF

7. 运输工具名称应填(　　)。

A. WEWOVSES/B34X　　B. WEWOVSES/03/06/19

C. WEWOVSESV. B34X/03/06/12　　D. WEWOVSESV。B34X/03/06/18

8. 征免性质栏应填(　　)。

A. 一般贸易　　B. 来料加工

C. 一般征税　　D. FOB

9. 收货单位栏应填(　　)。

A. 北京宏发集团　　B. 北京广发进出口公司

C. 北京大方报关有限公司　　D. 中远集装箱运输有限公司

10.“装运港”栏应填(　　)。

A. 法国　　B. 伦敦　　C. 香港　　D. 天津

11.“件数”栏应填(　　)。

A. 10000　　B. 1500　　C. 10　　D. 13797

12.“境内目的地”栏应填(　　)。

A. 深圳　　B. 香港　　C. 上海吴松　　D. 北京朝阳区

13. 如果运费为每吨 25 美元,“运费”栏应填(　　)。

A. 25　　B. 502/25/2　　C. 502/25/3　　D. 0.25%

14.“保费”栏应填(　　)。

A. 0.03%　　B. 502/30/2　　C. 502/0.30/2　　D. 0.3

15.“净重”栏应填(　　)。

A. 1349　　B. 1500　　C. 1020　　D. 1300

**三、报关单填制练习题 3**

资料一

青岛富×家具有限公司(海关注册编号 37022305××)凭手册“C421851001××”进口红橡木皮和樱桃木皮。(分列手册 4、2 项)运输工具于 2005 年 9 月 5 日申报进境,并且委托青岛大×物流有限公司(海关注册编号 37029801××)于次日持《入境货物通关单》(编号 3702001040003××)和《濒危物种允许进口证明书》(编号 2005CN/IC/1004/PH)向青岛大港海关(4227)报关。运保费:1800 美元法定计量单位:千克

资料二

Expenditor International Ocean Bill of Loding

<table>
<tr><td colspan="3" rowspan="2">SHIPPER (Name and Full Address)<br>WASHINTON INTERNATIONAL TRADE CO., 8021 SOUTH 210$^{TH}$ SITEET KENT WASHINTION 98032 USA<br>TEL:(253)486-8790 FAX:(253)486-8798</td><td>BOOKING NUMBER HOUI 56352</td><td>B/L NUMBER LAXSHP643105</td></tr>
<tr><td colspan="2">EXPORT REFERENCES<br>SHPR REF:JOHNSON/501132</td></tr>
<tr><td colspan="3" rowspan="2">CONSIGNEE<br>QINDAO FUJI FURNITURE CO。<br>112 XINHUA ROAD<br>ECONOMY TECHNOLOGY DEVELOPMENT ZONE, QINDAO,CHINA</td><td colspan="2">FORWARDING AGENT REFERENCES</td></tr>
<tr><td colspan="2">POINT ANG COUNTRY OF ORIGIN OF GOOD U. S. A</td></tr>
<tr><td colspan="3">NOTIFI PAERY<br>SAME AS CONSIGNEE</td><td colspan="2" rowspan="2">ALSO NOTIFT</td></tr>
<tr><td colspan="3">CARRIAGE<br>NORTHERN V. 127N</td></tr>
<tr><td colspan="3">PORT OF LOADING<br>LOS ANGELES</td><td colspan="2">PLACE OF RECEIPT<br>LOS ANGELES</td></tr>
<tr><td colspan="3">PORT OF DISCHARGE<br>OSAKA</td><td colspan="2">PLACE OF DELIVERY<br>QING DAO</td></tr>
<tr><td colspan="5">PARTHCULARS FURNISHED BY SHIPPER</td></tr>
<tr><td>MAKS AND NOS. CONTAINER NOS.</td><td>NOS. OF PKGS</td><td>DESCRIPTION OF PACKGES ANG GOODS</td><td>GROSS WEIGHT KGS</td><td>MEASUREMENT (CBM)</td></tr>
<tr><td>N/M<br>CCLU 4230875<br>20$^{TH}$<br>TARE: 2250<br>CCLU 1141680<br>20$^{TH}$<br>TARE: 2250</td><td>30PLT</td><td>RED OAK VENEER 14.5CBM,<br>16PALLETS, 14760. KGS<br>CHERR VENEER 14.8 GBM14 PALLETS, 14580. KGS TOTAL 2 * 20'CONTAINER<br>LOADEN ON BOARD<br>05/08/08</td><td>29 340</td><td>$29.3m^3$</td></tr>
</table>

资料三

INVOICE

<table>
<tr><td rowspan="4" colspan="3">Sold To Customer：<br>QINGDAO FUJI FURNITURE CO. ,LTD,<br>Vessel：<br>NORTHERN V. 127N</td><td colspan="2">Invoice No. WIT1024</td></tr>
<tr><td colspan="2">Payment Term：T/T</td></tr>
<tr><td colspan="2">Contract No：lo5－145</td></tr>
<tr><td colspan="2">Country of Origin. U. S. A</td></tr>
<tr><td>From：<br>LOS ANGELES</td><td>To：<br>QINGGDAO</td><td colspan="3">VIA：<br>OSAKA by MARE DRICUM 0332W</td></tr>
<tr><td>ITEM</td><td>DESCRIPTION OF GOODS</td><td>QUANTITY</td><td>UNIT PRICE</td><td>AMOUNT</td></tr>
<tr><td></td><td>Red Oak Veneer<br>Lenth>8feet<br>width>4 winch<br>Thickness 0. 6 mm<br>Length>8feet<br>width>4inch<br>Thickness 0. 6 mm</td><td>14. 5$m^3$<br>14. 8$m^3$</td><td>USD1630. 00<br>USD2480. 00<br><br>FOB ANGELES</td><td>23635. 00<br>36704. 00</td></tr>
<tr><td colspan="3">TOTAL：29. 3$m^3$</td><td colspan="2">USD60339. 00</td></tr>
</table>

Signed by－－－－－－－－－

WASHINTON INTERNATIONAL TRADE CO.

资料四：

PACKING LIST

<table>
<tr><td rowspan="4" colspan="3">Sold To Customer：<br>QINGDAO FUJI FURNITURE CO. ,LTD,<br>Vessel：<br>NORTHERN V. 127N</td><td colspan="2">Invoice No. WIT1024</td></tr>
<tr><td colspan="2">Payment Term：T/T</td></tr>
<tr><td colspan="2">Contract No：lo5－145</td></tr>
<tr><td colspan="2">Country of Origin. U. S. A</td></tr>
<tr><td>From：<br>LOS ANGELES</td><td>To：<br>QINGGDAO</td><td colspan="3">VIA：<br>OSAKA by MARE DRICUM 0332W</td></tr>
<tr><td>MARKS AND NOS.</td><td>DESCRIPTION OF GOODS</td><td>QUANTITY (CBM)</td><td>N. WEIGHT(KG)</td><td>G. WEIGHT(KG)</td></tr>
<tr><td></td><td>Red Oak Veneer<br>Packed in 16 pallets<br>Cherry Veneer<br>Packed in 14 pallets<br>2 * 20' Container To<br>Contain 30pallets</td><td>14. 5<br>14. 8</td><td>13820. 00<br>13740. 00</td><td>14760. 00<br>14580. 00</td></tr>
<tr><td colspan="3">TOTAL：29. 3$m^3$</td><td>27560. 00</td><td>29340. 00</td></tr>
</table>

Signed by－－－－－－－－－

WASHINTON INTERNATIONAL TRADE CO.

**中华人民共和国海关进口货物报关单**

预录入编号　　　　　　　　　　　　　　　海关编号：

<table>
<tr><td>进口口岸</td><td colspan="2">备案号</td><td>进口日期</td><td>申报日期</td></tr>
<tr><td colspan="2">经营单位</td><td>运输方式</td><td>运输工具名称</td><td>提运单号</td></tr>
<tr><td colspan="2">收货单位</td><td>贸易方式</td><td>征免性质</td><td>征税比例</td></tr>
<tr><td>许可证号</td><td>起运国(地区)</td><td colspan="2">装货港</td><td>境内目的地</td></tr>
<tr><td>批准文号</td><td>成交方式</td><td>运费</td><td>保费</td><td>杂费</td></tr>
<tr><td>合同协议号</td><td>件数</td><td>包装种类</td><td>毛重(公斤)</td><td>净重(公斤)</td></tr>
<tr><td>集装箱号</td><td colspan="3">随附单据</td><td>用途</td></tr>
<tr><td colspan="5">标记唛码及备注</td></tr>
<tr><td colspan="5">项号 商品编码 商品名称、规格型号 数量及单位 原产国(地区)单价 总价 币值征免</td></tr>
<tr><td colspan="5"></td></tr>
<tr><td colspan="5"></td></tr>
<tr><td colspan="5"></td></tr>
<tr><td colspan="5"></td></tr>
<tr><td colspan="5"></td></tr>
<tr><td colspan="5">税费征收情况</td></tr>
<tr><td>录入员<br>录入单位</td><td colspan="2">兹声明以上申报无讹<br>并承担法律责任</td><td colspan="2">海关审单批注及放行日期(盖章)<br>审单　　　　审价</td></tr>
<tr><td colspan="3" rowspan="2">报关员<br><br>申报单位　　　　申报单位(签章)<br><br>邮编　　电话　　　填制日期</td><td colspan="2">征税　　　　统计</td></tr>
<tr><td colspan="2">查验　　　　放行</td></tr>
</table>

请根据以上资料选择下面栏目正确选项：

1.“进口口岸”栏应填(　　)。

A. 大港海关(4227)　　B. 青岛大港

C. 青岛大港海关 4227　　D. 青岛海关

2.“备案号”栏应填(　　)。

A. 37022305××　　B. 421851001××

C. 37029801××　　D. C421851001××

3.“进口日期”栏应填(　　)。

A. 2005/00/05　　B. 2005.9.5

C. 2005.00.06　　D. 2005.09.05

4.“经营单位”栏应填(　　)。

A. 青岛富士家具有限公司 37022305××　　B. 青岛大华物流有限公司 37029801××

C. 37022305××　　D. 37029801××

5.“运输工具名称”栏应填(　　)。

A. NORTHERN/127N　　B. MAREDRICM/0332W

C. NORTHERN/V. 127N　　D. MAREDRICUM0332W

6.“收货单位”栏应填(　　)。

A. 青岛富士家具有限公司 37022305××　　B. 37022305××

C. 青岛大华物流有限公司 37029801××　　D. 37029801××

7.“贸易方式”栏应填(　　)。

A. 来料加工　　B. 一般贸易

C. 进料加工　　D. 进料对口

8.“起运国”栏应填(　　)。

A. 日本　　B. 美国　　C. 日本 116　　D. 日本国

9.“装货港”栏应填(　　)。

A. 青岛大港　　B. 洛杉矶　　C. 东京　　D. 大阪

10.“境内目的地”栏应填(　　)。

A. 山东青岛　　B. 青岛经济技术开发区

C. 山东青岛其他　　D. 37029

11.“保费”栏应填(　　)。

A. USD/1800/3　　B. 502/1800/3

C. 502/1800/2　　D. 免填

12.“件数”栏应填(　　)。

A. 2　　B. 16　　C. 14　　D. 39

13.“净重”栏应填(　　)。

A. 29340　　B. 27560　　C. 29340. 0000　　D. 29. 3

14.“集装箱号”栏应填(　　)。

A. CCLU4230875 * 2(2)　　B. CCLU4230875－2(2)

C. CCLU4230875/2×20/2250　　D. CCLU4230875/20/2250

15.“随附单据”栏应填(　　)。

A. AF　　B. A. 370200104000358

C. E. 2005CN/IC/1004/PH　　D. A370200104000358

16.“用途”栏应填(　　)。

A. 进料加工　　B. 加工返销

C. 企业自用　　D. 其他内销

17."标记唛码及备注"栏应填(　　)。

A. N/MA. 370200104000358

B. N/MCCLU1141689/20/2250

A. 370200104000358

E. 2005CN/IC/1004/PH

C. CCLU1141680/20/2250

F. 2005CN/IC/1004/PH

D. A370200104000358

CCLU1141680/20/2250

18."第一项商品项号"栏应填(　　)。

A. 01　　B. 01　　C. 02　　D. 02

04　　02　　04

19."第一项商品的商品名称,规格型号"栏(　　)。

A. 红橡木皮 RED OAK VENNER

LENGTH>8fEET WIDTH>4INCH

B. 红橡木皮

LENGTH>8FEET WIDTH>4INCH

THICKNESS9. 6MM

C. 红橡木皮

RED OAK VENNER

LENGTH>8FEET WIDTH>4INCH

D. 红橡木皮 REDOAKVENNER

THICKNESS9. 6MM

20."第二项商品数量及单位"栏应填(　　)。

A. 27569. 99 千克(第 1 行)

29. 3 立方米(第 3 行)

B. 14. 5 立方米(第 1 行)

13829. 99 千克(第 2 行)

C. 14589. 99 千克(第 1 行)

14. 8 立方米(第 3 行)

D. 13749. 99 千克(第 1 行)

14. 8 立方米(第 3 行)

**四、单选**

1. 某进出口公司向某国出口 500 吨散装小麦,该批小麦分装在一条船的 3 个船舱内,海关报关单上的“件数”和“包装种类”两个项目的正确填报应是(　　)。

A. 件数为500吨,包装种类为“吨”　　B. 件数为1,包装种类为“船”

C. 件数为3,包装种类为“船舱”　　D. 件数为2,包装种类为“散装”

2. 我国某进出口公司从瑞士购进一批牌电视机,该电视机为日本品牌,其中显像管为韩国生产、集成电路板由新加坡生产,其他零件均为马来西亚生产,最后由韩国组装成整机。该公司向海关申报进口该批电视机时,原产地应填报为(　　)。

A. 日本　　B. 韩国　　C. 新加坡　　D. 马来西亚

3. 在新加坡纺成的纱线,运到日本织成棉织物,并进行冲洗、烫、漂白、染色及印花。上述绵纸物又被运往越南制成睡衣,后又经韩国更换包装转销我国。海关应以下述(　　)国家(地区)为该货物的原来产地。

A. 日本,因为成衣在日本进行了第一次实质性加工

B. 新加坡,因为纱衣是在新加坡完成制造的

C. 越南,因为制成衣在税则归类方面已经有了改变

D. 韩国,因为该货物是从韩国进口的

4. 进出境货物的品名、数量、规格、价格、原产国别、贸易方式、消费国别、贸易国别或者其他应当申报的项目申报不实的,海关根据有关规定,处以罚款的数额是(　　)。

A. 1000元以下　　B. 10000以下

C. 50000以下　　D. 货物等值以下或应缴纳税款两倍以下

5. 某单位出口一批货物,成交条件CFR,总价为1000港币,其中含运费5%,销售佣金300港币。请问该批货物的FOB价格总价应为(　　)港币。

A. 1000　　B. 650

C. 1250　　D. 665

6. 海关规定对在海关注册登记的企业给予10位数代码编号,称为“经营单位代码”,请在下列选项中指出10位数代码的正确组成规定(　　)。

A. 地区代码、企业性质代码和顺序代码

B. 企业详细地址代码、特殊地区代码、企业性质代码和顺序代码

C. 企业所在省、直辖市代码特殊地区代码、企业性质代码和顺序代码

D. 企业所在省、志向市代码及省辖市、县、计划单列市沿海开放城市代码、企业性质代码、特殊地区代码和顺序代码

7. 日本商人从北京购买地毯,陆运至韩国,再空运经日本到伦敦,其运抵国(地区)应为(　　)。

A. 日本　　B. 韩国

C. 伦敦　　D. 英国

8. 中国煤炭进出口公司收购山西五金矿产进出口公司在大同开采的煤，经河北唐山京唐港出口，其在出口报关单上填写的发货单位应为（　　）。

A. 中国煤炭进出口公司　　B. 山西五金矿产进出口公司

C. 大同煤矿　　D. 唐山京唐港

9. 联合国救灾协调员办事处在美国采购原产于加拿大的冰雪救灾物资无偿援助我国，该批货物在洛杉矶装船，在日本东京中转后运抵我国，这种情况下其报关单“起运国（地区）”栏应填写为（　　）。

A. 日本　　B. 加拿大　　C. 美国　　D. 联合国

10. 一般贸易所采用的进出口货物报关单是（　　）。

A. 粉红色　　B. 浅绿色　　C. 浅蓝色　　D. 白色

**五、多项选择题**

1. 在填报报关单“总价”项目时，下列叙述正确的是（　　）。

A.“一般贸易”货物应按合同上订明的实际价格填报

B. 退运进口的出口货物，应按该货物原出口价格填报

C. 免费赠送的货样、广告品，可以免予以填报

D. 来料加工项下的成品出口时，只需填报工缴费

2. 下列哪种类型的单位可以作为经营单位进行填报（　　）。

A. 对外签订合同但并未执行合同的单位

B. 非对外签订合同但具体执行合同的单位

C. 委托外贸公司对外签订并执行进口投资设备合同的外商投资企业

D. 接受并办理进口溢卸货物报关纳税手续单位

3. 我国某进出口公司（甲方）与新加坡某公司（乙方）签订一出口合同，合同中订明，甲方向乙方出售5000件衬衫，于1998年4月10日在上海装船，途径韩国运往新加坡，在签订合同时，甲方得知乙方还要将该批货物从新加坡运往智利。根据上述情况填写报关单时，以下那（　　）填写不正确。

A. 运抵国（地区）为“韩国”，最终目的国（地区）为“新加坡”

B. 运抵国（地区）为“新加坡”，最终目的国（地区）为“智利”

C. 运抵国（地区）为“韩国”，最终目的国（地区）无“智利”

D. 运抵国（地区）为“智利”，最终目的国（地区）为“智利”

4. 在填制报关单时，海关根据进出口商品的不同情况，对商品数量的填报做出了一些规定，下列规定符合海关规定的是（　　）。

A. 规范的数量和单位，应以海关统计商品目录上规定的数量和单位填写

B. 与海关规范的数量和单位不一致的实际成交的数量和单位也填在报关单上

C. 不能把整机和零件的数量加在一起填报数量

D. 不能把类似"一卷"、"一箱"和"一捆"等较笼统的数量和单位也填在报关单上

5. 某公司从日本进口联合收割机 10 台及部分附件，分装 30 箱，发票注明每台单价为 CIF Shanghai US ＄ 224 000，总价为 US ＄ 224 000，附件不另计价格。进口货物报关单以下栏目正确填报的为(　　)。

A. 成交方式：海运　　B. 件数：30

C. 商品名称：联合收割机及附件　　D. 单价：224000

6. 在下列叙述中，符合和原产地规则中的实质性改变标准的是(　　)。

A. 货物经过加工后，在海关进出口税则的税号四位数一级的税则号列已经有了改变

B. 货物经过加工后，增值部分占新产品总值的比例已经达到 30%及以上的

C. 经重新包装整理后的货物

D. 经重新筛选并重新包装的货物

7. 某进出口公司报关员在制作一份进出报关单时，在"标记唛码及备注"栏目内添入了以下内容，请选出正确的内容(　　)。

A. NOMARK 字样　　B. 付汇核销单编号

C. 商检证 1 份及其编号　　D. 进料加工合同共 2 本手册及全部编号

8. 某合资企业从韩国进口一批作为投资的机器设备。该公司委托 A 进出口公司对外签订进口合同，并代为办理进口手续。A 进出口公司与外商订货后，随即委托 B 公司具体办理货物运输事宜，同时委托上海 C 报关公司负责办理进口报关手续。请从下列选项中出现在报关单有关栏目内的单位填写错误的(　　)。

A. 经营单位：A 进口公司　　B. 收货单位：某合资企业

C. 申报单位：B 公司　　D. 收货单位：A 进口公司

**六、判断题**

1. 同一公司进口的多份提单货物可以填在同一份报关单上。(　　)

2. 一批精密仪器在大连机场海关申报出口并转关运输至北京出境，其出口报关单"出口口岸"栏应按实际申报海关所在地填为"大连机场"。(　　)

3. 报关单上的"收货单位"应为进口货物在境内的最终消费时使用的单位的名称。"发货单位"应为出口货物在境内的生产或销售的单位名称。(　　)

4. 某制衣有限公司向某海关办理进料加工合同的登记备案手续，在领取到的加工贸易手册上有 3 项商品，第一项为尼龙面料，第二项为衬里棉布，第三项为拉链。2007 年 4 月 7 日该公司先进口了一部分衬里棉布和一部分拉链，这样，填写报关单商品项号和名称时按进口商品的排列序号第一项为衬里棉布，第二项为拉链。(　　)

5. 中国仪器进出口公司从日本松下公司购得分属三个合同的六种不同规格精密仪器

同船一并运达。由于这些货物品种单一且数量不大，申报时可以用一份进口货物保关单准确、真实、齐全及清楚地填报。（　）

6. 报关单上的"商品名称、规格型号"栏目，正确的填写内容应有中文商品名称、规格型号，商品的英文名称和品牌，缺一不可。（　）

7. 转关运输中的"指运地"是指出口货物办理报关发运手续的地点。（　）

8. 某化工进出口公司下属某厂以进料加工贸易方式进口原料一批，经海运抵港后，进口报关单的"备案号"栏应填报该货物的加工贸易手册的编号。（　）

9. 进出口货物报关单是海关对进出口货物进行监管、征税、统计和开展稽查、调查的重要依据，是加工贸易进出口货物核销、出口货物退税和外汇管理的重要凭证，也是查处进出口货物走私、违规的重要的书面依据。（　）

10. 联合国世界卫生组织向我国提供援助一台德国产的医疗仪器。德国受联合国的委托将该批货物送往我国。在这种情况下，在进口报关单上应填报起运国为联合国，原产国为德国。（　）